업계 유일 논리 전공자의
천재적인 문제 해결력
Smart, Perfect, Real Logic!

LEET 추리논증
김우진

논리적으로 접근해야
문제 해결력이 높아집니다.

문제 푸는 요령만 학습해서는 안됩니다.
제대로된 논리학적 접근법을 익혀야 **완벽한 추리논증 사고의 틀을 완성할 수 있습니다.**

해커스로스쿨 LEET 추리논증 단과강의 10% 할인쿠폰

K78397E4K2B3F000

해커스로스쿨 사이트(lawschool.Hackers.com) 접속 후 로그인 ▶
우측 퀵메뉴 내 [쿠폰/수강권 등록] 클릭 ▶ 위 쿠폰번호 입력 ▶ 등록 버튼 클릭 후 이용

* 등록 후 7일간 사용 가능(ID당 1회에 한해 등록 가능)
* 3만원 미만 단과강의, 첨삭 포함 강의에는 사용 불가

해커스 LEET

김우진 추리논증

기초

해커스로스쿨

김우진

이력
- Antonian Univ. 철학박사
- 논리(modal logic) 및 인식론(epistemology) 전공
- 연세대, 중앙대, 숙명여대, 세종대, 한양대, 이화여대 등 강의 진행
- (현) 해커스로스쿨 추리논증 전임
- (현) 해커스PSAT 상황판단 전임
- (현) 프라임법학원 PSAT 언어논리 전임
- (전) 메가로스쿨 LEET 추리논증 전임

저서
- 해커스 LEET 김우진 추리논증 기초(2024)
- 해커스 LEET 김우진 추리논증 유형별 기출문제+해설집(2024)
- 해커스 LEET 김우진 추리논증 기본(2024)
- 해커스 LEET 김우진 추리논증 PSAT 350제(2024)
- 해커스 LEET 김우진 추리논증 파이널 모의고사(2024)
- PSAT 언어논리 기본서(2022)
- PSAT 상황판단 기본서(2022)
- 김우진 논리 추론(2023)
- 김우진 논리와 퍼즐(2021)

서문

추리논증의 논리·비판적 사고 학습을 위한

『해커스 LEET 김우진 추리논증 기초』를 내면서

LEET 추리논증은 법학적성시험에 있어서 가장 중요한 과목에 해당됩니다. 표준점수가 평균에서부터 30~35점 이상 차이가 나 그만큼 변별력이 높기 때문입니다.

추리논증은 학습을 할 경우 그 효과가 직접적으로 나는 과목으로, 어떻게 학습하는가에 따라 편차는 다양하게 나타날 수 있습니다. 하지만 어느 정도 이상으로 성적이 상승하기 위해서는 기본 실력을 갖추고 자신의 학습 전략과 약점에 대한 집중 학습이 필요하기에 단순히 열심히 한다고 해서 성적이 나오지는 않습니다.

추리논증은 제재의 다양성으로 인해 각 내용에 따른 개념이나 이론을 학습하면 더 좋은 성과가 나타날 수 있습니다. 그러나 실제 문제 해결에 있어서 이와 같은 것들은 기초적인 문제를 제외하곤 거의 도움이 되지 않는 방식입니다. 그만큼 문제 해결에 있어서는 논리·비판적 사고가 필요하며 그에 따라 판단하고 문제를 해결하는 것이 바람직합니다.

『해커스 LEET 김우진 추리논증 기초』는 이와 같은 논리·비판적 사고 원리를 중심으로 처음에 어렵지 않게 다가갈 수 있도록 구성하였고, 문제의 난이도도 쉽게 해결할 수 있는 문제를 수록하여 추리논증의 기초적인 입문을 할 수 있도록 하였습니다.

이 책으로 학습하는 모든 분들이 원하는 바를 성취하시기를 바라며, 이 책이 나올 수 있도록 수고해주신 분들께도 감사의 인사를 드립니다.

김우진

목차

PART 02 논증 영역

추리논증 고득점을 위한 이 책의 활용법

01 최신 출제 경향을 파악하여 시험을 전략적으로 대비한다.

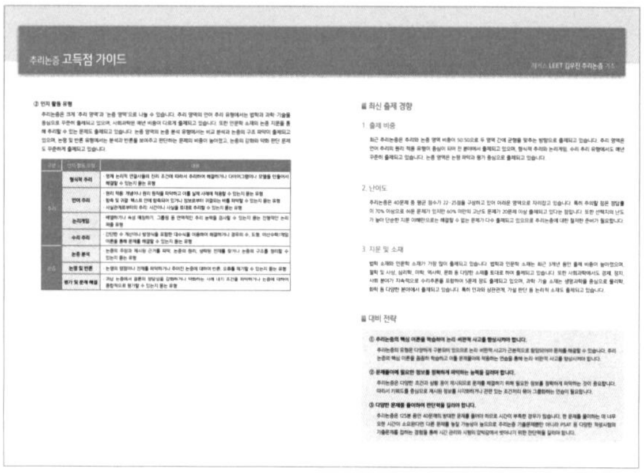

- 최신 기출문제를 포함한 역대 기출문제의 출제 경향 및 유형을 학습하여 추리논증에 대한 이해를 높이고 효과적으로 LEET 추리논증을 대비할 수 있습니다.

02 핵심 이론으로 논리·비판적 사고력을 향상시킨다.

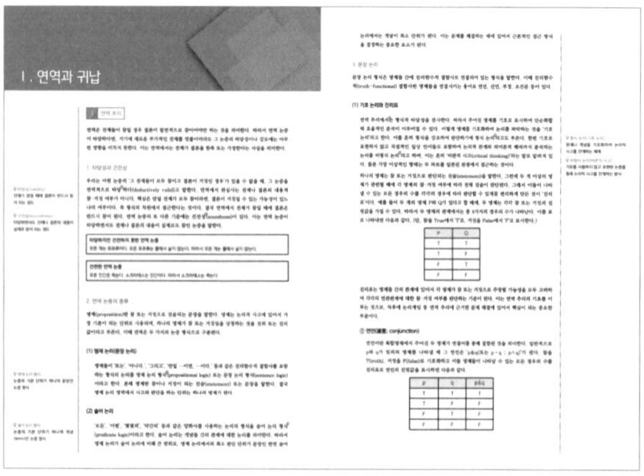

- 추리논증 핵심 이론을 통해 논리체계를 학습하여 시험 대비를 위한 논리·비판적 사고력을 향상시킬 수 있습니다. 이를 통해 어떤 문제도 문제풀이의 정확도를 높일 수 있습니다.

03 유형별 기출문제로 문제풀이 능력을 향상시킨다.

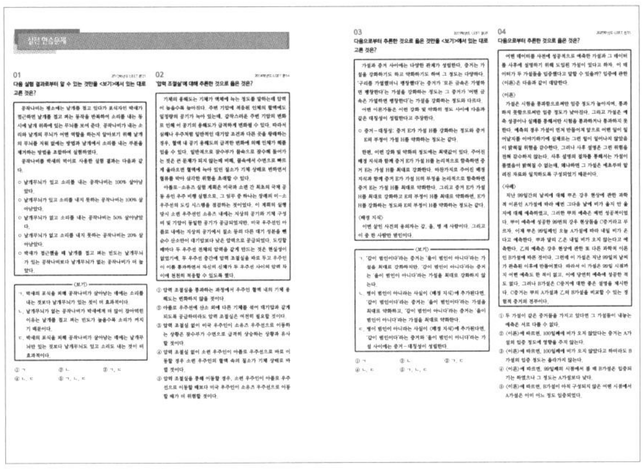

· 유형별로 분류된 LEET/PSAT 기출문제를 풀면서 실제 시험에 출제되는 문제 유형을 파악하고, 문제풀이 실력을 키울 수 있습니다.

04 상세한 해설로 완벽하게 정리한다.

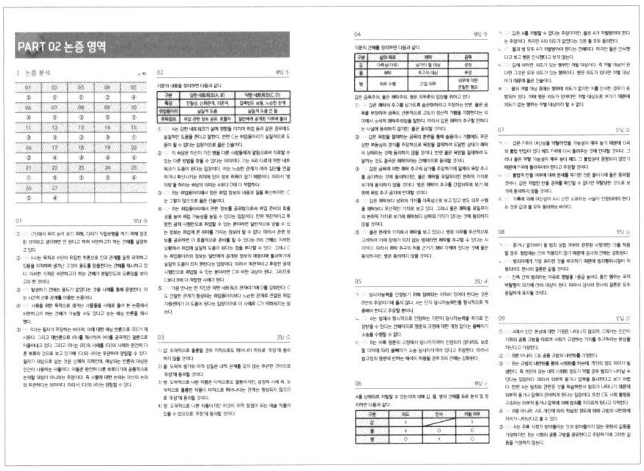

· 모든 선택지에 대한 정답 및 오답의 이유가 상세하고 이해하기 쉽게 제시되어 있어 문제를 정확하게 이해하고 꼼꼼히 학습할 수 있습니다.

기간별 맞춤 학습 플랜

자신에게 맞는 일정의 학습 플랜을 선택하여 학습 플랜에 따라 매일 그 날에 해당하는 학습 분량을 공부해 보세요.

2주 완성 학습 플랜

추리논증 핵심 원리와 실전 연습문제를 학습한 후, 전체 복습하여 마무리합니다.

진도	1주차				
날짜	____ 월 ____ 일	____ 월 ____ 일	____ 월 ____ 일	____ 월 ____ 일	____ 월 ____ 일
학습 내용	PART 01 추리의 개념과 종류 Ⅰ. 연역과 귀납 [1] 연역 추리	PART 01 Ⅰ. 연역과 귀납 [2] 귀납 추론	PART 01 Ⅱ. 언어 추리	PART 01 Ⅲ. 논리게임	PART 01 Ⅳ. 수리 추리
진도	**2주차**				
날짜	____ 월 ____ 일	____ 월 ____ 일	____ 월 ____ 일	____ 월 ____ 일	____ 월 ____ 일
학습 내용	PART 02 논증의 개념과 범주 Ⅰ. 논증 분석	PART 02 Ⅱ. 논쟁 및 반론	PART 02 Ⅲ. 평가 및 문제 해결	PART 01 복습	PART 02 복습

4주 완성 학습 플랜

추리논증 핵심 원리를 꼼꼼하게 학습한 후, 파트별로 바로 복습하여 핵심 개념을 확실하게 숙지하고, 전체 복습하며 마무리합니다.

진도	1주차				
날짜	____ 월 ____ 일	____ 월 ____ 일	____ 월 ____ 일	____ 월 ____ 일	____ 월 ____ 일
학습 내용	PART 01 추리의 개념과 종류 Ⅰ. 연역과 귀납 [1] 연역 추리	PART 01 Ⅰ. 연역과 귀납 [1] 연역 추리 복습	PART 01 Ⅰ. 연역과 귀납 [2] 귀납 추론	PART 01 Ⅰ. 연역과 귀납 [2] 귀납 추론 복습	PART 01 Ⅱ. 언어 추리 [1] 언어 추리의 출제 유형 ~ [2] 분야별 접근 방법 1. 법·규범학
진도	2주차				
날짜	____ 월 ____ 일	____ 월 ____ 일	____ 월 ____ 일	____ 월 ____ 일	____ 월 ____ 일
학습 내용	PART 01 Ⅱ. 언어 추리 [2] 분야별 접근 방법 2. 인문학 ~ 4. 과학기술	PART 01 Ⅱ. 언어 추리 복습	PART 01 Ⅲ. 논리게임	PART 01 Ⅲ. 논리게임 복습	PART 01 Ⅳ. 수리 추리
진도	3주차				
날짜	____ 월 ____ 일	____ 월 ____ 일	____ 월 ____ 일	____ 월 ____ 일	____ 월 ____ 일
학습 내용	PART 01 Ⅳ. 수리 추리 복습	PART 01 복습	PART 02 논증의 개념과 범주 Ⅰ. 논증 분석	PART 02 Ⅰ. 논증 분석 복습	PART 02 Ⅱ. 논쟁 및 반론
진도	4주차				
날짜	____ 월 ____ 일	____ 월 ____ 일	____ 월 ____ 일	____ 월 ____ 일	____ 월 ____ 일
학습 내용	PART 02 Ⅱ. 논쟁 및 반론 복습	PART 02 Ⅲ. 평가 및 문제 해결	PART 02 Ⅲ. 평가 및 문제 해결 복습	PART 02 복습	전체 복습

추리논증 고득점 가이드

LEET 소개

1. LEET란?

LEET(Legal Education Eligibility Test, 법학적성시험)는 법학전문대학원 교육을 이수하는 데 필요한 수학 능력과 법조인으로서 지녀야 할 기본적 소양 및 잠재적인 적성을 가지고 있는지를 측정하는 시험을 말합니다. LEET는 법학전문대학원 입학전형에서 적격자 선발 기능을 제고하고 법학교육 발전을 도모하는 데 그 목적이 있습니다.

2. 응시자격 및 시험성적 활용

LEET의 응시자격에는 제한이 없으나, 법학전문대학원에 입학하기 위해서는 『법학전문대학원 설치·운영에 관한 법률』 제22조에 따라 학사학위를 가지고 있는 자 또는 법령에 의하여 이와 동등 이상 학력이 있다고 인정된 자, 해당년도 졸업예정자(학위취득 예정자 포함)이어야 합니다. 또한 LEET 성적은 『법학전문대학원 설치·운영에 관한 법률』 제23조에 따라 당해 학년도에 한하여 유효하며 개별 법학전문대학원에서 입학전형 필수요소 중 하나로 활용됩니다.

3. 시험영역 및 시험시간

언어이해와 추리논증 영역의 문제지는 홀수형과 짝수형으로 제작되며, 수험번호 끝자리가 홀수인 수험생에게는 홀수형, 짝수인 수험생에게는 짝수형 문제지가 배부됩니다. 한편 논술 영역의 문제지는 단일 유형으로 제작됩니다.

교시	시험영역	문항 수	시험시간	문제 형태
1	언어이해	30	09:00~10:10(70분)	5지선다형
2	추리논증	40	10:45~12:50(125분)	5지선다형
점심시간			12:50~13:50(60분)	
3	논술	2	14:00~15:50(110분)	서답형
계	3개 영역	72문항	305분	

※ 출처: 법학전문대학원협의회 홈페이지

추리논증 알아보기

1. 출제 방향

추리논증은 지문의 제재나 문제의 구조, 질문의 방식 등을 다양화하여 이해력, 추리력, 비판력을 골고루 측정하는 시험이 될 수 있도록 출제됩니다. 또한 추리 능력을 측정하는 문제와 논증 분석 및 평가 능력을 측정하는 문제가 규범, 인문, 사회, 과학·기술의 각 영역 모두에서 균형 있게 출제됩니다. 한편 상이한 토대와 방법론에 따라 진행되는 다양한 종류의 추리 및 비판을 상황과 맥락에 맞게 파악하고 적용하는 능력을 측정하고자 합니다.

2. 출제 범위

추리논증은 규범, 인문, 사회, 과학·기술과 같은 학문 영역이 모두 균형 있게 출제되고 있습니다. 규범 영역의 문항은 법학 일반, 법철학, 공법, 사법 등 소재를 다양화하였고, 인문 영역의 문항들은 지식이나 규범과 관련된 원리적 토대를 다루면서도 예술이나 사회과학, 자연과학과 융합된 방식의 내용이 주를 이루고 있습니다.

3. 문제 구성

① 내용 영역

추리논증은 논리학·수학, 인문, 사회, 과학·기술, 규범의 총 다섯 가지 내용 영역으로 출제되며, 총 40문제가 출제됩니다.

내용 영역	내용
논리학·수학	추리 문항의 해결에 필요한 원리, 일상적이고 실용적인 내용에 대한 탐구를 목적으로 하는 영역
인문	인간의 본질과 문화에 대한 탐구와 설명을 목적으로 하는 영역
사회	사회 현상에 대한 탐구와 설명을 목적으로 하는 영역
과학·기술	자연 현상, 기술 공학에 대한 탐구와 설명을 목적으로 하는 영역
규범	법과 윤리에 대한 탐구와 설명을 목적으로 하는 영역

② 인지 활동 유형

추리논증은 크게 '추리 영역'과 '논증 영역'으로 나눌 수 있습니다. 추리 영역의 언어 추리 유형에서는 법학과 과학·기술을 중심으로 꾸준히 출제되고 있으며, 사회과학은 매년 비중이 다르게 출제되고 있습니다. 또한 인문학 소재의 논증 지문을 통해 추리할 수 있는 문제도 출제되고 있습니다. 논증 영역의 논증 분석 유형에서는 비교 분석과 논증의 구조 파악이 출제되고 있으며, 논쟁 및 반론 유형에서는 분석과 반론을 보여주고 판단하는 문제의 비중이 높아졌고, 논증의 강화와 약화 판단 문제도 꾸준하게 출제되고 있습니다.

구분	인지 활동 유형	내용
추리	형식적 추리	· 명제 논리적 연결사들의 진리 조건에 따라서 추리하여 해결하거나 다이어그램이나 모델을 만들어서 해결할 수 있는지 묻는 유형
	언어 추리	· 원리 적용: 개념이나 원리 원칙을 파악하고 이를 실제 사례에 적용할 수 있는지 묻는 유형 · 함축 및 귀결: 텍스트 안에 함축되어 있거나 정보로부터 귀결되는 바를 파악할 수 있는지 묻는 유형 · 사실관계로부터의 추리: 사건이나 사실을 토대로 추리할 수 있는지 묻는 유형
	논리게임	· 배열하기나 속성 매칭하기, 그룹핑 등 연역적인 추리 능력을 검사할 수 있는지 묻는 전형적인 논리 퍼즐 유형
	수리 추리	· 간단한 수 계산이나 방정식을 포함한 대수식을 이용하여 해결하거나 경우의 수, 도형, 이산수학/게임 이론을 통해 문제를 해결할 수 있는지 묻는 유형
논증	논증 분석	· 논증의 주장과 제시된 근거를 파악, 논증의 원리, 생략된 전제를 찾거나 논증의 구조를 정리할 수 있는지 묻는 유형
	논쟁 및 반론	· 논쟁의 쟁점이나 전제를 파악하거나 주어진 논증에 대하여 반론, 오류를 제기할 수 있는지 묻는 유형
	평가 및 문제 해결	· 귀납 논증에서 결론의 정당성을 강화하거나 약화하는 사례 내지 조건을 파악하거나 논증에 대하여 종합적으로 평가할 수 있는지 묻는 유형

최신 출제 경향

1. 출제 비중

최근 추리논증은 추리와 논증 영역 비중이 50:50으로 두 영역 간에 균형을 맞추는 방향으로 출제되고 있습니다. 추리 영역은 언어 추리의 원리 적용 유형이 중심이 되어 전 분야에서 출제되고 있으며, 형식적 추리와 논리게임, 수리 추리 유형에서도 매년 꾸준히 출제되고 있습니다. 논증 영역은 논쟁 파악과 평가 중심으로 출제되고 있습니다.

2. 난이도

추리논증은 40문제 중 평균 점수가 22~25점을 구성하고 있어 어려운 영역으로 자리잡고 있습니다. 특히 주의할 점은 정답률이 70% 이상으로 쉬운 문제가 있지만 60% 미만의 고난도 문제가 20문제 이상 출제되고 있다는 점입니다. 또한 선택지의 난도가 높아 단순한 지문 이해만으로는 해결할 수 없는 문제가 다수 출제되고 있으므로 추리논증에 대한 철저한 준비가 필요합니다.

3. 지문 및 소재

법학 소재와 인문학 소재가 가장 많이 출제되고 있습니다. 법학과 인문학 소재는 최근 3개년 동안 출제 비중이 높아졌으며, 철학 및 사상, 심리학, 미학, 역사학, 문화 등 다양한 소재를 토대로 하여 출제되고 있습니다. 또한 사회과학에서도 경제, 정치, 사회 분야가 지속적으로 수리추론을 포함하여 5문제 정도 출제되고 있으며, 과학·기술 소재는 생명과학을 중심으로 물리학, 화학 등 다양한 분야에서 출제되고 있습니다. 특히 인과와 상관관계, 가설 판단 등 논리적 소재도 출제되고 있습니다.

대비 전략

① 추리논증의 핵심 이론을 학습하여 논리·비판적 사고를 향상시켜야 합니다.

추리논증의 유형은 다양하게 구분되어 있으므로 논리·비판적 사고가 근본적으로 함양되어야 문제를 해결할 수 있습니다. 추리논증의 핵심 이론을 꼼꼼히 학습하고 이를 문제풀이에 적용하는 연습을 통해 논리·비판적 사고를 향상시켜야 합니다.

② 문제풀이에 필요한 정보를 정확하게 파악하는 능력을 길러야 합니다.

추리논증은 다양한 조건과 상황 등이 제시되므로 문제를 해결하기 위해 필요한 정보를 정확하게 파악하는 것이 중요합니다. 따라서 키워드를 중심으로 제시된 정보를 시각화하거나 관련 있는 조건끼리 묶어 그룹화하는 연습이 필요합니다.

③ 다양한 문제를 풀이하여 판단력을 길러야 합니다.

추리논증은 125분 동안 40문제의 방대한 문제를 풀어야 하므로 시간이 부족한 경우가 많습니다. 한 문제를 풀이하는 데 너무 오랜 시간이 소요된다면 다른 문제를 놓칠 가능성이 높으므로 추리논증 기출문제뿐만 아니라 PSAT 등 다양한 적성시험의 기출문제를 접하는 경험을 통해 시간 관리와 시험의 압박감에서 벗어나기 위한 판단력을 길러야 합니다.

한 번에 합격, 해커스로스쿨
lawschool.Hackers.com

PART 01

추리 영역

추리의 개념과 종류

1 논리 개념

추리(reasoning)
주어진 정보나 사실로부터 새로운 정보나 사실을 도출하는 사고

논증(argument)
추리의 사고가 구체적인 내용으로 표현된 것

우리가 흔히 추론(inference) 또는 추리(reasoning)라고 부르는 것은 주어진 사실이나 정보 등으로부터 새로운 것을 도출시키는 사고와 그 과정을 의미한다. 그리고 이러한 추리가 하나의 완성된 글로 표현된 것을 논증(argument)이라 부른다.

추리
A라면 B다. 또한 B이면 C다. 따라서 A는 C다.

논증
만약 철수가 열심히 공부한다면 시험 성적이 좋을 것이다. 철수가 좋은 시험 성적을 얻는다면 원하는 로스쿨에 진학할 것이다. 따라서 만약 철수가 열심히 공부한다면 그는 자신이 원하는 로스쿨에 진학할 것이다.

위 두 예시는 동일한 '삼단논법'이라는 형식을 취하고 있다. 그런데 추리 예시는 기호화되어 있으며 구체적인 내용은 관련되지 않는 사고 영역에 해당한다. 한편 논증 예시는 구체적인 내용이 명시되어 있으며 이들 간의 연쇄를 보여준다. 이렇게 추리는 사고 과정에 대한 부분인 반면 논증은 내용이 들어가 있는 형식이다. 따라서 이 단어들은 동일한 의미를 지니는 개념들이며, 단지 외적 형태에 따라 다르게 부를 뿐이다.

2 추리 및 논증의 구성

전제(premise)
논증이나 추리에서 주어진 정보나 사실로 결론을 뒷받침하는 진술

결론(conclusion)
전제로부터 도출되는 새로운 정보나 사실

추리 및 논증은 두 가지의 구성 요소를 지닌다. 하나는 주어진 사실이나 정보인 전제 또는 근거이며, 다른 하나는 이로부터 도출되는 새로운 정보 내지 사실인 결론 또는 주장이 그것이다. 이 둘 중 하나라도 결핍될 경우 이는 논증이나 추리가 아니다. 왜냐하면 주어진 정보나 사실로부터 도출되는 사고 과정이 필요하기 때문이다.

전제는 논증 안에서 일반적으로 전제임을 지시하는 용어로 사용된다. 이를 '전제 지시어'라고 한다. 예를 들어, '왜냐하면', '그 이유는', '...이기 때문이다.' 등이 사용된다. 또한 결론도 결론 지시어로 유도되는 경우가 많다. 예를 들어, '그러므로', '따라서', '그래서', '그렇다면' 등이 사용된다.

추리 및 논증에서 주의할 점은 전제로부터 결론이 도출된다는 '과정'에 대한 인지이다. 주어진 정보를 벗어나는 것으로부터 결론이 도출될 수 없기 때문이다.

3 추리 및 논증의 종류

추리 및 논증에는 두 가지가 있는데, 하나는 연역이며 다른 하나는 귀납이다.

1. 연역 추리

연역 추리는 전제로부터 결론이 필연적으로 도출되는 것으로, 결정적인 근거가 제시된다.

> **연역**
> 모든 인간은 죽는다. 소크라테스는 인간이다. 따라서 소크라테스는 죽는다.

연역 논증은 주어진 전제로부터 결론이 필연적으로 도출된다. 이는 전제가 참일 경우 결론이 반드시 참이 되는 논증의 형식을 의미한다.

연역(deduction)
전제가 참일 경우 결론이 필연적으로 참이 되는 논증이나 추리

2. 귀납 추론

귀납 추론은 전제가 결론을 개연적(probably)으로 뒷받침한다.

> **귀납**
> 나는 지금까지 까마귀를 100마리 보았는데, 모두 검은색이었다. 따라서 모든 까마귀는 검다.

귀납 논증은 대부분 전제가 경험적 사실에 근거한다. 그리고 이로부터 결론이 도출되는데, 결정적인 뒷받침을 하지는 못한다. 결론이 참이 될 수 있음을 보여주기에 이를 '개연성'이라고 부른다. 만약 또 다른 전제가 추가될 경우 결론의 설득력은 높아질 수도 있고 낮아질 수도 있는데, 전자의 경우 논증이 '강화'된다고 하며, 후자의 경우 논증이 '약화'된다고 표현한다.

귀납(induction)
전제가 참일 경우 결론은 개연적으로 참이 되는 논증이나 추리

Ⅰ. 연역과 귀납

1 연역 추리

연역은 전제들이 참일 경우 결론이 필연적으로 참이어야만 하는 것을 의미한다. 따라서 연역 논증이 타당하다면, 거기에 새로운 부가적인 전제를 덧붙이더라도 그 논증의 타당성이나 강도에는 아무런 영향을 미치지 못한다. 이는 연역에서는 전제가 결론을 함축 또는 가정한다는 사실을 의미한다.

1. 타당성과 건전성

타당성(validity)
전제가 참일 때에 결론이 반드시 참이 되는 정도

건전성(soundness)
타당하면서도 전제나 결론의 내용이 실제로 참이 되는 정도

우리는 어떤 논증의 '그 전제들이 모두 참이고 결론이 거짓인 경우'가 있을 수 없을 때, 그 논증을 연역적으로 타당하다(deductively valid)고 말한다. 연역에서 관심사는 전제나 결론의 내용적 참·거짓 여부가 아니다. 핵심은 만일 전제가 모두 참이라면, 결론이 거짓일 수 있는 가능성이 있느냐의 여부이다. 즉 형식의 차원에서 접근한다는 것이다. 결국 연역에서 전제가 참일 때에 결론은 반드시 참이 된다. 연역 논증의 또 다른 기준에는 건전성(soundness)이 있다. 이는 연역 논증이 타당하면서도 전제나 결론의 내용이 실제로도 참인 논증을 말한다.

타당하지만 건전하지 못한 연역 논증
모든 개는 포유류이다. 모든 포유류는 물에서 살지 않는다. 따라서 모든 개는 물에서 살지 않는다.

건전한 연역 논증
모든 인간은 죽는다. 소크라테스는 인간이다. 따라서 소크라테스는 죽는다.

2. 연역 논증의 종류

명제(proposition)란 참 또는 거짓으로 진술되는 문장을 말한다. 명제는 논리적 사고에 있어서 가장 기본이 되는 단위로 사용되며, 하나의 명제가 참 또는 거짓임을 상정하는 것을 진위 또는 진리값이라고 부른다. 이때 연역은 두 가지의 논증 형식으로 구분된다.

(1) 명제 논리(문장 논리)

명제 논리 형식
논증의 기본 단위가 하나의 문장인 논증 형식

명제들이 '또는', '아니다.', '그리고', '만일 …이면, …이다.' 등과 같은 진리함수적 결합사를 포함하는 형식의 논리를 명제 논리 형식(propositional logic) 또는 문장 논리 형식(sentence logic)이라고 한다. 본래 명제란 참이나 거짓이 되는 진술(statement) 또는 문장을 말한다. 결국 명제 논리 영역에서 사고와 판단을 하는 단위는 하나의 명제가 된다.

(2) 술어 논리

술어 논리 형식
논증의 기본 단위가 하나의 개념(term)인 논증 형식

'모든', '어떤', '몇몇의', '약간의' 등과 같은 양화사를 사용하는 논리의 형식을 술어 논리 형식(predicate logic)이라고 한다. 술어 논리는 개념들 간의 관계에 대한 논리를 의미한다. 따라서 명제 논리가 술어 논리에 비해 큰 범위로, 명제 논리에서의 최소 판단 단위가 문장인 반면 술어

논리에서는 개념이 최소 단위가 된다. 이는 문제를 해결하는 데에 있어서 근본적인 접근 방식을 결정하는 중요한 요소가 된다.

3. 문장 논리

문장 논리 형식은 명제들 간에 진리함수적 결합사로 연결되어 있는 형식을 말한다. 이때 진리함수적(truth-functional) 결합사란 명제들을 연결시키는 용어로 연언, 선언, 부정, 조건문 등이 있다.

(1) 기호 논리와 진리표

연역 추리에서는 형식적 타당성을 검사한다. 따라서 주어진 명제를 기호로 표시하여 단순화할 때 효율적인 분석이 이루어질 수 있다. 이렇게 명제를 기호화하여 논리를 파악하는 것을 '기호 논리'라고 한다. 이를 흔히 형식을 강조하여 판단하기에 형식 논리라고도 부른다. 한편 기호로 표현하지 않고 직접적인 일상 언어들도 포함하여 논리적 관계와 의미론적 해석까지 분석하는 논리를 비형식 논리라고 하며, 이는 흔히 '비판적 사고(critical thinking)'라는 말로 알려져 있다. 물론 가장 이상적인 형태는 두 파트를 일관된 관점에서 접근하는 것이다.

하나의 명제는 참 또는 거짓으로 판단되는 진술(statement)을 말한다. 그런데 두 개 이상의 명제가 관련될 때에 각 명제의 참·거짓 여부에 따라 전체 진술이 판단된다. 그래서 이들이 나타낼 수 있는 모든 경우의 수를 각각의 경우에 따라 판단할 수 있게끔 편리하게 만든 것이 '진리표'이다. 예를 들어 두 개의 명제 P와 Q가 있다고 할 때에, 두 명제는 각각 참 또는 거짓의 진릿값을 가질 수 있다. 따라서 두 명제의 관계에서는 총 4가지의 경우의 수가 나타난다. 이를 표로 나타내면 다음과 같다. (단, 참을 True에서 'T'로, 거짓을 False에서 'F'로 표시한다.)

P	Q
T	T
T	F
F	T
F	F

진리표는 명제들 간의 관계에 있어서 각 명제가 참 또는 거짓으로 주장될 가능성을 모두 고려하여 각각의 연관관계에 대한 참·거짓 여부를 판단하는 기준이 된다. 이는 연역 추리의 기초를 이루는 것으로, 차후에 논리게임 등 연역 추리에 근거한 문제 해결에 있어서 핵심이 되는 중요한 부분이다.

① 연언(連言; conjunction)

연언이란 복합명제에서 주어진 두 명제가 연결어를 통해 결합된 것을 의미한다. 일반적으로 p와 q가 임의의 명제를 나타낼 때 그 연언은 'p&q(또는 p • q ; p∧q)'가 된다. 참을 T(truth), 거짓을 F(false)로 기호화하고 이들 명제들이 나타날 수 있는 모든 경우의 수를 진리표로 연언의 진릿값을 표시하면 다음과 같다.

p	q	p&q
T	T	T
T	F	F
F	T	F
F	F	F

형식 논리(기호 논리)
명제나 개념을 기호화하여 논리적 사고를 전개하는 체계

비형식 논리(비판적 사고)
기호를 사용하지 않고 표현된 논증을 통해 논리적 사고를 전개하는 방식

진리표에서 알 수 있듯이 연언에서는 참이 되는 경우가 하나뿐이다. 두 연언지가 모두 참일 때에 전체 값이 참이 된다는 것이다. 여기서 연언의 기호(&)는 단순히 '그리고(and)' 뿐만 아니라, '그러나', '하지만', '그렇지만', '또한', '더구나' 등의 어휘들도 포함한다. 두 명제를 하나의 명제형식으로 결합하는 데 사용되는 순접이나 대등 접속사들 모두가 연언의 의미로 사용되기 때문이다.

추론에서 나타나는 전제가 여러 개일 경우, 그 전제들은 모두 주장을 뒷받침하는 연언으로 연결되어 있다.

② 선언(選言; disjunction)

선언은 두 명제를 '또는', '혹은' 등으로 연결한다. 선언에서 그 요소 명제의 어느 하나의 선언지가 참이거나 두 선언지 모두가 참일 때 선언문은 참이 된다. 선언형식에서는 연언과 달리 거짓이 되는 경우가 오직 하나뿐이다. 즉 전건과 후건 모두 거짓일 때이다.

p	q	p∨q
T	T	T
T	F	T
F	T	T
F	F	F

주의할 점은 선언문은 두 가지의 의미에서 파악되기도 한다는 것이다. 먼저 선언문의 형식이 두 명제 모두가 참일 가능성이 있을 때에 '포괄적 선언(inclusive disjunction)'이라 하며, 두 명제 모두가 참일 가능성이 없을 때에 '배타적 선언(exclusive disjunction)'이라 한다. 배타적 선언은 두 명제 중 하나의 명제만 참인 양자택일적 의미를 지닌다. 따라서 배타적 선언을 기호로 표현하면 다음과 같다.

(p∨q)&~(p&q)

③ 부정

부정은 '…아니다.'를 원 명제에 붙여서 만든다. 한 명제의 부정을 표시하는 기호는 '~'를 사용한다. 임의의 명제 p에 대한 부정은 ~p(또는 ¬p)로 표시된다. 만약 명제가 복합명제일 경우 부정은 그러한 진술 전체를 대상으로 이루어진다.

p	~p
T	F
F	T

부정관계에서는 어느 하나가 참일 때에 다른 하나는 거짓이며, 하나가 거짓일 때에 다른 하나는 반드시 참이 된다. 이는 동시에 참이거나 거짓이 될 수 없는 모순을 의미한다.

④ 조건문

두 명제가 '…라면(if)'이라는 가정으로 연결되어 있을 때, 그 명제를 일컬어 '조건문(conditional statement)'[또는 가언문(hypothetical statement)이나 함언문(implicative statement)]이라고 한다. 조건문은 앞에 나오는 전건(antecedent)과 뒤에 위치한 후건(consequent) 사이의 함축관계로 이루어져 있다. 이는 연역추론의 원칙인 전제가 결론을 함축한다는 의미가 그대로 적용되어, 전건이 참일 때에 후건은 참이라는, 전건이 후건을 함축하고 있다는 것을 말한다. 기호는 '→'가 사용된다.

p	q	p→q
T	T	T
T	F	F
F	T	T
F	F	T

문장을 조건문으로 기호화할 때에 주의할 점이 있다. 조건문은 단순히 '만약 …라면'으로 표현되지는 않는다. 다양한 표현으로 나타나는데, '…위해서'는 '만약 …라면'과 동일한 의미이며, '…인 경우'와 '…일 때' 등은 뒤에 오는 문장에 따라 조건문이 될 수 있다. 또한 '오직 …인 경우에만'이 올 때에는 조건문의 후건이 되며, 뒤에 오는 문장이 전건이 된다. 이는 조건문이 참일 때에, 전건이 참일 경우 후건은 반드시 참이 되어야 하기에 성립하는 것이다.

㉠ 역명제

하나의 조건문이 주어지고(p → q), 그 조건문의 전건과 후건이 뒤바뀌어진 경우(q → p)가 역에 해당한다. 이 경우 이 둘은 동시에 참이 되기도 하지만 모순관계가 형성되기도 한다. 따라서 조건문의 역은 우연적으로 참이 되는 '우연 문장' 또는 '무관'한 관계를 형성한다.

p	q	p→q	q→p
T	T	T	T
T	F	F	T
F	T	T	F
F	F	T	T

㉡ 진리표를 사용한 타당성 증명 예시

만약 철수가 열심히 공부한다면, 그는 시험에 합격할 것이다. 철수는 열심히 공부하지 않는다. 따라서 그는 시험에 합격하지 못할 것이다.

이 논증을 기호화하고 진리표를 이용하여 그 진릿값을 표시하면 다음과 같다.

- p: 철수는 열심히 공부한다.
- q: 철수는 시험에 합격할 것이다.

p	q	p→q	~p	~q
T	T	T	F	F
T	F	F	F	T
F	T	T	T	F
F	F	T	T	T

위 진리표에서 두 전제가 모두 참인 경우는 세 번째와 네 번째 줄이다. 그런데 이때 결론은 항상 참이 되지 않는다. 따라서 위 논증은 타당하지 못한 논증이다.

예제 2003년 5급 모의 PSAT 언어논리 문13

다음 중 동시에 참일 수 없는 주장을 담고 있는 것은?

① 만약 철수의 말이 옳다면, 민혁이는 그날 모임에 가지 않았다. 철수의 말이 틀렸다. 민혁이는 그날 모임에 가지 않았다.
② 만약 철수의 말이 옳다면, 민혁이는 그날 모임에 가지 않았다. 철수의 말이 옳은 것으로 드러났다. 민혁이는 그날 모임에 갔다.
③ 만약 철수의 말이 옳다면, 민혁이는 그날 모임에 가지 않았다. 민혁이는 그날 모임에 갔다. 철수의 말이 틀렸다.
④ 만약 철수의 말이 옳다면, 민혁이는 그날 모임에 가지 않았다. 민혁이는 그날 모임에 가지 않았다. 철수의 말이 옳다.
⑤ 철수의 말이 옳지 않거나, 민혁이는 그날 모임에 가지 않았다. 철수의 말이 옳다. 민혁이는 그날 모임에 가지 않았다.

[정답] ②

이 문제는 전제와 결론을 형성하는 하나의 논증을 판단하는 것이 아니라 단지 세 문장이 동시에 참 즉, 양립할 수 있는지 여부를 묻고 있을 뿐이다. 따라서 명제 간의 진릿값을 활용하여 풀어야 한다.

① (O) 뒤의 두 명제가 참일 경우, 맨 처음의 조건문의 전건이 거짓이고 후건도 참이 되어 조건문은 참이 된다. 따라서 동시에 참이 된다.
② (X) 뒤의 두 명제가 참일 경우, 조건문의 전건이 참이며 후건은 거짓이 되어 세 진술은 동시에 참이 될 수 없다.
③ (O) 뒤의 두 명제가 참일 경우, 조건문의 전건과 후건 모두 거짓이 되어 세 진술은 동시에 참이 된다.
④ (O) 뒤의 두 명제가 참일 경우, 조건문의 후건이 참이며 전건도 참이 되어 세 진술은 동시에 참이 된다.
⑤ (O) 선언문에서 하나의 선언지만 참이어도 주장이 성립하기에 세 진술은 동시에 참이 된다.

(2) 연역 추리의 규칙

우리는 진리표에 의한 논증의 타당성 검토로 정확한 논리적 결과를 추론할 수 있다. 그러나 복합명제의 경우 단순명제의 수가 증가함에 따라 진리표도 더욱 복잡해진다. 이렇게 복합 논증의 타당성 검사는 이미 알고 있는 기본적인 논법들을 이용하여 연역적으로 검사할 수 있다.

① 진리함수적 추리규칙

㉠ 긍정논법(전건긍정식; M.P.: Modus Ponens)

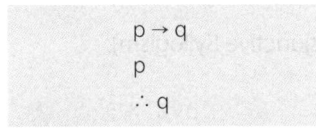

$$p \rightarrow q$$
$$p$$
$$\therefore q$$

가장 일반적인 원칙으로 진리표를 통해 추론할 수 있다. 조건문의 전건이 참일 때에 후건은 반드시 참이 되어야 조건문이 성립한다. 만약 후건이 참이 된다면, 전건은 어떤 진릿값이 와도 조건문이 참이 되므로 전건이 반드시 참으로 도출되는 것은 아니기 때문이다.

후건긍정의 오류

$$p \rightarrow q$$
$$q$$
$$\therefore p$$

조건문에서 후건이 긍정되면, 진리표에 의해 전건이 참이나 부정의 값을 모두 가져도 전체 조건문은 참이 된다. 따라서 전건인 p가 반드시 참이 되지 않기에 오류가 된다. 주의할 점은 연역적 타당성은 전제로부터 결론이 반드시 참이 되어야 한다는 사실이다.

㉡ 부정논법(후건부정식; M.T.: Modus Tollens)

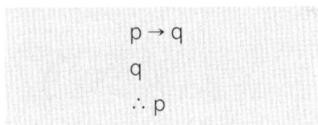

$$p \rightarrow q$$
$$\sim q$$
$$\therefore \sim p$$

진리표에서 조건문의 후건이 부정일 경우 전건은 반드시 거짓이 되어야 조건문이 성립한다.

전건부정의 오류

$$p \rightarrow q$$
$$\sim p$$
$$\therefore \sim q$$

조건문에서 전건이 부정되면, 후건이 무엇이 오든지 참이다. 따라서 후건이 반드시 거짓이 되는 것은 아니다.

ⓒ 조건(가언)삼단논법(H.S.: Hypothetical Syllogism)

$p \rightarrow q$
$q \rightarrow r$
$\therefore p \rightarrow r$

두 개의 조건문이 매개(medium) 명제를 토대로 연결되어 다른 조건문을 도출시키는 원칙이다. 명제 논리에서는 순서와 명제의 위치가 정확하게 위 도식에 일치할 경우에만 타당하다.

ⓓ 선언삼단논법(D.S.: Disjunctive Syllogism)

$p \vee q$
$\sim p$
$\therefore q$

진리표에서 선언문이 성립되기 위해서는 어느 한쪽이 반드시 참이어야 한다. 따라서 한쪽이 부정일 때에 다른 선언지는 반드시 참이 된다.

선언삼단논법의 오류

$p \vee q$
p
$\therefore \sim q$

만약 선언문 중의 선언지 어느 하나가 참이라면, 나머지 하나의 진위는 선언문에 영향을 미치지 않는다. 왜냐하면 어느 하나만 참이어도 그 선언문 전체는 참이기 때문이다. 그런데 어느 하나가 긍정된다고 해서 반드시 다른 하나가 거짓이 되는 것은 아니다. 이를 위배하는 것을 선언삼단논법의 오류라고 한다.

ⓔ 양도논법(딜레마; C.D.: Constructive Dilemma)

$(p \rightarrow q) \& (r \rightarrow s)$	$(p \rightarrow q) \& (r \rightarrow s)$
$p \vee r$	$\sim q \vee \sim s$
$\therefore q \vee s$	$\therefore \sim p \vee \sim r$

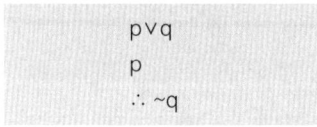

두 조건문의 긍정논법이나 부정논법이 연언으로 이어져 각각의 긍정논법의 전건의 긍정이나 부정논법의 후건의 부정이 타당하게 성립할 경우 이들 각각의 후건의 긍정이나 전건의 부정이 선언으로 타당하게 연결된다는 원칙이다.

ⓕ 분리논법(단순화; Simp.: Simplification)

$p \& q$
$\therefore p$

진리표에서 연언은 각 연언지가 모두 참일 때에만 참이다. 따라서 각각의 연언지를 긍정으로 도출할 수 있다. 이를 '연언지 긍정'이라고도 한다.

㉦ 연언논법(Conj.: Conjunction)

p
q
∴ p&q

두 전제가 모두 연언으로 이어져 있기에 도출되는 원칙으로 '연언 도입'이라고도 한다.

◎ 부가논법(Add.: Addition)

p
∴ p∨q

진리표에서 어느 한쪽만 참이어도 모두 참인 선언의 원칙을 이용한 것으로 '선언 도입'이라고도 한다.

② 자연 연역에 의한 증명

추론규칙을 이용한 타당성 증명을 외형적으로 정리하는 방식으로 자연 연역에 의한 증명 방식이 있다. 이는 논리학계에서 일반적으로 사용하는 방식으로 추론의 과정을 순차적으로 보여줄 수 있는 장점이 있다. 다음의 논증을 살펴보자.

> 만약 영수가 후보자가 된다면, 그는 서울에 갈 것이다. (A, B)
> 만약 그가 서울에 간다면, 그는 그곳에서 유세를 할 것이다. (C)
> 만약 그가 그곳에서 유세를 한다면, 그는 영희를 만날 것이다. (D)
> 영수는 영희를 만나지 않았다.
> 영수가 후보자가 되었거나 보다 적합한 인물이 당선되었다. (E)
> 그러므로 보다 적합한 인물이 당선되었다.

이 논증의 타당성을 밝히기 위하여 기호화하면 다음과 같다.

> A → B
> B → C
> C → D
> ~D
> A∨E
> ∴ E

이 논증은 모두 다섯 개의 단순명제들로 이루어져 있다. 4개의 기본 논법을 사용하여 이들의 타당성을 밝힐 수 있다.

> 1. 처음 두 개의 전제 A → B와 B → C로부터 조건삼단논법을 통하여 A → C를 추론한다.
> 2. A → C와 세 번째 전제 C → D에서 조건삼단논법을 통하여 A → D를 추론한다.
> 3. A → D와 네 번째 전제 ~D로부터 부정논법을 통하여 ~A를 추론한다.
> 4. ~A와 다섯 번째 전제 A∨E로부터 선언삼단논법을 통하여 결론인 E를 추론한다.

결국 이 논증은 조건삼단논법, 부정논법, 선언삼단논법의 추론 규칙을 이용하여 타당성을 밝힐 수 있다. 주어진 논증의 타당성을 형식적으로 증명하는 것은, 개별 명제들이 그 논증의 전제이거나 타당한 기본 논법들에 의해서 도출된 것이며 마지막 명제는 주어진 논증의 결론임을 밝히는 것이다.

논증의 타당성 여부를 형식적으로 증명하는 방법은 전제들과 연역된 명제들을 일렬로 열거하고, 그 오른쪽에 각 명제의 정당화를 위한 논법을 열거하는 방법이 있다. 정당화 과정에서 사용된 추론 규칙을 아래에 서술한다. 이 방식으로 위에서 다룬 논증을 표현하면 다음과 같다.

1. A → B	
2. B → C	
3. C → D	
4. ~D	
5. A∨E / ∴E	
6. A → C	(1과 2에서 조건(가언)삼단논법 적용)
7. A → D	(6과 3에서 조건삼단논법 적용)
8. ~A	(7과 4에서 부정논법 적용)
9. E	(5와 8에서 선언삼단논법 적용)

이렇게 추론 규칙을 사용하여 순차적으로 증명하는 방식을 '자연 연역에 의한 증명(natural deduction proof technique)' 또는 '형식적 증명(formal proof)'이라고 한다. 이는 각 단계의 추론 규칙들에 의해 정당화되는 추론들의 연쇄(chain)를 제시하는 것이다.

다음 추론들 가운데 논리적으로 타당한 것끼리 묶인 것은?

(가) 만일 이번 미 대통령 선거에서 A후보가 당선 되었다면, 남북관계가 화해와 협력의 길로 갔을 것이다. 그런데 A후보가 낙선됨으로 인해서 남북관계는 화해와 협력의 길로 가지 못할 것이다.
(나) 만일 그가 진심으로 그녀를 사랑한다면, 그는 그녀와 결혼할 것이다. 그가 양가의 강한 반대에도 불구하고 그녀와 결혼을 한 것으로 봐서 그녀를 진심으로 사랑하는 게 틀림없다.
(다) 그녀는 대학을 졸업한 후에 대학원에 진학하든가 취직을 하게 될 것이다. 그런데 그녀가 취직을 안 한 것으로 보아 그녀는 대학을 졸업하지 않았을 것이다.
(라) 그들은 비바람이 치면(비가 오면서 바람이 불면) 등산을 하지 않기로 약속을 했다. 그런데 그들이 등산을 강행한 걸로 봐서 비가 오지 않았거나 바람이 불지 않았다.
(마) 나는 참말을 하든가 거짓말을 해야 한다. 내가 참말을 하면 윗사람들이 비난을 할 것이고, 거짓말을 하면 아랫사람들이 비난을 할 것이다. 따라서 나는 어떤 경우든 비난을 받지 않을 수가 없다.

① (가), (나) ② (가), (마) ③ (나), (다)
④ (다), (라) ⑤ (라), (마)

[정답] ⑤

추론들을 기호화하면 다음과 같다.

(가) (X) p: A후보가 당선되었다.
q: 남북관계는 화해와 협력의 길로 간다.
$p \to q$
$\sim p$
$\therefore \sim q$
이는 전건부정의 오류에 해당한다.

(나) (X) p: 그가 진심으로 그녀를 사랑한다.
q: 그가 그녀와 결혼한다.
$p \to q$
q
$\therefore p$
이는 후건긍정의 오류에 해당한다.

(다) (X) p: 그녀는 대학을 졸업한다.
q: 대학원에 진학한다.
r: 취직을 한다.
$p \to (q \vee r)$
$\sim r$
$\therefore \sim p$
위 논증은 후건부정식의 형태를 지닌다. 그러나 첫 논증의 후건인 $\sim(q \vee r)$은 $\sim q \& \sim r$과 동치이다(드모르간 정리). 따라서 p도 함께 부정되어야 후건이 부정되어 전건인 p의 부정이 결론이 될 수 있다. 그러므로 타당하지 않다.

(라) (O) p: 비가 온다.
q: 바람이 분다.
r: 등산을 한다.
(p&q) → ~r
r
∴ ~p∨~q
이는 후건부정에 의한 타당한 논증이다.

(마) (O) p: 나는 참말을 한다.
q: 나는 거짓말을 한다.
r: 비난받는다.
p∨q
p → r
q → r
∴ r
이는 타당한 형식의 양도논법이다.

③ 필요충분조건

조건문에서 전건에 해당하는 명제가 참일 경우 후건의 명제는 반드시 참이 되어야 한다. 이때 전건의 명제는 후건의 명제가 참이 되기 위한 '충분조건'이 된다. 후건의 명제가 참이 되기 위해서는 전건 명제의 참이라는 조건이 있으면 충분하기 때문이다. 한편 후건 명제가 참이라고 해서 전건이 반드시 참이 되는 것은 아니다. 그러나 후건 명제가 참이 아닐 경우 전건 명제는 거짓이 될 수밖에 없다. 결국 전건 명제가 참이 되기 위해서 후건 명제의 참은 '필요조건'이 된다. 다음의 세 진술은 모두 논리적으로 동등한 진술들이다.

㉠ 만약에 A라면 B이다.
㉡ 만약에 B가 아니라면 A가 아니다.
㉢ 오직 B일 때에만 A이다.

이때 A는 B이기 위한 충분조건이며, B는 A이기 위한 필요조건이 된다.

㉣ 만약 A라면, 그리고 오직 A일 때에만 B이다.

한편 위 문장은 두 개의 문장이 결합된 것으로 A는 B이기 위한 충분조건인 동시에 필요조건이 된다. 이를 '필요충분조건'이라고 한다.

(가)~(다)에 들어갈 예시를 <보기>에서 골라 알맞게 짝지은 것은?

첫째, 필요조건으로서 원인은 "어떤 결과의 원인이 없었다면 그 결과도 없다"는 말로 표현할 수 있다. 예를 들어 (가) 만일 원치 않는 결과를 제거하고자 할 때 그 결과의 원인이 필요조건으로서 원인이라면, 우리는 그 원인을 제거하여 결과가 일어나지 않게 할 수 있다.

둘째, 충분조건으로서 원인은 "어떤 결과의 원인이 있었다면 그 결과도 있다"는 말로 표현할 수 있다. 예를 들어 (나) 만일 특정한 결과를 원할 때 그것의 원인이 충분조건으로서 원인이라면, 우리는 그 원인을 발생시켜 그것의 결과가 일어나게 할 수 있다.

셋째, 필요충분조건으로서 원인은 "어떤 결과의 원인이 없다면 그 결과는 없고, 동시에 그 원인이 있다면 그 결과도 있다"는 말로 표현할 수 있다. 예를 들어 (다) 필요충분조건으로서 원인의 경우, 원인을 일으켜서 그 결과를 일으키고 원인을 제거해서 그 결과를 제거할 수 있다.

〈보기〉

ㄱ. 물체 속도 변화의 원인은 물체에 힘을 가하는 것이다. 물체에 힘이 가해지면 물체의 속도가 변하고, 물체에 힘이 가해지지 않는다면 물체의 속도는 변하지 않는다.

ㄴ. 뇌염모기에 물리는 것은 뇌염 발생의 원인이다. 뇌염모기에 물린다고 해서 언제나 뇌염에 걸리는 것은 아니다. 하지만 뇌염모기에 물리지 않으면 뇌염은 발생하지 않는다. 그래서 원인에 해당하는 뇌염모기를 박멸한다면 뇌염 발생을 막을 수 있다.

ㄷ. 콜라병이 총알에 맞는 것은 콜라병이 깨지는 원인이다. 콜라병을 깨뜨리는 원인은 콜라병을 맞히는 총알 이외에도 다양하다. 누군가 던진 돌도 콜라병을 깨뜨릴 수 있다. 하지만 콜라병이 총알에 맞는다면 그것이 깨지는 것은 분명하다.

	(가)	(나)	(다)
①	ㄱ	ㄴ	ㄷ
②	ㄱ	ㄷ	ㄴ
③	ㄴ	ㄱ	ㄷ
④	ㄴ	ㄷ	ㄱ
⑤	ㄷ	ㄴ	ㄱ

[정답] ④

(가) ㄴ - 뇌염모기에 물리지 않으면 뇌염은 발생하지 않으므로 필요조건으로서의 원인이다.

(나) ㄷ - 콜라병이 총알에 맞는다면 그것이 깨지는 것은 분명하므로 충분조건으로서의 원인이다.

(다) ㄱ - 물체에 힘이 가해지면 물체의 속도가 변하고, 물체에 힘이 가해지지 않는다면 물체의 속도는 변하지 않으므로 필요충분조건으로서의 원인이다.

실전 연습문제

01
2013년 민경채 PSAT 언어논리 인 문9

전제가 참일 때 결론이 반드시 참인 논증을 펼친 사람만을 모두 고르면?

> 영희: 갑이 A부처에 발령을 받으면, 을은 B부처에 발령을 받아. 그런데 을이 B부처에 발령을 받지 않았어. 그러므로 갑은 A부처에 발령을 받지 않았어.
> 철수: 갑이 A부처에 발령을 받으면, 을도 A부처에 발령을 받아. 그런데 을이 B부처가 아닌 A부처에 발령을 받았어. 따라서 갑은 A부처에 발령을 받았어.
> 현주: 갑이 A부처에 발령을 받지 않거나, 을과 병이 C부처에 발령을 받아. 그런데 갑이 A부처에 발령을 받았어. 그러므로 을과 병 모두 C부처에 발령을 받았어.

① 영희
② 철수
③ 영희, 철수
④ 영희, 현주
⑤ 철수, 현주

02
2011년 민경채 PSAT 언어논리 간 문9

A, B, C, D 네 개의 국책 사업 추진 여부를 두고, 정부가 다음과 같은 기본 방침을 정했다고 하자. 이를 따를 때 반드시 참이라고는 할 수 없는 것은?

> ○ A를 추진한다면, B도 추진한다.
> ○ C를 추진한다면, D도 추진한다.
> ○ A나 C 가운데 적어도 한 사업은 추진한다.

① 적어도 두 사업은 추진한다.
② A를 추진하지 않기로 결정한다면, 추진하는 사업은 정확히 두 개이다.
③ B를 추진하지 않기로 결정한다면, C는 추진한다.
④ C를 추진하지 않기로 결정한다면, B는 추진한다.
⑤ D를 추진하지 않기로 결정한다면, 다른 세 사업의 추진 여부도 모두 정해진다.

03

2011년 민경채 2차 실험 PSAT 언어논리 수 문22

다음 글의 내용이 참이라고 할 때 반드시 참인 진술을 <보기>에서 모두 고르면?

> 우리는 철수, 영희, 민수 등과 같이 구체적으로 존재하는 개별자들에 대한 앎을 가지고 있을 뿐만 아니라 이러한 개별자들을 통칭하는 보편자, 즉 '인간 그 자체'에 대한 앎을 가지고 있다. 우리는 감각 지각을 통해서만 개별자에 대한 앎을 가질 수 있다. 감각 지각은 앎을 가질 수 있는 후천적인 방식 중 하나이다. 그렇다면 보편자에 대한 앎은 어떻게 소유하게 되는 것일까? 우리가 보편자에 대한 앎을 갖게 되는 방식은 선천적 방식이나 후천적인 방식 중 하나이다. 그런데 만일 우리가 어떤 지식을 선천적으로 소유한다면, 우리는 그것을 증명을 통해 정확히 파악할 수 있다. 하지만 보편자에 대한 앎은 증명을 통해 정확하게 파악할 수 없다. 또한 우리가 가지게 된 앎은, 그 어떤 것에 관한 것이든, 상위 지식이나 감각 지각 중 어느 하나로부터 와야 한다. 그런데 보편자에 대한 앎은 상위 지식으로부터 온 것이 아니다.

〈보기〉

ㄱ. 개별자에 대한 앎은 상위 지식으로부터 온 것이다.
ㄴ. 개별자에 대한 앎은 증명을 통해 정확히 파악될 것이다.
ㄷ. 보편자에 대한 앎은 후천적으로 갖게 된 것이다.
ㄹ. 보편자에 대한 앎은 감각 지각으로부터 온 것이다.

① ㄱ, ㄴ
② ㄴ, ㄷ
③ ㄷ, ㄹ
④ ㄱ, ㄷ, ㄹ
⑤ ㄴ, ㄷ, ㄹ

04

2013년 민경채 PSAT 언어논리 인 문19

다음 밑줄 친 결론을 이끌어내기 위해 추가해야 할 전제는?

> 만약 국제적으로 테러가 증가한다면, A국의 국방비 지출은 늘어날 것이다. 그런데 A국 앞에 놓인 선택은 국방비 지출을 늘리지 않거나 증세 정책을 실행하는 것이다. 그러나 A국이 증세 정책을 실행한다면, 세계 경제는 반드시 침체한다. 그러므로 <u>세계 경제는 결국 침체하고 말 것이다.</u>

① 국제적으로 테러가 증가한다.
② A국이 감세 정책을 실행한다.
③ A국의 국방비 지출이 늘어나지 않는다.
④ 만약 A국이 증세 정책을 실행한다면, A국의 국방비 지출은 늘어날 것이다.
⑤ 만약 A국의 국방비 지출이 늘어난다면, 국제적으로 테러는 증가하지 않을 것이다.

05

2012년 민경채 PSAT 언어논리 인 문18

사무관 A, B, C, D, E는 다음 조건에 따라 회의에 참석할 예정이다. 반드시 참이라고는 할 수 없는 것은?

> ○ A가 회의에 참석하면, B도 참석한다.
> ○ A가 참석하면 E도 참석하고, C가 참석하면 E도 참석한다.
> ○ D가 참석하면, B도 참석한다.
> ○ C가 참석하지 않으면, B도 참석하지 않는다.

① A가 참석하면, C도 참석한다.
② A가 참석하면, D도 참석한다.
③ C가 참석하지 않으면, D도 참석하지 않는다.
④ D가 참석하면, C도 참석한다.
⑤ E가 참석하지 않으면, B도 참석하지 않는다.

06

LEET 1차 예시 문1

<보기>의 논증이 타당해지기 위해서 반드시 보충되어야 할 전제는?

〈보기〉

> 석이가 영이를 사랑하지 않는다면, 철이가 영이를 사랑한다. 철이와 돌이가 동시에 영이를 사랑하는 일은 있을 수 없다. 그러므로 석이가 영이를 사랑한다.

① 돌이가 영이를 사랑하거나 철이가 영이를 사랑한다.
② 돌이가 영이를 사랑한다면 철이는 영이를 사랑하지 않는다.
③ 석이가 영이를 사랑한다면 돌이는 영이를 사랑하지 않는다.
④ 석이가 영이를 사랑하거나 돌이가 영이를 사랑한다.
⑤ 철이가 영이를 사랑하지 않는다면, 돌이가 영이를 사랑한다.

07
LEET 1차 예시 문2

다음 글이 참이라고 할 때, <보기>의 진술 중 반드시 참인 것을 모두 묶은 것은?

> 도대체 인간의 마음과 몸은 어떤 존재일까? 이러한 철학적 물음에 대하여, 인간의 마음은 몸이라는 존재자와는 구별되는 또 다른 존재자라고 대답하는 전통적인 입장을 심신 이원론이라고 한다. 근대 이전까지 심신 이원론은 매우 상식적인 견해로 인정되어, 그 이론을 거부하는 것은 상식적인 직관을 거부하는 것으로 받아들여졌다. 그러나 마음과 몸 사이의 관계를 어떻게 설명해야 하는가라는 문제에 부딪혀서, 전통적인 심신 이원론은 더 이상 받아들이기 어려운 이론이 되었다.
>
> 20세기 중반 이후, 인간의 마음과 뇌 현상은 동일한 것이라는 동일론이 등장하였는데, 전통적인 심신 이원론을 포기하고 동일론을 받아들이는 철학자들은 인간의 모든 정신 상태를 뇌의 물리적 현상으로 환원할 수 있다는 환원주의를 받아들인다. 우리가 환원주의를 받아들인다면, 정신 현상을 기계론적으로 설명할 수 있다는 점에서 장점이 있고, 또한 인간의 정신을 기계적으로 실현하는 문제를 연구하는 인공지능에 대한 낙관적인 기대를 할 수 있을 것이다. 그러나 환원주의를 받아들이면 인간 정신의 자율성을 부인하게 되고, 나아가서 인간 정신의 자율성을 부인하게 되면 인간의 행위에 대한 도덕적 판단을 할 수 없다는 비판을 피할 수 없을 것이다.

〈보기〉

가. 동일론을 거부하는 철학자는 인공지능에 대한 낙관적인 기대를 하지 않는다.
나. 정신 현상을 기계론적으로 설명할 수 있다고 주장하는 사람은 정신의 자율성을 부인한다.
다. 인간 행위에 대한 도덕적 판단을 할 수 없다는 비판으로부터 자유로운 철학자는 동일론을 거부한다.
라. 근대 이전에는 상식적인 직관을 거부하는 사람만이 심신 이원론을 거부했다.

① 가, 나　② 나, 다
③ 다, 라　④ 가, 나, 라
⑤ 가, 다, 라

08
2017학년도 LEET 문18

A~C를 분석한 것으로 적절하지 않은 것은?

> A: 개인의 어떤 행동이 자신에게만 영향을 주고 다른 사람에게는 아무런 손해도 입히지 않는다면, 그런 행동에 대한 국가의 간섭은 정당화되지 않는다. 다만 다른 사람의 이익을 침해하는 행동에 대해서는 침해 당사자가 당연히 책임을 져야 하며, 사회 전체의 이익을 보호하기 위해 국가는 다른 사람의 이익 침해 행동에 대해 처벌을 가할 수 있다.
>
> B: 다른 사람에게 손해를 입힐 때만 국가의 간섭이 정당화되기는 하지만, 그렇다고 그런 간섭이 언제나 정당화될 수 있다고 생각해서는 안 된다. 사람이 살다 보면 합법적인 목표를 추구하는 과정에서 불가피하게 다른 사람에게 아픔이나 상실감을 줄 수도 있다. 원하는 대상을 놓고 서로 경쟁한 결과 실패한 사람은 어떤 의미에서 손해를 입었다고 할 수 있지만 그렇다고 해서 그런 경쟁을 국가가 나서서 꼭 막아야 하는 것은 아니다.
>
> C: 다른 사람에게 손해를 입히거나 또는 손해를 입힐 가능성이 있을 때는 국가의 간섭이 정당화된다. 그래서 때로는 국가가 사후에 범죄 행위를 적발하고 그 범죄자를 처벌하는 것뿐만 아니라 사전에 확실한 예방 조치를 취해야 할 경우도 있다. 어떤 사람이 분명히 범죄를 저지를 것이라는 판단이 서면, 국가가 실제 그런 일이 일어날 때까지 아무런 조치도 취하지 않은 채 그냥 방관만 해서는 안 되고 그것을 막기 위해 어떤 식으로든 개입해야 한다.

① A는 B보다 국가가 간섭할 수 있는 행동의 범위를 넓게 잡고 있다.
② C는 A보다 국가가 간섭할 수 있는 행동의 범위를 넓게 잡고 있다.
③ 오직 자신에게만 영향을 주는 행동은 있을 수 없다면 A와 B는 사실상 같은 견해이다.
④ A와 B에 따르면, 국가가 어떤 행동을 간섭했다면 그 행동은 다른 사람에게 손해를 입힌 행위이다.
⑤ A와 C에 따르면, 다른 사람에게 손해를 입힌 행동 가운데는 국가의 간섭 대상이 아닌 것은 없다.

09

2011학년도 LEET 문22

다음 추론이 타당하기 위해서 추가로 필요한 진술은?

> 사고 자동차가 1번 도로를 지나왔다면, 이 자동차는 A마을에서 왔거나 B마을에서 왔을 것이다. 자동차가 A마을에서 왔다면, 자동차 밑바닥에 흙탕물이 튀었을 것이고 자동차 모습을 담은 폐쇄회로 카메라가 적어도 하나 있을 것이다. 자동차가 B마을에서 왔다면, 도로 정체를 만났을 것이고 적어도 검문소 한 곳을 통과했을 것이다. 자동차가 도로 정체를 만났다면 자동차 모습을 담은 폐쇄회로 카메라가 적어도 하나 있을 것이다. 자동차가 적어도 검문소 한 곳을 통과했다면 자동차 밑바닥에 흙탕물이 튀었을 것이다. 따라서 자동차는 1번 도로를 지나오지 않았다.

① 자동차 밑바닥에 흙탕물이 튀었을 것이다.
② 자동차는 도로 정체를 만나지 않았을 것이다.
③ 자동차가 적어도 검문소 한 곳을 통과했을 것이다.
④ 자동차는 검문소를 한 곳도 통과하지 않았을 것이다.
⑤ 자동차 모습을 담은 폐쇄회로 카메라는 하나도 없을 것이다.

10

2014학년도 LEET 문20

'결정적 정보'에 해당하는 것은?

> A~E의 증언에 대해서 다음과 같은 〈관계〉가 성립한다는 것이 알려졌다.
>
> 〈관계〉
> ○ A, B, C 가운데 적어도 한 사람의 증언은 참이다.
> ○ D와 E 가운데 적어도 한 사람의 증언은 참이다.
> ○ A의 증언이 참이면, C의 증언도 참이고 D의 증언도 참이다.
> ○ B의 증언이 참이면, E의 증언은 참이 아니다.
>
> 〈관계〉만으로는 5명의 증언이 각각 참인지 아닌지가 결정되지 않지만, 어떤 정보가 추가된다면 이들의 증언이 각각 참인지 아닌지가 완전히 결정될 수 있다. 5명의 증언이 각각 참인지 아닌지를 완전히 결정하게 만드는 추가 정보를 '결정적 정보'라고 하자.

① A의 증언은 참이다.
② B의 증언은 참이다.
③ C의 증언은 참이다.
④ D의 증언은 참이 아니다.
⑤ E의 증언은 참이 아니다.

11

2015학년도 LEET 문18

다음으로부터 추론한 것으로 옳은 것만을 <보기>에서 있는 대로 고른 것은?

> 수리 센터에서 A, B, C, D, E 5가지 부품의 불량에 대해 조사한 결과 다음 사실이 밝혀졌다.
>
> ○ A가 불량인 제품은 B, D, E도 불량이다.
> ○ C와 D가 함께 불량인 제품은 없다.
> ○ E가 불량이 아닌 제품은 B나 D도 불량이 아니다.

〈보기〉

ㄱ. E가 불량인 제품은 C도 불량이다.
ㄴ. C가 불량인 제품 중에 A도 불량인 제품은 없다.
ㄷ. D는 불량이 아니면서 B가 불량인 제품은, C도 불량이다.

① ㄱ ② ㄴ
③ ㄱ, ㄷ ④ ㄴ, ㄷ
⑤ ㄱ, ㄴ, ㄷ

12

2018학년도 LEET 문15

다음 글을 분석한 것으로 옳은 것만을 <보기>에서 있는 대로 고른 것은?

> 일상적인 조건문의 진위는 어떻게 결정되는가? 다음 예를 통해 알아보자.
>
> K공항에서 비행기가 이륙하기 위해서는 1번 활주로와 2번 활주로 중 하나를 통해서만 가능하다. 영우는 1번 활주로가 며칠 전부터 폐쇄되어 있다는 것을 안다. 그래서 ㉠ "어제 K공항에서 비행기가 이륙했다면, 1번 활주로로 이륙하지 않았다."라고 추론한다. 경수는 2번 활주로가 며칠 전부터 폐쇄되어 있다는 것과 비행기 이륙이 1번 활주로와 2번 활주로 중 하나를 통해서만 가능하다는 것을 알고 있다. 경수는 이로부터 ㉡ "어제 K공항에서 비행기가 이륙했다면, 1번 활주로로 이륙했다."라고 추론한다.
>
> 위 예에서 영우와 경수가 사용한 정보들은 모두 참이며 영우와 경수의 추론에는 어떤 잘못도 없으므로 ㉠도 참이고 ㉡도 참이라고 결론 내릴 수 있다.
>
> 그런데 정말 ㉠과 ㉡이 둘 다 참일 수 있을까? 우리가 일상적 으로 'A이면 B이다'라는 조건문의 진위를 파악하는 (가) 방식에 따르면, A를 참이라고 가정하고 B의 진위를 따져본다. 즉 A를 참이라고 가정할 때, B가 참으로 밝혀지면 'A이면 B이다'가 참이라고 판단하고, B가 거짓으로 밝혀지면 'A이면 B이다'가 거짓이라고 판단한다. 이에 따라 A가 참이라고 가정해 보자. 그런데 'B이다'와 'B가 아니다' 중에 하나만 참일 수밖에 없으므로, 'A이면 B이다'와 'A이면 B가 아니다'가 모두 참이라고 판단하는 것이 가능하지 않다. 그렇다면 조건문의 진위를 파악하는 이 방식에 따르면, ㉠과 ㉡ 중 최소한 하나는 참이 아니라고 결론 내려야 한다. 그러나 이는 앞의 결론과 충돌한다.

〈보기〉

ㄱ. 영우가 가진 정보와 경수가 가진 정보를 모두 가지고 있는 사람은 "어제 K공항에서는 어떤 비행기도 이륙하지 않았다."를 타당하게 추론할 수 있다.
ㄴ. 영우가 가진 정보가 참이라는 것을 아는 사람이 (가)를 적용하면 ㉡이 거짓이라고 판단할 것이다.
ㄷ. 영우나 경수가 가진 어떤 정보도 갖지 않은 사람이 (가)를 적용하면, ㉠과 ㉡이 모두 거짓이라고 판단할 것이다.

① ㄱ ② ㄷ
③ ㄱ, ㄴ ④ ㄴ, ㄷ
⑤ ㄱ, ㄴ, ㄷ

정답 및 해설 p.2

4. 술어 논리

(1) 고전 논리학

① 정언 명제

고전 논리학에서 다루는 문장의 표준적 형식(정언적 문장)들과 그것들 간의 논리적 관계는 19세기 현대 논리학이 나타나기까지 이론적 완전성을 구축하고 있었다. 고전 논리학에서 엄격한 의미에서의 논증은 다음의 4가지 정언적 형식의 문장으로 구성된다.

㉠ A(전칭 긍정명제): 모든 ~ 것들은 ~ 것들이다.
㉡ E(전칭 부정명제): 어떤 ~ 것들도 ~ 것들이 아니다.
㉢ I(특칭 긍정명제): 어떤 ~ 것들은 ~ 것들이다.
㉣ O(특칭 부정명제): 어떤 ~ 것들은 ~ 것들이 아니다.

위 문장 형식들을 자세히 살펴보면 다음과 같이 형식이 일정하다.

양화사(quantifier) - 주어(subject) - 술어(predicate) - 계사(copula)

논증의 문장 형식

모든	고래는	포유류	이다.
양화사	주어	술어	계사

문장에는 양과 질이라는 특성이 있다. 질이라는 특성은 긍정적(affirmative), 부정적(negative)으로, 양이라는 특성은 전칭(universal)과 특칭(particular)으로 나눌 수 있다. 따라서 총 4가지의 형식으로 나타난다.

㉠ 전칭 긍정명제(A 명제): 모든 S는 P이다.
㉡ 전칭 부정명제(E 명제): 모든 S는 P가 아니다.
㉢ 특칭 긍정명제(I 명제): 어떤 S는 P이다.
㉣ 특칭 부정명제(O 명제): 어떤 S는 P가 아니다.

정언적 형식의 문장 사이의 논리적 관계를 파악하기 위해서는 각 형식이 정확히 어떤 의미를 지니고 있는지 이해하고 있어야 한다. 여기서 "어떤"이라는 언어의 모호성 문제와 애매성 문제가 제기된다. "어떤"을 양적인 측면에서 보았을 때 "약간의" 정도로 해석할 수 있는데 어느 정도가 약간인지가 모호하다. 따라서 논리학에서는 이러한 모호성을 피하기 위해 "어떤"의 의미를 "적어도 하나가 있다."로 정의한다. 한편, "어떤 교수들에게는 귀를 기울일 만하다."라는 진술은 일반적으로 "많은 또는 어떤 교수들에게는 귀를 기울일 필요가 없다."는 의미도 내포하는 것으로 간주함이 합리적일 것이다. 그러나 논리학의 목적을 위해서 "어떤 것이 그렇다."는 문장은 "어떤 것은 그렇지 않다."의 여부와는 무관한 것으로 간주함으로써 애매성을 배제한다. 위 두 가지를 종합하면 "어떤 교수들에게는 귀를 기울일 만하다."라는 문장은 "귀를 기울일 만한 교수가 적어도 한 명 있다."로 해석되고 그렇지 않은 교수의 존재 여부는 알 수 없다.

② 대당 관계

같은 주어와 술어를 가지고 있는 A, E, I, O 문장 간의 논리적 관계에 관하여 살펴볼 것이다. 단, 주어가 존재하지 않을 가능성은 배제할 것이다.

㉠ 전칭 긍정명제(A): 모든 사모아인들은 범신론자들이다. ㉡ 전칭 부정명제(E): 어떤 사모아인들도 범신론자들이 아니다. ㉢ 특칭 긍정명제(I): 어떤 사모아인들은 범신론자들이다. ㉣ 특칭 부정명제(O): 어떤 사모아인들은 범신론자들이 아니다.

만약 모든 사모아인들이 범신론자들이라면(A) 어떤 특정 사모아인은 반드시 범신론자이다(I). 이는 A 문장이 참이라면 I 문장은 반드시 참이라는 것을 보여준다. 따라서 A 문장은 I 문장을 함축한다. 하지만 반대로, 어떤 사모아인들이 범신론자들이라고 하여 모든 사모아인들이 범신론자들이라고 할 수는 없다. 따라서 I 문장은 A 문장을 함축하지 않는다.

부정명제에 있어서 만약 어떤 사모아인들도 범신론자들이 아니라면(E) 어떤 특정 사모아인은 필연적으로 범신론자일 수가 없다(O). 따라서 E 문장은 O 문장을 함축한다. 그러나 어떤 사모아인들이 범신론자가 아니라는 것이 어떤 사모아인들도 범신론자가 아니라고 말해주지는 않는다. 따라서 O 문장은 E 문장을 함축하지 않는다.

전칭 문장들 간의 관계에 있어서, 만약 모든 사모아인들이 범신론자들이라면(A) 어떤 사모아인들도 범신론자들이 아니다(E)라는 것은 반드시 거짓이다. 하지만 만약 어떤 사모아인들은 범신론자이고 어떤 사모아인들은 범신론자들이 아니라면 A와 E는 모두 거짓이다. 종합하면, A 문장과 E 문장은 동시에 참일 수는 없으나 동시에 거짓일 수는 있다. 이를 반대 대당 문장(contrary sentences)이라고 한다.

특칭 문장들 간의 관계를 보자. 어떤 사모아인은 범신론자이고(I) 어떤 사모아인은 범신론자가 아니다(O)라는 진술은 동시에 참이 가능하다. 하지만 만약 어떤 사모아인들은 범신론자라는 문장(I)이 거짓이라면 필연적으로 범신론자가 아닌 사모아인들이 적어도 한 명 있어야 한다(O). 즉, I와 O는 동시에 거짓이 불가능하다. 이를 소반대 대당문(subcontraries)이라고 부른다.

이제 A와 O 간의 관계를 보겠다. 만약 모든 사모아인들이 범신론자들이라면(A) 범신론자가 아닌 사모아인들이 존재한다(O)는 진술은 필연적으로 거짓이다. 반대로 어떤 사모아인들은 범신론자가 아니라면(O) 모든 사모아인들은 범신론자라는 진술(A)은 반드시 거짓이 된다. 비슷하게 E와 I의 관계를 살펴보면, 어떤 사모아인들도 범신론자가 아니라면(E) 범신론자인 사모아인들이 존재한다는 진술(I)은 반드시 거짓이며 어떤 사모아인들이 범신론자라면(I) 범신론자인 사모아인은 없다(E)는 진술은 반드시 거짓이다. 이와 같이 동시에 참일 수도, 거짓일 수도 없는 문장들을 모순 대당문(contradictories)이라고 한다.

예제

각 경우에서 (a) 첫 번째 문장이 참이라고 가정할 때에 두 번째 문장의 진위, (b) 첫 번째 문장이 거짓이라고 가정할 때에 두 번째 문장의 진위, (c) 두 번째 문장이 참이라고 가정할 때에 첫 번째 문장의 진위, (d) 두 번째 문장이 거짓이라고 가정할 때에 첫 번째 문장의 진위를 말하시오.

1. 모든 정치인들은 정치가들이다. 어떤 정치인들도 정치가들이 아니다.
2. 어떤 아시아인들은 물리학자이다. 어떤 아시아인들은 물리학자가 아니다.
3. 모든 스페인 사람들은 가톨릭교도들이다. 어떤 스페인 사람들은 가톨릭교도들이다.
4. 어떤 공산주의자들도 공화당원들이 아니다. 어떤 공산주의자들은 공화당원들이 아니다.
5. 모든 잠수함은 전함이다. 어떤 잠수함은 전함이 아니다.

구분	첫 번째 명제	두 번째 명제	관계	(a)	(b)	(c)	(d)
1							
2							
3							
4							
5							

[정답]

구분	첫 번째 명제	두 번째 명제	관계	(a)	(b)	(c)	(d)
1	전칭 긍정	전칭 부정	반대 대당	거짓	참∨거짓	거짓	참∨거짓
2	특칭 긍정	특칭 부정	소반대 대당	참∨거짓	참	참∨거짓	참
3	전칭 긍정	특칭 긍정	대소 대당	참	참∨거짓	참∨거짓	거짓
4	전칭 부정	특칭 부정	대소 대당	참	참∨거짓	참∨거짓	거짓
5	전칭 긍정	특칭 부정	모순 대당	거짓	참	거짓	참

③ 벤 다이어그램에 의한 타당성 검사

벤 다이어그램을 사용하여 정언삼단논법을 검사하는 방식은 각각의 명사 개념을 하나의 집합으로 가정하여 원으로 나타내고 다음의 의미가 내포되도록 원소를 표시하면 된다.

> ㉠ 빈칸: 원소가 있을 가능성이 있다.
> ㉡ 빗금: 원소가 하나도 없다.
> ㉢ *: 적어도 원소가 하나 있다.

정언명제의 전칭 긍정, 전칭 부정, 특칭 긍정, 특칭 부정을 벤 다이어그램으로 표시하면 다음과 같다.

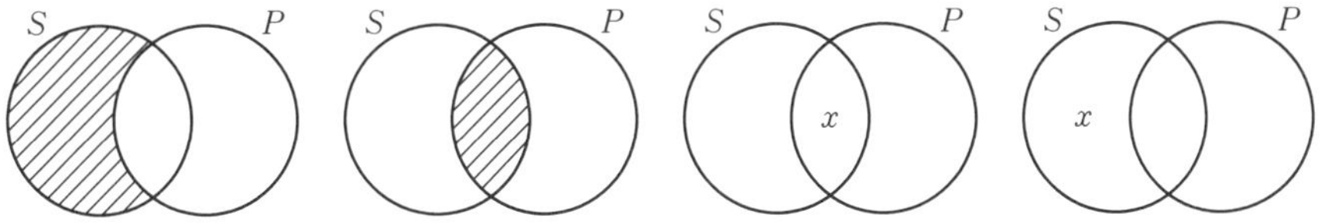

A: All S is P. $S\overline{P}=0$ E: No S is P. $SP=0$ I: Some S is P. $SP\neq0$ O: Some S is not P. $S\overline{P}\neq0$

정언삼단논법은 세 가지의 개념 간 결합을 표시하는 방법으로 다음의 세 가지 원이 중복된 상태에서 정언명제를 표시하면서 진행한다.

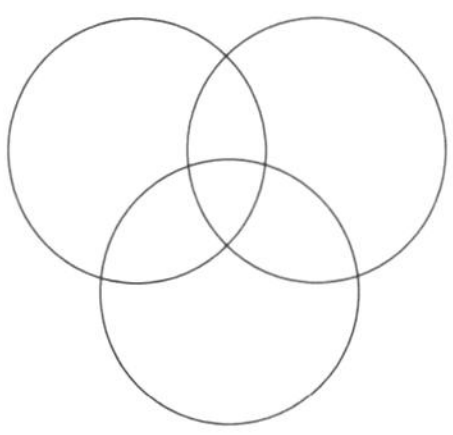

> ㉠ 모든 파키스탄인들은 회교도들이다. 어떤 실론인들도 회교도들이 아니다. 그러므로 어떤 실론인들도 파키스탄인들이 아니다.
> ㉡ 모든 몰몬교도들은 경건한 사람들이다. 어떤 사모아인들도 몰몬교도들이 아니다. 그러므로 어떤 사모아인들도 경건한 사람들이 아니다.
> ㉢ 모든 전사들은 영웅들이다. 어떤 그리스인들은 전사들이 아니다. 그러므로 어떤 그리스인들은 영웅들이 아니다.
> ㉣ 어떤 우주 비행사들도 불교도들이 아니다. 어떤 채식주의자들은 불교도들이다. 그러므로 어떤 채식주의자들은 우주 비행사들이 아니다.

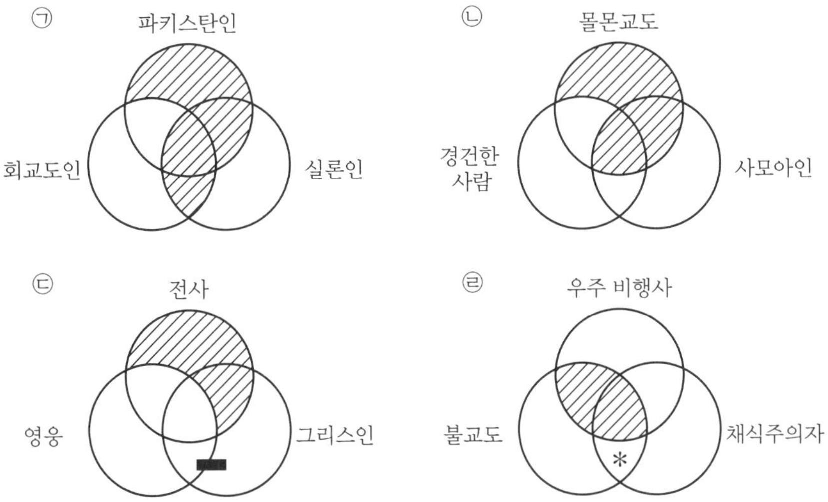

㉢ 논증을 다룰 때에는 벤 다이어그램을 사용함에 있어 특별한 주의가 요구된다. 대전제를 지시하는 것은 쉬우나, 소전제에서 문제가 생긴다. 소전제가 특칭 문장이기에 표현된 정보를 정확하게 다이어그램 위에 지시하고자 할 때에, 다이어그램상 어떤 공간을 점유하는지 애매하게 되기 때문이다. 이는 전사도 아니고 영웅도 아닌 그리스인이 있다는 것을 말해 주고 있는 것은 아니며, 영웅이기는 하지만 전사는 아닌 그리스인이 있다는 것을 말해 주는 것도 아니다. 이 경우 다이어그램을 그리는 가장 좋은 방법은 별표(*) 대신 막대를 사용하는 것이다. 그래서 다이어그램에 따르면, 영웅이 아닌 그리스인이 있을 수도 있고 없을 수도 있다. 결국 전제가 참일 때 결론은 참일 수도 있고 참이 아닐 수도 있기에 논증은 부당하다는 것을 알 수 있다.

한편 ㉣ 논증은 대전제와 소전제가 동시에 참이 된다는 것이 전제이므로 막대를 사용하지 않아도 된다.

예제

다음 논증의 타당성을 벤 다이어그램을 사용하여 파악하시오.

1. 어떤 인도주의자들은 허무주의자들이 아니다. 어떤 허무주의자들은 무정부주의자들이다. 그러므로 어떤 무정부주의자들은 인도주의자들이 아니다.
2. 모든 짝수들은 2로 나눌 수 있는 수들이다. 어떤 소수는 짝수가 아니다. 그러므로 어떤 소수들은 2로 나눌 수 있는 수가 아니다.
3. 모든 실존주의자들은 형이상학자들이다. 어떤 실존주의자들은 현상학자들이다. 그러므로 어떤 현상학자들은 형이상학자들이다.
4. 모든 단백질은 유기적 합성물이다. 어떤 단백질들도 알루미늄 합성체들이 아니다. 그러므로 어떤 알루미늄 합성체들도 유기적 합성물들이 아니다.
5. 어떤 부동산 중개인도 천사가 아니다. 어떤 변호사도 천사가 아니다. 그러므로 어떤 변호사는 부동산 중개인이 아니다.
6. 모든 유권자들은 이 선거구의 거주자들이다. 어떤 화성인들도 이 선거구의 거주자들이 아니다. 그러므로 어떤 화성인들은 유권자들이 아니다.
7. 어떤 네스호의 괴물들도 생물학적으로 분류되는 생물들이 아니다. 어떤 스코틀랜드 뱀들은 생물학적으로 분류되는 생물들이다. 그러므로 어떤 네스호의 괴물들은 스코틀랜드 뱀들이 아니다.
8. 1마일을 3분에 뛸 수 있는 어떤 사람들도 캐나다인들이 아니다. 1마일을 3분에 뛸 수 있는 모든 사람들은 훌륭한 운동선수들이다. 그러므로 어떤 훌륭한 운동선수들은 캐나다인들이 아니다.

[정답]

1.
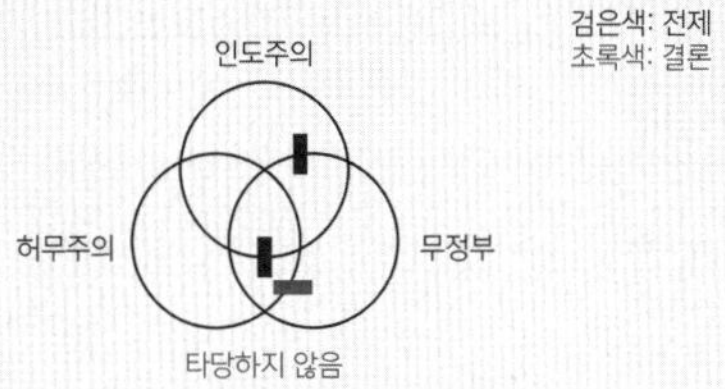

2.
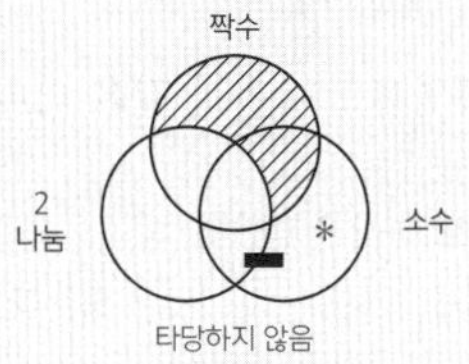

3.
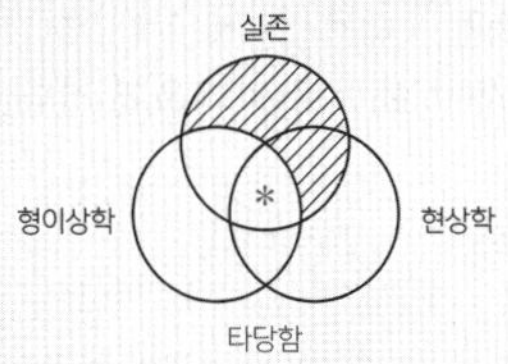

4.
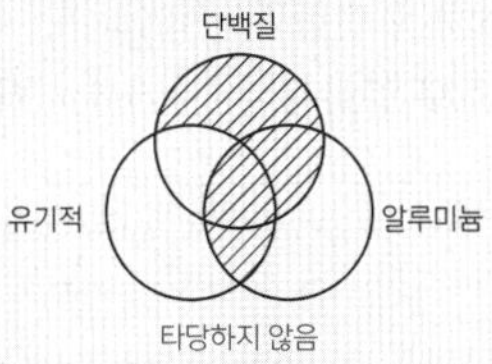

5.
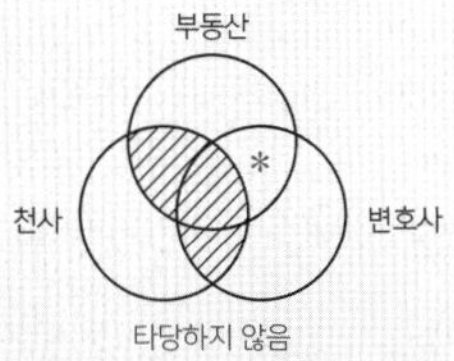

6.
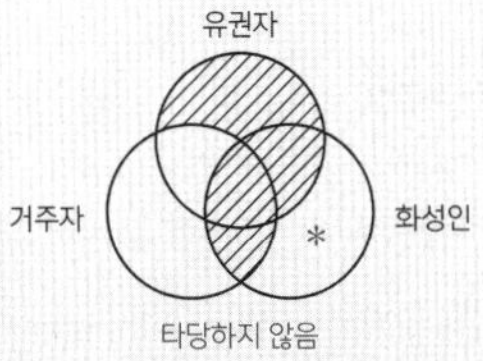

7.
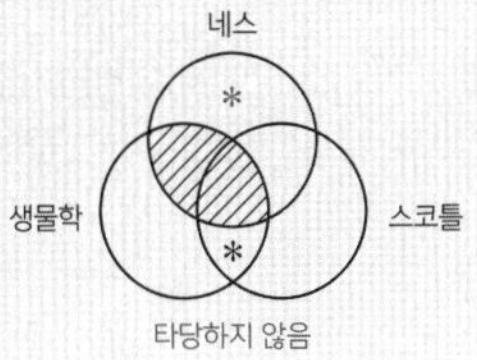

8.
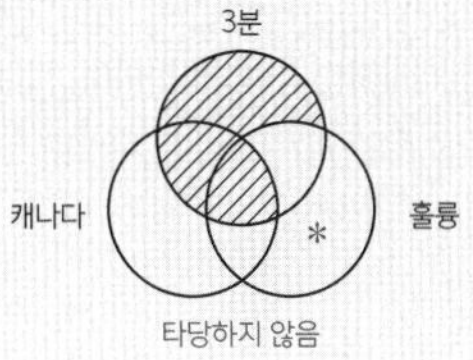

(2) 현대 논리학

① 양화의 기호법

㉠ 보편 양화

모든 것은 죽는다.

위 문장은 전칭명제로 다음과 같이 해석할 수 있다.

개체가 무엇이든지 그것은 죽는다.

여기서 '개체', '그것'으로 표현되는 것을 개체 변항(individual variable) 'x'로 표시하면 다음과 같다.

x가 무엇이든지 x는 죽는다.

'x는 죽는다.'는 술어를 알파벳 대문자 M으로 표시하고, 주어인 x는 소문자로 술어 표시 뒤에 위치시킨다.

x는 죽는다. = Mx

이때 '모든'을 의미하는 'x가 무엇이든지'는 보편 양화사인 (∀x)로 표현한다.

(∀x)Mx

이것은 '모든 것은 죽는다.'를 보편 양화한 것이라 부른다.

㉡ 존재 양화

어떤 것은 죽는다.

위 문장은 특칭명제로 다음과 같은 의미를 지닌다.

죽는 것이 적어도 하나 존재한다. 적어도 하나의 개체가 있는데 그것은 죽는다.

개체 변항을 x로 표현하면, 적어도 하나의 x가 있는데, x는 죽는다. 이때 'x는 죽는다.'는 Mx가 되고, 존재 양화사는 (∃x)를 사용한다. 이를 사용하여 표현하면 다음과 같다.

(∃x)Mx

위 기호화는 '어떤 x는 죽는다.'를 존재 양화한 것이다.

② 정언 문장의 기호화

㉠ 전칭 긍정명제

모든 인간은 죽는다.
= 개체가 무엇이든, 그것이 인간이라면 그것은 죽는다.
= x가 무엇이든, x가 인간이라면 x는 죽는다.
= $(\forall x)(Hx \rightarrow Mx)$

㉡ 전칭 부정명제

모든 인간은 죽지 않는다.
= 개체가 무엇이든, 그것이 인간이라면 그것은 죽지 않는다.
= x가 무엇이든, x가 인간이라면 x는 죽지 않는다.
= $(\forall x)(Hx \rightarrow \sim Mx)$

㉢ 특칭 긍정명제

어떤 인간은 죽는다.
= 적어도 하나의 개체가 있는데, 그것은 인간이면서 죽는다.
= 적어도 하나의 x가 있는데, x는 인간이고 x는 죽는다.
= $(\exists x)(Hx \& Mx)$

㉣ 특칭 부정명제

어떤 인간은 죽지 않는다.
= 적어도 하나의 개체가 있는데, 그것은 인간이면서 죽지 않는다.
= 적어도 하나의 x가 있는데, x는 인간이고 x는 죽지 않는다.
= $(\exists x)(Hx \& \sim Mx)$

③ 양화적 동치(Quantificational equivalence)

전칭 긍정명제는 특칭 부정명제의 모순이며, 전칭 부정명제는 특칭 긍정명제의 모순이다. 또한 특칭 긍정명제는 전칭 부정명제의 모순이며, 특칭 부정명제는 전칭 긍정명제의 모순이다. 이를 기호로 표현하면 다음과 같다.

> ㉠ 모든 인간은 죽는다. = ~어떤 인간은 죽지 않는다.
> $(\forall x)(Hx \rightarrow Mx) = \sim(\exists x)(Hx \& \sim Mx)$
> ㉡ 모든 인간은 죽지 않는다. = ~어떤 인간은 죽는다.
> $(\forall x)(Hx \rightarrow \sim Mx) = \sim(\exists x)(Hx \& Mx)$
> ㉢ 어떤 인간은 죽는다. = ~모든 인간은 죽지 않는다.
> $(\exists x)(Hx \& Mx) = \sim(\forall x)(Hx \rightarrow \sim Mx)$
> ㉣ 어떤 인간은 죽지 않는다. = ~모든 인간은 죽는다.
> $(\exists x)(Hx \& \sim Mx) = \sim(\forall x)(Hx \rightarrow Mx)$

이러한 논리적 동등 관계를 '양화적 동치'라고 한다. 이 관계를 활용하여 주어진 문장의 양화를 이해하기 쉽게 바꾸어 파악할 수 있다.

④ 논의 영역 한정

한편 '논의의 세계(universe of discourse; 논의 영역)'를 한정하는 것은 다음과 같은 이유에서 바람직하다.

㉠ 불분명성의 방지

㉡ 기호화의 단순화

> 키가 7피트를 넘는 사람은 누구나 거인이다.
> 에스키모인인 사람은 누구도 거인이 아니다.
> 그러므로 에스키모인인 사람은 누구도 키가 7피트를 넘지 않는다.

논의의 세계를 한정하지 않고 위 문장들을 표현하려면 문장마다 "사람이다."라고 상정해 주어야 한다. 따라서 아래와 같이 표현될 수 있다.

> S: 키가 7피트가 넘는다.
> G: 거인이다.
> E: 에스키모인이다.
> P: 사람이다.
>
> $(\forall x)[Px \rightarrow (Sx \rightarrow Gx)]$
> $\sim(\exists x)[Px \& (Ex \& Gx)]$
> $\therefore \sim(\exists x)[Px \& (Ex \& Sx)]$

그러나 논의의 세계를 사람들에만 한정한다면 P를 지울 수 있어 다음과 같이 단순하게 표현할 수 있다.

> $(x)(Sx \rightarrow Gx)$
> $\sim(\exists x)(Ex \& Gx)$
> $\therefore \sim(\exists x)(Ex \& Sx)$

예제

01

다음 문장을 기호화하시오. 단, C는 '침엽수이다.'를, D는 '낙엽성의 나무이다.'를 뜻한다.

1. 어떤 침엽수도 낙엽성의 나무가 아니다.
2. 모든 침엽수가 낙엽성의 나무인 것은 아니다.
3. 어떤 낙엽성의 나무는 침엽수가 아니다.
4. 어떤 침엽수는 낙엽성의 나무이고, 어떤 침엽수는 낙엽성의 나무가 아니다.

02

다음 문장을 기호화하시오. 단 S는 '과학적으로 사고한다.'로, A는 '점성가이다.'로, P는 '물리학자이다.'의 약어로 사용하시오.

1. 어떤 과학적으로 사고하는 사람은 점성가가 아니다.
2. 어떤 점성가는 과학적으로 사고하는 사람이 아니다.
3. 어떤 점성가도 과학적으로 사고하는 사람이 아니다.
4. 어떤 물리학자는 과학적으로 사고하는 사람이다.
5. 모든 물리학자는 과학적으로 사고하는 사람이다.

03

다음 논증을 각각 기호화하시오. 각 경우에 있어 논의의 세계를 한정하는 것이 적합하다면 적용하시오.

1. 모든 정수가 짝수인 것은 아니다. 모든 정수는 홀수이거나 짝수이다.
2. 어떤 마르크스주의자도 조로아스터교도가 아니다. 모든 유럽 공산주의자는 마르크스주의자이다. 그러므로 어떤 조로아스터교도도 유럽 공산주의자가 아니다.
3. 모든 세균은 바이러스이거나 박테리아이다. 바이러스인 어떤 세균도 항생 물질에 견딜 수 없다. 그러므로 어떤 세균은 항생 물질에 견딜 수 없다.
4. 음수의 제곱근은 실수가 아니다. 음수의 제곱근인 수가 있다. 그러므로 모든 수가 실수인 것은 아니다.
5. 모든 능구렁이는 독이 없는 뱀이다. 어떤 살모사도 독이 없는 뱀이 아니다. 그러므로 어떤 살모사도 능구렁이가 아니다.

[정답]

01

1. (∀x)(Cx → ~Dx)
2. (∃x)(Cx&~Dx)
3. (∃x)(Dx&~Cx)
4. (∃x)(Cx&Dx)&(∃x)(Cx&~Dx)

02

1. (∃x)(Sx&~Ax)
2. (∃x)(Ax&~Sx)
3. (x)(Ax → ~Sx)
4. (∃x)(Px&Sx)
5. (x)(Px → Sx)

03

1. P: 정수이다, E: 짝수이다, O: 홀수이다.
   ~(x)(Px → Ex) / (x)[Px → (Ox∨Ex)] // (∃x)(Px&Ox)
2. M: 마르크스주의자이다, J: 조로아스터교도이다, E: 유럽 공산주의자이다.
   (x)(Mx → ~Jx) / (x)(Ex → Mx) // (x)(Jx → ~Ex)
3. G: 세균이다, V: 바이러스이다, B: 박테리아이다, A: 항생 물질에 견딜 수 있다.
   (x)[Gx → (Vx∨Bx)] / (x)(Vx → ~Ax) // (∃x)(Gx&~Ax)
4. S: 음수의 제곱근이다, R: 실수이다, N: 수이다.
   (x)(Ox → ~Rx) / (∃x)(Ox&Nx) // ~(x)(Nx → Rx)
5. Y: 능구렁이이다, P: 독이 있다, S: 뱀이다, V: 살모사이다.
   (x)[Yx → (~Px&Sx)] / (x)[Vx → ~(~Px&Sx)] / (x)(Vx → ~Yx)

실전 연습문제

01 2012년 민경채 PSAT 언어논리 인 문23

다음 논증이 타당하기 위해서 괄호 안에 들어갈 진술로 가장 적절한 것은?

> 실천적 지혜가 있는 사람은 덕이 있는 성품을 가진 사람이다. 그런데 덕을 아는 것만으로 실천적 지혜가 있는 사람이 될 수는 없다. 실천적 지혜가 있는 사람은 덕을 알 뿐만 아니라 그것을 실행에 옮기는 사람이다. 그리고 그런 사람이 실천적 지혜가 있다고 할 수 있다. 그런데 (　　　　　) 따라서 실천적 지혜가 있는 사람은 자제력도 있다.

① 자제력이 없는 사람은 성품이 나약한 사람이다.
② 덕이 있는 성품을 가진 사람도 자제력이 없을 수 있다.
③ 덕이 있는 성품을 가진 사람은 실천적 지혜가 있는 사람이다.
④ 자제력이 없는 사람은 올바른 선택을 따르지 않는 사람이다.
⑤ 자제력이 없는 사람은 아는 덕을 실행에 옮기는 사람이 아니다.

02 2012년 민경채 PSAT 언어논리 인 문8

다음 (가)~(마) 각각의 논증에서 전제가 모두 참일 때, 결론이 반드시 참인 것을 모두 고르면?

> (가) 삼촌은 우리를 어린이대공원에 데리고 간다고 약속했다. 삼촌이 이 약속을 지킨다면, 우리는 어린이대공원에 갈 것이다. 우리는 어린이대공원에 갔다. 따라서 삼촌이 이 약속을 지킨 것은 확실하다.
> (나) 내일 비가 오면, 우리는 박물관에 갈 것이다. 내일 날씨가 좋으면, 우리는 소풍을 갈 것이다. 내일 비가 오거나 날씨가 좋을 것이다. 따라서 우리는 박물관에 가거나 소풍을 갈 것이다.
> (다) 영희는 학생이다. 그녀는 철학도이거나 과학도임이 틀림없다. 그녀는 과학도가 아니라는 것이 밝혀졌다. 따라서 그녀는 철학도이다.
> (라) 그가 나를 싫어하지 않는다면, 나를 데리러 올 것이다. 그는 나를 싫어한다. 따라서 그는 나를 데리러 오지 않을 것이다.
> (마) 그가 유학을 간다면, 그는 군대에 갈 수 없다. 그가 군대에 갈 수 없다면, 결혼을 미루어야 한다. 그가 결혼을 미룬다면, 그녀와 헤어지게 될 것이다. 따라서 그녀와 헤어지지 않으려면, 그는 군대에 가서는 안 된다.

① (가), (나)
② (가), (라)
③ (나), (다)
④ (나), (마)
⑤ (다), (마)

03

2011년 민경채 2차 실험 PSAT 언어논리 수 문20

다음 글에서 언급한 '숨은 전제'를 잘못 지적한 것은?

> 다음과 같은 추론을 생각해 보자. "경석은 충청도 사람이다. 따라서 경석은 예의가 바를 것이다." 이 추론에서 전제가 참이라 하더라도 그로부터 결론이 참이라는 것이 반드시 따라 나오지 않는다. 하지만 이런 추론을 펼친 사람은 아마도 "모든 충청도 사람은 예의가 바르다."는 생각을 암묵적으로 전제하고 있을 것이다. 이처럼 우리는 일상생활에서 쓰는 느슨한 추론에 적절한 '숨은 전제'를 추가함으로써, 그 추론의 전제들로부터 결론이 반드시 따라 나오도록 만들 수 있다.

① "군인인 철수는 오늘 하루 종일 행군했다. 따라서 철수는 발바닥에 물집이 잡혀 있을 것이다."라는 추론에는 "하루 종일 행군한 모든 군인의 발바닥에는 물집이 잡힌다."라는 전제가 숨어 있다.

② "나의 조부는 대머리셨다. 따라서 나는 대머리가 될 것이다." 라는 추론에는 "조부가 대머리인 사람은 모두 대머리가 된다." 라는 전제가 숨어 있다.

③ "상어는 포유류가 아니다. 따라서 상어는 배꼽을 가지고 있지 않다."라는 추론에는 "포유류가 아닌 동물은 모두 배꼽을 가지지 않는다."라는 전제가 숨어 있다.

④ "이웃의 집에 불이 켜졌다. 따라서 이웃의 집에 누군가 있음에 틀림없다."라는 추론에는 "불이 켜진 집에는 언제나 누군가 있기 마련이다."라는 전제가 숨어 있다.

⑤ "독사는 매우 위험한 동물이다. 따라서 독사를 기르는 것은 어리석은 일이다."라는 추론에는 "어리석은 사람은 모두 매우 위험한 동물을 기른다."라는 전제가 숨어 있다.

04

2009학년도 LEET 예비 문1

다음의 논증이 타당하기 위해서 보충되어야 할 전제는?

> 참을 깨달은 자는 배움이 있는 자이다. 책임의 소중함을 느끼는 자가 아니라면 겨레를 위해 희생을 각오한 자가 아니다. 진정한 지도자는 겨레를 위해 희생을 각오한 자이다. 그러므로 진정한 지도자는 배움이 있는 자이다.

① 참을 깨달은 자는 책임의 소중함을 느끼는 자이다.

② 책임의 소중함을 느끼는 자는 참을 깨달은 자이다.

③ 배움이 있는 자는 책임의 소중함을 느끼는 자이다.

④ 참을 깨달은 자는 겨레를 위해 희생을 각오한 자이다.

⑤ 참을 깨달은 자는 책임의 소중함을 느끼는 자가 아니다.

05

2017년 민경채 PSAT 언어논리 나 문24

다음 세 진술이 모두 거짓일 때, 유물 A~D 중에서 전시되는 유물의 총 개수는?

○ A와 B 가운데 어느 하나만 전시되거나, 둘 중 어느 것도 전시되지 않는다. ○ B와 C 중 적어도 하나가 전시되면, D도 전시된다. ○ C와 D 어느 것도 전시되지 않는다.

① 0개
② 1개
③ 2개
④ 3개
⑤ 4개

06

2018년 민경채 PSAT 언어논리 가 문10

다음 글의 내용이 참일 때, 최종 선정되는 단체는?

> ○○부는 우수 문화예술 단체 A, B, C, D, E 중 한 곳을 선정하여 지원하려 한다. ○○부의 금번 선정 방침은 다음 두 가지다. 첫째, 어떤 형태로든 지원을 받고 있는 단체는 최종 후보가 될 수 없다. 둘째, 최종 선정 시 올림픽 관련 단체를 엔터테인먼트 사업(드라마, 영화, K-pop) 단체보다 우선한다.
>
> A 단체는 자유무역협정을 체결한 갑국에 드라마 컨텐츠를 수출하고 있지만 올림픽과 관련된 사업은 하지 않는다. B는 올림픽의 개막식 행사를, C는 폐막식 행사를 각각 주관하는 단체다. E는 오랫동안 한국 음식문화를 세계에 보급해 온 단체다. A와 C 중 적어도 한 단체가 최종 후보가 되지 못한다면, 대신 B와 E 중 적어도 한 단체는 최종 후보가 된다. 반면 게임 개발로 각광을 받은 단체인 D가 최종 후보가 된다면, 한국과 자유무역협정을 체결한 국가와 교역을 하는 단체는 모두 최종 후보가 될 수 없다. 후보 단체들 중 가장 적은 부가가치를 창출한 단체는 최종 후보가 될 수 없고, 최종 선정은 최종 후보가 된 단체 중에서만 이루어진다.
>
> ○○부의 조사 결과, 올림픽의 개막식 행사를 주관하는 모든 단체는 이미 □□부로부터 지원을 받고 있다. 그리고 위 문화예술 단체 가운데 한국 음식문화 보급과 관련된 단체의 부가가치 창출이 가장 저조하였다.

① A
② B
③ C
④ D
⑤ E

07

2019년 민경채 PSAT 언어논리 나 문8

다음 글에 대한 분석으로 적절하지 않은 것은?

공포영화에 자주 등장하는 좀비는 철학에서도 자주 논의된다. 철학적 논의에서 좀비는 '의식을 갖지는 않지만 겉으로 드러나는 행동에서는 인간과 구별되지 않는 존재'로 정의된다. 이를 '철학적 좀비'라고 하자. ㉠ 인간은 고통을 느끼지만, 철학적 좀비는 고통을 느끼지 못한다. 즉 고통에 대한 의식을 가질 수 없는 존재라는 것이다. 그러나 ㉡ 철학적 좀비도 압정을 밟으면 인간과 마찬가지로 비명을 지르며 상처 부위를 부여잡을 것이다. 즉 행동 성향에서는 인간과 차이가 없다. 그렇기 때문에 겉으로 드러나는 모습만으로는 철학적 좀비와 인간을 구별할 수 없다. 그러나 ㉢ 인간과 철학적 좀비는 동일한 존재가 아니다. ㉣ 인간이 철학적 좀비와 동일한 존재라면, 인간도 고통을 느끼지 못하는 존재여야 한다.

물론 철학적 좀비는 상상의 산물이다. 그러나 우리가 철학적 좀비를 모순 없이 상상할 수 있다는 사실은 마음에 관한 이론인 행동주의에 문제가 있다는 점을 보여준다. 행동주의는 마음을 행동 성향과 동일시하는 입장이다. 이에 따르면, ㉤ 마음은 특정 자극에 따라 이러저러한 행동을 하려는 성향이다. ㉥ 행동주의가 옳다면, 인간이 철학적 좀비와 동일한 존재라는 점을 인정할 수밖에 없다. 그러나 인간과 달리 철학적 좀비는 마음이 없어서 어떤 의식도 가질 수 없는 존재다. 따라서 ㉦ 행동주의는 옳지 않다.

① ㉠과 ㉡은 동시에 참일 수 있다.
② ㉠과 ㉣이 모두 참이면, ㉢도 반드시 참이다.
③ ㉡과 ㉥이 모두 참이면, ㉤도 반드시 참이다.
④ ㉢과 ㉥이 모두 참이면, ㉦도 반드시 참이다.
⑤ ㉤과 ㉦은 동시에 거짓일 수 없다.

08

2019년 민경채 PSAT 언어논리 나 문9

다음 글의 내용이 참일 때, 참인지 거짓인지 알 수 있는 것만을 <보기>에서 모두 고르면?

머신러닝은 컴퓨터 공학에서 최근 주목 받고 있는 분야이다. 이 중 샤펠식 과정은 성공적인 적용 사례들로 인해 우리에게 많이 알려진 학습 방법이다. 머신러닝의 사례 가운데 샤펠식 과정에 해당하면서 의사결정트리 방식을 따르지 않는 경우는 없다.

머신러닝은 지도학습과 비지도학습이라는 두 배타적 유형으로 나눌 수 있고, 모든 머신러닝의 사례는 이 두 유형 중 어디엔가 속한다. 샤펠식 과정은 모두 전자에 속한다. 머신러닝에서 새로 떠오르는 방법은 강화학습인데, 강화학습을 활용하는 모든 경우는 후자에 속한다. 그리고 의사결정트리 방식을 적용한 사례들 가운데 강화학습을 활용하는 머신러닝의 사례도 있다.

〈보기〉

ㄱ. 의사결정트리 방식을 적용한 모든 사례는 지도학습의 사례이다.
ㄴ. 샤펠식 과정의 적용 사례가 아니면서 의사결정트리 방식을 적용한 경우가 존재한다.
ㄷ. 강화학습을 활용하는 머신러닝 사례들 가운데 의사결정트리 방식이 적용되지 않은 경우는 없다.

① ㄴ
② ㄷ
③ ㄱ, ㄴ
④ ㄱ, ㄷ
⑤ ㄱ, ㄴ, ㄷ

09

2019년 민경채 PSAT 언어논리 나 문20

다음 대화 내용이 참일 때, ㉠으로 적절한 것은?

> 서희: 우리 회사 전 직원을 대상으로 A, B, C 업무 중에서 자신이 선호하는 것을 모두 고르라는 설문 조사를 실시했는데, A와 B를 둘 다 선호한 사람은 없었어.
>
> 영민: 나도 그건 알고 있어. 그뿐만 아니라 C를 선호한 사람은 A를 선호하거나 B를 선호한다는 것도 이미 알고 있지.
>
> 서희: A는 선호하지 않지만 B는 선호하는 사람이 있다는 것도 이미 확인된 사실이야.
>
> 영민: 그럼, ㉠ 종범이 말한 것이 참이라면, B만 선호한 사람이 적어도 한 명 있겠군.

① A를 선호하는 사람은 모두 C를 선호한다.

② A를 선호하는 사람은 누구도 C를 선호하지 않는다.

③ B를 선호하는 사람은 모두 C를 선호한다.

④ B를 선호하는 사람은 누구도 C를 선호하지 않는다.

⑤ C를 선호하는 사람은 모두 B를 선호한다.

정답 및 해설 p.4

2 귀납 추론

귀납은 전제들로부터 도출되는 경험적 추측을 표현하는 결론으로, 연역과 달리 결론이 전제들 속에 전적으로 함축되어 있지 않다. 결과적으로, 귀납적 논증에서는 전제들의 진위 여부가 결론의 참됨을 절대적으로 보증할 수 없다. 즉 결론이 개연적으로(probably) 증명된다.

귀납적 추론은 좋은 논증이 아니면서도 참된 결론에 도달할 수 있다. 예를 들어, 카드 점을 보았는데, 불길한 미래가 예상되었다. 그런데 그 후에 벼락을 맞았다. 이러한 경우 결론은 우연히 참이 되었지만, 그 추론은 논리적으로 맞지 않아 부당한 것이다.

또한 귀납적 논증은 추론이 논리적으로 좋은 것 즉, 참된 전제들로부터 출발한 것임에도 불구하고, 거짓된 결론에 도달할 수도 있다. 예를 들어, 일주일간 오후 2시에 비가 내렸으며, 오늘도 같은 시간에 비가 내릴 것이라고 추론할 수 있다. 이 추리는 완전히 논리적이지만, 결론이 거짓일 가능성은 여전히 있다.

개연성은 합리적 신뢰도로서 우리의 지식에 의존하는 상대성을 지닌다. 완전히 동일한 추측도 증거의 양에 따라 상이한 개연성을 지니기 때문이다. 이는 우리가 같은 양의 증거라 해도 어떠한 결론을 도출하려는 가에 따라 개연성의 정도가 달라지기 때문이다.

1. 귀납적 일반화

귀납적 일반화란 개별적인 것들에 관한 관찰을 토대로 일반적인 결론을 이끌어내는 귀납 추론이다. 여기에는 보편 일반화와 통계적 일반화가 있다.

(1) 보편 일반화

보편 일반화는 하나의 집합에 속하는 특정수의 개체를 관찰하여 그것들이 공통적으로 갖는 성질을 찾아내고, 그러한 성질을 토대로 일반화로 추론하는 것을 말한다. 보편 일반화는 다음과 같은 형식을 갖는다.

A1은 B이다. A2는 B이다. . . . 그러므로 모든 A는 B이다.

(2) 통계적 일반화

통계적 일반화는 전체 중 일부를 선택하여 조사하고, 그 조사된 표본 가운데 동일한 성질을 가진 개체 수를 확인한 후, 그러한 사실을 토대로 전체에서 동일한 성질을 가진 개체의 비율을 추론하는 것을 말한다. 여론조사가 대표적인 예가 될 수 있다. 그 형식은 다음과 같다.

전체 중 a개를 조사한다. 그중에서 b개가 c라는 성질을 갖는다. 그러므로 전체의 d%가 c라는 성질을 갖는다.

2. 유비 추론

유비란 2개 이상의 상이한 대상 간 유사함을 말한다. 특히 비유적인 방식을 사용할 때에 사용한다. 다시 말해 유비는 둘 혹은 그 이상의 대상들 사이에서 도출되며, 이는 그들 간의 하나 혹은 그 이상의 유사점을 찾는 것이다. 유비는 a, b, c, d를 대상으로, P, Q, R을 속성으로 하여 도식화하면 다음과 같다.

a, b, c, d는 속성 P와 Q를 가지고 있다. a, b, c는 모두 속성 R을 가지고 있다. 그러므로 d는 아마도 속성 R을 가지고 있을 것이다.

예제

01 2003년 실험 PSAT 언어논리 문3

다음 논증을 <보기>의 형태로 분석할 때, ㉠, ㉡, ㉢, ㉣에 해당되는 말을 바르게 찾은 것은?

사막을 걷다가 시계 하나를 발견하였다고 하자. 그것이 우연히 생겨난 거라고 생각할 사람은 없을 것이다. 시계는 매우 복잡하고 정교한 기계로서 누군가 지성을 가진 존재에 의해서 설계된 것, 만들어진 것이라고 밖에는 생각할 수 없다. 그런데 우주는 시계와는 비교도 되지 않을 만큼 복잡하고도 정교한 기계이다. 어떻게 보면 시계의 정확한 작동조작도 우주에 존재하는 놀라운 규칙성의 반영일 뿐이다. 그러므로 이러한 우주가 우연히 발생했다고 생각하기는 어렵다. 누군가 지성을 가진 존재에 의해서 설계되었다고 보는 것이 합당하다.

〈보기〉

㉠은 ㉡과 ㉢이라는 점에서 유사하다.
㉠은 ㉣이라는 속성을 가지고 있다.
그러므로, ㉡도 ㉣이라는 속성을 가질 것이다.

① ㉠ 사막, ㉡ 시계, ㉢ 우연히 발생한 것, ㉣ 복잡하고 정교한 기계
② ㉠ 우주, ㉡ 시계, ㉢ 우연히 발생한 것, ㉣ 우주의 규칙성의 반영
③ ㉠ 우주, ㉡ 시계, ㉢ 복잡하고 정교한 기계, ㉣ 우주의 규칙성의 반영
④ ㉠ 시계, ㉡ 우주, ㉢ 복잡하고 정교한 기계, ㉣ 지적인 존재에 의해 설계된 것
⑤ ㉠ 시계, ㉡ 우주, ㉢ 지적인 존재에 의해 설계된 것, ㉣ 우주의 규칙성의 반영

[정답] ④

제시문의 논증은 다음과 같은 구조를 지닌다.
· 시계: 복잡하고 정교한 기계 - 우주와 유사함
· 시계의 속성: 지적인 존재에 의해 설계된 것
∴ 우주의 속성: 지적인 존재에 의해 설계된 것
이는 전형적인 유비 논증이다. 두 개체의 유사함으로 속성을 규정하고 있기 때문이다. 따라서 유비가 행해지는 구체적인 두 개의 대상을 찾고 그 속성을 파악하면 된다. 즉 시계와 우주가 유비 추론의 대상이 되고, 그것의 공통적인 속성인 지적 존재의 관여를 토대로 또 다른 속성인 규칙성의 반영이 유비 추리가 되고 있다.

02

2009학년도 LEET 예비 문8

다음 글의 추론 형식과 가장 유사한 것은?

> 당신은 소수자에 대한 어느 정도의 차별은 피할 수 없다고 말하지만 나는 그렇게 생각하지 않습니다. 당신이 고귀한 생명을 유지하기 위해 하루의 음식을 먹듯이 그들 역시 하루의 음식을 먹고, 당신에게 고된 하루를 위로해 줄 가족이 있듯이 그들에게도 가족이 있습니다. 당신에게 분별력이 있다면 그들에게도 분별력이 있으며, 당신이 부당한 억압에 대해 노여워하듯이 그들 역시 부당한 억압에 대해 노여워합니다. 그러므로 당신이 고귀한 존재로서 존중받아야 한다면 그들 역시 존중받아야 하는 것입니다.

① 대부분의 사람들은 자신에게 이익이 되는 것을 옳다고 말한다. 그 역시 그런 사람들 가운데 하나일 뿐이다. 그러므로 그도 자신에게 이익이 되는 것을 옳다고 말하는 것이다.

② 남태평양의 원주민들 중 일부는 불길한 자가 나타나면 신성한 나뭇가지로 그를 때려 액땜을 하고, 우리나라 사람들은 소금을 뿌려 액땜을 한다. 그런데 우리나라에는 복조리가 있다. 그러므로 그들의 땅에도 복을 부르는 상징물이 있을 것이다.

③ 인간이 자연의 일부라면, 만물이 언젠가는 소멸한다는 자연의 법칙에 지배를 받는 것은 당연하다. 어느 누구라도 늙지 않을 수 없고 결국에는 죽음을 피할 수 없다는 점만 보아도 그렇다. 결국 인간이 자연의 일부라는 사실을 외면할 수는 없는 것이다.

④ 인류가 위대하다는 말은 결코 옳지 않다. 만약 그 말이 옳다면, 자신들의 문명을 자부하는 나라는 마땅히 열악한 사정에 있는 나라에게 원조를 아끼지 말아야 한다. 그러나 어떤 문명국가는 세입의 절반을 다른 나라의 시민들을 해치는 전쟁에 쓰고 있다.

⑤ 누구든 자신에게 친절한 사람을 좋아하기 마련이다. 삶을 낙관적으로 보는 사람은 다른 사람에 대해서 너그럽다. 타인에게 너그러운 사람은 사람의 허물을 들추는 일을 즐기지 않고, 그런 이유로 늘 친절할 수 있는 것이다. 그래서 삶을 낙관적으로 보는 사람이 언제나 환영받는 것이다.

[정답] ②

소수자에 대한 차별을 반대하기 위해, 소수와 다수의 공통된 속성들을 열거하고 있다. 그런 공통된 속성들에 의해, 다수가 존중받아야 하듯 소수도 존중받아야 한다는 결론을 이끌어낸다. 즉, 다른 속성들이 모두 공통되므로, 존중받아야 한다는 속성 역시 공통으로 갖고 있을 것이라고 주장하는 것이다. 이것은 전형적인 유비 추리의 형식이다.

① (X) 대부분의 경우로부터 특정한 경우를 추론해내는 가장 일반적인 귀납의 형태 중 하나이다. 그러나 유비 추리의 형식으로 볼 수는 없으므로 정답이 될 수 없다.

② (O) 남태평양의 원주민과 우리나라 사람들의 공통된 액땜 문화를 근거로, 우리나라에 있는 복을 부르는 상징물이 남태평양의 원주민 문화에도 있을 것이라고 생각하고 있다. 두 대상이 공통된 속성을 갖고 있음을 근거로, 한 대상이 가진 속성을 다른 대상도 갖고 있을 것이라고 추론하는 유비 추리의 형식이다.

③ (X) 후건 긍정의 형식을 가진 타당하지 않은 논증이다.

④ (X) 결론을 부정한 후 모순을 이끌어내는 귀류법의 형식이다.

⑤ (X) 원하는 결론을 전제로부터 논리적으로 이끌어내는 연역의 형식이다.

3. 밀의 귀납법

귀납적 추론에 대해 존 스튜어트 밀(John Stuart Mill)은 다섯 가지의 방법을 제시한다. 이 방법들은 인과 법칙을 기본으로 하는 방식들이다.

(1) 일치법(method of agreement)

사례가 둘 이상 나타나는 단 하나의 상황만을 보고 판단하여, 그 상황에서만 모든 사례들이 일치할 때에 그것은 주어진 현상의 원인이 된다. 이를 일치법이라고 한다. 이 방법은 단순히 원인과 결과의 반복적인 결합에 초점이 있지 않고, 현상과 결합되는 상황을 확인하는 것으로 단순 매개를 넘어선다. 이 방법은 일반적으로 과학적 탐구에 사용된다. 대문자를 상황으로, 소문자를 현상으로 할 때에 이 방법은 다음과 같이 도식화할 수 있다.

A, B, C, D는 w, x, y, z와 함께 발생한다. A, E, F, G는 w, t, u, v와 함께 발생한다. 그러므로 A는 w의 원인이다.

일치법의 한계는 주로 확증사례들을 기대하기 때문에 찾는 원인을 식별하기에 불충분한 경우가 있다는 점이다. 만약에 조사 결과 모든 사례에 공통적으로 적용되는 상황이 하나 이상 나타난다면, 이 경우에는 그 원인을 판별할 수 없다.

(2) 차이법(method of difference)

주어진 현상이 나타나는 사례와 그렇지 못한 사례에 있어서 하나의 상황이 전자에만 발생하고, 다른 모든 상황은 같다면, 차이가 있는 그 상황이 주어진 현상의 결과이거나 원인이라는 것이 차이법이다. 이는 특정한 결과가 나타나는 사례와 그렇지 못한 사례 간의 차이에 초점이 있다. 차이법을 도식적으로 표현하면 다음과 같다.

A, B, C, D는 w, x, y, z와 함께 발생한다. B, C, D는 x, y, z와 함께 발생한다. 그러므로 A는 w의 원인이거나 결과이다.

차이법 역시 모든 종류의 과학적 탐구에서 사용되는 핵심적인 증명 방식이다.

(3) 일치 차이 병용법

이 방식은 일치법과 차이법을 함께 사용한 것이다. 이 방법은 다음과 같이 도식화된다.

A, B, C – x, y, z	A, B, C – x, y, z
A, D, E – x, t, w	B, C – y, z
그러므로 A는 x의 결과이거나 원인이다.	

두 방법을 함께 사용할 경우 결론의 개연성은 높아진다. 과학적 탐구에 있어서 이 두 방법의 결합은 강한 귀납 추론으로 사용된다.

(4) 잉여법(method of residues)

하나의 현상에서 발생한 상황들 중 이미 귀납에 의해 밝혀진 것들을 제외할 경우, 나머지 현상이 남은 사건들의 결과가 된다는 이론을 잉여법이라고 한다.

잉여법은 다른 방법들이 적어도 둘 이상의 사례에 대한 검토를 요구하는 데 반해, 하나의 사례에 대한 검토만으로도 사용될 수 있다. 또한 잉여법이 도출하는 결론은 개연적인 결론이기에 다른 전제를 추가한다면 타당한 연역 논증으로 바뀔 가능성이 있다.

(5) 공변법(共變法; method of concomitant variation)

공변법은 어떤 현상의 변화에 따라 같은 방식으로 변하는 다른 현상 간에는 인과적인 관련이 있다고 추리하는 방법이다.

위 네 가지 방법은 의도하는 결과를 도출하기 위하여 주어진 현상에 대한 어떤 원인을 제거하는 가정된 인과적 설명이다. 일치법은 어떤 현상이 일어나는 데 있어서 불필요한 특정 상황들을 배제하였고, 차이법은 결정적인 선행조건을 제거하는 방식을 사용하였으며, 일치 차이 병용법은 위의 두 가지 방식을 모두 이용하였다. 잉여법 또한 그 결과가 이미 귀납적으로 확립된 상황들을 그 원인들에게서 제거하려는 시도였다.

그러나 어떤 경우에는 원인을 제거할 수 없는 상황들이 발생한다. 이러한 경우에 공변법을 사용한다. 공변법은 두 현상이 정비례적으로 또는 반비례적으로 변화할 때에도 그 인과관계를 추론할 수 있기 때문에 용이하다.

A, B, C – x, y, z
A + B, C – x + y, z
그러므로 A와 x는 인과적으로 연관되어 있다.

결국 공변법은 어떤 현상이 변할 때에 함께 변하는 모든 현상이 그 현상의 원인 또는 결과이거나 인과적으로 연결되어 있다는 것을 전제한다. 이는 상황과 현상이 나타나는 정도의 변화를 근거로 하는 귀납 추론의 양적인 방법이기 때문에 변화 정도를 측정할 수 있는 방법이 있어야 한다.

예제

다음 물질 A, B, C의 특성에 대하여 추정한 것으로 옳은 것만을 <보기>에서 있는 대로 고른 것은?

갑, 을, 병은 산행을 하다 식용으로 보이는 버섯을 채취하였다. 하산 후 갑은 생버섯 5g과 술 5잔, 을은 끓는 물에 삶은 버섯 5g과 술 5잔, 병은 생버섯 5g만을 먹었다.

다음 날 아침 갑과 을은 턱 윗부분만 검붉게 변하는 악취(顎醉) 현상이 나타났으며, 둘 다 5일 동안 지속되었으나 병은 그러한 현상이 없었다. 또한, 세 명은 버섯을 먹은 다음 날 오후부터 미각을 상실했다가, 7일 후 모두 회복되었다. 한 달 후 건강 검진을 받은 세 명은 백혈구가 정상치의 1/3 수준으로 떨어진 것이 발견되어 무균 병실에 입원하였다. 세 명 모두 1주일이 지나 백혈구 수치가 정상이 되어 퇴원하였고 특별한 치료를 한 것은 없었다.

담당 의사는 만성 골수성 백혈병의 권위자였다. 만성 골수성 백혈병은 비정상적인 유전자에 의해 백혈구를 필요 이상으로 증식시키는 티로신 키나아제 효소가 만들어짐으로써 나타난다. 담당 의사는 3개월 전 문제의 버섯을 30g 섭취한 사람이 백혈구의 급격한 감소로 사망한 보고가 있다는 것을 알았으며, 해당 버섯에서 악취 현상 원인 물질 A, 미각 상실 원인 물질 B, 백혈구 감소 원인 물질 C를 분리하였다.

〈보기〉

ㄱ. A는 알코올과의 상호 작용에 의해서 증상을 일으킨다.
ㄴ. B는 알코올과의 상관관계는 없고, 물에 끓여도 효과가 약화되지 않는다.
ㄷ. C는 물에 끓이면 효과가 약화되며, 티로신 키나아제의 작용을 억제하는 물질로 적정량 사용하면 만성 골수성 백혈병 치료제의 가능성이 있다.

① ㄱ ② ㄷ ③ ㄱ, ㄴ
④ ㄴ, ㄷ ⑤ ㄱ, ㄴ, ㄷ

[정답] ③

밀(Mill)의 귀납법을 활용하여 추리하는 문항으로서 특히 일치법과 차이법을 중심으로 나타난 결과의 원인을 파악해야 한다. 이를 위해 나타난 사실을 도표로 정리하면 다음과 같다.

구분	버섯	술	악취 현상	미각 상실	백혈구 수치 저하
갑	생버섯 5g	O	O	O	O
을	삶은 버섯 5g	O	O	O	O
병	생버섯 5g	X	X	O	O

ㄱ. (O) 악취 현상은 갑과 을에게만 나타났다. 이는 갑과 을이 병과 다르게 술을 섭취하였기에 나타난 현상이다. 그러므로 악취 현상의 원인 물질 A가 알코올과 반응하여 나타난 증상임을 알 수 있다.
ㄴ. (O) 갑과 을, 병이 모두 버섯을 섭취하였다. 따라서 세 명의 공통 증상인 미각 상실과 백혈구 감소가 버섯에 의한 것임을 알 수 있다. 이때 버섯이 어떤 형태로 조리되었는가는 관계가 없다.
ㄷ. (X) 갑과 을, 병이 모두 버섯을 섭취하여 나타난 증상이 있으므로 물에 끓여서 먹은 을도 동일한 증상이 나타났다. 따라서 물에 끓인다고 해서 효과가 약화되지 않는다.

4. 가설 추론(Hypothetical Inference)

어떤 사건이나 사실이 나타나고, 이것의 원인이 다양한 원인들 가운데 가장 개연성이 높은 것으로 파악한다. 그리고 어떤 사건이나 사실이 있을 때마다 항상 그러한 원인이 발생함을 밝혀주는 것이 바로 가설이다. 가설의 근거는 이미 검증된 이론이나 일반적인 상식과 실제 실험을 통해 증명된다.

사실 귀납적 논증에서 결론은 하나의 가설이라고 할 수 있다. 전제들로부터 개연성에 의해 추론되는 것이기 때문이다. 이런 면에서 귀납적 논증의 결론은 경험적 세계에 대한 하나의 추측이며, 그 전제들은 그러한 가설을 뒷받침하는 정보 내지는 자료가 된다. 즉 귀납적 논증의 정당성은 가설이 주어진 자료에 대한 적합한 설명인가를 개연적으로 추론함으로 얻어질 수 있다. 만약에 어떤 귀납적 논증은 결론이 그것의 전제들에 내재되어 있는 자료들을 높은 개연성으로 설명할 수 있다면, 그 논증은 개연성이 매우 높다고 평가할 수 있다.

가설 추론의 종류

① 인과적 가설: 현상의 원인에 대한 가설을 설정하고 경험적 사실(관찰 및 실험 등)로 입증하는 추론이다.

② 가설 연역: 기존에 입증된 이론으로부터 연역적으로 가설을 도출한 후 경험적 사실로 입증하는 추론으로 주로 과학기술 분야에서 사용된다.

5. 최선의 설명으로의 추론

최선의 설명으로의 추론은 나타난 현상을 가장 잘 설명할 수 있는 가설을 선택하는 것을 말한다. 이때 직접적인 관찰이나 실험 등의 경험에 의한 자료가 아닌, 현상에 대한 이론의 설명력으로 현상을 해명하고자 한다. 이러한 추론의 형식은 설명되고 있는 사물들에 대해 이미 알려진 다른 사실들 혹은 추측들을 조화시키고자 한다. 즉 직접적인 경험에 의한 관찰이나 실험이 아닌 순수한 이론의 설명력만으로 다른 경쟁 이론들보다 현상을 설명하는 데에 상대적으로 더 높은 설득력을 지닌 이론을 원인으로 설정할 경우, 이를 '최선의 설명으로의 추론'이라고 한다.

예제

다음 글에 나타난 견해를 비판하는 논거로 가장 적절한 것은?

> 음모론은 기존에 알려진 사실들을 그 이면에 숨겨진 원인으로 설명하는데, 음모론에 등장하는 가설들은 상식에 비춰볼 때 너무 예외적이어서 많은 경우 터무니없다는 반응을 불러일으킨다. 그렇지만, 어떤 사람들은 음모론 속 가설들이 기존 사실들을 무척 잘 설명한다는 것을 근거로 그 가설이 참이라고 생각하기도 한다. 그럼, 그런 높은 설명력을 가진다는 것이 음모론에 등장하는 가설에 대한 과학적 근거라고 할 수 있는가?
>
> 사실, 과학적 추론들 중에도 가설의 뛰어난 설명력을 근거로 가설의 채택 여부를 결정하는 것이 있다. 그런 추론은 흔히 '최선의 설명으로의 추론'이라고 부른다. 이 추론은 기존 증거를 고려하여 가장 그럴듯한 가설, 즉 해당 증거에 대해서 가장 개연적인 설명을 제공하는 가설을 골라낸다. 이와 더불어 그 추론은 가설의 이론적 아름다움, 즉 단순성과 정합성 등을 파악하여 미래 증거에 대해서도 가장 좋은 설명을 제공할 것 같은 가설을 찾아낸다. 이렇듯 최선의 설명으로의 추론은 기존 증거와 미래 증거를 모두 고려하여 가장 그럴듯하면서도 아름다운 가설을 채택하는 과정이다.
>
> 이런 점을 생각해볼 때, 음모론 속 가설의 설명력이 그 가설에 대한 과학적 근거를 제공하지 못한다는 것은 분명하다. 왜냐하면 그런 가설들은 예외적인 원인을 이용하여 기존 증거에 대해서는 놀라운 설명을 제공하지만, 그 예외적인 원인의 뛰어난 설명력을 유지하기 위해서 복잡하고 비정합적일 수밖에 없게 되어 미래 증거에 대한 올바른 설명을 제공할 수 없기 때문이다.

① 기존 증거를 잘 설명하는 음모론의 가설들은 미래에 대한 예측의 부정확성이 높을 뿐 예측 자체를 못하는 것은 아니다.

② 과학사에 등장했던 이론적으로 아름다운 가설들은 대개 기존 증거들에 대해 충분히 개연적인 설명을 제공하는 가설들이었다.

③ 몇몇 놀라운 과학적 성취는 그 초기에 기존 증거들을 제대로 설명하지 못했지만 그것의 뛰어난 이론적 아름다움 때문에 일부 과학자들에게 채택되기도 했다.

④ 기존 증거들을 잘 설명하지만 복잡한 형태로 제시된 가설들이 후속 연구에 의해서 설명력을 훼손하지 않은 채 이론적으로 단순하고 아름다워지는 경우가 많다.

⑤ 음모론에 등장하는 가설에 대한 사람들의 믿음은 그 가설이 갖추고 있는 과학적 근거보다는 그것을 믿게 되었을 때 얻을 수 있는 정신적 혹은 사회적인 이익에 의해서 결정된다.

[정답] ④

① (X) 예측 자체를 할 수 있다고 해도 제시문의 견해를 비판하지는 못한다. 정확한 예측을 할 수 있다는 진술이 있어야 비판이 되기 때문이다.

② (X) 필자의 견해는 음모론이 결국 정당한 근거를 가지지 못하는 가설이라는 것이므로, 다른 아름다운 가설들의 개연적 설명력은 이에 대한 비판이 될 수 없다.

③ (X) 어떤 과학적 추론이 이론적 아름다움을 이유로 일부 과학자들에게 채택되었다는 사실은 지문에서의 필자의 논점에서 벗어나 있다. 이는 무관한 진술로 필자의 견해를 비판하는 논거가 될 수 없다.

④ (O) 필자는 음모론이 높은 설명력에도 불구하고 복잡하고 비정합적이기에 과학적 근거를 가질 수 없다고 지적한다. 그런데 음모론처럼 높은 설명력과 복잡성에도 불구하고 후속 연구의 결과를 통해 아름다운 가설이 될 수 있음을 보여줄 경우, 미래 증거에 대해 설명을 제공할 수 있기에 제시문의 견해에 대한 반박의 근거가 된다.

⑤ (X) 쟁점을 벗어나 있다. 음모론 속 가설에 대한 믿음에 대한 논의는 지문과 무관하다. 논의 대상은 음모론 속 가설에 대한 정당성에 있다.

실전 연습문제

01

2015학년도 LEET 문27

(가)와 (나)를 모두 설명할 수 있는 가설로 가장 적절한 것은?

(가) 정가가 1,900만 원인 자동차가 인기가 높아져 물량이 달리자 자동차 회사에서 가격을 2,000만 원으로 인상했다. 이에 대해 소비자의 29%는 납득할 수 있다고 답한 반면 71%는 불공정하다고 답했다. 반면, 정가가 2,000만 원이지만 100만 원을 할인해 1,900만 원에 팔다가 인기가 높아져 물량이 달리자 자동차 회사에서 가격을 2,000만 원으로 환원한 경우에 대해서는 소비자의 58%가 납득한다고 답하고 42%가 불공정하다고 답했다.

(나) 어느 수업에서 학생들 중 반을 무작위로 골라 학교 로고를 새긴 머그잔을 나눠준 후 머그잔을 받은 학생과 받지 못한 학생을 한 명씩 무작위로 짝지어 머그잔을 거래하도록 했다. 그런데 머그잔을 가진 학생이 최소한 받아야겠다고 생각하는 금액이 머그잔을 사려 하는 학생이 제시하는 금액보다 훨씬 높은 경우가 많아서 거래가 잘 이루어지지 않았다.

① 사람들은 이득이나 손실의 크기가 작을 때는 변화에 매우 민감하지만 이득이나 손실의 크기가 커지면 변화에 덜 민감해진다.
② 사람들이 물건에 부여하는 가치는 자신이 현재 그 물건을 소유하고 있는지 여부에 따라 달라진다.
③ 사람들은 이득에 관해서는 모험적인 선택을 하지만 손실에 관해서는 안정적인 선택을 한다.
④ 사람들은 명시적으로 지불하지 않는 암묵적 비용에 대해 훨씬 덜 민감하게 반응한다.
⑤ 사람들의 태도는 어떤 것을 초기 상황으로 인식하는지에 따라 달라진다.

02

2005년 견습 PSAT 언어논리 채 문14

다음에서 과학 지식의 형성 과정이 유사한 것끼리 적절하게 묶은 것은?

가. 돌턴은 만일 물질의 최소 단위가 더 이상 쪼개질 수 없는 입자라고 한다면 이러한 입자들이 다른 물질들과 결합하는 데는 일정한 비(比)가 있을 것이라고 가정했다. 이러한 가설에서 시작하여 산소와 탄소의 결합실험을 한 결과 탄소가 산소와 결합하는 몇 종류의 비율이 있으며 이 비율들은 정수비임을 발견했다.

나. 가축을 품종 개량하는 육종가들은 원하는 특질을 가진 품종을 여러 세대에 걸쳐 선택적으로 교배시킴으로써 인위적인 변종을 만들었다. 다윈은 이러한 선택원리를 자연에 적용하면 자연에서의 새로운 종의 탄생을 설명할 수 있을 것이라고 생각했다. 다윈은 이러한 개념 적용을 통해 자연선택 이론을 만들었다.

다. 아인슈타인의 상대성 이론에 의하면 빛은 중력에 의해 휘게 된다. 빛이 행성 주변을 통과할 때 행성의 중력에 의해 그 경로가 휜다는 것이다. 이러한 예측은 20세기 초 영국 원정팀이 개기일식을 관측함으로써 확인되었다. 일식이 진행되는 동안 멀리 떨어진 별로부터 오는 빛이 태양 주위를 통과하면서 휘는 현상이 실제 관측된 것이다.

라. 새로운 소립자를 찾으려는 노력은 무작위로 이루어지지 않을 뿐 아니라 대부분 관찰이 선행되지도 않는다. 대부분의 실험들은 이미 자연의 대칭성이나 통일성과 같은 근본적인 규칙성에서 출발하여 아직 관찰되지는 않았지만 있으리라고 예측되는 미지의 입자를 찾는 것이다. 중간자의 발견은 실험적으로 이를 관찰하기 오래 전에 유가와 히데키 등에 의해 이미 이론적으로 예언된 것이며 최근 톱 쿼크(top quark)와 같은 새로운 입자들의 발견도 면밀한 이론적 예측 위에서 이루어진 것들이 대부분이다.

① (가) (나, 다, 라)
② (가, 나) (다, 라)
③ (가, 다) (나, 라)
④ (가, 라) (나, 다)
⑤ (가, 다, 라) (나)

03

2005년 견습 PSAT 언어논리 채 문15

다음 중 논리적 추리의 방법이 다른 하나는?

① 많은 수의 A가 다양한 조건에서 관찰되었고, 그리고 관찰된 A가 모두 예외 없이 B라는 성질을 가지고 있으면, '모든' A는 B라는 성질을 가진다.

② 이 코르크 마개는 나무이고 그것은 물 위에 뜬다. 육면체로 된 이 물체는 나무이고 그것은 물 위에 뜬다. 그러므로 나무로 된 모든 물체는 물 위에 뜬다.

③ 소금암 광산으로부터 얻은 소금이나, 바닷물로부터 얻은 소금이나, 그 소금(NaCl) 안의 염소(Cl) 질량을 조사하니 60.66%였다. 따라서 모든 소금에는 염소의 질량이 60.66% 존재한다.

④ 케플러는 화성의 상대적 위치를 관찰하여 화성의 궤도를 알아내려 하였다. 그래서 그는 우선 화성의 궤도가 타원이라고 가정하고 이 가설 아래서 화성의 위치를 수학적으로 계산한 뒤, 계산 결과를 이미 있던 관찰 자료에 맞추어 보았다. 다행하게도 관찰 자료와 수학적으로 계산한 위치는 서로 잘 맞아떨어졌다.

⑤ 멘델은 완두콩의 대립형질교배 실험 결과 잡종 2세대에서 다음과 같은 결과를 얻었다. 첫 번째 실험에서 둥근 것(5,474개) 대 주름진 것(1,850개) = 2.96:1, 두 번째 실험에서는 초록색(428개) 대 노란색(152개) = 2.82:1이라는 결과를 얻었고, 그것으로부터 제2세대에서는 우성형질과 열성형질의 비율이 약 3:1이라는 결론을 얻었다.

04

2010년 입법 PSAT 언어논리 가 문14

다음 <보기>에서 동일한 종류의 논증을 포함하고 있는 것끼리 묶은 것은?

〈보기〉

ㄱ. 문명화된 모든 사회에서의 생활은 규칙에 의해서 지배받는다. 규칙 없이 사는 사람이나 자기들이 가진 규칙을 지키지 않는 사람들에게는 현재의 마음의 평정도 미래에 대한 이지적 계획도 불가능하다. 사회를 위해서 규칙을 만들고 그 규칙을 시행하는 것은 정부가 하는 일이다. 그러므로 어떤 사회도 효과적이고 어느 정도 안정된 정부를 갖지 않고는 정말로 문명화될 수 없다.

ㄴ. 자신의 손으로 자신의 정원을 가꾸는 정원사는 지주(地主)와 농부와 노동자라는 세 가지 성격을 한 몸에 지니고 있다. 그러므로 그의 생산물은 그에게 지주의 지대와 농부의 이익과 노동자의 임금을 지불해 주는 것이어야 한다.

ㄷ. 나라의 상태로 보아, 사람들의 습관으로 보아, 또 그 점에 대해 우리가 겪어온 경험으로 보아, 직접 과세에 의해 아주 많은 금액의 세금을 올린다는 것은 실현불가능하다. 세법의 확대는 언제나 효과가 없었고, 새로운 강제 징수 방법은 시도될 때마다 실패하였고, 대중의 기대는 늘 똑같이 실망으로 끝났고, 국고는 텅 빈 채로 있어왔을 뿐이다.

ㄹ. 그러면 왜 원숭이를 교육시키는 것이 불가능할 것인가? 왜 원숭이는 커다란 고통의 힘에 의해서 귀먹은 벙어리가 하는 것 – 발음을 위해서는 꼭 필요한 동작 – 을 결국 흉내 낼 수 없겠는가? 원숭이의 말하는 기관이 아무리 훈련을 해도 똑똑한 발음을 할 수 없도록 되어 있는지 여부에 대해서는 나는 감히 판정하지 않겠다. 그러나 원숭이와 인간 사이의 커다란 유사성 때문에 그리고 원숭이만큼 현저하게 그 외부기관이 인간과 유사한 동물은 없기 때문에, 만약 원숭이가 말하는 것이 절대적으로 불가능하다면 나는 놀랄 것이다.

① ㄱ, ㄴ — ㄷ, ㄹ
② ㄱ, ㄷ — ㄴ, ㄹ
③ ㄱ, ㄹ — ㄴ, ㄷ
④ ㄱ, ㄴ, ㄹ — ㄷ
⑤ ㄱ — ㄴ, ㄷ, ㄹ

05

2008년 5급 PSAT 언어논리 꿈 문28

다음 글들은 추론을 담고 있다. 비슷한 추론 형식을 가진 것끼리 짝지어진 것은?

가. 세계를 둘러보면, 세계는 하나의 큰 기계라는 것을 알게 될 것이다. 그 기계는 무수히 많은 조그만 기계들로 이루어져 있다. 이런 부분들은 너무 작아서 인간의 오감을 통해 확인할 수도 설명할 수도 없다. 이런 작은 기계들과 부분들은 서로 정확히 조율되어 있어 이를 생각해본 인간에게 경이로움을 일으킨다. 수단이 목적에 맞게 교묘히 적응되어 있는 세계의 모습을 보면 마치 인간이 고안해낸 것처럼 보인다. 물론 세계는 인간이 만들 수 있는 그 어떤 것보다 더 웅장하고 경이롭다. 그러나 두 결과가 유사하므로 두 원인도 유사할 것이라고 추리할 수 있다. 즉 세계를 만든 조물주가 존재하고 조물주의 정신은 인간의 정신과 유사할 것이다.

나. 대기압 개념이 도입되기 전에 흡입펌프는 "자연은 진공을 싫어한다"는 가설에 의해 다음과 같이 설명되었다. 자연은 진공을 싫어하므로 피스톤이 올라감으로써 생긴 진공을 채우기 위해서는 물이 펌프관을 타고 올라가야 한다는 것이다. 그러나 수은기압계의 수은기둥의 높이가 산 아래보다 산 정상에서 더 낮다면, 자연이 진공을 싫어하기 때문이 아니라 공기가 무게와 압력을 가지고 있기 때문에 수은기둥이 지탱된다는 결론을 이끌어낼 수 있다. 왜냐하면 산 정상보다는 산 아래에서 수은을 미는 공기의 양이 단위 면적당 더 많기 때문이다. 그리고 실제로 실험을 해보니 수은기둥의 높이가 산 아래보다 산 정상에서 더 낮았다. 이 실험으로부터 공기가 무게와 압력을 가지고 있다고 추론할 수 있다.

다. 전자는 별보다 더 가상적이지도 않고 덜 가상적이지도 않다. 오늘날 우리는 별을 사진건판으로 하나씩 세듯이 가이거계수기로 전자를 하나씩 셀 수 있다. 도대체 무슨 근거로 전자가 별보다 더 관찰하기 힘들다고 말할 수 있단 말인가? 만약 별을 관찰했다는 주장이 정당하다면, 전자를 관찰했다는 주장도 정당하다고 말할 수 있다. "별"이라는 이름은 천체망원경의 사진건판에 상을 맺히게 한 어떤 대상을 지칭하듯, 유사하게 "전자"라는 이름은 가이거계수기에 자국을 남긴 어떤 대상을 지칭한다. 어떻게 별이 존재한다고 말하면서, 전자가 존재하지 않는다고 말할 수 있는가?

라. 비타민 C가 감기 예방 또는 치료에 효과가 있는가에 대해 상당히 오랫동안 논쟁이 있어 왔다. 다양한 연구를 통해 많은 과학자들은 비타민 C에 그러한 효과가 없다고 믿었지만, 어떤 과학자는 비타민 C가 감기 예방이나 치료에 효과가 있다고 주장했다. 어느 편이 옳은가에 관계없이 이 논쟁에 대한 판정은 다음과 같은 방식으로 이루어진다. 우선 실험의 대상이 될 사람들을 선발하여 두 개의 비슷한 집단으로 나눈 다음, 한 쪽에는 진짜 비타민 C를 섭취하게 하고 다른 쪽에는 가짜 비타민 C를 준다. 이 실험에서 중요한 점은 실험대상자들이 이 사실을 몰라야 한다는 것인데, 그 이유는 이 사실을 알게 되면 그로 인한 암시의 힘이 크게 영향을 미칠 것이기 때문이다. 이렇게 통제된 실험에 의해 진짜 비타민 C를 복용한 실험 대상자들이 감기에 걸리는 빈도가 낮거나 감기에 걸린 후 회복되는 시간이 짧다는 결과를 얻을 수 있다면 비타민 C가 감기 예방이나 치료에 효과가 있다고 추론할 수 있다.

마. 누구나 통증과 같은 자기 자신의 정신 상태는 직접적으로 느끼지만, 다른 사람의 정신 상태는 직접적으로 경험할 수 없다. 우리는 다른 사람이 많은 점에서 자기 자신과 비슷한 방식으로 정신적 경험을 하고 있다고 믿는데, 이 믿음은 다음과 같은 추리에 기초를 두고 있음에 틀림없다. 다른 사람은 생각, 기쁨, 고통, 그 밖의 여러 가지 정신 상태를 실제로 경험하고 있는 것처럼 보이는 행동을 한다. 다른 사람의 그런 행동은 내 자신이 그런 정신 상태에 있을 때 해온 행동과 비슷하다. 따라서 다른 사람의 그런 행동은 내 자신의 경우와 마찬가지로 그들의 정신 상태에 기인한다고 결론 내린다. 이런 방식으로 우리는 자기 자신의 정신 이외에 다른 사람의 정신이 실제로 있다는 것을 사실로 확립하려 한다.

① 가, 나
② 나, 마
③ 가, 다, 마
④ 가, 라, 마
⑤ 다, 라, 마

정답 및 해설 p.7

II. 언어 추리

언어 추리는 일상 언어로 이루어진 추리 유형의 문제를 의미한다. 이 영역에서는 지문으로부터 정보를 파악하고, 이 정보를 바탕으로 문제에서 요구하는 바를 추리하는 능력을 측정한다. 이를 위해 언어로 표현된 지문의 내용으로부터 발문에서 의도하는 바를 파악하고 그에 따라 논리적으로 추리하는 문제가 출제된다. 내용학적 측면에서는 거의 전 분야에 걸쳐 출제되며, 추리논증의 50% 이상을 차지하는 가장 높은 비중의 문제 유형에 해당한다. 언어 추리는 세 가지의 유형으로 구성되어 있다.

1 언어 추리의 출제 유형

1. 함축 및 귀결

함축 및 귀결 유형에서는 지문으로부터 개념, 구절, 문장들의 의미론적(semantics)/화용론적(pragmatics) 함축을 고려하여 텍스트에 함축된 정보를 찾는 문제 유형이다.

이 영역에서 사용되는 '함축'은 논리적 함축을 의미한다. 이는 주어진 정보가 참일 때에 반드시 참이 되는 진술이 있을 때에 적용되는 개념이다. 그리고 '귀결'은 정보로부터 추리될 수 있는 결론을 파악하는 문제에서 나타난다. 내용학적 측면에서는 다양한 제재에서 출제되었으며 논리적인 함축 개념을 제재로도 출제된 바 있다.

2. 원리 적용

법학과 과학기술 분야에서 자주 출제되고 있는 유형으로, 지문에서 원리나 원칙을 개념이나 용어 또는 규범의 형태로 제시한다. 그리고 그러한 원리나 원칙에 입각하여 지문의 의미를 파악하거나 사례에 적용하여 추리하는 유형에 해당한다.

우선 지문으로부터 어떤 정보를 사고나 행위 판단의 기준으로 하고 있는지를 확인해야 한다. 그리고 그러한 원리나 원칙이 형성될 때 파악될 수 있는 의미와 상황이나 맥락이 바뀌어도 적용되는 일관된 기준 등을 적용해야 한다. 이 영역에서 측정하고자 하는 사항은 다음과 같다.

- 개별 사례에서 적용될 수 있는 규범이나 규칙 또는 원리를 판단하는 능력
- 다양한 사례 중에서 원리나 규범이 적용될 수 있는 사례를 파악하고 올바로 적용하는 능력
- 사례에 나타난 판단을 파악하고 이에 적용된 원리나 규범을 추리하는 능력

의미론
의미의 유사성과 다의성, 동음이의성(同音異義性) 등 단어의 의미를 분석하고 그 구조와 체계를 밝히는 것을 의미한다. 세 가지의 관점이 있는데, 첫째는 의미와 외부세계와의 대응관계, 둘째는 문맥과의 대응관계, 셋째는 같은 위치에 다른 어떤 단어가 교체될 수 있으며, 이 서로 대체될 수 있는 단어군이 어떤 체계를 형성하고 있는가 등이다.

화용론
언어의 사회적 사용과 기능에 관한 규칙을 의미한다. 그래서 말하는 이와 듣는 이의 관계, 시간과 장소의 적절성, 효과적인 주제 선택 등과 관련한 용법과 규칙이 포함된다. 화용론은 실제 상황에서 화자와 상대방에 의해서 쓰이는 말의 기능(사용)과 관계되는 영역으로서, 의사소통 시의 발화에 대한 언어론이다. 화자와 청자의 관계에 따라 언어 사용이 어떻게 바뀌는지, 화자의 의도와 발화의 의미는 어떻게 다를 수 있는지 등에 대한 연구도 다룬다.

논리적 함축
P가 참일 때에 Q는 반드시 참이다. = P는 Q를 (논리적으로) 함축한다.

3. 사실관계로부터 추리

사건이나 사실적인 상황을 제시하고 이로부터 추리되는 정보를 파악하는 유형이다. 우선 주어진 상황 자체를 파악하고, 그러한 상황에서 가정되어 있는 부분이나 인과적으로 연결되어 있는 것을 활용하여 내재된 의미를 파악한 뒤 원리를 적용해야 한다. 이 영역에서 측정하고자 하는 능력은 다음과 같다.

- 정보나 증거가 주어졌을 때에 이로부터 특정 사실관계나 주장의 진위를 판단하는 능력
- 사실관계에 근거하여 진술이나 주장 사이의 관계를 파악하는 능력

2 분야별 접근 방법

1. 법·규범학

언어 추리에서 출제되는 법적 추론(Legal Inference)은 지문에 나오지 않는 배경지식을 중심으로 문제를 해결해서는 안 되며, 주어진 지문에 제시된 정보로부터 추론을 통해 문제를 해결해야 한다. 출제의 목적이 지식 측정이 아닌 적성 검사이기 때문이다. 대부분의 지문이 대한민국 실정법의 법조문이나 규정에서 변형되어 소재 및 제재로만 활용되기에 실제 알고 있는 지식과는 차이가 있다. 답지나 보기의 선택지도 판례를 활용하지만, 그 의도는 고유한 판례의 판결을 알고 있는지가 아니라 주어진 규정이나 규범을 따라 추리하는 데에 있다.

본 교재는 추리논증의 법적 추론 제재를 철저하게 지식이 아닌, 적성 문제의 해결이라는 본래의 목적에 충실하게 문제의 유형에 따라 분류하였으며, 이에 대한 출제 형식 설명과 함께 접근 방식을 제시하고 그에 따른 실전 기출 문제의 연습으로 문제 해결력을 기를 수 있도록 구성하였다. 그래서 문제의 유형 및 접근 방식을 익히고 빠르고 정확하게 문제를 해결할 수 있는 능력을 학습하는 데에 목적이 있다.

법적 추론은 지문에서 법조문이나 규정 등을 제시하고, 이로부터 나타나는 정보들 즉, 규범, 규정, 원칙, 이론 그리고 개념 등을 파악하여 그러한 정보들로부터 추리할 수 있는 내용을 찾거나 사례 적용 가능성을 확인하고 실제로 적용하는 능력을 측정하고자 한다. 법적 추론은 원리 적용, 함축 및 귀결, 사실관계로부터 추리의 세 가지 형식으로 출제되는데, 법적 추론의 특성상 원리 적용 유형이 가장 많이 출제되며 나머지 두 유형도 일부 출제되고 있다.

먼저 법조문이 정확히 제시되고, 이에 대한 법조문의 파악 또는 사례에의 적용 문제가 주로 출제되고 있다. 두 번째 유형은 법 규정이나 규범이 조문의 형식이 아닌 서술형으로 제시되는 경우이다. 물론 서술형으로 제시되지만 그 내용에서는 규정이나 규범에 대한 정보가 포함되기도 한다. 또한 법 개념이나 이론 등을 제시하는 유형도 출제된다. 그리고 법적 규정을 토대로 한 수리 계산형 문제도 다수 출제되고 있다. 그리고 현대 법 규정이 아닌 역사적 사례나 고전 지문을 활용하여 법 규정에 대한 판단 및 적용 문제가 출제되기도 한다.

(1) 법 규정을 통한 원리 적용

① 법조문 파악 및 사례 적용

법적 추리의 대표적인 유형으로, 주어진 규정을 명시하고 이를 토대로 사례의 적합성을 판단하거나 이에 대한 논쟁이나 논의를 적용하여 확인하는 형식으로 출제된다. 법학적성을 측정하는 데에 가장 많은 비중을 둔 유형으로, 문제에 대한 빠르고 정확한 해결을 하기 위해서는 다양한 소재 및 제재에 대한 문제 연습이 필요하다. 문제에 대한 정확한 접근을 하기 위해서는 다음과 같은 사항에 주의해야 한다.

원리 적용
가장 많은 출제를 보이는 유형으로 법학적성을 측정하고자 하는 취지 및 의도를 정확히 반영하고 있는 유형이다. '원리'로 표현되는 것은 법조문의 규정 및 규범이 되며, 이에 대한 원리를 파악하고 그에 따라 사례에 적용하여 판단하는 추리 유형이다.

법조문
추리논증에서 나오는 법조문은 대부분 실정법이나 국제법이 변형되어 설정된다. 따라서 이미 알고 있는 선지식을 사용해서는 안 되며, 지문에서 제시되는 규범에 기반하여 파악하고 적용해야 한다.

㉠ 법 규정의 영역 확인

주어진 법조문에서 다루고자 하는 대상이 무엇이며, 어떤 영역을 규정하는지를 파악해야 한다. 동일한 대상이라도 다루는 영역이 다를 경우, 법조문의 대상이 아니기 때문이다. 이를 논리적으로는 논의 영역이라는 표현을 한다.

㉡ 대상과 규정의 연결

법조문의 규정은 대상을 중심으로 단순화하여 파악해야 한다. 대부분이 원칙적인 조문을 제시하고, 그에 적용되는 대상이나 영역의 다양한 분야를 보완하고 조건화하는 과정을 보여준다. 따라서 주어진 대상이 규정의 대상인지를 파악하고 그러한 대상에 해당되면 바로 규정을 단순하게 적용시켜야 한다.

㉢ 적용 조건 확인

대부분의 법조문에서는 적용할 수 있는 대상을 설정한 후, 그러한 대상이라도 조건을 충족해야 한다. 따라서 어떤 조건이 포함되어 있으며, 그러한 조건을 통해 법을 적용할 수 있는 대상인지를 확인해야 한다.

㉣ 예외 규정 파악

법조문의 특성은 예외 조항이 항상 존재한다는 것이다. 원리나 원칙을 적용함에 있어 나타날 수 있는 여러 가지 상황이나 맥락을 고려하여 그러한 원리나 원칙의 배제나 예외를 파악해야 한다. 따라서 주어진 사례나 상황이 예외에 해당되는지를 확인하고 적용시켜야 한다.

② 서술형 법규정 파악 및 적용

서술형으로 규정이 제시된 유형이다. 개념을 중심으로 규정의 목적 및 적용 방식을 서술하고 있기 때문에, 원리 간 양립 가능성 및 제한조건 등을 확인해야 한다. 직접적인 법조문의 형식을 취하지 않고 있으며, 법규정을 소개하면서 대상 및 규정, 그 연결과 예외적 규정도 포함되기에 앞의 법조문 파악과 동일한 분석 방법을 적용해야 한다.

서술형 법규정
서술형이기 때문에 문제를 읽고 이해하기 쉬우나, 문제의 의도는 법조문 제시형과 동일하므로, 조문의 적용 가능성과 규정의 의미에 대한 분석이 엄밀하게 이루어져야 한다.

(2) 규정 및 개념 파악과 적용

규범학의 포괄적 측면에서 접근하는 문제 유형으로, 다양한 사회적 규정 및 규범을 제시하고 그러한 원리에 적용할 수 있는 사례를 파악하는 형식이 나타난다. 또한 법이나 규범학의 개념이나 이론을 설명하고 이러한 개념 및 이론을 적용하여 추론하거나 판단할 수 있는 사례가 제시되기도 한다.

이때 규범이나 개념, 이론 등이 비교적 차원에서 제시되는 경우도 있기에 정확한 원리 파악과 그와 비교되는 다른 원리와의 공통점 및 차이점도 함께 고려하여 사례나 사실에 적용할 필요가 있다.

규범학
법학뿐 아니라 규정이 설정되어 원리화되는 경우에도 규범학의 범주에 포함되게 된다. 또한 개념의 의미를 설정하고 비교를 통해 추리하는 문항도 포괄적으로 출제되고 있다.

(3) 원리 비교

법조문이나 규정이 제시되고 이를 적용하는 서로 다른 원리를 보여주는 유형이다. 규정이 다른 기준에 의해서 해석될 수 있다는 것을 알려주고, 이에 맞추어 사례를 적용하는 문제이다. 따라서 서로 다른 원리들의 공통점 및 차이점을 비교하여 사례를 판단해야 한다.

원리 비교
하나의 규정에 대해 다양한 해석이 있을 수 있다. 이러한 문제에서는 차이점을 중심으로 파악해야 하며, 대상과 규정의 적용 가능성도 함께 고려할 필요가 있다.

실전 연습문제

법·규범 적용

01 2012학년도 LEET 문3

<사실 관계>에 대한 <추리 내용>을 평가한 것으로 적절하지 않은 것은?

〈사실 관계〉

병마영 밖에 사는 김 소사는 콩죽을 팔아 겨우 살아갔다. 어느 날 장에 가면서 열 살 난 아들에게 집을 보라 하였는데, 돌아와 보니 아들이 죽어 있었다. 목에 죔을 당한 자국이 있고, 아이 곁에 목을 조를 때 쓰인 줄이 끌려져 놓여 있었다. 세간을 점검해 보니 잃어버린 것이 호미 등 사소한 물건 몇 가지뿐이었다. ㉠ 이 일이 있기 전에 이웃 사는 백 소사가 이 잣돈 두 꾸러미를 김 소사에게 꾸어 주었는데, 김 소사는 본전만 갚고 이자는 갚지 않았다. ㉡ 아이가 죽기 전날 백 소사가 김 소사의 집을 샅샅이 뒤져 집 안에 얼마 남지 않은 쌀을 모두 찾아내 가져 간 일이 있었으니, 혐의를 받을 자는 이 한 사람뿐이었다.

이에 김 소사는 백 소사를 고소하면서 "㉢ 백 소사의 딸이 코에 병을 얻어 보기에도 더럽다. 죽은 아이가 살았을 때 그 딸을 보고 비웃은 일이 있다. 이 사실도 원한을 맺을 꼬투리이다."라고 하였다.

〈추리 내용〉

백 소사가 진범이라면 원한이나 재물과 같은 범행 동기가 있었을 것이다. (A) 백 소사가 ㉠ 때문에 분함을 가지게 되었을 수는 있다. 그러나 그런 정도의 분함이라면 ㉡에 의해 해소되었을 것이다. (B) 재물을 동기로 볼 경우, 백 소사가 ㉡과 같은 행동을 한 일이 있으므로 백 소사가 김 소사 집에 재차 침입하여 호미 등을 가져가지는 않았을 것이다. (C) ㉢이 사실이라 해도 아이를 죽일 원한이 되지 못할 것이다. (D) 줄로 아이를 목 졸라 죽이려 한 범인이 그 줄을 끌러 아이 옆에 놓았다면, 그것은 범인이 재물을 목적으로 침입하여 줄로 아이의 목을 감아 죄어 놓고 재물을 뒤지다가 특별히 값나가는 물건이 없자 일이 맹랑하게 되었음을 깨닫고 뒤늦게 아이가 불쌍해져 죽지 않기를 바라고 목에 감긴 줄을 끌러 놓았기 때문일 것이다. (E) 범인은 아이가 살아날 경우 자신이 범인으로 지목되지 않게 할 대응책도 가진 자일 것이다.

– 정약용, 『흠흠신서』 –

① (A)가 타당한지 확인하려면 김 소사와 백 소사 사이의 평소 인간관계나 금전 거래 관계를 조사해 볼 필요가 있을 것이다.

② (B)는 "누구든 가져갈 것이 없음을 알고 있는 집에 도둑질하러 들어가지는 않을 것이다."라는 취지의 암묵적인 전제에 의존하고 있다.

③ (C)의 숨은 전제를 "비웃음을 당하였다고 살인까지 하지는 않을 것이다."로 볼 경우, 이것은 백 소사가 관대한 사람이었다는 평판에 의해 반박될 수 있다.

④ 김 소사가 남몰래 집 안에 귀중품을 감추어 두고 있었다는 사실이 사건 후에 새로 밝혀졌다 해도 범인이 그 사실을 알지 못하였다면 (D)는 약화되지 않는다.

⑤ (E)로부터 백 소사가 범인이 아님을 단정할 수 없지만, 죽은 아이가 모르는 사람이 범인일 가능성이 있다고 추리할 수 있다.

02

2012학년도 LEET 문4

다음 글에 비추어 판단한 것으로 옳지 않은 것은?

> 피고인은 아래 교통사고와 관련한 범죄혐의로 기소되었다. 검사와 피고인의 주장은 다음과 같고, 확인된 사실은 (가)~(바)와 같다.
>
> 검 사: 피고인은 이 사건 당시에 가해 트럭을 운전하였다.
>
> 피고인: 나는 2010년 9월경 사고차량인 트럭을 도난당했고, 사고 당시에 가해 트럭을 운전한 사실이 없다.
>
> (가) 2010년 11월 6일 06:00경 ○○시의 시내 교차로에서 L이 운전하던 택시를 트럭이 뒤에서 들이받는 교통사고가 발생하였다. 신원불명의 트럭 운전자는 사고 직후 도주하였다.
>
> (나) 피고인은 사고를 낸 트럭의 소유자이지만 도난신고를 한 일은 없었다.
>
> (다) 피고인은 2010년 8월 이후 자동차운전면허가 없었고 다른 범죄혐의로 경찰의 추적을 받고 있었다.
>
> (라) 사고 직후 트럭 안에서 휴대전화 1개, 피고인 앞으로 발부된 범칙금납부고지서가 발견되었지만, 그 외에 운전자의 신원을 짐작할 수 있는 물건은 발견되지 않았다.
>
> (마) 위 휴대전화의 발신번호 및 통화내역을 조회해 본 결과, 사고 당일 01:30경부터 01:33경까지 K의 휴대전화로 5차례 발신된 사실이 있다.
>
> (바) L은 교통사고 당시 피고인과 비슷한 사람이 운전한 것을 목격한 것 같다고 진술하였고, K는 자신이 피고인의 선배이며 (마)의 발신인이 피고인이었다고 진술하였다.

① (가)에서 교통사고가 발생하였다는 사실은 검사 주장의 전제는 되지만 그 사실만으로 피고인 주장의 참·거짓을 판단할 수는 없다.

② 피고인이 운전자라고 주장하는 검사는 (다)를 피고인이 사고 후 도주한 이유에 대한 설명으로 제시할 수 있다.

③ (라)의 범칙금납부고지서가 2010년 8월 10일에 발급된 것으로 확인되었을 경우, 이 사실만으로는 검사와 피고인 주장의 참·거짓을 판단할 수 없다.

④ (바)에서의 L과 K의 진술을 모두 신뢰할 수 있다면, L과 K의 진술은 검사 주장을 강화하는 데 사용할 수 있다.

⑤ 검사와 피고인 주장이 동시에 참일 수 없으며, (가)~(마)가 모두 사실인 경우 두 사람의 주장은 동시에 거짓일 수도 없다.

03

2012학년도 LEET 문5

다음은 특허 부여에 대하여 회원국이 지켜야 할 최소한의 기준을 규정하고 있는 T협정 및 각국의 관련 규정에 대한 설명이다. (가)~(다)국과 A~C국을 바르게 짝지은 것은?

> 〈T협정 제27조(특허 대상)〉
>
> 제1항 제2항을 조건으로, 모든 기술 분야에서 물건 또는 방법에 관한 어떠한 발명도 신규성, 진보성 및 산업상 이용가능성이 있으면 특허 획득이 가능하다.
>
> 제2항 각 회원국은 인간 또는 동물에 대한 치료, 진단 및 수술하는 방법을 특허의 보호 대상에서 제외할 수 있다.
>
> 〈(가)~(다)국의 관련 규정에 대한 설명〉
>
> (가)국: 의료행위는 인간 또는 동물의 존엄과 생존에 깊이 관련되어 있으므로, 인간 또는 동물을 대상으로 치료, 진단 및 수술하는 방법의 신규성, 진보성 및 산업상 이용가능성이 인정되는 경우에도 이러한 방법에 대해서는 특허가 부여되지 않는다.
>
> (나)국: 치료, 진단 및 수술하는 방법을 포함하여 새롭고 유용한 방법, 기계, 제조물, 합성물 또는 이들의 유용한 개량을 발명한 자에게 특허가 부여된다.
>
> (다)국: 인간의 질병을 치료, 진단 및 수술하는 방법을 사용하는 의료행위에 관한 발명은 산업에 이용될 수 있는 발명으로 인정되지 않는다. 그러나 동물을 대상으로 치료, 진단 및 수술하는 방법에 대해서는 특허가 부여된다.
>
> 〈특허 부여에 대한 판단〉
>
> ○ A~C국의 관련 규정은 모두 T협정에 부합한다.
>
> ○ 동물의 치료를 위해 동물로부터 채취한 혈액을 정제한 후 다시 주입하는 방법은 A국과 B국에서 특허를 받을 수 있다.
>
> ○ 인간 유전자의 발현을 변화시킴으로써 질병을 치료, 예방하는 유전자 치료 방법은 B국과 C국에서 서로 다른 이유로 특허를 받을 수 없다.

	(가)	(나)	(다)
①	A	B	C
②	A	C	B
③	B	A	C
④	C	A	B
⑤	C	B	A

04

2012학년도 LEET 문7

다음 법적 판단에 대한 진술로 가장 적절한 것은?

> (가) A법률에서 "미성년자가 혼인을 할 때에는 부모의 동의를 얻어야 한다."라는 규정은, 성년자의 혼인에 대해서는 부모의 동의 여부에 관한 특별한 규정이 없다 하더라도 부모의 동의를 요하지 않는다는 취지로 해석된다.
>
> (나) B법률은 개발제한구역 내에 설치할 수 있는 시설로서 '경찰기동대'와 '전투경찰대'의 훈련 시설만을 규정하고 있으므로, '경찰기마대'의 훈련 시설은 이에 포함되는 것으로 볼 수 없다.
>
> (다) C법률이 금지하고 있는 '경품제공행위'에는 경품을 실제 교부·지급하는 경우 이외에도, 경품을 교부·지급하겠다는 의사를 표시한 후 '진열·전시'한 경우도 포함한다고 보는 것이 입법취지에 비추어 타당하다.
>
> (라) 최근 개정된 D법률에서 종전의 '제5항'을 '제6항'으로 항의 숫자를 바꾸어야 함에도 불구하고 이를 그대로 둔 것은 법률 개정 과정상의 실수에서 비롯된 것임이 분명하므로, 현행 개정 법률의 조문에 쓰인 '제5항'을 '제6항'으로 바로 잡아 적용해야 한다.
>
> (마) E법률에서 노래연습장업자가 '접대부'를 고용·알선하는 행위를 금지한 것은 노래연습장에서의 퇴폐행위를 방지하는 데 그 취지가 있다. 당시 입법자의 의도를 고려할 때 접대부란 여성을 의미하는 것이었다 하더라도, 영업 형태가 다양화되는 시대 상황에 맞게 여성과 남성 모두 이에 포함되는 것으로 관련 규정을 적용할 수 있다.

① (가)와 (라)는 법령 규정의 문자·용어를 일반적으로 사용되는 의미보다 좁게 해석할 필요가 있다고 판단하고 있다.

② (가)와 (마)는 법령의 규정 내용과 반대의 경우에는 반대의 효과가 생기는 취지의 규정까지도 포함하는 것으로 해석할 필요가 있다고 판단하고 있다.

③ (나)는 법령의 문구로부터 상당히 벗어나게 되는 경우가 생기더라도, 그 문구의 본래 의미를 대체하여 다른 의미로 해석할 필요가 있다고 판단하고 있다.

④ (다)와 (라)는 법령에 명시적으로 규정되지 않은 사항에 대해서는 그와 충분히 비슷한 사안에 대한 규정을 적용할 수 있다고 판단하고 있다.

⑤ (마)는 법령의 문자·용어가 그것이 제정된 당시의 의미와 다르게 해석될 수 있다고 판단하고 있다.

05

2013학년도 LEET 문4

다음 대화로부터 추론한 것으로 적절하지 <u>않은</u> 것은?

> 갑: 아무리 권리자라고 하더라도 몇 십 년의 시간이 흐른 후에야 비로소 권리를 행사하는 것까지 허용할 수는 없어.
>
> 을: 하지만 어쩔 수 없이 권리를 행사하지 못한 사람들도 있는데, 이러한 경우에도 오랜 시간이 지났다는 이유만으로 권리를 행사할 수 없게 하는 것은 부당하지 않아?
>
> 갑: 물론 권리를 행사하는 것이 법률상 불가능했던 사람들에게까지 권리행사를 못하도록 하여서는 안 되겠지. 하지만 권리행사가 법률상 가능했던 사람들에게는 오랜 시간 동안 권리를 행사하지 않았고, 그동안 이러한 상황을 토대로 많은 사람들이 관련되어 우리의 사회생활이 형성되어 왔다는 점을 고려하면, 그 권리행사를 제한할 수 있다고 봐.
>
> 을: 권리를 행사하는 것이 법률상 가능했던 경우라도 마찬가지야. 권리가 존재한다는 것 자체를 알지 못했다거나, 권리가 존재한다는 것을 알았더라도 그것을 행사하는 것이 사실상 불가능한 상태에 놓여 있었던 사람들의 권리는 보호할 필요가 있다고.

① 갑의 주장에 따르면, 인접 지역에 고층빌딩이 건축됨으로써 일조권을 침해당하게 된 사람은 아무런 권리주장 없이 일정 기간이 지나면 고층빌딩 소유자를 상대로 손해배상청구권을 행사할 수 없을 것이다.

② 을의 주장에 따르면, 불법구금상태에서 고문을 당한 후 정치·사회적 상황상 수십 년간 국가를 상대로 손해배상을 청구하지 않던 사람이 과거사정리위원회의 진실규명결정을 받은 후에 비로소 손해배상을 청구하는 경우 이를 인정할 수 있을 것이다.

③ 을의 주장에 따르면, 교통사고로 인해 혼수상태에 빠진 사람은, 스스로 손해배상청구권을 행사할 수 없고 법정대리인도 없었던 경우 자신을 대신하여 손해배상청구권을 행사해 줄 법정대리인을 선임해 달라고 청구할 수도 없으므로, 실제로 법정대리인이 선임되기까지 오랜 시간이 지났더라도 그 권리를 행사할 수 있도록 해야 할 것이다.

④ 갑의 주장에 따르더라도, 국가에 의해 자신의 재산권이 침해당하였으나 오랜 시간 동안 보상에 관한 법규정이 없어 보상을 받지 못한 사람은 이러한 법규정의 흠결이 재산권을 보장하고 있는 헌법에 합치되지 않는다는 헌법재판소의 결정이 있은 이후에는 보상청구권을 행사할 수 있을 것이다.

⑤ 을의 주장에 따르더라도, AIDS가 발병한 후 자신의 병이 20년 전 투여 받은 HIV 감염 혈액제제 때문이라는 것을 알게 된 사람은 위 혈액제제를 투여한 의사 또는 위 혈액제제를 제조·공급한 자를 상대로 손해배상청구권을 행사할 수 없을 것이다.

06

2013학년도 LEET 문6

다음으로부터 바르게 추론한 것만을 <보기>에서 있는 대로 고른 것은?

〈사실관계〉

A국과 B국은 지역안보조약을 체결하면서 지역 내 C국과 D국에도 안보적 지원을 하되 약소국인 C국이 요청하는 경우 무상으로 지원을 제공하는 조항(a조항)과 자원 부국인 D국이 그 비용의 일부를 부담하도록 하는 조항(b조항)을 규정하였다. 이 과정에서 C국은 명시적으로는 동의하지 않았으나 해당 조약의 내용은 인지하고 있었다. 그리고 D국은 C국에 대한 지원 비용을 A, B, D 3국 간에 균등하게 분배하는 것을 내용으로 하는 b조항에 서면으로 동의하였다.

〈조약에 관한 법적용을 규정하는 협약〉

제35조 (제3국의 의무 또는 권리의 발생)

1. 조약은 원칙적으로 조약 당사국이 아닌 제3국에 대해서는 그 국가의 동의 없이 의무 또는 권리를 창설하지 아니한다.
2. 조약 당사국이 조약을 통해 제3국에게 의무를 설정하고, 해당 제3국이 서면으로 그 의무를 명시적으로 수락하는 경우에는 해당 제3국에게 의무가 발생한다.
3. 조약 당사국이 조약을 통해 제3국에게 권리를 부여하고, 해당 제3국이 이에 동의하는 경우에는 해당 제3국에게 권리가 발생한다. 다만, 제3국의 동의는 반대의 표시가 없는 동안 있은 것으로 추정된다.

제37조 (제3국의 의무 또는 권리의 취소 또는 변경)

1. 제35조에 따라 제3국에게 의무가 발생된 때에는 그 의무는 조약 당사국과 제3국의 동의를 얻는 경우에만 취소 또는 변경될 수 있다.
2. 제35조에 따라 제3국에게 권리가 발생된 때에는 그 권리는 제3국의 동의 없이도 조약 당사국에 의하여 취소 또는 변경될 수 있다.

〈보기〉

ㄱ. 조약의 b조항은 D국에게 의무를 창설한다.
ㄴ. 조약 체결 당시 C국이 조약의 a조항에 반대의 의사표시를 하더라도 조약의 a조항은 유효하다.
ㄷ. C국의 동의가 없어도 조약의 a조항에 따라 발생된 권리는 조약 당사국에 의해 변경될 수 있다.
ㄹ. D국의 동의가 없어도 조약의 b조항에 따라 발생된 의무는 조약 당사국에 의해 취소될 수 있다.

① ㄱ, ㄴ　② ㄱ, ㄷ　③ ㄴ, ㄹ
④ ㄱ, ㄷ, ㄹ　⑤ ㄴ, ㄷ, ㄹ

07

2013학년도 LEET 문7

다음으로부터 추론한 것으로 옳지 않은 것은?

형사소송절차에서 특정인을 피고인으로 인식한 검사의 의사 이외에 그 특정인이 제3자의 이름을 도용해 공소장에 기재토록 하거나 특정인을 대신해 제3자가 법정에 위장 출석하는 경우 등 피고인을 정할 요소가 복수로 발생하는 경우가 있다. 이런 경우 A, B, C국은 다음 원칙에 의해 한 명만을 피고인으로 인정한다.

〈A, B, C국 법원의 피고인 인정 절차의 원칙〉

(가) A, B, C 각국은 세 가지의 피고인 인정 요소(특정인을 피고인으로 인식한 검사의 의사, 공소장에 기재된 이름, 실제 소송에서 법정에 출석한 자) 중 두 가지 요소만을 고려하며, 두 가지 요소 중 우선순위가 높은 요소 한 가지만을 사용하여 피고인으로 인정한다.
(나) A, B, C 각국은 우선순위가 높은 요소에 해당하는 자가 복수이거나 없을 경우, 차순위 요소에 해당하는 자를 피고인으로 인정한다.
(다) A, B, C 각국이 고려하지 않는 한 가지 요소는 세 나라가 모두 다르다.

〈A, B, C국 법원의 처리 결과〉

(1) 검사가 갑을 피고인으로 인식하였으나 공소장에는 을의 이름이 기재되어 있고 법정에는 병만 출석한 경우, A국에서는 병을 피고인으로 인정하였다.
(2) 검사가 갑을 피고인으로 인식하였으나 공소장에는 을의 이름이 기재되어 있고 법정에는 아무도 출석하지 않은 경우, A국과 B국에서는 을을 피고인으로 인정하였다.
(3) 검사가 갑을 피고인으로 인식하고 공소장에도 갑의 이름이 기재되었으나 법정에는 을만 출석한 경우, C국에서는 갑을 피고인으로 인정하였다.

① B국에서는 '법정에 출석한 자'를 피고인 인정 요소로 삼지 않을 것이다.
② 검사가 피고인으로 인식한 갑과 공소장에 기재된 을이 모두 법정에 출석한 경우, A국에서는 을을 피고인으로 인정할 것이다.
③ 검사가 피고인으로 인식한 갑과 공소장에 기재된 을이 모두 법정에 출석하지 않고 대신 병이 출석한 경우, C국에서는 갑을 피고인으로 인정할 것이다.
④ 검사가 피고인으로 인식한 갑과 공소장에 기재된 을이 모두 법정에 출석한 경우, C국에서는 을을 피고인으로 인정할 것이다.
⑤ 검사가 갑을 피고인으로 인식하였으나 공소장에는 을의 이름이 기재되었고 법정에는 을만 출석한 경우, A국에서는 을을 피고인으로 인정할 것이다.

08

2014학년도 LEET 문2

<규정>을 적용한 것으로 옳지 않은 것은?

> 〈규정〉
>
> 혼인무효의 소는 다음 각 호에 해당하는 가정법원에 제기하여야 한다.
>
> 1. 부부가 같은 가정법원의 관할구역 내에 주소지가 있을 때에는 그 가정법원
> 2. 부부가 최후의 공통의 주소지를 가졌던 가정법원의 관할구역 내에 부부 중 일방의 주소지가 있을 때에는 그 가정법원
> 3. 위 1 및 2에 해당하지 아니하는 경우로서 부부의 일방이 타방을 상대로 하는 때에는 상대방의 주소지, 제3자가 부부의 쌍방을 상대로 하는 때에는 부부 중 일방의 주소지의 가정법원
> 4. 부부의 일방이 사망한 경우에는 생존한 타방의 주소지의 가정법원
> 5. 부부 쌍방이 사망한 경우에는 부부 중 일방의 최후 주소지의 가정법원

① A-B 부부가 서울에 주소지를 두고 있던 중 A가 B를 상대로 혼인무효의 소를 제기하고자 할 때에는 서울가정법원에 제기하여야 한다.

② 서울에 주소지를 두고 있던 A-B 부부 중 A가 홀로 부산으로 이사하여 자신의 주소지를 변경한 후 A가 B를 상대로 혼인무효의 소를 제기하고자 할 때에는 서울가정법원에 제기하여야 한다.

③ 서울에 주소지를 두고 있던 A-B 부부 중 A가 홀로 부산으로 이사하여 자신의 주소지를 변경하였고, 그 후 B가 A를 상대로 혼인무효의 소를 제기하고자 할 때에는 부산가정법원에 제기하여야 한다.

④ 서울에 주소지를 두고 있던 A-B 부부 중 A는 부산으로, B는 광주로 이사하여 각각 자신의 주소지를 변경하였고, 그 후 A의 모친(대구에 주소지를 두고 있음)이 A와 B를 상대로 혼인무효의 소를 제기하고자 할 때에는 부산가정법원에 제기할 수 있다.

⑤ 서울에 주소지를 두고 있던 A-B 부부 중 A가 홀로 부산으로 이사하여 자신의 주소지를 변경한 후 A가 사망한 상태에서 B가 혼인무효의 소를 제기하고자 할 때에는 서울가정법원에 제기하여야 한다.

09

2014학년도 LEET 문3

<원칙>을 적용한 것으로 옳은 것을 <보기>에서 고른 것은?

> 〈원칙〉
>
> 자신의 권리를 주장하는 자는 그 권리의 발생에 필요한 사실을 증명할 책임이 있다. 권리가 발생하였으나 사후에 소멸하였다고 주장하는 자는 권리의 소멸에 관한 사실을 증명할 책임이 있다. 분쟁 당사자 사이에 이러한 권리 발생의 주장이나 그 사후 소멸에 관한 주장에 관한 다툼이 없으면 권리의 발생이나 그 소멸을 주장하는 자는 그 주장이 진실하다는 것을 증명할 필요가 없다.

〈보기〉

ㄱ. 갑이 을에게 "당신이 빌려 간 100만원을 돌려 달라."라고 주장하였다. 을은 "돈이 생기면 갚겠다."라고 주장하였다. 이 경우에 갑이 을에게 100만원을 빌려 주었다는 사실을 증명할 책임이 갑에게 없다.

ㄴ. 갑이 을에게 "당신이 빌려 간 100만원을 돌려 달라."라고 주장하였다. 을은 "빌렸지만 그 후에 갚았다."라고 주장하였다. 이 경우에 갑으로부터 빌린 돈을 을이 갚았다는 사실을 증명할 책임이 을에게 있다.

ㄷ. 갑이 을에게 "당신이 빌려 간 100만원을 돌려 달라."라고 주장하였다. 을은 "당신으로부터 100만원을 빌린 적이 없다."라고 주장하였다. 이 경우에 갑이 을에게 100만원을 빌려 주었다는 사실을 증명할 책임이 갑에게 없다.

ㄹ. 갑이 을에게 "당신이 빌려 간 100만원을 돌려 달라."라고 주장하였다. 을은 "100만원을 받기는 하였지만 그것은 당신이 빌려 준 게 아니라 그냥 준 것이다."라고 주장하였다. 이 경우에 갑이 을에게 100만원을 빌려 주었다는 사실을 증명할 책임이 갑에게 없다.

① ㄱ, ㄴ　　② ㄱ, ㄷ　　③ ㄱ, ㄹ
④ ㄴ, ㄹ　　⑤ ㄷ, ㄹ

10

2014학년도 LEET 문4

X국 Z법률의 <규정>과 <사실관계>로부터 추론한 것으로 옳은 것을 <보기>에서 고른 것은?

〈규정〉

군인·경찰관 기타 공무원의 직무상 불법행위로 손해를 받은 사람은 국가에 손해배상을 청구할 수 있다. 다만 군인·경찰관이 전투·훈련과 관련된 직무집행과 관련하여 받은 손해에 대하여 다른 법률에 따라 보상금을 지급 받을 수 있는 경우에는 국가에 대해 손해배상을 청구할 수 없다.

〈사실관계〉

회사원 A는 동료인 B를 태우고 자기 아버지 C 소유의 승용차를 운전하던 중, 육군 하사인 D가 운전하던 오토바이와 충돌하였다. 당시 그 오토바이 뒷좌석에는 육군 중사인 E가 타고 있었고 D와 E는 직무를 집행하던 중이었다. 위 교통사고는 D가 운전 중 졸음을 이기지 못하고 전방을 제대로 주시하지 못하여 발생한 것이었다. 이 사고로 인하여 B와 E는 각각 약 8주간의 치료를 필요로 하는 우슬관절내측부인대파열 및 전방십자인대파열 등의 상해를 입었다.

〈보기〉

ㄱ. D의 직무상 불법행위가 인정되고 A도 상해를 입었다면 A는 국가에 대해 손해배상을 청구할 수 있을 것이다.
ㄴ. D의 직무상 불법행위가 인정되더라도 사고 당시 D의 직무집행행위가 전투·훈련과 무관한 것이라면 B는 국가에 대해 손해배상을 청구할 수 없을 것이다.
ㄷ. D의 직무상 불법행위가 인정되고 그로 인해 C의 자동차가 파손되었더라도 C는 그 피해의 배상을 국가에 청구할 수 없을 것이다.
ㄹ. D의 직무상 불법행위가 인정되고 사고 당시 D와 E의 직무가 전투·훈련과 무관한 것이라면 E는 국가에 대해 손해배상을 청구할 수 있을 것이다.

① ㄱ, ㄴ ② ㄱ, ㄹ ③ ㄴ, ㄷ
④ ㄴ, ㄹ ⑤ ㄷ, ㄹ

11

2014학년도 LEET 문6

다음 설명이 적용될 수 있는 예를 <보기>에서 고른 것은?

X국의 형법 B조의 구성요건은 형법 A조의 구성요건의 모든 요소를 포함하고 그 이외의 다른 요소를 구비한다. B조에 해당하는 모든 경우는 A조에도 해당되지만, 이 경우 법원은 A조를 적용하지 않고 B조를 적용한다. A조는 "사람의 신체에 대하여 폭행을 가한 자는 2년 이하의 징역 또는 500만원 이하의 벌금에 처한다."라고 규정하고 있다. B조는 "단체 또는 다중의 위력을 보이거나 위험한 물건을 휴대하여 사람의 신체에 대하여 폭행을 가한 자는 5년 이하의 징역에 처한다." 라고 규정하고 있다. 일방이 상대방의 신체에 대하여 폭행을 가한 경우에는 A조가 적용되지만, 일방이 위험한 물건을 휴대하여 상대방의 신체에 대하여 폭행을 가한 경우에는 B조가 적용될 것이다.

〈보기〉

ㄱ.
- ○ 타인의 재물을 절취한 자는 6년 이하의 징역 또는 1,000만원 이하의 벌금에 처한다.
- ○ 야간에 사람의 주거, 간수하는 저택, 건조물이나 선박 또는 점유하는 방실에 침입하여 타인의 재물을 절취한 자는 10년 이하의 징역에 처한다.

ㄴ.
- ○ 미성년자를 약취 또는 유인한 자는 10년 이하의 징역에 처한다.
- ○ 추행, 간음 또는 영리의 목적으로 사람을 약취 또는 유인한 자는 1년 이상 30년 이하의 징역에 처한다.

ㄷ.
- ○ 부녀의 촉탁 또는 승낙을 받아 낙태하게 한 자는 1년 이하의 징역 또는 200만원 이하의 벌금에 처한다.
- ○ 의사, 한의사, 조산사, 약제사 또는 약종상이 부녀의 촉탁 또는 승낙을 받아 낙태하게 한 때에는 2년 이하의 징역에 처한다.

ㄹ.
- ○ 사람의 궁박한 상태를 이용하여 현저하게 부당한 이익을 취득한 자는 3년 이하의 징역 또는 1,000만원 이하의 벌금에 처한다.
- ○ 사람을 공갈하여 재물의 교부를 받거나 재산상의 이익을 취득한 자는 10년 이하의 징역 또는 2,000만원 이하의 벌금에 처한다.

① ㄱ, ㄴ ② ㄱ, ㄷ ③ ㄴ, ㄷ
④ ㄴ, ㄹ ⑤ ㄷ, ㄹ

12

2014학년도 LEET 문9

A~D의 입장을 적용한 것으로 옳은 것만을 <보기>에서 있는 대로 고른 것은?

정조 11년(1787) 김성백과 문정추가 황해도 황주의 계 모임에서 만났다. 말다툼 중에 김성백이 주먹으로 문정추의 얼굴을 때렸다. 문정추는 맞은 데 화가 나서 술을 많이 마시고 집으로 돌아가던 중, 술기운에 냇물에서 넘어져 결국 얼어 죽었다. 김성백이 문정추의 죽음에 대하여 책임을 져야 하는지에 관하여 다음과 같은 주장들이 제기되었다.

A: 김성백이 문정추를 구타하지 않았다면 문정추가 화가 나서 술을 많이 마시지 않았을 것이다. 문정추가 술을 많이 마시지 않았다면 술기운에 냇물에 빠졌을 리가 없다. 김성백의 구타가 문정추의 죽음의 원인이 된 것이므로 김성백을 처벌해야 한다.

B: 문정추의 죽음을 야기한 직접적 원인에 대해서만 죄책을 물을 수 있다. 어떤 행위가 피해 결과의 직접적 원인인지 여부는 행위자의 의도를 고려해 판단해야 한다. 문정추의 죽음은 술기운에 물에 빠진 것이 원인이 된 사고사이므로 김성백을 처벌할 수 없다.

C: 그 행위가 발생된 결과를 일으키는 전형적인 원인이라고 일반 사람들이 평가할 때 그 결과에 대하여 책임을 물을 수 있다. 일반 사람들이 김성백의 구타 행위가 문정추가 물에 빠져 얼어 죽은 결과의 전형적인 원인이라고 평가하지 않기 때문에 김성백을 처벌할 수 없다.

D: 그 행위가 없었다면 결과가 발생하지 않았다고 볼 수 있는 경우 그 행위자는 그 결과에 대하여 책임이 있다. 그러나 피해자의 노력으로 그 피해 결과를 회피할 수 있었던 경우에는 가해자에게 피해 결과에 대한 책임을 지울 수 없다. 문정추가 스스로 술을 많이 마셨고 그 때문에 냇물에 넘어진 것이므로 김성백을 처벌할 수 없다.

〈보기〉

ㄱ. 의사 갑이 독약 관리를 제대로 하지 않은 틈을 타서 간호사 을이 독약을 빼돌려 변심한 애인을 죽였다. A와 B는 갑이 독살 당한 자의 죽음에 대한 책임이 없다고 할 것이다.

ㄴ. 갑이 을을 때려 다리를 부러뜨렸다. 을이 구급차에 실려 병원으로 옮겨지던 중 교통사고가 발생하여 즉사하였다. B와 C는 갑이 을의 죽음에 대한 책임이 없다고 할 것이다.

ㄷ. 갑이 을을 절벽에서 밀어 떨어뜨려 죽이기 위하여 산책을 권유하였다. 절벽 쪽으로 걸어가던 중 을이 번개를 맞아 죽었다. C와 D는 갑이 을의 죽음에 책임이 있다고 할 것이다.

ㄹ. 갑이 을을 독살하려고 하였으나 독약이 치사량에 미치지 못하여 질병을 얻게 하는 데 그쳤다. 의사는 완치 전에 술을 마시면 위험하다고 경고를 하였으나, 을은 이를 무시하고 술을 많이 마셨고 병이 악화되어 사망하였다. A와 D는 갑이 을의 죽음에 책임이 있다고 할 것이다.

① ㄱ　② ㄴ　③ ㄱ, ㄷ　④ ㄴ, ㄹ　⑤ ㄷ, ㄹ

13

2015학년도 LEET 문1

다음 글로부터 추론한 것으로 옳은 것만을 <보기>에서 있는 대로 고른 것은?

우리 헌법은 국가가 개인이 가지는 불가침의 기본적 인권을 확인하고 이를 보장할 의무를 진다고 규정함으로써, 소극적으로 국가가 국민의 기본권을 침해하는 것을 금지하는 데 그치지 않고 적극적으로 국민의 기본권을 타인의 침해로부터 보호할 의무를 부과하고 있다. 국가가 소극적 방어권으로서의 기본권을 제한하는 경우, 자유와 권리의 본질적 내용을 침해할 수는 없으며 침해 범위도 필요 최소한도에 그쳐야 한다. 그러나 국가가 적극적으로 국민의 기본권을 보호해야 하는 경우에는 설사 그 보호의 정도가 국민이 바라는 이상적인 수준에 미치지 못한다고 해서 헌법 위반으로 보기는 어렵다. 국가가 기본권 보호의무를 어떻게, 어느 정도로 이행할지는 국가의 정치·경제·사회·문화적인 제반 여건을 고려하여 정책적으로 판단해야 하는 재량의 범위에 속하기 때문이다. 따라서 헌법재판소는 이러한 재량을 존중하는 취지에서 소위 과소보호금지원칙을 적용하여 국가의 기본권 보호의무 위반 여부를 판단한다. 이 원칙에 따르면 국가는 국민의 기본권 보호를 위하여 적절하고 효율적인 최소한의 보호조치를 취해야 하고, 이에 미치지 못하는 경우에만 기본권 보호의무를 위반한 것으로 판단된다.

〈보기〉

ㄱ. 건축 공사장의 먼지로 주변 주민들의 주거권이라는 기본권이 침해된다고 인정된다. 그런데 국가가 건축 경기 활성화를 이유로 아무 규제 조치도 취하지 않는다면 이는 주거권 보호의무 위반이다.

ㄴ. 농어촌 지역에 약국이 부족해서 주민들의 건강권이라는 기본권이 침해된다고 인정된다. 이에 주민 수와 상관없이 일정한 면적마다 약국을 설치하는 것이 적절하고 효율적인 최소한의 조치로 평가되는데, 제시된 면적보다 10배 이상 넓은 면적 단위마다 약국을 설치하도록 국가가 조치했다면 이는 건강권 보호의무 위반이다.

ㄷ. 확성장치 사용에 의한 소음으로 환경권이라는 기본권이 침해된다고 인정된다. 이에 확성장치의 '전면적 사용 금지', '특정 시간대별 사용제한', '사용 대수 제한' 등이 적절하고 효율적인 조치로 평가받고 있는데 국가가 그중 효율성이 중간 정도라 평가받는 '사용 대수 제한' 조치를 취했다면 이는 환경권 보호의무 위반이다.

① ㄴ　② ㄷ　③ ㄱ, ㄴ
④ ㄱ, ㄷ　⑤ ㄱ, ㄴ, ㄷ

14

2015학년도 LEET 문2

다음 글로부터 추론한 것으로 옳은 것만을 <보기>에서 있는 대로 고른 것은?

형사법은 형법과 형사소송법 등으로 구성된다. 형법은 범죄와 형벌에 관한 내용을, 형사소송법은 범죄의 수사, 공소의 제기, 공판절차, 유·무죄의 선고 등 형사절차를 규정하고 있다.

형법의 경우 원칙적으로 범죄와 형벌은 행위자가 행위할 당시의 법규정에 의해서만 결정되어야 한다. 행위할 당시 범죄가 되지 않았던 행위를 이후에 법을 제정 또는 개정하여 처벌하거나, 범죄를 저지를 당시에 규정되었던 처벌의 범위를 넘어서 나중에 중하게 처벌한다면, 어떠한 국민도 자유롭게 자신의 삶을 살아갈 수 없게 된다. 그러나 이러한 원칙은 국가형벌권이 국민에게 불이익을 줄 경우에만 해당할 뿐, 만약 과거의 국가 형벌권이 남용되었다는 반성에 근거하여 형을 감경 또는 면제할 때에는 적용되지 않는다.

그런데 형사소송법의 경우에도 형법상의 원칙이 적용되어야 하는지에 대해서는 견해가 대립되고 있다. A견해는 형사소송법이 국가 형벌권을 실현하는 절차를 규율할 뿐 범죄와 형벌 그 자체를 정하는 것은 아니기 때문에 형법상 원칙이 적용될 필요는 없다는 입장이다. 반면, B견해는 형사소송법이 절차에 관한 규정이지만 이것을 새롭게 만들거나 바꾸는 것이 국가 형벌권을 이용하여 국민에게 불이익을 주는 경우와 실질적으로 다르지 않다면, 행위자가 행위를 할 당시의 규정이 적용되어야 한다는 입장이다.

〈보기〉

ㄱ. 헌법재판소의 위헌결정으로 인하여 형벌에 관한 법률이 소급하여 효력을 상실하였다면, 당해 법률조항이 적용되어 공소가 제기된 사건에 대해 무죄판결이 선고되어야 한다.

ㄴ. 형사소송법상 친고죄는 고소기간 내에 고소가 있어야 검사가 공소를 제기할 수 있다. 만약 행위자가 친고죄에 해당하는 범죄를 저지른 후 고소기간이 경과되지 않은 상태에서 법률이 개정되어 친고죄의 고소기간이 연장되었다면, A견해에 의할 경우 개정된 법률은 당해 행위자에게 적용된다.

ㄷ. 행위자가 범죄를 저지른 후 외국에 도피해 있는 동안 공소시효가 완성되었음에도 불구하고, 만약 행위자가 외국에 있는 기간 동안은 공소시효가 정지되는 것으로 형사소송법이 개정되었다면, B견해에 의할 경우 행위자가 귀국하여 그에 대한 공소제기 여부를 판단할 때 외국에 도피해 있던 기간은 제외하고 공소시효 기간을 계산해야 한다.

① ㄱ　② ㄴ　③ ㄷ
④ ㄱ, ㄴ　⑤ ㄱ, ㄷ

15

2015학년도 LEET 문4

다음 글로부터 추론한 것으로 옳은 것을 <보기>에서 고른 것은?

A: 특허법은 발명을 장려하여 기술 발전을 촉진해야 한다. 발명가가 혁신적인 기술을 만들려면 상당한 노동이 요구된다. 하지만 노동의 산물로부터 이익을 얻을 수 없다면, 어느 누구도 노동을 하려 하지 않을 것이다. 때문에 국가는 당해 기술이 최초로 공개된 신규의 것으로서 산업상 이용 가능할 정도로 충분히 개발이 완료된 것이라면, 발명가에게 독점적 특허권을 부여함으로써 독점적 이익을 얻을 수 있게 해야 한다. 그러나 독점적 특허권은 기술의 사회적 이용을 가로막아 사회 전체의 효율성을 감소시킬 수 있다. 때문에 국가는 발명가가 당해 기술의 내용을 구체적으로 공개하고, 제한된 기간 동안에만 독점권을 행사할 수 있게 해야 한다.

B: 특허법은 기술 발전을 촉진하여 사회적 이익을 증대하기 때문에 반드시 요구되지만, 그로 인해 발생하는 사회적 손실을 최소화할 필요가 있다. 독점적 특허권을 통해 발명가가 얻을 수 있는 막대한 이익은 치열한 특허 경쟁과 과도한 중복 투자를 유발하는데, 이때 경쟁에 탈락한 사람들의 투자 비용은 모두 사회적 손실이 된다. 특히 특허법이 개발이 충분히 완료된 기술이어야 함을 요구한다면 특허 경쟁은 오랫동안 지속될 수밖에 없고 그에 비례하여 사회적 손실은 커지게 된다. 이러한 이유로 국가는 아직 기술 개발이 완료되지 않았어도 장래 혁신적인 것으로 개발될 가능성이 있는 발명에 대해 독점적 특허권을 부여함으로써 중복 투자가 발생할 수 있는 기간을 단축시켜야 한다. 또한 개선 단계에서의 경쟁을 제한하기 위해 발명가에게 앞으로 개발될 수 있는 기술의 구체적 개선 과정들을 조정할 수 있는 광범위한 권한을 부여해야 한다. 더불어 발명가가 개발 가능한 기술을 상업화하여 독점적 이익을 얻으려면 더 오랜 기간이 필요하기 때문에 특허권의 보호 기간도 연장해야 한다.

〈보기〉

ㄱ. A는 특허법의 목적이 기술 발전을 통한 사회적 효율성의 증대라고 보는 반면, B는 그렇지 않다.

ㄴ. A는 '만약 B에 따라 특허법을 제정한다면 최초 발명가는 특허권을 통해 보다 큰 독점적 이익을 얻을 수 있으므로 특허 경쟁은 더 치열해져 결국 B가 우려하는 사회적 비용은 줄지 않을 것이다'라고 반박할 수 있다.

ㄷ. 신약 개발 과정에서 최초의 아이디어가 상업화 단계에 이르기 위해서는 너무 오랜 시간과 많은 비용이 든다면 B의 설득력은 높아진다.

ㄹ. 수많은 기존 발명에 근거하여 혁신적 연구가 이루어져야만 신제품을 개발할 수 있는 생명공학 분야에서, 발명가의 조정 권한을 광범위하게 인정할 경우 혁신적 신제품이 시장에 등장하는 속도가 늦어진다면, B의 설득력은 높아진다.

① ㄱ, ㄴ ② ㄱ, ㄷ ③ ㄴ, ㄷ
④ ㄴ, ㄹ ⑤ ㄷ, ㄹ

16

2015학년도 LEET 문5

<사례>별로 그것의 정당성을 인정하는 <주장>들을 모두 골라 바르게 배열한 것은?

> 대통령의 특권인 사면에는 일반 사면과 특별 사면이 있다. 일반 사면은 죄의 종류를 지정하여 이에 해당하는 모든 죄인에 대해 형의 선고의 효력을 소멸시키며 형의 선고를 받지 않은 자에 대해서는 공소권을 소멸시키는 것을 말한다. 특별 사면은 형의 선고를 받은 특정인에 대해 형의 집행을 면하는 것을 말한다. 대통령의 사면권은 사법부 결정을 무효화한다는 점에서 남용에 대한 우려가 제기되어 왔고 그 행사에는 일정한 제한이 필요하다는 논의가 있다.
>
> 〈주장〉
>
> 갑: 일반 사면이든 특별 사면이든 정권에 대립하는 정적을 포용하는 대승적 차원에서만 그 행사가 정당화될 것입니다.
>
> 을: 일반 사면이든 특별 사면이든 폭넓게 인정될 필요가 있지만, 정적이나 측근에 대한 특별 사면은 대통령의 사면권 남용의 적나라한 모습이므로 정당화될 수 없습니다.
>
> 병: 특정인만을 대상으로 하지 않는 일반 사면은 대통령에 의하여 남용될 가능성이 낮아 큰 문제가 없지만, 특별 사면은 그렇지 않아 일정한 제한이 필요합니다. 헌정 질서를 파괴 또는 교란하는 행위를 한 자나 뇌물 수수를 한 범죄자의 경우에 한해서는 특별 사면을 허용하지 않도록 해야 합니다.
>
> 정: 다들 사면권 행사의 절차적 정당성은 고려하지 않는군요. 대통령의 사면권 행사에는 전면적인 재량을 인정할 필요가 있지만 권력분립 원칙상 이에 대한 절차적 견제 장치는 필요합니다. 일반 사면이나 특별 사면 모두 관련 심의 기관의 심의 과정을 거치고 국회의 동의도 받아야 정당화될 것입니다.
>
> 〈사례〉
>
> (가) 헌정 질서를 교란한 죄로 징역형을 선고받고 대통령과 정치적으로 대립 중인 야당 대표 A에 대하여 대통령은 야당과의 연립정부를 구성하기 위하여 관련 심의 기관의 심의를 거치고 국회의 동의를 받아 사면을 내렸다.
>
> (나) 대통령의 최측근인 B가 간통죄로 기소되어 벌금형을 선고받았는데 그의 정치적 복귀를 돕고자 대통령은 관련 심의 기관의 심의를 거쳤지만 국회의 동의를 받지는 않고 B에 대하여 사면을 내렸다.
>
> (다) 소비자보호법을 위반하여 300만 원 이하의 벌금형을 받은 자 모두에 대하여, 경기 활성화 차원에서 대통령은 관련 심의 기관 심의를 거치고 국회의 동의를 받아 형의 선고의 효력을 소멸시키는 사면을 내렸다.

	(가)	(나)	(다)
①	갑	병, 정	을, 정
②	정	갑, 병	을, 병, 정
③	갑, 정	병	을, 정
④	갑, 정	병, 정	병, 정
⑤	갑, 정	병	을, 병, 정

17

2015학년도 LEET 문7

다음 글로부터 추론한 것으로 옳지 않은 것은?

> 민사소송에서는 원칙적으로 당사자가 절차의 개시와 종결을 주도하고, 심판의 대상과 범위를 정한다. 그리하여 법원은 당사자가 판결을 신청한 사항에 대하여 그 신청 범위 내에서만 판단하여야 한다. 따라서 당사자가 신청한 사항과 별개의 사항에 대해서 판결하여서는 안 된다. 예컨대, 원고가 불법행위를 이유로 손해배상을 청구한 경우에 계약불이행과 같이 그와 다른 이유를 근거로 하여 손해배상을 명할 수는 없다. 또, 당사자가 신청한 것보다 적게 판결하는 것은 허용되지만, 신청의 범위를 넘어서 판결하여서는 안 된다.
>
> 이와 관련하여, 신체상해로 인한 손해배상을 청구하는 경우에 심판대상을 어떻게 볼지 견해가 엇갈린다. A견해는 치료비 등의 적극적인 손해와 치료기간 동안 얻지 못한 수입 등의 소극적인 손해, 그리고 정신적 손해를 구별하여 서로 다른 세 개의 심판대상으로 보고, B견해는 그 전체가 하나의 심판대상이라고 본다.
>
> 〈사례〉
> ○ 갑은 을에게 1,000만 원을 빌려주었다.
> ○ 병은 정의 잘못으로 교통사고를 당하였고, 정에게 치료비 2,000만 원, 치료기간 동안 얻지 못한 임금 7,000만 원, 정신적 손해 1,000만 원의 손해에 대한 배상을 청구하였다. 법원은 병이 입은 손해를 치료비 3,000만 원, 치료기간 동안 얻지 못한 임금 4,000만 원, 정신적 손해 3,000만 원으로 평가하였다.

① 갑은 을에게 빌려준 돈 1,000만 원을 지급하라고 청구하였지만 법원이 판단하기에 빌려준 돈은 500만 원이고 을에게 받을 매매대금이 500만 원이라면, 법원은 500만 원을 한도로 하여 갑의 청구를 받아들이는 판결을 할 수 있다.

② 갑이 을에게 빌려준 돈 500만 원을 지급하라고 청구하였다면, 법원이 판단하기에 빌려준 돈이 1,000만 원이라도 법원은 500만 원을 한도로 하여 갑의 청구를 받아들이는 판결을 할 수 있다.

③ A견해에 따르면, 법원은 치료비의 경우 2,000만 원을 한도로 하여 병의 청구를 받아들이는 판결을 할 수 있다.

④ B견해에 따르면, 법원은 1억 원을 한도로 하여 병의 청구를 받아들이는 판결을 할 수 있다.

⑤ 어떤 견해에 따르든, 원고가 신청한 교통사고 손해배상액의 총액이 법원이 인정한 손해배상액의 총액보다 적은 경우에 원고가 신청한 액수보다 적은 금액을 배상하라고 판결할 수는 없다.

18

2015학년도 LEET 문8

Y의 소유권자에 대하여 A와 B의 판단이 일치하지 않는 경우는?

> 〈사건 개요〉
> 갑은 을 소유의 소 X를 훔쳐 병에게 팔았다. 갑은 이러한 사실을 병에게 말하지 않았기 때문에 병은 매수할 당시 X가 도둑맞은 소임을 알지 못했다. X는 병의 농장에서 송아지 Y를 출산하였다. 그 후 을은 병의 농장에서 X를 찾게 되었고, 병에게 X와 Y를 모두 자기에게 반환하라고 요구하고 있다.
>
> 〈법률〉
> 원래의 소유권자는 도둑맞은 물건(도품)을 매수한 사람에게 자신의 소유물을 반환하라고 요구할 수 있다. 그러나 매수자가 그 물건을 매수하였을 당시에 도품인 것을 알지 못한 상태에서 2년 동안 보유하였을 때에는 도품에 대한 소유권을 갖게 된다.
>
> 〈논쟁〉
> A: Y는 X의 일부로 보아 판단해야 해. 〈법률〉에 따라 아직 일정한 기간이 지나지 않았기 때문에 병이 X를 소유할 수 없다고 판단된다면 그 경우에 Y도 을의 것이어야 해. 이 경우 X가 Y를 을의 농장에서 수태하였든 병의 농장에서 수태하였든 그것은 고려할 필요가 없어. 또한 〈법률〉이 정한 기간이 지나 병이 X의 소유권을 갖게 되면 병은 Y도 소유하게 돼.
> B: 항상 Y를 X의 일부로 판단할 수는 없어. 물론 병이 X를 소유할 수 있을 정도로 〈법률〉이 정한 기간이 지났다면 Y도 병의 소유가 된다는 점은 당연해. 하지만 그러한 기간이 지나지 않은 경우에도 병이 X를 매수한 다음에 Y가 수태되었고, Y가 태어날 때까지 X가 도품인 줄 병이 몰랐다면, 병은 Y를 가질 자격이 있어. 이 경우만은 X와 Y의 소유를 별개로 생각해야 해.

① X가 Y를 수태한 것이 도난되기 전이었고, Y의 출산 이후 X가 도품임을 병이 알았는데 그 시점이 매수 이후 2년이 지나기 전인 경우

② X가 Y를 수태한 것이 도난되기 전이었고, Y의 출산 이후 X가 도품임을 병이 알았는데 그 시점이 매수 이후 2년이 지난 뒤인 경우

③ X가 Y를 수태한 것이 매수 이후이었고, Y의 출산 이후 X가 도품임을 병이 알았는데 그 시점이 매수 이후 2년이 지나기 전인 경우

④ X가 Y를 수태한 것이 매수 이후이었고, Y의 출산 이후 X가 도품임을 병이 알았는데 그 시점이 매수 이후 2년이 지난 뒤인 경우

⑤ X가 Y를 수태한 것이 매수 이후이었고, Y의 출산 이전에 X가 도품임을 병이 알았는데 그 시점이 매수 이후 2년이 지나기 전인 경우

19

2016학년도 LEET 문6

다음에서 추론한 것으로 옳은 것만을 <보기>에서 있는 대로 고른 것은?

혼인 중 일정 금액을 납입하여 장래 퇴직한 후에 받을 것으로 기대되는 연금의 경우, 이혼 상대방이 연금 수령자에게 재산분할을 청구할 수 있는지, 청구할 수 있다면 어떻게 분할할지에 대해 의견이 대립되고 있다.

A: 이혼 전 퇴직하여 이미 받은 연금만이 분할 대상이 된다. 이혼 후 받게 될 연금은 장래 발생 여부가 불확실하기 때문에 재산분할의 대상이 될 수 없다.

B: 이혼일에는 퇴직 후 받게 될 연금총액을 현재 가치로 산정한 후 그 금액에 대해서만 이혼 상대방의 연금형성 기여율만큼 미리 지급하고, 연금 수령자는 퇴직 시에 연금총액을 지급받도록 해야 한다.

C: 이혼일에는 이혼 상대방의 연금형성 기여율만을 정하여 둔 후, 퇴직일에는 실제 받게 될 연금총액 중 이혼일에 정했던 기여율만큼 이혼 상대방에게 지급해야 한다.

D: 이혼일에는 연금 수령자가 그날에 사퇴한다면 받게 될 연금액 중 이혼 상대방의 연금형성 기여율에 해당하는 금액만을 결정한 후, 실제 퇴직 시에는 그 금액에 물가상승률을 반영하여 이혼 상대방에게 지급해야 한다.

〈보기〉

ㄱ. 이혼 상대방이 연금형성에 기여했음에도 불구하고 연금분할 여부가 이혼절차의 종결시점에 따라 결정되는 것은 불합리하다면, A는 약화된다.

ㄴ. 만약 이혼 후 회사의 퇴직연한이 65세에서 60세로 바뀌었기 때문에 연금 수령자가 연금 전액을 수령하기 위한 최소한의 근속연수를 채우지 못하는 경우가 발생한다면, 연금 수령자에게는 B보다 D가 더 유리하다.

ㄷ. 만약 이혼 후 연금 자산운용의 수익률 증가로 인하여 연금 수령자가 이혼 시 예상했던 것보다 더 많은 연금을 받게 된다면, 이혼 상대방에게는 C보다 B가 더 유리하다.

① ㄱ ② ㄴ ③ ㄱ, ㄴ
④ ㄱ, ㄷ ⑤ ㄴ, ㄷ

20

2016학년도 LEET 문7

다음에서 추론한 것으로 옳은 것만을 <보기>에서 있는 대로 고른 것은?

권리를 가진 자만이 타인에게 권리를 이전해 줄 수 있다. 하지만 예외적으로, 물건의 일종인 동산에 대하여는 거래 시에 물건이 매도인의 것이라고 믿은 매수인이 유효한 거래에 의하여 넘겨 받는 경우라면 무권리자(소유권이 없는 자)로부터도 물건에 대한 권리를 취득할 수 있다. 예컨대, 갑이 병의 자전거를, 갑의 소유가 아니라는 사실을 모르고 있는 을에게 돈을 받고 넘겨주면, 그 자전거가 갑의 것이 아니기 때문에 원래는 을의 것이 되지 않는다고 보아야겠지만, 예외적으로 이러한 경우 을은 그 자전거가 갑의 소유가 아님을 알지 못하였기 때문에 즉시 을의 것이 된다. 거래의 안전을 보호하기 위해 이러한 예외가 필요하다.

그런데 거래의 목적물인 동산이 도품인 경우에는 도품의 성질 때문에, 거래 시에 그 물건이 매도인의 것이라고 매수인이 믿고 유효한 거래에 의하여 넘겨 받았다 하더라도 무권리자(소유권이 없는 자)로부터 그 물건에 대한 권리를 취득할 수는 없다고 보아야 한다. 즉 위의 예에서 자전거가 병으로부터 절취된 경우라면 거래의 안전보다는 진정한 소유자로서의 병의 권리를 우선적으로 고려하여 갑이 을에게 병의 자전거를 매도하고 넘겨주었다 해도 을의 것이 되는 것이 아니라 여전히 병의 것으로 남는 것으로 보아야 한다.

반면, 돈은 물건이라는 측면과 가치(비물건)라는 측면 모두를 가지고 있다. 돈을 물건으로 보면 동산과 동일하게 취급하여야 한다. 하지만, 돈을 가치로 본다면 돈은 물건으로서의 성질이 부정되며 그 돈을 가지고 있는 사람에게 속하는 것으로 보아야 한다.

〈보기〉

ㄱ. 도품 아닌 시계를 갑이 을에게 매도하고 넘겨주었는데, 을은 그 시계가 갑의 것이 아님을 알고 있었다. 을이 다시 정에게 그 시계를 매도하고 넘겨주었는데, 이 때 정은 을이 시계의 소유자라고 믿었다. 정은 시계에 대하여 유효하게 권리를 취득한다.

ㄴ. 돈을 물건으로 보는 경우, 갑이 을에게 도품인 돈을 넘겨주었는데, 을은 그 돈이 도품이라는 사실을 몰랐으며 갑의 것이라고 믿었음에도 불구하고 그 돈은 을의 것이 되지 못한다.

ㄷ. 돈을 가치로 보는 경우, 갑이 을에게 돈을 주었는데, 을은 갑이 그 돈을 훔쳤다는 사실을 알고 있었다 하더라도 그 돈은 을의 소유가 된다.

① ㄱ ② ㄴ ③ ㄱ, ㄷ
④ ㄴ, ㄷ ⑤ ㄱ, ㄴ, ㄷ

21

2016학년도 LEET 문8

다음에서 추론한 것으로 옳은 것만을 <보기>에서 있는 대로 고른 것은?

행정청의 법적 행위의 위법 여부는 원칙적으로 각각의 행위별로 독립적으로 검토되어야 한다. 그러나 둘 이상의 행위가 연속적으로 행해지는 경우 일정한 요건 하에서 행정청의 앞선 행위의 하자를 이유로 후속 행위의 위법을 인정하는 경우가 있다.

만약 앞선 행위의 하자를 다툴 수 있는 제소기간이 지나서 취소소송으로 더 이상 다툴 수 없음에도 불구하고, 후속 행위를 다투는 취소소송에서 앞선 행위의 하자를 후속 행위의 위법사유로 계속해서 주장할 수 있게 한다면, 법적 안정성이나 제소기간을 둔 취지가 훼손되므로, 행정행위 상호간의 하자는 승계되지 않는 것이 원칙이다. 그러나 앞선 행위와 후속 행위가 서로 결합하여 하나의 법적 효과를 완성하는 경우에는, 앞선 행위에 대한 하자를 다투는 제소기간이 경과하였더라도 앞선 행위의 하자를 후속 행위의 위법사유로 주장할 수 있도록 함으로써 후속 행위의 효력을 제거하는 것을 인정한다.

예컨대, 행정청이 갑에게 건축물의 철거명령(앞선 행위)을 내렸으나, 갑이 이를 스스로 이행하지 않아 행정청이 직접 갑의 건축물을 철거하는 대집행 절차(후속 행위)에 이르게 된 경우, 철거명령과 대집행 절차는 서로 별개의 법적 효과를 발생시키는 독립적 행위로 인정된다. 또한 대집행 절차를 구성하는 일련의 단계적인 행위들(대집행의 계고, 실행의 통지, 실행, 비용징수)은 서로 결합하여 하나의 법적 효과를 발생시키는 행위로 인정된다.

다른 한편으로 앞선 행위의 하자가 중대하고 명백하여 제소기간의 적용을 받지 않는 무효에 해당한다면, 법적 안정성의 가치에 비해 권리구제의 필요성이 크므로 앞선 행위와 후속 행위가 서로 결합하여 하나의 법적 효과를 발생시키는지 여부를 묻지 아니하고 앞선 행위의 하자를 후속 행위의 위법사유로 주장할 수 있다.

〈보기〉

ㄱ. 철거명령에 하자가 있었으나 이에 대한 제소기간이 지났고 그 하자가 무효가 아니라면, 대집행 계고 처분 취소소송에서 철거명령의 하자를 대집행 계고 처분의 위법사유로 주장할 수 없다.

ㄴ. 철거명령이 무효인 경우, 철거명령과 대집행 계고가 서로 결합하여 하나의 법적 효과를 발생시키는지 여부에 관계없이, 대집행 계고 처분 취소소송에서 철거명령의 하자를 대집행 계고 행위의 위법사유로 주장할 수 있다.

ㄷ. 철거명령과 대집행 절차상의 행위가 서로 결합하여 하나의 법적 효과를 발생시키는지 여부에 관계없이, 비용징수 처분 취소소송에서 대집행 계고 행위의 하자를 비용징수 행위의 위법사유로 주장할 수 있다.

① ㄱ　② ㄴ　③ ㄱ, ㄷ
④ ㄴ, ㄷ　⑤ ㄱ, ㄴ, ㄷ

PART 01 추리 영역 해커스 LEET 김우진 추리논증 기초

22

2016학년도 LEET 문9

다음에서 추론한 것으로 옳은 것만을 <보기>에서 있는 대로 고른 것은?

> 제대로 조직된 국가에서 사형은 정말 유용하고 정당한가? 인간들은 무슨 권리로 그들의 이웃을 살해할 수 있는가? 주권과 법의 토대를 이루는 권리가 그것이 아님은 분명하다. 법은 각자의 개인적 자유 중 최소한의 몫을 모은 것일 뿐인데, 자신의 생명을 빼앗을 권능을 타인에게 기꺼이 양도할 자가 세상에 어디 있겠는가? 개인의 자유 가운데 희생시킬 최소한의 몫에 어떻게 모든 가치 중 최대한의 것인 생명 자체가 포함될 수 있겠는가? 만약 그렇다 하더라도, 자살을 금지하는 다른 원칙과 어떻게 조화될 수 있겠는가?
>
> 그러니 사형은 권리의 문제가 아니라, 사회가 자신의 존재를 파괴당하지 않기 위해서 시민에 대하여 벌이는 전쟁행위이다. 따라서 국가가 자유를 상실할 기로에 서거나, 무정부상태가 도래하여 무질서가 법을 대체할 때가 아니라면 시민의 죽음은 불필요하며, 그런 비상한 상황이 아닌 다음에는 한 사람의 죽음이 타인들의 범죄를 억제하는 유일한 방법이어서 사형이 필요하고 정당한 경우가 있을 수 있는지만이 문제된다.
>
> 결심이 선 인간이 사회를 침해하는 것을 사형이 막지 못한다는 것을 모든 시대의 경험이 입증하고 있지만, 이것으로는 부족하다고 의심하는 이들을 설득하는 데는 인간의 속성을 살펴보기만 해도 된다. 인간의 정신에 무엇보다 큰 효과를 미치는 것은 형벌의 강도가 아니라 지속성이다. 우리의 감수성은 강력하지만 일시적인 충격보다는 미약하더라도 반복된 인상에 훨씬 쉽고도 영속적으로 영향을 받기 때문이다. 범죄자가 처형되는 무섭지만 일시적인 장면을 목격하는 것이 아니라, 일하는 짐승처럼 자유를 박탈당한 채 노동해서 사회에 끼친 피해를 갚아나가는 인간의 모습을 오래도록 보는 것이 범죄를 가장 강력하게 억제한다.
>
> – 베카리아(1738-1794), 『범죄와 형벌』 –

〈보기〉

ㄱ. 법에 따른 지배가 구현되고 있는 평화로운 나라에서 사형은 허용되지 않는다.

ㄴ. 형벌의 주된 목적은 범죄자의 잘못된 습관을 교정하는 데 있다.

ㄷ. 형벌의 공개집행에 반대한다.

① ㄱ ② ㄴ ③ ㄱ, ㄷ

④ ㄴ, ㄷ ⑤ ㄱ, ㄴ, ㄷ

23

2017학년도 LEET 문5

다음 글에 대한 평가로 옳은 것만을 <보기>에서 있는 대로 고른 것은?

> K국 형법은 "미성년자를 약취(略取)한 사람은 10년 이하의 징역에 처한다."라고 하여 '미성년자약취죄'를 규정하고 있다. 이 규정에서 '약취'라고 하는 것은 폭행·협박을 행사하거나 정당한 권한 없이 사실상의 힘을 사용하여 미성년자를 생활관계 또는 보호관계로부터 약취행위자나 제3자의 지배하에 옮기는 행위를 의미한다. 그런데 '정당한 권한 없이 사실상의 힘을 사용하여'의 해석에 관해서는 아래와 같이 견해가 나뉜다.
>
> 〈견해 1〉
>
> 미성년자약취죄가 보호하고자 하는 법익(法益)은 미성년자의 평온·안전이다. 따라서 미성년자의 평온·안전을 해치지 않는 한 부모 일방이 다른 일방의 동의 없이 미성년자의 거소를 옮기는 행위만으로는 정당한 권한 없이 사실상의 힘을 사용한 것에 해당하지 않는다.
>
> 〈견해 2〉
>
> 미성년자약취죄가 보호하고자 하는 법익은 미성년자의 자유와 보호자의 보호·양육권이다. 따라서 부모 일방이 다른 일방의 동의 없이 미성년자의 거소를 옮기는 행위는 정당한 권한 없이 사실상의 힘을 사용한 것에 해당한다.

〈보기〉

ㄱ. 부모가 이혼하였거나 별거하는 상황에서 미성년의 자녀를 부모의 일방이 평온하게 보호·양육하고 있는데, 부모 중 다른 일방이 폭행·협박을 행사하여 그 보호·양육 상태를 깨뜨리고 자녀를 탈취하여 자기 또는 제3자의 사실상 지배하에 옮긴 경우라면, 위의 어떠한 견해에 따르더라도 미성년자약취죄에 해당한다.

ㄴ. 부모가 함께 동거하면서 미성년의 자녀를 보호·양육하여 오던 중 부(父)가 모(母)나 그 자녀에게 어떠한 폭행·협박을 행사하지 않고 그 자녀를 데리고 종전의 거소를 벗어나 다른 곳으로 옮겨 자녀에 대한 보호·양육을 적절히 한 경우, 〈견해 1〉에 따르면 미성년자약취죄에 해당하지 않는다.

ㄷ. 보호·양육하던 미성년자를 종전에 거주하던 K국 거주지에서 부의 동의 없이 모가 국외로 이전하는 행위로 인해, K국 국적을 가진 자녀가 생활환경 등이 전혀 다른 외국에서 부의 보호·양육이 배제된 채 정신적·심리적 충격을 겪는 경우, 〈견해 1〉에 따르면 미성년자약취죄에 해당하지 않지만 〈견해 2〉에 따르면 미성년자약취죄에 해당한다.

① ㄱ ② ㄷ ③ ㄱ, ㄴ

④ ㄴ, ㄷ ⑤ ㄱ, ㄴ, ㄷ

24

2017학년도 LEET 문8

<사실 관계>의 (가)와 (나)에 들어갈 방법으로 옳은 것은?

채무자가 채무를 이행할 수 있는데도 하지 않을 경우, 채권자가 직접 돈을 뺏어오거나 할 수 없고 법원에 신청하여 강제적으로 채무를 이행하게 할 수밖에 없다. 이렇게 강제로 이행하게 하는 방법은 상황에 따라 다른데, K국에서 법으로 인정하고 있는 방법은 세 가지이다. 'A방법'은 채무자가 어떤 행위를 하여야 하는데 하지 않는 경우, 채무자의 비용으로 채권자 또는 제3자에게 하도록 하여 채권의 내용을 실현하는 방법이다. 'B방법'은 목적물을 채무자로부터 빼앗아 채권자에게 주거나 채무자의 재산을 경매하여 그 대금을 채권자에게 주는 것과 같이, 국가 기관이 직접 실력을 행사해서 채권의 내용을 실현하는 방법이다. 이 방법은 금전·물건 등을 주어야 하는 채무에서 인정되며, 어떤 행위를 해야 하는 채무에 대하여는 인정되지 않는다. 'C방법'은 채무자만이 채무를 이행할 수 있는데 하지 않을 경우에 손해배상을 명하거나 벌금을 과하는 등의 수단을 써서 채무자를 심리적으로 압박하여 채무를 강제로 이행하도록 만드는 방법이다. 'C방법'은 채무자를 강제하여 자유의사에 반하는 결과에 이르게 하는 것이므로 다른 강제 수단이 없는 경우에 인정되는 최후의 수단이다.

〈사실 관계〉

○ K국은 통신회사가 X회사 하나였는데 최근 통신서비스 시장 개방에 따라 다수의 다른 통신회사가 설립되어 공급을 개시하였다.

○ K국의 X회사는 소비자 Y에게 계약에 따라 통신서비스를 제공할 의무가 있는데 요금 인상을 주장하며 이행하지 않았다. Y가 X회사의 강제 이행을 실현할 수 있는 방법은 통신서비스 시장 개방 전에는 (가) 방법, 시장 개방 후에는 (나) 방법이다.

	(가)	(나)
①	A	C
②	B	A
③	B	B
④	C	A
⑤	C	C

25

2017학년도 LEET 문9

다음 글로부터 추론한 것으로 옳은 것만을 <보기>에서 있는 대로 고른 것은?

A국은 각 지방자치단체에 대한 재정적 지원제도인 교부금 제도를 시행하고 있다. 각 지방자치단체의 수입은 국가로부터의 교부금과 지방자치단체의 자체수입금으로 구성된다. 국가는 지방자치단체가 제출한 자체수입예상액과 지출예상액을 고려하여 국가가 판단한 총지출규모를 수립한 후 필요한 교부금을 지급한다.

A국은 아래의 교부금 중 하나를 선택하여 모든 지방자치단체에 지급할 수 있다.

○ 동액교부금: 모든 지방자치단체에 대해 획일적으로 동일한 금액이 지급되는 교부금

○ 동률교부금: 각 지방자치단체의 자체수입금에 비례하는 금액이 지급되는 교부금

○ 보통교부금: 각 지방자치단체의 자체수입금이 국가가 수립한 총지출규모를 충당하지 못하는 경우 국가가 그 재정부족분만큼 지급하는 교부금. 다만 자체수입금이 풍부하여 재정부족분이 발생하지 않는 지방자치단체에 대해서는 보통교부금이 지급되지 않음(이를 '불교부단체'라 함).

〈보기〉

ㄱ. A국이 보통교부금을 지급할 경우, 불교부단체를 제외한 모든 지방자치단체는 자체수입금 증대를 위한 최대의 재정적 노력을 기울일 것이다.

ㄴ. 국가가 수립한 각 지방자치단체의 총지출규모가 동일한 상황에서 재정부족분이 많이 발생하는 지방자치단체(갑)와 상대적으로 적게 발생하는 지방자치단체(을)가 있다면, 보통교부금을 지급받을 때에는 갑이 을에 비해, 동률교부금을 지급받을 때에는 을이 갑에 비해 언제나 많이 받는다.

ㄷ. 국가가 수립한 각 지방자치단체의 총지출규모가 같고 각 지방자치단체의 자체수입금액이 같다면, 어떠한 교부금에 의하더라도 각 지방자치단체가 지급받는 교부금의 액수는 동일하다.

① ㄱ　② ㄷ　③ ㄱ, ㄴ　④ ㄴ, ㄷ　⑤ ㄱ, ㄴ, ㄷ

26

2018학년도 LEET 문3

<규정>과 <견해>로부터 추론한 것으로 옳은 것만을 <보기>에서 있는 대로 고른 것은?

〈규정〉

A: 타인의 물건의 효용을 해한 자는 곤장 10대에 처한다.

B: 타인의 문서를 숨긴 자는 곤장 3대에 처한다.

단, B가 적용되는 경우에는 A는 적용하지 않기로 한다.

〈견해〉

갑: 물건의 효용을 해하는 행위란 파손뿐 아니라 숨기는 것도 포함한다. B는 물건의 효용을 해하는 행위 중에서 문서를 숨기는 행위를 가볍게 벌하는 규정이다. 타인의 문서를 숨긴 경우에는 B가 적용된다.

을: 물건의 효용을 해하는 행위란 파손뿐 아니라 숨기는 것도 포함한다. B는 물건 중에서 문서의 효용을 해하는 행위를 가볍게 벌하는 규정이다. 타인의 문서의 효용을 해한 경우에는 B가 적용된다.

병: 물건의 효용을 해하는 행위란 파손만을 포함하고 숨기는 것은 포함하지 않는다. B는 물건 중에서 문서를 숨기는 것을 벌하는 규정이다. 타인의 문서를 숨긴 경우에는 B가 적용된다.

〈보기〉

ㄱ. 갑에 따르면, 타인의 문서를 파손한 경우 B가 적용되지 않는다.

ㄴ. 을에 따르면, 타인의 문서를 파손한 경우 B가 적용된다.

ㄷ. 병에 따르면, 타인의 문서를 파손한 경우 A가 적용된다.

① ㄱ　② ㄴ　③ ㄱ, ㄷ

④ ㄴ, ㄷ　⑤ ㄱ, ㄴ, ㄷ

27

2018학년도 LEET 문4

<규정>에 따라 <사례>를 판단한 것으로 옳은 것만을 <보기>에서 있는 대로 고른 것은?

〈규정〉

(1) 주주가 소유하는 주식 1주 당 의결권 1개가 인정된다. 다만, 어떤 안건에 특별한 이해관계가 있는 주주는 주주총회에서 그 안건에 의결권을 행사하지 못한다.

(2) 이사는 주주총회의 특별결의로 해임될 수 있다.

(3) 주주총회의 특별결의는 출석 주주의 소유 주식 수가 회사 발행주식 총수의 3분의 1 이상이고, 출석 주주 중에서 의결권을 행사할 수 있는 주주의 의결권 수의 3분의 2 이상 찬성이라는 두 가지 요건을 모두 충족하는 결의를 말한다.

〈사례〉

X 주식회사의 발행주식 총수는 1,000주인데 모두 의결권이 있는 주식이다. 갑은 발행주식 총수의 34%, 을은 26%, 병은 40%를 갖고 있다. 병은 이 회사의 이사이다. 한편, 병의 이사해임 안건이 주주총회에 상정되었다. 병이 자신의 해임 안건에 대하여 특별한 이해관계가 있는 주주인지 여부가 다투어지고 있다.

〈보기〉

ㄱ. 병이 해임 안건에 특별한 이해관계가 있다면, 갑, 을, 병이 모두 출석한 경우 갑과 을이 모두 해임에 찬성해야만 병의 해임 안건이 가결된다.

ㄴ. 병이 해임 안건에 특별한 이해관계가 없다면, 갑과 을은 불참하고 병만 출석한 경우 해임에 대한 가부의 결의를 할 수 없다.

ㄷ. 병이 해임 안건에 특별한 이해관계가 있다면, 을은 불참하고 갑과 병은 참석한 경우 갑의 찬성만으로 병의 해임을 가결할 수 없다.

① ㄱ　② ㄴ　③ ㄱ, ㄷ

④ ㄴ, ㄷ　⑤ ㄱ, ㄴ, ㄷ

28

2018학년도 LEET 문5

<견해>에 따라 판단한 것으로 옳은 것만을 <보기>에서 있는 대로 고른 것은?

〈견해〉

갑: '행위 당시 행위자가 인식한 사실' 또는 '행위 당시 행위자 이외의 일반인이 인식·예견 가능했던 사실'에 기초해서 판단할 때, 그 행위에 의해 그 결과가 발생하는 것이 이례적이지 않은 경우에는 그 행위와 그 결과 사이의 인과관계가 인정된다.

을: '행위 당시 행위자의 인식 여부 또는 일반인의 인식·예견 가능성 유무와 상관없이 그 당시 객관적으로 존재한 모든 사실'에 기초해서 판단할 때, 그 행위에 의해 그 결과가 발생하는 것이 이례적이지 않은 경우에는 그 행위와 그 결과 사이의 인과관계가 인정된다.

〈보기〉

ㄱ. A가 땅콩에 대해 특이체질이라는 것을 알고 있는 X가 A에게 땅콩이 든 빵을 주어 이를 먹은 A가 땅콩에 대한 특이체질 반응을 일으켜 상해를 입은 경우, 갑과 을 모두 X의 행위와 A의 상해 사이의 인과관계를 인정한다.

ㄴ. 대낮에 보행신호에 따라 횡단보도를 건너던 B를 Y가 운전하는 트럭이 치고 지나가 B가 즉사했는데 Y는 운전 중 조는 바람에 이를 인식하지 못한 경우, 갑은 Y의 행위와 B의 사망 사이의 인과관계를 인정하지 않지만 을은 인정한다.

ㄷ. Z가 시속 10km로 자전거를 타다가 건장한 보행자 C와 부딪쳤는데 C가 아무렇지도 않다고 하여 그 자리를 떴다. 그 후 5분 정도 지나 C는 갑자기 의식을 잃고 쓰러져 병원으로 이송되었는데, 고혈압이 있는 C는 고혈압성 뇌출혈로 사망하였다. 이 경우 갑과 을 모두 Z의 행위와 C의 사망 사이의 인과관계를 인정한다.

① ㄱ　② ㄴ　③ ㄱ, ㄷ
④ ㄴ, ㄷ　⑤ ㄱ, ㄴ, ㄷ

29

2018학년도 LEET 문8

다음 글을 근거로 판단한 것으로 옳은 것만을 <보기>에서 있는 대로 고른 것은?

행정청이 권한을 행사한 행위를 취소해 달라고 청구하는 소송을 취소소송이라 한다. 취소소송이 적법하기 위해서는 소송의 대상인 행정청의 행위가 다음 세 요소를 모두 갖추고 있어야 한다.

A: '행정청이 우월한 지위에서 한 공권력의 행사'여야 한다. 계약 당사자처럼 행정청이 상대방과 대등한 관계에서 행한 행위는 이에 해당하지 않는다.

B: '구체적 사실에 관한 행위'여야 한다. 이는 관련자가 특정되거나 개별적이고 규율대상이 구체적인 행위를 말하고, 시행령 제정행위와 같이 규율대상이 일반적인 행위는 이에 해당하지 않는다.

C: '권리·의무에 직접적으로 영향을 미치거나, 변동을 일으키는 것'이어야 한다. 행정청의 행위에 의하여 비로소 변동이 발생하여야 하므로, 기존의 법률관계에 의하여 이미 발생한 의무를 이행하라고 독촉하는 행위는 이에 해당하지 않는다.

〈보기〉

ㄱ. 행정청과 갑은 행정청이 갑에게 제품개발자금을 지급하되 갑의 책임으로 사업이 실패할 경우에는 행정청이 지급한 자금의 반환을 요구할 수 있도록 정한 계약을 체결하였다. 행정청은 이 계약에 따라 갑에게 개발자금을 지급하였는데, 갑의 책임으로 사업이 실패하자, 지급한 개발자금을 반환하라고 요구하였다. 행정청의 개발자금 반환 요구행위는 A, B, C 모두 갖추었다.

ㄴ. 감사기관이 P시의 공무원 을의 징계권자인 P시장에게 복무규정을 위반한 을을 징계하라고 요구하였으나, 감사기관의 징계요구는 강제성이나 구속력이 없어 P시장은 이에 따르지 않고 을에게 아무런 징계를 하지 않았다. 을이 감사기관의 징계요구에 대해 취소소송을 제기하는 것은 C를 갖추지 못하였다.

ㄷ. S시장은 S시 소유의 X토지를 병에게 적법하게 임대해 주었고, 그 후 임대차계약에서 정한 사용료산정방식에 따라 X토지를 사용한 기간 동안의 토지 사용료를 납부하라고 병에게 통보하였다. 시장이 병에게 한 X토지 사용료의 납부통보는 A와 C를 갖추지 못하였다.

① ㄱ　② ㄴ　③ ㄱ, ㄷ
④ ㄴ, ㄷ　⑤ ㄱ, ㄴ, ㄷ

30

2018학년도 LEET 문9

다음 글로부터 추론한 것으로 옳지 않은 것은?

행정청이 허가를 내린 후에 허가의 효력을 상실시키기 위해서 그 허가를 취소하는 경우가 있다. 이러한 허가 취소는 두 유형으로 나눌 수 있다.

유형 A는 허가를 내릴 당시에는 허가를 받을 요건을 모두 갖추고 있어 허가가 내려졌는데 그 후에 의무를 위반하는 등으로 허가를 받은 자에게 책임이 있거나 공익을 위해 허가를 거둬들여야 하는 새로운 사정이 발생하여 행정청이 장래를 향해 허가의 효력을 소멸시키는 것이다. 허가가 발령 당시에는 정당하게 내려진 허가이므로 행정청은 함부로 이 유형의 허가 취소를 할 수 없고, 법에 이러한 사정이 개별적으로 허가 취소의 사유로 규정되어 있어야 한다. 허가를 받은 자에게 책임이 있어서 내려지는 유형 A의 허가 취소는 제재적 의미를 갖기 때문에 허가를 받은 자가 이미 받은 허가에 대한 신뢰를 보호해 달라고 주장할 수 없지만, 공익을 위해 허가를 거둬들여야 하는 새로운 사정이 발생해서 내려지는 유형 A의 허가 취소에 대해서는 허가에 대한 신뢰를 보호해 달라고 주장할 수 있다.

유형 B는 애초에 허가를 받을 요건을 구비하지 못하였음에도 허가가 위법 또는 부당하게 내려진 것에 대하여 행정청이 이를 바로잡기 위해 허가의 효력을 소급해서 소멸시키는 것이다. 유형 B의 허가 취소는 법에 이를 할 수 있는 사유에 관한 규정이 없어도 이뤄질 수 있다. 또한 이 유형의 허가 취소는 허가를 받은 자가 스스로 위법 또는 부당한 방법으로 허가를 받았거나 허가가 위법 또는 부당하게 내려진 사실을 알 수 있었기 때문에, 허가를 받은 자가 허가에 대한 신뢰를 보호해 달라고 주장할 수 없다.

① 허가를 받은 자가 행정청의 정당한 약관변경명령을 이행하지 않아 행정청이 허가 취소를 하는 경우는 유형 A에 해당한다.
② 허가에 필요한 시설을 갖춘 것처럼 허위의 자료를 제출하여 허가를 받은 자에 대해 행정청이 허가 취소를 하는 경우는 유형 B에 해당한다.
③ 허가가 내려진 이후 해당 사업을 폐지하기로 행정정책이 바뀌어 행정청이 그 허가를 취소하려는 경우, 허가를 받은 자는 허가에 대한 신뢰를 보호해 달라고 주장할 수 있다.
④ 허가에 필요한 동의서의 수가 부족하였으나 이를 간과하고 허가가 내려진 것이 발견되어 행정청이 허가 취소를 하는 경우, 법에 이 사유가 허가 취소 사유로 규정되어 있지 않으면 행정청이 허가 취소를 할 수 없다.
⑤ 허가를 받은 자가 허가를 받은 날부터 정당한 사유 없이 2년이 지나도록 사업을 개시하지 않고 있어 이를 이유로 행정청이 허가 취소를 하는 경우, 법에 이 사유가 허가 취소 사유로 규정되어 있어야 행정청이 허가 취소를 할 수 있다.

31

2018학년도 LEET 문10

다음으로부터 추론한 것으로 옳은 것만을 <보기>에서 있는 대로 고른 것은?

계약 위반을 두고 갑과 을이 다투는 소송에서 판사가 판결을 내리는 상황을 생각해 보자. 둘 사이의 계약에서 계약 위반이 발생하는 조건은, 첫째, 계약이 특정한 행위 X를 금지하고, 둘째, 계약 당사자가 그 금지된 행위를 하는 것이다. 갑은 을이 계약을 위반했다고 주장하는 반면, 을은 위반하지 않았다고 주장한다. 을이 계약을 위반했는지를 따지는 쟁점은 다음 두 쟁점에 달려 있다. 하나는 이 계약이 을로 하여금 행위 X를 하지 못하도록 금지하는지 여부이고, 다른 하나는 을이 실제로 행위 X를 했는지 여부이다.

세 명의 판사가 내린 판단은 각각 달랐다. 판사1은 이 계약이 행위 X를 금지하고 을이 행위 X를 했다고 본다. 판사2는 이 계약이 행위 X를 금지하는 것은 맞지만 을이 행위 X를 한 것은 아니라고 본다. 판사3은 을이 행위 X를 한 것은 맞지만 이 계약이 행위 X를 금지하는 것은 아니라고 본다. 이 경우 우리는 어떤 결론을 내리는 것이 옳을까?

각 쟁점에 대해서 다수의 판사들이 내리는 판단을 따른다는 원칙을 받아들이기로 하자. 만약 각 쟁점에 대해서 서로 다른 판단을 내리는 판사의 수가 같다면, 가장 경력이 오래된 판사의 판단에 따르기로 한다. 세 명의 판사 중 가장 경력이 오래된 판사는 판사1이다. 그렇다면 우리는 이 계약이 행위 X를 금지하고 있다고 받아들여야 하고 을이 행위 X를 한 것도 받아들여야 한다. 그럼에도 불구하고 을이 계약 위반을 한 것은 아니라고 판단해야 하는 ㉠ 곤란한 상황에 도달한다. 왜냐하면 이 다툼에서 을이 계약을 위반했다고 판단하는 판사는 한 명뿐이기 때문이다.

〈보기〉

ㄱ. 을은 자신이 행위 X를 하지 않았다고 주장하였을 것이다.
ㄴ. 만약 다른 조건은 동일한데 판사3이 '이 계약은 행위 X를 금지하는 것도 아니고 을이 행위 X를 한 것도 아니다'라고 판단했더라면, ㉠은 발생하지 않았을 것이다.
ㄷ. 만약 다른 조건은 동일한데 판사 한 명을 추가하여 네 명이 판단하도록 했다면, ㉠은 발생하지 않았을 것이다.

① ㄱ
② ㄴ
③ ㄱ, ㄷ
④ ㄴ, ㄷ
⑤ ㄱ, ㄴ, ㄷ

32

2019학년도 LEET 문1

다음으로부터 추론한 것으로 옳은 것만을 <보기>에서 있는 대로 고른 것은?

국가는 국민의 기본권을 보장할 의무가 있다. 이를 위하여 국가는 입법·사법·행정의 활동을 행한다. 그중 행정은 법률에 근거해서 국민의 기본권을 적극적으로 실현하고, 때로는 다수 국민의 안전, 질서 유지, 공공복리를 위하여 국민의 권리를 제한하기도 한다. 그러나 원칙적으로 행정의 역할은 국민의 기본권을 실현하는 것이므로, 여하한 이유로 국민의 기본권을 제한함에 있어서는 선행 조건을 갖춰야 한다. 즉 행정으로 인하여 직접적으로 기본권을 제한받는 당사자 본인에게는 사전에 그 행정이 필요한 이유와 내용 및 근거를 알려야 한다.

행정은 다양하고 복합적인 형태로 이루어진다. 행정은 한 개인에게 권리를 갖게 하거나 권리를 제한하기도 하고, 한 개인을 대상으로 권리를 갖게 하는 동시에 일정 권리를 제한하기도 한다. 또한 행정은 국민 사이에 이해관계의 대립을 초래하기도 한다. 예컨대 신발회사가 공장설치 허가를 신청하고 행정청이 허가하는 경우에, 회사 측과 공장이 설치되는 인근 지역의 주민들은 대립할 수 있다. 회사는 공장설치 허가를 통해 영업의 자유라는 기본권을 실현하게 되는 반면, 주민들 입장에서는 환경권·건강권 등의 침해를 주장할 수 있다. 이러한 경우에도 행정 활동을 함에 있어 갖춰야 할 선행 조건은 엄격하게 요구된다.

〈보기〉

ㄱ. 주유소 운영자 갑에게 주유소와 접하는 도로의 일부에 대해 행정청으로부터 점용 허가 처분과 점용료 납부 명령이 예정된 경우, 행정청은 사전에 갑에게 점용 허가 처분 및 점용료 납부 명령 각각의 이유와 내용 및 근거를 알려야 한다.

ㄴ. 행정청이 을 법인에게 원자로시설부지의 사전승인을 할 때 환경권·건강권의 침해를 직접 받게 되는 인근 주민 병이 있는 경우, 행정청은 원자로시설부지의 사전승인에 앞서 병에게 그 사전승인의 이유와 내용 및 근거를 알려야 하지만, 을 법인에게는 사전승인에 앞서 알릴 필요가 없다.

ㄷ. 대리운전기사 정이 음주운전으로 적발되어 행정청이 정의 운전면허를 취소하려는 경우, 행정청은 사전에 정과 그 가족에게 운전면허취소의 이유와 내용 및 근거를 알려야 한다.

① ㄱ　② ㄴ　③ ㄱ, ㄷ　④ ㄴ, ㄷ　⑤ ㄱ, ㄴ, ㄷ

33

2019학년도 LEET 문7

원님 갑이 재판에서 채택할 진술을 <사례>에서 있는 대로 고른 것은?

원님 갑은 고을에서 일어나는 범죄에 대한 모든 재판을 담당하였다. 재판에서 증거로 받아들이기 어려운 진술들이 많이 제출되어 재판이 지연되자, 갑은 일정한 요건을 갖춘 증거들만 제출할 수 있도록 제한하였다. 그리하여 갑은 용의자의 평소 행실에 관한 진술은 재판에서 채택하지 않기로 하였다.

그러나 갑은 증인의 평소 언행의 진실성에 대한 진술은 들을 필요가 있다고 생각하였고, 이러한 진술의 채택 요건을 아래와 같이 제한하여 예외적으로 받아들였다.

첫째, 증인의 평소 언행의 진실성에 대해서 진술하는 것은 평소 고을에서의 평판에만 한정하고, 과거에 특정한 행위를 한 적이 있다는 진술은 채택하지 않는다.

둘째, 증인이 예전에 재판에서 허위 진술을 하여 처벌을 받은 적이 있다는 것은 중요하기 때문에 이에 대한 진술은 채택하기로 한다.

셋째, 증인의 평소 언행의 진실성을 모든 사건에서 다 확인할 필요는 없기 때문에 '증인이 진실하다'는 진술은 다른 사람이 '증인이 진실하지 못하다'고 진술하거나 '증인이 예전에 재판에서 허위 진술을 하여 처벌을 받은 적이 있다'고 진술을 한 때에 비로소 채택한다.

〈사례〉

현재 갑이 담당하고 있는 재판에서 갑돌이는 〈혐의 1〉 갑순이 집 앞에서 담배를 피우다 버려 갑순이 집의 외양간을 태웠고, 〈혐의 2〉 그 사실이 소문나면 주인마님에게 혼날까 봐 무서워 불이 나던 날 밤 '을돌이가 갑순이 집 앞에서 담배를 피우는 것을 보았다'는 거짓 소문을 냈다는 두 가지 혐의를 받고 있다.

〈혐의 1〉과 관련하여 갑이 갑돌이에게 그날의 행적에 대하여 묻자, 갑돌이는 ㉠ "저는 주변에서 매우 조심성 있는 사람이라는 평을 듣습니다."라고 진술하였다. 다음으로 〈혐의 2〉와 관련하여 갑돌이의 친구 마당쇠가 증인으로 나와 "갑돌이는 거짓말을 안 하는 진실한 놈이라는 평판이 자자합니다."라고 진술하였다. 그러자 대장장이가 증인으로 나와 ㉡ "예전에 마당쇠가 을순이에게 거짓말을 해서 을순이 아버지에게 크게 혼난 일이 있었지요."라고 진술하였다. 갑이 을돌이를 증인으로 불러 그날의 행적에 대하여 진술하게 하자 을돌이는 "그날 저는 집에 있었습니다."라고 진술하였다. 이에 다음 증인 병돌이는 ㉢ "예전에 을돌이가 아랫동네 살인 사건 재판에서 거짓말을 하여 곤장 다섯 대를 맞은 적이 있습니다."라고 진술하였다. 이에 다른 증인 방물장수는 ㉣ "을돌이가 매우 진실하다는 소문이 윗마을까지 나 있습니다."라고 진술하였다.

① ㉠, ㉡　② ㉠, ㉣　③ ㉢, ㉣　④ ㉠, ㉡, ㉢　⑤ ㉡, ㉢, ㉣

34

2019학년도 LEET 문11

<규정>과 <견해>로부터 추론한 것으로 옳은 것만을 <보기>에서 있는 대로 고른 것은?

〈규정〉

(1) CCTV란 일정한 공간에 지속적으로 설치되어 사람 또는 사물의 영상을 촬영하는 장치이다.

(2) 누구든지 CCTV를 설치·운영할 수 있으나, 공개된 장소에서의 설치·운영은 범죄의 예방 및 수사를 위하여 필요한 경우에만 가능하다.

(3) CCTV를 설치·운영하는 자는 CCTV를 설치하여 운영하고 있다는 내용을 알리는 CCTV 설치·운영 안내판을 설치하여야 한다.

〈견해〉

갑: 택시 안은 공개된 장소가 아니다.

을: 일정한 공간에 지속적으로 설치되어 사람의 영상을 촬영하는 휴대전화 카메라는 CCTV에 해당한다.

병: 비공개된 자동차 내부에 설치·운영되며, 외부를 촬영하고 있는 블랙박스도 CCTV에 해당한다.

〈보기〉

ㄱ. 갑에 따르면, 택시 안에서는 CCTV 설치·운영 안내판을 설치하기만 하면 언제든지 CCTV를 설치·운영할 수 있다.

ㄴ. 을에 따르면, 비공개된 자신의 서재에 휴대전화 카메라를 지속적으로 설치하여 촬영할 경우에 CCTV 설치·운영 안내판을 설치하여야 한다.

ㄷ. 병에 따르면, 범죄의 예방 및 수사를 위하여 필요한 경우에만 블랙박스를 설치·운영할 수 있다.

① ㄱ ② ㄷ ③ ㄱ, ㄴ
④ ㄴ, ㄷ ⑤ ㄱ, ㄴ, ㄷ

35

2019학년도 LEET 문13

<비행기준>에 따를 때, 신고와 비행승인이 모두 없어도 비행이 허용되는 경우만을 <보기>에서 있는 대로 고른 것은?

〈비행기준〉

1. 무인비행장치는 사람이 탑승하지 아니하는 것으로 연료의 중량을 제외한 자체 중량(이하 '자체 중량')이 150kg 이하인 무인비행기와 자체 중량이 180kg 이하이고 길이가 20m 이하인 무인비행선을 말한다.
2. 무인비행장치를 소유한 자는 무인비행장치의 종류, 용도, 소유자의 성명 등을 행정청에 신고하여야 한다. 다만 군사목적으로 사용되는 무인비행장치와 자체 중량이 18kg 이하인 무인비행기는 제외한다.
3. 오후 7시부터 이튿날 오전 6시 사이에 무인비행장치를 비행하려는 자는 미리 행정청의 비행승인을 받아야 한다.
4. 무인비행장치를 사용하여 비행장 및 이착륙장으로부터 반경 3km 이내, 고도 150m 이내인 범위에서 비행하려는 사람은 미리 행정청의 비행승인을 받아야 한다. 다만 군사목적으로 사용되는 무인비행장치와 자체 중량이 10kg 이하인 무인비행기는 제외한다.

〈보기〉

ㄱ. 자체 중량이 120kg인 공군 소속 무인비행기를 공군 비행장 내 고도 100m 이내에서 오전 10시부터 오후 2시까지 군수물자 수송을 위하여 비행하려는 경우

ㄴ. 택배회사가 영업을 위하여 새로 구입한 자체 중량 160kg, 길이 15m인 무인비행선을 오후 4시부터 오후 5시 사이에 대학병원 헬기 이착륙장 반경 200m에 있는 사무실로 물품 배달을 위하여 비행하려는 경우

ㄷ. 육군 항공대가 자체 중량이 15kg인 농업용 무인비행기를 빌려서 군사훈련 보조용으로 공군 비행장 반경 2km 이내에서 오후 2시부터 오후 3시까지 고도 100m로 비행하려는 경우

ㄹ. 대학생들이 자체 중량이 8kg인 무인비행기를 김포공항 경계선 2km 지점에서 15m 이내의 높이로 오후 8시부터 30분 동안 취미로 비행하려는 경우

① ㄱ, ㄷ ② ㄱ, ㄹ ③ ㄴ, ㄹ
④ ㄱ, ㄴ, ㄷ ⑤ ㄴ, ㄷ, ㄹ

36

2020학년도 LEET 문2

다음으로부터 추론한 것으로 옳은 것만을 <보기>에서 있는 대로 고른 것은?

〈사례〉

X국에서는 장애아동보호법에 "장애아동은 각자의 능력과 필요에 따라 적절한 공교육을 무상으로 받을 권리를 가진다"고 규정하고 있다. 적절한 공교육의 범위에 관해 다음과 같이 견해가 나뉜다.

〈견해〉

甲: 잠재능력을 발현할 수 있도록 장애아동에게 제공되는 기회는 비장애아동에게 주어진 기회와 상응하는 수준이어야 한다. 이를 위해 공교육이 실시되기 전에 장애아동과 비장애아동의 잠재능력을 측정하고, 공교육의 결과 장애아동과 비장애아동이 잠재능력을 어느 정도 발현하고 있는지 확인해야 한다. 그런 다음 장애아동과 비장애아동이 각각 자신의 잠재능력에 비례하는 성과를 내는 데 차이가 나지 않도록 개별 장애아동에게 필요한 추가적인 학습 과정과 지원 서비스를 무상으로 제공해야 한다.

乙: 공교육이 적절하다는 것은 어떤 특별한 교육적 수준의 보장이나 능력에 관계없는 절대적 교육 기회의 평등을 의미하기보다는 장애아동에게 기본적 수준의 교육 기회에 평등하게 접근할 수 있도록 공교육을 무상으로 제공하는 것을 의미한다. 장애아동이 수업을 이수하고 과목별 합격 점수를 받아 상급 학년으로 진급하는 학업 성취 결과가 나왔다면 그러한 평등이 실현된 것으로 볼 수 있다.

〈보기〉

ㄱ. 청각장애가 갑자기 생겨 성적이 떨어졌지만 상급 학년으로 진급하는 데에는 어려움이 없는 아동에게 부모가 자비로 수화 통역사를 제공하였더니 종전의 성적을 회복한 경우, 공교육이 그 아동에게 수화 통역사를 무상으로 제공해야 하는지 여부에 대하여 甲과 乙의 견해가 일치한다.

ㄴ. 乙의 견해에 따르면, 청각장애아동들이 공교육의 수업을 이수하고 과목별 합격 점수를 받아 중학교 1학년 과정에서 2학년 과정으로 모두 진급하는 데 성공하는 경우, 공교육 기관은 그 중학교 1학년 과정에 이전까지는 제공되지 않았던 학습 과정과 지원 서비스를 요청하는 청각장애아동의 요구를 받아들이지 않아도 된다.

ㄷ. 공교육 기관은 장애아동이 공교육에서 배제되지 않도록 하면 되고 공교육을 통한 장애아동의 학업 성취 결과까지는 고려하지 않아도 된다는 주장을 甲은 받아들이지 않고 乙은 받아들인다.

① ㄱ　② ㄴ　③ ㄱ, ㄷ　④ ㄴ, ㄷ　⑤ ㄱ, ㄴ, ㄷ

37

2020학년도 LEET 문8

다음으로부터 <사례>를 판단한 것으로 옳은 것만을 <보기>에서 있는 대로 고른 것은?

X국은 출산과 관련된 산모의 비밀 유지를 보장하고 신생아의 생명과 신체의 안전을 보장하기 위하여 익명출산제를 시행하기로 하였다. 이에 따라 의료기관의 적극적인 협조를 포함하는 다음의 〈규정〉이 제정되었다.

〈규정〉

제1조 ① 익명출산을 하고자 하는 자(이하 신청자라 한다)로부터 익명출산 신청을 받은 의료기관은 의료기록부에 신청자의 이름을 가명으로 기재한다.

② 신청자는 자녀가 출생한 때로부터 7일 내에 다음 사항을 포함하는 신상정보서를 작성하여 출산한 의료기관에 제출한다.

(1) 자녀의 이름을 정한 경우 그 이름, 성별, 출생 일시, 출생 장소 등 자녀에 관한 사항

(2) 신청자의 이름 및 주소, 익명출산을 하게 된 사정 등 자녀의 부모에 관한 사항

제2조 신청자는 신상정보서를 작성한 때로부터 2개월이 경과한 때 자녀에 관한 모든 권리를 상실한다.

제3조 국가심의회는 성년에 이른 자녀(자녀가 사망한 경우에는 성년에 이른 그의 직계 후손)의 청구가 있으면 제1조 ②의 신상정보서의 사항을 열람하게 한다.

제4조 제3조에도 불구하고 제1조 ② (2)의 사항은 신청자의 동의를 받은 때에만 열람하게 한다. 그러나 신청자가 신상정보서 작성 시 자신이 사망한 이후에 이를 공개하는 것에 대하여 명시적으로 반대하지 않으면, 신청자가 사망한 이후에는 청구에 따라 언제든지 열람할 수 있게 한다.

〈사례〉

X국에 살고 있는 甲(여)은 乙(남)과의 사이에 丙을 임신하였고, 甲은 익명출산을 신청하였다.

〈보기〉

ㄱ. 甲과 乙이 혼인관계에 있다면, 乙이 甲의 출산 사실 및 丙에 대한 신상정보의 열람을 청구한 경우, 국가심의회는 甲의 동의를 받아 열람을 허용한다.

ㄴ. 성인이 된 丙이 신상정보서상 자신의 혈연에 관한 정보, 출생 당시의 정황에 관한 정보의 공개를 청구한 경우, 甲의 사망 사실이 확인되는 이상 국가심의회는 해당 정보를 열람할 수 있게 허용하여야 한다.

ㄷ. 丙이 사망한 후 그의 딸 丁(23세)이, 丙이 출생할 당시 甲이 丙에게 지어 준 이름, 丙의 출생 일시, 출생 장소에 관한 정보의 열람을 청구한 경우, 국가심의회는 甲의 명시적인 반대의 의사에도 불구하고 해당 정보를 열람하게 할 수 있다.

① ㄱ　② ㄷ　③ ㄱ, ㄴ　④ ㄴ, ㄷ　⑤ ㄱ, ㄴ, ㄷ

38

2020학년도 LEET 문9

다음으로부터 <사례>를 판단한 것으로 옳지 않은 것은?

X국의 법에 의하면, 누구나 유언을 통하여 한 사람 또는 여러 사람의 상속인을 지정할 수 있다. 그리고 임의로 각 상속분도 정할 수 있다. 상속인을 지정하는 유언이 없는 경우에는 일정한 범위의 혈연관계 내지 가족관계에 있는 자들이 상속인 지위를 얻어 상속재산을 취득하는데, 자녀, 손자 같은 직계비속 및 배우자가 1순위 상속인이고, 부모, 조부모와 같은 직계존속이 2순위 상속인이며, 형제, 자매 같은 방계의 친족이 3순위를 이룬다. 선순위의 상속인이 상속을 받으면 후순위의 상속인은 상속을 받을 수 없다. 같은 순위의 공동상속인 사이의 상속분은 균등하다.

혈연관계 내지 가족관계에 있지 않은 사람도 유언을 통하여 상속인으로 지정될 수 있고, 직계존비속을 포함한 친족을 상속인으로 지정하지 않는 유언도 유효하다. 그렇지만 친족이면서도 상속인으로 지정되지 않아 상속에서 배제된 자가 사정에 따라서는 유언한 자의 사후에 경제적으로 매우 곤궁한 상태에 처하게 될 우려도 있다. 이와 같은 경우에 X국에서는 법이 정하고 있는 상속 순위에 있는 자 중 상속에서 배제된 자에 한하여 그 유언이 윤리에 반한다고 주장하면서 해당 유언의 무효를 선언해 줄 것을 요구하는 소(이하 반윤리의 소라 한다)를 제기할 수 있다. 판사가 유언의 반윤리성 여부를 심사할 때에는 그 상속 사안에서 상속 순위에 있는 친족들에게 존재하는 사정만을 판단의 근거로 삼을 수 있다. 유언의 반윤리성이 인정되어 유언이 효력을 잃으면 유언이 없는 것과 같은 상태가 된다.

〈사례〉

X국에 사는 甲에게는 혈연관계 내지 가족관계에 있는 사람으로는 자녀 乙과 동생 丙만 있고, 평소 친하게 지내는 친구 丁이 있다.

① 甲이 유언으로 丙과 丁만을 상속인으로 지정하였다면, 이때 乙이 반윤리의 소를 제기하여 승소하지 않는 한 乙은 상속에서 배제된다.
② 甲은 유언으로 乙과 丁만을 상속인으로 지정하면서 상속분을 균등하게 정할 수 있다.
③ 甲이 유언으로 丁을 유일한 상속인으로 지정하였고 이에 대해 乙이 반윤리의 소를 제기한 경우, 판사는 丁이 甲의 생전에 甲을 부양해 왔다는 丁의 주장을 반윤리성 판단의 근거로 삼을 수 없다.
④ 甲이 유언으로 乙과 丁만을 상속인으로 지정하면서 丁에게 더 많은 상속분을 정한 경우, 乙은 반윤리의 소를 제기할 수 있다.
⑤ 甲이 유언으로 丁을 유일한 상속인으로 지정한 경우, 丙이 제기한 반윤리의 소에 대하여 승소 판결이 내려지면 乙이 단독으로 상속재산을 취득한다.

39

2020학년도 LEET 문11

다음으로부터 추론한 것으로 옳은 것만을 <보기>에서 있는 대로 고른 것은?

여러 상품들을 취급하는 기업의 입장에서는 각 상품을 개별 단위로 판매하기보다 여러 조합으로 묶어서 판매하는 것이 비용 절감이나 시장 공략 측면에서 효과적인 전략일 수 있다. 휴대전화 + 집전화 + 초고속인터넷 + IPTV 등 여러 상품을 묶어서 판매하는 경우가 자주 등장하는 이유도 그 때문이다. 예컨대 상품 A와 상품 B의 묶음상품 판매 방식은 다음 세 가지로 나눌 수 있다.

판매 방식 1: A와 B를 묶어서 가격을 할인하여 판매하고 개별 상품은 별도로 판매하지 않는 방식
판매 방식 2: A와 B를 묶거나 개별적으로 판매하는 방식. 다만 묶어서 판매하는 경우 가격을 할인
판매 방식 3: A를 구입하려면 B도 반드시 구입해야 하는 방식. 다만 B만 구입하는 것은 가능

하지만 이와 같이 상품을 묶어서 판매하는 것은 소비자의 선택권을 제한하거나 다른 기업에 불리한 경쟁 환경을 조성하는 결과를 초래할 수 있기 때문에 법적 규제의 대상이 된다. 다만 묶어서 판매하는 방식에 가격 할인이 뒤따르는 경우에는 그로 인해 기대되는 소비자의 경제상 이익이나 가격 경쟁 촉진 효과 등을 종합적으로 고려하여 법 위반 여부를 결정하게 된다. 형식적으로는 소비자에게 선택권을 주고 있으나 개별 상품 가격의 총합이 묶음상품의 가격에 비해 현저히 높아서 소비자들이 개별 구매할 가능성이 낮은 경우나 가격 할인이 과도해서 효율적인 경쟁자를 배제하는 경우는 규제 대상에 포함된다.

〈보기〉

ㄱ. A, B를 개별적으로 모두 구매하려는 소비자는 판매 방식 2를 판매 방식 3보다 선호한다.
ㄴ. 소비자의 선택권을 선택지의 개수로만 판단하면 판매 방식 3이 선택권을 가장 크게 제한한다.
ㄷ. 두 상품을 묶어서 판매하는 가격이 단일 상품만 취급하는 기업의 단일 상품 가격보다도 낮은 경우에는 규제 대상에 포함될 수 있다.

① ㄱ ② ㄴ ③ ㄱ, ㄷ
④ ㄴ, ㄷ ⑤ ㄱ, ㄴ, ㄷ

40

2020학년도 LEET 문13

다음으로부터 추론한 것으로 옳은 것만을 <보기>에서 있는 대로 고른 것은?

> 규칙을 제정할 때는 항상 그 규칙을 정당화하는 목적이 있어야 한다. 그런데 규칙의 적용이 그 목적의 관점에서 정당화되지 않는 경우들이 존재한다. 규칙이 그 목적의 관점에서 볼 때 어떤 사례를 포함하지 않아도 되는데도 포함하는 경우 이 사례를 '과다포함'한다고 하고, 어떤 사례를 포함해야 하는데도 포함하지 않는 경우 이 사례를 '과소포함'한다고 한다. 예를 들어 '시속 80km 초과 금지'라는 규칙이 있다고 하면, 그 목적은 '운전의 안전성 확보'가 된다. 하지만 운전자들이 시속 80km 초과의 속도로 운전하지 않아야 안전하다는 것이 대부분의 경우 사실이라 하더라도, 시속 80km 초과로 달려도 안전한 경우가 있다. 이때 이 규칙은 시속 80km 초과로 달려도 안전한 사례를 '과다포함'한다고 한다. 반면 '시속 80km 초과 금지'라는 규칙은 안개가 심한 날 위험한데도 시속 80km로 달리는 차량을 금지하지 않게 되어 그 목적을 달성하지 못할 수 있다. 이 경우 규칙이 해당 사례를 '과소포함'한다고 한다.
>
> 〈사례〉
>
> X동물원에서는 동물원 내 차량 진입 금지 규칙의 도입을 검토하고 있다. 이 규칙의 목적은 ㉠ 동물원 이용자의 안전 확보, ㉡ 차량으로 인한 동물원 내의 불필요한 소음 방지의 두 가지이다. 도입될 규칙의 후보로 다음의 세 가지가 제시되었다.
>
> 규칙 1: 동물원 내에는 어떠한 경우에도 차량이 진입할 수 없다.
>
> 규칙 2: 동물원 내에는 동물원에 의해 사전 허가를 받은 차량 외에 다른 차량은 진입할 수 없다.
>
> 규칙 3: 동물원 내에는 긴급사태로 인해 소방차, 구급차가 진입하는 경우 외에 다른 차량은 진입할 수 없다.

〈보기〉

ㄱ. 목적 ㉠의 관점에서 본다면, 규칙 1은 '동물원 내 무단 진입한 차량이 질주하여 이용자의 안전을 위협하자 이를 막기 위해 경찰차가 사전 허가 없이 진입하는 경우'를 '과다포함'한다.

ㄴ. 목적 ㉡의 관점에서 본다면, 규칙 2는 '불필요한 소음을 발생시키는 핫도그 판매 차량이 사전 허가를 받아 동물원에 진입하는 경우'를 '과소포함'한다.

ㄷ. 목적 ㉠, ㉡ 모두의 관점에서 본다면, 규칙 3은 '불필요한 소음을 발생시키지 않는 구급차가 동물원 이용자를 구조하기 위해 동물원 내로 진입하는 경우'를 '과다포함'하지도 않고 '과소포함'하지도 않는다.

① ㄱ　② ㄴ　③ ㄱ, ㄷ
④ ㄴ, ㄷ　⑤ ㄱ, ㄴ, ㄷ

41

2021학년도 LEET 문5

<규정>을 <사례>에 적용한 것으로 옳지 <u>않은</u> 것은?

> 〈규정〉
>
> 제1조 ① 유실물(가축을 포함한다)의 습득자는 유실물을 신속하게 소유자에게 반환하거나 습득한 날부터 7일 이내에 경찰서에 신고 및 제출하여야 한다.
>
> ② 유실물이 경찰서에 신고 및 제출된 경우 경찰서장은 유실물을 소유자에게 반환하여야 한다. 다만 소유자를 알 수 없을 때는 유실물이 신고 및 제출된 날부터 3일 이내에 신문에 공고하여야 한다.
>
> ③ 경찰서에 제출된 유실물은 경찰서장이 보관하여야 하나, 경찰서장은 제출된 날부터 3개월 이내의 기간을 정하여 적당한 자로 하여금 유실물을 보관하도록 명할 수 있다. 다만 이 조에 따른 의무를 위반한 자를 제외한다.
>
> 제2조 ① 유실물 공고 후 3개월이 경과하도록 소유자가 권리를 주장하지 않으면 습득자는 유실물의 소유권을 취득한다.
>
> ② 소유자는 자신의 권리를 포기할 수 있다. 이 경우 제1항에도 불구하고 습득자가 유실물을 습득한 때에 그 소유권을 취득한 것으로 본다.
>
> 제3조 습득자 및 보관자는 소유자(제2조에 의해 소유권을 상실한 자는 포함하고 이를 취득한 자는 제외한다)에게 유실물의 제출·교부 및 가치보존에 소요된 비용을 청구할 수 있다. 다만 제2조가 적용되는 경우의 습득자는 이를 청구할 수 없다.
>
> 〈사례〉
>
> 2020. 1. 13. 갑은 자기 소유의 염소 A를 팔러 시장에 가던 중에 A가 달아나자 뒤쫓다가 놓쳤다. 2020. 1. 14. 을은 길에서 다리에 상처를 입은 A를 발견하고 집으로 데려가 먹이를 주고 상처를 치료해 주었다. 2020. 1. 23. 을은 경찰서에 A의 습득사실을 알리고 A를 제출하였다. 경찰서장은 2020. 1. 24. 지역신문에 A의 발견 및 보관 사실을 공고하였다.

① 경찰서장은 을에게 A를 보관하도록 명할 수 없다.

② 갑이 2020. 4. 14. 경찰서장에게 A의 반환을 요구한다면 A를 데려올 수 있다.

③ 갑이 2020. 4. 14. 경찰서장에게 A에 대한 포기 의사를 밝혔다면 A는 2020. 1. 14.부터 을의 소유가 된다.

④ 갑이 2020. 4. 30. 경찰서장에게 A의 반환을 요구한다면 을은 갑에게 A의 상처 치료에 소요된 비용을 청구할 수 있다.

⑤ 갑이 2020. 4. 14. 경찰서장에게 A에 대한 포기 의사를 밝혔다면 경찰서장은 갑에게 A가 경찰서에 보관되어 있는 동안 소비한 사료에 대한 비용을 청구할 수 있다.

42

2021학년도 LEET 문7

<규정>에 따라 X국 감독당국에 신고의무가 있는 경우만을 <보기>에서 있는 대로 고른 것은?

X국은 X국 회사가 외국에서 증권을 발행하는 경우뿐만 아니라 외국 회사가 외국에서 증권을 발행하는 경우에도 다음 〈규정〉에 따라 X국 감독당국에 대한 신고의무를 부과하고 있다.

〈규정〉

제1조 X국 회사가 외국에서 증권을 발행하는 경우 X국 감독당국에 신고하여야 한다. 다만, 그 증권이 X국 거주자가 발행일부터 2년 이내에 그 증권을 취득하는 것을 허용하지 않는 때에는 그러하지 아니하다.

제2조 외국에서 증권을 발행하는 외국 회사가 X국 주식시장에 상장되어 있거나 X국 거주자의 주식보유비율이 20% 이상인 경우 제1조를 준용한다.

제3조 제2조의 외국 회사가 외국에서 외국 통화로 표시한 증권을 발행하는 경우 그 증권이 X국 거주자가 발행일부터 1년 이내에 그 증권을 취득하는 것을 허용하지 않는 때에는 제1조의 신고의무가 없다.

〈보기〉

ㄱ. X국 주식시장에 상장된 Y국 회사(X국 거주자의 주식보유비율 10%)가 '발행일로부터 2년이 경과하지 않으면 X국 거주자가 취득할 수 없다'는 조건이 포함된 증권(X국 통화로 표시)을 Y국에서 발행하는 경우

ㄴ. Y국 주식시장에 상장된 Z국 회사(X국 거주자의 주식보유비율 15%)가 '발행일로부터 1년이 경과하면 X국 거주자가 취득할 수 있다'는 조건이 포함된 증권(X국 통화로 표시)을 Y국에서 발행하는 경우

ㄷ. Y국 주식시장에 상장된 Z국 회사(X국 거주자의 주식보유비율 20%)가 '발행일로부터 6개월이 경과하면 X국 거주자가 취득할 수 있다'는 조건이 포함된 증권(Z국 통화로 표시)을 Y국에서 발행하는 경우

① ㄱ ② ㄷ ③ ㄱ, ㄴ
④ ㄴ, ㄷ ⑤ ㄱ, ㄴ, ㄷ

43

2021학년도 LEET 문9

다음으로부터 추론한 것으로 옳은 것만을 <보기>에서 있는 대로 고른 것은?

X국은 소셜 네트워크상 명예훼손, 혐오표현 등이 포함된 위법 콘텐츠의 무분별한 확산에 대응하기 위해 소셜 네트워크 사업자의 의무와 책임을 규정하는 법을 제정하였다.

제1조 ① 이 법은 등록기준지가 국내인 소셜 네트워크 사업자('국내 사업자')에 적용된다. 다만 등록기준지가 국외인 사업자('국외 사업자')로서 국내 등록이용자 수가 100만 명 이상인 경우에는 적용 대상이 된다.

② 제1항의 적용 대상 중 국내 등록이용자 수가 150만 명 이하인 플랫폼을 운영하는 국내 사업자는 제2조제2항의 의무를 면한다.

③ 제1항의 적용 대상 중 국내 등록이용자 수가 200만 명 이하인 플랫폼을 운영하는 국내 사업자 및 국외 사업자는 제2조제3항의 의무를 면한다.

제2조 ① 사업자는 이용자가 위법 콘텐츠 신고를 할 수 있도록 자신의 플랫폼에 알기 쉽고 투명한 절차를 제공하여야 한다.

② 사업자는 위 신고가 있는 경우 지체 없이 위법 여부를 심사하여야 하며 위법 콘텐츠에 해당하는 경우 신고일부터 7일 이내에 이를 삭제하여야 한다.

③ 사업자는 신고자 및 콘텐츠 제공자에게 위 심사 결과와 이유를 통지하여야 한다.

제3조 국외 사업자는 국내에 송달대리인을 임명하고 플랫폼에 이를 공시해야 한다.

제4조 이 법을 위반한 행위에 대해 최대 50억 원 이하의 과태료를 부과한다. 다만 제3조 위반에만 해당하는 경우 과태료는 5억 원 이하로 한다.

〈보기〉

ㄱ. X국 내 등록이용자 수가 120만 명인 플랫폼을 운영하는 국외 사업자가 위법 콘텐츠 신고에 대한 심사 결과를 통지하지 않고 X국 내 송달대리인의 정보를 공시하지 않은 경우 5억 원을 한도로 과태료가 부과된다.

ㄴ. X국 내 등록이용자 수가 150만 명인 플랫폼을 운영하는 국내 사업자가 위법 콘텐츠 신고가 있었음에도 심사를 게을리 하고 심사 결과도 통지하지 않은 경우 최대 50억 원 이하의 과태료가 부과된다.

ㄷ. X국 내 등록이용자 수가 180만 명인 플랫폼을 운영하는 국외 사업자는 위법 콘텐츠 신고에 대한 심사 결과 위법 콘텐츠에 해당하지 않는다고 결론을 내린 경우 해당 콘텐츠 제공자에게 심사 결과를 통지하여야 한다.

① ㄱ ② ㄷ ③ ㄱ, ㄴ
④ ㄴ, ㄷ ⑤ ㄱ, ㄴ, ㄷ

44

2021학년도 LEET 문11

<규정>을 <사례>에 적용한 것으로 옳은 것만을 <보기>에서 있는 대로 고른 것은?

〈규정〉

제1조 상속인은 상속재산 한도에서 사망자의 빚을 갚는 것을 조건으로 상속('조건부 상속')할 수 있다.

제2조 상속인은 금전이 아닌 상속재산을 현금화하는 경우 법원의 허가를 얻어 경매하여야 한다. 여러 재산을 경매한 경우, 상속인은 각 재산으로부터 생긴 금전을 섞이지 않게 분리해 두어야 한다.

제3조 ① 사망자의 특정 재산에 대해 우선적으로 채권을 회수할 권리를 가진 채권자('우선권 있는 채권자')가 있는 경우, 상속인은 그 재산이 현금화된 때에는 다른 채권자보다 우선권 있는 채권자에게 먼저 빚을 갚아야 한다. 우선권 있는 채권자의 채권회수 후에 남은 재산이 있으면 제2항에 의한다.

② 상속인은 사망자의 특정 재산에 대해 우선권 있는 채권자가 없는 경우, 그 재산이 현금화된 때에는 빚을 갚아야 할 시기의 선후, 청구의 순서, 빚의 크기 등에 관계없이 자신의 의사에 따라 자유롭게 빚을 갚을 수 있다.

③ 특정 재산에 대해 우선권 있는 채권자가 그 재산으로부터 회수하지 못한 채권은 우선권 없는 채권으로 남는다.

제4조 제3조에 의하여 빚을 갚고 남은 상속재산이 없으면, 상속인은 더 이상 사망자의 빚을 갚을 책임이 없다.

〈사례〉

갑이 사망하면서 유일한 상속인 을에게 집 한 채와 자동차 한 대, 그리고 1억 7천만 원의 빚을 남겼고, 을은 조건부 상속을 하였다. 집에 대해서는 갑에게 7천만 원의 채권이 있던 병이 우선권을 가지고 있고, 자동차에는 누구도 우선권이 없다. 정과 무도 갑에게 5천만 원씩의 채권을 가지고 있었다.

〈보기〉

ㄱ. 집만 1억 원에 경매된 경우, 을은 병에게 7천만 원을 갚고, 나머지는 정과 무 중 빚을 갚을 것을 먼저 요구한 자에게 지급하여야 한다.

ㄴ. 집과 자동차가 동시에 각각 5천만 원, 2천만 원에 경매되고, 병, 정, 무가 동시에 지급을 요구한 경우, 을은 병에게 7천만 원 전부를 지급할 수 있다.

ㄷ. 집과 자동차가 동시에 각각 1억 원, 2천만 원에 경매되고, 병, 정, 무가 동시에 지급을 요구한 경우, 을이 병에게 7천만 원, 무에게 5천만 원을 지급하면 정에게는 지급하지 않아도 된다.

① ㄱ ② ㄷ ③ ㄱ, ㄴ
④ ㄴ, ㄷ ⑤ ㄱ, ㄴ, ㄷ

45

2022학년도 LEET 문6

[규정]과 <사례>를 근거로 판단할 때 <보기>에서 [규정]을 준수한 것만을 있는 대로 고른 것은?

[규정]

제1조 ① '개인정보처리자'란 업무를 목적으로 개인정보를 처리하는 자를 말한다.

② '업무수탁자'란 개인정보처리자가 본래의 개인정보 수집·이용 목적과 관련된 업무를 위탁한 경우 위탁자의 이익을 위해 개인정보를 처리하는 자를 말한다.

③ '제3자'란 개인정보처리자와 업무수탁자를 제외한 모든 자를 말한다.

제2조 ① 개인정보처리자는 정보주체의 동의를 받은 경우에 한하여 개인정보를 수집할 수 있으며 그 수집 목적의 범위에서 이용할 수 있다.

② 전항의 개인정보처리자는 수집 목적 범위에서 개인정보를 제3자에게 제공(공유를 포함)할 수 있다. 다만 제공 후 1주일 이내에 제공사실을 정보주체에게 알려야 한다.

③ 개인정보처리자는 정보주체의 이익을 부당하게 침해할 우려가 없는 경우에 한하여 정보주체로부터 별도의 동의를 받아 개인정보를 수집 목적 이외의 용도로 이용하거나 이를 제3자에게 제공할 수 있다.

④ 개인정보처리자는 개인정보 처리업무를 위탁하는 경우에 위탁 후 위탁사실을 정보주체에게 알려야 하고, 정보주체가 확인할 수 있도록 공개하여야 한다.

〈사례〉

숙박예약 전문사이트를 운영하는 P사는 숙박예약 및 이벤트 행사를 위한 목적으로 회원가입시 이용자의 동의를 받아 개인정보를 수집하였다.

〈보기〉

ㄱ. P사는 회원들로부터 별도의 동의 없이 숙박시설 운영자 Q에게 해당 숙박시설을 예약한 회원의 정보를 제공하고 즉시 그 회원에게 제공사실을 알려주었다.

ㄴ. P사는 여행사 S사와 사업제휴를 맺고 회원들로부터 별도의 동의 없이 S사가 S사의 여행상품을 홍보할 수 있도록 회원정보를 공유하였다.

ㄷ. P사는 항공권 경품이벤트를 알리기 위해 홍보업체 R사와 이벤트안내 메일발송업무에 관한 위탁계약을 체결하고 회원정보를 R사에게 제공한 후, 10일이 경과한 후에 제공사실을 회원들에게 알리고 공개하였다.

ㄹ. P사는 인터넷 불법도박사이트 운영업체 T사가 불법도박을 홍보할 수 있도록, 회원들로부터 별도의 동의를 받아 T사에게 회원정보를 유료로 제공하였다.

① ㄱ, ㄷ ② ㄱ, ㄹ ③ ㄴ, ㄹ
④ ㄱ, ㄴ, ㄷ ⑤ ㄴ, ㄷ, ㄹ

46

2022학년도 LEET 문9

[규정]에 따라 <사례>를 판단한 것으로 옳은 것만을 <보기>에서 있는 대로 고른 것은?

[규정]

제1조 ① 타인의 동의를 얻어 그의 물건을 원재료로 사용하여 새로운 물건을 제작한 경우 새로운 물건은 원재료 소유자가 소유한다.

② 제1항에도 불구하고 새로운 물건의 가격이 원재료 가액을 초과한 경우에는 새로운 물건을 제작한 자가 소유한다. 이 경우 원재료 소유자는 새로운 물건을 제작한 자에게 원재료 가액의 지급을 청구할 수 있다.

③ 제2항에서 제작행위를 한 자가 여럿이면 그 제작행위를 한 자가 새로운 물건을 공동으로 소유한다.

제2조 타인의 동의 없이 그의 물건을 원재료로 사용하여 새로운 물건을 제작한 경우 원재료 소유자는 다음의 권리를 가진다.

1. 새로운 물건의 가격이 원재료 가액을 초과한 경우에는 새로운 물건을 소유한다.
2. 새로운 물건의 가격이 원재료 가액과 동일하거나 미달하는 경우에는 우선 새로운 물건을 제작한 자에게 원재료 가액의 지급을 청구하여야 하고, 새로운 물건을 제작한 자가 이를 지급하지 않는 경우에 한하여 새로운 물건을 소유한다.

제3조 제1조 및 제2조에도 불구하고 새로운 물건을 쉽게 원재료로 환원할 수 있고 원재료 소유자가 이를 원할 경우에는 새로운 물건을 제작한 자는 원재료 소유자에게 원상대로 원재료를 반환하여야 한다.

〈사례〉

가죽 유통업자 갑은 장당 50만 원인 소가죽 50장을 소유·보관하고 있다. 구두장인 을은 갑의 소가죽 3장을 가져가 한 장은 손쉽게 제거 가능한 광택을 넣어 가격이 50만 원인 ㉠ 광택 나는 새로운 소가죽을 제작하였고, 다른 한 장으로는 ㉡ 구두를 제작하는 한편, 나머지 한 장은 소파제작자 병에게 보내 소파를 제작하게 하였다. 병은 이를 재단하여 100만 원인 ㉢ 소파를 제작하였는데, 소파 제작에 사용된 목재는 병이 50만 원에 구입한 것이다.

〈보기〉

ㄱ. 을이 갑의 사용동의 없이 소가죽을 가져가 ㉠을 제작한 경우, 갑은 을에게 원상대로 소가죽을 반환할 것을 청구할 수 있다.

ㄴ. ㉡이 30만 원이고 소가죽에 대한 갑의 사용동의가 없는 경우, ㉡은 갑의 소유이다.

ㄷ. ㉢을 제작하는 데 있어서 만약 소가죽에 대한 갑의 사용동의가 있다면 ㉢의 소유자는 을이 되지만, 만약 갑의 사용동의가 없다면 ㉢은 갑의 소유가 된다.

① ㄱ ② ㄷ ③ ㄱ, ㄴ
④ ㄴ, ㄷ ⑤ ㄱ, ㄴ, ㄷ

47

2022학년도 LEET 문10

입법안 <1안>, <2안>, <3안>에 대한 분석으로 옳지 않은 것은?

〈1안〉

① 성적 의도로 다른 사람의 신체를 그 의사에 반하여 촬영한 자는 4년 이하의 징역에 처한다.

② 제1항에 따른 촬영물 또는 그 복제물을 유포한 자는 6년 이하의 징역에 처한다.

③ 영리를 목적으로 제1항의 촬영물 또는 그 복제물을 정보통신망을 이용하여 유포한 자는 10년 이하의 징역에 처한다.

〈2안〉

① 성적 의도로 다른 사람의 신체를 그 의사에 반하여 촬영하거나 그 촬영물 또는 그 복제물을 유포한 자는 5년 이하의 징역에 처한다.

② 제1항의 촬영이 촬영 당시에는 촬영대상자의 의사에 반하지 아니한 경우에도 촬영 후에 그 의사에 반하여 촬영물 또는 그 복제물을 유포한 자는 3년 이하의 징역에 처한다.

③ 영리를 목적으로 제1항 또는 제2항의 촬영물 또는 그 복제물을 정보통신망을 이용하여 유포한 자는 7년 이하의 징역에 처한다.

〈3안〉

① 성적 의도로 사람의 신체를 촬영대상자의 의사에 반하여 촬영한 자는 5년 이하의 징역에 처한다.

② 제1항에 따른 촬영물 또는 그 복제물을 유포한 자는 7년 이하의 징역에 처한다. 제1항의 촬영이 촬영 당시에는 촬영대상자의 의사에 반하지 아니한 경우에도 그 촬영물 또는 그 복제물을 촬영대상자의 의사에 반하여 유포한 자는 7년 이하의 징역에 처한다.

③ 영리를 목적으로 정보통신망을 이용하여 제2항의 죄를 범한 자는 8년 이하의 징역에 처한다.

④ 제1항 또는 제2항의 촬영물 또는 그 복제물을 소지·구입·저장 또는 시청한 자는 1년 이하의 징역에 처한다.

※ 유포: 1인 이상의 타인에게 반포·판매·임대·제공하거나 타인이 볼 수 있는 방법으로 전시·상영하는 행위를 포함하여 촬영물이나 그 복제물을 퍼뜨리는 행위

① 〈1안〉과 〈3안〉은 성적 의도로 타인의 신체를 그의 의사에 반하여 촬영하는 행위보다 그 촬영물을 유포하는 행위가 더 중한 범죄인 것으로 보고 있다.

② 성적 의도로 타인의 신체를 그의 의사에 반하여 촬영한 동영상을 인터넷에서 다운로드 받아 개인 PC에 저장하는 행위는 〈3안〉에서만 처벌대상이다.

③ 성적 의도로 촬영대상자의 허락을 받아 촬영한 나체사진을 그의 의사에 반하여 다른 사람에게 이메일로 전송하는 행위는 〈2안〉과 〈3안〉에서만 처벌대상이다.

④ 〈3안〉에 의하면 촬영자가 성적 의도로 촬영자 자신의 나체를 촬영하여 SNS로 보내온 사진을 그 촬영자의 의사에 반하여 다른 사람들에게 SNS로 보낸 행위도 처벌대상이다.

⑤ 타인의 의사에 반하여 그의 신체를 성적 의도로 촬영한 사진을 한적한 도로변 가판대에서 유상 판매하는 행위에 대해 가장 중한 처벌을 규정한 입법안은 〈1안〉이다.

48

2022학년도 LEET 문13

[규정]을 <사례>에 적용한 것으로 옳은 것만을 <보기>에서 있는 대로 고른 것은?

혼인하려는 당사자들은 혼인의 성립을 가능하게 하는 요건을 모두 충족하고 혼인의 성립을 불가능하게 하는 요건에 하나도 해당하지 않아야 혼인할 수 있다. 같은 국적을 가진 당사자들에게는 그들이 국적을 가진 국가의 규정을 적용하면 충분하나, 서로 다른 국적을 가진 당사자들에게는 어느 국가의 규정을 적용할지가 문제된다. 서로 다른 국적을 가진 당사자들이 X국에서 혼인할 수 있는지를 판단하려면, 혼인 적령(適齡)은 각 당사자가 자신의 국적을 가진 국가에서 정한 요건만 검토하면 충분하고, 중혼(重婚)·동성혼(同性婚)은 쌍방 당사자가 국적을 가진 각 국가에서 정한 요건을 모두 검토해야 한다.

[규정]

X국: 18세에 이르면 혼인할 수 있다. 기혼자도 중복으로 혼인할 수 있다. 같은 성별 간에도 혼인할 수 있다.

Y국: 남성은 16세, 여성은 18세에 이르면 혼인할 수 있다. 남성은 기혼자도 중복으로 혼인할 수 있다. 같은 성별 간에는 혼인할 수 없다.

Z국: 여성은 16세, 남성은 18세에 이르면 혼인할 수 있다. 쌍방 당사자 모두 미혼이어야 혼인할 수 있다. 같은 성별 간에도 혼인할 수 있다.

〈사례〉

갑: X국 국적의 19세 미혼 여성이다.

을: Y국 국적의 17세 기혼 남성이다.

병: Z국 국적의 17세 미혼 여성이다.

〈보기〉

ㄱ. 갑과 을은 X국에서 혼인할 수 있다.

ㄴ. 갑과 병은 X국에서 혼인할 수 있다.

ㄷ. 을과 병은 X국에서 혼인할 수 있다.

① ㄴ ② ㄷ ③ ㄱ, ㄴ ④ ㄱ, ㄷ ⑤ ㄱ, ㄴ, ㄷ

49

2023학년도 LEET 문1

다음으로부터 추론한 것으로 옳은 것만을 <보기>에서 있는 대로 고른 것은?

X국의 A법 제2조 제1항은 "'근로자'라 함은 직업의 종류를 불문하고 임금·급료 기타 이에 준하는 수입에 의하여 생활하는 자를 말한다."라고 규정하고, 같은 법 제2조 제4항은 "근로자가 아니면 노동조합에 가입할 수 없다."라고 규정한다.

A법에서 말하는 '근로자'의 범위에 대하여 다음과 같이 서로 다른 견해가 제시된다.

갑: A법에서 말하는 '근로자'는 사용자와 계약을 맺고, 그 사용자로부터 근로의 대가로 계속적·정기적인 금품을 받는 자이다.

을: A법에서 말하는 '근로자'는 사용자와 계약을 맺고, 그 사용자로부터 근로의 대가로 계속적·정기적인 금품을 받는 자 또는 성과에 따른 수수료(인센티브)를 받는 자이다.

병: 일시적으로 실업 상태에 있는 자나 구직 중인 자도 노동3권(단결권·단체교섭권·단체행동권)을 보장할 필요성이 있는 한 A법에서 말하는 '근로자'에 포함된다.

〈보기〉

ㄱ. 헬스장 사업자와 계약을 맺고 헬스장 회원들의 요청이 있으면 개인 레슨을 제공하고 회원들로부터 수수료를 받아 생활하는 자는, 갑에 따르면 노동조합에 가입할 수 있으나, 병에 따르면 가입할 수 없다.

ㄴ. 원격영어학원으로부터 근로의 대가로 계속적·정기적인 금품을 받지는 않으나 학원과 계약을 맺고 수강생 모집 실적에 따라 그 학원으로부터 수수료를 받아 생활하는 자는, 갑에 따르면 노동조합에 가입할 수 없으나, 을에 따르면 가입할 수 있다.

ㄷ. 원치 않는 해고를 당한 자는 을에 따르든 병에 따르든 노동조합에 가입할 수 없다.

① ㄴ ② ㄷ ③ ㄱ, ㄴ ④ ㄱ, ㄷ ⑤ ㄱ, ㄴ, ㄷ

50

2025학년도 LEET 문3

다음으로부터 추론한 것으로 옳은 것만을 <보기>에서 있는 대로 고른 것은?

X국 정부는 담합 등 경쟁을 제한하는 위법한 행위를 규제한다. 위법성 여부는 시장 규모, 경쟁 정도, 규제를 통해 보호되는 법익, 담합을 규제하는 경우에 발생하는 역효과 등 모든 상황을 종합적으로 고려하여 판단한다. X국 정부는 담합에 대한 위법성 평가의 기준을 제시하면서, 시장 환경의 변화에 따라 서비스업에서 종전에 비하여 경쟁이 심해진 경우, 서비스의 질적 저하를 막기 위해 가격을 담합한 경우, 그리고 담합을 규제한 결과로 이용자가 부담하는 가격이 상승하여 이용자에게 더 불리하게 작용하는 경우 등은 위법성의 정도가 낮은 것으로 평가하겠다고 공표하였다.

변호사업과 같은 지식 서비스업에서 경쟁이 심화되면 서비스 이용가격은 계속 내려갈 수밖에 없다. 이러한 이유에서 X국 변호사들은 변호사회를 결성하여 ㉠ 의뢰인이 승소 여부와 관계없이 부담하는 최저수임료를 정하는 규정 및 ㉡ 의뢰인이 승소한 경우에는 성공보수를 지급하도록 하고 그 최저보수를 정하는 규정을 두었다. 그러자 ㉠과 ㉡이 변호사들의 가격 담합에 해당한다는 고발이 증가하였다.

〈보기〉

ㄱ. ㉠의 최저수임료 이하로 수임료가 낮아지는 경우에 서비스의 질적 하락이 가격의 하락보다 더 큰 폭으로 발생한다면, X국 정부는 ㉠에 의한 담합은 위법성의 정도가 낮다고 평가할 것이다.

ㄴ. 변호사들의 성공보수약정 담합을 규제하는 경우 그 약정 금액이 승소와 관계없이 의뢰인이 부담하는 수임료로 전부 전가된다면, X국 정부는 ㉡에 의한 담합은 위법성의 정도가 낮다고 평가할 것이다.

ㄷ. X국 정부가 종전의 제도를 변경하여 변리사도 관련 업무에 대한 국내 소송사건을 수임할 수 있게 한다면, X국 정부는 ㉠과 ㉡에 의한 담합은 모두 위법성의 정도가 낮다고 평가할 것이다.

① ㄱ ② ㄷ ③ ㄱ, ㄴ
④ ㄴ, ㄷ ⑤ ㄱ, ㄴ, ㄷ

51

2025학년도 LEET 문5

<주장>에 대한 평가로 옳은 것만을 <보기>에서 있는 대로 고른 것은?

당사자의 자유로운 의사결정에 의해 체결된 계약을 통제하기 위해서는 정당화 사유가 있어야 한다. 그것이 정보비대칭으로 발생한 시장실패의 교정에 있다는 주장 A와 역학적 불균형으로부터의 보호에 있다는 주장 B가 존재한다.

〈주장〉

A: 정보비대칭은 계약체결시 계약의 체결과 내용에 의미가 있는 제반 사정이 당사자에게 불평등하게 분배되는 상황을 초래하여 시장실패를 발생시킨다. 시장실패가 불러온 제품의 질적 저하라는 위험은 계약당사자 중 정보의 열위에 있는 자가 모두 부담한다. 정보비대칭으로 인한 시장실패를 교정하기 위해 계약은 통제되어야 한다. 정보비대칭은 관련 정보를 상대방에게 제공하기만 하면 해소된다. 상대방이 알고 있는 정보나 시장에서 형성된 가격과 같은 정보는 이미 제공된 것으로 본다.

B: 계약은 강자의 손에서는 강력한 무기가 되고 약자의 손에서는 무딘 도구가 된다. 계약에서의 자기결정권은 당사자가 대등한 교섭력을 가지는 경우에만 보장된다. 당사자 일방은 미성년자이고 상대방은 성년자인 경우나 당사자 일방만이 국가인 경우처럼 역학적 불균형 상태에서 체결된 계약은 당사자 일방의 자기결정권만 보장하므로 통제되어야 한다.

〈보기〉

ㄱ. 성년자 갑이 자기 소유의 물건에 관한 모든 정보가 적힌 설명서를 대학을 졸업한 미성년자 을에게 교부한 후 을과 매매계약을 체결한 경우, 이 계약에 대한 통제는 A에 의해서는 정당화되지 않고 B에 의해서는 정당화된다.

ㄴ. 미성년자 병이 온라인 중개 플랫폼을 통해 일면식도 없는 성년자 정에게 자신이 소유한 자전거를 시장가격보다 훨씬 낮은 가격으로 매도한 경우, 이 계약에 대한 통제는 A에 의해서는 정당화되고 B에 의해서는 정당화되지 않는다.

ㄷ. 성년자 무와 국가 X가 어떤 토지에 관한 모든 정보를 알고 그 토지에 대한 매매계약을 체결한 경우, 이 계약에 대한 통제는 A에 의해서든 B에 의해서든 정당화되지 않는다.

① ㄱ ② ㄷ ③ ㄱ, ㄴ
④ ㄴ, ㄷ ⑤ ㄱ, ㄴ, ㄷ

52

2025학년도 LEET 문6

다음으로부터 추론한 것으로 옳은 것만을 <보기>에서 있는 대로 고른 것은?

X국의 법에 의하면 의료인이 그 의료행위에서 주의의무를 다하지 못하여 사고가 발생한 경우에는 의료인 자신이 그 피해에 대한 배상책임을 부담한다. 그러나 의료인이 주의의무를 다하였으나 불가항력으로 인하여 사고가 발생한 경우에는 배상책임이 없다.

또한 의료사고가 발생한 경우 일반인으로서는 의료인의 주의의무 위반을 밝혀내기 극히 어렵고, 주의의무 위반이 밝혀지더라도 배상에 시간이 오래 소요된다. 따라서 의료사고 피해자를 보호해주기 위하여 국가가 피해를 보상하는 법안이 다음과 같이 제출되었다.

〈1안〉

제○조 의료인이 주의의무를 다하였으나 불가항력으로 인한 의료사고로 피해가 발생한 경우 그 피해는 국가가 보상한다.

〈2안〉

제○조 의료사고로 피해가 발생한 경우 의료인이 주의의무를 다하였는지 여부를 묻지 아니하고 그 피해는 국가가 보상한다. 국가는 보상 후 의료인이 주의의무를 다하지 못한 경우에 한하여 그에게 보상액을 청구할 수 있다.

〈3안〉

제○조 의료인이 주의의무를 다하지 못하여 의료사고로 피해가 발생한 경우 그 피해는 국가가 보상한다. 국가는 보상 후 그 의료인에게 보상액을 청구할 수 있다.

〈보기〉

ㄱ. 의료인이 주의의무를 다하였으나 불가항력으로 인하여 의료사고가 발생한 경우에는 〈1안〉에 따르든 〈2안〉에 따르든 환자는 국가로부터 피해의 보상을 받을 수 있다.

ㄴ. 의료인이 주의의무를 다하지 못하여 의료사고가 발생한 경우에는 〈2안〉에 따르든 〈3안〉에 따르든 환자는 국가로부터 피해의 보상을 받을 수 있다.

ㄷ. 의료인이 주의의무를 다한 경우에는 〈1안〉, 〈2안〉, 〈3안〉 중 어느 것에 따르더라도 국가는 의료인에게 보상액을 청구할 수 없다.

① ㄱ ② ㄷ ③ ㄱ, ㄴ
④ ㄴ, ㄷ ⑤ ㄱ, ㄴ, ㄷ

53

2025학년도 LEET 문7

[규정]을 <사례>에 적용한 것으로 옳지 <u>않은</u> 것은?

혼인과 상속에 관한 고대 X국의 [규정]은 다음과 같다.

[규정]

제○조 ① 혼인하면서 처(妻)가 가져온 재산(이하 '지참재산')은 부(夫)가 소유권을 취득한다.

② 부(夫)의 귀책사유로 이혼하는 경우에만 처(妻)에게 지참재산의 소유권이 회복된다.

③ 부(夫)가 이혼 후 사망한 경우에 상속인이 없다면 그 지참재산의 소유권은 이혼 전의 처(妻)에게 회복된다.

제○조 ① 상속은 유언이 있으면 유언에 따른다.

② 유언이 없으면 상속은 다음에 따른다.

1. 부부 상호 간에는 상속받을 수 없다.
2. 자녀는 그 부(父)로부터만 재산을 상속받을 수 있다.
3. 상속인은 사망한 자(이하 '피상속인')의 상속재산에 대한 소유권을 취득한다. 이때 피상속인이 생전에 부여한 상속재산에 대한 사용권은 피상속인의 사망 시 소멸한다.

③ 상속인이 상속을 포기하면 상속받을 수 없다.

〈사례〉

갑과 을이 혼인할 때 처(妻) 을은 소를 지참재산으로 가져왔다. 그 후 갑과 을은 자녀 없이 이혼하였다. 이혼 후 갑은 집 한 채를 구매하였고 병과 혼인하여 자녀 정을 두었다. 갑이 사망 전에 자신의 말에 대한 사용권을 병에게 부여하여 병이 말을 사용하고 있다. 이후 갑은 사망하였고, 갑의 유언장에는 "정이 말을 상속받고, 말에 대한 병의 사용권은 유지되어야 한다."라는 내용이 기재되어 있었다.

① 갑과 을의 이혼이 갑의 귀책사유 때문이라면 을에게 소의 소유권이 회복된다.
② 갑과 을의 이혼이 을의 귀책사유 때문이라면 정은 소를 상속받지 못한다.
③ 정은 갑의 집을 상속받는다.
④ 병이 말의 사용권을 포기하지 않더라도 정은 말을 상속받는다.
⑤ 정이 상속을 포기하면 을에게 소의 소유권이 회복된다.

54

2018학년도 LEET 문2

<규정>에 따라 <사례>를 판단한 것으로 옳은 것만을 <보기>에서 있는 대로 고른 것은? (단, 기간을 계산할 때 초일(初日)은 산입하지 않고, 공휴일 여부는 무시한다.)

〈규정〉

제1조(합당) ① 정당이 새로운 당명으로 합당(이하 '신설합당'이라 한다)할 때에는 합당을 하는 정당들의 대의기관의 합동회의의 결의로써 합당할 수 있다.

② 정당의 합당은 제2조 제1항의 규정에 의하여 선거관리위원회에 등록함으로써 성립한다.

③ 본조 제1항 및 제2항의 규정에 의하여 정당의 합당이 성립한 경우에는 그 소속 시·도당도 합당한 것으로 본다. 다만, 신설 합당의 경우 합당등록신청일로부터 3개월 이내에 시·도당 개편대회를 거쳐 변경등록신청을 해야 한다.

④ 신설합당된 정당이 제3항 단서의 규정에 의한 기간 이내에 변경등록신청을 하지 아니한 경우에는 그 기간만료일의 다음 날에 당해 시·도당은 소멸된다.

제2조(합당된 경우의 등록신청) ① 신설합당의 경우 정당의 대표자는 제1조 제1항의 규정에 의한 합동회의의 결의가 있은 날로부터 14일 이내에 선거관리위원회에 합당등록신청을 해야 한다.

② 제1항의 경우에 시·도당의 소재지와 명칭, 대표자의 성명 및 주소는 합당등록신청일로부터 120일 이내에 보완해야 한다.

③ 제2항의 경우에 그 기간 이내에 보완이 없는 때에는 선거관리위원회는 시·도당의 등록을 취소할 수 있다.

〈사례〉

A당과 B당은 국회의원 선거를 앞두고 2017년 5월 1일 대의기관 합동회의에서 합당 결의를 하고 C당으로 당명을 변경하였다.

〈보기〉

ㄱ. C당으로의 합당이 성립하려면 그 대표자에 의한 합당등록 신청 외에 그 소속 시·도당의 합당이 전제되어야 한다.

ㄴ. C당 소속 시·도당이 개편대회를 통해 변경등록신청을 하지 않은 경우 당해 시·도당이 소멸되는 시점은 2017년 8월 16일이다.

ㄷ. C당의 대표자가 2017년 5월 10일 합당등록신청을 한 경우 늦어도 2017년 9월 7일까지 그 소속 시·도당의 대표자의 성명을 보완하지 않으면 당해 시·도당의 등록이 취소될 수 있다.

① ㄴ ② ㄷ ③ ㄱ, ㄴ
④ ㄱ, ㄷ ⑤ ㄱ, ㄴ, ㄷ

55

2018학년도 LEET 문7

<X법>을 <사례>에 적용할 때 갑이 지급받을 수 있는 보상금의 총합은?

〈X법〉

제1조(재해 등에 대한 보상) 국가의 업무 수행 중에 부상을 입거나 사망하면 재해 보상금을 지급하고, 치료로 인하여 생업에 종사하지 못하면 그 기간 동안 휴업 보상금을 지급한다. 다만, 다른 법령에 따라 국가의 부담으로 같은 종류의 보상금을 받은 자에게는 그 보상금에 상당하는 금액은 지급하지 아니한다.

제2조(재해 보상금의 지급) ① 제1조에 따른 재해 보상금은 사망 보상금과 장애 보상금으로 구분하며, 그 지급액은 다음과 같다.

1. 사망 보상금은 고용노동부에서 공표하는 전체 산업체 월평균임금총액(사망한 해의 전년도를 기준으로 한다)의 36배에 상당하는 금액
2. 장애 보상금은 장애등급에 따라 다음과 같이 정한다.
   가~마. 장애등급 1급~5급: (생략)
   바. 장애등급 6급: 사망 보상금의 $\frac{1}{2}$

제3조(휴업 보상금의 지급) 제1조에 따른 휴업 보상금은 통계청이 매년 공표하는 도시 및 농가가계비를 평균한 금액(전년도를 기준으로 한다)의 100분의 60에 해당하는 금액을 월 30일을 기준(31일이 말일인 경우에도 같다)으로 하여 1일 단위로 계산한 금액에 치료로 인하여 생업에 종사하지 못한 기간의 일수를 곱한 금액으로 한다.

〈사례〉

자영업자 갑은 2016년 8월 예비군 훈련 중 자신의 과실 없이 사고로 부상을 입어 60일간의 입원 치료로 생업에 종사하지 못하였고, 장애등급 6급 판정을 받았다. 갑의 월평균 수입은 360만 원이고, 고용노동부에서 공표하는 전체 산업체 월평균임금총액은 2015년 240만 원, 2016년 250만 원이다. 통계청이 공표하는 도시 및 농가가계비를 평균한 금액은 2015년 월 100만 원, 2016년 월 120만 원이다. 한편, 갑은 위 부상과 관련하여 X법이 아닌 다른 법령에 따라 국가로부터 재해 보상금으로 400만 원을 지급받았다.

① 4,040만 원 ② 4,120만 원 ③ 4,440만 원
④ 4,464만 원 ⑤ 4,840만 원

56

2019학년도 LEET 문9

다음으로부터 <사례>를 판단한 것으로 옳은 것은?

지방자치단체의 구역변경이나 설치·폐지·분할 또는 합병이 있는 때에는 다음과 같이 당해 지방의회의 의원정수를 조정하고 의원의 소속을 정한다.

첫째, 지방자치단체의 구역변경으로 선거구에 해당하는 구역의 전부가 다른 지방자치단체에 편입된 때에는 그 편입된 선거구에서 선출된 의원은 종전의 지방의회의원의 자격을 상실하고 새로운 지방의회의원의 자격을 취득하되, 그 임기는 종전의 지방의회의원의 잔임기간으로 하며, 해당 의회의 의원정수는 재직하고 있는 의원수로 한다.

둘째, 선거구에 해당하는 구역의 일부가 다른 지방자치단체에 편입된 때에는 그 편입된 구역이 속해 있던 선거구에서 선출되었던 의원은 자신이 속할 지방의회를 선택한다. 그 선택한 지방의회가 종전의 지방의회가 아닌 때에는 종전의 지방의회의원의 자격을 상실하고 새로운 지방의회의원의 자격을 취득하되, 그 임기는 종전의 지방의회의원의 잔임기간으로 하며, 해당되는 의회 각각의 의원정수는 재직하고 있는 의원수로 한다.

셋째, 두 개 이상의 지방자치단체가 합병하여 새로운 지방자치단체가 설치된 때에는 종전의 지방의회의원은 새로운 지방자치단체의 지방의회의원으로 되어 잔임기간 재임하며, 그 잔임기간의 합병된 의회의 의원정수는 재직하고 있는 의원수로 한다.

넷째, 하나의 지방자치단체가 분할되어 두 개 이상의 지방자치단체가 설치된 때에는 종전의 지방의회의원은 후보자등록 당시의 선거구를 관할하게 되는 지방자치단체의 지방의회의원으로 되어 잔임기간 재임하며, 그 잔임기간의 분할된 의회의 의원 정수는 재직하고 있는 의원수로 한다. 이 경우 비례대표의원은 자신이 속할 지방의회를 선택한다.

〈사례〉

○ 지방자치단체인 A구 의회의 선거구는 a1, a2, a3, a4로 구성되어 있다. 각 선거구에서 2명의 지역구의원이 선출되며, 비례대표의원은 2명으로 의원 정수는 10명이다.

○ 지방자치단체인 B구 의회의 선거구는 b1, b2, b3으로 구성되어 있다. 각 선거구에서 2명의 지역구의원이 선출되며, 비례대표의원은 2명으로 의원 정수는 8명이다.

① A구와 B구가 합병된다면, 합병된 지방의회의 잔임기간 의원정수는 16명이다.
② A구 선거구 a1이 B구로 편입된다면, a1에서 선출된 A구 의회의원은 A구 의회 소속을 유지한다.
③ A구 선거구 a2의 일부 구역이 B구로 편입된다면, a2에서 선출된 A구 의회의원은 B구 의회로 소속이 변경된다.
④ B구가 2개의 지방자치단체 B1(b1)구와 B2(b2+b3)구로 분할된다면, B1구 지방의회의 잔임기간 최대 의원정수는 4명이다.
⑤ 지방자치단체의 구역변경·합병·분할 중, 지방의회의원의 잔임기간이 경과한 후 해당 지방의회 의원정수가 조정될 가능성이 있는 것은 구역변경과 분할이다.

57

2019학년도 LEET 문12

<규정>에 따라 <사례>를 판단한 것으로 옳은 것만을 <보기>에서 있는 대로 고른 것은?

〈규정〉

(1) 회사가 새로이 발행하는 주식의 취득을 50인 이상의 투자자에게 권유하기 위해서는 사전에 신고서를 금융감독청에 제출해야 한다.

(2) 위 (1)에서 50인을 산정함에 있어 투자자에게 주식의 취득을 권유하는 날로부터 그 이전 6개월 이내에 50인 미만에게 주식 취득을 권유한 적이 있다면 이를 합산한다.

(3) 다만, 위 (1)에서 50인 이상의 투자자에게 취득을 권유하는 경우에도 주식 발행 금액이 10억 원 미만인 경우에는 신고서의 제출 의무가 면제된다.

(4) 위 (3)에서 10억 원을 산정함에 있어 투자자에게 주식의 취득을 권유하는 날로부터 그 이전 1년 이내에 신고서를 제출하지 아니하고 발행한 주식 금액을 합산한다.

〈사례〉

A회사는 아래 표와 같은 순으로 주식을 새로이 발행하였다.

회차	주식 발행일	주식 발행 금액	취득 권유일	취득을 권유받은 투자자 수
1	2017년 3월 10일	7억 원	2017년 3월 3일	70명
2	2017년 10월 4일	9억 원	2017년 9월 27일	40명
3	2018년 3월 27일	8억 원	2018년 3월 20일	10명

〈보기〉

ㄱ. 1회차에는 신고서를 제출하지 않아도 된다.
ㄴ. 2회차에는 신고서를 제출해야 한다.
ㄷ. 3회차에는 신고서를 제출해야 한다.

① ㄱ ② ㄴ ③ ㄱ, ㄷ
④ ㄴ, ㄷ ⑤ ㄱ, ㄴ, ㄷ

58

2020학년도 LEET 문7

다음으로부터 추론한 것으로 옳은 것만을 <보기>에서 있는 대로 고른 것은?

X협회는 전국의 소상공인들이 결성한 단체로서, 회원총회와 대의원회를 두고 있다. 회원총회는 X협회의 재적회원 전원으로 구성된다. 대의원회는 소관 전문위원회와 전원위원회를 둔다. 전문위원회는 대의원회의 의장이 필요하다고 인정하거나 전문위원회 재적위원 4분의 1 이상의 요구가 있을 때에만 개최될 수 있다. 전문위원회는 재적위원 과반수의 출석과 출석위원 과반수의 찬성으로 의결한다.

대의원회는 전문위원회의 심사를 거친 안건 중 협회 구성, 회비 책정, 회칙 변경, 회원 징계, 협회 해산 등 주요 사항의 심사를 위하여 대의원회 재적의원 4분의 1 이상이 요구할 때에만 대의원 전원으로 구성되는 전원위원회를 개최할 수 있다. 전원위원회는 재적위원 4분의 1 이상의 출석과 출석위원 과반수의 찬성으로 의결한다.

회칙의 변경, 회원의 징계, 협회의 해산에 관한 사항은 대의원회 전원위원회를 거쳐서만 회원총회에 상정된다. 회원총회는 재적회원 과반수의 출석과 출석회원 과반수의 찬성으로 의결한다.

〈사례〉

X협회는 재적회원이 10,000명이다. 대의원회는 재적의원이 300명이고, 각 전문위원회는 재적위원이 20명이다. 대의원회 재적의원의 종사 업종 비율은 A업종 40%, B업종 35%, C업종 15%, D업종 10%이다. 이 협회의 재적회원 및 각 전문위원회의 재적위원의 종사 업종 비율도 위와 동일하다. 단, 각 회원, 의원, 위원은 하나의 업종에만 종사하고 있다. 회칙의 변경을 위한 안건(이하 안건이라 한다)이 대의원회 소관 전문위원회에서 의결된 후 전원위원회를 거쳐 회원총회에 상정되었다. 각 회의의 표결 결과 무효표나 기권표는 없는 것으로 한다.

〈보기〉

ㄱ. 회비 인상에 대한 사항이 소관 전문위원회의 심사를 거친 때에는 대의원회의 의장이 필요하다고 인정하면 그 사항을 심사하기 위한 전원위원회가 개최될 수 있다.
ㄴ. A업종 종사 전문위원들만 안건 심사를 위한 전문위원회의 개최를 요구하고 다른 업종 종사 전문위원들이 그에 반대한다면, 전문위원회는 열리지 못한다.
ㄷ. 전문위원회에서 A업종 종사 전문위원 전원과 B업종 종사 전문위원 전원만 출석하여 투표하고 A업종 종사 전문위원 전원이 안건에 찬성한다면, 안건은 가결된다.
ㄹ. 회원총회에서 재적회원 전원이 출석하여 투표하고 A업종에 종사하는 회원 전원과 D업종에 종사하는 회원 전원만 안건에 찬성한다면, 안건은 부결된다.

① ㄱ, ㄴ ② ㄱ, ㄹ ③ ㄴ, ㄷ
④ ㄴ, ㄹ ⑤ ㄷ, ㄹ

59

2021학년도 LEET 문4

<규정>으로부터 추론한 것으로 옳은 것만을 <보기>에서 있는 대로 고른 것은?

〈규정〉

제1조 ① 근로자는 자녀가 만 8세 이하인 동안 양육을 위한 휴직을 신청할 수 있다. 사업주는 근로자가 양육휴직을 신청하는 경우 이를 허용하여야 한다.
② 양육휴직 기간은 자녀 1명당 1년이다.

제2조 ① 근로자는 자녀가 만 8세 이하인 동안 양육을 위하여 근로시간 단축을 신청할 수 있다. 사업주는 근로자가 근로시간 단축을 신청하는 경우 이를 허용하여야 한다.
② 제1항의 경우 단축 후의 근로시간은 주당 15시간 이상이어야 하고 주당 35시간을 초과할 수 없다.
③ 근로시간 단축 기간은 자녀 1명당 1년이다. 다만 제1조제1항의 양육휴직을 신청할 수 있는 근로자가 제1조제2항의 휴직 기간 중 사용하지 않은 기간이 있으면 그 기간을 가산한다.

제3조 ① 근로자는 양육휴직 기간을 1회에 한하여 나누어 사용할 수 있다.
② 근로자는 근로시간 단축 기간을 나누어 사용할 수 있다. 이 경우 나누어 사용하는 1회의 기간은 3개월 이상이어야 한다.

〈보기〉

ㄱ. 만 6세 딸과 만 5세 아들을 양육하는 갑이 지금까지 딸을 위해서만 8개월간 연속하여 양육휴직을 하였다면, 앞으로 그 자녀들을 위해 양육휴직을 할 수 있는 기간은 최대 16개월이다.
ㄴ. 만 2세 두 자녀를 양육하는 을이 지금까지 양육휴직 및 근로시간 단축을 한 적이 없고 앞으로 근로시간 단축만을 하고자 한다면, 그 자녀들을 위해 근로시간 단축을 할 수 있는 기간은 최대 2년이다.
ㄷ. 만 4세 아들을 양육하는 병이 그 아들이 만 1세일 때 6개월간 연속하여 양육휴직을 하였을 뿐 지금까지 근로시간 단축을 한 적이 없다면, 앞으로 그 아들을 위해 근로시간 단축을 최대 6개 기간으로 나누어 사용할 수 있다.

① ㄱ ② ㄴ ③ ㄱ, ㄷ
④ ㄴ, ㄷ ⑤ ㄱ, ㄴ, ㄷ

60

2021학년도 LEET 문6

<이론>에 따라 <사례>를 분석한 것으로 옳은 것만을 <보기>에서 있는 대로 고른 것은?

〈이론〉

하나의 불법행위가 여러 나라와 관련된 경우 불법행위의 성립 여부와 그 성립시 손해배상액과 같은 문제를 어느 나라의 법에 의하여 규율할지를 결정하여야 한다. 그 기준은 행동지와 결과발생지라는 개념을 토대로 정립할 수 있다. 행동지란 가해자가 피해자에게 손해를 발생시킨 구체적 활동을 실행한 곳을 말하고, 결과발생지란 피해자의 생명, 신체, 재산과 같은 법률상 이익이 직접 침해된 곳을 말한다. 행동지와 결과발생지가 서로 다른 나라에 있는 경우 ㉠ 결과발생지 법에 의한다는 견해, ㉡ 원칙적으로 결과발생지 법에 의하되, 가해자가 결과발생지를 예견할 수 없었던 경우 행동지 법에 의한다는 견해, ㉢ 행동지 법이나 결과발생지 법 중 피해자에게 유리한 것에 의한다는 견해가 있다.

〈사례〉

갑은 X국에 거주하고, Y국의 영업소에서 모든 소득을 얻는다. 갑은 모든 소득을 Z국에 있는 은행에 개설한 계좌에 예치하고, 그 계좌에 연동된 현금카드를 사용하여 Y국에서 소득의 대부분을 지출한다. W국에 거주하는 부동산 개발업자 을은 W국의 영업소에서 갑을 속여 W국에 있는 은행에 개설한 계좌로 투자금 10억 원을 송금 받았다. 을이 자신의 재산을 침해하였음을 알게 된 갑은 W국 법원에서 을을 상대로 불법행위로 인한 손해배상을 청구한다. X국법, Y국법, Z국법, W국법에 따라 갑에게 인정되는 손해배상액은 각각 11억 원, 13억 원, 14억 원, 12억 원이다.

〈보기〉

ㄱ. 재산이라는 법률상 이익은 피해자가 거주하고 있는 곳에서 직접 침해된다고 본다면, ㉡에 따른 손해배상액은 ㉠에 따른 손해배상액보다 크거나 같다.

ㄴ. 재산이라는 법률상 이익은 피해자가 주된 경제활동을 영위하고 있는 곳에서 직접 침해된다고 본다면, 을이 갑의 경제활동 중심지를 알고 있었던 경우 ㉠, ㉡, ㉢에 따른 손해배상액은 모두 같다.

ㄷ. 재산이라는 법률상 이익은 피해자가 가해자에게 금전을 송금하기 전에 그 금전이 예치되어 있던 계좌가 개설된 곳에서 직접 침해된다고 본다면, 을이 갑의 계좌 소재지를 예견할 수 없었던 경우 ㉠에 따른 손해배상액은 ㉡에 따른 손해배상액보다 크다.

① ㄱ ② ㄷ ③ ㄱ, ㄴ
④ ㄴ, ㄷ ⑤ ㄱ, ㄴ, ㄷ

61

2022학년도 LEET 문4

[규정]에 따라 <사실관계>를 판단할 때 갑의 운전면허는 최종적으로 언제까지 정지되는가?

[규정]

제1조(정의) ① '벌점'은 교통법규위반에 대하여 그 위반의 경중에 따라 위반행위자에게 배점되는 점수를 말한다.

② '처분벌점'은 교통법규위반시 배점된 벌점을 누적하여 합산한 점수에서 기간경과로 소멸한 벌점 점수와 운전면허 정지처분으로 집행된 벌점을 뺀 점수를 말한다.

제2조(벌점의 배점 등) ① 속도위반을 제외한 교통법규위반에 대하여 배점되는 벌점은 아래 표와 같다.

사유	벌점	사유	벌점
신호위반	15점	정지선위반	18점
앞지르기금지위반	20점	갓길통행	25점

② 속도위반에 대하여 배점되는 벌점은 아래 표와 같다.

초과된 속도	20km/h 초과 40km/h 이하	40km/h 초과
벌점	15점	40점

③ 벌점은 해당 교통법규위반일로부터 3년이 지나면 소멸하고, 30점 미만인 처분벌점은 최종 교통법규위반일로부터 교통법규위반 없이 1년이 지나면 소멸한다.

제3조(운전면허정지처분 등) ① 처분벌점이 40점 이상이 되면 운전면허정지처분을 하되, 최종 교통법규위반일 다음날부터 운전면허가 정지되며 처분벌점 1점을 정지일수 1일로 계산하여 집행한다.

② 운전면허정지 중에 범한 교통법규위반행위에 대해서는 벌점을 2배로 배점한다.

③ 운전면허정지 중에 새로운 운전면허정지처분을 추가로 받는 경우, 추가된 운전면허정지처분은 집행 중인 운전면허정지처분의 기간이 종료한 다음날부터 집행한다.

〈사실관계〉

갑은 그 이전까지는 교통법규위반 전력이 없었는데, 2017. 5. 1.에 신호위반을 하고, 2020. 7. 1.에 정지선위반을 하고, 2021. 3. 1.에 갓길통행을 하고, 2021. 4. 1.에 규정속도를 45km/h 초과하여 속도위반을 하였다. 갑은 위 모든 교통법규위반행위들에 대해 위반일자에 [규정]에 따른 벌점 또는 운전면허정지처분을 받았다.

① 2021. 5. 23. ② 2021. 6. 7. ③ 2021. 6. 14.
④ 2021. 7. 2. ⑤ 2021. 7. 17.

62

2024학년도 LEET 문3

다음으로부터 <사례>를 판단한 것으로 옳은 것만을 <보기>에서 있는 대로 고른 것은?

거래 당사자들은 특별한 경우에는 거래에 필요한 정보를 상대방에게 고지해야 한다.

객관적이고 평균적인 거래 당사자의 입장에서 보아 거래를 결정하는 데에 중요하지 않은 정보는 고지할 필요가 없다. 거래의 당사자 일방이 가지는 주관적 사정을 고려하면 중요한 정보이더라도 객관적이고 평균적인 거래 당사자에게 중요한 정보가 아니라면 고지할 필요가 없다. 거래의 당사자 일방이 상대방에게 의미가 있는 주관적인 사정을 인지하였더라도 마찬가지이다. 객관적이고 평균적인 거래 당사자의 입장에서 중요한 정보(이하 '객관적 정보')인지는 세대별 시장 가격 차이를 가져오는 요인을 통해 판단한다.

객관적 정보는 정보 보유자가 목적한 바에 따라 비용을 들여 조사한 결과로 취득한 것인지 아니면 우연히 취득한 것인지에 따라 고지의무 유무가 달라진다. 전자의 경우 정보 보유자가 거래 상대방에게 정보를 고지할 필요가 없지만 거래의 일방 당사자가 정보 취득을 위해 탐지 비용을 들인 경우에도 취득한 정보를 통해 이미 비용 지출 목적을 달성하였다면 정보를 고지해야 한다. 후자의 경우 고지의무를 부담하나 정보 제공에 의해 거래 상대방이 거래 가격을 상승시킬 유인이 된다면 그 정보를 고지할 필요가 없다. 또한 시장 가격보다 낮은 금액으로 거래할 경우 객관적 정보이더라도 거래 상대방에게 고지할 필요는 없다.

〈사례〉

거래 대상인 A지역 B아파트의 세대별 평($3.3m^2$)당 시장 가격은 아래 표와 같다.

	강 조망	숲 조망	도시 조망	기타 조망
평당 가격(만 원)	2,000	1,800	1,600	1,400

〈보기〉

ㄱ. 갑이 우연히 B아파트가 재건축되어 시장 가격이 상승될 것임을 알게 된 후 B아파트의 도시 조망 세대를 평당 1,600만 원에 매수하는 경우, 갑은 매도인에게 이 정보를 고지할 의무가 있다.

ㄴ. 매수인이 강을 보는 것을 두려워한다는 사실을 밝혔음에도 B아파트 강 조망 세대의 소유자 을이 매수인에게 강 조망이라는 사실을 알리지 않고 평당 1,600만 원에 매도하였다면, 을은 고지의무를 위반한 것이다.

ㄷ. B아파트 숲 조망 세대의 소유자 병이 시장 가격 하락 요인인 바닥의 누수 여부를 확인하기 위해 비용을 들여 조사한 결과 바닥에 누수가 발생하였음을 확인한 후 이 정보를 알리지 않고 평당 1,800만 원에 매도하였다면, 병은 고지의무를 위반한 것이다.

① ㄱ ② ㄷ ③ ㄱ, ㄴ
④ ㄴ, ㄷ ⑤ ㄱ, ㄴ, ㄷ

정답 및 해설 p.8

2. 인문학

인문 제재에서는 윤리학, 철학, 심리학, 역사학, 미학 등 다양한 분야가 출제된다. 한편 출제 유형에 있어서는 언어적인 지문 분석 능력을 기반으로 하는 함축된 의미 파악 및 귀결에 대한 문제가 다수를 이루고 있다. 또한 원리를 통한 사례 분석의 유형도 출제되고 있다.

- 지문 분석 중심: 지문의 논지와 필자가 주장하는 바를 파악하고, 이에 대한 핵심 근거가 가정하고 있거나 함축하는 사항을 체크해야 한다.
- 모형화 유형: 지문의 정보로부터 도표나 그림 등의 모형화를 만들고, 이로부터 추리되는 요소를 파악해야 한다.

(1) 함축된 정보 파악 및 의미 분석

인문이라는 제재의 특성에 맞게 지문에 대한 언어적 분석을 토대로 이루어지는 추리 유형이다. 정보를 도출하기 위해서 함축되어 있는 요소를 파악하거나 개념에 대한 의미를 파악해야 한다. 지문의 논지 및 전체 흐름을 파악하여 문장이나 개념이 설정되는 데에 필요한 가정이나 전제가 되는 내용을 확인해야 한다.

대립되는 견해나 세 견해 이상의 다중 견해를 제시하고 이들로부터 비교 분석을 요구하는 유형의 경우, 각각의 견해 및 이론에 대한 서로 다른 견해를 파악하면서 공통점과 차이점을 분석한다. 그리고 이를 토대로 사례에 대해 어떤 귀결을 낼 수 있는지를 판단해야 한다.

(2) 원리 적용

인문 제재에서 원리 적용의 유형은 가설이나 상이한 판단 기준, 이론 등을 정보를 통해 제시하면서 시작한다. 그리고 파악된 원리를 토대로 퍼즐과 같이 다양한 상황 안에서 도출할 수 있는 경우를 추리해야 한다. 이러한 과정에서 도표나 그림과 같은 모형화가 요구되기도 한다. 또한 수리적인 요소가 포함되어 계산을 통한 배열 과정의 정립 또는 상대적 우위성을 판단하고 추리하는 문제로 구성되기도 한다.

실전 연습문제

01 2012학년도 LEET 문11

다음 글에 따라 <상황>을 분석한 것으로 옳지 않은 것은?

우리가 말하는 문장은 사실의 기술(記述) 이외에도 많은 기능을 수행할 수 있다. 하나의 문장은 단순히 발화(發話)되기도 하지만, 그것을 넘어 정보를 전달하는 행위, 무엇을 물어보는 질문, 무엇을 지시하는 명령 등에도 사용된다. 발화된 문장이 어떤 기능을 수행하는지는 화자의 의도 및 발화의 맥락에 주로 의존한다.

(1) 어느 겨울 날 혼자 길을 걷던 갑순이 전광판에 표시된 기온을 확인하고 "날씨가 춥다."라고 말했다면, 이때 이 문장은 특정한 기상 상황을 기술하는 기능을 수행한 것이다. (2) 갑순이 갑돌에게 날씨 정보를 전달하려는 의도에서 "날씨가 춥다."라고 말했다면 이는 사실의 기술을 넘어 정보 전달 기능을 수행한 것이다. 그런데 (3) 만약 갑순이 갑돌로 하여금 어떤 비언어적 행동을 일으킬 의도, 예컨대 목도리를 풀어 달라는 의도로 그 문장을 말한 것이라면, 이는 사실의 기술 및 정보 전달 기능뿐 아니라 갑돌로 하여금 어떤 행위를 하도록 유발하는 기능을 수행한 것이다.

이때 발화된 문장은 (1)에서는 사실을 기술하는 문자 그대로의 의미, 즉 '문장 의미'만을 지니는 반면, (2)에서는 날씨가 춥다는 것을 알리려는 화자의 의도가 포함된 의미, 즉 '화자 의미'를 지닌다. 또한 (3)에서도 목도리를 풀어 달라는 화자의 의도가 포함된 화자 의미를 지닌다. 그런데 (3)에서는 "문 좀 닫아주실래요?"처럼 문장 의미와 화자 의미가 가까운 경우도 있는 반면, 문을 닫게 할 의도로 "바람이 차네요."라고 말하는 경우처럼 문장 의미와 화자 의미의 거리가 더 먼 경우도 있다.

〈상황〉

㉠ "플로렌스의 추억, 차이코프스키."라고 중얼거리면서, 큰 테이블 곁에 혼자 서서 예나는 멜로디를 흥얼거렸다. 멀리서 현악기의 소리가 은은히 들렸고, 사람들은 행복해 보였다. "클래식 음악 좋아하시나 봐요? ㉡ 저편으로 가셔서 신랑 신부에게 인사하시지요." 석하가 다가오며 말을 건넸다. ㉢ "다른 하객 분들도 거기 모여 계십니다."라는 석하의 말에 예나는 그 자리를 떠나고 싶지 않아 말했다. ㉣ "이 자리에 있으면 안 되나요?" 이 말을 더 이상 귀찮게 하지 말라는 의도로 이해한 석하는 씁쓸한 표정으로 저편에 있는 사람들에게 돌아갔다.

① ㉠이 대화 상황에서 말해졌다면, (2)는 ㉠이 수행하는 기능 중의 하나일 것이다.
② (3)은 ㉡이 수행하는 기능 중의 하나이다.
③ (2)는 ㉢이 수행하는 기능 중의 하나이다.
④ 화자의 의도를 고려할 때, ㉢은 ㉡보다 문장 의미와 화자 의미의 거리가 멀다.
⑤ ㉣의 경우, 석하가 이해한 문장 의미와 화자 의미의 거리는 예나가 의도한 문장 의미와 화자 의미의 거리보다 가깝다.

02

2014학년도 LEET 문10

A~C 모두와 양립할 수 있는 것만을 <보기>에서 있는 대로 고른 것은?

A: 오늘날 인류가 지니는 양심은 사회적 감정으로서 타인의 고통과 쾌락에 대한 공감의 감정이 역사적으로 학습된 결과, 즉 인류가 공유하는 습관화된 동정심이다. 타인의 쾌락을 증진시키고 고통을 감소시키는 데 기여하지 않는 양심은 잘못된 양심일 뿐이다. 우리는 양심에서 비롯된 잘못된 행위의 많은 사례들을 실제로 인류 역사에서 확인할 수 있다.

B: 양심은 취득될 수 있는 것이 아니며 양심을 구비해야 할 의무란 없다. 모든 사람은 근원적으로 양심을 자기 내에 가지고 있다. '이 사람은 양심이 없다'고 말하는 것은 그가 양심의 요구를 외면하고 있음을 의미하지, 그가 실제로 양심을 결여하고 있음을 의미하지 않는다. 양심이란 개인적 욕구로부터 독립적인 보편타당한 도덕 판단을 하는 실천이성에 다름 아니다. 어떤 사람이 종교적 이단 처형을 '신의 계시에 따른 내적 확신에서 비롯된 순수한 양심'을 통하여 정당화한다면, 이때의 '양심'은 실은 양심이 아니다.

C: 양심이란 부모의 권위가 내면화된 초자아의 기능이다. 어린이는 특정 시기를 지나면서 부모라는 대상을 향한 성적 욕구를 포기하고, 이러한 포기에 대한 보상으로서 부모와의 동일시를 강화하게 된다. 아이의 초자아는 부모의 초자아에 따라 형성되며 따라서 초자아는 이런 식으로 세대를 넘어 이어진 가치의 계승자가 된다. 많은 신경증적 증후들은 초자아가 지나치게 강한 결과, 즉 양심이 과도하게 열등감이나 죄의식으로 자아를 벌한 결과이다.

〈보기〉

ㄱ. 양심 없는 인간이 있을 수 있다.
ㄴ. 양심의 명령에 따르는 행동이 비도덕적일 수 있다.
ㄷ. 나의 행동이 양심이 명령하는 바와 일치하지 않을 수 있다.

① ㄴ ② ㄷ ③ ㄱ, ㄴ
④ ㄱ, ㄷ ⑤ ㄱ, ㄴ, ㄷ

03

2017학년도 LEET 문13

다음으로부터 추론한 것으로 옳지 <u>않은</u> 것은?

존재하는 것 중에는 '좋은 것'도 있고, '나쁜 것'도 있으며, '좋지도 나쁘지도 않은 것'도 있다. 덕, 예컨대 분별력과 정의는 좋은 것이다. 이것의 반대, 즉 우매함과 부정의는 나쁜 것이다. 반면에 유익하지도 해롭지도 않은 것은 덕도 아니며 덕의 반대도 아니다. 건강, 즐거움, 재물, 명예, 그리고 이것들의 반대인 질병, 고통, 가난, 불명예가 바로 그런 것이다. 이것들은 선호되거나 선호되지 않을 수는 있어도, 좋은 것도 아니고 나쁜 것도 아니다. 오히려 이것들은 차이가 없는 것이다. 여기서 '차이가 없는 것'은 행복에 대해서도, 불행에 대해서도 어떤 기여도 하지 않는 것을 의미한다. 왜냐하면 이런 것이 없어도 행복할 수 있기 때문이다. 이런 것을 얻는 과정에서 행복하거나 불행할 수는 있을지라도 말이다. 차갑게 만드는 것이 아니라 뜨겁게 만드는 것이 뜨거운 것의 고유한 속성인 것처럼, 해를 끼치는 것이 아니라 유익하게 하는 것이 좋은 것의 고유한 속성이다. 그런데 건강과 재물은 해를 끼치지도 않고 유익하게 하는 것도 아니다. 건강과 재물은 좋게 사용될 수도 또한 나쁘게 사용될 수도 있다. 좋게 사용될 수도 있고 나쁘게 사용될 수도 있는 것은 좋은 것이 아니다.

– 디오게네스, 『철학자 열전』 –

① 건강의 반대, 즉 질병은 좋은 것이 아니다.
② 재물을 얻는 과정에서 행복할 수 있다.
③ 나쁜 것이 아닌 것은 좋은 것이다.
④ 건강과 재물은 좋은 것이 아니다.
⑤ 분별력은 나쁘게 사용될 수 없다.

04

2018학년도 LEET 문13

다음 글로부터 추론한 것으로 옳은 것만을 <보기>에서 있는 대로 고른 것은?

우리는 대상이 갖고 있는 성질들을 본질적 속성과 우연적 속성으로 나눌 수 있다. 본질적 속성은 어떤 대상을 바로 그 대상이게끔 하는 성질로서 그 대상이 바로 그 대상으로서 존재하는 한 절대 잃어버릴 수 없는 것이다. 반면 우연적 속성이란 그 대상이 바로 그 대상으로 존재하는 데 반드시 필요한 것은 아니라서 그 대상으로 존재하면서도 갖고 있지 않을 수 있는 성질이다. 예를 들어, 시간을 표시해 주는 것이 시계의 본질적 속성이라면, 시침과 분침이 있다는 것은 우연적 속성이다. 문제는 이런 구분의 보편적 기준을 확립할 수 있느냐에 있다. 다음 우화에 등장하는 동물들은 저마다 기준이 다른 것처럼 보인다.

어느 날 사슴 초롱이가 암소 얼룩이를 만났다.

"너는 참 우스꽝스럽게 생긴 사슴이구나! 그래도 뿔은 멋진걸." 하고 초롱이가 말했다.

"나는 암소지 사슴이 아니야!" 하고 얼룩이가 말했다.

"다리 네 개와 꼬리 하나와 머리에 뿔이 있는 걸 보니, 넌 틀림없이 사슴이야! 만약에 그 중에 하나라도 너한테 없다면, 당연히 나랑 같은 사슴이라 할 수 없겠지만 말이야."

"하지만 나는 '음매' 하고 우는데!"

"나도 '음매' 하고 울 수 있어." 하고 초롱이가 말했다.

"그래? 그럼 너는 네 몸에서 젖을 짜서 사람들에게 줄 수 있어? 나는 그런 일도 할 수 있단 말이야!" 하고 얼룩이가 말했다.

"그래, 맞아, 난 못해. 그러니까 너는 사람들을 위해 젖을 짜낼 수 있는 사슴인 거야!"

초롱이와 얼룩이가 토끼 깡총이를 만났다. 깡총이는 초롱이와 얼룩이를 귀가 작은 토끼들이라고 부른다. 그러고 나서 초롱이와 얼룩이와 깡총이가 함께 조랑말 날쌘이에게로 간다. 그러자 날쌘이가 그들 모두에게 "조랑말들아, 안녕!" 하고 인사를 건넨다.

〈보기〉

ㄱ. 얼룩이가 젖을 짜낼 수 있는 성질을 암소의 본질적 속성으로 여긴다면, 얼룩이는 초롱이를 암소로 여기지 않을 것이다.

ㄴ. 만약 깡총이 머리에 뿔이 없다면, 초롱이는 깡총이를 사슴으로 여기지 않을 것이다.

ㄷ. 만약 초롱이가 날쌘이를 사슴으로 여긴다면, 날쌘이는 '음매'하고 울 수 있을 것이다.

① ㄱ ② ㄷ ③ ㄱ, ㄴ
④ ㄴ, ㄷ ⑤ ㄱ, ㄴ, ㄷ

05

2019학년도 LEET 문15

다음으로부터 추론한 것으로 옳은 것만을 <보기>에서 있는 대로 고른 것은?

'죽이는 것'과 '죽게 내버려 두는 것'의 실제 적용 기준에 대해 다음 주장들이 제안되었다.

갑: '죽이는 것'은 죽음에 이르는 사건 연쇄를 시작하는 것이고, '죽게 내버려 두는 것'은 죽음에 이르는 사건 연쇄의 진행을 막지 않거나, 죽음에 이르는 사건 연쇄의 진행을 막는 장애물을 제거하는 것이다.

을: '죽이는 것'은 죽음에 이르는 사건 연쇄를 시작하거나, 죽음에 이르는 사건 연쇄의 진행을 막는 장애물을 제거하는 것이다. 반면에 '죽게 내버려 두는 것'은 죽음에 이르는 사건 연쇄의 진행을 막지 않는 것이다.

병: 죽음에 이르는 사건 연쇄를 시작하는 경우 '죽이는 것'이며, 죽음에 이르는 사건 연쇄의 진행을 막지 않는 경우 '죽게 내버려 두는 것'이다. 죽음에 이르게 되는 사건 연쇄의 진행을 막는 장애물을 제거할 경우, 그 장애물이 자신이 제공한 것이라면 '죽게 내버려 두는 것'이고 다른 사람이 제공한 것이라면 '죽이는 것'이다.

〈사례〉

(가) A는 수영장에서 물에 빠져 허우적거리는 아이를 발견하였다. A가 구조 요원에게 이 사실을 알렸더라면 그 아이는 죽지 않았을 것이다. A는 ㉠ 구조 요원에게 알리지 않았고 그 아이는 죽었다.

(나) 어떤 환자가 심각한 병에 걸려 의사가 제공한 생명 유지 장치의 도움으로 생명을 유지하고 있었다. 그 장치의 도움이 없었다면 환자는 곧 죽었을 것이다. 그런데 B가 의사 몰래 병실에 들어와 ㉡ 장치를 꺼 버렸고 그 환자는 죽었다.

(다) 어떤 사람이 생명 유지에 필요한 특정한 물질을 투입받지 못할 경우 죽게 되는 심각한 병에 걸렸다. 그 물질을 자신이 가지고 있음을 알게 된 C는 자신의 몸과 그 환자의 몸을 튜브로 연결하여 그 물질을 전달하였다. 며칠 동안 그 물질을 전달하고 있던 C는 마음이 변하여 ㉢ 튜브를 제거하였고, 그 직후에 그 환자는 죽었다.

〈보기〉

ㄱ. ㉠ 행위는 갑과 을에 따르면 '죽게 내버려 두는 것'이고 병에 따르면 '죽이는 것'이다.

ㄴ. ㉡ 행위는 갑에 따르면 '죽게 내버려 두는 것'이고 을과 병에 따르면 '죽이는 것'이다.

ㄷ. ㉢ 행위는 갑과 병에 따르면 '죽게 내버려 두는 것'이고 을에 따르면 '죽이는 것'이다.

① ㄱ ② ㄷ ③ ㄱ, ㄴ
④ ㄴ, ㄷ ⑤ ㄱ, ㄴ, ㄷ

06

2020학년도 LEET 문15

다음으로부터 추론한 것으로 옳은 것만을 <보기>에서 있는 대로 고른 것은?

연민은 이성에 앞서는 것으로 인간에게 보편적인 자연적 감정이다. 연민은 동물들에게도 뚜렷이 나타난다. 동물이 새끼에 대해 애정을 품고 같은 종의 죽음에 대해 불안감을 느낀다는 사실이 이를 보여 준다. 이 감정은 모든 이성적 반성에 앞서는 자연의 충동이며, 교육이나 풍속에 의해서도 파괴하기 어려운 자연적인 힘이다. 연민은, 본성에 의해서 우리에게 새겨진 또 다른 감정인 자기애가 자연이 설정한 범위를 넘어서 과도하게 작용되는 것을 방지하여 종 전체의 존속에 기여한다. 남이 고통 받는 모습을 보고 깊이 생각할 여지도 없이 도와주러 나서게 되는 것도 연민 때문이다. 하지만 연민이 자기희생을 의미하는 것은 아니다. 연민은 굶주리고 있는 인간에게까지 약한 어린이나 노인이 힘겹게 획득한 식량을 빼앗지 말라고 하지는 않는다. "남이 해 주길 바라는 대로 남에게 행하라"는 이성의 원리에 앞서 "타인의 불행을 되도록 적게 하라"라는 생각을 먼저 품게 하는 것이 연민이다. 인간이 고통을 당하는 것을 보거나 인간이 악을 행했을 때 느끼는 혐오감의 원인도 정교한 이성적 논거가 아니라 이 연민이라는 자연의 감정 속에서 그 근원을 발견할 수 있다. 만일 인류의 생존이 인류 구성원들의 이성적 추론에만 달려 있었다면 인류는 벌써 지상에서 자취를 감추었을 것이다.

〈보기〉

ㄱ. 연민은 이성적 반성 없이는 작동되지 않는다.
ㄴ. 혐오감과 자기애는 모두 연민의 감정에서 비롯된다.
ㄷ. 타인에 대한 연민의 감정은 자기애와 양립 가능하다.

① ㄱ ② ㄷ ③ ㄱ, ㄴ
④ ㄴ, ㄷ ⑤ ㄱ, ㄴ, ㄷ

07

2022학년도 LEET 문15

다음으로부터 추론한 것으로 옳은 것만을 <보기>에서 있는 대로 고른 것은?

A: "미처 몰랐어."라는 말은 나쁜 행위에 대한 변명이 될 수 있고 비난의 여지를 줄여줄 수 있다. 가령 내가 친구의 커피에 설탕인 줄 알고 타 준 것이 독약이었다고 하자. 이는 분명 나쁜 행위이지만, 내가 그것을 몰랐다는 사실은 나에 대한 비난가능성을 줄여줄 것이다. 사실에 대한 무지가 도덕적 비난가능성을 줄일 수 있다면, 도덕에 대한 무지라고 다를 리 없다. 가령 어떤 사람이 노예제도가 도덕적으로 옳지 않다는 것을 모른 채 노예 착취에 동참했다고 해 보자. 이런 무지는 노예를 착취한 행위에 대해서 그 사람을 비난할 가능성을 줄여준다. 어떤 사람이 전쟁에서 적군을 잔인하게 죽이는 것이 옳다고 강하게 믿고 의무감에서 적군을 잔인하게 죽였다면, 그런 행위로 인해 그 사람은 심지어 칭찬받을 여지도 생길 수 있다.

B: 도덕적 무지가 나쁜 행위의 비난가능성을 줄일 수 있다면, 극악무도한 행위에 대해서도 "도덕적으로 그른 일인지 몰랐어."라는 변명이 통할 것이다. 그러나 이는 불합리하다. 어떤 행위를 한 사람이 칭찬받을 만한지 비난받을 만한지는 그 사람이 가진 옳고 그름에 대한 믿음에 따라 결정되는 것이 아니라, 행위가 드러내는 그 사람의 도덕적 성품에 따라 결정되어야 할 문제이다. 도덕적으로 선한 성품을 가진 사람은 그가 가진 도덕적 믿음에 상관없이 나쁜 것에 거부감을 느끼고 좋은 일에 이끌리기 마련이고, 그런 성품의 결과로 나온 행동은 칭찬받을 만하다. 사실 극단적인 형태의 도덕적 무지는 악한 성품에서 생겨나는 것이라 볼 수밖에 없다. 잘못된 도덕적 믿음과 의무감으로 인해 잔인하게 사람들을 죽이는 사람이 비난받아 마땅한 이유이다.

〈보기〉

ㄱ. 노예제도가 당연시되던 시대에 살던 갑은 노예를 돕는 행위가 도덕적으로 옳지 않다고 믿음에도 불구하고 곤경에 빠진 노예를 돕는다. A에 따르면 갑은 이 행위로 인해 비난받을 만하고, B에 따르더라도 그러하다.
ㄴ. 을은 고양이를 학대하는 것이 도덕적으로 나쁘지 않다고 믿고 있다. 이 때문에 그는 거리낌 없이 고양이를 잔인하게 학대한다. A에 따르면 을의 도덕적 무지는 그에 대한 비난가능성을 낮추지만, B에 따르면 그렇지 않다.
ㄷ. 병은 식당에서 나오는 길에 다른 사람의 비싼 신발을 자기 것으로 착각하고 신고 가버렸다. A에 따르면 병의 착각은 그에 대한 비난가능성을 낮춘다.

① ㄱ ② ㄷ ③ ㄱ, ㄴ
④ ㄴ, ㄷ ⑤ ㄱ, ㄴ, ㄷ

08

2022학년도 LEET 문20

다음으로부터 추론한 것으로 가장 적절한 것은?

'지금', '여기', '오늘', '어제'와 같은 단어들을 지표사라고 부른다. 내가 어느 날 "오늘 비가 온다."라고 말한다고 하자. 다음 날도 "오늘 비가 온다."라고 말하면 어제 한 말과 같은 말을 한 것인가? "오늘 비가 온다."라고 한 날이 화요일이었다고 해보자. 그러면 이때 '오늘'은 화요일을 가리킨다. 그런데 다음 날 내가 "오늘 비가 온다."라고 말한다면 여기서 '오늘'은 수요일을 가리킬 것이며, 따라서 어제와 같은 말을 한 것이 아니다. 첫 번째 발화의 경우 '오늘'은 화요일을 가리키나 두 번째 발화에서는 같은 단어가 수요일을 가리킨다. 우리는 '오늘'이라는 표현을 이틀 연속 사용해서 같은 날을 가리킬 수 없다.

내가 화요일에 한 말과 같은 말을 수요일에도 하려면 "어제 비가 왔다."라고 말해야 한다. 하지만 '오늘'과 '어제'라는 두 단어는 같은 날을 가리킬 때조차 언어적으로 다른 의미를 지닌다. 그런데도 화요일에 "오늘 비가 온다."라고 말하고 다음 날인 수요일에 "어제 비가 왔다."라고 말했을 때 두 문장이 같은 말이라는 것은 직관적으로 분명하다. 따라서 두 문장이 언어적 의미가 같아서 같은 말이 된 것은 아니다. 확실히 "오늘 비가 온다."와 "어제 비가 왔다."라는 문장은 언어적으로 같은 의미를 갖지 않는다. '오늘'과 '어제'가 두 문장에서 같은 대상을 가리킨다는 점이 중요하지만, 두 표현이 가리키는 대상이 같다고 해서 두 표현을 바꿔 쓴 문장이 같은 말을 하는 문장임이 보장되는 것은 아니다. 같은 대상을 가리키는 '세종의 장남'과 '세조의 형'이라는 두 표현을 고려해 보자. 누군가가 "세종의 장남은 총명하다."라고 말한 것을 세조의 형은 총명하다고 말했다고 다른 사람이 보고한다면 다른 말을 전하는 셈이 될 것이다. '세종의 장남'과 '세조의 형'은 언어적 의미가 다르기 때문이다. 하지만 날짜와 관련한 지표사의 경우, 같은 말을 하려면 먼저 사용한 단어인 '오늘'과 언어적 의미가 다른 단어인 '어제'를 사용해야 한다.

① 다른 말을 하는 두 문장에 사용된 표현은 같은 대상을 가리킬 수 없다.
② 한 문장에 사용된 어떤 단어를, 가리키는 대상은 같지만 언어적 의미가 다른 단어로 바꿔 쓰더라도, 여전히 같은 말을 할 수 있다.
③ 한 문장에 사용된 어떤 단어를 다른 단어로 바꿔 써서 발화자의 맥락에 따라 같은 말을 했다면, 그 두 단어의 언어적 의미는 같다.
④ 한 문장에 사용된 어떤 단어를, 가리키는 대상은 다르지만 언어적으로 의미가 같은 다른 단어로 바꿔 쓰더라도, 여전히 같은 말을 할 수 있다.
⑤ 한 문장에 사용된 어떤 단어를, 가리키는 대상도 같고 언어적 의미도 같은 단어로 바꿔 쓰더라도, 발화자의 맥락에 따라 다른 말을 할 수 있다.

09

2022학년도 LEET 문23

다음으로부터 추론한 것으로 옳은 것만을 <보기>에서 있는 대로 고른 것은?

인용 부호(작은따옴표)를 사용하면, 언어 표현 자체에 대해 언급할 수 있다. 예를 들어, 다음의 문장 (1)은 돼지라는 동물에 대해 언급하는 거짓인 문장인 반면, 인용 부호가 사용된 문장 (2)는 언어 표현 '돼지'에 대해 언급하는 참인 문장이고, 따라서 두 문장은 다른 의미를 표현한다.

(1) 돼지는 두 음절로 이루어져 있다.
(2) '돼지'는 두 음절로 이루어져 있다.

이때 문장 (2)의 영어 번역에는 다음 세 가지 후보가 있다.

(3) '돼지' has two syllables.
(4) 'Pig' has one syllable.
(5) 'Pig' has two syllables.

(2)는 참인 문장이지만 (5)는 거짓인 문장이므로, 우선 (5)는 올바른 번역에서 제외된다. 남은 (3)과 (4)는 모두 참인 문장이지만, (4)는 (2)의 올바른 번역이라고 볼 수 없다. 왜냐하면 번역에서는 두 문장의 의미가 엄격하게 보존되어야 하는데, (2)의 '두 음절'과 (4)의 'one syllable'은 명백히 다른 의미를 표현하고, 또한 (2)는 한국어 단어 '돼지'에 대해 말하는 문장인 반면, (4)는 영어 단어 'Pig'에 대해 말하는 문장이기 때문이다. 결국 (4)가 의미하는 것은 영어 단어 'Pig'가 한 음절이라는 것인데, 이는 (2)가 의미하는 것과는 완전히 다르므로, 올바른 번역이 될 수 없다. 따라서 (2)의 올바른 영어 번역은 한국어 단어 '돼지'가 두 음절이라는 동일한 의미를 표현하는 문장 (3)이다. 즉 어떤 언어에 속한 문장의 정확한 의미를 보존하는 다른 언어 문장으로의 올바른 번역은, 인용 부호 안의 표현 자체를 그대로 남겨 두는 것이 되어야만 한다.

그렇다면 다음 문장들을 고려해 보자.

(6) '돼지'는 글자 '돼'로 시작한다.
(7) 'Pig' starts with the letter 'P'.
(8) '돼지'는 동물이다.
(9) '돼지' is an animal.

〈보기〉

ㄱ. (6)을 (7)로 번역하는 것은 올바른 번역이 아니다.
ㄴ. (8)을 (9)로 번역하는 것은 올바른 번역이 아니다.
ㄷ. 서로 다른 언어에 속한 두 문장의 진리값이 다르다는 사실은, 한 문장이 다른 문장의 올바른 번역이 아니라는 것을 보이기 위한 충분조건이긴 하지만, 필요조건은 아니다.

① ㄴ ② ㄷ ③ ㄱ, ㄴ
④ ㄱ, ㄷ ⑤ ㄱ, ㄴ, ㄷ

10

2023학년도 LEET 문12

다음으로부터 <사례>를 판단한 것으로 옳은 것만을 <보기>에서 있는 대로 고른 것은?

X를 하겠다고 약속하는 경우 일반적으로 X를 해야 할 도덕적 의무가 생겨난다. 하지만 이에 대한 예외가 있는데 그것은 X가 도덕적으로 옳지 않은 경우이다. 이 예외를 어떻게 설명할지에 대해서 갑과 을이 논쟁하였다.

갑: X를 하는 것이 도덕적으로 옳지 않을 때 X를 하겠다고 약속하는 것은 도덕적으로 옳지 않다. 예를 들어 어떤 사람을 살해하겠다는 약속이 옳지 않은 이유는, 살인 행위 자체가 도덕적으로 잘못되었기 때문이다. 일반적으로 약속을 한 사람은 그 약속을 지켜야 할 의무가 있지만, 그것이 도덕적으로 옳지 않은 약속일 경우에 그리고 그런 경우에만 그 약속을 지킬 의무가 생겨나지 않는다. 살인 약속은 살인 자체가 나쁘기 때문에 그 약속을 지켜야 할 의무가 없는 것이다.

을: X를 하기로 약속했다고 할 때 X를 하는 것이 나쁘다고 해서 X를 하기로 한 약속 역시 도덕적으로 나쁘다고 볼 수 없다. 우리는 약속을 하는 것과 그 약속을 지키는 것을 구별할 필요가 있다. 예를 들어 사람을 살해하는 것과 같이 X를 하는 것이 도덕적으로 옳지 않다고 하더라도, X를 하기로 한 약속을 수단으로 사용해서 선한 결과를 얻는다면 그 약속 자체는 오히려 도덕적으로 옳다고 볼 수 있다. 일반적으로 약속은 그 약속을 지켜야 할 의무를 부과하지만, 살인과 같이 X가 도덕적으로 옳지 않고 X를 하지 않을 의무가 X를 하기로 한 약속을 지키는 의무보다 더 강할 때 그 약속을 지켜야 할 의무가 사라지는 것이다.

〈사례〉

범죄 조직에 신분을 숨기고 잠입한 경찰관 A는 그 조직 내에서 신뢰를 얻게 되었다. A는 조직 두목인 B에게 접근하여 "현금 1억 원을 준다면 경쟁 조직의 두목을 살해하겠다."는 약속을 했다. 그 약속을 믿은 B는 A의 계좌로 1억 원을 송금했고, A는 계좌 추적을 통해서 B를 구속하고 범죄 조직을 일망타진했다.

〈보기〉

ㄱ. A가 B에게 한 약속이 도덕적으로 나쁜지에 대해 갑과 을은 의견을 달리할 것이다.

ㄴ. A가 B에게 한 약속을 지킬 의무가 있는지에 대해서 갑과 을은 의견을 달리할 것이다.

ㄷ. 만약 A의 약속이 "현금 1억 원을 준다면 내가 물구나무를 서겠다."라는 것이었다면, A가 이 약속을 지킬 의무가 있는지에 대해서 갑과 을은 의견을 달리할 것이다.

① ㄱ ② ㄷ ③ ㄱ, ㄴ
④ ㄴ, ㄷ ⑤ ㄱ, ㄴ, ㄷ

11

2023학년도 LEET 문24

다음으로부터 추론한 것으로 가장 적절한 것은?

우리는 세상에 대해 여러 믿음을 갖는다. 믿음은 참일 수도, 거짓일 수도 있다. 거짓인 믿음은 지식이 될 수 없지만, 참인 믿음이라고 모두 지식은 아니다. 믿음이 형성된 경로와 참이 된 경로가 적절할 때만 지식이 된다. 고장이 나서 3시에 멈춘 시계를 보고 '지금 3시'라고 믿는다고 하자. 우연히 그때가 3시였더라도, 이 믿음은 지식이 아니고 운 좋은 참일 뿐이다. 그렇다면 믿음이 참인지 아닌지, 그리고 그것이 지식인지 아닌지가 그 믿음에 기반한 행동이 단순 행동이 아니라 '행위'인지 여부를 결정할 수 있을까? 이에 대해 세 견해 A, B, C가 있다.

A: 믿음이 참인지 거짓인지가 매우 중요하다. 이와 상관이 없는 행동은 행위일 수 없다. 갑이 '브레이크가 정상적으로 작동한다'고 믿고서 페달을 밟았다고 하자. 이 믿음이 참이라면 차가 설 것이지만, 거짓이라면 갑은 차를 세우지 못할 것이다. 이때 갑의 믿음이 정당한지를 따지기 전에 갑의 믿음이 참이기만 하면 차는 설 것이다. 참인 믿음으로부터 차를 세운 것만이 행위가 된다.

B: 무엇인가를 행위로 보느냐에서 중요한 것은 믿음이 있느냐 없느냐일 뿐 그 믿음이 참인지 아닌지는 아무 상관이 없다. 을은 오랫동안 차를 정비하지 않았다. 여러 주요 부품이 고장 난 것을 알고 있음에도 그는 '브레이크가 정상적으로 작동할 것'이라고 믿는다. 을은 갑자기 등장한 장애물을 보고서 브레이크 페달을 밟는다. 이때, 중요한 것은 을이 브레이크가 정상이라고 믿는다는 점이다. 을의 믿음이 참인지 여부는 페달을 밟는 것이 행위인지 아닌지와 상관이 없다. 브레이크가 실제로는 고장이 났더라도 을은 페달을 밟을 것이다.

C: 믿음이 지식인지 아닌지는 무엇이 행위인지 아닌지에 영향을 준다. 병은 브레이크가 고장 난 차를 수리점에 맡겼다. 그런데 수리점 직원은 브레이크 페달과 연결된 선을 연료 펌프에 연결하여 페달을 밟으면 연료가 차단되게 하였다. 이를 모르는 병은 '페달을 밟으면 차가 설 것'이라고 믿는다. 하지만 이 믿음은 지식일 수 없다. 그가 아는 브레이크 작동 원리는 실제와 일치하지 않는다. 페달을 밟아 차가 멈췄더라도 그는 과연 차를 세운 행위를 한 것일까? 결국 지식에 근거하여 차를 세운 것만이 행위이다.

① 차를 정비한 직후 갑이 브레이크 페달을 밟았을 때 정상적으로 작동하지 않았더라도 C는 이를 행위라고 판단할 것이다.
② 을이 브레이크 페달을 밟은 것이 행위인지에 관해 B와 C는 견해가 같을 것이다.
③ 병이 브레이크 페달을 밟아도 차가 서지 않았다면, 그가 페달을 밟는 것이 행위인지에 관해 A와 B는 견해가 같을 것이다.
④ C가 행위라고 여기는 것은 A도 행위로 여길 것이다.
⑤ C가 행위라고 여기지 않는 것은 B도 행위로 여기지 않을 것이다.

12
2024학년도 LEET 문23

다음으로부터 추론한 것으로 옳은 것만을 <보기>에서 있는 대로 고른 것은?

한 사회는 외부의 압력에 의해 파괴되는 경우보다 내부로부터의 압력에 의해 해체되는 경우가 더 많다. 사회가 해체되는 첫 단계는 도덕적 연대가 느슨해지면서부터라는 것을 역사는 반복해서 보여 주고 있다. 그러므로 사회의 존속에 필수적인 도덕적 규약을 보존하기 위한 노력은 정당하다. 이러한 규약은 개개인이 아닌, 한 사회 공동체의 도덕적 판단에 의해 형성된다.

사회 공동체 X에서 그 사회의 도덕적 판단은 X의 구성원 중에서 선정된 배심원단이 주어진 안건을 놓고 토론과 숙의를 거침으로써 결정한다. 이 판단은 언제나 X가 용인할 수 있는 한계를 넘어서는 것이 무엇인지를 확고히 한다. 이러한 과정을 통해 무언가를 사회적으로 용인할 수 없다는 결정에 이르는 일은 단지 선호 여부의 문제가 아니라 실제로 그것을 거부하고자 하는 느낌에 기초한다. 만약 그런 느낌이 실제로 느껴진 것이고 꾸며낸 것이 아니라면, 그것은 사회적으로 조건화된 역겨움, 즉 사회적 역겨움이다. 그러므로 사회적 역겨움은 사회적 용인의 한계점인 도덕적 금기가 무엇인지를 결정하는 데에 필수적이며, 그러한 금기의 위반을 두려워하여 역겨움을 느끼는 성향이 있는 사람이 X의 배심원으로 선정된다. 결국 X의 존속에 필수적인 도덕적 연대를 공고히 하는 것은 이렇게 결정된 도덕적 금기를 지키는 일과 다르지 않다.

〈보기〉

ㄱ. X에서 인종차별이 도덕적 금기로 결정되지 않았다면, X에는 배심원으로 선정된 사람도 없을 것이다.
ㄴ. X에서 도덕적 금기의 위반 사례가 나타난다면, X에는 사회적 역겨움을 느끼는 사람들이 있었을 것이다.
ㄷ. 어떤 사회이든 사람들 사이에 도덕적 판단이 일치하지 않는다면, 그 사회의 도덕적 판단이 무엇인지는 결정될 수 없다.

① ㄴ ② ㄷ ③ ㄱ, ㄴ
④ ㄱ, ㄷ ⑤ ㄱ, ㄴ, ㄷ

13
2025학년도 LEET 문15

다음으로부터 <사례1>과 <사례2>를 판단한 것으로 옳은 것만을 <보기>에서 있는 대로 고른 것은?

위선과 비난에 대해 다음과 같은 [원리]가 있다.

[원리] 어떤 사람 X가 어떤 규범 N의 위반에 대하여 위선자가 아닐 경우, 그리고 그 경우에만 N을 위반한 어떤 다른 사람 Y를 비난할 자격이 있다.

그런데 [원리]에서 위선자를 어떻게 정의할지에 대해 다음과 같은 주장이 있다.

A: X가 N을 위반했고 N을 위반한 다른 사람을 비난했을 경우, 그리고 그 경우에만 X는 N의 위반에 대하여 위선자이다.
B: X가 N을 위반했고 N을 위반한 자신을 비난하지 않지만 N을 위반한 다른 사람을 비난했을 경우, 그리고 그 경우에만 X는 N의 위반에 대하여 위선자이다.
C: X가 N을 위반했고 X에게는 자신을 제외하고 다른 사람만 비난하는 성향이 있어 그 성향 때문에 X가 N을 위반한 다른 사람을 비난하고 자신을 비난하지 않는 경우, 그리고 그 경우에만 X는 N의 위반에 대하여 위선자이다.

〈사례1〉
갑과 을은 1년 전에 각자 거짓말을 하였다. 당시 갑은 거짓말을 한 자신을 비난하지 않았지만 거짓말을 한 을을 비난하였다. 이후 갑은 잘못된 행위에 대해서는 자신이든 다른 사람이든 비난하는 성향을 가지게 되었다. 최근 갑과 을이 각자 거짓말을 하였다. 갑은 거짓말을 한 자신을 비난하고 거짓말을 한 을을 비난하고 있는데, 이는 모두 자신이 가진 그 성향 때문이다.

〈사례2〉
병과 정은 지난 1년간 시험 볼 때마다 유혹을 이기지 못하고 부정행위를 했으며 이를 서로 알고 있다. 병은 부정행위를 한 자신을 매번 비난했고 부정행위를 한 정을 매번 비난했다. 정은 부정행위를 한 병을 비난했지만 부정행위를 한 자신을 비난하지 않았는데, 이는 모두 자신이 가진 성향 때문이다.

〈보기〉

ㄱ. A에 따르면 1년 전 상황에서 갑은 을을 비난할 자격이 없고, C에 따르면 현재 상황에서 갑은 을을 비난할 자격이 없다.
ㄴ. B에 따르면 병은 정을 비난할 자격이 있지만, C에 따르면 병은 정을 비난할 자격이 없다.
ㄷ. A에 따르든 B에 따르든 정은 병을 비난할 자격이 없다.

① ㄴ ② ㄷ ③ ㄱ, ㄴ
④ ㄱ, ㄷ ⑤ ㄱ, ㄴ, ㄷ

14

2025학년도 LEET 문20

다음으로부터 추론한 것으로 옳은 것만을 <보기>에서 있는 대로 고른 것은?

도덕적 악행의 피해자가 가해자를 용서한다는 것은 무엇일까? 단순히 분노가 사라진다고 해서 진정한 의미에서 용서가 일어난다고 할 수는 없다. 용서가 되려면, 피해자의 분노는 적어도 다음의 세 가지 조건이 만족된 상태에서 없어져야 한다.

첫째, 피해자는 가해자의 행위가 도덕적으로 나쁘다는 판단을 수정하지 않는 방식으로 분노를 버려야 한다. 만약 가해자의 행위에 대한 도덕적 판단을 수정함으로써 분노를 버린다면 피해자는 그 행위가 나쁜 행위가 아니라는 것을 인정하는 것이므로, 이런 경우는 용서한 것이 아니라 그 행위에 정당성을 부여하는 것이 된다.

둘째, 피해자는 가해자가 그 자신의 행위에 대해 합리적인 도덕적 판단을 내릴 수 있는 행위자라는 사실 또한 반드시 받아들여야 한다. 즉, 가해자의 도덕적 책임 가능성에 대한 판단이 수정되지 않는 방식으로 분노가 없어질 때 용서라 할 수 있다. 가령 가해자가 모종의 이유로 정상적인 사리 판단을 할 수 없는 상태에 있었다는 이유로 인해 행위의 책임이 그에게 있지 않았다는 판단을 하게 된다면, 이 상황에서 분노를 버리는 것은 용서가 아니라 면책해 주는 것에 불과하다.

셋째, 피해자의 자기 존중이 훼손되지 않아야 한다. 피해자는 부당한 상황에 대해서 분노함으로써 자신의 인격적, 도덕적 가치를 보호하는 것이다. 만약 이런 상황에서 분노하지 않거나, 또는 아무런 이유 없이 분노를 쉽게 버린다면, 피해자가 자기 자신을 도덕적, 인격적으로 가치 있게 생각하지 않는다는 것을 시사한다.

〈보기〉

ㄱ. 자신의 차를 허락 없이 사용한 이웃에게 분노했던 사람이, 호흡이 멈춘 갓난아이를 병원에 데려가기 위해서였음을 깨닫고 그 이웃에 대한 분노가 풀렸다면, 이는 용서라고 볼 수 없다.
ㄴ. 아버지에게 어린 시절 가정 폭력을 당한 사람이, 성인이 된 후 아버지가 말기 암 진단을 받았다는 것을 듣고 아버지에 대한 분노가 사라졌다면, 이는 용서라고 볼 수 없다.
ㄷ. 아이 친구의 실수로 아이가 다친 것을 알게 된 부모가, 그 친구가 사리 분별이 가능한 나이가 아님을 깨닫고 그 친구에 대한 분노가 사라졌다면, 이는 용서라고 볼 수 없다.

① ㄴ ② ㄷ ③ ㄱ, ㄴ
④ ㄱ, ㄷ ⑤ ㄱ, ㄴ, ㄷ

15

2025학년도 LEET 문22

다음으로부터 추론한 것으로 옳은 것만을 <보기>에서 있는 대로 고른 것은?

갑, 을, 병 세 사람이 '삼신기'라는 댄스 그룹을 결성하였다. 다음은 그룹의 존재에 대한 논의이다.

A: 그룹 같은 것은 존재하지 않는다. 존재하는 것은 그룹의 구성원들뿐이다. 예를 들어 "삼신기가 공연했다"라는 말은 성립하지 않고, "갑, 을, 병이 함께 공연했다"라고 말해야 한다.

B: 삼신기는 세 사람 각각과는 구분되는 새로운 존재자로, 갑, 을, 병 세 사람을 단순히 모은 것과 동일하다. 갑, 을, 병의 모음인 삼신기는 갑, 을, 병을 부분으로 가지며, 특정한 공간을 차지한다.

C: 삼신기는 구성원이 변하더라도 존속할 수 있는 종류의 대상이다. 세 사람이 그룹을 결성했을 때 삼신기는 비로소 존재하기 시작하지만, 각각의 구성원이나 그들의 모음과는 다르다. 삼신기는 어떤 특정한 공간을 차지하는 대상이 아니라 추상적 존재자로 보아야 한다.

〈보기〉

ㄱ. 갑, 을, 병 세 사람만 존재할 뿐, 삼신기라는 그룹은 존재하지 않는다는 것에 대해 A와 B 모두 동의한다.
ㄴ. 삼신기 결성 이후 갑, 을, 병이 장기에 흥미를 가지고 '외통수'라는 장기 동아리를 결성했다고 하자. 삼신기와 외통수가 동일하다는 것에 대해 B는 동의하지만, C는 동의하지 않는다.
ㄷ. 갑이 새로운 멤버로 교체되어도 삼신기는 존재한다는 것에 대해 A와 C 모두 동의한다.

① ㄱ ② ㄴ ③ ㄱ, ㄷ
④ ㄴ, ㄷ ⑤ ㄱ, ㄴ, ㄷ

16

2025학년도 LEET 문27

다음으로부터 추론한 것으로 옳은 것만을 <보기>에서 있는 대로 고른 것은?

부탁의 거절에 관한 연구들은 독립적 문화 성향을 가진 사람들과 상호의존적 문화 성향을 가진 사람들 사이에 부탁을 거절할 때의 기준이 다르며, 이로 인하여 거절 행동이 상이하게 나타난다는 것을 발견했다. 독립적 문화 성향을 가진 사람은 부탁의 수용과 거절을 개인 내적 기준에 비춰보아 합당한 부탁인지, 그 부탁의 수용이 개인의 독립성 및 자율성, 그리고 권리 향유를 저해하는지 여부에 따라 결정한다.

반면, 상호의존적 문화 성향을 가진 사람은 대인관계의 원만한 지속에 가치를 부여한다. 상호의존적 문화 성향이 강한 사람은 사회적 관계를 중요하게 여기기 때문에, 대인관계에서 긴장을 초래하지 않기를 원한다. 따라서 부탁의 거절이 상대방에게 끼칠 부정적인 영향을 실제보다 과대 추정할 가능성이 크다.

한편, 개인의 문화 성향에 따라 거절 행동이 달라질 뿐 아니라, 다른 사람의 관점에 서서 그의 감정, 사고, 역할, 동기 등을 이해하고 추론하는 능력을 뜻하는 조망 수용(perspective-taking) 정도에 따라서도 거절 행동이 달라진다. 조망 수용은 개인의 고정 관념적 편향을 줄이며 친사회적 도덕 추론과 동정심을 촉진하기 때문에 어려운 부탁에 대한 수용 가능성을 높인다.

〈보기〉

ㄱ. 조교 일을 하는 대학원생이 수업의 학점을 올려 달라는 부정 청탁을 할 경우, 상호의존적 문화 성향을 가진 교수가 독립적 문화 성향을 가진 교수보다 부탁을 거절할 가능성이 더 크다.

ㄴ. 자신이 누군가의 부탁을 거절할 경우, 상호의존적 문화 성향이 강한 사람은 그 성향이 약한 사람에 비해 상대방에게 끼칠 부정적인 영향을 보다 크게 여길 것이다.

ㄷ. 자신이 누군가의 부탁을 거절할 경우, 조망 수용을 하면 조망 수용을 하지 않았을 때보다 자신에게 거절당하는 상대방에 대한 미안한 마음이 더 클 것이다.

① ㄱ　② ㄴ　③ ㄱ, ㄷ　④ ㄴ, ㄷ　⑤ ㄱ, ㄴ, ㄷ

정답 및 해설 p.18

3. 사회과학

언어 추리는 사회과학 제재에서 주로 경제학과 사회학을 중심으로 출제되고 있다. 경제적 개념이 익숙하지 못할 경우 개념 파악의 부족함으로 인해 문제의 접근성이 떨어질 수 있다. 원리 파악 및 적용 유형을 중심으로 출제되고 있다.

경제학 제재의 수리 문제
환율 상승 요인, 청과물 거래 방식, 환산율, 실업률과 고용률, 배출권 거래제, 한계소득체감의 법칙, 상품의 화폐화

(1) 경제학 제재

경제학 제재에서는 다양한 개념과 유형으로 출제되고 있다. 경제적 개념을 토대로 하여 현상과의 관련성에 근거한 상관관계의 파악, 이론을 소개하면서 나타나는 경제 현상을 그래프를 통해 해석하고 자료를 분석하는 문제도 포함되어 출제되고 있다. 또한 경제 개념을 활용하여 수리적인 사고가 가미된 문항이 출제되는데, 이전에는 수리 추리로 구분되었던 문제이지만 현재는 지문의 이론이나 개념의 의미를 확인하고 이를 토대로 사례에 적용하는 언어 추리의 형식으로 분류되고 있다. 매년 경제 관련 문제 중에 최소 한 문제는 수리계산 유형이 출제되고 있다. 경제학 관련 고전 지문을 활용한 사례 파악 문제와 경제 이론 및 제도를 활용한 수리적 적용 문제도 나타난다.

수리적 요소가 가미된 경제학 제재의 언어 추리 문제에 접근하기 위해서는 수식과 도표 그리고 그림 등을 활용하여 문제를 정리하는 연습이 필요하다. 과목의 특성상 추리 영역 중 경제학 제재는 수리적인 개념이 포함되는 경우가 매우 많다. 따라서 기본적인 경제 개념과 수적인 판단으로 이론을 증명하거나 가설이 입증되는 방식을 고려하여 문제를 해결해야 한다.

사회학 제재의 연역적 사고 문제
조건 충족에 따른 추리, 지문의 조건문을 적용한 연역 추리

(2) 사회학 제재

사회학 제재에서는 주로 원리 적용 유형이 나타나고 있다. 그런데 난도가 높은 문제에서는 대부분 연역적 추리를 필요로 하는 조건화된 원리들로 구성된 유형이 출제되고 있다. 지문의 형식은 대립적인 이론이나 다중 견해를 주고 하나의 상황에서 각각의 견해들로부터 추리할 수 있는 내용으로 보기가 구성된다. 수리적인 요소가 가미된 정치학 관련 구성 문제도 출제된 바 있다.

실전 연습문제

01
2012학년도 LEET 문16

알코올과 공격 행동의 관계를 진술하는 다음 가설들에 대한 분석으로 옳은 것만을 <보기>에서 있는 대로 고른 것은?

(가) 알코올은 공격 행동을 제어하는 뇌 부위에 생리적 영향을 미친다. 취하면 누구나 자신의 행동을 제어할 수 없게 된다.
(나) 알코올이 비폭력적인 사람으로 하여금 폭력적인 행동을 하게 한다고 볼 수는 없다. 알코올은 개인의 평소 성향을 강화하는 효과를 가질 뿐이다. 공격적인 성향을 가진 사람은 알코올의 영향을 받으면 이런 성향이 더욱 잘 드러난다.
(다) 공격적인 성향을 지닌 사람이 공격 행동을 하게 되려면 알코올의 영향만으로는 부족하고 상황적 요인이 추가되어야 한다. 무언가 또는 누군가가 취한 사람을 화나게 하거나 위협하거나 기타 방법으로 자극해야만 공격 행동이 나타난다.
(라) 알코올보다는 알코올에 대한 개인의 기대나 인식이 그 개인의 취중 행동에 더 큰 영향을 미친다. 어떤 집단에서는 음주를 일상으로부터의 휴식으로 생각하며, 취중의 일탈 행위가 어느 정도 용인된다. 음주 시의 사회적 행동 변화는 그 사회를 지배하는 음주 문화의 영향을 받는다.

〈보기〉

ㄱ. (다)는 (가)의 설명 중 알코올이 공격 행동에 영향을 미친다는 점은 인정하면서, 추가 요인을 제시하여 알코올과 공격 행동의 관계를 설명한다.
ㄴ. 공격 성향을 가진 사람이 취중에 모욕을 당한 경우 (다)는 그의 공격 행동을 예측하지만 (나)는 그렇게 예측하지 않는다.
ㄷ. 회식자리에서 술에 취해 공격 행동을 보인 사람이 술이 깬 후 "어쩔 수 없었다."라거나 "취하면 그렇게 된다."라고 변명하는 것이 통한다는 사실을 (가)와 (라) 모두 설명할 수 있다.

① ㄱ　② ㄴ　③ ㄱ, ㄷ
④ ㄴ, ㄷ　⑤ ㄱ, ㄴ, ㄷ

02
2012학년도 LEET 문17

다음 글로부터 추론한 것으로 옳은 것만을 <보기>에서 있는 대로 고른 것은?

업무는 분석 가능성과 다양성을 기준으로 구분할 수 있다. 분석 가능성이란 업무를 표준화된 절차에 따라 과정별로 나누어 수행을 용이하게 할 수 있는 정도를 뜻한다. 다양성이란 업무 중에 예측하지 못한 새로운 일이 생기는 정도를 뜻한다. 이에 따라 아래의 표를 만들고, 여러 가지 직업의 특성을 고려하여 P1~P4에 몇 가지 직업을 채워 보았다.

		B	
		(다)	(라)
A	(가)	P1	P2
	(나)	P3	P4

○ P1에는 많은 정보에 대한 분석 기술을 가지고 일정한 절차와 기법 등에 따라 예외 상황을 해결할 수 있는 직업군으로 회계사, 토목기사 등이 속하였다.
○ P2에는 업무 예외 상황의 발생 가능성이 낮고 단순 정보에 대한 분석 기술로 업무를 처리할 수 있는 직업군으로 은행 창구 직원, 생산직 근로자 등이 속하였다.
○ P3에는 새로운 상황이 많이 발생하며 업무와 관련된 정보가 복잡하여 경험과 넓은 시각 및 통찰력과 직관력이 필요한 직업군이 속하였다.

〈보기〉

ㄱ. (가)는 분석 가능성이 낮은 유형이다.
ㄴ. (다)는 다양성이 낮은 유형이다.
ㄷ. 작곡가, 피아니스트와 같은 직업은 P4에 속할 것이다.

① ㄱ　② ㄷ　③ ㄱ, ㄴ
④ ㄴ, ㄷ　⑤ ㄱ, ㄴ, ㄷ

03

2014학년도 LEET 문12

<가정>과 <상황>으로부터 추론한 것으로 옳은 것만을 <보기>에서 있는 대로 고른 것은?

법률이나 정책 등을 바꾸려면 '거부권 행사자'라 불리는 일정 수의 개인 또는 집합적 행위자들의 동의가 필요하다. 거부권 행사자는 헌법에 의거한 '제도적' 거부권 행사자와 정치체제에 의거한 '당파적' 거부권 행사자로 나뉜다.

대통령중심제 국가이면서 양원제를 채택하고 있는 미국에서는 법률이나 정책을 바꾸려고 할 때 대통령, 상원, 하원의 동의를 필요로 하며 이때 제도적 거부권 행사자의 수는 셋이 된다. 의원내각제 국가의 경우에는 행정부가 입법부와 긴밀히 연계되어 있어서 행정부를 별도의 거부권 행사자로 보기 어렵다.

다른 한편, 의원내각제 국가의 경우에는 정치 체제의 특성상 대통령중심제와 달리 당파적 거부권 행사자가 존재한다. 말하자면, 정부를 구성하는 정당들 하나하나가 별도의 거부권 행사자가 되는데, 연립정부는 단일정당정부에 비해 더 많은 수의 당파적 거부권 행사자를 갖게 된다. 국회의원 선거제도에는 소선거구제와 비례대표제가 있다.

〈가정〉
- 거부권 행사자의 수가 많을수록 정책안정성은 높아진다.
- 소선거구제에서는 양당제가, 비례대표제에서는 다당제가 출현한다.
- 의원내각제 하에서 다당제가 출현하면 연립정부가 출범한다.

〈상황〉
- A국은 대통령중심제, 비례대표제, 단원제 국가이다.
- B국은 대통령중심제, 소선거구제, 양원제 국가이다.
- C국은 의원내각제, 소선거구제, 단원제 국가이다.
- D국은 의원내각제, 비례대표제, 양원제 국가이다.

〈보기〉

ㄱ. A국이 B국보다 정책안정성이 높을 것이다.
ㄴ. D국이 A국보다 정책안정성이 높을 것이다.
ㄷ. D국이 C국보다 정책안정성이 높을 것이다.

① ㄱ ② ㄷ ③ ㄱ, ㄴ
④ ㄴ, ㄷ ⑤ ㄱ, ㄴ, ㄷ

04

2016학년도 LEET 문22

다음에서 추론한 것으로 옳은 것만을 <보기>에서 있는 대로 고른 것은?

2007년에 스페인의 정부 부채는 GDP의 43%에 불과하여 66% 수준이었던 독일보다도 낮았다. 따라서 지난 2008년의 세계금융위기 이전까지만 해도 스페인은 모범적으로 재정을 운영한다고 여겨졌다. 온화한 날씨와 아름다운 해변 때문에 유럽의 플로리다로 불리는 스페인은 2002년에 유로화로 통합되면서 유럽의 다른 나라들로부터 자본이 흘러들어와 엄청난 건설 경기 호황과 인플레이션을 경험했다. 다른 유럽 국가들에 비해 상대적으로 높은 물가와 낮은 생산성 때문에 스페인의 수출은 경쟁력을 상실했지만, 건설 경기 덕분에 전반적으로 호황이 유지되었다. 하지만 부동산 거품이 꺼지게 되자 실업률이 치솟는 등 경제가 침체하여 정부 재정은 큰 적자를 기록하게 되었다. 만약 스페인이 유로화를 사용하지 않고 여전히 구(舊)화폐인 페세타를 사용하고 있었더라면, 정부는 팽창적인 통화정책을 통해 비교적 신속하게 문제를 해결할 수 있었을 것이다. 또 만약 스페인이 정치통합 없이 화폐통합을 이룬 유로 지역의 한 나라가 아니라 미국의 한 주(州)였더라면 지금처럼 상황이 악화되지는 않았을 것이다. 호황이었을 때 다른 주로부터 노동자들이 몰려들어 그처럼 과도한 임금 상승이나 물가 상승이 발생하지 않았을 것이고, 위기가 닥쳤다 해도 연방정부로부터 지원을 받아 실업을 비롯한 여러 가지 어려움이 그처럼 심각한 수준에 처하지 않았을 것이며 연방정부가 통화정책을 사용해 경제를 회복시킬 수 있었을 것이기 때문이다. 하지만 미국의 한 주가 아니라 유로 지역의 한 국가인 스페인은 느리고도 고통스러운 디플레이션 과정을 통해서만 경쟁력을 다시 회복할 수 있을 것이다.

〈보기〉

ㄱ. 스페인의 재정적자는 스페인 경제 침체의 원인이 아니라 결과이다.
ㄴ. 유로 지역에 속한 스페인은 경제 침체에 대응할 수 있는 통화정책 수단을 갖고 있지 않기 때문에 디플레이션 과정을 통해서만 경쟁력 회복이 가능한 상태에 처하게 되었다.
ㄷ. 스페인이 유로화가 아니라 미국과 정치통합 없이 달러화로 화폐통합을 했더라도 비슷한 어려움에 처했을 것이다.

① ㄱ ② ㄷ ③ ㄱ, ㄴ
④ ㄴ, ㄷ ⑤ ㄱ, ㄴ, ㄷ

05

2019학년도 LEET 문28

다음으로부터 추론한 것으로 옳은 것만을 <보기>에서 있는 대로 고른 것은?

소득곡선과 생존선을 함께 나타낸 그래프를 이용하면 경제 성장의 역사를 간단하게 설명할 수 있다. 소득곡선은 인구가 생산에 투입되어 얻을 수 있는 소득을 보이는 것으로, 인구와 소득을 각각 가로축과 세로축에 표시한 평면에 나타내면 그림과 같다. 생존선은 주어진 인구가 생존하기 위해 필요한 최소한의 소득을 나타낸 것이다. 소득에 기여하는 요소는 인구, 자본, 기술이 있는데, 이 중 인구와 자본은 한계소득 체감의 법칙을 따른다. 이 법칙은 다른 요소가 일정할 때 해당 요소가 증가할수록 소득이 증가하지만 소득의 증가 정도는 점점 줄어드는 법칙이다. 소득을 인구로 나눈 1인당 소득은 인구가 증가할수록 감소하는 것을 그림에서 알 수 있다. 기술은 한계소득체감의 법칙을 따르지 않는다.

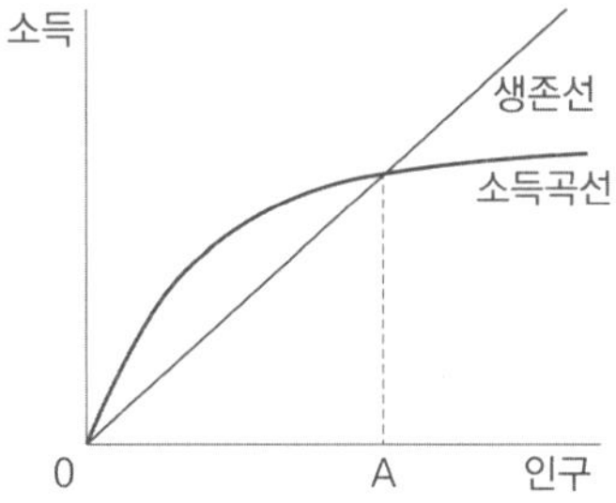

두 선이 교차할 때의 인구 수준 A를 기준으로 인구가 적을 때는 소득곡선이 생존선 위에 있고 인구가 많을 경우에는 반대가 된다. 학자 M은 한 사회의 소득 수준이 생존 수준을 상회하면 인구가 늘어나고 하회하면 인구가 감소하는 경향이 있기 때문에 A를 중심으로 인구가 주기적으로 늘거나 주는 움직임이 반복된다고 주장했다. 이를 'M의 덫'이라고 하며, 자본과 기술이 일정할 때 일어나는 전근대적 현상이라 볼 수 있다. 이와 대조적으로 학자 K는 '근대적 경제성장'의 시기에는 인구와 소득이 함께 늘어날 수 있다고 설파했다. 이것은 소득곡선의 이동으로 설명할 수 있다. 예를 들어 자본이 축적되면 소득곡선이 위로 이동하여 생존선과 교차하는 점이 오른쪽 위로 바뀌고 소득과 인구가 동시에 증가하는 것이 가능해진다.

〈보기〉

ㄱ. 'M의 덫'에 빠져 있을 때 인구와 1인당 소득 사이에는 양(+)의 상관관계가 나타날 것이다.

ㄴ. 다른 요소가 일정할 때 자본이 축적될수록 추가되는 자본 단위당 소득곡선이 위로 이동하는 정도는 점점 줄어들 것이다.

ㄷ. 인구의 증가만으로는 K의 '근대적 경제성장'을 이룰 수 없을 것이다.

① ㄱ ② ㄴ ③ ㄱ, ㄷ
④ ㄴ, ㄷ ⑤ ㄱ, ㄴ, ㄷ

06

2020학년도 LEET 문26

다음으로부터 추론한 것으로 옳지 않은 것은?

인터넷 신문에 배치되어 있는 배너 광고들의 효과가 크지 않다는 연구 결과가 있다. 이 결과의 가장 근본적인 원인은 배너 광고가 독자들이 수행하고자 하는 과제(인터넷 신문 기사를 읽는 것)와 관련되지 않는 일종의 방해 자극이기 때문이다. 우리의 지각 시스템은 어떤 과제를 보다 잘 수행하기 위해 과제와 관련된 자극의 정보는 더 정교하고 빠르게 처리하는 반면, 관련 없는 자극은 방해 자극으로 간주하여 처리되지 않도록 억제하는데, 이를 주의 통제 기제라고 한다.

하지만 몇몇 연구들에 따르면 방해 자극의 정보도 처리되는 경우가 있다고 한다. 예를 들어 학자 甲은 방해 자극의 선명도에 따라 방해 자극의 정보가 처리되는 정도가 달라지며 그 결과 과제 수행이 영향을 받는다고 주장하였다. 甲은 연구 대상자들로 하여금 빠르게 제시되는 영어 알파벳 안에 숨겨져 있는 두 개의 숫자를 보고하도록 하면서 주변에 방해 자극을 주어 그것이 과제 수행을 방해하는 정도를 측정하였다. 그 결과, 방해 자극이 쉽게 지각될 수 있을 정도로 선명하면 과제 수행에 영향을 끼치지 못하지만, 방해 자극이 쉽게 지각되지 않는 역치하(subliminal) 수준일 때는 과제 수행을 효과적으로 방해하였다.

甲은 이 결과 또한 주의 통제 기제의 작용으로 설명하였다. 방해 자극의 선명도가 높을 경우 방해 자극에 주의가 가게 되어 방해 자극의 정보 처리가 효과적으로 억제됨으로써 과제 수행이 저하되지 않지만, 그 정도로 선명하지 않은 방해 자극인 경우에는 방해 자극에 주의를 기울일 수가 없어서 과제 수행이 저하될 수 있다는 것이다. 한편, 과제의 난이도를 높일수록 선명한 방해 자극의 정보가 처리될 가능성이 높아진다.

① 방해 자극의 지각 정도와 방해 자극이 과제 수행을 방해하는 정도는 역의 상관관계를 보인다.
② 만일 甲의 실험에서 과제의 난이도를 높이면, 선명한 방해 자극은 과제 수행을 방해할 것이다.
③ 방해 자극의 선명도를 매우 높게 해서 아주 쉽게 지각되도록 하면, 그 방해 자극의 정보는 처리될 것이다.
④ 방해 자극이 과제의 수행과 연관성이 높아 보여 방해 자극으로 보이지 않게 되면, 그 방해 자극의 정보는 처리될 것이다.
⑤ 방해 자극의 선명도를 역치하 수준으로 낮게 해도 방해 자극 자체에 의도적으로 주의를 가게 하면, 그 방해 자극의 정보 처리가 억제될 것이다.

07

2020학년도 LEET 문28

다음 글에 대한 분석으로 옳은 것만을 <보기>에서 있는 대로 고른 것은?

甲, 乙, 丙 세 사람이 상품 A, B, C를 소유한 사회를 고려하자. 세 사람이 각자 현재 소유한 상품과 가장 선호하는 상품은 다음과 같다.

사람	현재 소유한 상품	가장 선호하는 상품
甲	A	C
乙	B	A
丙	C	B

각 사람은 자신이 가장 선호하는 상품을 가질 때까지 다른 사람과 교환하며, 가장 선호하는 상품을 소유하면 더 이상 교환하지 않는다. 각 사람이 가장 선호하는 상품을 갖기 위해 다른 사람과 교환하여 잠시 보유하게 되는 상품은 그 사람에게 교환의 매개 도구 즉 화폐로 사용되는 것이다.

〈보기〉

ㄱ. 모든 상품이 화폐가 될 수 있다.
ㄴ. 甲이 화폐로 사용할 수 있는 상품은 B뿐이다.
ㄷ. 이 사회에서는 세 번의 교환이 발생할 수 없다.
ㄹ. 상품 A가 화폐로 사용된다면 乙과 丙이 가장 먼저 교환해야 한다.

① ㄱ, ㄴ　② ㄴ, ㄹ　③ ㄷ, ㄹ
④ ㄱ, ㄴ, ㄷ　⑤ ㄱ, ㄷ, ㄹ

08

2021학년도 LEET 문26

다음으로부터 추론한 것으로 옳은 것만을 <보기>에서 있는 대로 고른 것은?

X국에서 국회의원 후원회가 후원금을 기부 받은 때에는 그 날부터 30일 이내에 정치자금영수증을 후원인에게 교부해야 한다. 단, 1회 1만 원 이하의 후원금은 해당 연도 말일에 합산하여 일괄 발행·교부할 수 있다. 정치자금영수증은 '정액영수증'과 '무정액영수증'으로 구분된다. 정액영수증은 1만·5만·10만·50만·100만·500만 원이 표시된 6종이다. 무정액영수증은 10만 원 미만 후원금에 한해 발행할 수 있다. 또한 10만 원을 초과해 기부한 경우라도 10만 원 미만 금액에 한해 발행할 수 있다. 예컨대 13만 원을 기부받았다면 10만 원 정액영수증 1장과 3만 원 무정액영수증 1장을 발행할 수 있다.

다음 중 하나에 해당하는 경우 정치자금영수증을 교부하지 않을 수 있다. 첫째, 후원인이 정치자금영수증 수령을 원하지 않는 경우, 둘째, 후원인이 연간 1만 원 이하의 후원금을 기부한 경우이다. 그러나 후원회는 위 두 가지 경우에도 정치자금영수증을 발행하여 원부와 함께 보관해야 한다.

갑은 2020년 5월 국회의원 을, 병, 정의 후원회에 후원금을 기부했다. 을 후원회에 1만 원 3회, 2만 원 1회, 병 후원회에 1회 72만 원, 정 후원회에는 1회 100만 원을 기부했다.

〈보기〉

ㄱ. 을 후원회는 2020년 12월 31일에 5만 원에 해당하는 정치자금영수증 1장을 발행하여 갑에게 교부할 수 있다.
ㄴ. 병 후원회가 갑으로부터 기부받은 금액에 대해 정액영수증과 무정액영수증을 함께 발행했다면, 발행된 정치자금영수증은 4장 이상이다.
ㄷ. 갑이 정 후원회에 기부한 금액에 대해 정치자금영수증 수령을 원하지 않았다면, 정 후원회는 정치자금영수증을 발행하지 않아도 된다.

① ㄴ　② ㄷ　③ ㄱ, ㄴ
④ ㄱ, ㄷ　⑤ ㄱ, ㄴ, ㄷ

정답 및 해설 p.21

4. 과학기술

과학기술 영역은 인문 사회 영역과 구별된 분석 방법이 필요하다. 인문 사회 영역에서는 필자나 화자의 주된 주장이나 견해를 중심으로 하여 지문이 구성되지만, 과학기술 분야의 언어 추리 영역에서는 주로 정보를 전달하거나 원리나 이론을 소개하고, 현상에 대한 인과적 과정을 가설로 제시하기 때문이다. 따라서 이에 적합한 분석이 필요하다.

(1) key-word 및 기능·역할

과학적 소재는 낯설고 생소한 용어가 많을 수 있다. 따라서 주어진 지문에서 key-word를 찾아 그것이 어떤 의미를 지니는지를 확인해야 한다. 그리고 그러한 핵심적 용어가 현상이나 사실에 있어서 어떤 기능을 하고 역할을 갖는지를 파악해야 한다.

(2) 메커니즘 확인

과학기술 영역에서의 현상 서술은 단계적이다. 원인으로부터 그러한 현상이나 사건이 어떻게 일어나는지를 설명하기 때문이다. 이때 현상을 작동하게 하는 요인들이 등장하며, 단계적으로 또는 절차적으로 진행되는 하나의 메커니즘을 가지게 된다. 이러한 서술 방식을 따르는 지문은 이에 맞추어 정리해야 한다.

(3) 실험 및 자료를 통한 가설 확인

주어진 가설을 확인할 때 사용하는 방법은 직접적인 실험과 관찰이 있다. 여기서 나타나는 결과를 통해 가설의 정당성을 확인하기 때문이다. 문제에서는 실험을 제시하고 그에 대한 결과를 보여주고 이로부터 도출할 수 있는 가설을 찾는 형식, 또는 가설을 미리 설정하고 결과적인 자료를 보여주고 이로부터 추리하는 문항이 출제된다.

실전 연습문제

01

2012학년도 LEET 문21

다음 실험 결과로부터 알 수 있는 것만을 <보기>에서 있는 대로 고른 것은?

공작나비는 평소에는 날개를 접고 있다가 포식자인 박새가 접근하면 날개를 접고 펴는 동작을 반복하여 소리를 내는 동시에 날개 위쪽에 있는 무늬를 보여 준다. 공작나비가 내는 소리와 날개의 무늬가 어떤 역할을 하는지 알아보기 위해 날개의 무늬를 지워 없애는 방법과 날개에서 소리를 내는 부분을 제거하는 방법을 조합하여 실험하였다.

공작나비를 박새의 먹이로 사용한 실험 결과는 다음과 같다.

- ○ 날개무늬가 있고 소리를 내는 공작나비는 100% 살아남았다.
- ○ 날개무늬가 있고 소리를 내지 못하는 공작나비는 100% 살아남았다.
- ○ 날개무늬가 없고 소리를 내는 공작나비는 50% 살아남았다.
- ○ 날개무늬가 없고 소리를 내지 못하는 공작나비는 20% 살아남았다.
- ○ 박새가 접근했을 때 날개를 접고 펴는 빈도는 날개무늬가 있는 공작나비보다 날개무늬가 없는 공작나비가 더 높았다.

〈보기〉

ㄱ. 박새의 포식을 피해 공작나비가 살아남는 데에는 소리를 내는 것보다 날개무늬가 있는 것이 더 효과적이다.

ㄴ. 날개무늬가 없는 공작나비가 박새에게 더 많이 잡아먹힌 이유는 날개를 접고 펴는 빈도가 높을수록 소리가 커지기 때문이다.

ㄷ. 박새의 포식을 피해 공작나비가 살아남는 데에는 날개무늬만 있는 것보다 날개무늬도 있고 소리도 내는 것이 더 효과적이다.

① ㄱ ② ㄴ ③ ㄱ, ㄷ
④ ㄴ, ㄷ ⑤ ㄱ, ㄴ, ㄷ

02

2014학년도 LEET 문14

'압력 조절실'에 대해 추론한 것으로 옳은 것은?

기체의 용해도는 기체가 액체에 녹는 정도를 말하는데 압력이 높을수록 높아진다. 주변 기압에 적응된 인체의 혈액에도 일정량의 공기가 녹아 있는데, 갑작스러운 주변 기압의 변화로 인해 이 공기의 용해도가 급격하게 변화될 수 있다. 따라서 심해나 우주처럼 일반적인 대기압 조건과 다른 곳을 왕래하는 경우, 혈액 내 공기 용해도의 급격한 변화에 의해 인체가 해를 입을 수 있다. 일반적으로 잠수부가 물속으로 잠수해 들어가는 것은 큰 문제가 되지 않는데 비해, 물속에서 수면으로 빠르게 올라오면 혈액에 녹아 있던 질소가 기체 상태로 변하면서 혈류를 막아 심각한 위험을 초래할 수 있다.

아폴로-소유즈 실험 계획은 미국과 소련 간 최초의 국제 공동 유인 우주 비행 실험으로, 그 임무 중 하나는 장래의 미-소 우주선의 도킹 시스템을 점검하는 것이었다. 이 계획의 실행 당시 소련 우주선인 소유즈 내에는 지상의 공기와 기체 구성비 및 기압이 동일한 공기가 공급되었지만, 미국 우주선인 아폴로 내에는 지상의 공기에서 질소 등의 다른 대기 성분을 뺀 순수 산소만이 대기압보다 낮은 압력으로 공급되었다. 도킹할 때마다 두 우주선 전체의 압력을 같게 만드는 것은 현실성이 없었기에, 두 우주선 중간에 압력 조절실을 따로 두고 우주인이 이를 통과하면서 자신의 신체가 두 우주선 사이의 압력 차이에 천천히 적응할 수 있도록 했다.

① 압력 조절실을 통과하는 과정에서 우주인 혈액 내의 기체 용해도는 변화하지 않을 것이다.

② 아폴로 우주선에 산소 외에 다른 기체를 섞어 대기압과 같게 되도록 공급하더라도 압력 조절실은 여전히 필요할 것이다.

③ 압력 조절실 없이 미국 우주인이 소유즈 우주선으로 이동하는 상황은 잠수부가 수면으로 급격히 상승하는 상황과 유사할 것이다.

④ 압력 조절실 없이 소련 우주인이 아폴로 우주선으로 바로 이동할 경우 소련 우주인의 혈액 속의 질소가 기체 상태로 바뀔 것이다.

⑤ 압력 조절실을 통해 이동할 경우, 소련 우주인이 아폴로 우주선으로 이동할 때보다 미국 우주인이 소유즈 우주선으로 이동할 때가 더 위험할 것이다.

03

2019학년도 LEET 문35

다음으로부터 추론한 것으로 옳은 것만을 <보기>에서 있는 대로 고른 것은?

> 가설과 증거 사이에는 다양한 관계가 성립한다. 증거는 가설을 강화하기도 하고 약화하기도 하며 그 정도는 다양하다. '구리를 가열했더니 팽창했다'는 증거가 '모든 금속은 가열하면 팽창한다'는 가설을 강화하는 정도는 그 증거가 '어떤 금속은 가열하면 팽창한다'는 가설을 강화하는 정도와 다르다.
>
> 어떤 이론가들은 이런 강화 및 약화의 정도 사이에 다음과 같은 대칭성이 성립한다고 주장한다.
>
> ○ 증거－대칭성: 증거 E가 가설 H를 강화하는 정도와 증거 E의 부정이 가설 H를 약화하는 정도는 같다.
>
> 한편, 이런 강화 및 약화의 정도에는 최댓값이 있다. 주어진 배경 지식과 함께 증거 E가 가설 H를 논리적으로 함축하면 증거 E는 가설 H를 최대로 강화한다. 마찬가지로 주어진 배경 지식과 함께 증거 E가 가설 H의 부정을 논리적으로 함축하면 증거 E는 가설 H를 최대로 약화한다. 그리고 증거 E가 가설 H를 최대로 강화하고 E의 부정이 H를 최대로 약화하면, E가 H를 강화하는 정도와 E의 부정이 H를 약화하는 정도는 같다.
>
> 〈배경 지식〉
>
> 이번 살인 사건의 용의자는 갑, 을, 병 세 사람이다. 그리고 이 중 한 사람만 범인이다.

〈보기〉

ㄱ. '갑이 범인이다'라는 증거는 '을이 범인이 아니다'라는 가설을 최대로 강화하지만, '갑이 범인이 아니다'라는 증거는 '을이 범인이 아니다'라는 가설을 최대로 강화하지 않는다.

ㄴ. 병이 범인이 아니라는 사실이 〈배경 지식〉에 추가된다면, '갑이 범인이다'라는 증거는 '을이 범인이다'라는 가설을 최대로 약화하고, '갑이 범인이 아니다'라는 증거는 '을이 범인이 아니다'라는 가설을 최대로 약화한다.

ㄷ. 병이 범인이 아니라는 사실이 〈배경 지식〉에 추가된다면, '갑이 범인이다'라는 증거와 '을이 범인이 아니다'라는 가설 사이에는 증거－대칭성이 성립한다.

① ㄱ ② ㄴ ③ ㄱ, ㄷ
④ ㄴ, ㄷ ⑤ ㄱ, ㄴ, ㄷ

04

2020학년도 LEET 문35

다음으로부터 추론한 것으로 옳은 것은?

> 어떤 데이터를 사전에 성공적으로 예측한 가설과 그 데이터를 사후에 설명하기 위해 도입된 가설이 있다고 하자. 이 데이터가 두 가설들을 입증했다고 말할 수 있을까? 입증에 관한 〈이론〉은 다음과 같이 대답한다.
>
> 〈이론〉
>
> 가설은 시험을 통과함으로써만 입증 정도가 높아지며, 통과하지 못함으로써만 입증 정도가 낮아진다. 그리고 가설은 예측 성공이나 실패를 통해서만 시험을 통과하거나 통과하지 못한다. 예측의 경우 가설이 먼저 만들어져 앞으로 어떤 일이 일어날지를 이야기하기에 실제로는 그런 일이 일어나지 않았음이 밝혀질 위험을 감수한다. 그러나 사후 설명은 그런 위험을 전혀 감수하지 않는다. 사후 설명의 절차를 통해서는 가설이 틀렸음이 밝혀질 수 없는데, 왜냐하면 그 가설은 애초부터 알려진 자료와 일치하도록 구성되었기 때문이다.
>
> 〈사례〉
>
> 지난 99일간의 날씨에 대해 甲은 강우 현상에 관한 과학적 이론인 A가설에 따라 매번 그다음 날에 비가 올지 안 올지에 대해 예측하였고, 그러한 甲의 예측은 매번 성공적이었다. 甲이 예측에 성공한 99번의 강우 현상들을 C증거라고 부르자. 이제 甲은 99일째인 오늘 A가설에 따라 내일 비가 온다고 예측한다. 甲과 달리 乙은 내일 비가 오지 않는다고 예측한다. 乙의 예측은 강우 현상에 관한 또 다른 과학적 이론인 B가설에 따른 것이다. 그런데 이 가설은 지난 99일의 날씨가 관측된 이후에 만들어졌다. 따라서 이 가설은 99일 시점까지 어떤 예측도 한 적이 없고, 이에 당연히 예측에 성공한 적도 없다. 그러나 B가설은 C증거에 대한 좋은 설명을 제시한다. C증거는 甲의 A가설과 乙의 B가설을 비교할 수 있는 경험적 증거의 전부이다.

① 두 가설이 같은 증거들을 가지고 있다면 그 가설들이 내놓는 예측은 서로 다를 수 없다.

② 〈이론〉에 따르면, 100일째에 비가 오지 않았다는 증거는 A가설의 입증 정도에 영향을 주지 않는다.

③ 〈이론〉에 따르면, 100일째에 비가 오지 않았다고 하더라도 B가설의 입증 정도는 올라가지 않는다.

④ 〈이론〉에 따르면, 99일째의 시점에서 볼 때 B가설은 입증되기는 하였으나 그 정도는 A가설보다 낮다.

⑤ 〈이론〉에 따르면, B가설이 아직 구성되지 않은 어떤 시점에서 A가설은 이미 어느 정도 입증되었다.

05

2024학년도 LEET 문36

다음으로부터 추론한 것으로 옳은 것만을 <보기>에서 있는 대로 고른 것은?

> 단백질 합성에 필요한 정보는 유전자에 저장되어 있다. 단백질의 기능을 밝히는 데 중요한 열쇠는 특정 단백질이 어떤 단백질과 결합하는지를 알아내는 것이다.
>
> 단백질 T는 특정 DNA에 결합하여 단백질 R의 합성을 활성화하며, BD와 AD라는 두 영역으로 이루어진다. BD는 DNA에 결합하고, AD는 R의 합성을 활성화한다. BD와 AD가 각각 별개의 단백질로 합성되면, BD와 AD는 더 이상 연결되어 있지 않다. 이때 BD는 AD와 연결되지 않아도 DNA에 결합하지만, AD는 BD와 연결되지 않으면 R의 합성을 활성화할 수 없다. 하지만 BD와 AD가 다른 단백질을 매개로 간접적으로라도 연결되면 R의 합성이 활성화된다. 이런 특성을 이용하여 단백질 사이의 결합 여부를 알아낼 수 있다.
>
> 〈실험〉
>
> T를 합성하지 못하며 모든 유전자가 동일한 두 세포, 세포 1과 세포 2를 준비한다. 세포 1에는 AD에 단백질 Y가 연결된 단백질(AD-Y)과 BD에 단백질 X가 연결된 단백질(BD-X)이 합성되도록 하고, 세포 2에는 AD에 단백질 Z가 연결된 단백질(AD-Z)과 BD-X가 합성되도록 한다. 시약을 처리하여, R가 합성된 세포만 파란색으로 바뀌도록 한다. 세포 1은 색의 변화가 없었고 세포 2는 파란색으로 변했다.

〈보기〉

ㄱ. 세포 1이 파란색으로 변하지 않은 이유는 R의 합성에 필요한 정보를 저장한 유전자가 없기 때문이다.
ㄴ. 세포 2에서 영역 BD와 영역 AD가 간접적으로 연결되었다.
ㄷ. 〈실험〉은 X와 Y가 결합한다는 것을 보여 준다.

① ㄱ　② ㄴ　③ ㄱ, ㄷ
④ ㄴ, ㄷ　⑤ ㄱ, ㄴ, ㄷ

정답 및 해설 p.23

III. 논리게임

논리게임은 연역 추리를 사용하여 주어진 문제를 해결하는 유형으로 매년 3~5문항이 출제되고 있다. 논리게임은 연역 추리를 토대로 하므로 일부 게임 유형에서는 형식논리에서 다룬 추론 규칙이나 진릿값에 대한 이해가 필요하기도 하다.

논리게임은 다양한 형식으로 나타난다. 하지만 그 유형은 기본적으로 정형화되어 있으며, 복합적인 형태로도 출제되고 있다. 따라서 논리게임의 유형에 따른 접근 방식을 기능적·반복적으로 훈련해야 하며, 다양하게 조합된 새로운 유형의 문제를 극복하기 위한 훈련도 필요하다.

논리게임 유형 참고
칼로란, 『논리게임 바이블』, PSAT 기출문제

1 논리게임의 구성 및 접근

논리게임은 유형마다 다른 방식의 접근이 필요하다. 그러나 일반적으로 갖추어야 하는 해결 방식에는 공통적인 요소가 있다.

1. 시나리오

논리게임 문제에서는 우선 해결해야 하는 사항이 무엇이며, 어떤 방향으로 접근해야 하는지를 파악해야 한다. 지시문의 형식으로 주어지는 요구 사항과 지문에서 나타나는 상황을 통해 게임의 시나리오를 확인하고, 이를 기반으로 문제가 어떤 유형이며, 어떠한 전략으로 임해야 하는지를 파악해야 한다.

다음으로부터 추론한 것으로 참일 수 없는 것은?
연주자가 저녁 공연을 위해 노래를 선정하고 있다. A, B, C, D, E, F, G의 일곱 곡이 하나씩 연주되는데 반드시 이 순서대로일 필요는 없다.

→ ① 발문을 통해 참이 가능하지 않은, 즉 반드시 거짓을 찾는 유형임을 알 수 있다.
② 본문의 내용 중 시나리오로부터 일곱 곡의 순서를 배열하는 문제임을 파악할 수 있다.

2. 모형화: 베이스(base), 도식 만들기

논리게임의 접근 방식에서 가장 중요한 방식은 도식을 만드는 것이다. 문제마다 적절한 형식과 방법에 따라 도표나 부등식 등을 사용하여 시각적으로 모형화하는 것이 필요하다. 이때 기준이 되는 것을 베이스라고 한다. 베이스는 일반적으로 고정된 변수를 사용해야 한다. 가변적인 사항은 문제 해결에 경우의 수를 만들어 혼동을 줄 수 있기 때문이다. 베이스를 정한 후 변수에 따른 배열을 결정하여 도표를 만들 수 있다. 또는 순서를 정하는 형식을 취할 수 있다.

다음으로부터 참일 수 있는 것은?

일곱 명의 변호사 C, D, F, G, H, J, K는 법률 회사에 취업하기 위해 면접이 예정되어 있다. 일곱 번의 면접이 월요일부터 토요일까지 6일 동안 이루어진다. 그중 하루에는 두 명의 변호사가 면접을 볼 것이고, 나머지 날에는 한 명의 변호사가 면접을 볼 것이다.

→ 월요일부터 토요일까지 6일 동안 7명의 면접 대상자를 배열하는 문제로, 고정 변수인 요일을 베이스(base)로 하여 도표를 만들 수 있다.

월	화	수	목	금	토

3. 반드시 참·거짓 확인 및 모형화

지문의 정보에서 반드시 인접하여 배치되어야 한다는 등의 정보는 주어진 도식에 블록(block) 등으로 표시해야 하거나 배열해야 하며, 반대로 반드시 있어서는 안 된다는 배제 정보 역시 표시해야 한다.

· H는 J와 인접하여 연주된다.

H	J

J	H

· 철수는 A와 B 그룹 중에 A 그룹에 있어서는 안 된다.

A	B
	철수

4. 경우의 수 설정

문제에서 요구하는 조건 및 정보를 적용할 경우 두 가지 이상의 경우가 발생하면서 경우의 수가 설정될 수 있다. 이때에는 각각의 템플릿(template)을 설정하여 판단해야 한다.

갑, 을, 병, 정 네 명은 월요일부터 토요일 사이에 면접이 예정되어 있다.
갑은 화요일이나 금요일에 면접을 본다.

→ · 템플릿 1: 갑이 화요일에 면접을 보는 경우
· 템플릿 2: 갑이 금요일에 면접을 보는 경우

5. 조건 및 제한/선택지 적용

지문에서 제시되는 정보 중 조건이나 제한이 있을 수 있다. 이때에는 그러한 조건을 따를 경우 나타날 수 있는 경우를 고려해야 하며, 공간이나 시간적 제한 혹은 그룹 제한 등이 있을 경우 이를 토대로 판단해야 한다. 또한 정보로부터 배열이 완성되지 않을 경우 선택지를 통해 제한적인 사항이나 조건을 주어 배열을 완성하게도 만든다.

2 논리게임의 유형

1. 배열하기

배열하기 유형은 모든 논리게임의 기본이 되는 유형으로, 이 유형을 토대로 다른 문제들이 출제된다. 배열하기 유형의 논리게임은 주어진 조건을 만족하는 적절한 순서를 파악하는 능력을 측정하기 위한 것이다. 즉 시·공간적 배열을 중심으로 다양한 조건들이 첨가되어 출제된다. 배열하기 유형에는 나열하기, 자리배치, 순서정하기 등의 종류가 있다.

이 유형의 문제를 해결하기 위해서는 앞서 밝힌 논리게임의 접근 방식이 그대로 적용된다. 단순하게 모든 조건들을 표시하여 적용하기 쉽게 하고, 이에 맞추어 도식화를 한다. 이때 주의할 점은 조건들 간의 연역적 추리 관계가 형성되어 있다는 점이다. 이는 조건들을 연역적으로 추리하여 나타난 결과도 하나의 조건이 될 수 있다는 의미이다.

예제

[01~02] LEET 1차 예시 문5

다음 글을 읽고 아래의 물음에 답하시오.

영업부의 박 부장은 월요일부터 목요일까지 매일 남녀 각 한 명씩 두 사람을 회사 홍보 행사 담당자로 보내야 한다. 영업부에는 현재 남자 사원 4명(길호, 철호, 영호, 치호)과 여자 사원 4명(영숙, 옥숙, 지숙, 미숙)이 근무하고 있으며, 다음과 같은 제약 사항이 있다.

〈보기〉

가. 매일 다른 사람을 보내야 한다.
나. 치호는 철호 이전에 보내야 한다.
다. 옥숙은 수요일에 보낼 수 없다.
라. 철호와 영숙은 같이 보낼 수 없다.
마. 영숙은 지숙과 미숙 이후에 보내야 한다.
바. 치호는 영호보다 앞서 보내야 한다.
사. 옥숙은 지숙 이후에 보내야 한다.
아. 길호는 철호를 보낸 바로 다음 날 보내야 한다.

01

만일 영호와 옥숙을 같은 날 보낼 수 없다면, 목요일에 보내야 하는 남녀 사원은 누구인가?

① 길호와 영숙
② 영호와 영숙
③ 치호와 옥숙
④ 길호와 옥숙
⑤ 영호와 미숙

02

만일 영호를 철호보다 앞서 보내야 한다면, 수요일에 보내야 하는 남녀 사원은 각각 누구인가?

① 길호 – 영숙
② 영호 – 미숙
③ 영호 – 영숙
④ 철호 – 미숙
⑤ 치호 – 영숙

[정답]

01 ②

주어진 조건을 기반으로 배열 및 속성을 매칭하는 문제로 다음과 같은 도표를 만들어 채워야 한다.

구분	월	화	수	목
남자				
여자				

남성 배치에 대한 조건에서 치호는 철호와 영호보다 앞서며, 철호와 길호는 연이어서 배치된다. 따라서 다음과 같이 두 가지의 경우가 가능하다.

(1)	월	화	수	목
남자	치호	철호	길호	영호
여자				

(2)	월	화	수	목
남자	치호	영호	철호	길호
여자				

여성 조건에서 옥숙은 수요일에 보낼 수 없으며, 철호와 영숙은 같이 보낼 수 없기에 다음과 같이 정리할 수 있다.

(1)	월	화	수	목
남자	치호	철호	길호	영호
여자		not 영숙	not 옥숙	

(2)	월	화	수	목
남자	치호	영호	철호	길호
여자			not 옥숙 not 영숙	

영숙은 지숙과 미숙 이후에 보내기에 영숙은 월, 화에 배치될 수 없으며, 지숙과 미숙은 목요일에 보낼 수 없다.

(1)	월	화	수	목
남자	치호	철호	길호	영호
여자	not 영숙	not 영숙	not 옥숙	not 지숙 not 미숙

(2)	월	화	수	목
남자	치호	영호	철호	길호
여자	not 영숙	not 영숙	not 옥숙 not 영숙	not 지숙 not 미숙

(2)에서 영숙은 월, 화, 수에 보낼 수 없으므로 목요일에 보내야 한다.

(2)	월	화	수	목
남자	치호	영호	철호	길호
여자	not 영숙	not 영숙	not 옥숙 not 영숙	영숙

옥숙은 지숙 이후이므로 지숙은 수요일에도 보낼 수 없고, 옥숙은 첫 번째가 아니다.

(1)	월	화	수	목
남자	치호	철호	길호	영호
여자	not 영숙 not 옥숙	not 영숙	not 옥숙 not 지숙	not 지숙 not 미숙

(2)	월	화	수	목
남자	치호	영호	철호	길호
여자	not 영숙 not 옥숙	not 영숙 not 지숙	not 옥숙 not 영숙 not 지숙	영숙

PART 01 추리 영역 해커스 LEET 김우진 추리논증 기초

(2)에서 옥숙은 월, 수, 목에 보낼 수 없으므로 화요일에 보내야 한다.

(2)	월	화	수	목
남자	치호	영호	철호	길호
여자	not 영숙 not 옥숙	옥숙	not 옥숙 not 영숙 not 지숙	영숙

(2)에서 지숙이 올 수 있는 요일은 월요일이며, 나머지 수요일에 미숙을 보내야 한다.

(2)	월	화	수	목
남자	치호	영호	철호	길호
여자	지숙	옥숙	미숙	영숙

조건에 따라 설정된 두 가지 템플릿을 토대로 주어진 조건을 확인하여 추리한다.

(1)	월	화	수	목
남자	치호	철호	길호	영호
여자	not 영숙 not 옥숙	not 영숙	not 옥숙 not 지숙	not 지숙 not 미숙

(2)	월	화	수	목
남자	치호	영호	철호	길호
여자	지숙	옥숙	미숙	영숙

영호와 옥숙을 보낼 수 없다면, (1)을 적용해야 한다. 이때 목요일에 영호와 옥숙을 보낼 수 없을 경우, 지숙과 미숙도 보낼 수 없으므로 영숙을 보내야 한다. 따라서 이 경우 목요일에 보내야 하는 사원은 영호와 영숙이다.

02 ④

조건에 따라 설정된 두 가지 템플릿을 토대로 주어진 조건을 확인하여 추리한다.

(1)	월	화	수	목
남자	치호	철호	길호	영호
여자	not 영숙 not 옥숙	not 영숙	not 옥숙 not 지숙	not 지숙 not 미숙

(2)	월	화	수	목
남자	치호	영호	철호	길호
여자	지숙	옥숙	미숙	영숙

영호를 철호보다 앞서 보내는 경우는 (2)이다. 이때 수요일에 보내야 하는 사람은 철호와 미숙이다.

03

LEET 2차 예시 문10

A, B, C 삼국이 모여서 협상을 한다고 가정하자. A국과 B국은 서로 적국이고, C국은 양국을 중재하고자 하는 중립국이다. 각국은 각기 네 명의 대표단을 파견했고, 그 명단과 서열은 다음과 같다.

A국: 앨리스 — 밥 — 캐롤 — 데이빗
B국: 알레프 — 베쓰 — 기멜 — 달레쓰
C국: 갑수 — 을수 — 병수 — 정수

각국 대표들이 앉을 협상 테이블은 정육각형 모양이며, 각 면에 의자가 두 개씩 전체적으로 균등하게 배치되어 있고, 각국 대표들은 다음의 조건에 따라 의자에 앉아야 한다.

(가) 같은 나라 대표들끼리 세 명 이상 인접해 앉아서는 안 된다.
(나) A와 C국 대표들이 앉는 순서는 서열의 순서와 시계방향이 일치해야 한다. 예컨대 앨리스 다음에 시계 방향으로 밥, 캐롤, 데이빗의 순서로 앉아야 한다.
(다) A와 B국의 대표들은 자신과 서열이 동등한 적국 대표와 정면으로 바로 마주보고 앉아야 한다.

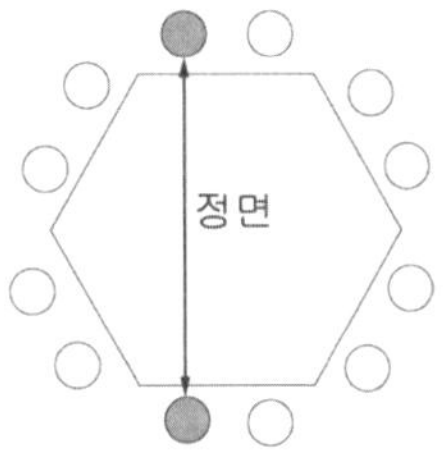

(라) 앨리스와 밥은 협상 테이블의 같은 면에 앉아야 한다.
(마) 캐롤과 밥, 그리고 캐롤과 알레프 사이에 동일한 수의 대표가 앉아야 한다.
(바) 데이빗은 B국 대표와 인접해서 앉아서는 안 된다.

이 경우 밥의 입장에서 바로 왼쪽에 앉아 있는 사람은 누구인가?

① 갑수 ② 을수 ③ 병수
④ 데이빗 ⑤ 달레쓰

[정답] ⑤

(라)의 조건에 의해 앨리스와 밥이 같은 면에 위치한다. (나)에 의해 앨리스의 왼쪽에 밥이 위치한다. 또한 (다)에 의해 앨리스와 밥 맞은 편에 알레프와 베쓰가 위치한다. (마)와 (나)와 (가)에 의해 밥의 왼쪽에는 달레쓰가 앉게 된다.

04

2009학년도 LEET 예비 문3

갑, 을, 병, 정의 네 나라에 대한 다음의 조건으로부터 추론할 수 있는 것은?

○ 이들 나라는 시대순으로 연이어 존재했다.
○ 네 나라의 수도는 각각 달랐는데 관주, 금주, 평주, 한주 중 어느 하나였다.
○ 한주가 수도인 나라는 평주가 수도인 나라의 바로 전 시기에 있었다.
○ 금주가 수도인 나라는 관주가 수도인 나라의 바로 다음 시기에 있었으나, 정보다는 이전 시기에 있었다.
○ 병은 가장 먼저 있었던 나라는 아니지만, 갑보다는 이전 시기에 있었다.
○ 병과 정은 시대순으로 볼 때 연이어 존재하지 않았다.

① 금주는 갑의 수도이다.
② 관주는 병의 수도이다.
③ 평주는 정의 수도이다.
④ 을은 갑의 다음 시기에 존재하였다.
⑤ 한주가 수도인 나라가 가장 오래되었다.

[정답] ③

1) 3번째 조건에서 한주 다음에 평주라는 사실을 알 수 있다. (한주 - 평주)
2) 4번째 조건에서 금주는 관주 다음이며, 정 이전이다. (관주 - 금주 - 정)
   이상에서 한주와 평주와 관주와 금주는 떨어질 수 없으며, 관주와 금주는 정 이전이므로 뒤에 올 수 없다. 그러므로 수도의 순서는 관주 - 금주 - 한주 - 평주가 도출된다.
3) 5번째 조건에서 병이 맨 처음은 아니며, 갑보다는 이전이므로, ○ - 병 - 갑 - ○/○ - ○ - 병 - 갑/○ - 병 - ○ - 갑의 경우가 가능하다.
4) 6번째 조건에서 병과 정은 연이어 존재하지 않으므로, 정의 위치는 3)에 대입할 때에 정 - 을 - 병 - 갑/을 - 병 - 갑 - 정이 되는데, 2)에서 정이 맨 처음이 아니므로, 후자의 순서로 나라가 결정된다. 이를 도식화하면 다음과 같다.

나라	을	병	갑	정
수도	관주	금주	한주	평주

05

2009학년도 LEET 예비 문33

다음은 어떤 학과의 교과과정과 이수 규정이다. 학생은 주어진 규정에 따라 수강하여야 졸업을 할 수 있다.

교양	국어, 영어, 국사, 윤리학
전공 기초	헌법(1), 헌법(2), 법철학, 법제사
전공 일반	민법(1), 민법(2), 민법(3), 형법(1), 형법(2), 상법, 행정법
전공 심화	민사소송법(1), 민사소송법(2), 형사소송법, 노동법, 국제법

〈이수 규정〉

○ 20개의 모든 과목을 수강하여야 한다.
○ 한 학기에 3과목까지 수강할 수 있다.
○ 교양 과목은 3번째 학기까지 수강이 끝나야 한다.
○ 전공 기초 과목을 모두 이수한 후에 전공 일반 과목을 수강할 수 있고, 전공 일반 과목을 모두 이수한 후에 전공 심화 과목을 수강할 수 있다.
○ 헌법(1), 헌법(2)와 같이 번호만 다른 과목은 같은 학기에 수강할 수 없고 번호 순서대로 수강하여야 한다.

최소 학기만 등록하고 졸업하고자 할 때, 옳은 것을 <보기>에서 모두 고른 것은?

〈보기〉

ㄱ. 졸업에 필요한 최소 학기는 7학기이다.
ㄴ. 상법과 행정법은 동일 학기에 수강할 수 없다.
ㄷ. 전공 일반 과목을 1과목만 수강하는 학기는 없다.
ㄹ. 민법(3)과 형법(2)는 같은 학기에 수강하여야 한다.

① ㄱ, ㄴ　② ㄱ, ㄷ　③ ㄷ, ㄹ
④ ㄱ, ㄴ, ㄹ　⑤ ㄴ, ㄷ, ㄹ

[정답] ④

네 번째 이수 규정에 따라 전공 기초 과목을 빨리 수강하면서도 세 번째 규정을 충족해야 한다. 또 (1), (2), (3)으로 나눠진 과목을 한 학기에 같이 듣지 못하기 때문에 이를 최대한 효율적으로 배치하는 알고리즘을 짜야 한다. 따라서 전공 기초 중에서도 헌법 과목을 우선 배치하고, 다음 학기에 전공 일반으로 넘어가기 위해 전공 기초를 교양 과목보다 우선적으로 배치한다. 따라서 법철학과 법제사를 2학기 안에 우선 배치한 다음 3학기에 교양 과목을 2과목 배치하면 된다.

교양과 전공 기초가 총 8과목이므로 1시간이 남으며 이때부터 전공 일반을 신청한다. 당연히 3개의 강의로 된 민법이 먼저다. 나머지 두 강의는 교양을 채워 세 번째 이수 규정을 충족한다.

이어 번호가 붙은 강의를 우선 배치해야 최소한의 학기로 졸업한다. 형법(1), (2)를 먼저 배치한 후 나머지를 전공 일반 강의로 채운다. 이어 6학기부터 전공 심화 과정을 넣는다. 따라서 7학기 안에 모든 과목을 수강할 수 있다.

학기	1	2	3	4	5	6	7
과목 1	헌법(1)	헌법(2)	국사	상법	행정법	민사소송(1)	민사소송(2)
과목 2	법철학	법제사	윤리학	형법(1)	형법(2)	형사	국제
과목 3	국어	영어	민법(1)	민법(2)	민법(3)	노동	

따라서 <보기>에서 옳은 것을 고르면 ㄱ, ㄴ, ㄹ이다.

06

2017학년도 LEET 문21

다음으로부터 추론한 것으로 옳지 않은 것은?

아래 배치도에 나와 있는 10개의 방을 A, B, C, D, E, F, G 7명에게 하나씩 배정하고, 3개의 방은 비워두었다. 다음 〈정보〉가 알려져 있다.

1호		6호
2호		7호
3호		8호
4호		9호
5호		10호

〈정보〉
○ 빈 방은 마주 보고 있지 않다.
○ 5호와 10호는 비어 있지 않다.
○ A의 방 양옆에는 B와 C의 방이 있다.
○ B와 마주 보는 방은 비어 있다.
○ C의 옆방 가운데 하나는 비어 있다.
○ D의 방은 E의 방과 마주 보고 있다.
○ G의 방은 6호이고 그 옆방은 비어 있다.

① 1호는 비어 있다.
② A의 방은 F의 방과 마주 보고 있다.
③ B의 방은 4호이다.
④ C와 마주 보는 방은 비어 있다.
⑤ D의 방은 10호이다.

[정답] ⑤

주어진 조건에서 고정된 정보는 마지막의 G가 6호이고 그 옆방인 7호가 비어 있다는 것이다. 또한 세 번째 진술과 다섯 번째 진술로부터 A, B, C에 대한 위치를 다음의 두 가지 경우로 생각할 수 있다.

(1)	(2)
B	빈방
A	C
C	A
빈방	B

1) (1)의 경우는 불가능하다. (1)이 왼쪽에 위치할 경우 B와 마주 보는 방이 빈 방이어야 하는데 6호에 G가 위치하게 되어 불가능하고, (1)이 오른쪽에 위치할 경우에도 C의 옆방이 빈 방이어야 하는데 10호는 빈 방이 아니기 때문이다.
2) (2)의 경우 오른쪽에 올 수는 없다. 왜냐하면 D와 E가 마주 보는 방이 있을 수 없기 때문이다. 따라서 (2)가 왼쪽에 오는 경우만 가능하며 이를 정리하면 다음과 같다.

1호 X		6호 G
2호 C		7호 X
3호 A		8호 F
4호 B		9호 X
5호 D/E		10호 E/D

따라서 D의 방은 10호가 될 수도 있고 5호가 될 수도 있으므로 옳지 않다.

07

2019학년도 LEET 문30

다음으로부터 추론한 것으로 옳은 것만을 <보기>에서 있는 대로 고른 것은?

다음과 같이 10개의 숫자가 사각형 안에 적혀 있다.

1	2	3
4	5	6
7	8	9
	0	

숫자가 적혀 있는 두 사각형이 한 변을 서로 공유할 때 두 숫자가 '인접'한다고 하자. 서로 다른 6개의 숫자를 한 번씩만 사용하여 만든 암호에 대하여 다음 정보가 알려져 있다.

○ 4와 인접한 숫자 중 두 개가 사용되었다.
○ 6이 사용되었다면 9도 사용되었다.
○ 8과 인접한 숫자 중 한 개만 사용되었다.

〈보기〉

ㄱ. 8이 사용되었다.
ㄴ. 2와 3은 모두 사용되었다.
ㄷ. 5, 6, 7 중에 사용된 숫자는 한 개이다.

① ㄱ ② ㄴ ③ ㄱ, ㄷ
④ ㄴ, ㄷ ⑤ ㄱ, ㄴ, ㄷ

[정답] ⑤

정보를 정리하면 다음과 같다.
1) 4와 인접한 숫자 중 두 개 사용: 1, 5, 7 중 2개
2) 6이 사용되었다면 9도 사용됨 = 9가 사용되지 않았다면 6도 사용되지 않았음(대우)
3) 8과 인접한 숫자 중 한 개 사용: 0, 5, 7, 9 중 1개

3)에서 5와 7 중 하나만 사용할 수 있다. 따라서 1)에서 사용된 2개는 (1, 5) 또는 (1, 7)임을 알 수 있다. 이를 토대로 템플릿을 구성할 수 있다.

[경우 1] (1, 5) 사용: 1)에서 7이 사용되지 않았고, 3)에서 5가 사용되므로 0, 9도 사용되지 않았다. 2)에서 9가 사용되지 않으면 6도 사용되지 않았다. 결국 사용되지 않은 수는 (0, 6, 7, 9)이며, 사용된 숫자는 (1, 2, 3, 4, 5, 8)이다.

[경우 2] (1, 7) 사용: 1)에서 5가 사용되지 않았고, 3)에서 0, 9도 사용되지 않았다. 2)에서 9가 사용되지 않으면 6도 사용되지 않았다. 결국 사용되지 않은 수는 (0, 5, 6, 9)이며, 사용된 숫자는 (1, 2, 3, 4, 7, 8)이다.

ㄱ. (O) 모든 경우에 8이 사용되었다.
ㄴ. (O) 모든 경우에 2와 3이 사용되었다.
ㄷ. (O) 모든 경우에 5, 6, 7 중 한 개만 사용되었다.

2. 속성 매칭

속성 매칭 유형은 배열하기와 더불어 기본 유형에 해당한다. 어떤 속성이 어떤 대상에 속하며, 그 대상이 어떤 집합에 속하는지를 파악하는 유형이다. 이때 조건이 많거나 변수들이 다양하다면, 그 조건들을 일치시키며 전체를 조망하는 것이 중요하다. 그리고 주어진 조건들로부터 연역된 사실도 정리해야 한다.

조건의 정리에 있어서, 하나의 집합에 포함되는 요소가 무엇인지, 각각의 집합들이 공유하고 있는 것은 무엇인지, 총 경우의 수까지도 확정지어야 효율적으로 검증 가능한 도식화가 가능하게 된다. 구체적인 접근 방식은 기본 방식과 동일하다. 시나리오를 통해 문제 의도를 파악하여 베이스를 설정하고 변수들에 맞는 속성을 매칭하는 도식을 만든다. 그리고 정보를 기반으로 배치와 배제를 표시하여 맞는 속성을 매칭한다.

예제

[01~02] LEET 2차 예시 문1

물리학자가 실험을 수행하던 중 강한 상호작용을 하는 입자를 발견했다. 이 입자는 세 개의 쿼크 또는 반쿼크로 이루어진다. 쿼크 A, B, C는 전하량이 각각 $\frac{2}{3}$, $\frac{1}{3}$, $-\frac{1}{3}$이고, D, E, F는 각각 A, B, C의 반쿼크이다. 반쿼크는 쿼크와 전하량의 부호만 반대이다. 발견된 입자는 다음 조건을 만족한다.

> ○ 전하량은 −1, 0, 1 중 하나이다.
> ○ 적어도 하나의 쿼크를 포함하고 있다.
> ○ B와 D는 동시에 포함될 수 없다.
> ○ C가 포함되어 있다면 E도 포함되어야 한다.

01

다음 중 이 입자를 이룰 수 있는 쿼크 또는 반쿼크의 구성은?

① A, A, C ② A, B, E ③ B, D, F
④ C, C, E ⑤ D, D, F

02

이 입자가 A를 포함하고 있을 때, 다음 중 어느 것이 참인가?

① B를 포함한다. ② D를 포함한다. ③ E를 포함한다.
④ F를 포함한다. ⑤ 또 다른 A와 C를 포함한다.

[정답]

01 ④

① (X) C가 포함되어 있으면 E도 포함되어야 하는데, 이를 충족시키지 못한다.
② (X) 전하량이 2/3이므로 조건에 위배된다.
③ (X) B와 D가 동시에 포함되어 있어 조건에 위배된다.
④ (O) 조건을 충족시킨다.
⑤ (X) 반쿼크만으로 구성되어 있기에 두 번째 조건에 위배된다.

02 ③

① (X) B가 포함될 경우 전하량이 맞지 않는다.
② (X) D가 포함될 경우 전하량이 맞지 않는다.
③ (O) E가 포함될 경우 참이 된다.
④ (X) F가 포함될 경우 전하량이 맞지 않는다.
⑤ (X) 네 번째 조건에 위배된다.

03

다음으로부터 추론한 것으로 옳은 것은?

동물 애호가 A, B, C, D가 키우는 동물의 종류에 대해서 다음 사실이 알려져 있다.

○ A는 개, C는 고양이, D는 닭을 키운다.
○ B는 토끼를 키우지 않는다.
○ A가 키우는 동물은 B도 키운다.
○ A와 C는 같은 동물을 키우지 않는다.
○ A, B, C, D 각각은 2종류 이상의 동물을 키운다.
○ A, B, C, D는 개, 고양이, 토끼, 닭 외의 동물은 키우지 않는다.

① B는 개를 키우지 않는다.
② B와 C가 공통으로 키우는 동물이 있다.
③ C는 키우지 않지만 D가 키우는 동물이 있다.
④ 3명이 공통으로 키우는 동물은 없다.
⑤ 3종류의 동물을 키우는 사람은 없다.

[정답] ③

1) 시나리오 확인 및 모형화

주어진 정보를 매칭하는 표를 만들면 다음과 같다.

구분	개	고양이	토끼	닭
A				
B				
C				
D				

2) 반드시 참인 정보 확인

첫 번째 진술과 두 번째 진술을 통해 도표를 만들어 정리하면 다음과 같다.

구분	개	고양이	토끼	닭
A	O			
B			X	
C		O		
D				O

3) 조건에 의한 속성매칭 추리

- 세 번째 진술에 의해 A가 키우는 개는 B도 키운다는 것을 알 수 있으며, 이는 B가 키우지 않는 동물은 A도 키우지 않는다는 것을 의미하므로 A는 토끼를 키우지 않는다.
- 네 번째 진술에 의해 A가 키우는 개는 C가 키우지 않으며 C가 키우는 고양이를 A가 키우지 않음을 알 수 있다. 이를 정리하면 다음과 같다.

구분	개	고양이	토끼	닭
A	O	X	X	
B	O		X	
C	X	O		
D				O

· 다섯 번째 진술에서 A, B, C, D는 각각 2종류 이상의 동물을 키운다고 했으므로 A는 닭을 키우며, A가 키우는 동물은 B도 키우며 C는 키우지 않으므로, B는 닭을 키우며 C는 닭을 키우지 않는다. 이 경우 C는 두 종류를 키워야 하므로 토끼를 키운다.

구분	개	고양이	토끼	닭
A	O	X	X	O
B	O		X	O
C	X	O	O	X
D				O

4) 선택지 판단

① (X) 세 번째 진술에서 A가 키우는 동물은 B도 키우므로 B는 개를 키운다.

② (X) 위 진술만으로는 알 수 없다.

③ (O) 닭은 C는 키우지 않지만 D가 키우는 동물이다.

④ (X) 닭은 A, B, D 세 사람이 키우는 동물이다.

⑤ (X) B나 D가 가능하기에 추론할 수 없는 진술이다.

3. 연결하기·그룹핑

연결하기·그룹핑 문제는 변수들이 함께 묶일 수 있는지 분석하며, 변수를 적절한 그룹에 위치시키는 것을 목적으로 한다. 이때 주어진 규칙은 조건문의 형식을 취하는 경우가 많다. 조건문을 규칙으로 활용할 때에는 형식적 추리에서 다루었던 조건문의 기본 원리들이 모두 적용되기에 주의해야 한다.

(1) 연결하기·그룹핑 게임의 종류

① 변수의 수가 고정되어 있는 경우와 그렇지 않은 경우

- 6명의 사람들이 회의에 참석할 것이다. (고정)
- 그 상점에는 다양한 종류의 의자를 판매하고 있다. (미고정)

② 부분 고정: 변수의 최댓값 혹은 최솟값만 정해진 경우

10명의 학생 중 적어도 3명이 참석할 것이다.

③ 균형 게임: 일대일 대응

8명이 2명씩 4개 조를 구성하고 있다.

④ 불균형 게임: 과잉, 부족

- 과잉: 4개 조에 10명이 나누어 배치된다.
- 부족: 7일 동안 4명이 일하였다.

(2) 연결하기·그룹핑 게임의 접근 방식

① 그룹 모형화

그룹이 결정되어 있는 상황에서 변수의 개수에 따라 수직 또는 수평으로 빈칸을 구성한다.

② 규칙 모형화

㉠ 조건문의 경우, 역의 성립 가능성을 확인하고 대우의 경우도 표시하여 활용한다.

영희가 참석한다면, 철수도 참석한다.
=[대우: 논리적으로 동등] 철수가 참석하지 않는다면, 영희도 참석하지 않는다.
≠[역: 논리적으로 무관함] 철수가 참석한다면, 영희도 참석한다.

㉡ 수직 수평적 그룹의 모형에 맞추어 칸들을 정리하고 표시한다.

모두 3개 그룹 A, B, C가 있는데, 철수와 영희는 같은 B 그룹에 속해 있다.

B
철수, 영희

③ 제한 조건 확인

게임에서 선택할 수 있는 경우의 수가 한정되는 조건을 확인해야 한다. 이는 추론을 할 때에 가장 우선적으로 찾아야 하는 조건이다. 제한 조건은 직접적으로 언급되는 것이 있을 수 있지만 규칙의 결합을 통해 추리할 수도 있다. 이러한 제한 조건은 모든 그룹핑 게임에 적용된다.

㉠ 제한된 시간

시간적인 한정을 통해 연결한다.

철수가 축구를 할 수 있는 날은 수요일뿐이다.

㉡ 제한된 공간

공간에 속할 수 있는 가능성을 제한하거나 공간의 제한을 통해 가능성을 축소한다.

· 우체국에 갈 수 있는 사람은 가영, 나희, 다영 모두 3명인데, 그중 가영과 나희는 다른 일 때문에 갈 수 없었다. · 모든 학생들은 두 그룹에 속해야 하는데, 학생 A와 B는 동일한 그룹이 아니다.

㉢ 조건에 의한 제한

조건문을 활용하여 가능한 상황을 제한한다.

만약 라영이 그룹1에 있다면 마석도 그룹1에 있어야 한다.

㉣ 수적 조건을 통한 제한

다른 변수들의 반드시 참인 조건을 통해 수적 한정을 이용하여 추리한다.

A, B, C, D, E 다섯 명의 학생이 두 그룹으로 나뉘어 있다. 한 그룹은 세 명이고 다른 그룹은 두 명이다. A와 B는 같은 그룹이 될 수 없으며, C와 D는 같은 그룹이다.

예제

01

2009학년도 LEET 예비 문16

찬반 토론의 특성과 팀별 요구 사항들을 고려했을 때, B팀과 토론할 팀과 논제의 짝이 적절한 것은?

토론 동호회에서 찬반 토론을 기획하고 있다. 참여를 희망하는 팀은 모두 다섯 팀이고, 논제는 셋이다. 각 팀은 다음의 세 가지 논제 중 두 가지를 선택해 각각 찬반 의견을 밝혔다.

○ 낙태를 합법화해야 한다.
○ 사형 제도는 유지되어야 한다.
○ 안락사는 허용되어야 한다.

A팀은 낙태 논제에는 찬성하지만 사형 제도 논제에는 반대한다. B팀은 안락사 논제에 찬성하고 사형 제도 논제에 대해서도 찬성한다. C팀은 안락사 논제에는 찬성이지만 낙태 논제에는 반대한다. D팀은 안락사 논제와 사형 제도 논제에 대해 모두 반대 입장이다. E팀은 안락사 논제에는 반대하지만 사형 제도 논제에는 찬성한다.

어느 팀이든 각각 두 번 토론한다. 그런데 일부 팀이 내부 사정으로 인하여 다음과 같은 요구 사항들을 제시하였다.

1) A팀은 시간 관계상 E팀과 토론할 수 없다.
2) C팀은 다른 기회에 안락사 논제를 가지고 D팀과 토론한 적이 있기 때문에 이번에는 다른 팀을 원한다.

① C팀과 안락사　② D팀과 안락사　③ D팀과 사형 제도
④ E팀과 안락사　⑤ E팀과 사형 제도

[정답] ②

우선 그룹 만들기의 규칙을 찾는다.
[규칙 1] 찬반 토론이기 때문에 한 논제에 대해 찬성하는 두 팀이나 반대하는 팀끼리 토론할 수 없으므로 반드시 찬성 팀과 반대 팀이 짝을 이루어야 한다.
[규칙 2] 어느 팀이든 2번 토론한다.
[규칙 3] A팀은 E팀과 토론할 수 없다.
[규칙 4] C팀은 안락사를 논제로 D팀과 토론할 수 없다.
제시문의 내용을 다음과 같이 도식화할 수 있다. (O는 찬성을, X는 반대를 의미한다.)

구분	낙태	사형 제도	안락사
A	O	X	
B		O	O
C	X		O
D		X	X
E		O	X

B와 토론할 팀과 논제를 찾아보면, [규칙 1]에 따라 B는 사형 제도를 논제로 A나 D와 토론해야 한다. B가 D가 토론할 경우 A와 E가 토론해야 하는데 이는 [규칙 3]에 위배된다. 따라서 B는 사형 제도를 논제로 A와 토론해야 한다.
안락사를 논제로 할 경우 B는 D나 E와 토론해야 한다. B가 E와 토론하게 되면 C와 D가 토론해야 하는데 이는 [규칙 4]에 위배된다. 따라서 B는 D와 안락사를 논제로 토론해야 한다.

02

2009학년도 LEET 예비 문40

어떤 지역에 5개 공장이 입주하였다. 공장의 입지 결정 과정에서 고려할 수 있는 입지 요인은 A, B, C, D, E이다. 다음의 조건을 충족시킬 때, 참인 진술을 <보기>에서 모두 고른 것은?

> ○ A를 고려한 공장은 2개이다.
> ○ B를 고려한 공장은 3개이다.
> ○ C를 고려한 공장은 1개이다.
> ○ D를 고려한 공장은 1개이다.
> ○ E를 고려한 공장은 2개이다.

〈보기〉

ㄱ. 모든 공장이 1개 이상의 입지 요인을 고려하였다면, 5개의 입지 요인을 모두 고려한 공장이 있을 수 있다.

ㄴ. 모든 공장이 1개 이상의 입지 요인을 고려하였다면, 동일한 수의 입지 요인을 고려한 공장은 3개일 수 없다.

ㄷ. 어떠한 입지 요인도 고려하지 않은 공장이 있다면, 동일한 수의 입지 요인을 고려한 공장은 4개일 수 없다.

ㄹ. 모든 공장이 1개 이상의 입지 요인을 고려하였고, 2개 이상의 입지 요인을 고려한 공장이 2개 있다면, 3개의 입지 요인을 고려한 공장이 가장 많은 입지 요인을 고려한 것이다.

① ㄱ, ㄷ　　② ㄴ, ㄹ　　③ ㄷ, ㄹ
④ ㄱ, ㄴ, ㄷ　　⑤ ㄴ, ㄷ, ㄹ

[정답] ①

문제의 규칙을 보면 5개의 공장이 5개의 입지 요인을 하나만 선택하는 일대일 방식이 아니다. 한 공장이 5개의 입지 요인 모두를 선택할 수도 있다. 이런 유형은 '부족 게임'과 반대로 '과잉 게임'이라고 한다. 또 1개의 공장이 입지 요인을 선택하는 데 아무런 제한도 없다. 단지 A, B, C, D, E가 각각 2-3-1-1-2로 고려되었다는 것, 그리고 그 합이 9라는 것이다. 제한이 없기 때문에 가능한 경우의 수가 매우 많다.

각 보기가 가능한 경우인지 확실히 불가능한 경우인지 추리해 보면 다음과 같다.

ㄱ. (O) 5개의 공장이 모두 1개 이상의 입지 요인을 선택했기 때문에 각 공장들에 분배된 입지 조건의 수는 최소한 1-1-1-1-1이 되어야 한다. 5개의 입지를 모두 고려한 공장이 있다면 그 분배가 5-1-1-1-1이며 총합은 9이다. 위 규칙에서 공장이 고려한 입지 조건의 총합이 9이므로 규칙을 충족한다.

ㄴ. (X) 3개일 수 있다는 반증을 세운다. 3개의 공장이 동일한 수의 입지 요인을 고려했다면 그 배분은 1-1-1이나 2-2-2뿐이다. 3-3-3이면 나머지 2개의 공장은 1개의 입지 요인도 고려하지 않은 것이므로 전제 조건에 위배된다. 1-1-1인 경우 남은 두 공장이 6개의 입지 요인을 고려하면 된다. 1-1-1-2-4, 1-1-1-4-2, 1-1-1-3-3이 있으므로 가능하다. 2-2-2인 경우 남은 두 공장이 2-1이나 1-2를 고려하게 되는데 이 경우 1개를 고려한 공장이 4개가 되어서 ㄴ을 반증할 수 없다.

ㄷ. (O) 4개일 수 있다는 반증을 세울 수 있는지 묻고 있다. 그러나 0-x-x-x-x에서 자연수인 x를 4번 더해 9가 될 수 있는 경우의 수는 없다.

ㄹ. (X) 2개 이상의 입지를 고려한 공장이 2개라는 말은 남은 3공장이 1-1-1이라는 의미다. 이때 3개의 입지 요인을 고려한 공장이 가장 많은 입지 요인을 고려한 것이라면 1-1-1-3-3의 분배만 있다는 주장이다. 그러나 1-1-1-2-4도 있으므로 옳지 않다.

4. 진실 혹은 거짓 게임

이 유형에서 출제되는 문제들은 주어진 전제의 조건에 따라 참 또는 거짓의 값을 부여하고 답을 찾아내는 형식을 갖고 있다. 이 유형은 어떠한 논리게임보다도 논리학적인 방법이 필요한 유형이다.

문제 해결에 있어서 가장 중요한 점은 가능한 경우의 수를 최소화하는 것이다. 이를 위해 진술들 간 모순이 되는 점을 찾아서 그중 하나가 참일 경우, 다른 하나는 거짓임을 설정한다. 하나의 모순을 기준으로 하면 경우의 수를 2가지로 축소할 수 있다. 이 과정에는 모순을 찾아 제거시키는 귀류법(Reductio ad absurdum TEST)적인 사고가 포함되어 있다.

예제

01 LEET 2차 예시 문5

어느 모임에서 지갑 도난 사건이 있었다. 여러 가지 증거를 근거로 혐의자는 A, B, C, D, E로 좁혀졌다. A, B, C, D, E 중 한 명이 범인이고, 그들의 진술은 다음과 같다.

A: 나는 훔치지 않았다. C도 훔치지 않았다. D가 훔쳤다.
B: 나는 훔치지 않았다. D도 훔치지 않았다. E가 진짜 범인을 알고 있다.
C: 나는 훔치지 않았다. E는 내가 모르는 사람이다. D가 훔쳤다.
D: 나는 훔치지 않았다. E가 훔쳤다. A가 내가 훔쳤다고 말한 것은 거짓말이다.
E: 나는 훔치지 않았다. B가 훔쳤다. C와 나는 오랜 친구이다.

각각의 혐의자들이 말한 세 가지 진술 중에 두 가지는 참이지만 한 가지는 거짓이라고 밝혀졌다. 지갑을 훔친 사람은 누구인가?

① A ② B ③ C
④ D ⑤ E

[정답] ②

A의 세 번째 진술과 B의 두 번째 진술이 모순으로 둘 중 하나는 참이며, 나머지는 거짓이다. B의 두 번째 진술이 거짓이므로 D가 훔쳤다. 따라서 D의 첫 진술도 거짓이며 D의 나머지 진술은 참이다. 그리고 B의 첫 진술이 참이므로 E의 두 번째 진술은 거짓이며 나머지 진술은 참이다. 그런데 이 경우 D의 두 번째 진술과 E의 첫 진술에서 모순이 발생한다. 따라서 있을 수 없는 경우가 된다. 이를 표로 나타내면 다음과 같다.

A			T
B	T	F	T
C			
D	F	T	T
E	T	F	T

결국 A의 세 번째 진술이 거짓, B의 두 번째 진술이 참이다. 이를 토대로 진릿값의 표를 만들면 다음과 같다.

A	T	T	F
B	F	T	T
C	T	T	F
D	T	F	T
E	T	T	F

따라서 지갑을 훔친 사람은 B이다.

[02~03]

LEET 2차 예시 문17

다음을 읽고 물음에 답하시오.

> 전설의 섬 음양도에는 태양인과 소음인이라는 두 부류의 주민들만 산다. 외지인들은 이 섬의 태양인과 소음인을 외모로는 구분할 수 없다. 또 외지인들은 이 섬의 주민들을 겉보기만으로는 남성인지 여성인지 분간할 수 없다. 이들을 분간할 수 있는 단서는 다음뿐이다. 소음인은 여성은 언제나 참말만 하고, 남성은 항상 거짓말만 한다. 반대로 태양인은 남성은 항상 참말만 하고, 여성은 언제나 거짓말만 한다. 한 외지인이 이 섬을 방문해서 다섯 명의 섬 주민 A, B, C, D, E와 다음과 같이 대화를 주고받았다.
>
> 외지인: "당신은 태양인입니까?"
> A: "아니오."
>
> 외지인: "당신은 남성입니까?"
> B: "예."
>
> C: "저는 소음인 남성입니다."
> 외지인: "아, 예!"
>
> D: "저는 태양인 남성이 절대 아니올시다."
> 외지인: "알겠습니다!"
>
> E: "저는 태양인 남성이거나 소음인 여성입니다."
> 외지인: "아, 그러신가요!"

02

위의 대화에 등장하는 섬 주민들에 관해 알 수 있는 것은?

① 남성이 두 명 이상 등장한다.
② 여성이 세 명 이상 등장한다.
③ 소음인이 두 명 이상 등장한다.
④ 태양인이 세 명 이상 등장한다.
⑤ 소음인 남성은 등장하지 않는다.

03

외지인이 이 섬의 주민들이자 부부 사이인 F와 G를 만나서 나눈 다음 대화를 보고 맞는 것을 고르시오.

> 외지인: "당신들은 어떤 부류에 속하십니까?"
> F: "제 배우자는 태양인입니다."
> G: "저희 부부는 둘 다 태양인입니다."

① F는 소음인 아내, G는 소음인 남편이다.
② F는 소음인 남편, G는 태양인 아내이다.
③ F는 태양인 아내, G는 소음인 남편이다.
④ F는 태양인 남편, G는 태양인 아내이다.
⑤ F는 태양인 남편, G는 소음인 아내이다.

[정답]

02 ②

정보를 정리하면 다음과 같다.

구분	남성	여성
태양인	참	거짓
소음인	거짓	참

A의 대답에서, A가 참을 말했을 경우 소음인 여성이 되며, 거짓을 말했을 경우 태양인 여성이 된다. B의 경우, 참일 경우 태양인 남성이 되며, 거짓일 경우 태양인 여성이 된다. C는 태양인 여성이며, D는 소음인 여성이다. E는 네 경우 모두 가능하다. 따라서 답은 ②가 된다.

03 ③

이 문제는 많은 경우의 수가 나오므로 선택지를 직접 대입하여 문제를 해결해야 한다. 선택지의 내용을 적용하여 모순이 나타나지 않는 것이 정답이다.

① (X) F가 소음인 여성일 경우 참을 말하므로, G는 태양인 남성이어야 한다.
② (X) F가 소음인 남성일 경우 거짓을 말하므로, G는 소음인 여성이어야 한다.
③ (O) F가 태양인 여성일 경우 거짓을 말하므로, G는 소음인 남성이어야 한다. 그리고 G는 소음인 남성으로 거짓을 말해야 한다.
④ (X) F가 태양인 남성일 경우 참을 말하므로, G는 태양인 여성이어야 한다. 그런데 태양인 여성은 거짓을 말해야 한다.
⑤ (X) F가 태양인 남성일 경우 참을 말하므로, G는 태양인 여성이어야 한다.

04

2009학년도 LEET 예비 문37

우주인 선발에 지원한 A, B, C, D, E, F, G의 7명 중에서 2명이 선발되었다. 누가 선발되었는가에 대하여 5명이 다음과 같이 각각 진술하였다.

> ○ A, B, G는 모두 탈락하였다.
> ○ E, F, G는 모두 탈락하였다.
> ○ C와 G 중에서 1명만 선발되었다.
> ○ A, B, C, D 중에서 1명만 선발되었다.
> ○ B, C, D 중에서 1명만 선발되었고, D, E, F 중에서 1명만 선발되었다.

3명의 진술만 옳을 때, 반드시 선발된 사람은?

① A　② C　③ D　④ E　⑤ G

[정답] ③

진실, 거짓 게임에서는 먼저 동시에 참이 될 수도 없고 동시에 거짓이 될 수도 없는 진술들의 쌍, 즉 서로 모순되는 두 개의 진술을 찾는 것이 가장 효율적이다. 두 번째 진술과 네 번째 진술이 동시에 참이 될 수 없는 모순 관계에 있으므로 둘 중 한 진술은 참이고 다른 진술은 거짓인 두 경우로 나누어 생각해 보면 쉽게 해결할 수 있다.

1) 두 번째 진술이 참이고, 네 번째 진술이 거짓인 경우

두 번째 진술이 참이므로 E, F, G는 모두 탈락하였다. 그리고 네 번째 진술이 거짓이므로 A, B, C, D 중 두 명이 선발되었다.

1-1) 첫 진술이 거짓인 경우: 첫 진술이 거짓이므로 위 조건에서 G는 선발될 수 없으며, A 또는 B가 반드시 선발되어야 한다. 그런데 이때 세 번째 진술이 참이어야 하므로 C가 선발되어야 한다. 그리고 다섯 번째 진술이 참이어야 하므로 C와 D가 선발되어야 하는데, 이 경우 첫 진술이 거짓이기 위한 조건에 의해 A 또는 B가 선발될 수 없어 모순이 발생한다. 따라서 있을 수 없는 진술이다.

1-2) 세 번째 진술이 거짓인 경우: C와 G 모두 선발이 되어서는 안 되거나 둘 다 선발되어야 한다. 모두 선발이 되지 않을 경우 A, B, D 중 두 명이 되어야 한다. 그런데 첫 진술이 참이 되어야 하므로 D밖에 선발될 수 없게 된다. 그리고 둘 다 선발되지 않을 경우 첫 진술이 참이어야 하므로 C와 D가 되어야 한다. 그러나 이 경우 C가 선발되지 않아야 하는 조건을 위배하기에 틀린 경우이다.

1-3) 다섯 번째 진술이 거짓인 경우: 다섯 번째 진술이 거짓이므로 첫 번째와 세 번째가 참이어야 한다. 따라서 첫 번째 진술이 참이기 위해서는 C와 D가 선발되어야 한다. 이 경우 세 번째 진술이 참이며, 다섯 번째 진술은 거짓이 되기에 조건에 충족한다. 따라서 가능한 경우이다.

2) 두 번째 진술이 거짓이고, 네 번째 진술이 참인 경우

네 번째 진술이 참이므로 A, B, C, D 중 한 명만 선발되었다. 그리고 두 번째 진술이 거짓이므로 E, F, G 중 한 명이 선발되었다.

2-1) 첫 진술이 거짓이고 세 번째, 다섯 번째 진술이 참인 경우: 첫 진술이 거짓이므로 A, B, G 중 최소 한 명은 선발되어야 한다. 또한 세 번째 진술이 참이어야 하므로 C나 G가 선발되어야 한다. 그리고 다섯 번째 진술이 참이어야 하는데, 이때 D와 G가 선발될 경우 모든 조건을 충족할 수 있게 된다.

2-2) 세 번째 진술이 거짓인 경우: C, G 모두 선발되지 않거나 모두 선발되어야 한다. 모두 선발될 경우 첫 진술은 참이 될 수 없게 된다. 그리고 모두 선발되지 않을 경우 A, B, D 중 한 명, E, F 중 한 명이 선발되어야 한다. 그런데 첫 진술이 참이 되어야 하므로 D와 E 또는 F가 선발되어야 한다. 이는 다섯 번째 진술의 뒷부분을 위배하게 된다. 따라서 있을 수 없는 경우가 된다.

2-3) 다섯 번째 진술이 거짓인 경우: B, C, D 중에서 2명이 선발되거나 모두 선발되지 않는다. 모두 선발되지 않을 경우 A와 E, F, G 중 한 명이 선발된다. 그런데 첫 조건을 적용하면 A가 될 수 없으므로 조건에 위배된다.

결국 C와 D, D와 G가 선발되는 두 가지 경우가 가능하고, 두 경우 모두 D가 반드시 선발된다는 것을 알 수 있다.

05

다음으로부터 바르게 추론한 것은?

이번 학기에 4개의 강좌 〈수학사〉, 〈정수론〉, 〈위상수학〉, 〈조합수학〉이 새로 개설된다. 수학과장은 강의 지원자 A, B, C, D, E 중 4명에게 각 한 강좌씩 맡기려 한다. 배정 결과를 궁금해 하는 A~E는 다음과 같이 예측했다.

A: "B가 〈수학사〉 강좌를 담당하고 C는 강좌를 맡지 않을 것이다."
B: "C가 〈정수론〉 강좌를 담당하고 D의 말은 참일 것이다."
C: "D는 〈조합수학〉이 아닌 다른 강좌를 담당할 것이다."
D: "E가 〈조합수학〉 강좌를 담당할 것이다."
E: "B의 말은 거짓일 것이다."

배정 결과를 보니 이 중 한 명의 진술만 거짓이고, 나머지는 참임이 드러났다.

① A는 〈수학사〉를 담당한다.
② B는 〈위상수학〉을 담당한다.
③ C는 강좌를 맡지 않는다.
④ D는 〈조합수학〉을 담당한다.
⑤ E는 〈정수론〉을 담당한다.

[정답] ③

주어진 조건은 한 명의 진술은 거짓, 나머지는 참이라는 것이다. 그런데 A와 B의 진술에서 C가 강좌를 맡는다는 것에 대한 진술이 상충되므로 각각 참인 경우를 설정하여 진위를 찾아야 한다.

A가 참일 경우 B는 거짓이며, B가 참일 경우 A는 거짓이 된다. 각 경우에 있어서 한 명만 거짓이라는 조건을 위배할 경우, 있을 수 없는 경우가 된다.

1) A가 거짓, B가 참: C, D, E 모두 참이어야 한다. 그런데 이때 B와 E의 진술이 모순이 된다. 따라서 있을 수 없는 경우이다.
2) A가 참, B가 거짓: C, D, E 모두 참이다. 이 경우 배정 강좌를 표로 정리하면 다음과 같다.

구분	배정된 강좌			
	수학사	정수론	위상수학	조합수학
A	X			X
B	O	X	X	X
C	X	X	X	X
D	X			X
E	X	X	X	O

① (X) B가 수학사를 담당한다.
② (X) B가 수학사를 담당하며, 위상수학은 A 또는 D가 담당한다.
③ (O) A의 진술이 참이므로 옳은 진술이다.
④ (X) 조합수학은 E가 담당한다.
⑤ (X) E가 조합수학을 담당하며, 정수론은 A 또는 D가 담당한다.

06

2015학년도 LEET 문20

다음으로부터 추론한 것으로 옳은 것은?

어떤 회사가 A, B, C, D 네 부서에 한 명씩 신입 사원을 선발하였다. 지원자는 총 5명이었으며, 선발 결과에 대해 다음과 같이 진술하였다. 이중 1명의 진술만 거짓으로 밝혀졌다.

지원자 1: 지원자 2가 A 부서에 선발되었다.
지원자 2: 지원자 3은 A 또는 D 부서에 선발되었다.
지원자 3: 지원자 4는 C 부서가 아닌 다른 부서에 선발되었다.
지원자 4: 지원자 5는 D 부서에 선발되었다.
지원자 5: 나는 D 부서에 선발되었는데, 지원자 1은 선발되지 않았다.

① 지원자 1은 B 부서에 선발되었다.
② 지원자 2는 A 부서에 선발되었다.
③ 지원자 3은 D 부서에 선발되었다.
④ 지원자 4는 B 부서에 선발되었다.
⑤ 지원자 5는 C 부서에 선발되었다.

[정답] ④

우선 진술들 간의 관계를 파악하여 경우의 수를 상정하고 진위를 파악해야 한다.

1) 다섯 지원자의 진술 중 1명만 거짓이다. 그런데 진술 내용 중 지원자 4의 진술은 지원자 5의 진술의 연언지 중 하나이다. 만일 지원자 4의 진술이 거짓이면 지원자 5의 진술도 거짓이 되어야 한다. 이 경우 1명만 거짓이라는 조건을 위배하므로 지원자 4의 진술은 참이어야 한다.
2) 지원자 4의 진술이 참이므로 지원자 2가 참이 되기 위해서는 지원자 3이 D 부서에 선발될 수 없기에 A 부서에 선발되어야 한다. 이 경우 지원자 1의 진술은 거짓이 된다. 반면 지원자 1의 진술이 참일 경우 지원자 2의 진술은 거짓이 된다. 결국 이 두 가지 경우를 확인해야 한다.

[경우 1] 지원자 1의 진술이 거짓인 경우

구분	A	B	C	D
1	X	X	X	X
2	X	X	O	X
3	O	X	X	X
4	X	O	X	X
5	X	X	X	O

[경우 2] 지원자 2의 진술이 거짓인 경우

구분	A	B	C	D
1	X	X	X	X
2	O	X	X	X
3	X	X	O	X
4	X	O	X	X
5	X	X	X	O

두 경우에 모두 해당하는 것이 정답이므로 답은 ④가 된다.

07

2022학년도 LEET 문34

다음으로부터 추론한 것으로 옳은 것만을 <보기>에서 있는 대로 고른 것은?

> 어떤 사건에 대하여 네 명의 용의자 갑, 을, 병, 정에게 물었더니 다음과 같이 각각 대답하였다.
>
> 갑: "병은 범인이다. 범인은 두 명이다."
> 을: "내가 범인이다. 정은 범인이 아니다."
> 병: "나는 범인이다. 범인은 나를 포함하여 세 명이다."
> 정: "나는 범인이 아니다. 갑은 범인이다."
>
> 각각 두 문장으로 구성된 갑, 을, 병, 정 네 사람 각자의 대답에서 한 문장은 참이고 다른 한 문장은 거짓이라고 한다.

〈보기〉

ㄱ. 갑의 대답 중 "범인은 두 명이다."는 거짓이다.
ㄴ. 을은 범인이다.
ㄷ. 병과 정 중에서 한 명만 범인이면 갑은 범인이 아니다.

① ㄱ ② ㄴ ③ ㄱ, ㄷ
④ ㄴ, ㄷ ⑤ ㄱ, ㄴ, ㄷ

[정답] ③

ㄱ. (O)

1) 갑의 대답 중 "범인은 두 명이다."가 참일 경우, 갑의 첫 문장은 거짓이므로 "병은 범인이다."는 거짓이다. 그럴 경우 병의 첫 진술이 거짓이 되므로 두 번째 진술은 참이기에 "범인은 나를 포함하여 세 명이다."가 참이어야 한다. 그러나 이는 "범인은 두 명이다."가 참이라는 진술을 거짓으로 만들기에 옳지 않다. 따라서 갑의 두 번째 진술인 "범인은 두 명이다."는 거짓이다.
2) 갑의 두 번째 진술이 거짓이므로 첫 번째 진술은 참이다. 따라서 병은 범인이다. 이를 통해 병의 첫 진술이 참이며 두 번째 진술이 거짓임을 알 수 있다. 그러므로 범인은 3명이 아니다.
3) 결국 범인은 1명이거나 4명이다.
4) 범인이 1명인 경우 병이 범인이므로 나머지는 모두 범인이 아니다. 따라서 을의 첫 진술이 거짓이며 두 번째 진술은 참이 돼야 한다. 정은 범인이 아니므로 성립되며 정의 첫 진술이 참이므로 두 번째 진술은 거짓이 되어 갑이 범인이 아니기에 가능한 경우이다.
5) 범인이 4명인 경우 을의 첫 진술은 참이며 두 번째 진술은 거짓이 되어 정은 범인이다. 따라서 정의 첫 진술은 거짓이며 두 번째 진술은 참이 되어 성립한다.
6) 그러므로 범인은 1명이거나 4명이 모두 성립 가능하다.

ㄴ. (X) 4)에 의해 을은 범인이 아닐 수 있으므로 옳지 않다.
ㄷ. (O) 4)에 해당되며 이때에 병이 범인이고 나머지는 범인이 아니기에 옳은 진술이다.

5. 수학적 퍼즐

수학적 퍼즐 유형은 논리게임의 해결에 있어서 수학적 계산과 수리적 사고가 필요한 문제를 의미한다. 외형은 다른 유형과 동일한 퍼즐의 형태로 나타나지만 동시에 수리적 소양을 측정하고자 하는 의도를 지닌 문제이다. 문제의 상황과 조건, 정보, 규칙이나 원리가 지문에서 제공되며, 이를 통해 주어진 조건을 파악하고 그것을 기초적인 수학적 원리에 대응하여 문제를 해결한다.

예제

[01~02]

LEET 1차 예시 문4

다음 글을 읽고 아래의 물음에 답하시오.

가상의 나라인 '단어국'에서는 영어 알파벳(A–Z까지 26개 문자)을 문자로 차용하여, 〈보기〉의 여섯 가지 규칙을 만족하는 알파벳 문자열만을 단어로 사용한다고 한다. (단, 이 나라 알파벳에서 모음은 A, E, I, O, U뿐이며, 나머지 문자는 모두 자음이다.)

〈보기〉

1. 모든 단어에서 사용된 문자의 개수는 홀수이다.
2. 자음은 세 개 이상 연달아 나타날 수 없다.
3. 한 단어에 같은 모음은 많아야 두 번 나올 수 있다.
4. 모든 단어는 모음 혹은 D, N, T로 시작한다.
5. 모든 단어는 모음 혹은 R, S, T로 끝난다.
6. 모든 단어에 적어도 하나의 모음은 포함된다.

01

이 나라에서 사용되는 단어 중 가장 긴 단어는 몇 자로 이루어지는가?

① 27　② 28　③ 29
④ 31　⑤ 33

02

이 나라에서 사용되는 단어에 대한 <보기>의 명제 중에서 옳지 않은 것을 모두 묶은 것은?

〈보기〉

가. 같은 문자가 세 개 이상 연달아 있는 단어는 없다.
나. 문자열 'KOREA'가 포함된 단어는 최대 27자로 되어 있다.
다. 단 한 개의 문자로 이루어진 단어는 5개 존재한다.
라. 자음이 2개밖에 없는 단어 중에 가장 긴 단어들에는 반드시 T가 포함되어 있어야 한다.
마. 모든 알파벳이 다 포함되어 있는 단어는 없거나 많아야 1개 존재한다.

① 가, 나　② 나, 마　③ 다, 라
④ 가, 다, 라　⑤ 나, 라, 마

[정답]

01 ④

26개의 문자 중 모음이 5개, 자음이 21개이다. 2와 3의 규칙을 적용할 경우, 모음은 10개까지 사용할 수 있으며, 자음은 모음의 좌우로 두 개씩 위치시켜 총 22개를 사용할 수 있다. 따라서 만들 수 있는 단어의 최대 문자 수는 32개이나, 규칙 1에서 문자 개수가 홀수이어야 하므로 31개가 가장 긴 단어가 된다.

02 ⑤

가. (O) 규칙 2와 3에서 자음, 모음 모두 2개까지만 사용할 수 있으므로 참이다.
나. (X) 앞의 문제에서 찾았던 가장 긴 단어에서 추론할 수 있다. 가장 긴 단어는 자음이 모음 사이에 각각 2개씩 배열되는 형태이다. 그런데 주어진 단어 'KOREA'는 이러한 형태에서 자음이 3개가 빠져있는 형태이다. 또한 규칙 4와 5에 의해서 중간에만 위치할 수 있다. 맨 마지막에 위치할 경우 가장 긴 단어의 구성 형식에 맞지 않기 때문이다. 그러므로 자음 3개가 빠진 단어가 가장 긴 단어가 된다. 답은 29이므로 거짓이다.
다. (O) 규칙 4, 5, 6의 조건에서 한 개의 문자를 이루는 단어는 오직 모음 하나가 단어가 되는 경우이다. 모음이 5개이므로 참이다.
라. (X) 자음이 2개인 가장 긴 단어의 조합은 '모음 2개 + 자음 + 모음 2개 + 자음 + 모음 2개'이다. 중간에 쓰이는 자음과 관련된 규칙은 없으므로 거짓이다.
마. (X) 가장 긴 단어의 경우 21개의 모든 자음과 모든 모음 5개(2번씩)를 쓸 수 있으며, 4와 5의 규칙을 만족할 경우 모든 알파벳을 사용한 단어가 한 개 이상도 가능하므로 거짓이다.

03

LEET 2차 예시 문6

세 개의 주머니 A, B, C가 있는데 각 주머니에는 세 장의 카드 [1], [2], [3]이 들어 있다. 갑이 주머니 A에서 한 장, 주머니 B에서 한 장, 주머니 C에서 한 장의 카드를 뽑아 모두 세 장의 카드를 가졌다. 그 다음, 을이 갑과 마찬가지로 주머니 A, B, C에서 각각 한 장의 카드를 뽑아 세 장의 카드를 가졌다. 마지막으로 병이 각 주머니에 남아 있는 한 장의 카드를 뽑아 세 장의 카드를 가졌다. 이 때 갑이 가지고 있는 카드가 [1], [2], [3], 을이 가지고 있는 카드도 [1], [2], [3], 병이 가지고 있는 카드도 [1], [2], [3]이라면 다음 중 옳지 않은 것은?

① 갑이 A 주머니에서 [1]을 뽑고 을이 B 주머니에서 [1]을 뽑았다면 병은 C 주머니에서 [1]을 뽑았음에 틀림없다.

② 갑이 A 주머니에서 [1]을 뽑고 을이 B 주머니에서 [2]를 뽑았다면 병은 C 주머니에서 [3]을 뽑았음에 틀림없다.

③ 갑이 A 주머니에서 [2]를 뽑고 을이 B 주머니에서 [2]를 뽑았다면 갑은 C 주머니에서 [1]을 뽑았음에 틀림없다.

④ 갑이 A 주머니에서 [2]를 뽑고 을이 B 주머니에서 [1]을 뽑았다면 갑은 C 주머니에서 [1]을 뽑았음에 틀림없다.

⑤ 갑이 A 주머니에서 [3]을 뽑고 을이 B 주머니에서 [2]를 뽑았다면 을은 C 주머니에서 [3]을 뽑았음에 틀림없다.

[정답] ③

이는 그림이나 도표를 그려서 정리할 경우 더 쉽게 이해할 수 있다.

① (O) 병은 1을 C에서만 뽑을 수 있으므로 참이다.

구분	갑	을	병
A	1		
B		1	
C			1

② (O) 갑은 2를 C에서 뽑아야 하며, 을은 1을 C에서만 뽑을 수 있다. 따라서 병이 뽑을 때에 C에는 3밖에 없기에 병은 3을 뽑아야만 하므로 참이다.

구분	갑	을	병
A	1		
B		2	
C			3

③ (X) 위와 같이 갑이 C에서 1이 아닌 것을 뽑을 수 있는 반례가 존재하므로 옳지 않다.

구분	갑	을	병
A	2	3	1
B	1	2	3
C	3	1	2

④ (O) 갑은 1을 C에서만 뽑을 수 있으므로 참이다.

구분	갑	을	병
A	2		
B		1	
C	1		

⑤ (O) 을이 3을 뽑을 수 있는 곳은 C밖에 없으므로 참이다.

구분	갑	을	병
A	3		
B		2	
C		3	

04

LEET 2차 예시 문12

어떤 주식 시장에서 개인, 기관, 외국인의 세 주체만이 서로 주식을 거래한다고 가정하자. A 회사 주식의 전 거래일 종가 대비 금일의 종가는 다음과 같이 세 주체의 주식 순매수 여부에 달려 있다고 한다.

개인	기관	외국인	전 거래일 종가 대비 금일의 종가
+	+	−	2천 원 상승
+	−	+	천 원 상승
+	−	−	3천 원 하락
−	+	+	3천 원 상승
−	+	−	천 원 하락
−	−	+	2천 원 하락

주: +는 순매수(매수량 〉 매도량), −는 순매도(매수량 〈 매도량)를 의미하며, 순매수 = 0인 경우는 없다고 가정한다.

세 명의 개인 투자자 중에서 갑은 개인이 순매수(순매도)하는 날에 이 주식을 매수(매도)하고, 을은 기관이 순매수(순매도)하는 날에 이 주식을 매수(매도)하고, 병은 외국인이 순매수(순매도)하는 날에 이 주식을 매수(매도)한다고 한다. 갑, 을, 병 모두 11월 30일(일) 현재 A 회사 주식을 10주(주당 10만 원)씩 가지고 있다고 한다. 그리고 당일 중에는 한 번에 한해서 종가에 1주씩 매수 혹은 매도만을 할 수 있다고 한다.

세 주체의 거래 내역이 아래와 같다고 할 때, 다음 진술 중 옳지 않은 것은?

거래일	개인	기관	외국인
12월 1일(월)	+	+	−
12월 2일(화)	(가)	−	+
12월 3일(수)	−	−	+
12월 4일(목)	+	−	−
12월 5일(금)	−	+	+

① (가)가 −였다면, 12월 3일 거래 종료 시점에서, 병이 보유하고 있는 주식 수가 가장 많다.

② 12월 4일 거래 종료 시점에서, 갑이 보유하고 있는 주식 수가 을 또는 병의 주식 수보다 크거나 같다.

③ (가)가 −였다면, 12월 4일 거래 종료 시점에서, 병이 보유하고 있는 주식의 평가액은 95만 원이다.

④ 12월 5일 거래 종료 시점에서, 을이 보유하고 있는 주식 수가 갑 또는 병의 주식 수보다 같거나 작다.

⑤ (가)가 +였다면, 12월 5일 거래 종료 시점에서, 갑이 보유하고 있는 주식의 평가액은 115만 원이다.

[정답] ⑤

① (O) (가)가 -였을 때 12월 3일까지의 주식 수의 증감을 표시하면 다음과 같다.

거래일	갑(개인)	을(기관)	병(외국인)
12월 1일(월)	+	+	-
12월 2일(화)	-	-	+
12월 3일(수)	-	-	+
총합	-1	-1	+1

총합은 병이 가장 많으므로 옳은 진술이다.

② (O) 12월 4일을 기준으로 갑의 두 가지 가능성을 모두 표시하면 다음과 같다.

거래일	갑(개인)		을(기관)	병(외국인)
12월 1일(월)	+		+	-
12월 2일(화)	-	+	-	+
12월 3일(수)	-	-	-	+
12월 4일(목)	+	+	-	-
총합	0	+2	-2	0

갑이 -일 때에는 을보다 크고 병과 같으며, +일 때에는 가장 크므로 옳은 진술이다.

③ (O) 병의 주식 평가액은 기존에 10만 원 10주이므로 100만 원을 기준으로 한다. 이때 주식 수는 위에서 알 수 있듯 변화가 없다. 그러나 첫 도표에서 종가의 변화를 감안하면 다음의 도표와 같이 변화한다.

거래일	갑(개인)	을(기관)	병(외국인)	1주당 종가변화액
12월 1일(월)	+	+	-	+2,000
12월 2일(화)	-	-	+	-2,000
12월 3일(수)	-	-	+	-2,000
12월 4일(목)	+	-	-	-3,000
총합	0	-2	0	-5,000

병은 한 주당 10만 원에서 -5,000원이 되고, 9만 5천 원의 주식 10주를 가지고 있게 되어 총액은 95만 원이 되므로 옳은 진술이다.

④ (O) 12월 5일을 기준으로 주식 수를 정리하면 다음과 같다.

거래일	갑(개인)		을(기관)	병(외국인)
12월 1일(월)	+		+	-
12월 2일(화)	-	+	-	+
12월 3일(수)	-	-	-	+
12월 4일(목)	+	+	-	-
12월 5일(금)	-	-	+	+
총합	-1	+1	-1	+1

을의 주식 수는 갑 또는 병과 같거나 작으므로 옳은 진술이다.

⑤ (X) (가)를 +로 하여 정리하면 다음과 같다.

거래일	갑(개인)	을(기관)	병(외국인)	1주당 종가변화액
12월 1일(월)	+	+	-	+2,000
12월 2일(화)	+	-	+	+1,000
12월 3일(수)	-	-	+	-2,000
12월 4일(목)	+	-	-	-3,000
12월 5일(금)	-	+	+	+3,000
총합	+1	-1	+1	+1,000

결국 갑은 총 11주의 주식을 갖고 있다. 그리고 종가는 1천 원 상승한다. 각각의 주식은 10만 1천 원이므로 111만 1천 원이 되어 옳지 않은 진술이다.

05

2009학년도 LEET 예비 문9

표는 어떤 신설 산업 지구에 입주해 있는 총 기업 수와 월평균 생산액을 월별로 나타낸 것이다.

	1월	2월	3월
총 기업 수(개)	2	3	5
월평균 생산액(백만 원)	20	22	22

이 산업 지구에 1월부터 3월까지 입주한 기업들이 다음의 조건을 만족할 때, 3월의 월 생산액이 가장 많은 기업이 입주한 달부터 3월의 월 생산액이 가장 적은 기업이 입주한 달까지 순서대로 바르게 나열한 것은? (단, 이 기간에 철수한 기업은 없다.)

> ○ 같은 달에 입주한 기업의 월 생산액은 동일하다.
> ○ 짝수 달에 입주한 기업의 월 생산액은 변하지 않는다.
> ○ 홀수 달에 입주한 기업의 월 생산액은 매월 백만 원씩 증가한다.

① 1월 – 2월 – 3월
② 1월 – 3월 – 2월
③ 2월 – 1월 – 3월
④ 2월 – 3월 – 1월
⑤ 3월 – 2월 – 1월

[정답] ③

도표를 보면 3개월 동안 총 5개의 기업이 산업 지구에 입주한다. 1월에 입주한 기업을 A와 B, 2월에 입주한 기업을 C, 3월에 입주한 기업을 D와 E라고 해 보자. 또 각각의 규칙들을 다음과 같이 정해보자.
[규칙 1] 같은 달에 입주한 기업의 월 생산액은 동일하다.
[규칙 2] 짝수 달에 입주한 기업의 월 생산액은 변하지 않는다.
[규칙 3] 홀수 달에 입주한 기업의 월 생산액은 매월 백만 원씩 증가한다.
[규칙 1]에 따라 A와 B의 월 생산액은 동일하며 월평균 생산액은 20(단위: 백만 원, 이하 생략)이기 때문에 A와 B의 1월 생산액은 각각 20이다. 또 [규칙 3]에 따라 2월엔 각각 21, 3월엔 22로 증가한다.
2월에 입주한 C의 생산액을 구해보자. A와 B와 C의 2월 월평균 생산액이 22이므로 A의 2월 생산액 + B의 2월 생산액 + C의 2월 생산액 = 66이다. [규칙 3]에 따라 A와 B의 2월 생산액은 21이므로 C는 24가 된다. [규칙 2]에 따라 C의 3월 생산액은 24이다.
3월에 입주한 D와 E의 3월 생산액을 계산해 보면, A와 B는 각각 22, C는 24이고, [규칙 1]에 따라 D = E이기 때문에 이를 계산해 보면 D와 E는 각각 21이다.
따라서 3월에 생산액이 제일 많은 곳은 2월에 입주한 C, 그다음은 1월에 입주한 A와 B, 가장 적은 곳은 3월에 입주한 D와 E다.

06

2009학년도 LEET 예비 문13

12명의 사람이 모자, 상의, 하의를 착용하는데, 모자, 상의, 하의는 빨간색 또는 파란색 중 하나이다. 12명이 모두 모자, 상의, 하의를 착용했을 때, 다음과 같은 모습이었다.

> ○ 어떤 사람을 보아도 모자와 하의는 다른 색이다.
> ○ 같은 색의 상의와 하의를 입은 사람의 수는 6명이다.
> ○ 빨간색 모자를 쓴 사람의 수는 5명이다.
> ○ 모자, 상의, 하의 중 1가지만 빨간색인 사람은 7명이다.

이때 하의만 빨간색인 사람은 몇 명인가?

① 5　② 4　③ 3
④ 2　⑤ 1

[정답] ②

모자, 상의, 하의라는 3개의 항목과 빨간색, 파란색이라는 2개의 변수를 사용하여 가능한 모든 조합을 열거하면 다음과 같이 총 8가지의 경우의 수가 나타난다.

모자	상의	하의
빨	빨	빨
빨	빨	파
빨	파	빨
빨	파	파
파	빨	빨
파	빨	파
파	파	빨
파	파	파

여기서 첫 조건인 모자와 하의가 다른 색임을 적용하면 1, 3, 6, 8번째 줄이 제외된다. 나머지 4가지의 경우를 정리하면 다음과 같다.

모자	상의	하의	경우의 수
빨	빨	파	a
빨	파	파	b
파	빨	빨	c
파	파	빨	d

조건 2를 적용하면, $b + c = 6$
조건 3을 적용하면, $a + b = 5$
조건 4를 적용하면, $b + d = 7$
총인원은 12명이므로, $a + b + c + d = 12$이다.
a, c, d를 모두 b로 바꾸어 적용하면, $(5 - b) + b + (6 - b) + (7 - b) = 12$이다.
$18 - 2b = 12 \rightarrow 2b = 6 \rightarrow b = 3$
여기서 문제는 하의만 빨간색인 d를 구하는 것이다. 따라서 b를 대입하면, $d = 4$이다.

Ⅳ. 수리 추리

수리 추리 영역은 논리게임과 유사한 퍼즐 유형으로 출제된다. 단, 수리적인 계산이나 개념이 적용되어 문제를 해결해야 한다는 점에서 구별된다. 수리 추리 유형에는 대수 및 연산, 도형 및 기하, 게임 이론 및 이산 수학, 표와 그래프 파악 등이 있다.

1 대수 및 연산

대수 및 연산 유형은 수리적인 자료로부터 수리적으로 추리를 하거나 간단한 수 계산 혹은 방정식을 포함한 대수식을 이용하여 해결하는 문제를 말한다. 이 유형의 문제는 다양한 소재로 출제되며, 수리적인 계산 자체보다는 지문에 나타나는 시나리오로부터 필요한 수리적인 요소를 파악하고 문제에 적용할 실마리를 찾아야 한다. 우선 주어진 문제의 상황 및 시나리오를 확인해야 한다. 그리고 이러한 시나리오로부터 나타나는 원리나 원칙을 통해 기본적인 추리의 틀을 만든다. 이때 수식화나 도식화가 이루어진다. 그리고 상황에 따라 어떤 조건이 부과되는지 확인하여 그러한 조건이 어느 때에 충족되고 있는지 파악해야 한다.

예제

01

LEET 2차 예시 문3

다음은 음의 진동수와 음정의 어떤 체계를 설명한 것이다.

○ 음 A(N + 1)의 진동수는 음 A(N)의 진동수의 2배이다. 단, N은 양의 정수이다.

○ A(N)와 A(N + 1) 사이에 B(N), C(N + 1), D(N + 1), E(N + 1), F(N + 1), G(N + 1)가 있으며 A(N)에 대한 각 음의 진동수 비는 〈표〉와 같다.

음	A(N)	B(N)	C(N + 1)	D(N + 1)	E(N + 1)	F(N + 1)	G(N + 1)	A(N + 1)
진동수 비	1	$\frac{9}{8}$	$\frac{5}{4}$	$\frac{4}{3}$	$\frac{3}{2}$	$\frac{5}{3}$	$\frac{15}{8}$	2

〈표〉 A(N + 1)과 A(N) 사이의 음들과 A(N)에 대한 각 음의 진동수 비

○ A(4)의 진동수는 440Hz이다.

다음 중 옳은 것은?

① A(7)의 진동수는 7,040Hz이다.
② B(6)의 진동수는 F(5)의 진동수의 4배이다.
③ C(6)와 C(5)의 진동수 차는 550Hz이다.
④ D(5)와 D(4)의 진동수 차는 D(4)와 D(3)의 진동수 차와 같다.
⑤ 진동수가 330Hz인 음은 이 체계로 표현할 수 없다.

[정답] ③

이 문제에서 주의할 사항은 A(N)에 대한 다른 것의 진동수 비를 생각할 때에 (N + 1)이라는 것이다. 따라서 A를 제외한 다른 항들은 항상 A에서 -1을 해서 생각해야 한다. 주어진 정보는 A(4)가 440Hz이다. 그리고 A(N + 1)은 A(N)의 2배이므로 이를 토대로 다른 A의 값을 계산하여 나머지 비율에 적용해야 할 것이다.

① (X) 주어진 조건은 A(4)는 440Hz이다. 그리고 A(N + 1)은 A(N)의 2배이다. 그러므로 A(5) 진동수는 880Hz이고, A(6)는 1,760Hz이며, A(7)은 3,520Hz가 된다. 7,040Hz는 A(8)이다.
② (X) B(6)는 A(6)의 9/8이므로 1,760 × 9/8로, 1,980Hz이며, F(5)는 F(N + 1)이고 A(4)의 5/3이므로 440 × 5/3가 된다. 이를 4배 하면, 2,933.33Hz가 된다.
③ (O) C(5)는 C(N + 1)이므로 A(4)의 5/4이므로 440 × 5/4로 550Hz이며, C(6)는 같은 방식으로 추리할 때에 880 × 5/4가 되어 1,100Hz가 된다. 따라서 두 개의 차이는 550Hz가 된다.
④ (X) A(3)는 A(4)가 두 배이므로 220Hz가 되며, A(2)는 110Hz이다. 그리고 A(N)에 대한 D(N + 1)의 진동수가 4/3이므로, D(5)는 440 × 4/3, D(4)는 220 × 4/3, D(3)는 110 × 4/3이다. 그러므로 D(5)와 D(4)의 차이는 220 × 4/3이며, D(4)와 D(3)의 차이는 110 × 4/3이다. 그러므로 이들 사이의 진동수 차이는 2배이다.
⑤ (X) 330Hz가 되는 경우를 생각하면 된다. 이미 위에서 A(3)의 진동수는 220Hz라는 것을 알고 있다. 그리고 A(N)에 대해 E(N + 1)의 진동수 비는 3/2이다. 그러므로 E(4)는 220 × 3/2이며, 330Hz가 된다.

02

2009학년도 LEET 예비 문6

칠판에 1부터 10까지의 자연수 10개가 적혀 있다. 다음의 조작을 두 수가 남을 때까지 반복하여 시행하였다.

> 조작: 칠판에 적혀 있는 세 수 a ,b ,c를 택하여 지우고, 지운 세 수의 합에서 1을 뺀 수 (a + b + c − 1)를 칠판에 쓴다.

이에 대한 설명으로 옳은 것을 <보기>에서 모두 고른 것은?

〈보기〉

ㄱ. 조작을 4번 시행하였다.
ㄴ. 남아 있는 두 수의 합은 51이다.
ㄷ. 36은 남아 있는 수가 될 수 없다.

① ㄱ　② ㄷ　③ ㄱ, ㄴ
④ ㄴ, ㄷ　⑤ ㄱ, ㄴ, ㄷ

[정답] ③

주어진 결과로부터 연산을 통해 원리를 추리하는 문제이다.

ㄱ. (O) 조작을 4번 시행해서 두 수가 남았다고 한다. 숫자는 총 10개이고 3개의 숫자를 선택해 지우고 그 합에 -1을 하는 것이므로 결국 한 번 조작할 때마다 3개의 숫자가 사라지고 대신 1개의 숫자가 남는다. 따라서 한 번 조작할 때마다 2개의 숫자가 사라진다. 마지막에 2개의 숫자가 남았다면 4번의 조작을 시행한 것이다.

ㄴ. (O) 1, 2, 3, 4, 5, 6, 7, 8, 9, 10에서 우선 1, 2, 3을 제외하고 이를 더한 수에 1을 뺀 수인 5를 포함시킨다. 이 경우 4, 5, 6, 7, 8, 9, 10, 5가 남는다. 다시 4, 5, 6을 제외하고 이를 더한 수에 1을 뺀 수인 14를 적는다. 이 경우 7, 8, 9, 10, 5, 14가 남는다. 세 번째로 7, 8, 9를 제외하고 이를 더한 수에 1을 뺀 수인 23을 적는다. 그러면 10, 5, 14, 23이 남는다. 여기서 10, 5, 14를 더하고 1을 빼면 28과 23이 남는다. 이를 합치면 51이 된다. 또 다른 방식은, 남아 있는 두 수를 합한다는 것은 결국 1~10까지의 모든 숫자를 더한 것에 조작이 4번 이루어지므로 -1을 4번 한 것이다. 1~10의 합인 55에 -4를 하면 51이 된다.

ㄷ. (X) ㄴ에서 남아 있는 두 수의 합이 51이므로 51에서 36을 뺀 15가 남을 수 있는지 알아본다. 15는 두 번 이상의 조작으로 남을 수 있는 숫자가 아니다. 한 번의 조작만 이루어져 원래 3개 숫자 합에 -1을 계산한 것이다. 따라서 3개의 숫자를 합해 16이 되는 조합이 있는지 찾아보면 된다. (2, 6, 8), (4, 5, 7), (2, 4, 10) 등 많은 조합이 가능하다.

03

2009학년도 LEET 예비 문4

어느 과학자가 간염을 치료하기 위한 신약을 개발하였다. 이 약의 효과를 검증하고자 60명의 간염 환자 중 40명을 무작위로 선택하여 신약을 투여하고, 나머지 20명에게는 위약(placebo)을 투여하는 임상 실험을 하였다. 표는 임상 실험 결과를 나타낸 것이며, A, B, C, D는 사람 수이다.

	호전됨	호전되지 않음	합
신약	A	B	40
위약	C	D	20
합	48	12	60

표에 대한 설명으로 옳은 것을 <보기>에서 모두 고른 것은?

〈보기〉

ㄱ. D가 클수록 신약을 투여 받은 사람 중 호전된 사람의 비율이 커진다.
ㄴ. A와 C의 차이가 작을수록 신약을 투여 받은 사람 중 호전된 사람의 비율이 작아진다.
ㄷ. A:B가 4:1이면 신약을 투여 받은 사람 중 호전된 사람의 비율이 위약을 투여 받은 사람 중 호전된 사람의 비율과 같다.

① ㄱ　② ㄴ　③ ㄱ, ㄷ
④ ㄴ, ㄷ　⑤ ㄱ, ㄴ, ㄷ

[정답] ⑤

비율적 원리를 통해 연산하고 추리하는 문제이다. 일차함수와 분수에 대한 이해, 그리고 간단한 계산을 묻는다. <보기>에 맞게 변수가 4개인 일차함수식을 적절히 변용시켜 바로 <보기>에 적용시켜보면 된다.

위 도표를 계산식으로 옮기면 다음과 같은 4개의 일차함수식이 나온다.

A + B = 40 ··················①
C + D = 20 ··················②
A + C = 48 ··················③
B + D = 12 ··················④

이를 <보기>의 진술에 적용하여 문제를 해결해야 한다.

ㄱ. (O) 호전된 사람의 비율을 분수로 나타내면, ①번 식에서 ④번 식을 빼면 A - D = 28이 되고, D를 우변으로 넘기면 A = D + 28이 된다. 따라서 D가 커질수록 전체 값이 커지므로 옳다.
ㄴ. (O) ③번 식에서 C를 우변으로 넘기면 A = 48 - C가 된다. 이때 C는 최솟값 = 8(D = 12)과 최댓값 = 20(D = 0)을 갖는다. C가 커질수록 A와 C의 차이는 줄어든다. C가 커지면 분모가 줄어들므로 신약을 투여 받은 사람 중 호전된 사람의 비율이 작아진다. 따라서 옳다.
ㄷ. (O) A:B가 4:1이며, A = 4B이다. ①에 대입해 방정식을 풀면 B = 8, A = 32이다. 신약을 투여 받은 사람 중 호전된 사람의 비율은 32/40, 즉 80%이다. B가 8이면 D는 4이며 C는 16이다. 위약을 투여 받은 사람 중 호전된 사람의 비율은 16/20, 즉 80%이다. 따라서 옳다.

2 도형 및 기하

도형 및 기하 유형은 도형의 성질이나 도형들의 관계를 이용하여 해결할 수 있는 문제로 다양하게 출제될 수 있다. 과학기술 분야의 소재를 통해 출제될 수도 있으며 도형을 직접 구상하여 파악해야 하는 문항, 입체적인 상황 설정을 통한 수리적 추리 등이 나타날 수 있다. 시나리오에서 제시하는 원리 및 사례 적용에 대한 정확한 파악이 요구된다.

예제

LEET 2차 예시 문8

한 변의 길이가 3인 정삼각형과 한 변의 길이가 1인 정사각형 ABCD가 있다. 그림과 같이 고정된 정삼각형 둘레를 따라 시계방향으로 정사각형 ABCD를 미끄러지지 않게 회전시키면서 이동시킨다.

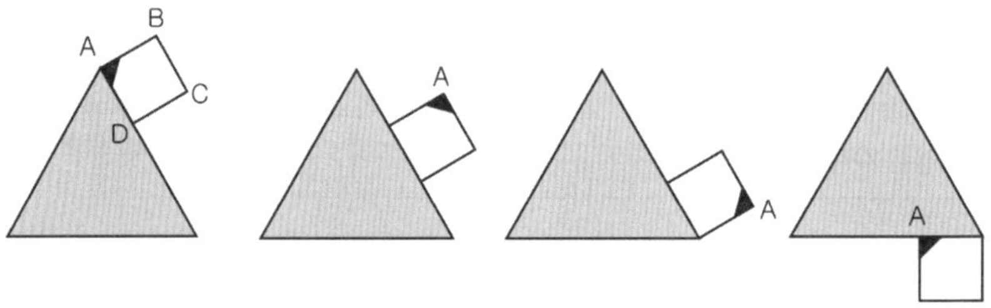

최초　　1번 이동　　2번 이동　　3번 이동

다음 중 정사각형을 817번 이동하였을 때 나타나는 모양으로 옳은 것은?

①
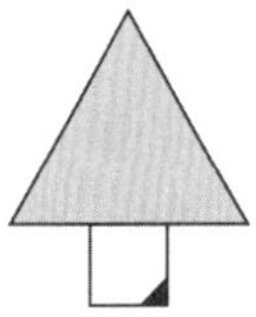

②
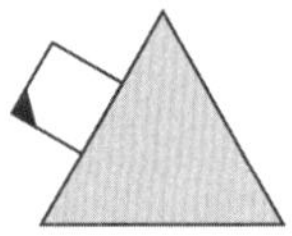

③
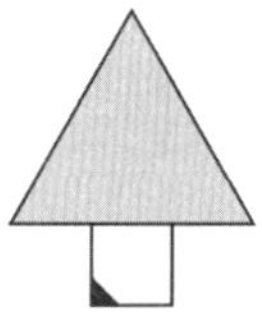

④
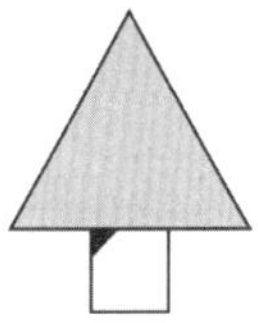

⑤
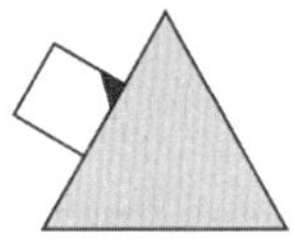

[정답] ②

정사각형이 삼각형의 각 변을 돌아 제자리에 오기까지는 9번을 이동한다. 그러므로 817번을 9로 나누면 나머지가 7이므로 7번째로 이동한 위치에 사각형이 놓이게 된다. 따라서 ②와 ⑤가 옳으며 나머지는 옳지 않다. 그리고 A가 제자리로 돌아오기까지는 4번을 움직여야 한다. 817을 4로 나누면 1이 남는다. 결국 A가 한 번 이동한 위치가 된다. 따라서 7번째 이동한 위치에 사각형이 놓이며 사각형 안의 하나의 각은 사각형이 한 번 이동한 위치에 있는 것이다.

3 게임 이론 및 이산 수학

1. 게임 이론

게임 이론 유형은 경우의 수를 따져보거나 게임 이론의 간단한 보수 행렬 계산이나 비교를 통하여 해결하는 문제이다. 게임이론은 1944년 폰 노이만(J. von Neuman)과 모르겐슈테른(O. Morgenstern)의 공저 《게임이론과 경제행동(Theory of Games and Economic Behavior)》에서 이론적 기초가 마련되어, 제2차 세계대전 당시 잠수함 전투에 이 이론을 이용한 미국의 물리학자인 모스(P. M. Morse)에 의해서 더욱 발전되었다. 이렇게 게임 이론은 주로 군사학에서 적용되어 왔으나, 경제학·경영학·정치학·심리학 분야 등에도 널리 적용되고 있다. 게임 이론에 있어서는 게임 당사자를 경쟁자라 하고, 경쟁자가 취하는 대체적 행동(代替的行動)을 전략(戰略)이라 하며, 어떤 전략을 선택했을 때 게임의 결과로서 경쟁자가 얻는 것을 이익 또는 성과(成果)라고 한다. 이에 대한 대표적 설명으로는 '죄수의 딜레마'와 '내쉬균형'이 있다.

수리 추리 영역에서는 이러한 게임적 상황을 주고 이를 원리로 활용하여 수리적인 사고의 문제를 해결하는 유형을 취하고 있다.

죄수의 딜레마와 내쉬균형

두 명의 용의자(A와 B)가 폭행 현장에서 경찰에 체포되었다. 경찰은 이들이 저지른 폭행에 대해 확실한 증거를 확보하고 있으므로 이들이 1년의 징역형에 처하게 할 수 있다. 그러나 경찰은 이들이 폭행 과정에서 조직폭력배를 동원하고, 흉기를 사용한 범죄에 대해서는 혐의를 두고 있으나 이를 입증할 수 있는 증거를 확보하지 못하고 있다. 이러한 혐의를 자백받기 위하여 경찰은 이들 두 명의 용의자들을 서로 분리해 각각 다른 방에서 심문하기로 했다. 용의자들은 서로 분리되어 있으므로 의견을 나누거나 서로의 진술을 맞출 수 없다. 경찰은 용의자들에게 자백을 종용하며 다음과 같은 유인책을 제시한다. 만약 한 사람이 조직폭력배 동원 및 흉기 사용 등의 혐의에 대해서 자백하고 다른 사람이 부인하면 자백한 사람은 폭행에 대해서도 불기소하고 즉시 석방하는 반면에 혐의를 부인한 사람에게는 9년 형이 부과된다.
만약 두 사람 모두 자백하면 두 사람은 각각 5년 형이다. 물론 두 용의자 모두가 조직폭력배 동원과 흉기 사용을 부인하면 이들은 각각 1년 형에 처해진다. 이러한 상황에서 각 용의자들이 취할 수 있는 선택은 무엇일까? 여기서 게임 상황이 발생하는 것이다.
위의 상황을 게임 이론으로 정리한다면 다음과 같다. 게임의 경기자는 두 명의 용의자 A와 B이다. 취할 수 있는 경기자들의 전략은 혐의를 부인(상호 협조)하거나 자백(상호 배신)하는 것이다. 혐의가 있는 두 죄수에게 서로 논의할 수 없는 상황을 주고 혐의 부인과 자백이라는 두 선택을 준다면 두 죄수는 어떤 결정을 내리게 될까? 이러한 상황에서 각 용의자들은 고민을 하게 될 것이다. 각 용의자들에게 가장 유리한 선택은 무엇일까?
용의자 A의 입장에서 생각해 보자. 만약 용의자 B가 혐의를 부인하는 경우에 A는 부인하면 1년 형이고 자백하면 석방된다. 즉 B가 부인하는 경우에 A에게 유리한 전략은 자백이다. 이제 반대의 경우를 생각해 보자. 용의자 B가 혐의를 자백하는 경우에 A는 부인하면 9년 형이고 자백하면 5년 형이다. 즉 B가 자백하는 경우에 A에게 유리한 전략은 자백이다. 따라서 A의 입장에서 보면 B가 부인하든 자백하든 간에 자신에게 유리한 전략은 자백하는 것이다. 이와 같이 상대방의 선택이 무엇이든 간에 본인에게 유리하도록 선택하는 전략을 게임 이론에서는 우월한 전략(dominant strategy)이라고 한다.
이제 용의자 B의 입장에서 살펴보자. B 역시 어떠한 선택이 자신에게 가장 유리할지를 궁리할 것이다. B가 선택할 수 있는 우월한 전략은 A와 마찬가지로 자백이다.
내쉬균형 이론은 게임에 참가하는 경기자들은 상대방이 선택할 전략을 예측할 수 있으며, 이와 같이 주어진 상황하에서 경기자들은 자신에게 유리한 최선의 대응전략을 선택한다고 전제하고 있다. 내쉬는 어떻게 자신의 선택이 상대방의 의사결정에 영향을 미치고, 동시에 자신도 상대방의 전략에 어떻게 영향을 받는지를 감안해 게임 경기자가 내리는 최종 결정 과정을 이론적으로 설명했다. 이러한 과정을 통해 게임 경기자들 모두가 상대방이 내린 선택하에서 자신의 선택이 최선의 결과라는 결론에 이르면 이를 내쉬균형에 도달했다고 한다.

앞의 예에서 A와 B 모두가 자신에게 가장 유리한 방향으로 선택한 자백의 결과는 각자 5년 형으로 내쉬균형에 해당된다. 문제는 이들 용의자들이 모두 혐의를 끝까지 부인했다면 두 사람 모두 1년 형으로 형량을 줄일 수 있었다. 그런데 자신의 이익을 추구하다 보니 각자 5년 형의 상태에 빠진 것이다.
이때 두 사람이 받은 형의 합으로 살펴보면 내쉬균형의 결과는 10년 수감이다. 둘이 모두 부인했으면 형의 합은 2년이고 설령 한 사람은 부인하고 한 사람은 자백한 경우에도 형의 합은 9년이다. 결국 내쉬균형의 결과는 최악의 상태인 것이다. 그래서 이 상황은 딜레마이다. 내쉬균형의 결과가 최악의 상태로 귀결된 것은 용의자 각자가 자신의 이익을 위해 행동했기 때문이다. 즉, 개인의 이익추구가 용의자 전체의 이익으로 귀결되지 못한 것이다.
내쉬는 각자가 자신에게 최대의 이익을 주는 선택을 위해 최선의 노력을 다하면 결국 집단 전체로서는 최선의 선택에 이를 수 없음을 설명한 것이다. '보이지 않는 손'에 의해 시장경제 체제가 경제의 효율성을 제고한다는 애덤 스미스(Adam Smith)의 이론은 내쉬의 세계에서는 더 이상 유효하지 않다. 즉, 애덤 스미스는 각 개인이 최선을 다하면 궁극적으로 구성원 모두가 좋아진다고 했으나 내쉬는 이를 부정한 것이다.
약관 21살의 대학원생 내쉬가 발표한 균형이론은 후에 경제학자들에 의해 게임 이론으로 발전하여 경제학 자체를 탈바꿈시켰다. 그는 기존의 연구를 전혀 참고하지 않고 자신만의 아이디어와 방법을 이용해 독창적으로 새로운 결론을 도출했다.

2. 이산 수학

이산 수학은 이산적 대상물(discrete object)을 연구하는 수학의 한 분야이다. 여기서 '이산'은 어떤 연속적인 값을 가지지 않는, 서로 다르거나 관계하지 않는 원소들로 구성되어 있는 것을 의미한다. 이산 수학은 일련의 단계와 그 관계에 대한 사고를 발전시키며 측정할 수 있다.

예제

01

LEET 2차 예시 문9

어느 제약 회사에서 R이라는 시작 물질로부터 다음 과정에 따라 P라는 신약을 만들고자 한다. 생성 과정에 필요한 시간은 다음과 같다.

생성과정			필요한 시간
R	→	A	5
R	→	B	8
R	→	C	10
A + B	→	D	6
C	→	E + F	7
F	→	G	3
D + E	→	H	5
G + H	→	P	2

이 회사에서는 여러 팀이 동시에 서로 다른 과정을 수행할 수 있다. 시작 물질인 R은 정제된 상태로 있으나 A~H까지의 모든 중간물질은 생성과정이 끝난 후 1시간의 정제 과정을 거쳐야만 다음 단계에 사용할 수 있다. 정제된 R이라는 시작 물질로부터 신약 P를 얻기까지 최소 몇 시간이 걸리는가?

① 24시간　② 27시간　③ 34시간
④ 45시간　⑤ 53시간

[정답] ②

단계별로 각기 다르게 다음 단계로 나아갈 수 있으나, 각 단계에서 결과물이 생성된 후 서로 합하여 다른 단계의 생성물을 산출하게 된다. 따라서 각 단계에서 가장 오래 걸리는 시간을 기준으로 해야 한다.

1) 첫 번째 단계에서는 R에서 A, B, C가 동시에 만들어지고, 가장 긴 시간이 소요되는 것은 C이며, 이는 10시간이다.
2) 두 번째 단계에서 가장 긴 시간이 소요되는 것은 C에서 F와 E가 만들어지는 시간이며, 이는 7시간이다.
3) 세 번째 단계에서 가장 긴 시간이 소요되는 것은 E와 D에서 H가 만들어지는 시간이며, 이는 5시간이다.
4) 마지막 단계의 생성 시간은 2시간이다.

그리고 각 단계에서 다음 단계로 이동할 때에는 1시간씩의 시간이 추가된다. 그러므로 답은 (10 + 1) + (7 + 1) + (5 + 1) + 2로 27시간이 된다.

02

2009학년도 LEET 예비 문2

어느 통신 회사가 A, B, C, D, E의 5개 아파트를 전화선으로 연결하려고 한다. 여기서 A와 B가 연결되고, B와 C가 연결되면 A와 C도 연결된 것으로 간주한다. 표는 두 아파트를 전화선으로 직접 연결하는 데 드는 비용을 나타낸 것이다.

(단위: 억 원)

	A	B	C	D	E
A		10	8	7	9
B	10		5	7	8
C	8	5		4	6
D	7	7	4		4
E	9	8	6	4	

A, B, C, D, E를 모두 연결하는 데 드는 최소 비용은?

① 19억 원 ② 20억 원 ③ 21억 원
④ 22억 원 ⑤ 23억 원

[정답] ②

연결 규칙을 활용하여 최솟값을 찾는 최적화 문제이다. 규칙 'A와 B가 연결되고, B와 C가 연결되면 A와 C가 연결된 것으로 간주한다.'를 이용하여 A, B, C, D, E를 모두 연결하는 다양한 조합 방식 중 비용이 가장 적은 조합을 찾는 문제다. A와 가장 적은 비용으로 연결될 수 있는 아파트, B와 가장 적은 비용으로 연결될 수 있는 아파트 등을 표에서 찾고 위 규칙을 이용하여 모든 아파트들을 연결시키는 문제이다.

- A와 가장 적은 비용으로 연결되는 아파트: D, 7억 원
- B와 가장 적은 비용으로 연결되는 아파트: C, 5억 원
- C와 가장 적은 비용으로 연결되는 아파트: D, 4억 원
- D와 가장 적은 비용으로 연결되는 아파트: C와 E, 각각 4억 원
- E와 가장 적은 비용으로 연결되는 아파트: D, 4억 원

D를 중심으로 A, C, E를 연결하고 B를 비용이 가장 적은 C와 연결하면 문제의 규칙에 따라 모든 아파트를 연결하게 되며 비용도 최소화된다. 최소 비용은 이들을 모두 합한 금액으로 그 식은 다음과 같다.

D와 A(7) + D와 C(4) + D와 E(4) + B와 C(5) = 20억 원

03

2009학년도 LEET 예비 문24

다음은 오염을 발생시키는 기업과 이를 규제하는 정부의 의사 결정에 관한 설명이다.

기업은 규제를 위반할 경우 g의 이득을 얻고, 이로 인해 오염 피해액이 d만큼 발생한다고 하자. 그러나 기업이 위반을 할 때는 정부가 규제를 하는 경우 반드시 적발되어 벌금으로 p를 납부해야 하며, p는 정부의 수입으로 간주된다. 정부는 기업의 행위를 규제할 경우 비용 c를 지불한다. 기업이 규제를 위반할 때 당국이 감시 행위를 하지 않으면 오염 피해만큼 사회적 비용이 발생하고, 정부는 이를 자신의 비용으로 인식한다. 아래의 표에서 각 칸의 첫째 값은 기업의 이익, 둘째 값은 정부의 이익을 뜻하며, g, d, p, $c>0$이다.

기업 \ 정부	규제함	규제 안 함
위반함	$-p+g$, $p-d-c$	g, $-d$
위반 안 함	0, $-c$	0, 0

기업과 정부는 상대방의 행동에 따라 자신에게 유리한 의사 결정을 한다. 기업이 위반을 하면 정부는 규제를 하고, 정부가 규제를 하면 기업은 위반을 하지 않고, 기업이 위반하지 않으면 정부가 규제를 하지 않고, 정부가 규제를 하지 않으면 기업은 위반을 하게 되고, 기업이 위반을 하면 정부가 다시 규제를 하게 된다. 이와 같이 기업과 정부의 의사 결정이 어느 한 상태에서 고정되지 않고 지속적으로 변화하게 되는 조건을 <보기>에서 모두 고른 것은?

〈보기〉

ㄱ. $p>g$　　ㄴ. $p>c$　　ㄷ. $d>c$　　ㄹ. $g>d$

① ㄱ, ㄴ　　② ㄱ, ㄷ　　③ ㄴ, ㄹ
④ ㄱ, ㄷ, ㄹ　　⑤ ㄴ, ㄷ, ㄹ

[정답] ①

경제적 개념을 활용하여 게임 이론의 보수 행렬표를 파악하는 문제이다. 기업이 위반하고 정부가 규제하는 상태를 보면(위반함, 규제함), 의사결정이 고정되지 않아야 한다는 문제의 조건을 충족하려면 기업에게 전략을 바꿈으로 인해 생기는 이익이 있어야 한다. 순환적인 상황이 도출되기 위해서는 기존 상황보다 전략을 바꿀 때 더 이익이 된다는 상황을 부등식으로 표현해야 한다.
기업은 이익이 될 때만 위반함에서 위반 안 함으로 전략을 바꾸므로 $p+g$가 0보다 작아야 한다. 따라서 $p>g$이다. (위반 안 함, 규제함)에서 정부는 규제 안 함이 이익이 되므로($c>0$), (위반 안 함, 규제 안 함)으로 옮겨간다. 이어서 $g>0$이므로 기업에겐 (위반함, 규제 안 함)으로 옮겨가는 것이 이득이다. 연이어 정부가 규제 안 함에서 규제함으로 전략을 옮겨가야 하는데 그러기 위해서는 $p-d-c>-d$여야 한다. 정리하면 $p>c$이다.
따라서 <보기>에서 ㄱ과 ㄴ이 필요하다.

PART 01 추리 영역 해커스 LEET 김우진 추리논증 기초

4 표·그래프·다이어그램

표나 그래프, 다이어그램으로 주어진 자료에서 필요한 정보를 추출, 추리하는 유형이다. 표나 그래프를 활용한 문항들은 사회 과학 및 자연 과학 분야에서 주로 나타난다. 표나 그래프는 통계 자료로서 대부분의 경우 사실이나 현상의 결과를 표현한다. 따라서 현상의 원인을 찾고 그에 따라 표를 분석하거나 수적 관계를 파악해야 한다.

예제

01 LEET 2차 예시 문7

어떤 상품을 최근 2개월 동안 구매한 사람과 앞으로 2개월 이내에 구매할 예정인 사람을 대상으로 상품 선택에 영향을 미치는 요인에 대하여 설문조사를 하였다. 조사에 응한 사람들은 가격, 브랜드, 색상, 내구성, 디자인의 5개 항목에서 중요시하는 항목을 1개 또는 2개 선택하였는데, 그 결과는 다음과 같다.

(단위: 명)

		조사에 응한 사람 수	가격을 선택한 사람 수	브랜드를 선택한 사람 수	색상을 선택한 사람 수	내구성을 선택한 사람 수	디자인을 선택한 사람 수	합계
20대	구매한 사람	100	41	33	35	11	46	166
	구매할 사람	100	45	29	38	15	39	166
30대	구매한 사람	200	64	74	66	36	84	324
	구매할 사람	200	68	70	60	42	70	310
40대	구매한 사람	300	81	96	84	66	117	444
	구매할 사람	300	90	87	87	75	99	438
50대	구매한 사람	200	48	42	46	62	50	248
	구매할 사람	200	56	36	54	72	42	260
60대 이상	구매한 사람	100	38	18	16	42	14	128
	구매할 사람	100	43	16	12	48	11	130

위의 설문조사 결과에 대한 해석으로 옳지 않은 것은?

① 40대는 디자인을 가장 중요시하는 경향이 있다.
② 나이가 들면서 내구성을 중요시하는 경향이 있다.
③ 30대 구매한 사람 중에서 두 항목을 선택한 사람은 62%이다.
④ 구매한 사람이 구매할 사람보다 가격을 중요시하는 경향이 있다.
⑤ 20대에서 가격을 선택한 사람의 비율이 50대에서 가격을 선택한 사람의 비율보다 높다.

[정답] ④

① (O) 40대 중 디자인을 선택한 사람은 구매한 사람 117명, 구매할 사람 99명이며, 다른 항목보다 크다.

② (O) 내구성은 20대가 10% 미만이며, 30대 10% 초, 40대 10% 중반, 50대 25% 이상, 60대 30% 이상이다. 따라서 나이가 들수록 비율이 증가한다.

③ (O) 30대 구매한 사람 중 1개 항목을 선택한 사람을 x, 2개 항목을 선택한 사람을 y라고 가정할 때에 $x + y = 200$, $x + 2y = 324$이다. 두 번째 식에서 첫 번째 식을 빼면, $(x + 2y) - (x + y) = 324 - 200 \rightarrow y = 124$이다. 이를 첫 번째 식에 대입하면, $x = 76$이다. 그러므로 76명이 1개 항목을 선택했고, 124명이 2개 항목을 선택하였다. 따라서 30대 구매한 사람 중 두 항목을 선택한 사람의 비율은 124/200 × 100이며, 62%가 된다.

④ (X) 20대의 경우 구매한 사람 중 가격을 선택한 사람의 비율은 41/166이고, 구매할 사람은 45/166로 구매한 사람보다 구매할 사람이 가격을 더 중요시하고 있으며, 다른 연령에서도 같은 결과를 나타내고 있다.

⑤ (O) 20대의 경우 41/166, 45/166이며, 50대는 48/248, 56/260이다. 따라서 두 경우 모두 20대에서 높다.

02

철수, 영희, 찬호가 다음과 같은 대화를 나누었다.

철수: 영희야, 반갑다. 어제 너 어디 갔었니? 네가 탄 버스가 지나가는 것을 길에서 보았어.
영희: 단군로에서 보았구나. 나 어제 버스 타고 할머니 댁에 갔었는데.
찬호: 나도 단군도서관에서 공부하고 집에 가는데, 버스를 타다가 버스에서 내리는 영희를 만났어.
철수: 응, 그랬구나. 단군로는 직선 도로이며, 가로등이 일정한 간격으로 설치되어 있지.
영희: 내가 내리기 직전까지 가로등 사이의 구간을 지날 때마다 경과된 시간을 측정해 보았더니 각각 3초, 4초, 5초, 6초, 8초, 16초였어.
찬호: 내가 그 버스를 타고 나서부터 버스가 가로등 사이의 구간을 지날 때마다 경과된 시간을 측정해 보았을 때는 16초, 6초, 4초, 3초였는데.

세 사람의 대화를 근거로 하여 시간에 따른 버스의 속력을 개략적으로 나타낸 것으로 가장 적절한 것은?

①
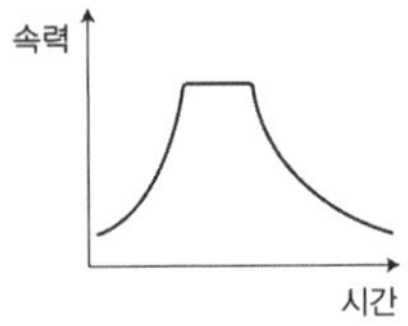

②
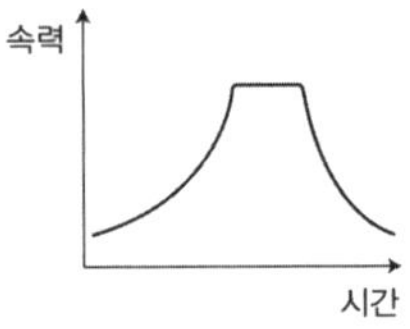

③
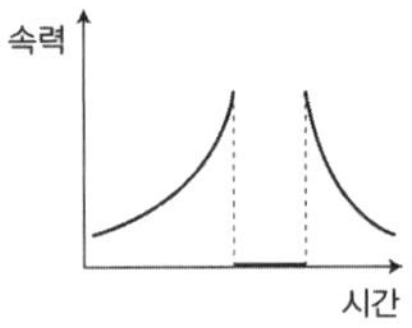

④
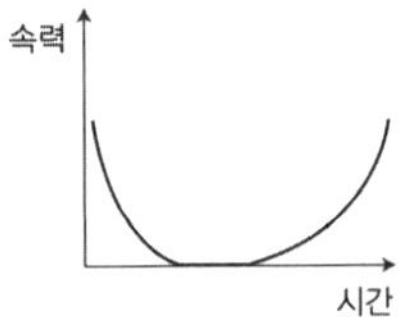

⑤
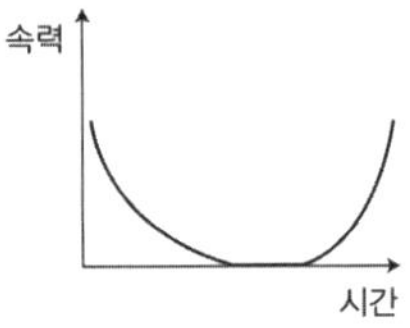

[정답] ⑤

속력에 대한 개념과 그래프에 대한 이해를 묻는 문제다. 철수의 발언처럼 단군로는 직선이고 가로등이 일정한 간격으로 설치되어 있기 때문에 가로등 사이의 경과 시간은 버스의 속력에만 의존한다. 버스의 속력이 빠르면 단위시간당 갈 수 있는 거리가 길어지므로 가로등 사이 사이를 통과하는 경과 시간이 상대적으로 짧고, 버스의 속력이 느리면 경과 시간이 상대적으로 길다. 또한 일반상식에서 속력은 거리/시간이므로 이를 고려하여 판단할 수도 있다.

제시문을 읽어보면 3구간으로 나눠진다.

1) 영희가 탄 버스가 단군로를 달린다.
2) 정류장에서 멈춘 후 영희가 내리고 찬호가 버스를 탄다.
3) 찬호가 탄 버스가 다시 단군로를 달린다.

- 1구간: 가로등 사이를 통과할 때 걸리는 경과 시간이 점점 늘어난다. 속력은 거리/시간이므로 단위시간당 달리는 거리가 짧아져 속력은 느려진다. 속력과 시간과의 함수 관계를 그래프로 옮기면 우하향 곡선이 된다.
- 2구간: 버스가 정차한다. 속력은 0이다.
- 3구간: 버스가 출발하고 속력이 증가하면서 가로등 사이를 통과할 때 걸리는 경과 시간이 점점 짧아진다. 이를 그래프로 나타내면 우상향 곡선이 된다.

03

2009학년도 LEET 예비 문28

빨간색, 노란색, 파란색의 물감을 다양한 비율로 혼합하여 여러 가지 색의 물감을 만든다. 혼합된 물감에서 빨간색, 노란색, 파란색 물감이 차지하는 비율을 각각 x%, y%, z%라고 하자. 그림에서 점 P, Q, R, S는 빨간색, 노란색, 파란색 물감을 혼합하여 만든 4가지 물감의 x값과 y값을 각각 나타낸 것이다.

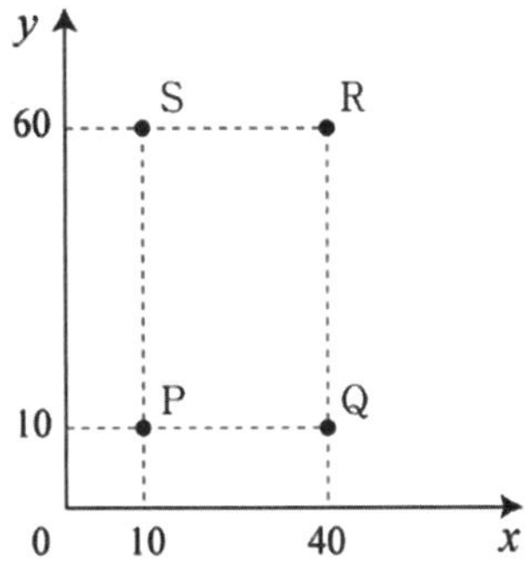

이에 대한 설명으로 옳은 것을 <보기>에서 모두 고른 것은?

〈보기〉

ㄱ. S가 나타내는 색의 물감에 포함된 파란색 물감의 비율은 20%이다.

ㄴ. R이 나타내는 색은 P, Q, S가 나타내는 색의 물감을 어떠한 비율로 혼합하여도 만들 수 없다.

ㄷ. Q가 나타내는 색의 물감 10g과 S가 나타내는 색의 물감 10g을 혼합한 물감에 포함된 파란색 물감의 비율은 40%이다.

① ㄱ　② ㄴ　③ ㄷ
④ ㄱ, ㄴ　⑤ ㄴ, ㄷ

[정답] ⑤

그래프를 해석하여 비율을 파악하는 문제이다. 전체의 물감 비율을 표시하면, $x + y + z = 100$%이다. x값과 y값은 그래프에 주어져 있으므로 z값(파란색)을 구하면 된다.

ㄱ. (X) 그래프에서 x가 10, y가 60이므로 z는 30이기 때문에 옳지 않다.

ㄴ. (O) R의 성분은 빨간색 물감이 40%, 노란색 물감이 60%이므로 파란색 물감이 0%이다. P, Q, S는 모두 파란색 물감이 들어가 있다. 또 각 물감은 고유한 원색이다. 따라서 P, Q, S를 어떤 비율로 섞어도 R을 만들 수 없다.

ㄷ. (O) Q의 파란색 물감 비율 z는 100 − 40 − 10, 즉 50%이다. Q 물감 10g엔 파란색 물감 5g이 들어 있다. 또한 S의 파란색 물감 비율 z는 100 − 10 − 60, 즉 30%이다. S 물감 10g엔 파란색 물감 3g이 들어 있다. 따라서 혼합하면 20g 중 8g이 들어 있으므로 40%가 들어 있다.

04

다음은 서로 다른 5개 기업의 시장 점유율과 판매액 증가율을 나타낸 그림과, A~E라는 기업명으로 제시된 이들 기업의 시장 점유율과 판매액 증가율에 대한 부분적인 정보이다.

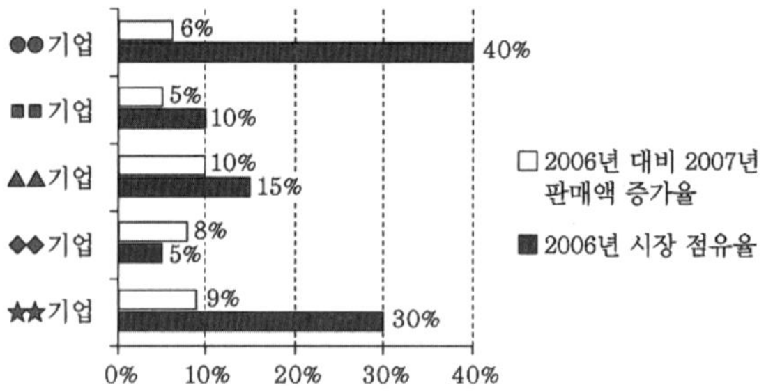

○ A 기업의 2007년 판매액 증가율은 8% 이상이다.
○ B 기업과 C 기업 시장 점유율의 합계는 2006년에 45% 이상이다.
○ B 기업과 D 기업의 2007년 판매액 증가율 차이는 1%p이다.
○ 2006년에 시장 점유율이 가장 작은 기업은 D 기업이다.

위 자료와 관련된 판단으로 옳지 않은 것은?

① A 기업의 2006년 시장 점유율은 10% 이상이다.
② B 기업의 2007년 판매액 증가율은 7% 이상이다.
③ C 기업의 2006년 시장 점유율이 가장 큰 것은 아니다.
④ E 기업의 2007년 판매액 증가율이 가장 작다.
⑤ A와 C 기업의 2006년 시장 점유율 합계는 45% 이상이다.

[정답] ③

상대적 비교를 통해 그래프를 파악하는 문제이다. 자료에서 시장 점유율이 가장 작은 기업은 네 번째이므로 네 번째가 D 기업이다. D 기업과 판매액 증가율 차이가 1%p인 기업은 다섯 번째이므로 다섯 번째가 B 기업이다. 판매액 증가율이 8% 이상인 기업은 세 번째, 네 번째, 다섯 번째이므로 세 번째가 A 기업이다. B 기업과 시장 점유율의 합이 45% 이상일 수 있는 기업은 첫 번째뿐이므로 첫 번째가 C 기업이다. 그러므로 마지막으로 두 번째가 E 기업이 된다.

① (O) 세 번째 그래프의 시장 점유율이 15%이므로 옳은 판단이다.
② (O) 다섯 번째 그래프의 판매액 증가율이 9%이므로 옳은 판단이다.
③ (X) 첫 번째 그래프의 시장 점유율이 가장 크므로 옳지 않은 판단이다.
④ (O) 두 번째 그래프의 판매액 증가율이 가장 작으므로 옳은 판단이다.
⑤ (O) 첫 번째와 세 번째 그래프의 시장 점유율의 합계가 55%이므로 옳은 판단이다.

PART 02

논증 영역

논증의 개념과 범주

1 논증의 개념

추리논증 영역의 또 하나의 커다란 적성 시험의 틀은 '비판'에 있다. 논증 영역에서 측정하고자 하는 것은 비판적 사고이다. 비판적 사고는 흔히 반성적 사고(reflective thinking)라고도 부른다. 이는 주어진 정보나 사실 등의 근거를 토대로 믿음이나 지식을 능동적이고 명확하게 규명하고자 하는 시도이다. 비판적 사고는 본질적으로 스스로 생각해 보고 질문을 제기하여 정보를 찾는 '능동적' 사고이다. 이러한 비판적 사고를 얻기 위해서는 지문에 대한 분석 및 반론, 평가의 틀인 '방법 및 기술'을 필요로 한다. 따라서 좋은 비판적 사고가 되려면 명료성이나 연관성, 적절성, 일관성 등의 기준을 만족시켜야 한다.

비판적 사고는 논증을 기반으로 한다. 논증은 기존의 지식에 의거하여 어떤 것이 참임을 설득하고 확립하려는 시도로, 전제와 결론 또는 근거와 주장으로 구성된다. 여기서 전제는 결론을 도출시켜 주는 역할을 한다. 반면 비논증은 이러한 구조를 지니지 못한다. 논증이 아닌 설명(explanation)은 어떤 사실이 왜 발생했는지를 밝히려는 시도일 뿐이기에 설명되는 바의 진위가 논란거리가 되지 못한다. 하지만 논증은 결론의 참이 문제가 된다.

2 논증의 범주

법학적성시험에서 비판적 사고 측정인 논증 영역에는 세 가지 범주가 있다. 논증 분석, 논쟁 및 반론, 평가 및 문제해결이 그것이다. 이 범주는 비록 외적으로는 구분되지만, 하나의 커다란 사고로 연결되어 있다. 주어진 하나의 논증을 분석하고 그 안에 숨겨진 정보를 파악하는 것이 '논증 분석'이다. 그리고 하나의 논증에 대해 대립되거나 그것과 다른 견해를 지닌 또 다른 논증 간의 관계를 파악하는 것이 '논쟁 및 반론'이다. 그리고 그러한 논증이 좋은 논증인지, 문제가 있다면 어떠한 해결 방안이 있는지를 고려하는 것이 '평가 및 문제해결'이다. 따라서 어느 한 요소라도 부족할 경우 논증 영역 전체에 대한 접근이 어려울 수 있기에 유형의 유기적인 학습이 필요하다.

I. 논증 분석

논증을 분석할 경우, 다음의 기준을 적용한다.

① 논증의 결론은 무엇인가? 글쓴이의 요지(주장)는 무엇인가?
② 결론을 뒷받침하기 위해 제시된 근거(전제)는 무엇인가?
③ 명시적으로 언급되어 있지 않지만 암묵적으로 들어 있는 숨은 가정이 있는가?

1 근거와 주장(전제와 결론) 파악

논증의 분석은 근거와 주장 또는 전제와 결론을 찾는 것을 말한다. 논증은 전제와 결론 또는 근거와 주장으로 구성되어 있다. 어느 하나라도 결핍될 경우 우리는 그것을 논증이라 할 수 없다. 또한 논증은 전제로부터 결론이 도출되는 구조를 지니고 있는 사고의 표현이다. 따라서 결론과 전제 또는 주장과 근거의 이러한 관련성이 나타나지 않을 경우 역시 논증이라 할 수 없다.

논증 = 전제(근거) + 결론(주장) = 전제(근거)로부터 결론(주장)이 도출되는 사고의 표현

다음의 글로부터 추론할 수 있는 것은?

미국 사회에서 아시안 아메리칸 학생들은 '모범적 소수 인종(model minority)'으로, 즉 미국의 교육체계 속에서 뚜렷하게 성공한 소수 인종의 전형으로 간주되어 왔다. 그리고 그들은 성공적인 학교 생활을 통해 주류 사회에 동화되고 이것에 의해 사회적 삶에서 인종주의의 영향을 약화시킨다는 주장으로 이어졌다. 하지만 아시안 아메리칸 학생들이 이러한 정형화된 이미지처럼 인종주의의 장벽을 넘어 미국 사회의 구성원으로 참여하고 있는가는 의문이다. 미국 사회에서 아시안 아메리칸 학생들의 인종적 정체성은 다수자인 '백인'이 가진 장점이라고 생각하는 것과, 소수자인 아시아인이 가진 단점이라고 생각하는 것과의 관계 속에서 구성된다. 그리고 이것은 그들에게 두 가지 보이지 않는 상처를 낳는다. 하나는 대부분의 아시안 아메리칸 학생들이 인종적인 차이에 대한 그들의 불만을 해소하고 인종 차이에서 발생하는 차별을 피하기 위하여 백인이 되기를 원하는 것이다. 다른 하나는 학생들이 다른 사람들이 자신을 아시아계 사람으로 연상하지 않도록 자신을 아시아인들의 전형적인 모습들로부터 이탈시키는 것이다. 그러므로 모범적 소수 인종으로서의 아시안 아메리칸 학생은 백인에 가까운 또는 아시아인에서 먼 '아메리칸'으로 성장할 위험 속에 있다.

① '모범적 소수 인종'은 고유의 인종적 정체성을 내면화하고 있다.
② '아시안 아메리칸 학생'들의 성공은 일시적이고 허구적인 것이다.
③ 소수 인종은 인종 차이가 초래할 부정적인 효과에 대해 의식하고 있다.
④ 집단으로서 인종들은 사회에서 한정된 자원의 배분을 놓고 갈등하고 있다.
⑤ 다인종 사회에서 다수파 인종은 은폐된 형태로 인종 차별을 지속시키고 있다.

[정답] ①

위 지문을 우선 전제와 결론으로 구성해 보면 다음과 같다.
[논점] 미국 사회에서 아시안 아메리칸들은 모범적 소수 인종으로 간주된다.
[문제 제기] 미국계 아시안들을 통해 인종주의 영향의 약화를 찾을 수 있는가?
[전제] 아시안 아메리칸 인종의 정체성은 백인과 아시안 사이에서 형성된다.
[전제] 그들은 차별을 피하기 위해 백인이기를 원한다.
[전제] 그들은 아시안이기를 거부한다.
[결론] 아시안 아메리칸들은 백인에 가까운 또는 아시아인에서 먼 '아메리칸'이 될 위험이 있다.
이제 위 논증에서 추론가능한 사실들을 선택지에서 확인해보자.

① (O) '모범적 소수 인종'은 아시안 아메리칸을 의미하며, 고유한 정체성이란 [결론]에서 말하는 백인에 가까운 또는 아시아인에서 먼 아메리칸을 의미하기에 추론할 수 있는 진술이다.
② (X) 그들의 성공에 대한 평가는 나타나 있지 않다. 단순히 뉘앙스만으로 판단해서는 안 되며 구체적인 진술이 있어야 추론할 수 있다. 일시적인 것이 아니라 지속되고 있으며, 허구적인 것이 아니라 사실이다. 즉, 틀린 진술이다.
③ (X) 부정성에 대한 구체적인 진술은 나타나 있지 않다. 즉, 틀린 진술이다.
④ (X) 한정된 자원 배분에 따른 갈등에 대해서는 알 수 없다. 즉, 논점 일탈이다.
⑤ (X) 백인들의 인종 차별에 대한 문제는 알 수 없다. 즉, 논점 일탈이다.

1. 결론(주장) 파악

논증 안에서 주장이란 필자 또는 화자가 궁극적으로 말하고자 하는 바를 의미한다. 이는 결론에 해당하며 궁극적인 문제 제기에 대한 대답이 된다. 결론을 파악할 때에는 우선 필자가 궁극적으로 전달하고자 하는 바가 무엇인지를 찾아야 한다.

예제 2009학년도 LEET 예비 문26

다음의 논의를 통하여 글쓴이가 내릴 수 있는 결론으로 가장 적절한 것은?

금성의 크기 변화는 육안으로는 감지할 수 없지만 망원경을 사용하면 관측이 가능하다. 코페르니쿠스가 살았던 시대에는 망원경이 없었지만 금성의 크기를 측정하기 위한 많은 관찰이 이루어졌다. 코페르니쿠스를 추종하는 천문학자나 그렇지 않은 천문학자들 모두가 관찰을 근거로 하여 "지구에서 관측되는 금성의 겉보기 크기는 일 년 내내 조금도 변하지 않는다."라는 명제를 받아들였다. 당대에 코페르니쿠스의 주석자인 오지안더는 코페르니쿠스의 우주 구조가 옳다면 연중 금성의 겉보기 크기는 변화해야 한다고 말했다. 못마땅했음에도 불구하고 그가 금성의 겉보기 크기가 연중 변하지 않는다는 관찰 명제를 받아들인 것은 다른 이들과 마찬가지로 발광체의 크기는 육안으로 정확하게 측정될 수 있다는 이론을 전제로 삼고 있었기 때문이었다. 오늘날 이것은 틀린 이론임이 밝혀졌고 현대 이론들은 왜 육안에 의한 발광체의 측정이 잘못된 것인가를 포함해서 왜 육안보다는 망원경에 의한 천체 관찰이 더 정확한가를 설명하고 있다.

① 관찰이 객관적으로 이루어져도 오류를 포함할 수 있으며 관찰 명제의 구축과 진위 판정에는 이론이 개입한다.
② 도구의 개선과 관측 장비의 발전은 경험적 증거의 누적을 통해 새로운 이론의 수용과 지지를 촉진한다.
③ 과학 지식은 합리적 판단 기준에 의해서 수용되기보다는 과학자 집단 내부의 타협과 협상의 산물이다.
④ 일체의 선입견을 배제한 관찰은 이론을 판단할 때 합리적인 기준의 역할을 한다.
⑤ 널리 받아들여진 과학 이론은 반대 사례가 많아도 쉽게 배격되지 않는다.

[정답] ①

주어진 지문으로부터 결론에 해당하는 내용을 찾아야 한다. 지문에서는 우선 사실적인 차원에서 코페르니쿠스 시대의 관찰 사례와 그 평가에 대해 말하고 있다. 그리고 현대에 그러한 평가에 대한 판단이 어떻게 이루어 지는가를 보여준다. 이를 정리하면 다음과 같다.

[전제] 코페르니쿠스 시대에 눈으로 직접 확인할 수 있는 것은 절대적인 것으로 받아들여졌다. 이는 육안으로 관찰한 금성의 겉보기 크기의 신뢰성을 인정한 이론에 근거한다.

[전제] 오늘날 육안 관찰의 정확성에 대한 코페르니쿠스 시대의 판단은 옳지 않으며, 망원경에 의한 관찰이 더 정확하다는 사실이 밝혀졌다. 이 역시 그러한 정당성에 대한 이론에 근거한다.

① (O) 지문은 관찰이 객관적으로 이루어져도 오류를 포함할 수 있고, 관찰 명제의 구축과 진위 판정에 이론이 개입한다는 진술을 이끌어내기에 적합한 논의이다.

② (X) 육안으로 정확하게 측정될 수 있다는 이론은 틀렸음이 밝혀졌다는 사실과 왜 육안에 의한 발광체의 측정이 잘못된 것인지 그리고 왜 육안보다는 망원경에 의한 천체 관찰이 더 정확한 것인지를 설명할 수 있게 되었다는 사실이 "도구의 개선과 관측 장비의 발전은 경험적 증거의 누적을 통해 새로운 이론의 수용과 지지를 촉진한다."는 결론으로 이끌지는 않는다. 주어진 논의에 코페르니쿠스의 이론이 아닌 다른 새로운 이론이 수용되고 지지되었다는 내용은 없기 때문이다.

③ (X) 객관적인 관찰도 오류를 범할 수 있다는 사실만으로, 과학 지식은 합리적 판단 기준에 의해서 수용되기보다는 과학자 집단 내부의 타협과 협상의 산물이라고 말할 수는 없다. 관찰 명제의 구축과 진위는 이론의 개입에 의해 정해지는데, 이론의 개입은 합리적 판단 기준에 따르는 것이라고 말할 수 있기 때문이다.

④ (X) 선입견 없는 관찰이 이론을 판단하는 것이 아니라, 이론이 관찰에 의문을 제기한 논의가 제시되었으므로 이런 결론을 이끌어낼 수는 없다.

⑤ (X) 단 하나의 반대 사례가 소개되었을 뿐이고, 주어진 내용만으로는 한 이론이 설명할 수 없는 사례가 아주 많아졌을 때도 배격되지 않는다고 말할 수는 없다. 또 본문에 코페르니쿠스 이론의 지지자와 반대자가 공존하고 있음을 통해 코페르니쿠스 이론이 널리 받아들여진 이론이어서 배격되지 않았다고 말하기는 어렵다는 것을 알 수 있다.

2. 전제(근거) 파악

전제 파악을 위해서는 먼저 필자의 주장이 무엇인가를 찾아야 한다. 그리고 그러한 주장을 뒷받침하는 전제가 어떤 형식으로 제시되어 있는지 파악한 후 판단해야 한다.

예제 2005년 견습 PSAT 언어논리 채 문30

다음 글의 핵심적인 전제는 무엇인가?

> 계축년 4월에 구삼국사(舊三國史)를 얻어서 동명왕본기(東明王本紀)를 보니, 그 신이(神異)한 사적(史跡)이 세상에 이야기되고 있는 것보다 더욱 심했다. 처음에는 그 내용이 귀신의 조화와 같아서 믿지 못했다. 그러나 세 차례 거듭 탐독하여 차차로 그 근원을 찾아가니, 이는 귀신의 조화가 아니라 거룩한 성인의 이야기였다. 그럼에도 후에 김부식(金富軾)은 국사를 다시 편찬할 때 동명왕의 사적을 매우 간략하게 다루었다.
>
> 당나라 현종본기(玄宗本紀)와 양귀비전(楊貴妃傳)을 살펴보면, 방사(方士)가 하늘에 오르고 땅에 들어간 사적이 한 곳에도 적혀 있지 않다. 그런데 오직 시인 백낙천(白樂天)이 그들의 사적이 없어져 버릴까 걱정하여 노래로 지어 그 일들을 기록했다. 그것은 실로 황음(荒淫)하고 기탄(奇誕)스런 일인데도 오히려 노래로 읊어서 후세에 보여주었다. 하물며 동명왕의 사적이 변화신이(變化神異)하다고 해서 여러 사람들의 눈을 현혹시킬 일은 아니요, 오히려 나라를 개창한 거룩한 자취인 것이다. 사정이 이러하니, 이 일을 기술하지 않으면 앞으로 후세에 무엇을 보여줄 수 있으리요. 이런 까닭에, 이 사실을 노래로 기록하여 무릇 천하로 하여금 우리나라가 본래 성인의 나라임을 알게끔 하려 할 따름이다.

① 문학이 진정한 역사 서술 형식이다.
② 역사는 합리적인 사실만 서술하여야 한다.
③ 중국의 역사 서술 방식을 본받아야 한다.
④ 역사는 영웅의 사적을 중심으로 서술되어야 한다.
⑤ 신이한 사적도 역사 서술의 대상이 될 수 있다.

[정답] ⑤

논증을 구성하면 다음과 같다.
[전제 1] 동명왕의 신이한 사적은 거룩한 성인의 이야기이다.
[전제 2] 그러나 김부식은 동명왕의 사적을 간략하게만 서술하였다.
[전제 3] 당나라의 경우에도 신이한 사적은 서술되지 않았다.
[전제 4] 그러나 신이한 사적인 양귀비전은 시인 백낙천에 의해 노래로 구전되었다.
[주장] 동명왕전은 후대에 남길 가치가 있다.

① (X) 지문에서 찾을 수 없다.
② (X) 지문과 상반된 관점이다.
③ (X) 저자의 주장에서 비판하는 대상으로 하나의 예시로 사용된 것이다.
④ (X) 지문에서 추론할 수 없다.
⑤ (O) 이 글에서는 동명왕전이 비록 신이한 기록이지만, 당나라의 양귀비전을 유비적인 예시로 하여 기록할 가치가 있다고 주장한다. 그러므로 역사 서술의 대상이 될 수 있다는 것이다. 따라서 이를 전제하는 것이 된다.

2 생략된 전제 파악

논증을 분석하면서 주장과 근거를 찾을 때에 주의할 점은 숨은 전제(생략된 전제, 암묵적 전제)가 있다는 사실이다. 많은 경우 논증에 있어서 자명하거나 일반적으로 인정하고 있기에 생략한 전제를 포함하는 논증을 잠재적 논증(potential argument)이라고 한다. 이때 생략되어 있는 전제를 생략된(암묵적) 전제(hidden premise)라고 한다. 따라서 잠재적 논증의 경우 생략된 전제를 보충하여 논증을 재구성할 수 있는데, 이를 실재적 논증(actual argument)이라고 부른다. 숨은 전제를 찾지 못할 경우 반례(counter example)의 가능성으로 인해 불완전한 논증이 될 수도 있다.

생략된 전제는 논증에서 명시적으로 주어진 전제와 결론 사이에서 결론이 도출되기 위해 필요한 정보가 생략되어 있는 명제에 해당한다. 따라서 많은 경우 생략된 전제는 연역 논증의 틀에서 추론 규칙을 활용할 때에 쉽게 파악될 수 있다.

잠재적 논증
생략된 전제를 포함한 논증

실재적 논증
생략된 전제를 보완한 논증

반례
반박 사례 or 반증 사례

예제

2007년 5급 PSAT 언어논리 행 문30

다음 <논증>의 빈 칸 A, B에 들어갈 진술로 가장 적합한 것은?

〈논증〉

1.	[전제]	근대 국가들은 인구에 있어서나 지역에 있어서나 고대 희랍의 폴리스에 비하여 수백, 수천 배 이상의 규모를 가지고 있었다.
2.	[전제]	직접 민주주의의 시행이 어려운 경우, 대의제가 발달한다.
3.	[전제]	A
4.	[중간 결론]	그러므로 서구에서 근대 민주주의는 대의제 형태로 발전할 수밖에 없었다.
5.	[전제]	정보 사회의 도래로 인류는 공간적인 한계를 점차 극복해가고 있다.
6.	[전제]	인터넷과 네트워크 기술의 발달은 대규모의 의견 처리를 가능하게 하고 있다.
7.	[전제]	공간적 한계를 극복하고 대규모 의견 처리가 가능하면, 직접 민주주의를 시행할 수 있다.
8.	[전제]	실현시킬 수만 있다면 직접 민주주의는 대의제보다 더 나은 제도이다.
9.	[전제]	B
10.	[결론]	머지않은 장래에 직접 민주주의가 다시 도래할 것이다.

① A: 인구와 지역 규모는 정치 제도와 연관되어 있다.
B: 직접 민주주의는 실현될 수 있는 제도이다.
② A: 인구와 지역 규모가 매우 큰 경우 직접 민주주의는 실현되기 어렵다.
B: 인류는 더 나은 제도를 선택한다.
③ A: 인구와 지역 규모가 큰 경우 대의제를 통해 민주 체제를 실현할 수 있다.
B: 인터넷과 네트워크 기술이 발전하면 직접 민주주의는 실현될 수 있다.
④ A: 인구와 지역 규모가 큰 경우에만 대의제가 실현될 수 있다.
B: 더 나은 제도는 반드시 선택되어야 한다.
⑤ A: 인구 규모가 작은 경우 직접 민주주의가 실현될 수 있다.
B: 대규모 의견 처리가 가능하면 직접 민주주의는 실현될 수 있다.

[정답] ②

· A

[전제 1] 서구 근대 국가는 규모가 크다.

[전제 2] 직접 민주주의가 어려울 경우, 대의제가 실시된다.

[생략된 전제] 규모가 클 경우 직접 민주주의가 어렵다.

[중간 결론] 서구 근대 민주국가에서는 대의제가 실시된다.

위 논증을 연역 논증으로 기호화해 나타내면 다음과 같다.

P: 서구 근대 국가가 존재한다.

B: 국가의 규모가 크다.

Q: 직접 민주주의가 어렵다.

R: 대의제가 실시된다.

1. [전제 1] P → B
2. [전제 2] Q → R
3. **[생략된 전제] B → Q**
4. [결론] P → R

· B

[전제 8] 직접 민주주의가 대의제보다 더 나은 제도이다.

[생략된 전제] 더 나은 제도를 선택한다.

[결론] 직접 민주주의가 실현될 것이다.

3 논증의 구조

많은 경우 논증은 여러 가지의 논증들이 얽혀져 있다. 글의 논리를 이해하기 위해서 우리는 이러한 논증을 분석해야 한다. 이때 사용하는 것이 논증 다이어그램이다. 논증 다이어그램에서는 각 논증의 결론을 그 전제 아래에 두는 것이 관례이며, 결론 지시어는 화살표로 나타낸다.

> 복합물이 있기 때문에, 단순 실체는 반드시 존재한다.
>
> – 라이프니츠, 『단자론』

이 논증은 다음과 같이 배열될 수 있다.

> 복합물이 있다.
> ↓
> 단순 실체는 반드시 존재한다.

논증이 둘 이상의 전제를 가지면, 그것의 재배열은 길어지고 복잡해진다. 그러므로 논증 다이어그램에서는 논증을 구성하고 있는 명제에 글 속에서 나타나는 순서에 따라 번호를 붙이고, 다이어그램에서는 서술되는 그 명제의 문장 대신 번호를 표기하여 나타낸다. 그리고 결론 지시어나 전제 지시어에는 표시를 한다.

> ① 도덕은 행동과 감정에 영향을 미치기 때문에, ② 도덕은 이성으로부터 유래할 수 없다. 왜냐하면 ③ 이미 우리가 경험한 바와 같이, 이성 단독으로는 결코 그러한 영향을 미칠 수 없기 때문이다.
>
> – 데이비드 흄, 『인간본성론』

이 글에서는 결론이 두 전제들 사이에 위치해 있다. 이러한 경우에는 다이어그램에서 반드시 배열의 위치를 나타내야 한다. 이 논증을 다이어그램으로 나타내면 다음과 같다.

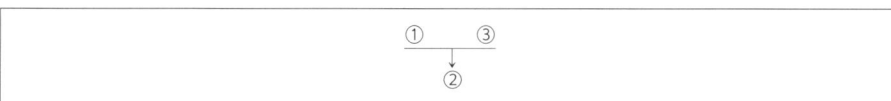

```
①     ③
───┬───
   ↓
   ②
```

어떤 글에서는 하나의 논증의 결론이 다른 논증의 전제가 되기도 하고, 또 마지막 결론에 도달하기까지 여러 논증을 거치는 경우도 있다. 이를 이해하기 위해서는 이러한 논증들 간의 관계를 파악하여 전체 구조를 알아야만 한다.

> ① 부는 어떤 목적 이외에는 추구되어서는 안 된다. 왜냐하면 ② 부 그 자체만으로는 우리에게 어떤 선도 안겨주지 않으며, 다만 우리가 육체를 부양하거나 또는 이와 유사한 어떤 목적으로 사용할 경우에 한해서만 부가 선을 안겨주기 때문이다. ③ 그런데 가장 고귀한 선은 선 그 자체를 위해 추구되는 것이지 다른 목적을 위해 추구되는 것이 아니다. 그러므로 ④ 부는 인간에게 있어서 최고의 선은 아니다.
>
> – 토마스 아퀴나스, 『이방인 대전』

이 글에서 최종 결론인 ④가 전제인 ①과 ③에 의해 직접적으로 추론되고 있다. 한편 ①은 또 다른 전제의 뒷받침을 받고 있는 중간 결론이다. 이를 다이어그램으로 나타내면 다음과 같다.

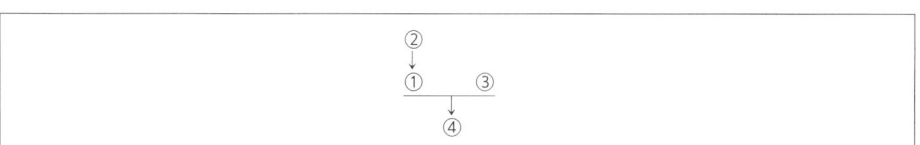

```
②
↓
①     ③
───┬───
   ↓
   ④
```

논증은 여러 가지의 구조를 지닌다. 예를 들어, 한 가지 전제가 결론을 뒷받침하는 단순 논증 구조, 두 가지 이상의 전제가 합쳐져서 결론을 뒷받침하는 구조, 두 가지 이상의 이유가 독립적으로 결론을 뒷받침하는 구조, 중간 결론과 최종 결론 등 여러 개의 논증이 함께 나타난 복합 논증 구조 등이 그것이다.

실전 연습문제

명시적 분석

01

2013학년도 LEET 문22

(가)~(바)의 분석으로 옳지 않은 것은?

> (가)
> 그대가 다음 실수를 피하기를 나는 진심으로 바라노라.
> 즉 우리 눈은 보기 위해 창조된 것이며
> 또 우리 다리는 직립보행을 하도록
> 그렇게 생긴 것이라고 그대가 생각하지 말기를.
>
> (나)
> 사람들이 내세우는 이런 주장들은
> 모두가 뒤집힌 추론으로 인해 앞뒤가 뒤바뀌어 있다.
> 왜냐하면 우리 몸에서 사용을 목적으로 생겨난 것은
> 아무것도 없고, 생겨난 그것이 용도를 창출하기 때문이다.
>
> (다)
> 눈이 생겨나기 전에는 본다는 것은 없었고,
> 혀가 생기기 전에는 단어로써 말한다는 것은 없었다.
> 오히려 혀의 시초가 말보다 훨씬 앞서 있으며,
> 소리가 들리기 오래 전에 귀가 생겨났고,
> 내 생각으로는 우리의 모든 신체적 지체가
> 그 사용보다 먼저 있었도다.
> 따라서 이것들은 사용되기 위해 생겨난 것일 수 없다.
>
> (라)
> 빛나는 창들이 날아가기 오래 전에 이미 전투에서 맨손으로 싸웠으며,
> 또 잔이 생기기 훨씬 전부터 갈증을 해소해 오지 않았던가.
> 따라서 삶과 사용의 필요로부터 나온 것들은 모두
> 사용을 위해 발명된 것으로 믿을 수 있다.
>
> (마)
> 그러나 자신이 홀로 먼저 생겨나고
> 나중에 사용에 관한 개념을 낳은 것들은
> 이것들과는 완전히 다른 부류에 속한다.
>
> (바)
> 따라서 반복하노니, 우리의 감각기관들과 지체들이
> 그 사용을 위해서 창조되었다고
> 그대가 믿을 만한 이유가 전혀 없도다.
>
> – 루크레티우스, 『사물의 본성에 관하여』 –

① (가)는 논증이 비판하고자 하는 견해를 제시하고 있다.

② (나)는 논증이 비판하고자 하는 견해가 인과 관계를 잘못 파악하고 있음을 지적하고 자신이 논증할 견해를 제시하고 있다.

③ (다)는 발생과 사용의 시간적 선후 관계를 이용해서 논증하고 있다.

④ (라)는 논증이 비판하고자 하는 견해가 설득력을 갖는 대상 영역을 제시하고 있다.

⑤ (마)는 (다)와 (라)가 양립할 수 없음을 지적함으로써 (바)가 옳음을 논증하고 있다.

02

2013학년도 LEET 문23

A~D에 대한 진술로 옳지 않은 것은?

> A: 강한 네트워크란 서로 간에 자주 만나며 많은 정보를 교환하고 정서적으로 친밀한 소수의 집단을 지칭한다. 대표적으로 가족, 친한 친구 등을 예로 들 수 있다. 강한 네트워크는 사람들의 삶에 많은 영향을 미치며, 취업 등과 같은 경우에도 실질적인 도움이 된다.
>
> B: 취업동아리에 소속된 대학생들은 자주 만나 외국어 시험, 학점 취득, 취업 시험 등을 위해 함께 공부하고 많은 양의 취업 관련 정보를 공유함으로써 취업 준비의 효율성을 높여 취업 가능성을 높인다. 이들은 취업 준비라는 공식적인 목표를 위해 만났지만 신뢰관계가 형성되어 서로 정서적으로도 의존하는 가까운 사이가 되는 경향이 있다.
>
> C: 취업동아리 회원들이 많은 정보를 공유하고 회원들 간에 친밀한 관계가 형성된다는 것은 인정한다. 하지만 학생 신분으로는 취업 기회를 얻는 데 실질적으로 도움이 될 만한 구인 정보를 특정 업계나 회사로부터 얻기 어렵다. 취업동아리가 공유하는 정보는 일반에게 공개된 정보를 재정리한 정도의 것이므로 취업 기회를 찾는 것과 거리가 있다. 또한 같은 분야를 희망하는 학생들이 모인 취업동아리의 경우, 그들이 공통으로 희망하는 기업체의 구인 정보를 접하는 순간 그들의 관계는 경쟁적으로 돌변하기도 한다. 오히려 어쩌다 한 번 방문할 뿐이지만 다양한 회사의 구인 정보를 가지고 있는 대학의 취업지원센터에서 자신의 희망과 상황에 맞는 회사들의 취업 정보 등을 얻는 경우가 많다.
>
> D: 친한 친구는 이미 서로 잘 알고 있기 때문에 취업의 상황에서는 더 이상 실질적인 도움을 주고받지 못한다. 오히려 취업 기회를 찾는 데는 강한 네트워크보다 약한 네트워크가 더 큰 도움이 된다. 약한 네트워크는 접촉의 빈도가 낮고 정보의 교환도 많지 않지만, 느슨한 관계를 통해서 여러 집단을 연결하거나 확산시키는 위치에 있기 때문에 정보의 취득에 강점을 지닌다.

① A와 C는 강한 네트워크가 취업에 도움이 되는 정도에 대해서 다른 주장을 하고 있다.

② "병(病) 자랑은 하여라."라는 속담의 취지는 A보다 D에 더 적합하다.

③ B와 C는 취업동아리에서 얻는 취업 정보의 내용과 질에 대해 다르게 판단한다.

④ 객관적이고 투명한 공채 시험만으로 취업할 수 있는 분야를 준비하는 취업동아리의 사례는 C보다 B에 더 적합하다.

⑤ 가끔 만나는 먼 지인을 통해 취직이 성사되는 사례가 많다는 사실은 D를 강화하고 C를 약화한다.

03

2014학년도 LEET 문22

'도덕적으로 훌륭하지만 미적으로는 열등한 예술 작품이 있을 수 있다'는 주장에 동의할 사람만을 있는 대로 고른 것은?

갑: 예술 작품은 모두 도덕적 성질을 갖고 있을 뿐 아니라, 예술 작품의 미적 성질과 도덕적 성질 사이에는 내재적인 관계가 있다. 도덕적으로 나쁜 작품은 바로 그 이유 때문에 미적으로도 열등하며, 도덕적으로 훌륭한 작품은 바로 그 이유 때문에 미적으로 뛰어나다. 나아가 두 작품 중에서 도덕적으로 더 나쁜 작품은 바로 그 이유 때문에 다른 작품보다 미적으로 더 열등하다.

을: 예술 작품에 대해서 도덕적 평가를 할 수는 있지만 그 작품의 미적 성질은 도덕적 성질과 내재적인 관계를 갖지 않는다. 예를 들어, 수치심을 불러일으키기 때문에 어떤 작품을 도덕적으로 나쁘다고 평가하는 것이 정당하더라도, 그런 도덕적 평가가 그 작품에 대한 미적 평가는 아니다.

병: 도덕적 평가를 내리는 것이 적절한 예술 작품들이 있고, 도덕적 평가를 내리는 것이 부적절한 예술 작품들이 있다. 순수한 형식미를 추구하는 음악을 듣고 도덕적 평가를 내리는 것은 적절치 않다. 도덕적 평가를 내리는 것이 적절한 예술 작품의 경우에도 도덕적 성질이 그 작품의 미적인 성질에 영향을 주는 경우는 부정적인 사례에만 국한된다. 즉 도덕적으로 나쁜 작품은 바로 그 이유 때문에 미적으로도 열등하다. 긍정적인 사례에는 이와 같은 영향 관계가 없다.

정: 도덕적으로 나쁜 작품이 있을 수 있을 뿐 아니라 도덕적으로 나쁘다는 점이 바로 미적 장점이 되는 예술 작품이 있다. 다시 말해서 어떤 작품의 경우, 그 작품이 도덕적으로 부정적인 성질을 갖는다는 것이 그 작품을 미적으로 뛰어나게 만들 수 있다. 반대로 도덕적으로 훌륭한 가치를 드러낸다는 점은 인정할 수 있지만 바로 그 도덕적 메시지 때문에 미적으로는 형편없게 되는 예술 작품도 있다.

① 갑, 을
② 갑, 병
③ 을, 정
④ 갑, 병, 정
⑤ 을, 병, 정

04

2015학년도 LEET 문11

갑~병에 대한 판단으로 옳지 <u>않은</u> 것은?

갑: 금욕이 인간을 자유롭게 만든다. 고통을 견디는 것을 습관화하고 쾌락의 추구를 삼가도록 습관화하라. 우리 삶의 궁극 목표는 일체의 필요와 외적 가치로부터의 자유, 즉 자족성이다. 온갖 욕망들로부터 내적으로 자유로워지고 어떠한 정념에도 휘둘리지 않는 부동심이 자족적 삶의 특징이다. 금욕의 훈련에 의해 슬픔이나 기쁨에도 전혀 무관심한 부동심의 경지에 이를 수 있다.

을: 금욕주의는 숨겨진 쾌락주의다. 자유를 지향하는 금욕도 결국은 고도의 정신적 기쁨을 지향한다는 점에서 소극적 쾌락주의와 다름없다. 금욕주의자들이 버린 것은 순수하지 않은 것, 즉 육체의 쾌락이나 그로부터 파생되는 쾌락일 뿐, 그들조차도 순수한 것은 함양하였다. 그 이름이야 어떠하든 이 순수한 것 또한 쾌락과 다름없으며, 쾌락이야말로 쾌락 이외의 그 무엇인가를 위한 것이 아닌 유일무이의 본래적 가치이다. 그런 점에서 금욕을 위한 금욕은 어리석다.

병: 금욕을 위한 금욕은 어리석다기보다는 도덕의 명령에 대한 은밀한 혐오를 감추고 있다. 자신에게 잘못이 없는데도 스스로를 고통으로 몰아넣기 때문이다. 고통의 추구가 아니라 오히려 쾌락의 추구가 의무이다. 욕구가 충족되지 않은 자신의 처지에 대한 불만족의 누적은 더 중요한 의무들을 위반하게 하는 커다란 유혹이 될 수 있기 때문이다. 그런 점에서 쾌락의 추구는 간접 의무이다. 즉, 의무 수행에 장애가 되지 않을 만큼은 쾌락을 추구해야 한다는 것이다.

① 쾌락은 추구할 만하다는 것에 을은 동의하고, 갑은 동의하지 않을 것이다.
② 욕망을 절제하여 도달한 상태도 쾌락의 상태라는 것에 갑과 을은 동의할 것이다.
③ 일체의 욕망 추구를 금지하는 것에 갑은 동의하고, 을과 병은 동의하지 않을 것이다.
④ 쾌락보다 상위의 가치가 있다는 것에 갑과 병은 동의하고, 을은 동의하지 않을 것이다.
⑤ 쾌락 추구의 허용 근거가 쾌락 자체에 있다는 것에 을은 동의하고, 병은 동의하지 않을 것이다.

05

2016학년도 LEET 문3

A, B 주장에 대한 분석으로 옳은 것만을 <보기>에서 있는 대로 고른 것은?

P국의 민사소송에서 당사자란 자기의 이름으로 국가의 권리보호를 요구하는 자와 그 상대방을 말한다. 당사자가 적법하게 소송을 수행할 수 있으려면 당사자능력, 당사자적격, 소송능력 등의 당사자자격을 갖추어야 한다. 당사자능력은 소송의 주체가 될 수 있는 일반적인 능력을 말한다. 대표적으로 살아있는 사람이라면 누구나 민사소송의 주체가 될 수 있다. 당사자적격이란 특정한 소송사건에서 정당한 당사자로서 소송을 수행하고 판결을 받기에 적합한 자격이다. 이는 무의미한 소송을 막고 남의 권리에 대하여 아무나 나서서 소송하는 것을 막는 장치이기도 하다. 소송능력이란 당사자로서 유효하게 소송상의 행위를 하거나 받기 위해 갖추어야 할 능력을 말한다.

A: 인간이 아닌 자연물인 올빼미는 적법하게 소송을 수행할 수 없다. 왜냐하면 소송의 주체가 될 수 있는 당사자능력을 현행법은 사람이나 일정한 단체에만 인정하고 있기 때문이다. 그리고 어떤 존재에게 당사자능력을 인정할지는 소송사건의 성질이나 내용과는 관계없이 일반적으로 정해져야 법과 재판의 안정성을 확보할 수 있다. 따라서 법에서 명시적으로 인정하는 자 이외에는 당사자능력을 추가로 인정할 수 없다.

B: 적법하게 소송을 수행할 수 있는 자격을 누군가에게 인정할지 여부는 그에게 법으로 보호할 이익이 있는지에 따라서 판단해야 한다. 만약 어떤 사람이 살고 있는 곳의 환경이 대규모 공사로 심각하게 훼손될 위험에 처하였다면, 우리는 그 사람에게 이익침해가 있다고 보아 법으로 보호받을 수 있는 자격과 기회를 인정하여야 한다. 민사소송의 당사자가 갖추어야 할 여러 가지 자격이란 이를 구체화한 것일 뿐이다. 그렇다면 자기가 살고 있는 숲이 파괴될 위험에 처한 올빼미에게 법으로 보호받을 자격과 기회를 부정할 이유는 없다. 다만 원활한 소송 진행을 위하여 시민단체가 올빼미를 대리하여 소송을 수행할 수 있을 것이다.

〈보기〉

ㄱ. A, B는 모두, 소송에서 당사자능력을 인정받기 위해서는 침해되는 이익이 있어야 한다는 점을 전제하고 있다.
ㄴ. A에 따르면, 올빼미가 현실적으로 이익을 침해당하더라도 법 개정이 없이는 소송을 수행할 수 없다.
ㄷ. 법규정의 명문에 반하는 해석이 허용된다면 B는 강화된다.

① ㄱ ② ㄴ ③ ㄱ, ㄷ
④ ㄴ, ㄷ ⑤ ㄱ, ㄴ, ㄷ

06

2019학년도 LEET 문4

다음 글에 대한 분석으로 옳은 것만을 <보기>에서 있는 대로 고른 것은?

A는 B가 뒤따라오고 있다는 것을 알면서도 출입문을 세게 닫아 B의 손가락이 절단되는 사건이 발생하였다. A가 B의 손가락을 절단하려 했는지가 밝혀지지 않은 상황에서, 갑, 을, 병은 A를 상해죄로 처벌할 수 있는지에 대해서 대화를 나누고 있다.

갑: B의 손가락이 절단된 결과에 대해서 A를 처벌할 수는 없어. A는 자신의 행위로 인해 B의 손가락이 잘리는 것까지 의도한 것은 아니니까. A가 자신의 행위로 인해 B의 손가락이 잘리는 것까지 의도했을 때만 처벌해야지.

을: A에게 B의 손가락을 절단하려는 의도는 없었어. 하지만 A는 어쨌든 자신의 행위가 B의 손가락을 절단할 수도 있다는 것을 몰랐을 리 없어. A는 B의 손가락이 절단된 결과에 대해서 처벌을 받아야 해.

병: A가 자신의 행동으로 인해 B의 손가락이 절단될 수도 있다는 것을 알고 있었다고 인정하지는 못하겠어. 그래도 A는 B의 손가락이 절단된 결과에 대해서 처벌을 받아야 해. 어쨌든 A는 B의 신체에 조금이라도 해를 입힐 의도는 있었으니까.

〈보기〉

ㄱ. 갑과 을은 A의 처벌 여부에 대해서는 다른 의견이나, A의 의도에 대해서는 같은 의견이다.
ㄴ. 을과 병은 A의 처벌 여부에 대해서는 같은 의견이나, A의 인식에 대해서는 다른 의견이다.
ㄷ. 갑의 견해에서 상해죄의 처벌 대상이 되는 행위는 병의 견해에서도 모두 처벌의 대상이 된다.
ㄹ. 을의 견해에서 상해죄의 처벌 대상이 되는 행위는 병의 견해에서도 모두 처벌의 대상이 된다.

① ㄱ, ㄴ ② ㄱ, ㄹ ③ ㄷ, ㄹ
④ ㄱ, ㄴ, ㄷ ⑤ ㄴ, ㄷ, ㄹ

07

2019학년도 LEET 문5

다음 글에 대한 분석으로 옳은 것만을 <보기>에서 있는 대로 고른 것은?

F국의 박물관에서 보석으로 장식된 여신상을 도난당하였다. 조사 결과 G국의 절도단이 이 여신상을 훔쳐 본국으로 밀반출한 것으로 밝혀졌다. G국 경찰은 절도단을 체포하고 해당 여신상을 압수하였다. G국 정부는 F국 정부의 요청에 따라 여신상을 F국에 반환하려고 하였다. 그런데 G국의 A시가 여신상에 대한 소유권을 주장하며 F국으로 반환하지 말 것을 요청하였다. A시가 제출한 기록에 의하면 해당 여신상은 원래 약 2000년 전에 시민들이 모금하여 제작한 것으로, A시 중앙에 위치한 신전 내에 봉헌되었다. 여신상이 신전에서 언제, 어떻게 없어졌는지 그 경위는 불확실하다. A시는 과거 긴 전쟁, 전후 혼란기 등의 시기에 F국 군인들이 G국의 문화재를 약탈한 사례가 많이 있었기 때문에, 해당 여신상도 같은 경위로 F국으로 반출되었을 것이라고 주장하였다. 이에 관하여 아래와 같은 두 가지 의견이 있다.

갑: A시가 여신상을 소유하고 있었다는 확실한 기록이 있어. 그리고 역사적으로 F국은 G국의 문화재를 탈취해 왔지. 여신상의 적법한 반출 경위를 확인할 수 없다면, 마찬가지로 약탈당한 것으로 봐야 하지 않을까. 비록 해당 여신상이 불법적인 방법에 의해 G국에 반입되었지만, 원래의 정당한 소유자라는 증거가 있는 A시에 돌려주는 것이 옳은 것 같아.

을: 기록을 보면 A시의 신전에 여신상이 안치되어 있던 것은 사실인 것 같아. 하지만 그 사실이 인정된다고 하더라도 해당 여신상의 약탈 여부는 알 수 없잖아. A시가 친선의 목적으로 여신상을 F국 유력자에게 선물하였거나, 매도했을 수도 있지. 그런 합법적 경로를 통하여 F국으로 반출되었을 가능성도 분명히 있기 때문에, 불법적인 방법으로 여신상을 G국으로 가져오는 것은 문제가 있어. 여신상은 F국에 돌려주는 것이 맞아.

〈보기〉

ㄱ. '여신상이 G국에서 F국으로 불법적으로 반출되었을 가능성이 매우 높더라도 G국은 밀반입된 여신상을 F국에 돌려주어야 한다'는 견해에 갑은 동의하지 않지만, 을은 동의한다.

ㄴ. 'A시가 여신상을 반환받기 위하여, 해당 여신상이 F국으로 불법적으로 반출되었다는 것이 먼저 증명되어야 한다'는 견해에 갑은 동의하지 않지만, 을은 동의한다.

ㄷ. '여신상을 A시로 반환할지의 여부를 결정하기 위한 전제로서 A시의 신전이 그 여신상을 소유하였다는 사실이 인정되어야 한다'는 견해에는 갑, 을 모두 동의한다.

① ㄱ ② ㄴ ③ ㄱ, ㄷ
④ ㄴ, ㄷ ⑤ ㄱ, ㄴ, ㄷ

08

2019학년도 LEET 문10

다음 글에 대한 분석으로 옳은 것만을 <보기>에서 있는 대로 고른 것은?

A국 형법에는 높은 것부터 사형, 국적박탈형, 채찍형, 회초리형으로 4등급의 주된 형벌이 있다. 그리고 범죄에 따라 주된 형벌에 문신형을 부가할 수 있다. A국에서 장애인 갑이 쌀을 훔치다 현장에서 체포되어 법정에 섰다.

검사: 형법에는 타인의 물건을 훔친 자를 채찍형에 처하고 문신형을 부가하도록 하고 있습니다. 이에 따라 갑을 채찍형과 문신형으로 처벌함이 마땅하나, '장애인이 국적박탈형 이하를 받게 되는 경우에는 사회봉사로 대체한다'는 규정이 있습니다. 따라서 장애인 갑은 사회봉사를 하게 하고 문신형을 부가해야 합니다.

변호인: 이의 있습니다! 왜 문신형은 사회봉사로 대체하지 않습니까? 문신형이 국적박탈형 이하인지 아닌지를 정한 규정이 없으니, ㉠'의심스러울 때에는 가볍게 처벌한다'는 원칙을 이 경우에 적용해야 합니다.

검사: 갑은 타인의 물건을 훔친 것이 명백합니다. 의심스러울 때에 가볍게 처벌한다는 원칙을 이 경우에까지 적용할 수 있나요? 변호인의 주장은 억지입니다.

판사: 선고하겠습니다. "법률에 관련 규정이 없으면, 국민의 고통을 줄이는 방향으로 형벌을 부과하는 것이 헌법의 원칙에 합치한다. 따라서 문신형도 사회봉사로 대체한다."

〈보기〉

ㄱ. 만약 증거물이나 알리바이 등 범죄 성립 여부와 관련된 사항에만 ㉠을 적용하여야 한다는 주장이 옳다면 이는 검사의 견해를 강화한다.

ㄴ. A국 형법에 '범죄행위시점과 형벌부과시점 사이에 장애의 유무로 형벌의 변경이 있는 경우에는 그 중 범죄자에게 가장 유리한 것을 부과한다'고 규정하고 있는 경우, 갑이 선고 전 수술을 통해 그 장애가 없어졌더라도, 판사의 결론은 같을 것이다.

ㄷ. 만약 A국 형법에 '손아랫사람이 손위 어른을 대상으로 행한 친족 간의 범죄는 친족관계가 없는 자를 대상으로 행한 범죄에 비해 주된 형벌에 1등급을 높인다'고 규정하고 있고 갑이 훔친 쌀이 큰아버지의 것이라면, 문신형에 관한 검사의 주장과 판사의 결론 중 적어도 하나는 달라질 것이다.

① ㄱ ② ㄷ ③ ㄱ, ㄴ
④ ㄴ, ㄷ ⑤ ㄱ, ㄴ, ㄷ

09

2019학년도 LEET 문24

이론 A~C에 대한 분석으로 옳은 것은?

A: 범죄를 저지르는 사람은 주류 사회가 받아들이지 않는 일련의 기준을 따르는 사람이다. 인간의 다른 모든 행동과 마찬가지로 범죄도 학습된다. 그래서 범죄에 친화적인 생각, 태도, 행동을 학습하여 그러한 행동을 하게 된다고 봐야 한다. 물론 범죄에 부정적인 생각, 태도, 행동도 학습되며, 이는 주류 사회의 일반적 규범을 내면화하는 것이다. 하지만 이보다 범죄에 친화적인 생각, 태도, 행동을 더 많이 접촉하고 학습하면 범죄를 저지르게 된다. 따라서 어떤 규범을 얼마나 내면화했는가가 행동을 결정한다. 결국 인간은 자신이 사회화한 문화의 가치와 규범에 따라 행동하기 마련이다.

B: 모든 인간은 사회의 구성원으로서 사회화 과정을 통해 그 사회의 공통 규범을 공유한다. 하지만 개인에 따라 규범을 사회화하는 정도는 차이가 있기 때문에 도덕성의 정도가 사람에 따라 다를 수 있다. 그리고 규범의 사회화 정도는 사회에 대한 개인의 유대 정도와 깊은 관계가 있다. 사회에 대한 유대가 약한 사람들은 규범을 어기는 행위를 비교적 자유롭게 하게 된다. 따라서 범죄의 원인은 사회 유대의 결여 내지는 약화이다.

C: 인간은 사회의 공통 규범을 따르며 사회가 규정하는 가치를 추구하려고 한다. 하지만 규범에 순응해서는 이러한 가치 추구의 정당한 욕망이 충족될 수 없을 때, 범죄를 저지르게 된다. 누구나 성공을 욕망하지만 모든 사람이 성공하는 것은 아니다. 사회에는 엄연히 불평등 구조가 존재하기 때문이다. 어떤 사람들은 규범에 순응하면서도 성공을 하지만, 많은 사람들은 합법적인 방법으로는 목표를 달성하지 못한다. 이는 내적 긴장 상황을 야기하고 이로 인한 좌절과 절박함은 사람들로 하여금 규범을 어겨서라도 목표를 달성하려고 하게 만든다.

① A는 인간 본성이 어떤지에 대한 가정을 하지만, C는 그러한 가정을 하지 않는다.
② B는 사회 구성원들이 사회의 공통 규범을 내면화한다고 가정하지만, C는 그렇지 않다.
③ B는 범죄를 저지르게 하는 외부적 동기나 압력을 중시하지만, A와 C는 그렇지 않다.
④ B는 개인에 따라 규범을 내면화하는 정도에 차이가 있다고 가정하지만, A는 그렇지 않다.
⑤ A는 한 사회에서 서로 다른 문화가 갈등한다고 가정하지만, B는 서로 갈등하는 다른 문화의 존재를 고려하지 않는다.

10

2020학년도 LEET 문1

<견해>에 대한 분석으로 옳은 것만을 <보기>에서 있는 대로 고른 것은?

〈사례〉

X국에서 다음의 사건이 발생하였다. 甲은 자신을 놀린 乙에게 복수하기로 하였다. 甲의 부탁을 받은 丙은 乙을 때려 상해를 입혔다. X국 법률에는 "사람의 신체를 상해한 자는 5년 이하의 징역에 처한다"고 상해죄가 규정되어 있다. 丙이 상해죄로 처벌되는 것 이외에 甲도 상해죄로 처벌할 수 있는지에 대해서 다음과 같은 견해가 있다.

〈견해〉

A: 甲이 乙에 대한 상해를 유발했다고 甲을 상해죄로 처벌해서는 안 돼. 甲이 직접 乙을 상해한 것은 아니잖아. 丙이 甲의 부탁을 거절할 수 없는 상황이었어야만 甲을 상해죄로 처벌할 수 있어.

B: 甲이 乙에 대한 상해를 유발했다는 사실만으로는 甲을 상해죄로 처벌할 수는 없어. 하지만 丙을 상해죄의 범죄자로 만들었으니까 甲을 처벌해야지. 甲의 부탁이 없었다면 丙은 상해죄의 범죄자가 되지 않았을 거야. 상해를 유발한 것보다 타인을 범죄자로 만든 것이 더 중한 범죄잖아.

C: 丙을 상해죄의 범죄자로 만들었다는 이유로는 甲을 처벌할 수 없어. 타인을 범죄자로 만든 것을 처벌하는 법이 없기 때문이야. 그렇지만 甲을 상해죄로는 처벌해야 해. 왜냐하면 상해죄의 법규정이 상해 행위를 직접 하는 경우로 한정하고 있지 않기 때문이야.

〈보기〉

ㄱ. A와 C는 타인을 이용하여 상해를 유발한 자가 처벌을 받는 경우에 직접 폭력을 행사하여 상해를 입힌 자와 같은 죄목의 범죄로 처벌받을 수 있다고 본다.
ㄴ. 甲이 丙에게 부탁을 하였고 丙이 甲의 부탁을 거절할 수 있는 상황임에도 불구하고 丙이 乙에게 상해를 입힌 경우, A와 C는 甲을 상해죄로 처벌할 수 있는지 여부에 대해 견해가 일치하지 않는다.
ㄷ. A, B, C는 모두 甲이 처벌받지 않을 수 있음을 인정한다.

① ㄱ ② ㄷ ③ ㄱ, ㄴ
④ ㄴ, ㄷ ⑤ ㄱ, ㄴ, ㄷ

11

2020학년도 LEET 문24

다음 글에 대한 분석으로 옳은 것만을 <보기>에서 있는 대로 고른 것은?

A: 자기기만이란 문자 그대로 자기 자신을 속이는 행위이다. 그것은 타인을 속이는 행위와 동일한 방식으로 이해된다. 甲이 乙로 하여금 무언가를 사실로 믿도록 속인다는 것은 甲이 의도를 갖고서 자신은 그 무언가가 사실이 아니라고 믿으면서 乙이 그것을 사실로 믿도록 하는 것이다. 이 결과 甲이 자신의 믿음을 유지하면서 乙이 그 무언가가 사실이라고 믿으면 甲이 乙을 속이는 데 성공한 것이다. 자기기만을 이와 같은 방식으로 이해한다는 것은 '乙'의 자리에 단순히 '甲'을 대입하여 甲이 甲을 속이는 것과 같은 것으로 이해한다는 것이다. 자기기만에 의해 자기 자신을 속이는 것은 실제로 성공 가능하며 따라서 적어도 일부의 사람들은 자기기만에 의해 형성된 믿음들을 가지고 있다.

B: 자기기만이란 선택적이고 편향적인 정보 수집에 의한 믿음 형성이다. 가령 다음과 같은 사례가 자기기만의 전형적인 사례이다. 대부분의 엄마들은 자신의 아이가 머리가 좋다고 생각하는데, 이는 엄마들은 대부분 아이가 머리가 좋기를 희망하기 때문이다. 이 희망에 이끌려 자신도 모르게 아이가 머리가 좋다는 것을 보여 주는 일부 정보들에만 편향적으로 주의를 집중하게 된다. 즉 아이의 지적 우수성을 보여 주는 정보들만 아이 엄마에게 주어지는 것과 같은 일이 의도치 않게 벌어진다. 그리고 그 결과 자연스럽게 아이의 지적 능력에 관해 편향적인 믿음, 즉 자신의 아이가 머리가 좋다는 믿음을 형성하게 된다.

C: 사람은 때로 거짓된 믿음을 가질 수 있다. 예를 들어 대부분의 사람들은 지구가 둥글다고 믿겠지만, 어떤 사람들은 지구가 둥글지 않다고 믿는다. 하지만 그 누구도 지구가 둥글다고 믿으면서 동시에 둥글지 않다고 믿을 수는 없다. 모순된 믿음을 가지는 것은 불가능한 일이기 때문이다.

〈보기〉

ㄱ. C는 A와 양립 불가능하지만 B와는 양립 가능하다.
ㄴ. 자기 자신의 지적 능력이 남들보다 뛰어나다고 자기기만하는 사람의 사례는 B로는 설명 가능하지만 A로는 그렇지 않다.
ㄷ. 진술 "甲이 乙을 속이려고 할 때, 乙을 속이려는 甲의 의도가 만일 乙에게 알려진다면 乙은 甲에게 속지 않을 것이다"와 "자신의 의도를 자신이 모를 수 없다"가 참이라면, A는 약화된다.

① ㄱ ② ㄴ ③ ㄱ, ㄷ
④ ㄴ, ㄷ ⑤ ㄱ, ㄴ, ㄷ

12

2021학년도 LEET 문3

다음 글을 분석한 것으로 옳지 않은 것은?

X국과 Y국은 채권자나 채무자의 신청으로 법원의 선고를 받아 파산할 수 있는 제도를 운영하고 있다.

X국: 개인이 빌린 돈을 갚지 못하는 경우, 파산하여 파산 당시에 가진 재산 모두를 채권자들에게 분배하면 남은 빚은 전부 탕감받는다. 법원은 파산한 자가 지급능력이 있음에도 일부러 돈을 갚지 않는 악의적인 경우를 제외하고 빚 탕감을 허가해준다. 파산하여 빚을 탕감받은 자는 국민으로서 일상생활에서 누릴 수 있는 자유와 권리를 전혀 제한받지 않는다.

Y국: 개인이 빌린 돈을 갚지 못하는 경우, 파산하여 파산 당시에 가진 재산 모두를 채권자들에게 분배하지만, 채권자의 허락이 없으면 그 채권자에 대해서는 남은 빚을 탕감받지 못한다. 채권자는 자신이 빌려준 돈을 전부 받을 때까지 파산 후 취득한 재산에 대해 제한 없이 권리를 행사할 수 있다. 파산한 자는 일정 기간 구금되고 빚을 다 갚을 때까지 선거권이 박탈되며 파산 사실이 외부에 공개된다.

① 채권자들이 파산한 채무자에 대하여 빚을 갚도록 독촉하고 관련 소송이 끊임없이 이어질 것을 우려하는 사람은 X국 제도를 지지할 것이다.
② 개인은 스스로 결정하고 책임지는 이성적 존재이므로 무절제한 소비행위를 한 자를 국가가 나서서 도와줄 필요가 없다고 생각하는 사람은 X국 제도를 반대할 것이다.
③ 채권자가 자기 채권을 우선적으로 회수하기 위하여 파산 신청을 협박의 수단으로 사용할 수 있다고 우려하는 사람은 Y국 제도를 지지할 것이다.
④ 파산위기에 처한 자가 기존의 빚을 갚기 위하여 또 다른 빚을 지는 등 계속 채권·채무관계를 형성할 것을 우려하는 사람은 Y국 제도를 반대할 것이다.
⑤ 파산 후의 채권·채무관계를 채권자의 의사에 좌우될 수 있게 한 결과, 가공의 채권자가 등장하는 등 사회적 혼란이 일어날 것을 우려하는 사람은 Y국 제도를 반대할 것이다.

13

2021학년도 LEET 문19

<이론>에 대한 분석으로 옳은 것만을 <보기>에서 있는 대로 고른 것은?

'지금은 여름이지만 지금은 여름이 아니다'라고 주장하는 것은 난센스로 들린다. 이는 이 문장이 참인 것이 불가능하며, 그런 점에서 모순을 내포한다는 사실로부터 쉽게 설명된다. 이번에는 '나는 지금이 여름이라고 믿지만 지금은 여름이 아니다'라는 주장을 생각해 보자. 이런 주장 역시 난센스로 들린다. 그러나 이런 주장의 내용 자체에는 아무런 모순이 없다. 내가 지금이 여름이라고 믿음에도 불구하고 실제로는 지금이 여름이 아닌 것이 얼마든지 가능하기 때문이다. 그럼에도 불구하고 왜 이런 주장이 난센스로 들리는지를 설명하기 위해 〈이론〉이 제시되었다.

〈이론〉

'나는 p라고 믿는다'라고 주장하는 것은 많은 경우에 나의 심리상태를 보고하는 것이 아니라, 대화 상대방을 고려하여 p를 완곡하게 주장하는 것이다. 가령, 상대방이 "지금이 여름입니까?"라고 물을 때, 나는 이를 완곡하게 긍정하는 방식으로 "나는 그렇게 믿습니다."라고 말할 수 있다. 따라서 '나는 지금이 여름이라고 믿지만 지금은 여름이 아니다'라는 주장은 사실상 '지금은 여름이지만 지금은 여름이 아니다'라는 모순된 내용을 표현하게 되며, 그래서 난센스로 들리는 것이다.

〈보기〉

ㄱ. 〈이론〉이 옳다면, '너는 지금이 여름이라고 믿지만 지금은 여름이 아니다'라고 주장하는 것 역시 난센스로 들려야 할 것이다.

ㄴ. 〈이론〉이 옳다면, '나는 지금이 여름이라고 믿지만 지금은 여름이 아니라고도 믿는다'라고 주장하는 것 역시 난센스로 들려야 할 것이다.

ㄷ. 〈이론〉이 옳다면, '나는 지금이 여름이라고 믿지만 지금은 여름이 아니다'라고 마음속으로 말없이 판단하는 것 역시 난센스로 여겨져야 할 것이다.

① ㄱ ② ㄴ ③ ㄱ, ㄷ
④ ㄴ, ㄷ ⑤ ㄱ, ㄴ, ㄷ

14

2022학년도 LEET 문25

<상황>에 대한 분석으로 옳은 것만을 <보기>에서 있는 대로 고른 것은?

정부는 소위 '부드러운 간섭'을 사용함으로써 사람들이 최선의 이익이 되는 선택을 할 가능성을 높일 수 있다. 부드러운 간섭이란 정책 설계자가 선택지를 줄이거나 행위를 직접 금지 또는 허용하지 않고, 선택지가 제시되는 순서나 배치만을 변경함으로써 사람들의 결정에 영향을 끼치는 것을 말한다. 그런데 부드러운 간섭 정책은 사람들의 비합리성을 이용하는 것이므로 개인의 합리성을 존중하지 못한다는 비판이 존재한다. 이 비판은 주로 ㉠ <u>합리성을 '이상적 합리성'으로 이해하는 견해</u>에 토대를 두고 있다. 이 관점에서 개인이 합리성을 발현한다는 것은 최선의 이익을 가져다주는 항목이나 우선순위를 찾아 주는 최선의 절차를 발견하고 이에 따르는 것이다. 그런데 사람들은 가능한 선택지 중에서 부주의한 습관에 따르거나 눈에 잘 띠는 것을 고르는 등, 비합리적 성향에 따라 자신의 이익과 관련된 결정을 수행하기도 한다. 이때 공동체 구성원의 이익을 위해 부드러운 간섭을 수행하는 정부는 이와 같은 인간의 비합리적 성향에 맞추어 선택지의 설계를 조정함으로써 구성원이 최선의 이익이 되는 선택을 하도록 유인한다. 최선의 이익을 성취하는 이런 과정에서 정부는 구성원을 비합리적인 존재로 취급하게 된다.

그러나 ㉡ <u>합리성을 '환경적 합리성'으로 바라보는 견해</u>는 부드러운 간섭을 보다 관용적으로 평가한다. 이 견해는 어떤 결정이 합리적 결정이 되는지 여부를 저마다의 상이한 여건에 따라 상대적으로 고려한다. 사람들은 정보의 제약, 긴급한 사정과 같은 이상적 결정을 내릴 수 없는 저마다의 환경에 처해 있지만, 이와 같은 환경적 제약에 의한 이상적이지 않은 결정도 충분히 합리적이라고 평가할 수 있다. 정부의 부드러운 간섭이 선택 과정에서의 불리한 환경적 제약을 극복하려는 범위에서 이루어지는 한, 이는 구성원의 합리적 선택을 방해하는 것이 아니다.

〈상황〉

선택지 x, y, z가 있고 최선의 이익에 가까운 순서는 x-y-z이다.

〈보기〉

ㄱ. ㉡에 따르면, z를 선택하는 행위도 합리적일 수 있다.

ㄴ. ㉠에 따르면, 어떤 사람이 부드러운 간섭 때문에 y를 선택한다면 그 사람은 자신의 비합리적 성향에 따라 결정한 것이다.

ㄷ. ㉠에 따르면, 어떤 사람이 최선의 이익에 가까운 순서를 y-z-x라고 판단하는 경우, x-y-z의 순서로 선택하도록 조장하는 부드러운 간섭은 그 사람의 합리성을 존중하고 있는 것이다.

① ㄱ ② ㄷ ③ ㄱ, ㄴ
④ ㄴ, ㄷ ⑤ ㄱ, ㄴ, ㄷ

15

2023학년도 LEET 문25

다음 글에 대한 분석으로 옳은 것만을 <보기>에서 있는 대로 고른 것은?

기능주의자에 따르면, 우리는 상식 심리학을 통해 타인에게 심적 상태를 귀속시킴으로써 인간의 마음을 성공적으로 이해해왔다. 상식 심리학은 '믿음', '욕구' 등의 심적 용어로 이루어지는 이론 체계를 말한다. 우리는 대다수의 운전자가 빨간불에서 차를 세울 것이라고 예측한다. 대다수의 합리적 운전자는 빨간불에서 정지해야 한다고 믿기 때문이다. 따라서 기능주의자에게 심적 상태의 존재는 당연하다.

그런데 제거주의자는 상식 심리학을 추방해야 한다고 주장한다. 과학적인 설명력과 예측력이 없는 이론은 사라져 왔다. 이때, 이론이 가정하는 존재와 이 존재에 관한 용어는 아예 제거되었다. 일반적으로, 어떤 이론이 옳은지 그른지는 그 이론이 주어진 현상을 성공적으로 예측하느냐에 달려 있다. 그런데 우리는 타인을 얼마나 자주 오해하는가! 화학에서는 연금술이 완전히 실패함으로써 금의 씨앗으로 여겨졌던 현자의 돌의 존재가 부정되었으며 '현자의 돌'이라는 용어도 사라졌다. 마찬가지로 실패한 이론이 전제하는 마음의 존재뿐만 아니라 '믿음'과 '욕구' 같은 심적 용어조차 제거되어야 한다는 것이다.

도구주의자는 심적 상태의 존재를 가정함으로써 우리의 행동을 예측할 수 있다고 주장한다. 체스 컴퓨터의 비유를 살펴보자. 확실히 컴퓨터는 믿음과 욕구 같은 심적 상태가 없다. 그러나 체스를 두는 컴퓨터에게 "컴퓨터가 퀸을 잡아야 한다고 믿는군"이나 "컴퓨터가 킹을 살리길 원하는군"과 같이 믿음이나 욕구를 귀속시키면 우리는 컴퓨터의 다음 수를 효율적으로 예측할 수 있다. 이와 마찬가지로, 인간에게 심적 상태를 귀속시켜 말한다면 이는 인간의 행동을 예측하는 데 큰 도움이 된다. 그럼에도 도구주의자는 우리가 도구로서 가정하는 심적 상태에 대응하는 마음속 대상은 존재하지 않는다고 생각한다.

〈보기〉

ㄱ. 심적 상태의 존재에 관해 기능주의자와 도구주의자는 서로 다른 견해를 가지지만, 심적 용어의 유용성에 관해서는 견해가 같다.

ㄴ. 제거주의자와 도구주의자 모두 심적 용어의 필요성을 인정한다.

ㄷ. 심적 상태가 존재하지 않는다는 주장을 뒷받침하기 위해 제거주의자와 도구주의자는 같은 이유를 제시한다.

① ㄱ ② ㄴ ③ ㄱ, ㄷ
④ ㄴ, ㄷ ⑤ ㄱ, ㄴ, ㄷ

16

2024학년도 LEET 문17

다음 글에 대한 분석으로 적절한 것만을 <보기>에서 있는 대로 고른 것은?

선(善), 즉 좋음에는 두 가지 차원이 있다. ㉠ 일차적 선은 한 존재가 지니는 본질적 완전성을 의미한다. 모든 존재자는 이것을 결여하면 더 이상 그 존재가 아니라는 점에서 이는 본질적인 선이다. 이러한 선은 적극적 의미에서 결여의 부정을 뜻한다. 인간에게 인간성이 없으면 더 이상 인간이 아니다. 인간이 인간으로 존재하는 한, 설사 개인 간의 신체 능력이나 덕성의 차이가 아무리 크다고 한들 그것 때문에 누가 더 인간이라는 진술은 성립하지 않는다.

이차적 선은 인간이라는 존재에 '직립 보행'이라는 우연적인 성질이 속하는 것처럼 어떤 주체와 이에 속하는 부수적 성질 사이의 관계를 의미한다. 이러한 선은 '존재성을 형성하는 선'이 아니라 '존재성에 수반되는 선'이다. 이차적 선은 다시 둘로 나뉜다. ㉡ 첫 번째 이차적 선은, 어떤 성질이 그 자체로 그것이 속하는 존재의 완전성에 기여하는 적합성을 가리킨다. 건강은 인간에게 일차적 선이 아니라 이차적 선이다. 아픈 인간도 여전히 인간이기 때문이다. 그리고 건강이 인간에게 좋다면, 건강은 그 자체로 인간에게 좋은 성질이다. ㉢ 두 번째 이차적 선은, 어떤 성질이 어떤 존재에 속했을 때 그 존재에게서 발견되는 선함을 가리킨다. 이러한 의미의 선은 세부 성질 자체가 아닌, 한 존재가 가지는 좋음이다. 어떤 음식이 맛있다고 한다면, 염도, 산도, 식감 등이 잘 어울릴 때 그 음식이 맛있는 것이다. 여러 요소 중 하나만 떼어 맛있다고 하기는 어렵다.

〈보기〉

ㄱ. 악이 선의 결여라면, 악은 ㉠이다.

ㄴ. "어떤 대상이 아름답다면, 아름다움은 그 대상이 가지는 크기, 형태, 색채 등의 조화로운 총체이다."라는 말에서 아름다움은 ㉢이다.

ㄷ. 어떤 것이 누구에게 언제나 좋으면 ㉠이고, 그렇지 않으면 ㉡ 또는 ㉢이다.

① ㄱ ② ㄴ ③ ㄱ, ㄷ
④ ㄴ, ㄷ ⑤ ㄱ, ㄴ, ㄷ

17

2025학년도 LEET 문13

<견해>에 대한 분석으로 옳은 것만을 <보기>에서 있는 대로 고른 것은?

갑과 을은 각자 누군가를 살해할 악한 의도로 치밀한 계획을 세워 살해를 시도했으나, 갑은 살인에 성공했고 을은 살인에 실패했다. 이 경우 갑이 훨씬 더 무겁게 처벌된다. 이는 정당화될 수 있을까? 이에 대해 다음과 같은 〈견해〉가 있다.

〈견해〉

A: 갑과 을 모두 살해 의도를 가지고 있었음에도 갑의 시도가 성공하고 을의 시도가 실패한 것은 '운'이 작용한 탓이다. 자신이 어찌할 수 없는 운에 의한 결과에 따라 둘에 대한 처벌의 경중이 달라지는 것은 정당화될 수 없다. 왜냐하면 그렇게 처벌의 경중이 달라지는 것은 둘을 동등하게 대우하는 것이 아니기 때문이다. 따라서 갑과 을을 다르게 처벌해서는 안 된다.

B: 처벌의 경중은 범죄자에게 얼마나 악한 의도가 있었느냐에 따라 결정되어야 하지만 그것을 정확히 파악하기는 어렵다. 이런 상황에서 살해의 성공 여부는 그 의도의 악랄함의 정도를 보여주는 좋은 지표가 된다. 의도가 악랄할수록 더 용의주도하게 살인을 계획할 것이고 성공할 확률이 높을 것이기 때문이다. 그러므로 성공한 살인을 실패한 살인보다 더 무겁게 처벌해야 한다.

C: 갑을 을보다 더 무겁게 처벌하는 것은 '운에 의한 처벌'이라고 할 수 있으며 이런 처벌은 동등한 대우를 실현하는 길일 수 있다. 예를 들어, 고대에는 반역자들을 처벌할 때 제비뽑기를 통해 '운이 없는' 몇 사람만을 처벌하였다. 모든 반역자에 대해서 같은 승률의 제비뽑기를 통해 처벌 여부를 결정했기 때문에 이는 반역자들을 동등하게 대우했다고 할 수 있다. 이와 마찬가지로 살해 성공이라는 '제비뽑기'에 따라 갑과 을을 다르게 처벌하는 것은 동등한 대우를 실현하는 길이다.

〈보기〉

ㄱ. A에 따르면, 누군가를 죽일 의도는 없었으나 난폭운전을 해서 행인을 죽인 사람과 누군가를 죽일 의도로 난폭운전을 해서 행인을 다치게 한 사람을 동일하게 처벌해야 한다.

ㄴ. 의도가 악랄할수록 감정에 휩쓸려 판단력이 떨어진다는 것과 판단력이 떨어질수록 계획의 성공 가능성이 낮아진다는 것이 모두 사실이라면, B의 입장은 약화된다.

ㄷ. A와 C는 갑과 을을 동등하게 대우하여 처벌해야 한다는 것에는 동의하지만 어떤 처벌을 해야 하는지에 대해서는 의견을 달리한다.

① ㄱ　② ㄴ　③ ㄱ, ㄷ
④ ㄴ, ㄷ　⑤ ㄱ, ㄴ, ㄷ

18

2025학년도 LEET 문18

다음 글에 대한 분석으로 옳은 것만을 <보기>에서 있는 대로 고른 것은?

A 마을의 대표들 중 한 명이 B 마을 사람들에게 무차별적으로 오물을 투척하였다. 이에 대한 보복으로 B 마을의 대표들 중 한 명인 갑은 A 마을 사람들에게 무차별적으로 오물을 투척하였고, B 마을의 대표들 중 또 다른 한 명인 을은 A 마을의 대표들에게만 오물을 투척하였다.

아래는 한 집단이 다른 집단에 의해 피해를 받았을 때 피해를 받은 집단이 피해를 가한 집단에게 어떻게 대응해야 하는가라는 질문에 대한 답으로 가능한 원칙들이다.

P1: 만약 집단 X의 누군가가 집단 Y를 먼저 무차별적으로 공격하거나 피해를 입혔다면, 집단 Y에 속한 사람 누구나 집단 X에 속한 누구에게라도 그에 상응하는 보복을 할 도덕적 권리를 가진다.

P2: 만약 집단 X의 대표 중 누군가가 집단 Y를 먼저 무차별적으로 공격하거나 피해를 입혔다면, 집단 Y의 대표 누구나 집단 X에 속한 누구에게라도 그에 상응하는 보복을 할 도덕적 권리를 가진다.

P3: 만약 집단 X의 대표 중 누군가가 집단 Y를 먼저 무차별적으로 공격하거나 피해를 입혔다면, 집단 Y의 대표 누구나 집단 X의 대표들에게 그리고 오직 그들에게만 그에 상응하는 보복을 할 도덕적 권리를 가진다.

〈보기〉

ㄱ. 세 원칙 모두 갑과 을의 행동에 대해 같은 도덕적 판정을 내린다.

ㄴ. 갑의 행동을 정당화하기 위해서는 세 원칙 가운데 P1이나 P2에 의존해야 한다.

ㄷ. 을의 행동을 정당화하기 위해 세 원칙 가운데 반드시 P3에 의존할 필요는 없다.

① ㄱ　② ㄴ　③ ㄱ, ㄷ
④ ㄴ, ㄷ　⑤ ㄱ, ㄴ, ㄷ

암묵적 분석

19

2014학년도 LEET 문7

<사안>, <주장>, <사실>과 관련하여 진술한 것으로 옳지 않은 것은?

〈사안〉

A는 교제 중이던 B가 임신하자 낙태를 강요한 뒤 헤어졌다. B는 괴로움을 이기지 못하고 유서를 남기고 자살했다. B의 어머니는 딸의 미니홈피에 유서 전문과 장문의 글을 올렸다. 이후 네티즌 사이에 A의 개인 정보가 노출되고 인신공격적 댓글이 이어졌다. 또 포털 사이트에 관련 뉴스가 게재되고 블로그, 커뮤니티 등에 기사가 스크랩되자, A(원고)는 포털 사업자(피고)를 상대로 명예훼손을 이유로 손해배상 청구소송을 제기했다.

위 포털 사업자에게 명예훼손으로 인한 손해배상책임을 물을 수 있는지를 두고 다음과 같은 쟁점이 특히 문제되었다.

쟁점(1): 포털이 사이트에 올린 기사에 편집권을 행사한 것으로 볼 수 있는지 여부

쟁점(2): 명예훼손적 게시물에 대해 피해자의 명시적 삭제 요구가 없더라도 포털의 삭제 의무가 발생하는지 여부

〈주장〉

(가) 포털이 내용 수정 없이 원문을 그대로 전재하는 경우라 하더라도 자신의 제공 서비스 화면에 오르게 하는 것은 실제적 의미에서 지적인 전파 내지 재공표를 행한 것에 해당할 수 있다.

(나) 뉴스 서비스 초기 화면에 기사를 예시적으로 게재하기 위해 일부 기사들을 적절히 배치하거나 긴 기사 제목의 일부를 말줄임표로 간결하게 요약해 보여 주는 것은 링크 제목의 수정일 뿐 원문의 수정이 아니다.

(다) 하루에 수만 건씩 쏟아지는 게시물의 내용을 포털이 다 알고 통제할 수 있는 지위에 있다고 보기 어렵다.

(라) 포털에 게시물 감시 및 삭제 의무를 부과한다면 명예훼손이라는 개인의 이익보다 더 큰 공익이 침해될 것이다.

〈사실〉

(마) 명예훼손적 게시물을 피해자의 명시적 요구 없이도 삭제할 의무를 포털에게 지우는 법률 조항이 없다.

① 원고 측이 (가)를 쟁점(1)과 관련하여 자신의 입장을 옹호하는 논거로 사용하려면, 원문을 포털에 그대로 전재하는 경우도 편집권의 행사에 해당한다는 전제가 필요하다.

② 피고 측이 (나)를 쟁점(1)과 관련하여 자신의 입장을 옹호하는 논거로 사용하려면, 포털이 행한 원문 기사의 배치나 제목의 간결한 요약은 편집권의 행사가 아니라는 전제가 필요하다.

③ 피고 측이 (다)를 쟁점(2)와 관련하여 자신의 입장을 옹호하는 논거로 사용하려면, 게시물의 존재와 내용에 대한 인식이 피고의 책임을 구성하는 요건이라는 전제가 필요하다.

④ 피고 측이 (라)를 쟁점(2)와 관련하여 자신의 입장을 옹호하는 논거로 사용하려면, 개인의 이익이 공익보다 우선한다는 전제가 필요하다.

⑤ (마)가 쟁점(2)와 관련하여 피고의 입장을 옹호하는 논거로 사용될 수 없다고 원고 측이 주장한다면, 원고는 명문의 법률규정이 없는 의무가 있을 수 있음을 전제하고 있다.

20

2014학년도 LEET 문23

ⓐ~ⓒ에 관한 진술로 옳은 것만을 <보기>에서 있는 대로 고른 것은?

필로누스: 우리가 감각을 통해 뜨거움이나 차가움을 지각할 때, 그 뜨거움이나 차가움은 우리 마음 바깥의 사물에 있는 것일까, 아니면 그것들은 우리의 마음에 의해 지각되는 것으로만 존재하는 것일까? 자네는 뜨거움이나 차가움에 관해서 어떻게 생각하는가?

하일라스: 강렬한 뜨거움이나 차가움은 통증으로 지각되네. 통증이란 지독한 불쾌감의 일종이므로, 강렬한 뜨거움과 강렬한 차가움은 지독한 불쾌감에 불과하네. ⓐ 그러므로 강렬한 뜨거움과 강렬한 차가움은 사물에 있는 것이 아니네. 그러나 그보다 덜한 정도의 뜨거움이나 차가움은 통증과는 무관한 것이네. 우리는 그것들을 뜨거움이나 차가움으로 지각할 뿐 아니라 '더 뜨거운 것'과 '덜 뜨거운 것' 등을 구별하여 지각하네. ⓑ 그러므로 이런 정도의 뜨거움은 사물에 있다고 여겨지네.

필로누스: 우리 모두가 인정하듯이, 어떤 것이 동시에 차기도 하고 뜨겁기도 할 수는 없네. 그러면 이제 자네의 한 손은 뜨겁고 다른 한 손은 차다고 가정해 보세. 그리고 두 손을 모두 한꺼번에 미지근한 물에 넣었다고 해보세. 그러면 뜨겁던 손에는 그 물이 차갑게 느껴지고 차갑던 다른 한쪽 손에는 뜨겁게 느껴질 것이야. 그 물에서 자네의 한 손은 뜨거움을 느끼고 다른 한 손은 차가움을 느끼는 것이네. ⓒ 그러므로 자네의 손이 느끼는 뜨거움과 차가움이 그 물에 있다고 말할 수는 없네.

〈보기〉

ㄱ. ⓐ의 추리는 "쾌감이나 불쾌감은 그것들을 지각하는 주체에만 존재하는 것이다."라는 것을 전제하고 있다.
ㄴ. ⓑ의 추리는 "사물의 성질 중에 인간이 지각할 수 없는 것이 있다."라는 것을 전제하고 있다.
ㄷ. ⓒ의 추리는 "어떤 주장이 불합리한 귀결을 갖는다면 그 주장은 참일 수 없다."는 원리를 이용하고 있다.

① ㄴ ② ㄷ ③ ㄱ, ㄴ
④ ㄱ, ㄷ ⑤ ㄱ, ㄴ, ㄷ

21

2015학년도 LEET 문10

(A)에 들어갈 두 진술로 적절한 것을 <보기>에서 고른 것은?

인간 다수의 이익을 위해서 영장류를 포함한 동물 소수에게 고통을 가하는 동물 실험은 도덕적으로 정당화될 수 있는가? 인간이 아닌 동물은 도덕적 고려의 대상이 될 수 없다는 주장은 논외로 하겠다. 도덕적 고려의 대상이 되어야 하는지는 고통을 느끼는 감각 능력이 있는지에 달려 있기 때문이다. 어떤 종에 속하는지에 상관없이 고통을 느낄 수 있는 개체들의 이익은 서로 동등하게 고려되어야 한다.

동물 실험을 크게 두 가지 경우로 나눠 생각할 수 있다. 하나는 인간의 사소한 이익을 위해서 동물이 상당한 고통을 겪는 경우이고, 다른 하나는 인간의 상당한 이익을 위해서 동물이 상당한 고통을 겪는 경우이다. 화장품이나 식용 색소와 같은 제품을 개발하기 위해서 하는 동물 실험이 전자에 속한다. 이를 통해서 생기는 이익은 동물에게서 박탈되는 이익에 비해 사소하기에 이런 동물 실험은 도덕적으로 정당화될 수 없다. 그렇다면 후자의 경우는 어떤가? 나는 후자의 동물 실험도 도덕적으로 정당화될 수 없다고 생각한다. 동물은 대개의 인간과는 달리 자신의 먼 미래를 계획할 수 없다는 이유에서 인간의 이익이 동물의 이익보다 더 크지만, 그렇다고 해도 동물 실험을 통해서 동물에게 고통을 줌으로써 그 이익을 박탈할 수는 없다. 다음 두 진술을 함께 받아들임으로써 나의 주장은 정당화된다.

(A)

〈보기〉

(가) 갓난아기는 자신의 먼 미래를 계획할 수 없다.
(나) 갓난아기는 누린 이익이 없으므로 박탈될 이익도 없다.
(다) 다른 인간의 이익을 위해서 갓난아기의 이익을 박탈할 수 없다.
(라) 동물 실험을 통해서 얻게 될 인간의 상당한 이익과 그 실험에서 박탈될 동물의 이익은 상쇄된다.
(마) 이익을 포기하는 것이 도덕적으로 정당한 행위라고 해서 다른 사람에게 이를 하라고 명령할 수는 없다.

① (가)와 (다) ② (가)와 (라)
③ (나)와 (다) ④ (나)와 (마)
⑤ (라)와 (마)

22

2016학년도 LEET 문12

아래 글의 저자가 암묵적으로 전제하는 것으로 옳지 않은 것은?

> 육식을 정당화하는 사람들은 동물들이 서로 잡아먹는 것을 근거로 들 때가 있다. '그래, 너희들이 서로 먹는다면, 내가 너희들을 먹어서는 안 될 이유가 없지'라고 생각하는 것이다. 그러나 이런 주장에 대해 제기될 수 있는 반박은 명백하다. 먹기 위해 다른 동물을 죽이지 않으면 살아남을 수 없는 많은 동물들과 달리, 사람은 생존을 위해 반드시 고기를 먹을 필요가 없다. 나아가 동물은 여러 대안을 고려할 능력이나 식사의 윤리성을 반성할 능력이 없다. 그러므로 동물에게 그들이 하는 일에 대한 책임을 지우거나, 그들이 다른 동물을 죽인다고 해서 죽임을 당해도 괜찮다고 판정하는 것은 타당하지 않다. 반면에 인간은 자신들의 식사습관을 정당화하는 일이 가능한지를 고려하지 않으면 안 된다.
>
> 한편 어떤 사람들은 동물들이 서로 잡아먹는다는 사실은 일종의 자연법칙이 있다는 것을 의미하는 것으로 간주하곤 한다. 그것은 더 강한 동물이 더 약한 동물을 먹고 산다는 일종의 '적자생존'의 법칙을 말한다. 그들에 따르면, 우리가 동물을 먹는 것은 이러한 법칙 내에서 우리의 역할을 하는 것일 뿐이다. 그러나 이런 견해는 두 가지 기본적인 잘못을 범하고 있다. 첫째로, 인간이 동물을 먹는 것이 자연적인 진화 과정의 한 부분이라는 주장은 더 이상 설득력이 없다. 이는 음식을 구하기 위해 사냥을 하던 원시문화에 대해서는 참일 수 있지만, 오늘날처럼 공장식 농장에서 가축을 대규모로 길러내는 것에 대해서는 참일 수 없다. 둘째로, 가임 여성들이 매년 혹은 2년마다 아기를 낳는 것은 의심할 여지없이 '자연스러운' 것이지만, 그렇다고 해서 그 과정에 간섭하는 것이 그릇된 것임을 의미하지는 않는다. 우리가 하는 일의 결과를 평가하기 위해서 우리에게 영향을 미치는 자연법칙을 알 필요가 있음을 부정할 필요는 없다. 그러나 이로부터 어떤 일을 하는 자연적인 방식이 개선될 수 없음이 따라 나오지는 않는다.

① 반성 능력이 없는 존재에게는 책임을 물을 수 없다.
② 자신의 생존에 위협이 되는 행위는 의무로 부과할 수 없다.
③ 어떤 행위의 대안을 고려할 수 있는 존재는 윤리적 대안이 있는데도 그 행위를 하는 경우라면 그것을 정당화해야 한다.
④ 공장식 농장의 대규모 사육은 자연스러운 진화의 과정이 아니다.
⑤ 자연적인 방식이 개선되면 기존의 자연법칙은 더 이상 유효하지 않다.

23

2018학년도 LEET 문12

다음 글에 대한 분석으로 적절한 것만을 <보기>에서 있는 대로 고른 것은?

> '선의의 거짓말'이라는 말이 있다. 도망자의 행방을 당신이 알고 있는 상황에서 그를 죽이려고 찾아온 사람에게 그의 행방을 알려주지 않고 거짓말을 하는 경우가 전형적 사례이다. 선의의 거짓말을 두고 서로 다른 견해가 있다.
>
> A: 선의의 거짓말의 결과가 오히려 예상 외로 나쁠 수 있다. 도망자의 행방을 사실대로 말했더라면 죽지 않았을 텐데, 선의의 거짓말을 한 결과 도리어 도망자가 그를 죽이려고 찾아온 사람과 마주쳐 죽임을 당했다고 해 보자. 이때 당신은 아마 그 죽음의 원인 제공자로 비난받아 마땅할 것이다. 누구든 거짓말을 하는 자는 그 결과에 대해 책임을 져야 하기 때문이다. 따라서 가장 합리적인 방침은 이미 알려진 죄악인 거짓말을 하지 않고, 결과는 순리에 맡기는 것이다. 비록 그 결과가 나쁘더라도 우리는 의무를 다했으므로 우리의 잘못으로 여겨지지는 않을 것이다.
>
> B: 사실대로 말할 경우 피해자가 죽임을 당할 것이 분명한데도 사실을 말했다면 이는 비난받아 마땅할 것이다. 대부분의 일상적 경우에 우리는 우리 행위의 결과에 대해 상당 정도 확신할 수 있고, 그러한 상황에서는 불확실성 때문에 망설이지 않아도 된다. 주어진 정황상 혹은 우리에게 주어진 정보 하에서 내가 거짓말을 함으로써 피해자를 보호할 수 있으리라고 생각할 만한 충분한 이유가 있다면, 그러한 상황에서는 거짓말을 하는 것이 옳다. 물론 그러한 행위가 어떤 결과를 낳을지 우리는 절대 확신할 수 없다. 그러나 우리는 그저 최선의 결과를 낳을 것으로 생각되는 행위를 하면 될 뿐이다.

〈보기〉

ㄱ. A는 거짓말로 인한 나쁜 결과에 대해서는 책임을 져야 하지만 사실을 말해서 얻게 되는 나쁜 결과에 대해서는 책임이 없다고 전제하고 있다.
ㄴ. B는 어떤 행위의 실제 결과가 나쁜 것으로 드러나더라도 그 행위를 하는 것이 올바른 선택일 수 있다는 점을 인정한다.
ㄷ. A와 B 모두 행위의 옳고 그름이 그 행위의 실제 결과에 전적으로 달려 있다는 데 동의하지 않는다.

① ㄴ ② ㄷ ③ ㄱ, ㄴ
④ ㄱ, ㄷ ⑤ ㄱ, ㄴ, ㄷ

24

2020학년도 LEET 문21

다음 글에 대한 분석으로 옳은 것만을 <보기>에서 있는 대로 고른 것은?

> 한 명제가 다른 명제를 필연적으로 함축한다면 전자가 참일 가능성은 후자가 참일 가능성을 필연적으로 함축한다. 예를 들어 지구에 행성이 충돌하는 것이 인간이 멸종하는 것을 필연적으로 함축한다면, 지구에 행성이 충돌할 가능성은 인간이 멸종할 가능성을 필연적으로 함축한다. 왜 그럴까?
>
> ㉠ 지구에 행성이 충돌한다는 것이 인간 멸종을 필연적으로 함축하지만, 그런 충돌 가능성이 있는데도 인간 멸종의 가능성은 없다고 가정해 보자. 사람들은 지구에 행성이 충돌하는 일이 실제로 일어나겠느냐고 의심할지 모르지만, 그런 충돌이 가능하다고 가정했기 때문에, 그런 일이 실제로 일어나는 상황이 있다고 해도 아무런 모순이 없다. 그리고 그런 일이 실제로 일어난다는 것은 인간 멸종을 필연적으로 함축하므로, 그 상황에서는 인간이 멸종한다. 그런데 인간이 멸종하는 상황은 없다고 가정했으므로 모순이 발생한다. 그러므로 ㉡ 지구에 행성이 충돌한다는 것이 인간 멸종을 필연적으로 함축한다면, 행성 충돌의 가능성은 인간 멸종의 가능성을 필연적으로 함축한다.

〈보기〉

ㄱ. ㉡을 도출하는 과정에서 인간 멸종이 가능하지 않다는 것과 인간이 멸종하는 상황이 없다는 것을 동일한 의미로 간주하고 있다.
ㄴ. 지구에 행성이 충돌할 가능성이 실제로는 없다고 밝혀지더라도, ㉠으로부터 ㉡을 추론하는 과정에 아무런 문제가 없다.
ㄷ. ㉠으로부터 ㉡으로의 추론은, 어떤 가정으로부터 모순이 도출된다면 그 가정의 부정은 참이라는 원리를 이용한다.

① ㄱ　② ㄴ　③ ㄱ, ㄷ
④ ㄴ, ㄷ　⑤ ㄱ, ㄴ, ㄷ

구조 분석

25

2013학년도 LEET 문10

다음 논증에 대한 분석으로 옳지 않은 것은?

> ⓐ 다른 지식에서 추론됨으로써 정당화되는 지식이 있다.
> ⓑ 이러한 지식을 '추론적 지식'이라고 하고, 추론적 지식이 아닌 지식을 '비추론적 지식'이라고 하자.
> ⓒ 모든 지식이 추론적 지식이라고 가정해 보자.
> ⓓ 어떤 추론적 지식을 G_1이라고 하면, G_1을 추론적으로 정당화하는 다른 지식이 있다.
> ⓔ 그중 어떤 것을 G_2라고 하면, G_2는 추론적 지식이다.
> ⓕ G_2를 추론적으로 정당화하는 다른 지식이 있고, 그중 하나를 G_3이라고 하면 G_3도 추론적 지식이다.
> ⓖ 이런 과정은 무한히 계속될 것이다.
> ⓗ 정당화의 과정이 무한히 이어질 수는 없다.
> ⓘ 정당화의 과정이 끝나려면 다른 지식을 정당화하는 어떤 지식은 비추론적 지식이어야 한다.
> ⓙ 그러므로 비추론적 지식이 존재한다.

① ⓔ는 ⓒ와 ⓓ로부터 도출된다.
② ⓒ~ⓖ는, ⓒ의 '가정'이 주어지는 한, 지식을 정당화하는 과정이 끝나지 않는다는 것을 보여준다.
③ ⓖ의 '과정'이 순환적일 가능성을 배제할 수 없으므로, ⓖ가 참이기 위해 무한히 많은 추론적 지식이 존재할 필요는 없다.
④ ⓖ와 ⓗ가 충돌하므로 ⓐ도 부정되고 ⓒ의 '가정'도 부정된다.
⑤ 이 논증이 타당하다면 '비추론적 지식이 없으면 추론적 지식도 있을 수 없다'는 것이 증명된다.

26

2014학년도 LEET 문11

다음 논증의 구조를 분석한 것으로 옳지 않은 것은?

아담 스미스는 자본이 증가하면 자본의 경쟁도 심화되기 때문에 이윤은 낮아진다고 주장하였다. 『국부론』의 「자본의 이윤」에서 그는 이렇게 말한다. "ⓐ 많은 부유한 상인들이 한 업종에 투자하게 되면 그들 간의 상호 경쟁 때문에 이윤은 자연스럽게 낮아지는 경향이 있다. ⓑ 한 사회 안에서 모든 업종에 걸쳐 투자액이 증가한다면, 그 모든 업종에서 같은 경쟁 때문에 동일한 효과가 발생할 수밖에 없다." 이 대목에서 아담 스미스는 ⓒ 자본의 경쟁이 이윤을 낮추는 것은 가격을 낮추기 때문이라고 생각하는 것 같다. 어떤 특정 업종에서 자본 투자가 증가하기 때문에 그 업종에서 이윤율이 낮아지는 것은 보통 가격의 하락에 기인하기 때문이다. 그러나 이것이 그가 뜻한 바라면, ⓓ 가격 하락이 한 상품에만 국한되는 경우에는 실제로 생산자의 이윤을 축소시키지만 모든 상품에 함께 일어나는 경우에는 그런 효과가 없어진다는 점을 그는 놓친 것이다. ⓔ 모든 물건의 가격이 내린다면 실질적으로는 어떤 물건도 가격이 내리지 않는 것과 마찬가지이기 때문이다. 화폐로 계산해 보아도 모든 생산자에게 매출이 줄어든 만큼 생산비도 줄어든다. ⓕ 모든 다른 물건들은 가격이 하락하는데 노동만이 가격이 하락하지 않는 유일한 상품이라면 실질 이윤은 감소할 것이지만, 그런 경우에 실제로 일어난 일은 임금 상승이다. 이 경우에 자본의 이윤을 낮춘 것은 가격 하락이 아니라 임금 상승이라고 해야 맞다.

– 존 스튜어트 밀, 『정치경제학 원리』 –

① 글쓴이는 ⓐ의 타당성을 인정하고 있다.
② ⓓ는 ⓑ를 비판하고 있다.
③ ⓔ는 ⓓ의 근거이다.
④ ⓕ는 ⓒ를 비판하고 있다.
⑤ ⓕ는 ⓔ의 근거이다.

27

2019학년도 LEET 문20

다음 논증의 구조를 가장 적절하게 분석한 것은?

ⓐ 행복을 추구하는 인간의 성향도, 자비심과 같은 도덕적 감정도 보편적 윤리의 토대가 될 수 없다. ⓑ 행복 추구의 동기가 올바른 삶을 살아야 하는 당위의 근거가 될 수는 없다. ⓒ 우선 윤리적으로 살면 언제나 행복해진다는 것은 참이 아니다. ⓓ 더욱이 행복한 삶을 산다는 것과 올바른 삶, 선한 삶을 산다는 것은 완전히 다른 것이기에, ⓔ 옳고 그름의 근거를 구할 때 자기 행복의 원칙이 기여할 부분은 없다. ⓕ 가장 중요한 점은 행복 추구의 동기가 오히려 도덕성을 훼손하고 윤리의 숭고함을 파괴해 버린다는 것이다. ⓖ 자기 행복의 원칙에 따라 행하라는 명법은 이해타산에 밝아지는 법을 가르칠 뿐 옳고 그름의 기준과 그것의 보편성을 완전히 없애버리니 말이다. ⓗ 인간 특유의 도덕적 감정은 자기 행복의 원칙보다는 윤리의 존엄성에 더 가까이 있긴 하지만 여전히 도덕의 기초로서 미흡하다. ⓘ 개인에 따라 무한한 차이가 있는 인간의 감정을 옳고 그름의 보편적 잣대로 삼을 수는 없다.

①
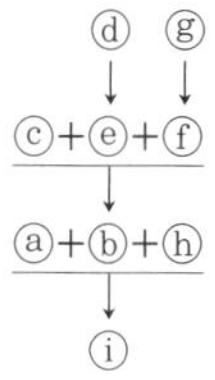

②
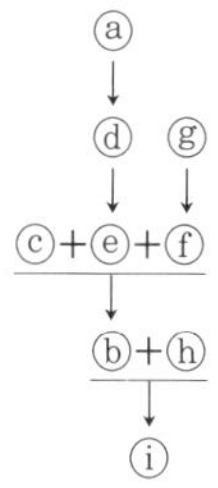

③
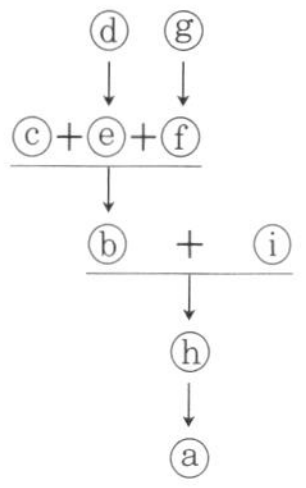

④
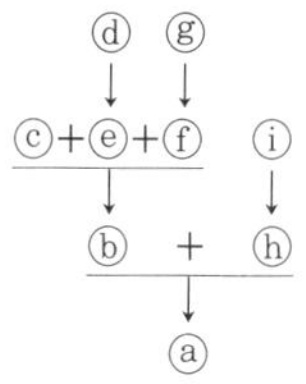

⑤
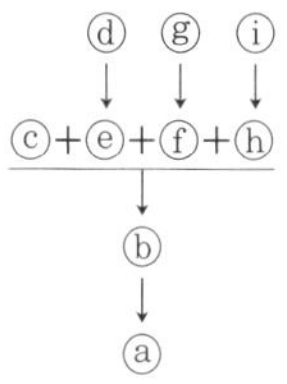

정답 및 해설 p.24

II. 논쟁 및 반론

논쟁은 하나의 주제에 대해 반론을 제기하거나 대립된 견해를 제시하는 형식을 취한다. 논쟁 형식의 대표적인 예는 플라톤(Plato)의 저서에서 잘 나타나는 대화 형식이다. 논쟁의 공통 주제가 무엇인지 파악하여 이들 간에 어떠한 방식으로 대립이 나타나는지를 파악해야 한다.

1 반론 및 반박

1. 쟁점 파악

비판이나 반론은 하나의 대상에 대한 상반된 견해로 논의가 시작된다. 따라서 논의의 대상이 무엇인지를 파악해야 하는데, 이것이 쟁점이다. 문제에서는 비판의 대상이나 논의 대상에 대한 질문, 직접적인 쟁점의 파악을 묻거나 공통전제를 파악하는 유형이 출제되고 있다.

예제 2009학년도 LEET 예비 문39

네트워크 중립성 지지자들과 계층적 인터넷 지지자들 간의 논쟁에 대한 다음 글에 의거할 때, 양편의 주장이 충돌하는 쟁점을 <보기>에서 고른 것은?

네트워크 중립성이란 네트워크상의 모든 트래픽이 평등하게 처리되어야 한다는 개념으로, 전화나 케이블 사업자와 같은 인터넷 사업자는 트래픽의 제공자가 누구인지 혹은 어떠한 콘텐츠를 담고 있는지에 상관없이 차별 없는 인터넷을 제공해야 한다는 것을 의미한다. 네트워크 중립성의 지지자들은 인터넷을 고속 회선과 저속 회선으로 계층화한다면, 인터넷 사업자들이 자신의 수익 향상을 위해 고속 회선의 운용에 집중할 것이고 일반 사용자들의 사용 환경은 악화될 것을 우려한다. 또한 중립성이 보장되지 않을 경우 자금이 부족하여 충분한 대역폭을 확보할 수 없는 신생 기업들의 성장이 억제되고 기술 혁신이 저해될 것이라고 주장한다. 반면 네트워크 중립성을 반대하는 계층적 인터넷의 지지자들은 고품질의 동영상과 같은 대용량 트래픽의 서비스를 안정적으로 제공하기 위해서 네트워크 서비스를 차등화하여 요금을 부과할 필요가 있다고 주장한다. 일부 소비자들은 더 나은 품질의 서비스를 받기 위해 요금을 더 지불할 의사가 있고, 인터넷 사업자들은 그 수익금으로 인프라 개선 및 대역폭 향상에 다시 투자하여 선순환을 유도할 수 있다는 것이다.

또한 계층적 인터넷을 지지하는 인터넷 사업자들은 추후 네트워크 혼잡의 문제가 심각하게 제기되어 기존 방식으로는 새로운 서비스들에 대한 품질 보장이 어렵게 될 것이기 때문에 품질 관리가 중요한 서비스 전송에 우선권을 부여할 필요성이 있다고 주장하는 데 반하여, 네트워크 중립성을 지지하는 콘텐츠 사업자와 인터넷 전화 사업자들은 네트워크 혼잡의 위험성이 높지 않다고 주장한다. 계층적 인터넷의 지지자들은 네트워크 고도화에 따른 투자의 필요성이 증가하고 있으나 네트워크 중립성으로 콘텐츠 사업자들이 충분한 대가를 지불하지 않고 통신사업자 및 케이블 사업자에 의해 구축된 네트워크에 무임승차하고 있다고 주장하고 있으며,

네트워크 중립성의 옹호자들은 인터넷 사업자들의 네트워크 고도화 투자 결정은 네트워크 중립성 문제와 큰 관련이 없다고 주장한다. 네트워크 중립성의 지지자들은 계층적 인터넷하에서의 지불 능력에 따른 차별이 인터넷상의 온갖 혁신을 가능케 하였던 인터넷의 개방성을 감소시킬 것을 우려한다. 이에 대하여 계층적 인터넷의 지지자들은 계층적 인터넷하에서도 기존 인터넷의 개방적 성격이 유지될 수 있다고 주장한다.

〈보기〉

ㄱ. 네트워크 혼잡이 심각한 문제로 제기될 것인가?
ㄴ. 계층적 인터넷 환경에서 인터넷 개방성이 감소할 것인가?
ㄷ. 계층적 인터넷은 신생 기업에게 진입 장벽으로 작용할 것인가?
ㄹ. 향상된 서비스에 요금을 더 지불할 의사를 가진 소비자들이 존재하는가?

① ㄱ, ㄴ ② ㄱ, ㄷ ③ ㄴ, ㄷ
④ ㄴ, ㄹ ⑤ ㄷ, ㄹ

[정답] ①

지문의 두 견해의 주장을 정리할 필요가 있다. 우선 네트워크 중립성 지지자들의 주장은 다음과 같다.
1) 인터넷 회선을 계층화한다면 사업자들은 자신들의 수익 향상을 위해 고속 회선 운용에만 집중할 것이기 때문에 일반 사용자들의 사용 환경이 악화된다.
2) 중립성이 보장되지 않으면, 자금이 부족하여 충분한 대역폭을 확보할 수 없는 기업들의 성장이 억제되고 기술 혁신이 저해된다.
3) 네트워크 혼잡의 가능성은 높지 않다.
4) 네트워크 고도화 투자 결정은 중립성과 큰 관련이 없다.
5) 계층화는 인터넷의 개방성을 감소시킨다.
계층적 인터넷 지지자들의 주장은 다음과 같다.
1) 대용량 트래픽 서비스를 안정적으로 제공하기 위해서는 서비스를 차등화해야 한다.
2) 일부 소비자들은 더 나은 서비스를 위해 더 많은 요금을 지불할 의사가 있다.
3) 네트워크 혼잡의 문제가 예상되므로 기존의 방식으로는 품질 보장이 어렵다.
4) 네트워크 고도화 필요성이 증가하고 있으나 네트워크 중립성 문제가 걸림돌이 된다.
5) 계층적 인터넷하에서도 개방적 성격은 유지될 수 있다.

ㄱ. (O) 양쪽 3)에 제시된 문제의 쟁점이다.
ㄴ. (O) 양쪽 5)에 제시된 문제의 쟁점이다.
ㄷ. (X) 중립적 인터넷 지지자 주장의 2)에 나타난 내용이지만 계층적 인터넷 지지자들의 반론이 없으므로, 쟁점이라고 말할 수는 없다.
ㄹ. (X) 계층적 인터넷 지지자 주장의 2)에 나타난 내용이지만 중립적 인터넷 지지자들의 반론이 없으므로, 쟁점이라고 말할 수는 없다.

2. 효과적인 반론 및 반박

반론 및 반박의 과제는 상대방의 주장을 무마시키는 것이다. 따라서 논증의 주장과 근거를 파악하여 어떤 형식의 논증인지 우선적으로 알아내고, 그 근거에 효과적인 반론 방식을 적용해야 한다. 다음의 논증을 보자.

> [전제 1] 만약 피고가 살인 사건이 일어난 날 밤에 있었던 자신의 행적에 대해 거짓말을 하고 있다면, 그 사람은 아마도 유죄일 것이다.
> [전제 2] 피고는 살인 사건이 일어난 날 밤 자신의 행적에 대해 거짓말을 하고 있다.
> [결론] 따라서 그 사람은 아마도 유죄일 것이다.

위 논증에서 주장하고자 하는 바는 피고가 유죄라는 것이다. 반론의 궁극적인 목적은 상대방의 결론이 옳지 않다는 것을 밝히는 것이다. 하지만 그렇다고 위 논증에서 결론만을 부정한다고 해서 논증이 반증되는 것은 아니다. 왜냐하면 결론을 부정한다고 해도 상대방의 전제가 정당하다면 전제로부터 결론이 타당하게 도출되기 때문이다. 주의할 점은 상대방은 '논증'을 하고 있다는 것이다. 이는 전제로부터 결론을 이끌어내고 있기에 단순히 결론만을 부정해서는 '논증'을 반박할 수 없다는 의미다.

> 반론 및 반박 전략
> ① 결론이나 전제의 내용이 일반적인 상식 등 사실에 비추어 옳지 않은 경우를 설정
> ② [전제 공격] 전제가 실제 참이 아님을 증명하여 전제로부터 결론이 도출되지 못하게 함
> ③ [반례 설정] 전제가 참이라 해도 결론이 거짓이 될 수 있는 사례를 제시함

효과적인 반론 및 반박은 '논증'의 논리적 정당성을 공략해야 성공할 수 있다. 우선 상대방의 전제나 결론이 실제 참이 아니라는 것을 밝히는 방법이 있다. 이 방법은 결론이나 전제의 내용이 우리가 알고 있는 일반적인 상식이나 이론에 반한다는 것을 보여주거나 실제 참이 아닐 수 있는 가능성을 제시하는 것이다. 예를 들어 위 논증에 대한 전제를 공략하면 다음과 같다.

> - [전제 1] 반박: 만약 피고가 살인 사건이 일어난 날 밤에 있었던 자신의 행적에 대해 거짓말을 하고 있다 해도 그 사람은 유죄라고 할 수 없다. 선의에 의한 거짓말이 될 수도 있기 때문이다.
> - [전제 2] 반박: 피고는 살인 사건이 일어난 날 밤 자신의 행적에 대해 거짓말을 하고 있지 않다. 거짓말 탐지기의 측정 결과 피고는 진실을 말하고 있는 것으로 나타날 수 있기 때문이다.

두 번째로 반례(counter example; 반박 사례, 반증 사례)를 설정하는 방식이 있다. 다음의 논증을 보자.

> [전제] 나는 자료를 네 번이나 읽으면서 며칠 동안 열심히 공부했으나 좋은 성적을 받지 못했다.
> [결론] 이 시험은 불공정했다.

반례는 전제를 공격하지 않으며, 전제의 실제 참 여부도 문제 삼지 않는다. 반례는 오히려 전제가 참이라고 가정한다. 하지만 그렇다고 해도 결론이 참이 되지 않음을 사례를 통해 밝히는 것이다. 위 논증의 반례를 설정하면 다음과 같다.

> [반례] 우리나라의 고위 공직자를 선발하는 시험 등 여러 시험들은 많은 사람들이 열심히 공부하지만 좋은 성적을 내지 못하는 경우가 많다. 하지만 그 시험은 공정한 시험임에 틀림없다.

01

2012학년도 LEET 문6

A국은 <규정>에 따라 오락 프로그램 편성 비율을 규제하는 정책을 취하고 있다. 이 규제 정책을 둘러싼 <찬반 논거>에 관한 판단으로 옳지 않은 것은?

〈규정〉

종합편성을 행하는 방송사업자는 보도, 교양, 오락에 관한 방송 프로그램이 상호 간에 조화를 이루도록 편성하되, 오락에 관한 방송 프로그램을 당해 채널의 매월 전체 텔레비전 방송 프로그램 및 라디오 방송 프로그램 각 방송 시간의 100분의 50 이하로 편성하여야 한다.

〈찬반 논거〉

(가) 종합편성 방송사가 광고 수익의 증대를 위해 시청률을 의식하여 프로그램을 편중되게 편성함으로써 방송의 오락화·상업화가 심화될 수 있다.

(나) 방송에서 교양과 오락의 경계가 모호한 프로그램이 많아져서 오늘날 오락의 개념을 구체적으로 정의하는 것이 현실적으로 불가능하다.

(다) 여가생활의 다양화, 오락 형식을 이용한 정보 전달의 효율성 등 오락 프로그램의 긍정적 측면을 무시할 수 없다.

(라) 방송 프로그램의 장르 간 균형성과 다양성의 확보가 필요하다.

(마) 종합편성 방송사의 영향력을 고려할 때, 청소년 보호를 위해 프로그램의 장르별 비율 규제가 필요하다.

① (가), (라)는 위 규제 정책에 찬성하는 논거로 사용될 수 있다.
② (나)는 위 규제 정책에 반대하는 논거로 사용될 수 있다.
③ (나)를 근거로 비교적 장르 구분이 분명한 보도 부문에 대한 편성 비율의 하한만을 규정하면 된다고 주장하면, 위 규제 정책에 대한 반대 논거를 강화한다.
④ 교양과 오락이 결합된 프로그램이 증가하고 있다는 사실은 (다)와 결합하여 위 규제 정책에 대한 반대 논거를 강화한다.
⑤ 프로그램의 내용에 대한 질적 규제로 청소년 보호 문제에 대처할 수 있다는 주장은 (마)와 결합하여 위 규제 정책에 대한 반대 논거를 강화한다.

02

2012학년도 LEET 문23

다음 글에 나타난 입장을 비판하는 논거로 적절하지 않은 것은?

가설 A는 D_1을 증거로 확보한 후 D_2를 성공적으로 예측했다. 반면 가설 B는 D_1과 D_2 모두를 증거로 확보한 후에 구성됐다. B는 D_1과 D_2에 대한 사후 설명을 제시한 것이다. 이제 두 가설 모두 증거 D_1과 D_2를 근거로 하고 있어, 확보된 증거는 동등하다. 이 경우 사람들은 가설 A가 더 좋다는 입장을 취한다. 즉 같은 증거라도 그 증거가 사전에 성공적으로 예측된 경우가 사후에 설명되는 경우보다 가설을 지지하는 힘이 더 크다는 것이다. 다음 과학사의 사례는 이 입장을 뒷받침한다.

멘델레예프는 60개의 화학원소들을 원자의 무게에 따라 배열할 때 원자가 등의 성질이 주기적으로 반복된다는 점을 알아내 주기율표를 창안하고, 그 표의 빈 칸을 채우는 세 원소의 존재를 예측했다. 당시 학계는 주기율표가 단지 사후 설명을 제시하는 것으로 보고 평가를 보류하고 있다가 그의 예측대로 두 원소가 발견되자 놀라움을 표하며 세 번째 원소가 발견되기도 전에 데비 메달을 수여하였다.

① 예측에 성공한 주체는 과학자이지 가설이 아니며, 예측의 성공이 과학자들에게 끼치는 심리적 효과는 가설을 지지하는 증거의 힘과는 무관한 문제이다.
② 멘델레예프의 예측은 우연의 결과일 수도 있고, 과학사에서 보면 그러한 예측의 우연적 성공마저도 더 좋은 다른 이론에 의해 적절히 설명되는 경우가 많다.
③ 예측에 성공했다는 것 자체가 그 가설의 구성 과정이 과학적으로 신뢰할 만하다는 좋은 증거인 반면, 사후 설명은 가설 구성 과정의 신뢰성에 대한 적절한 증거가 아니다.
④ 증거가 가설을 지지하는 힘은 오직 가설과 증거 사이에 성립하는 논리적 관계에 따라 평가되어야 하며, 가설을 창안한 과학자가 그 증거를 알게 된 시점과는 무관한 문제이다.
⑤ 과학의 실제 현장에서는 방대하고 다양한 증거들을 적절히 설명하는 가설을 찾는 일 자체가 어렵고, 예측에 성공했다는 사실이 가설이 옳다는 결정적 증거가 되지 못하는 경우가 많다.

03

2013학년도 LEET 문20

글쓴이의 시각에서 <갑의 주장>을 비판한 진술로 가장 적절한 것은?

> 전족이란 여성의 발을 옥죄어 기형적으로 작게 만드는 관습으로 10세기 후반 중국에서 시작되어 20세기 초까지 존속했다. 일부 지배층에서 시작된 전족은 시간이 흐를수록 서민층에도 파급되었다. 이러한 현상을 이해하기 위해서는 전족을 당시 여성문화의 문제로 위치시키고 전족을 경험했던 사람들의 시선, 즉 내부자의 시선에서 바라볼 필요도 있다. 이때 여성이라 함은 남녀의 생리적 차이를 말하는 성(sex)이 아니라 특정한 역사적 국면에서 사회문화적으로 구성되는 역할인 젠더(gender)로서의 여성을 말한다. 전족 관습이 남아 있던 시절 남성은 전족의 아름다움을 찬미하고 여성의 성적인 매력을 높여 준다는 점에서 전족을 찬양했다. 이는 여성을 생활의 동반자가 아닌 쾌락의 제공자 내지 관상물로 인식했음을 의미한다. 19세기 후반 서양 선교사나 서구 문물의 영향을 받은 남성 지식인들이 전족을 미개의 상징이자 가부장적 사회의 봉건적 악습으로 비판했지만, 이 역시 외부자의 시선에서 전족을 보았다는 점에서는 동일하다. 당시 여성의 입장에서 전족은 생산 노동으로부터의 자유를 의미하였고, 도시의 세련됨과 부유한 생활의 상징이었다. 본인의 인내력과 정숙도, 그리고 가정교육의 정도를 반영해주는 것으로 여겨졌으며, 전족 경연대회가 말해주듯 전족은 당시 여성이 동경하던 이상이었다. 상류층의 여성들은 전족을 완성한 후에 전족을 하지 않는 여성들 위에 군림했다. 전족이 쇠퇴의 운명에 처하게 되었을 때 전족한 여성들은 주어진 '해방'을 기쁘게 받아들이지만은 않았고 자신의 '낙오된 발'에 절망하기도 했다. 전족에 관한 한 그 당시 여성은 피해자이면서 적극적인 행위자이기도 했던 셈이다.
>
> 〈갑의 주장〉
>
> 최근의 드라마나 쇼에는 작고 갸름한 얼굴, 잘록한 허리, 가는 팔과 긴 다리를 가진 젊은 여성이 짧은 치마와 하이힐 차림으로 등장한다. 많은 여성들이 이러한 모습을 닮기 위하여 고통스러운 다이어트를 감내하고 성형수술도 받는다. 그러나 여성들이 추구하는 이러한 아름다움에는 여성을 성적 대상으로 치부하는 남성의 시선이 투영되어 있으며, 그 이면에는 성을 상품화하는 문화산업의 자본 논리가 작동하고 있다. 이는 자연스러운 아름다움에 대한 건강한 인식을 왜곡한다.

① 자연스러운 아름다움을 여성이 추구해야 할 또 다른 이상으로 제시하는 것에 불과하므로 적절하지 않다.
② 왜곡된 남성의 시선이 아니라 오히려 그 피해자인 여성을 문제 삼고 있으므로 적절하지 않다.
③ 가냘픈 외모가 여성이 자신을 실현하는 하나의 방식임을 간과하고 있으므로 적절하지 않다.
④ 여성을 바라보는 남성의 시선이 왜곡되었음을 전제하고 있으므로 적절하지 않다.
⑤ 젠더가 아닌 성의 구분으로서의 여성에 관한 것이므로 적절하지 않다.

04

2014학년도 LEET 문5

을의 입장에 대한 분석으로 옳은 것만을 <보기>에서 있는 대로 고른 것은?

> 갑: 민사소송에서의 확인소송은 원고의 법적 지위가 불안하거나 위험할 때 확인판결을 받는 것이 그러한 불안이나 위험을 제거하기 위하여 실효적인 경우에만 인정되고, 다른 소송방법에 의하여 효과적인 권리구제가 가능한 경우에는 인정되지 않는다는 보충성의 원칙이 요구된다. 예컨대, 특정한 의무의 이행을 직접적으로 청구하는 소송을 할 수 있는데도 불구하고 그러한 방법에 의하지 않고, 단지 확인만을 구하는 소송을 하는 것은 분쟁의 종국적인 해결방법이 아니어서 소송을 할 이익이 없다. 행정소송에서의 무효확인소송도 확인소송의 성질을 가지므로, 민사소송에서처럼 보충성의 원칙이 요구된다.
>
> 을: 행정소송은 행정청의 위법한 처분 등을 취소하거나 그 효력 유무 등을 확인함으로써 국민의 권리 또는 이익의 침해를 구제하는 것을 목적으로 하므로, 대등한 주체 사이의 사법상(私法上) 생활관계에 관한 분쟁을 심판대상으로 하는 민사소송과는 목적, 취지 및 기능 등을 달리한다. 또한 행정소송법은 무효확인소송의 판결의 효력에 있어서 그 자체만으로도 권리구제의 실효성을 담보할 수 있는 여러 특수한 효력을 추가적으로 인정하고 있기 때문에 권리구제방법으로서 효과적인 다른 소송수단이 있다 하더라도 무효확인소송을 제기할 수 있다.

〈보기〉

ㄱ. 을은 민사소송에서의 확인소송은 보충성의 원칙이 요구되지 않는다는 것을 전제하고 있다.

ㄴ. 을은 행정소송에서의 무효확인소송의 성질이 확인소송임을 부인하고 있다.

ㄷ. 을은 확인소송의 보충성의 원칙을 민사소송에만 한정하고자 한다.

① ㄱ　　② ㄴ　　③ ㄷ　　④ ㄴ, ㄷ　　⑤ ㄱ, ㄴ, ㄷ

05

2014학년도 LEET 문26

사형 찬성론자들이 <표>의 결과를 자신들의 입장에 불리하지 않게 해석한 것으로 옳은 것만을 <보기>에서 있는 대로 고른 것은?

> 사형을 지지하는 사람들은 사형 집행의 위협이 잠재적 살인자의 살인 행위를 억제할 수 있다고 주장한다. 사형을 반대하는 사람들은 이러한 효과가 없다고 주장한다. 사형 제도가 실제로 살인을 억제하는 효과가 있다면, 사형 제도가 있는 지역이 그렇지 않은 지역보다 낮은 살인 범죄율을 보일 것이라고 기대된다. 〈표〉는 연방 국가인 A국의 사형 제도가 있는 지역과 사형 제도가 없는 지역 간 1급 및 2급 살인 범죄율을 제시한 것이다. 이 〈표〉에 근거하여 사형 제도가 살인과 같은 중범죄를 억제할 수 있는가에 대한 논쟁이 제기되고 있다.

〈표〉 사형 제도가 없는 주(州)와 사형 제도가 있는 주의 살인 범죄율

구분	사형 제도가 없는 주		사형 제도가 있는 주	
	1967년	1968년	1967년	1968년
1급 살인	0.18	0.21	0.47	0.59
2급 살인	0.30	0.43	0.92	0.99
계	0.48	0.64	1.39	1.58

※ 살인 범죄율 = (살인 범죄 발생 건수/인구수) × 100,000

〈보기〉

ㄱ. 〈표〉는 제도적으로는 사형 제도를 도입했지만 실제로는 사형을 집행하지 않았기 때문에 나타난 결과일 수 있다.

ㄴ. 〈표〉는 사형 제도 이외의 다른 사회적 요소가 각 지역별 살인 범죄율의 차이를 만들었으며 사형 제도의 억제 효과를 압도했기 때문에 나타난 결과일 수 있다.

ㄷ. 사형 제도가 폐지되었다고 하더라도 그 효과는 당분간 지속될 수 있으므로, 〈표〉의 사형 제도가 없는 주의 경우 1967년 이전까지 사형 제도가 있었는지 살펴보아야 한다.

① ㄱ　　② ㄴ　　③ ㄱ, ㄷ　　④ ㄴ, ㄷ　　⑤ ㄱ, ㄴ, ㄷ

06

2015학년도 LEET 문29

다음 논증에 대한 반론이 될 수 있는 것만을 <보기>에서 있는 대로 고른 것은?

신경학적 불균형이나 외상 때문에 뇌 기능이 잘못될 수 있고, 이것이 폭력 행위나 범죄 행위의 원인이라고 설명할 수도 있다. 이 경우 사람들은 그러한 원인 때문에 특정 행동을 한 사람에게 책임을 지울 수 없게 될지 우려한다. 그런데 이러한 우려는 보통 사람들의 경우에도 마찬가지로 적용된다. 신경 과학은 우리가 어떤 결정을 내리는 것을 의식적으로 자각할 때, 그때는 이미 뇌가 그것이 발생하도록 만든 후라는 사실을 알려준다. 이는 다음의 질문을 제기하도록 만든다. 내 스스로의 의도적인 선택에 의해 자유롭게 행동한다는 것은 환상이며, 우리는 개인적 책임이라는 개념을 포기해야 하는가? 나는 그렇지 않다고 생각한다. 사람과 뇌는 구분될 수 있다. 뇌는 결정되어 있지만, 책임 개념은 뇌에 적용될 수 있는 것이 아니다. 뇌와 달리 사람들은 자유롭고, 따라서 그들의 행위에 책임이 있다.

신경 과학을 통해서 어떤 행동의 원인을 궁극적으로 뇌 기능의 차원에서 설명할 수 있게 될 것이다. 그렇다고 하더라도, 어떤 행동을 한 사람의 책임이 면제되는 것은 아니다. 나는 최신의 신경 과학적 지식과 법적 개념이 갖고 있는 가정들에 기반을 두고서 다음의 원칙을 믿는다. 뇌는 자동적이고 법칙 종속적이며 결정론적 도구인 반면, 사람들은 자유롭게 행동하는 행위자들이다. 교통 상황이 물리적으로 결정된 자동차들이 상호작용을 할 때에 발생하는 것처럼, 책임은 사람들이 상호작용을 할 때에 비로소 발생한다. 책임이란 사회적 차원에서 존재하는 것이지 개인 안에 존재하는 것이 아니다. 만약 당신이 지구에 존재하는 유일한 사람이라면 책임이라는 개념은 존재하지 않을 것이다. 책임이란 당신이 타인의 행동에 대해 그리고 타인이 당신의 행동에 대해 부과하는 개념이다. 사람들이 함께 생활할 때 규칙을 따르도록 만드는 상호작용으로부터 행동의 자유라는 개념이 발생한다.

〈보기〉

ㄱ. 우리의 선택이나 그에 따른 행위는 미시적인 차원에 속하는 뇌의 작용에서 비롯된다. 미시적 요소들을 완전히 이해하더라도, 그것으로부터 거시적인 차원에서 어떤 행동이 발생할지 아는 것은 원리적으로 불가능하다.

ㄴ. 나는 나의 육체와 구별되지 않는다. 뇌가 결정론적으로 작동한다면 나의 행동 역시 결정되어 있다고 보아야 한다. 만약 모든 이의 행동이 각기 결정되어 있다면, 물리적 세계 속에서 일어나는 그것들의 상호작용 또한 결정되어 있을 것이므로, 우리 모두는 달리 행동할 여지를 갖지 않는다.

ㄷ. 사람들의 행동에 책임을 부과하는 것은 관행에 불과하며, 그런 사회적 관행은 인간이 자유롭다는 것을 전제하고 있을 뿐, 인간이 실제로 자유롭다는 것을 보여주지는 않는다.

① ㄱ　② ㄷ　③ ㄱ, ㄴ
④ ㄴ, ㄷ　⑤ ㄱ, ㄴ, ㄷ

07

2015학년도 LEET 문24

<이론>을 반박하는 관찰 결과만을 <보기>에서 있는 대로 고른 것은?

증후군 A는 손가락이 굳는 증상에서 시작하여 피부가 딱딱해져서 끝내는 몸 전체가 굳는 증상을 보이는 희귀 질환이다. 이 질환은 대개 45세에서 55세 사이에 발병하는데, 심한 경우 혈관과 폐까지 경화가 진행되어 사망한다. 이 질환의 정확한 발병 원인이 알려져 있지 않다. 최근 한 연구팀은 증후군 A에 걸린 여성의 혈액을 조사하였다. 이 여성은 27년 전 출산한 적이 있는데, 임신 당시 태아에서 유래한 세포('태아 유래 세포')가 27년이 지난 시점에도 이 여성의 혈액에 잔존하고 있었다. 이를 발견한 연구 팀은 다음 〈이론〉을 제시하였다.

〈이론〉

여성이 임신을 하게 되면 면역 체계가 태아 유래 세포를 외부 침입자로 인식하여 제거하지만, 산모의 세포와 태아 유래 세포가 유사할 경우 태아 유래 세포 중 일부가 면역 체계에 의하여 제거되지 않고 남아 있을 수 있다. 이 경우 이 세포들은 산모의 혈액 속을 떠돌다가 다양한 세포로 분화하는데 이 과정에서 면역 체계는 더 이상 이 태아 유래 세포를 외부 침입자로 여기지 않는다. 시간이 흘러 원인 불명의 계기로 산모의 면역 체계에 특정한 변화가 생기는 경우가 있을 수 있는데, 이 경우 면역 체계가 이 세포들을 외부 침입자로 인식하여 공격하게 되면 증후군 A가 발병한다. 현재까지 알려진 증거로 볼 때 증후군 A는 이와 같은 경로 이외로는 발병할 수 없다.

〈보기〉

ㄱ. 임신 경험이 있는 증후군 A 환자의 혈액에서 태아 유래 세포가 발견되지 않았다.

ㄴ. 임신 경험은 있지만 증후군 A의 증상은 없는 여성의 혈액에서 태아 유래 세포가 발견되었다.

ㄷ. 임신 경험이 있고 면역 체계에 문제가 있는 여성에게서 증후군 A의 증상이 나타나지 않았다.

① ㄱ ② ㄴ ③ ㄱ, ㄷ
④ ㄴ, ㄷ ⑤ ㄱ, ㄴ, ㄷ

08

2016학년도 LEET 문21

<주장>을 비판하기 위한 논거로 적절한 것만을 <보기>에서 있는 대로 고른 것은?

아래 그림은 2010년경에 33개 OECD 회원국이 시장소득과 처분가능소득이라는 두 가지 기준에서 자국에 대해 조사한 지니계수를 함께 나타낸 것이다. 여기에서 '지니계수'란 소득분배의 불평등 정도를 나타내는 수치로서, 0은 완전평등, 1은 완전불평등한 상태이며 수치가 클수록 불평등이 더욱 심한 소득분배 상황을 나타낸다. '시장소득'은 정부의 개입 없이 애당초 시장에서 획득한 소득을 말하며, '처분가능소득'은 정부에 세금을 납부하거나 보조금을 받은 이후의 재분배된 소득이다.

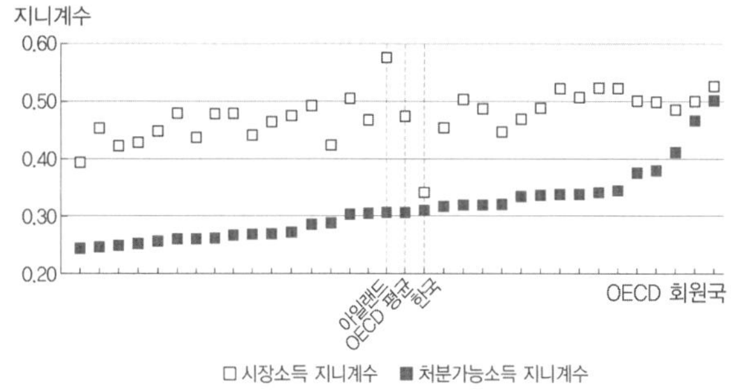

〈주장〉

한국은 소득이 상당히 평등하게 분배되어 있는 나라이다. 시장소득 기준으로는 OECD 회원국 중에서 가장 평등한 나라이며, 처분가능소득 기준으로도 OECD 회원국 가운데 중위권에 속한다. 한국 사회에서 소득이 불평등하게 분배되고 있다는 일부의 주장은 현실과 거리가 먼 것이다. 따라서 우리나라에서 소득불평등을 개선하기 위한 추가적인 재분배 정책은 필요하지 않다.

〈보기〉

ㄱ. 시장소득 지니계수가 가장 높은 아일랜드의 경우, 시장소득 지니계수와 처분가능소득 지니계수의 차이가 가장 크다.

ㄴ. 소득세 자료가 아니라 가계설문조사에 기초한 우리나라 소득분포통계의 경우에는 상층 소득자에서 표본의 누락이 심각하며 금융소득의 경우도 상당히 과소 보고된다고 알려져 있다.

ㄷ. 소득분포통계 조사 방법이 나라마다 다르다는 점을 감안한다면 지니계수를 국가 간에 비교하는 것은 큰 의미가 없고 시장소득 지니계수와 처분가능소득 지니계수 사이의 차이가 중요하다.

① ㄱ ② ㄷ ③ ㄱ, ㄴ
④ ㄴ, ㄷ ⑤ ㄱ, ㄴ, ㄷ

09

2017학년도 LEET 문12

㉠에 대한 반론으로 적절한 것만을 <보기>에서 있는 대로 고른 것은?

인간은 생각하고, 대화하는 등의 '인지 기능'도 하고, 음식을 소화시키고, 이리저리 움직이는 등의 '신체 기능'도 한다. 이 두 기능 모두 인간의 몸이 하는 기능이다. 인간에게 죽음이란 인간의 몸이 하는 기능이 멈추는 사건이다. 그런데 사람에 따라서는 인지 기능은 멈추었지만 신체 기능은 멈추지 않은 시점을 맞기도 한다. 이 시점의 인간은 죽은 것인가? 인간의 몸이 가진 두 기능 중 죽음의 시점을 정하는 데 결정적인 기능은 무엇인가?

죽음의 시점을 정하는 데 결정적인 요소는 인지 기능이라는 견해를 취해 보자. 이 견해에 따르면 죽음은 인지 기능의 정지이다. 하지만 예를 들어 어젯밤 당신은 아무런 인지 작용도 없는 상태에서 꿈도 꾸지 않는 깊은 잠에 빠져 있었다고 해보자. 죽음이 인지 기능의 정지라면, 당신은 어젯밤에 죽어 있었다고 해야 한다. 하지만 당신은 오늘 여전히 살아 있다. 이런 반례를 피하기 위해서 이 견해를 수정할 필요가 있다. 즉, 죽음은 인지 기능이 일시적으로 정지하는 것이 아니라 영구히 정지하는 것이다. 이 ㉠ 수정된 견해에 따르면 당신은 어젯밤 죽은 상태에 있지 않았다. 왜냐하면 오늘 당신은 살아 있기 때문이다.

〈보기〉

ㄱ. 철수는 어제 새벽 2시부터 3시까지 꿈 없는 잠을 자고 있다가, 3시에 심장마비로 사망했다. 3시부터 철수는 인지 기능과 함께 신체 기능도 멈추게 된 것이다. ㉠에 따르면 철수는 어제 새벽 2시부터 이미 죽어 있었다. 하지만 이때 철수는 분명 살아 있었다고 해야 한다. 그때 철수를 깨웠다면 그는 일어났을 것이기 때문이다.

ㄴ. '부활'은 모순적인 개념이 아니다. 죽었던 철수가 부활했다고 상상해 보자. 부활한 철수는 다시 인지 기능을 갖게 될 것이다. ㉠에 따르면, 철수는 부활 이전에도 죽어 있던 것이 아니라고 해야 한다. 하지만 철수는 부활 이전에 죽어 있었다. 그렇지 않았다면 철수가 '죽음에서 부활했다'고 말할 수조차 없고 '부활'은 모순적인 개념이 되고 만다.

ㄷ. 철수가 주문에 걸려서 인지 기능이 작동하지 않은 상태로 잠을 자게 되었다고 해보자. 그런데 이 주문은 영희가 철수에게 입맞춤을 하면서 풀려 버렸다. ㉠에 따르면, 철수는 주문에 걸려 있던 동안 죽은 것이다. 하지만 잠에 빠져든 후에도 철수는 분명 살아 있다고 해야 한다. 영희의 입맞춤으로 철수는 깨어났기 때문이다.

① ㄱ　② ㄷ　③ ㄱ, ㄴ　④ ㄴ, ㄷ　⑤ ㄱ, ㄴ, ㄷ

10

2017학년도 LEET 문26

<비판>에 대한 분석으로 옳은 것만을 <보기>에서 있는 대로 고른 것은?

덕 윤리학에 의하면 올바른 행동이란 덕을 갖춘 사람이 할 법한 행동을 말한다. 여기서 덕을 갖춘 사람이란 좋은 삶을 영위하기 위해 필요한 어떤 특정한 성격 특성을 가진 사람을 말한다. 이러한 성격 특성은 단순하고 일시적인 경향성이 아니라 다른 특성 및 성향들과 지속적으로 긴밀하게 결합되어 있는 어떤 복합적인 심리적 경향성이다. 예를 들어, 정직한 사람이 된다는 것은 "가능한 한 정직한 사람들과 함께 일하고, 자식도 정직한 사람으로 기르려고 하며, 부정직함을 싫어하고 개탄한다."와 같은 복합적 경향성을 가진 특정 유형의 사람이 된다는 의미이다.

〈실험 결과〉

쇼핑몰 내 공중전화 박스 밖에서 서류를 떨어뜨린 후 얼마나 많은 사람들이 서류 줍는 일을 도와주는지 살펴본 결과, 공중전화의 동전 반환구에서 운 좋게 동전을 주운 사람들은 그렇지 않은 사람들보다 서류 줍는 일을 도와줄 확률이 훨씬 높았다.

〈비판〉

우리는 보통 사람들의 행동이 그의 성격에서 기인한다고 생각하지만, 〈실험 결과〉는 사람들이 처한 상황이 그들의 행동에 영향을 미친다는 것을 보여 준다. 특히 이는 타인을 돕는 행위가 여러 상황에서 일관적으로 발휘되지 않음을 보여 준다. 이것은 덕 윤리학이 주장하는 성격 특성이란 존재하지 않음을 보여 준다. 따라서 덕 윤리학은 올바른 윤리 이론일 수 없다.

〈보기〉

ㄱ. 〈비판〉은 '어떤 이론이 가정하고 있는 중심 요소가 실제로 존재하지 않는 것으로 판명된다면 그 이론에는 심각한 문제가 있다'는 원리에 의존하고 있다.

ㄴ. 〈비판〉은 '우리의 행동 성향이 일시적이고 상황에 크게 좌우된다면 우리는 좋은 삶을 영위할 수 없다'고 가정하고 있다.

ㄷ. 〈비판〉은 '덕 윤리학이 주장하는 친절함의 덕을 지닌 사람이라면 여러 상황 하에서 일관되게 친절한 행동을 하는 성향을 가질 것'이라 가정하고 있다.

① ㄱ　② ㄴ　③ ㄱ, ㄷ　④ ㄴ, ㄷ　⑤ ㄱ, ㄴ, ㄷ

11

2023학년도 LEET 문6

<상황>에 대한 판단으로 옳은 것만을 <보기>에서 있는 대로 고른 것은?

[학칙]

제1조(학생의 징계) ① 학생이 학내에서 학생으로서의 품위를 손상하거나 학교의 명예를 실추시키는 등의 행위를 한 경우 학교장은 교육을 위하여 학생을 징계할 수 있다.

② 학교장은 학생을 징계하려면 교사를 참여시켜야 하고, 학생이나 보호자에게 의견을 진술할 기회를 주는 등 적정한 절차를 거쳐야 한다.

〈상황〉

P중학교 학생 갑은 집에서 실시간 원격수업을 받던 중 시민의 알권리를 위해 자신의 학교에서 조사 중인 체벌 사건의 내용을 SNS에 게시하여 사회적 파장을 일으켰다. P중학교는 이에 대하여 [학칙]에 따라 갑을 징계하려고 한다.

〈보기〉

ㄱ. [학칙]에 규정된 '학내'는 학교의 물리적 공간으로 보아야 한다는 주장은 징계를 반대하는 논거가 된다.

ㄴ. 공익을 위한 학생의 표현의 자유는 제한 없이 보장되어야 한다는 주장은 징계를 반대하는 논거가 된다.

ㄷ. 수업시간 동안의 학생의 모든 활동을 학내 활동으로 간주해야 한다는 주장은 징계를 찬성하는 논거가 된다.

① ㄱ ② ㄴ ③ ㄱ, ㄷ
④ ㄴ, ㄷ ⑤ ㄱ, ㄴ, ㄷ

정답 및 해설 p.29

2 논쟁 분석

논쟁은 하나의 주제에 대해 서로 반박하거나 의견의 대립을 논리적으로 제시하여 다투는 말이나 글을 의미한다. 추리논증 지문에는 자신의 주장이 옳음을 밝히거나 상대방의 견해가 옳지 않다는 것을 논리적인 근거를 통해 밝히는 방식으로 제시된다.

1. 대화형

두 사람이 대화의 형태로 논쟁을 진행한다. 우선 이들이 논의하는 쟁점을 확인하고, 어떤 근거로 그러한 견해를 밝히고 있는지 확인한다. 그리고 상대방의 견해에 대해 어떠한 방식으로 반론을 제기하는지를 확인함과 동시에 이들이 가지고 있는 공통된 가정을 파악한다. 그리고 대화 유형에서는 재반박이나 재반론의 형식도 파악해야 한다.

2. 대립형

하나의 쟁점에 대해 서로 다른 견해를 제시하는 유형이다. 이항대립은 하나의 주제에 대해 서로 대립되는 견해를 제시하는 것을 말한다. 이 유형에서는 대립되는 견해들이 가지고 있는 공통의 전제 및 가정을 파악한 뒤 이들이 대립하는 지점을 파악하는 것이 중요하다.

3. 다중 견해 유형

일반적으로 세 가지 견해가 제시된다. 일반적으로 제시되는 세 견해 중 두 견해는 대립하며, 하나의 견해는 중립적인 견해를 취한다. 이때 중립적 견해가 양쪽 견해의 어떤 점을 수용하고 또 어떠한 면을 거부하는지 확인해야 한다.

실전 연습문제

01

2012학년도 LEET 문9

두 진영 A, B 간의 논쟁에 대한 분석으로 옳지 않은 것은?

A_1: 후쿠시마 원전 폭발에서 보듯 원전의 위험은 가공할 만한 것입니다. 이제는 원자력에 의존하는 정책을 전환해야 할 시점입니다.

B_1: 후쿠시마 사태는 강도 9의 지진에서 발생한 것입니다. 세상에 위험하지 않은 것은 없습니다. 위험하다고 자동차 안 타는 사람이 있습니까? 위험을 다소간 감수하면서 얻는 이득도 생각해야 합니다.

A_2: 원자력 발전은 핵폐기물을 남기고, 이로 인해 미래 세대는 수만 년 동안 위험을 떠안게 됩니다. 이것을 옳다고 볼 수는 없습니다. 이런 이유에서 지금 선진국들은 원자력 발전 정책을 재고하고 있습니다.

B_2: 선진국들이 다 그런 것은 아닙니다. 프랑스는 여전히 원전 정책을 고수하고 있는데, 이는 원자력이 무엇보다 경제적이기 때문입니다.

A_3: 원자력 발전이 반드시 경제적이라고 볼 수는 없습니다. 먼 미래까지 지불해야 하는 핵폐기물 관리 비용을 포함하여 고려하면, 원자력이 경제성이 있다는 주장은 잘못된 것입니다.

B_3: 하지만 우리나라가 현재 원전을 건설하고 수출하면서 경제가 더 풍요로워지고 있는 것도 사실입니다.

A_4: 그것은 어디까지나 고용 없는 성장입니다. 엄청난 금액을 투자하여 건설한 원전이 창출하는 고용 효과는 미미합니다. 그 대신 바이오에탄올을 생산할 수 있는 옥수수를 재배하면 환경도 살리고 훨씬 더 큰 고용 효과를 창출할 수 있습니다.

B_4: 현재로서는 바이오에탄올이 언제 경제성을 가질지 알 수 없습니다. 이런 상황에서 바이오에탄올 사업을 육성하려면 막대한 정부보조금이 필요한데, 이를 충당하기 위한 세금을 과연 감당할 수 있을까요?

A_5: ______________________

① A_2는 현 세대의 위험편익분석 문제를 현 세대와 미래 세대 사이의 정의(正義) 문제로 쟁점을 전환하는 전략을 취한다.

② A_2에 대해 B_2가 핵폐기물 처리 기술의 발전으로 미래의 위험부담을 줄일 수 있다는 점을 보인다 해도 B의 논지가 강화되지 않을 것이다.

③ A_3에 대해 B_3이 미래에 경제가 성장함에 따라 비용에 대한 미래 세대의 부담감은 줄어들 것이라는 점을 추가한다면, B의 논지는 강화될 것이다.

④ B_4는 A_4의 대안이 현실성의 측면에서 B_3에 대한 비판으로 적절하지 않음을 지적하고 있다.

⑤ A_5가 환경과 고용에 대한 국민들의 관심과 비용지불의사를 보여 주는 통계 자료를 제시한다면, A의 논지가 강화될 것이다.

02

2012학년도 LEET 문10

인간(A)과 숲(B)의 가상 논쟁에 대한 분석으로 옳지 않은 것은?

> A_1: 민주주의가 실현되어야 해. 환경이 파괴되는 것도 다 민주주의가 실현되지 않은 탓이야.
> B_1: 민주주의가 실현된다 하더라도 생태문제는 해결이 안 돼. 지금 지방자치가 발전하면서 오히려 생태문제가 더 악화되고 있어. 골프장 짓는다고 우리를 훼손하고 있잖아.
> A_2: 지방자치가 되면서 생태문제가 악화된 것은 사실이지만, 그것은 지방자치가 소수에 의해 좌우되었기 때문이야.
> B_2: 꼭 그렇지도 않아. 그린벨트에 서민 아파트를 짓는다고 하면, 지역 주민들은 다 찬성해.
> A_3: 우리가 생각하는 민주주의는 현 세대뿐 아니라 미래 세대의 이익까지 고려하는 것이야. 그렇다면 그린벨트를 훼손할 수 없어.
> B_3: 과연 너희의 미래 세대가 우리를 원할까? 요즘 사람들도 자연적인 것보다 인공적인 것을 더 좋아하는데, 미래에는 더 그럴 거야.
> A_4: 우리가 생각하는 민주주의는 사람들이 실제로 가지고 있는 선호를 추구하는 것이 아니야. 그것은 바람직한 삶과 공동체의 의미에 대한 성찰을 통해 타인과 자연까지 생각하게 해 주는 것이야. 이 과정에서 우리는 숲의 소중함을 깨닫고 숲을 배려하는 후원자의 역할을 할 수 있어.
> B_4: 그것은 어디까지나 너희 인간들이 생각하는 숲이지, 우리가 실제로 원하는 것은 아니야.

① B_1은 구체적인 반례를 들어 A_1을 비판하고, A_2는 B_1의 반례가 민주주의 이념이 제대로 실현되지 않았기 때문에 발생한 것이라고 대응한다.
② B_2는 A_2의 지적을 피하는 반례를 제시함으로써 A_1을 비판하지만, A_3은 민주적 주체의 범위를 인간을 넘어서까지 확장함으로써 대응한다.
③ B_3은 미래 세대의 선호에 대해 비관적으로 전망함으로써 A_3의 예측이 잘못될 수 있음을 지적한다.
④ A_4는 민주주의의 새로운 방향을 제시함으로써 B_3의 비판을 우회한다.
⑤ B_4의 A_4에 대한 비판은 "미성년자의 이익과 그의 부모인 법정대리인의 이익이 다를 수 있다."라는 비판과 유사하다.

03

2012학년도 LEET 문1

다음 논쟁에 대한 진술로 옳지 않은 것은?

> 갑: 법적 추론의 목적은 결론을 정당화하는 것이다. 어떤 판단은 그러한 결론을 내리게 된 근거가 법에 있을 때 법적으로 정당화된다.
> 을: 법적 추론의 더 중요한 목적은 결과에 대한 예측이다. 사람들이 추론을 통해 알고 싶은 것은, 자기와 다투는 사람이 소송을 할지, 소송에서 어떤 주장을 펼칠지, 특히 법관이 어떤 판결을 내릴지와 같은 문제이기 때문이다.
> 갑: 사람들이 원하는 것은 예측 가능한 판결이 아니라 법에 비추어 올바른 판결이다. 판단이 옳다는 점은 정당화를 통해서만 드러나므로, 법률가는 자신의 결론이 관련된 모든 법을 고려해 추론했을 때 가장 잘 정당화된 것이라고 생각할 근거를 제시해야 한다.
> 을: 그러나 사람들의 예측과 다른 판결이 내려진다면, 사람들은 판결 전까지 법이 무엇인지 알 수 없게 된다. 따라서 판결과 다양한 사회적·심리적 배경 사이의 인과 관계도 법적 추론의 대상으로 받아들임으로써, 판결을 더 과학적으로 예측할 필요가 있다.
> 갑: 법률가들은 대부분의 경우 법적 정당화 관계를 추론함으로써 결론을 쉽게 예측할 수 있다.

① 갑은 법률가들이 정당화 관계를 추론함으로써 동일한 사안에 대해서는 대체로 동일한 결론에 도달한다고 전제한다.
② 을은 판결이 사회적·심리적 요인에 의해 영향을 받는 경우가 있다고 전제한다.
③ 정당화가 어렵지만 결론을 예측하기는 쉬운 판결이 있다면, 을의 주장은 설득력을 갖는다.
④ 을은 법적 정당화 여부가 판사의 결정에 인과적 영향을 미치더라도, 예측을 위해 정당화 관계를 고려할 필요가 없다고 볼 것이다.
⑤ 갑이 전제하는 법적 추론의 주체는 문제에 대해 최선의 답을 찾으려는 판사에 가깝고, 을이 전제하는 법적 추론의 주체는 의뢰인의 이익을 우선시하는 변호사에 가깝다.

04

2013학년도 LEET 문21

(가)~(다)의 분석으로 옳지 않은 것은?

(가)

소크라테스: 라케스여! 용기는 무엇인가요?

라케스: ㉠ 용기는 영혼의 끈기입니다.

소: 당신은 용기가 아름다운 것들 가운데 하나라고 생각하시지요?

라: 가장 아름다운 것들 중의 하나라고 생각합니다.

소: 그런데 똑똑한 끈기가 아름답고 훌륭하지 않을까요?

라: 그야 물론입니다.

소: 똑똑하지 못한 끈기는 어떨까요? 앞의 것과 반대로 나쁜 결과를 낳고 해롭지 않을까요?

라: 네.

소: 그러면 당신은 나쁜 결과를 낳고 해로운 것이 아름답다고 말하시렵니까?

라: 아뇨, 그것은 옳은 말이 아닙니다.

소: 그렇다면 적어도 그런 종류의 끈기가 용기라고는 동의하시지 않겠네요? 용기는 아름다우니까요.

라: 맞는 말씀입니다.

소: 따라서 당신 말에 따르면 ㉡ 용기는 똑똑한 끈기가 되겠네요.

라: 그럴 것 같네요.

(나)

소: 그럼 봅시다. 돈을 투자함으로써 돈을 더 많이 벌게 되리라는 것을 알기에 똑똑한 방식으로 끈기 있게 계속 투자를 하는 사람은 어떤가요? 이 자를 용감한 사람이라고 당신은 부르나요?

라: 맙소사! 절대로 그렇게 부르지 않죠.

소: 환자가 먹을 것을 달라고 간청하지만, 의사는 지금 주면 건강에 해롭다는 것을 알고 있기에 굽히지 않고 끈기 있게 거절합니다.

라: 이것도 역시 결코 용기가 아니죠.

(다)

소: 이제 다른 경우를 봅시다. 두 사람의 군인이 있습니다. 한 사람은 똑똑한 계산 하에서, 즉 자신의 부대에 지원군이 올 것이라는 점 그리고 지금 자신의 군대가 더 유리한 지형을 점하고 있다는 것을 알면서 끈기 있게 버팁니다. 반면에 다른 한 사람은 반대편 군대에서 머물며 온갖 어려움 속에서 끈기 있게 버티면서 싸우고자 합니다. 누가 더 용감한가요?

라: 소크라테스여! 후자가 더 용감합니다.

소: 그렇지만 후자의 끈기는 전자의 끈기에 비교할 때 어리석은 것입니다.

라: 맞습니다.

– 플라톤, 『라케스』 –

① (가)에서 용기에 대한 라케스의 정의는 ㉠에서 ㉡으로 가면서 외연이 줄어들었다.

② (나)에서 소크라테스는 ㉡에 대한 반례를 제시하고 있다.

③ (나)에서 라케스가 동의한 내용에 따라 용기를 다시 정의한다면 그 정의는 ㉡보다 외연이 줄어들 것이다.

④ (다)에서 라케스가 대답한 내용은 ㉠과 양립할 수 없다.

⑤ (다)에서 라케스가 동의한 내용은 ㉡과 충돌한다.

05

2014학년도 LEET 문1

A~C에 대한 진술로 옳은 것을 <보기>에서 고른 것은?

P: 법문(法文)은 '의미의 폭'을 보유하고 있습니다. 예컨대, "음란한 문서를 반포, 판매 또는 임대한 자는 1년 이하의 징역에 처한다."라는 법률 규정에서 '음란한' 문서가 무엇을 의미하는지에 대해서는 사람마다 다른 표상(表象)을 가질 수 있습니다. 이런 경우 법문의 의미를 바르게 한정하는 것이 법률가가 행해야 하는 법해석의 과제입니다. 문제는 법해석 시 누구의 표상을 기준으로 삼을 것인가 입니다.

A: 법문의 의미 해석은 입법자의 의도가 최우선의 기준일 수밖에 없습니다. 법의 적용은 법률의 기초자(起草者)가 법률과 결부하려고 했던 표상을 기준으로 삼는 것이 옳습니다.

P: 시간이 흐르면서 입법자가 표상했던 것이 시대적 적실성을 잃을 수도 있지 않을까요?

B: 법문의 해석이 문제시되는 상황과 시점에서 법 공동체 구성원의 대다수가 표상하는 바를 법문의 의미로 보는 것이 옳다고 생각합니다. 이 규정과 관련해서는 변화된 사회 상황에서 사람들 대다수가 무엇을 '음란한' 문서로 간주하고 있는가를 알아내야 합니다.

P: 다수의 견해가 항상 옳다고 할 수 있나요?

C: 다수의 표상보다는 당대의 시대정신을 구현하는 표상이 법문의 의미를 결정하는 기준이 되어야 합니다. 시대정신은 결코 머릿수의 문제가 아닙니다.

〈보기〉

ㄱ. A는 법률가가 법문의 의미를 알아내기 위해 국회 속기록과 입법 이유서를 검토하는 것이 중요하다고 볼 것이다.

ㄴ. B의 주장에 대해 A는 법문의 해석에서 시점과 상황 변화를 고려하는 것은 법의 불확실성을 초래한다고 반박할 수 있다.

ㄷ. 인간은 누구나 이성을 갖고 있고 시대정신은 시대적 상황에 부합되게 이성에 의해 파악된 것이라고 한다면, B와 C 사이의 차별성이 분명해진다.

ㄹ. B와 C는 법문의 의미가 내재적으로 고정되어 있으며 이를 발견하는 것이 법률가가 행해야 할 법해석 작업이라고 본다.

① ㄱ, ㄴ ② ㄱ, ㄷ ③ ㄱ, ㄹ
④ ㄴ, ㄷ ⑤ ㄷ, ㄹ

06

2014학년도 LEET 문24

A, B 간의 논쟁에 대한 분석으로 옳은 것은?

A_1: 경제 발전을 위해서는 대중의 지식수준을 높여야 한다. 그런 점에서 대중 교육이 중요하다. 전 국민의 교육 수준이 높기로 유명한 동아시아 국가들의 경제적 성공과 세계에서 가장 학력이 낮은 사하라 이남 아프리카 국가들의 경제 침체를 비교해 보면 이 문제는 더 이상 논란의 여지가 없어 보인다.

B_1: 대만은 1960년 당시 문맹률이 46%나 되었지만 가히 기록적인 경제 성장률을 보였다. 반면, 같은 시기에 소득 수준이 대만과 비슷했던 필리핀의 문맹률은 28%로 대만에 비해 대중의 교육 수준이 높았음에도 불구하고 오늘날 평균 국민소득은 대만의 1/10에 불과하다.

A_2: 그렇지만 문맹률보다 대중 교육의 수준을 더 잘 대표하는 잣대인 고등학교 진학률을 따져본다면 대만이 필리핀보다 더 높았다는 사실을 간과해서는 안 된다.

B_2: 경제 성장에 직접적인 도움을 주는 교육은 대중 교육이 아니다. 학교에서 행해지는 교육은 경제 성장에 직접적인 도움을 주지 못하거나, 실제 산업 생산성과 관련이 있을 것으로 기대되는 교육도 생산성 향상에 크게 도움이 되지 못한다는 지적이 많다. 특히 오늘날과 같은 지식기반 사회에서 경제 발전을 위해 필요한 것은 일반 대중이 보편적으로 가지고 있는 지식이 아니라 소수의 전문가 집단이 보유한 전문적 지식이다. 그런 점에서 대중을 위한 보편적 교육이 불필요한 것은 아니지만, 그보다는 전문 지식인을 육성하기 위한 엘리트 교육에 관심을 가져야 한다.

A_3: 평범한 노동자라도 생산성을 높이기 위해서는 알아야 할 지식의 양이 크게 늘어났다는 점 자체를 부인할 수는 없을 것이다. 또 전문 지식인이 사회에서 필요한 정도로 공급되기 위해서는 대중 교육을 통해서 국민의 전반적인 지식수준을 향상하는 것이 선행되어야 한다. 그러므로 대중 교육이 중요하다는 점은 여전히 분명하다.

① B_1은 대중 교육을 확대해도 대중의 교육 수준이 높아지지 않는다고 전제한다.

② B는 1980년에서 2000년 사이에 사하라 이남 국가의 문맹률은 60%에서 39%로 현저하게 감소되었지만 경제 성장은 미미했다는 사실을 들어 A_2를 반박할 수 있다.

③ B_2는 경제 발전을 위한 전문적 지식이 보편적인 대중 교육의 확대를 통해서 얻어지기 어렵다고 전제한다.

④ A_3는 한 사회가 생산성 향상에 필요한 전문 지식을 갖추기 위하여 대중 교육만으로 충분하다고 주장하고 있다.

⑤ A와 B는 경제 발전을 위해서 전문 지식인이 필요한지에 대해서 이견을 보이고 있다.

07

2015학년도 LEET 문32

갑~병의 논쟁에 대한 분석으로 옳지 않은 것은?

> 갑: 민주주의에서 자발적 결사체의 역할은 중요하다. 비정치적인 자발적 결사체도 궁극적으로 민주주의를 향상시킨다. 자발적 결사체 구성원들은 서로 다른 입장과 목적을 가지고 있지만 상호작용을 통해 서로를 이해하게 되고 시민적 덕목인 관용과 타협의 정신을 익힌다. 이 과정에서 사람들은 모두를 위해 이로운 것이 무엇인가를 깨닫고 공적인 사안에의 참여, 즉 정치 참여에 적극적이게 된다. 생각과 배경이 다른 사람들이 공적인 사안에 대해 다양한 목소리를 낸다면, 정부가 어느 한 쪽만을 옹호하거나 불투명하게 정책 결정을 하는 일도 줄어들 것이다.
>
> 을: 자발적 결사체는 추구하는 바가 비슷한 사람들이 모인 집단이다. 같은 입장과 목적을 가진 사람들이 함께 활동한다고 시민적 덕목이 길러지지는 않는다. 오히려 동질적 가치관이 강화되고 다른 집단에 대한 배타적 태도가 심화된다. 자발적 결사체는 특정 집단만을 위해 존재하는 당파일 뿐이다. 사람들이 자발적 결사체를 통해 공적인 사안에 더 참여하게 되는 것도 알고 보면 자신들의 이익을 보다 조직적으로 취하기 위함이다. 그 행위가 다른 집단의 권리를 침해할 수 있다는 점은 그들에게 고려 대상이 아니다. 자발적 결사체가 활발했던 곳에서 비민주적 정치체제가 발흥했던 경우들을 역사에서 종종 접할 수 있는 것도 같은 맥락에서 이해 가능하다.
>
> 병: 구성원들의 입장과 목적이 동질적이든 이질적이든 다양한 종류의 자발적 결사체가 자꾸 생겨나는 것이 가장 중요하다. 이는 민주주의의 토양이 단단해지기 위해서는 가능하면 다양한 집단들이 공적 결정 과정에 참여해야 하기 때문이다. 이들의 정치참여는 정부로 하여금 보다 공명정대하게 결정하도록 강제한다. 사람들은 자발적 결사체에서 활동하면서 자신의 능력만으로는 얻을 수 없는 정보와 기회를 갖게 되는데, 그 과정에서 정치에 참여할 수 있는 통로가 확보된다. 민주주의에 원래부터 이롭거나 해로운 자발적 결사체는 없다. 특권층이 주도하는 결사체만 존재한다면 문제가 있지만, 사회적 약자들도 자발적 결사체를 조직해 자신의 목소리를 낼 수 있다.

① '자발적 결사체가 민주적 시민으로서의 자질을 함양한다'는 견해에 갑은 동의하나 을은 동의하지 않을 것이다.

② '자발적 결사체는 정부의 정책 결정 과정에 다양한 목소리들이 반영되도록 한다'는 견해에 갑과 병은 동의할 것이다.

③ '사람들은 자발적 결사체를 통해 정치 참여의 기회를 얻는다'는 견해에 을은 동의하지 않으나 병은 동의할 것이다.

④ '사람들이 자발적 결사체를 통해 활발하게 정치에 참여하면 정부의 정책 결정 과정에서 투명성이 높아진다'는 견해에 갑과 병은 동의할 것이다.

⑤ '동질적 배경을 가진 사람들의 자발적 결사체는 민주주의에 부정적 영향을 준다'는 견해에 을은 동의하나 병은 동의하지 않을 것이다.

08

2015학년도 LEET 문12

다음 대화를 분석한 것으로 옳지 않은 것은?

소크라테스: 자네 생각으로는 어떤 이는 좋은 것을 원하지만 Ⓐ 어떤 이는 나쁜 것을 원한다는 건가?
메논: 네.
소크라테스: 나쁜 것을 원하는 자는 ㉠ 나쁜 것을 좋은 것인 줄로 여기고서 원하는 자인가, 아니면 나쁜 것인 줄 알면서도 원하는 자인가?
메논: 양쪽 다 있습니다.
소크라테스: 나쁜 것인 줄 알면서도 원하는 자는 ㉡ 그 나쁜 것이 자신에게 이로울 줄로 여기고서 원하는 자인가, 아니면 해로울 줄 알고서 원하는 자인가?
메논: 두 부류 다 있습니다.
소크라테스: 또한 그 나쁜 것이 자신에게 이로울 것으로 여기는 자들은 그 나쁜 것이 나쁜 줄을 아는 자일까?
메논: 적어도 그건 전혀 아닐 것입니다.
소크라테스: 그렇다면 그는 나쁜 것을 원하는 자는 아니네. 나쁜 줄 몰라서 그게 좋은 줄로 여긴 거니까 실상 그런 사람은 ㉢ 좋은 것을 원하는 자임이 명백하네.
메논: 적어도 그들은 그런 것 같습니다.
소크라테스: 한편 자네 주장처럼, ㉣ 나쁜 것이 해로울 줄로 여기면서도 그 나쁜 것을 원하는 자는, 그것으로 해서 자신이 해로움을 당할 것임을 알고 있을까?
메논: 그야 물론입니다.
소크라테스: 그러나 이들은 해로움을 당하는 자를 비참한 자로 간주하겠지?
메논: 그것 또한 필연적입니다.
소크라테스: 하지만 ㉤ 비참하기를 원하는 자가 있을까?
메논: 없을 것으로 생각됩니다.
소크라테스: 그렇다면 Ⓑ 아무도 나쁜 것을 원하지는 않네.
메논: 참으로 맞는 말씀입니다.

– 플라톤, 「메논」 –

① 메논은 Ⓐ에 대한 견해를 바꾸었다.
② 메논은 나쁜 것이 나쁜 줄을 아는 자에 ㉠이 포함되지 않는다고 인정하였다.
③ 소크라테스는 ㉠과 ㉡을 모두 ㉢에 포함시켰다.
④ 메논은 ㉣이 있을 수 있다는 견해를 유지하였다.
⑤ ㉤이 있다면 메논은 Ⓑ에 동의할 필요가 없다.

09

2016학년도 LEET 문14

다음 논쟁에 대한 분석으로 옳지 않은 것은?

갑: 자유주의 사회의 시민 대다수는 사실적 행위인과성과 이에 기초한 법적 책임소재가 분명할 때에만 누군가에게 합당하게 의무를 부과할 수 있다고 믿는다. 이에 따르면 대한민국의 시민인 우리는 아프리카 등지에 사는 사람들의 재산을 강탈한 적이 없으므로 그들의 가난에 대해 책임질 일도 없다. 따라서 우리는 먼 나라의 빈곤을 감축하는 데 일조해야만 한다는 막연한 느낌 때문에 불편해할 이유가 없다. 자유주의 사회의 도덕은 최대의 '자선'을 장려하는 적극적 도덕이 아니라 행위를 규제하는 최소의 공리로서 '가해금지의 원칙'에 충실할 것을 요구하는 소극적 도덕을 근간으로 한다. 그렇기 때문에 나의 가해행위에 대한 사죄의 차원을 넘어선 적극적 자선은 자유주의적 개인에게 가외의 기특한 행동으로 여겨질 수는 있어도 보편적 승인과 준수를 요하는 의무일 수는 없다.

을: 분명한 행위인과성과 이에 기초한 책임소재에 입각하여 부과된 의무만이 구속력을 갖는다는 견해는 정당한 근거도 없이 유지되어 온 윤리적 통념에 불과하다. 이 통념의 영향권을 벗어나면 윤리적 책임은 힘의 기능이라고 생각할 여지가 분명히 존재한다. 다시 말해 윤리적인 책임의 본래적인 대상은 적법한 발언권과 로비력을 가진 강하고 자립적인 주체가 아니라 권리를 주장할 힘조차 없는 무력하고 의존적인 주체이며, 이 작고 무력한 주체에 대한 크고 유력한 주체의 윤리적 반응이 바로 책임이라고 생각할 수 있는 것이다. 여기서 무력한 주체를 무력하게 만든 장본인이 내가 아니라는 사실은 조금도 중요하지 않다. 중요한 것은 그보다 더 크고 유력한 나와 같은 사람들이 그를 돕지 않으면 그는 어쩔 수 없이 죽게 된다는 사실뿐이다. 우리는 이 확장된 책임의 개념으로 동등한 법적 지위를 전제로 한 기존의 협소한 의무 개념을 극복하고 지구적 양극화 시대의 인간 존엄을 바로세우기 위한 의무론의 새로운 지평을 열어 가야 한다.

① 을은 어떤 윤리적 기준에 많은 사람이 찬성한다는 것과 그것이 옳다는 것은 각기 다른 문제라고 볼 것이다.
② 을은 가난한 나라를 도와주는 부자 나라는 나중에 어려울 때 도움 받을 수 있을 것이기 때문에 도울 의무가 있다고 볼 것이다.
③ 갑은 원조의 의무에서 핵심은 행위주체가 도와줄 수 있는 힘이 있느냐이지 그 외의 것은 부차적이라고 보는 것에 반대할 것이다.
④ 을은 설령 가난한 나라가 과거 부자 나라에게 피해를 끼쳤다 하더라도 이것과 상관없이 부자 나라는 가난한 나라를 도울 의무가 있다고 볼 것이다.
⑤ 갑은 가난한 나라가 부자 나라로부터 도움 받기를 원하는지 아닌지와 상관없이 부자 나라는 가난한 나라를 도울 의무가 있다는 것에 반대할 것이다.

10

2019학년도 LEET 문3

<논쟁>에 대한 분석으로 옳은 것만을 <보기>에서 있는 대로 고른 것은?

〈X법〉

제1조(형벌) 형벌은 경중(輕重)에 따라 태형, 장형, 유배형, 교형, 참형의 5등급으로 한다.

제2조(속죄금) 70세 이상이거나 15세 이하인 자가 유배형 이하에 해당하는 죄를 지으면 속죄금만을 징수한다.

제3조(감경) 형벌에 대한 감경의 횟수는 제한하지 않는다.

제4조(밀매) 외국에 금지 물품을 몰래 판매한 자는 장형에 처하고, 금지 물품이 금, 은, 기타 보석 및 무기 등인 경우에는 교형에 처한다.

〈논쟁〉

신하 A: 중국 사신과 동행하던 71세 장사신이 은 10냥을 소지하고 있다가 압록강을 건너기 직전에 적발되었습니다. 최근 중국에 은을 팔면 몇 배의 시세 차익을 얻을 수 있기 때문에 이러한 행위가 만연하고 있습니다. 몰래 소지한 것은 몰래 판매한 것과 다르지 않습니다. ㉠ 장사신을 교형으로 처벌해야 합니다.

신하 B: 은 10냥을 몰래 소지하고 강을 건너는 것은 판매를 위해 준비하는 것일 뿐입니다. 역적을 처벌하는 모반죄(謀叛罪)는 모반을 준비하는 자에 대해서 형벌을 감경하여 처벌하는 규정을 두고 있기 때문에 모반의 준비 행위를 처벌할 수 있지만, 밀매죄는 이러한 규정을 두고 있지 않습니다. 법이 이와 같다면 장사신을 교형에 처할 수는 없습니다. 다만 사안에 대한 규정이 없더라도, ㉡ 사안에 들어맞는 유사한 사례를 다룬 판결이 있다면 그 판결을 유추해서 적용해야 할 것입니다.

신하 C: 이전 판결을 유추해서 적용하는 것은 유사한지 여부를 판단해야 하는 문제가 발생하니, 차라리 '금지 물품을 몰래 소지하고 외국으로 가다가 국경을 넘기 전에 적발된 자는 밀매죄의 형에서 1단계 감경한다'는 규정을 신설하여 처벌하는 것이 옳습니다.

국　왕: 신하 C가 말한 대로 규정을 추가로 신설하여 이를 장사신에게 적용하라.

〈보기〉

ㄱ. '범죄를 준비한 자를 처벌하기 위해서는 법에 정한 바가 있어야 한다'는 논거에 의하면, ㉠은 약화된다.

ㄴ. 모반을 도운 자를 모반을 행한 자와 같이 모반죄로 처벌한 판결은 ㉡에 해당된다.

ㄷ. 국왕의 명령에 의하면, 장사신은 유배형에 처해진다.

① ㄱ　② ㄴ　③ ㄱ, ㄷ　④ ㄴ, ㄷ　⑤ ㄱ, ㄴ, ㄷ

11

2019학년도 LEET 문16

다음 논쟁에 대한 분석으로 옳은 것만을 <보기>에서 있는 대로 고른 것은?

수정란으로부터 태아를 거쳐 유아로의 발달은 점진적이고 연속적인 과정이다. 수정 이후 어느 시점부터 인간이라 할 수 있겠는가? 갑, 을, 병은 아래와 같이 주장한다.

갑: 출생이 기준이 된다고 해 보자. 그렇다면 7개월 만에 태어난 조산아는 인간인데, 그보다 더 발달한 9개월 된 임신 말기 태아는 인간이 아니게 된다. 이는 말이 되지 않는다. 출생만으로는 인간인지 여부의 기준이 될 수 없다.

을: 의식과 감각의 존재 여부가 중요한 기준이다. 일반적으로 태아의 두뇌는 18주부터 25주 사이에 충분히 발달하여 신경 전달이 가능하게 되는 수준에 이른다. 수정란은 의식을 갖지 않고 고통도 느끼지 않겠지만, 충분히 발달한 태아가 의식과 감각 능력을 갖게 된다면 인간으로 간주해야 한다.

병: 태아가 발달 과정의 어느 시점엔가 의식과 감각을 갖게 된다는 것은 분명하다. 그러나 언제부터 태아가 의식을 가지며 고통을 느끼기 시작하는지에 대한 직접적 증거는 원리적으로, 적어도 현재 기술로는 찾을 수 없다. 과학자들은 고통과 같은 감각의 생리학적 상관 현상으로서 두뇌 피질이나 행동을 관찰할 뿐, 고통을 직접 관찰하는 것이 아니다.

〈보기〉

ㄱ. 갑에 따르면, 태아가 인간인지의 여부는 태아가 얼마나 발달했는지와 무관하다.

ㄴ. 을에 따르면, 아무런 의식이나 감각을 갖지 않는 임신 초기의 태아는 인간으로서의 지위를 갖지 않는다.

ㄷ. 병에 따르면, 의식이나 감각의 존재 여부는 인간인지의 여부와 무관하다.

① ㄴ　② ㄷ　③ ㄱ, ㄴ　④ ㄱ, ㄷ　⑤ ㄱ, ㄴ, ㄷ

12

2019학년도 LEET 문19

A와 B의 논쟁에 대한 분석으로 옳은 것만을 <보기>에서 있는 대로 고른 것은?

A1: 많은 사람들이 마음과 뇌를 동일시하는데, 왜 그렇게 잘못된 생각이 퍼져 있는지 모르겠어.

B1: 카페인을 섭취하면 각성 효과가 나타나고 우리가 통증을 느낄 때마다 뇌의 특정 영역의 신경세포가 활성화되듯, 마음과 뇌 작용 사이에 체계적 상관관계가 성립한다는 것은 잘 알려진 사실이야. 마음과 뇌가 동일하다는 가설을 받아들이면 이 사실이 잘 설명되잖아.

A2: 한 가설이 어떤 사실을 잘 설명한다고 해서 그 가설을 무작정 받아들일 수는 없어. 천동설은 화성의 역행 운동을 잘 설명하지만 그렇다고 천동설을 받아들이는 사람은 없잖아.

B2: 천동설과 내 가설의 경우는 전혀 달라. 천동설이 화성의 역행 운동은 잘 설명할지 몰라도 천동설로는 설명되지 않는 중요한 천문 현상들이 많아.

A3: 너의 가설도 똑같은 문제가 있어. 내가 통증을 느낀다는 것을 나는 잘 알지만, 나는 내 뇌의 신경상태에 대해서는 아무것도 몰라. 너의 가설이 맞다면 어떻게 이런 일이 가능하겠니?

B3: 그건 얼마든지 가능해. 물이 액체라는 것은 알면서 H_2O가 액체라는 것은 얼마든지 모를 수 있어. 그렇다고 물과 H_2O가 다른 것은 아니잖아.

〈보기〉

ㄱ. A2가 B1을 반박하는 근거는 '마음과 뇌가 동일하다는 가설이 마음과 뇌 작용 사이의 상관관계를 설명하지 못한다'는 것이다.

ㄴ. B2는 '설명하지 못하는 중요한 현상이 많은 가설은 거부해야 한다'는 데에 동의한다.

ㄷ. B3은 'X에 대해 잘 알면서 Y에 대해 모른다면, X와 Y는 동일한 것일 수 없다'는 가정을 반박함으로써 A3을 비판하고 있다.

① ㄱ ② ㄷ ③ ㄱ, ㄴ
④ ㄴ, ㄷ ⑤ ㄱ, ㄴ, ㄷ

13

2021학년도 LEET 문16

다음 논쟁을 분석한 것으로 옳은 것만을 <보기>에서 있는 대로 고른 것은?

갑: 우아함은 쇼팽의 야상곡 자체에 속하는 성질이 아니라 네가 느끼는 주관적 인상에 불과해. 나는 야상곡을 들으면서 내내 지루하다고 느꼈거든.

을: 네가 야상곡을 듣고 지루함만 느꼈다면, 그건 네가 힙합에만 익숙해서 그래. 피아노 음색과 멜로디 전개가 표현하는 섬세함을 따라가려고 노력해 봐. 이 작품이 우아하다는 것은 적절한 감상 능력을 갖춘 사람이면 정상적인 조건에서 감상할 때 누구든지 알 수 있는 문제야.

병: 야상곡의 우아함이 그저 주관적인 느낌에 불과한 것은 아니라 해도, 누구나 알 수 있는 성질이라는 말도 맞지 않는 것 같아. 일정한 문화에 속한, 일정한 종류의 음악에 익숙한 사람들만 야상곡이 우아하다고 여기지 않을까? 이건 적어도 참외의 노란색이나 둥근 모양처럼 진짜 그 대상에 속하는 성질들과는 달라.

을: 일정한 집단의 사람들만 야상곡이 우아하다고 여길 수 있다 하더라도 그 우아함은 그 음악에 속하는 진짜 성질이라고 봐야 할 거야. 노란색도 결국 색맹이 아닌 사람들에게만 노랑으로 보이긴 하지만 참외의 진짜 성질이잖아? 야상곡의 경우에는 적절한 음악적 감수성을 갖춘 사람들만이 우아함을 지각하는 것이지.

병: 너희 둘이 야상곡을 듣고 다른 반응을 보이는 것은 각자가 속한 집단에서 공유하는 음악적 감수성이 달라서 그렇다는 것이 더 자연스러운 설명 아닐까? 어째서 우아하다고 반응하는 사람만 진짜 성질을 지각한다는 거야?

〈보기〉

ㄱ. 을은 우아함을 지각하는 사람의 집단이 시대와 문화에 따라 클 수도 있고 작을 수도 있다는 주장에 반대할 것이다.

ㄴ. 병은 쇼팽의 야상곡이 지루하다고 여기는 사람들이 서로 다른 음악적 감수성을 가질 수 있다는 주장에 반대할 것이다.

ㄷ. 을과 병은 쇼팽의 야상곡이 우아하다는 주장을 각각 다른 이유에서 받아들일 수 있다.

① ㄴ ② ㄷ ③ ㄱ, ㄴ
④ ㄱ, ㄷ ⑤ ㄱ, ㄴ, ㄷ

14

2022학년도 LEET 문5

다음 논쟁에 대한 분석으로 옳은 것만을 <보기>에서 있는 대로 고른 것은?

80년 전 K섬이 국가에 의해 무단으로 점유되어 원주민 A가 K섬에서 강제로 쫓겨나 타지에서 어렵게 살게 되었다. A가 살아 있다면 국가가 저지른 잘못에 대해서 A에게 배상이 이루어져야 하겠지만 A는 이미 사망하였다. A의 현재 살아 있는 자녀 B에게 배상이 이루어져야 할지에 대해서 다음과 같은 논쟁이 벌어졌다.

갑: 배상은 어떤 잘못에 의해서 영향받은 사람에게 이루어져야 하는데, ㉠ 잘못된 것 X에 대해 사람 S에게 배상을 한다는 것은, X가 일어나지 않았더라면 S가 누렸을 만한 삶의 수준이 되도록 S에게 혜택을 제공하는 것이다. 피해자의 삶의 수준을 악화시킨 경우 그리고 그런 경우에만 배상이 이루어져야 한다. 따라서 80년 전 K섬의 무단 점유가 없었더라면 B가 누렸을 삶의 수준이 되도록 B에게 혜택을 제공하는 배상이 이루어져야 한다.

을: 갑의 주장에는 심각한 문제가 있다. K섬의 무단 점유가 없었더라면 B의 아버지는 B의 어머니가 아니라 다른 여인을 만나 다른 아이가 태어났을 것이고 B는 아예 존재하지 않았을 것이다. 따라서 그 섬의 무단 점유가 없었더라면 B가 더 높은 수준의 삶을 누렸을 것이라고 말하는 것은 옳지 않으며, 그런 상황에서 B가 누렸을 삶의 수준이 어느 정도인지의 질문에 대해 애초에 어떤 답도 없다.

병: B의 배상 원인이 되는 잘못은 80년 전 발생한 K섬의 무단 점유가 아니라, B가 태어난 후 어느 시점에서 K섬의 무단 점유에 대해 A에게 배상이 이루어지지 않았다는 사실이다. 만약 그런 사실이 없었더라면, 다시 말해 B가 태어난 후 K섬의 무단 점유에 대해 A에게 배상이 이루어졌더라면, A는 B에게 더 나은 교육 기회와 자원을 제공하였을 것이고 B는 더 나은 삶을 살았을 것이다. 그러나 과거에 그런 배상이 이루어지지 않았기 때문에 B에게 배상이 이루어져야 하는 것이다.

〈보기〉

ㄱ. 갑이 "80년 전 K섬의 무단 점유가 없었더라면, A는 그가 실제로 누렸던 것보다 훨씬 더 높은 수준의 삶을 누렸겠지만 B는 오히려 더 낮은 수준의 삶을 누렸을 것이다."라는 것을 받아들이게 된다면, 갑은 B에게 배상이 이루어져야 한다는 주장에 동의하지 않을 것이다.

ㄴ. 을이 ㉠의 원리를 받아들인다면, 그는 80년 전 K섬의 무단 점유에 대해 B에게 배상이 이루어져야 한다는 주장에 동의할 것이다.

ㄷ. 병은 ㉠의 원리에 동의하지 않지만, B에게 배상이 이루어져야 한다는 것에 대해서는 갑과 의견을 같이한다.

① ㄱ ② ㄴ ③ ㄱ, ㄷ
④ ㄴ, ㄷ ⑤ ㄱ, ㄴ, ㄷ

15

2022학년도 LEET 문12

다음 논쟁에 대한 분석으로 옳은 것만을 <보기>에서 있는 대로 고른 것은?

X국 형법은 타인의 재물을 훔친 자를 절도죄로 처벌한다. 형법상 '재물'의 의미와 관련하여 갑, 을, 병이 아래와 같이 논쟁을 하고 있다.

갑: 재물이란 '재산적 가치가 있는 물건'을 말하고, 여기서 '재산적 가치'란 순수한 경제적 가치, 즉 금전적 가치를 의미하기 때문에, 형법상 재물은 물건의 소유 및 거래의 적법성 여부와는 상관없다고 생각합니다.

을: 재물이 반드시 적법하게 소유되거나 거래된 것일 필요가 없다는 점에 대해서는 갑의 견해에 동의합니다. 하지만 재물의 개념요소인 '재산적 가치'는 소유자가 주관적으로 부여하는 것이기 때문에, 금전적 교환가치가 있든 없든 소유자의 소유 의사가 표출되어 있는 이상 해당 물건을 형법상 재물로 보는 것이 타당합니다.

병: 재물의 개념요소인 '재산적 가치'가 인정되려면 금전적 교환가치가 있어야 합니다. 하지만 그것은 필요조건이지 충분조건은 아니라고 생각합니다. 형법상 재물이 되기 위해서는 금전적 교환가치가 있어야할 뿐만 아니라 소유 및 거래의 적법성이 인정되는 것이어야 합니다.

〈보기〉

ㄱ. 갑은 마약밀매상이 가지고 있는 법적으로 소유가 금지된 마약을 형법상 재물로 본다.

ㄴ. 을은 마약밀매상이 가지고 있는 법적으로 소유가 금지된 마약과 연예인이 소중히 보관하고 있지만 거래는 되지 않는 팬레터를 모두 형법상 재물로 본다.

ㄷ. 병은 연예인이 소중히 보관하고 있지만 거래는 되지 않는 팬레터를 형법상 재물로 보지만, 마약밀매상이 가지고 있는 법적으로 소유가 금지된 마약은 형법상 재물로 보지 않는다.

① ㄱ ② ㄷ ③ ㄱ, ㄴ
④ ㄴ, ㄷ ⑤ ㄱ, ㄴ, ㄷ

16

2022학년도 LEET 문16

다음 대화에 대한 분석으로 옳은 것만을 <보기>에서 있는 대로 고른 것은?

> 소크라테스: 어떤 대상에 대해서 우리는 그것을 알거나 알지 못하거나 둘 중 하나 아니겠나? 그렇다면 판단을 하는 사람은 아는 것에 대해 판단하거나 아니면 알지 못하는 것에 대해 판단하는 게 필연적이겠지?
>
> 테아이테토스: 필연적입니다.
>
> 소크라테스: 그리고 어떤 대상을 알면서 동시에 알지 못한다거나, 알지 못하면서 동시에 안다는 건 불가능한 일이네.
>
> 테아이테토스: 그렇습니다.
>
> 소크라테스: 그럼 거짓된 판단을 하는 자가 판단의 대상을 알고 있는 경우라면, 그는 자기가 아는 것을 그것 자체라고 생각하지 않고 자기가 아는 다른 어떤 것이라고 생각하는 것인가? 그래서 그는 양쪽 다를 알면서도 다시금 양쪽 다를 모르는 것인가?
>
> 테아이테토스: 그건 불가능합니다.
>
> 소크라테스: 만일 거짓된 판단을 하는 자가 판단의 대상을 알지 못하는 경우라면, 그는 자기가 알지 못하는 것을 자기가 알지 못하는 다른 어떤 것이라고 여기는 것인가? 그래서 자네와 나를 알지 못하는 자가 '소크라테스는 테아이테토스다' 또는 '테아이테토스는 소크라테스다'라는 생각에 이르게 되는 일이 있을 수 있는가?
>
> 테아이테토스: 어찌 그럴 수 있겠습니까?
>
> 소크라테스: 아무렴, 자기가 아는 것을 알지 못하는 것이라고 여기는 경우는 없으며, 또한 알지 못하는 것을 아는 것이라고 여기는 경우도 확실히 없네. 그러니 어떻게 거짓된 판단을 할 수 있겠는가? 왜냐하면 우리는 대상에 대해 알든가 아니면 알지 못하든가 할 뿐인데 이들 경우에 거짓된 판단을 하는 것은 결코 가능해 보이지 않으니까.

〈보기〉

ㄱ. 소크라테스에 따르면, a만 알고 b를 모르더라도 'a는 b이다'라는 참된 판단을 내릴 수 있다.

ㄴ. 소크라테스에 따르면, a와 b를 둘 다 모르는 경우 'a는 b이다'라는 거짓된 판단도 할 수 없다.

ㄷ. a와 b를 둘 다 알면서 'a는 b이다'라는 거짓 판단을 내리는 것이 실제로 가능하다면, 소크라테스의 주장은 설득력을 잃는다.

① ㄱ ② ㄷ ③ ㄱ, ㄴ
④ ㄴ, ㄷ ⑤ ㄱ, ㄴ, ㄷ

17

2022학년도 LEET 문26

다음 논쟁에 대한 분석으로 적절한 것만을 <보기>에서 있는 대로 고른 것은?

> 어떤 사람 P가 육식 행위 A와 동물보호단체에 기부하는 행위 B를 각각 수행하거나 수행하지 않을 능력이 있으며, 편의상 다른 행위를 할 가능성은 없다고 하자. A의 수행 여부와 B의 수행 여부 사이의 상호적 영향을 고려하지 않고 각각의 결과만을 고려하는 경우, A를 수행하면 나쁜 결과(−80)가 발생하고 B를 수행하면 좋은 결과(+100)가 발생한다. A와 B를 수행하지 않는 경우의 결과는 각각 0이다. 이때, P가 하거나 하지 않을 수 있는 행위들로 구성된 '행위조합'은 4개가 될 것이다. 각 행위조합 역시 독자적인 결과값을 가지게 되는데 이는 행위조합을 구성하고 있는 행위들의 결과값을 모두 더한 것이다. 예를 들어, P가 A를 수행하면서도 B를 수행하지 않는 경우의 행위조합의 결과값은 4개의 행위조합 중 최솟값인 −80이다. 일정한 조건을 충족하는 경우 해당 행위조합에 속하는 행위는 모두 용인되기 때문에 단독으로는 음의 결과값을 가지는 A도 용인될 수 있다. 행위조합에 속한 행위가 용인되는 이 조건에 대해 갑, 을, 병은 각각 다음과 같이 주장하고 있다.
>
> 갑: 한 사람의 행위는 자신의 능력에 따라 가능한 행위들로 구성된 행위조합들 중에서 최대의 결과값을 산출하는 조합에 속하는 경우, 그리고 오직 그 경우에만 용인된다.
>
> 을: 한 사람의 행위는 그가 현실에서 하려고 할 행위조합들 중에서 최대의 결과값을 산출하는 조합에 속하는 경우, 그리고 오직 그 경우에만 용인된다. 그런데 P에게 A의 수행 여부와 B의 수행 여부를 각각 선택할 능력이 있는 것은 사실이지만, A를 하지 않으면서 B를 수행하는 행위조합은 결코 P가 현실에서 선택하려고 할 조합은 아니다.
>
> 병: 한 사람의 행위는 자신의 능력에 따라 가능한 행위들로 구성된 행위조합들 중에서 결과값이 0이거나 양의 값을 가지는 조합에 속하는 경우, 그리고 오직 그 경우에만 용인된다.

〈보기〉

ㄱ. 갑과 을에 따르면 P의 A는 어떤 경우에도 용인될 수 없다.

ㄴ. 병에 따르면 P의 A는 용인될 수 있다.

ㄷ. 병에 따르면 용인될 수 있는 P의 행위조합은 2개이다.

① ㄱ ② ㄴ ③ ㄱ, ㄷ
④ ㄴ, ㄷ ⑤ ㄱ, ㄴ, ㄷ

18

2023학년도 LEET 문15

다음 논쟁에 대한 분석으로 옳은 것만을 <보기>에서 있는 대로 고른 것은?

인간의 행동을 예측하는 인공지능 로봇을 설계하기 위해 어떤 방법을 택해야 하는지에 대해서 논쟁이 있다.

갑: 사람들은 인간의 내면적 상태에 대한 이해를 통해 인간의 행동을 성공적으로 예측할 수 있다고 믿는다. 하지만 직접 관찰되지 않는 내면적 상태를 이해하는 데 어떠한 방식이 필요한지 정확히 알 수 없다. 따라서 인간의 내면적 상태에 대한 이해를 배제하고 행동을 예측하는 방식이 필요하다. 이때 우리가 취할 수 있는 방식은 인공지능 로봇이 빅데이터를 활용하여 인간이 주어진 상황에서 어떠한 행동을 하는지에 대한 정교한 패턴을 스스로 찾아내도록 설계하는 것이다.

을: 갑의 방식은 인간의 행동을 성공적으로 예측할 수 있다고 보기 어렵다. '만일 ~라면'이라는 수많은 가정에 입각해 이루어지는 인간의 행동을 정확하게 예측하기 위해서는 다른 접근이 필요하다. 예측의 성공률을 높이기 위해서는 주어진 상황에서 가능한 행동을 사전에 입력해 주어야 한다. 모든 인간은 불이익을 피하기 위해 사회에서 정해진 규범에 따라 행동하는 경향이 있다. 따라서 인공지능 로봇을 설계할 때 인간의 가능한 행동을 제한하는 규범에 대한 정보를 입력하면 인간의 행동에 대한 예측의 성공률을 더 높일 수 있다.

병: 갑과 을의 방식을 따르더라도 인간의 행동을 성공적으로 예측하기 어렵다. 인간의 행동은 여러 내면적 상태가 원인이 되어 나타난다. 따라서 갑과 을의 방식을 모두 적용하더라도 예측이 틀릴 수 있다. 인간은 자신에게 불이익이 일어날 행동이 무엇인지 알면서도 더 큰 욕구에 의해 규범을 지키지 않는 경우가 있다. 따라서 설계의 과정이 복잡하고 비효율적이더라도 규범에 대한 정보뿐만 아니라 의도나 욕구와 같은 내면적 상태까지 고려하여 인간의 행동을 예측하도록 설계해야 한다.

〈보기〉

ㄱ. 인공지능 로봇이 인간의 내면적 상태를 이해하지 못한다면 인간의 행동을 예측할 수 없다는 것에 대해 갑은 동의하지만 병은 동의하지 않는다.

ㄴ. 특정 상황에서 인간의 행동에 패턴이 존재한다는 것에 대해 갑과 을은 동의한다.

ㄷ. 인간의 행동을 예측하는 데에는 규범에 대한 정보를 고려하는 것이 필요하다는 것에 대해 을과 병은 동의한다.

① ㄱ　② ㄴ　③ ㄱ, ㄷ
④ ㄴ, ㄷ　⑤ ㄱ, ㄴ, ㄷ

19

2023학년도 LEET 문20

다음 대화에 대한 분석으로 옳은 것만을 <보기>에서 있는 대로 고른 것은?

갑: 거짓말이란 거짓을 상대방이 참이라고 믿게 하려는 의도를 가진 말이지. 이에 비해, 참이지만 듣는 사람이 오해하기 쉬운 말을 '오도적인 말'이라고 하지. 이 오도적인 말이 거짓이 아니라 참이라고 해서 거짓말보다 도덕적으로 덜 비난받아야 할까?

을: 그렇지 않아. 왜냐하면 거짓말은 상대방을 속이려는 의도가 없는 경우도 있기 때문이지. 예를 들어, 모든 사람이 A가 살인범이라는 것을 알고 있고 A 역시 모든 사람이 그렇게 생각한다는 걸 알고 있지만, A는 '나는 살인범이 아니다'라고 뻔뻔하게 잡아떼는 경우도 있지.

갑: 실제로 B를 살해한 A가 '나는 B를 죽이지 않았습니다'라고 거짓말을 한 경우와 '나는 내 목숨을 걸고 B를 두 번이나 구한 적이 있습니다'라고 오도적인 말을 한 경우를 비교해 보자. A가 두 경우 모두에서 듣는 사람이 A를 살인자가 아니라고 믿기를 의도했으므로, 거짓을 믿게 하려 했다는 점에서는 똑같잖아. 그래서 나는 오도적인 말과 거짓말이 동일한 정도로 나쁘다고 생각해.

을: 진실을 말하면서 상대방을 기만하려고 한다는 점에서 오도적인 말은 항상 나쁘지만, 거짓말은 그렇지 않을 수 있어. 어떤 사람이 한 말이 거짓으로 드러난 사실 자체가 도덕적으로 비난받아야 한다면, 과학자는 나쁜 일을 하고 있다고 말해야 할지도 몰라. 과학자의 예측 중에는 나중에 틀렸다고 밝혀지는 것이 있기 때문이지. 하지만 과학자가 애초에 진심으로 어떤 것을 말했다면, 그것이 나중에 거짓으로 드러난다고 해서 도덕적으로 비난받을 수는 없을 거야.

〈보기〉

ㄱ. 거짓말에는 상대방을 속이려는 의도가 있어야 한다는 점에 대해 갑은 동의하지만, 을은 동의하지 않는다.

ㄴ. 참으로 드러난 말 중에 도덕적으로 비난할 수 있는 것이 있다는 점에 대해 갑과 을은 동의한다.

ㄷ. 오도적인 말과 거짓말은 도덕적으로 나쁜 정도가 다르다는 점에 대해 갑과 을은 동의한다.

① ㄱ　② ㄷ　③ ㄱ, ㄴ
④ ㄴ, ㄷ　⑤ ㄱ, ㄴ, ㄷ

20

2024학년도 LEET 문20

다음 논쟁에 대한 분석으로 적절한 것만을 <보기>에서 있는 대로 고른 것은?

갑: 인간은 지각을 바탕으로 세상과 상호작용해. 그런데 인간은 때로 대상을 잘못 보기도 하지. 외부 세계에 정확히 대응하도록 지각하는 능력은 인간의 진화 과정에서 중요해. 실제 행동에서 차이가 날 테니까. 그래서 정확한 표상과 오표상을 구분하는 것이 중요한 거야.

을: 우리는 주어진 지각만으로는 정확한 표상과 오표상을 가려낼 수 없어. 시지각은 오직 망막에 전달된 정보에 의해 결정돼. 이때 동일한 지각에 대응하는 외부 대상은 복수일 수 있는데, 우리는 그중 무엇이 진짜인지 알 수 없어. 갈색이 섞인 노란 표면도 주위가 붉을 때 중립적인 노란색으로 지각되고, 연두색이 섞인 노란 표면도 주위가 녹색일 때 중립적인 노란색으로 지각돼. 이 경우 우리는 중립적인 노란색만을 지각할 뿐, 표면이 원래 무슨 색인지 알 방법은 없지.

갑: 네 말은 결국 설익은 바나나와 잘 익은 바나나를 구분하기 어렵다는 것이지? 내가 보는 것이 무엇인지 알 수 없으면, 잘 익은 바나나를 골라 먹을 수 없잖아. 이는 진화 과정에서 인간에게 불리하게 작용해.

을: 물론 잘 익은 것만 알아내어 먹을 수 있으면 좋겠지. 그런데 우리는 설익었는지 잘 익었는지를 매번 정확하게 알 필요는 없어. 우리 행동반경 안에는 노란 바나나가 더 많아. 마트 진열대는 노란 바나나로 가득하잖아. 노란색 지각에 따라 먹는다면, 잘 익은 바나나를 먹게 될 거야.

〈보기〉

ㄱ. 같은 지각을 산출하는 복수의 대상 중 어떤 것이 그 지각에 정확하게 대응할 확률이 가장 높은지를 지각자가 알 수 있다고 하더라도 갑의 주장은 약화되지 않는다.
ㄴ. 서로 다른 크기의 두 동그라미가 각각을 둘러싼 다른 동그라미의 크기에 따라서 같은 크기의 동그라미로 지각될 수 있다면, 을의 주장은 약화된다.
ㄷ. “어떤 지각은 외부 대상에 정확하게 대응한다.”라는 명제에 대해 갑은 동의하지 않지만 을은 동의한다.

① ㄱ　② ㄴ　③ ㄱ, ㄷ　④ ㄴ, ㄷ　⑤ ㄱ, ㄴ, ㄷ

21

2024학년도 LEET 문29

다음 논쟁에 대한 분석으로 옳은 것만을 <보기>에서 있는 대로 고른 것은?

갑: 경제 행동은 독립적이고 합리적인 개인이 자기이익을 추구하는 행동이야. 완벽한 경쟁과 자기규제가 이루어지는 이상적인 시장의 토대는 바로 이러한 원자화되고 합리적인 사람들의 행동이지. 사람들의 사회 관계는 경쟁 시장에 방해가 될 뿐이야.

을: 하지만 현실적으로 시장은 그렇게 완벽하게 작동하지 않아. 시장에서 강압과 기만이 일어나기도 하니까. 물론 강압과 기만도 자기이익을 추구하는 과정에서 생겨나는 것이지. 사람들의 강압과 기만을 억누를 정도로 시장이 충분히 자기규제력을 발휘할 수 있을까? 최소한 사람들 사이에 어느 정도의 신뢰가 작동해야 해.

병: 그러한 신뢰의 원천은 일반화된 도덕이야. 타인을 존중해야 한다는 암묵적 합의가 존재하고, 사람들은 대부분 그러한 합의에 자동적으로 따르지. 인간은 우리가 합의하는 규범과 가치 체계의 명령에 자연스럽게 복종하거든. 이를 사회화를 통해 철저하게 내면화하기 때문이지. 도덕을 강하게 공유하기 때문에 질서 있는 거래가 보장되는 거야.

을: 하지만 일반화된 도덕이 작동해서 신뢰에 입각한 경제 행동을 하는 것인지 확인할 수 있는 거래 상황은 현실에서 거의 발견할 수 없어. 시장의 질서 있는 거래를 일반적으로 설명하기 위해서는 행위자의 의도적 행동이 현재 이루어지고 있는 구체적인 사회 관계에 뿌리 박고 있다는 사실에 주목해야 해. 시장에서 신뢰를 낳고 부정행위를 억제하는 것은 구체적인 사적 관계와 그 연결망이야. 우리는 평판이 좋은 사람과 거래하려고 하지, 일반화된 도덕에만 의존하지는 않아. 그리고 일반적 평판에만 의존하기보다는 거래 상대를 잘 아는 지인을 찾아서 정보를 얻으려고 하지. 물론 자신도 좋은 평판을 유지하려고 노력하면서 말야. 원자화된 개인을 가정해서는 현실을 설명할 수 없어.

〈보기〉

ㄱ. 갑과 을은 자기이익을 추구하는 개인을 가정한다.
ㄴ. 경제 관계가 지속되면서 자연스럽게 형성되는 관계의 사회적 성격이 경제생활에 긍정적이라는 주장에 갑은 동의하지 않지만 을은 동의한다.
ㄷ. 의사결정이 이루어지는 시점에 개인이 맺고 있는 구체적인 사회 관계는 병보다 을에게 중요하다.

① ㄱ　② ㄴ　③ ㄱ, ㄷ　④ ㄴ, ㄷ　⑤ ㄱ, ㄴ, ㄷ

22

2025학년도 LEET 문25

다음 논쟁에 대한 분석으로 옳은 것만을 <보기>에서 있는 대로 고른 것은?

한 예술가가 한 변이 약 1미터 길이인 투명한 정육면체 아크릴 상자에 정교하게 제작한 조화 한 송이를 넣고 한 면에 형광등을 설치한 미술작품을 만들었다. 그는 ⓐ'두 종류의 영속(永續)'이라고 명명한 그 작품을 한 미술관에 판매했다. 그는 미술관 측에 이 작품은 항상 전원을 연결해 두되, 언젠가 형광등이 그 수명을 다하면 교체하지 말고 그대로 둘 것을 지시했다. 수년이 지나 형광등이 마침내 수명을 다하였는데, 미술관 측은 처음 모습을 그대로 보여 주는 것이 중요하다고 판단해 그 예술가에게 형광등이 고장 날 때마다 새것으로 교체하여 전시할 것을 제안했다. 예술가는 강하게 반대했지만, 미술관 측의 요청을 거절할 경우 향후 작품의 전시와 판매가 어려워질 것을 우려해 결국 형광등 교체를 승인했다. 이러한 예술가의 승인 행위가 작품의 정체성과 의미에 어떠한 효력을 미치는지에 관하여 비평가들 사이에서 다음과 같은 논쟁이 벌어졌다.

갑: 형광등의 교체가 예술가의 승인에 따른 것이므로, 이러한 변화는 이 작품의 정체성을 변화시키지 않는다. 다만 이 변화는 작품의 중요한 속성의 변화이기 때문에 이 작품은 이전과는 달리 피상적인 의미를 가진다고 보아야 한다.

을: 작가는 미술관 측의 강요에 의해 어쩔 수 없이 작품의 물리적 속성의 변경을 승인한 것이다. 이 승인 행위에는 작가의 실제 의도가 반영되어 있다고 볼 수 없다. 작품의 정체성은 작가의 실제 의도에 달려 있으므로, 이 작품의 물리적 속성이 변화하였다고 하더라도, 이 작품의 정체성은 이전과 다를 바 없으며, 따라서 그 의미 역시 변하지 않았다.

병: 이 작품은 공적으로 발표되는 순간 완성되었으며, 그 이후에 일어난 승인 행위는 이 작품의 정체성을 바꾸지 못한다. 설령 예술가의 승인이 그의 실제 의도에 따른 것이라고 할지라도 말이다.

〈보기〉

ㄱ. 갑에 따르면, 작품의 어떤 물리적 속성의 변화는 작품의 의미를 변화시킬 수 있다.

ㄴ. 병에 따르면, 창작자의 사후 승인 행위는 작품이 창작되던 당시 작가의 물리적 제작 행위와 동등한 효력을 지니고 있다.

ㄷ. 미술관이 창작자 몰래 ⓐ의 형광등을 새것으로 교체할 경우, ⓐ의 의미가 변화할 수 있다는 것에 대해 을과 병은 모두 동의한다.

① ㄱ ② ㄷ ③ ㄱ, ㄴ
④ ㄴ, ㄷ ⑤ ㄱ, ㄴ, ㄷ

23

2025학년도 LEET 문1

다음 논쟁에 대한 분석으로 옳은 것만을 <보기>에서 있는 대로 고른 것은?

의무복무제를 운영하는 X국의 「병역법」은 병역의무를 이행해야 하는 자의 의무복무기간을 사병은 3년, 부사관은 7년, 장교는 10년으로 정하고 있다. 최근 X국 국회에는 부사관과 장교의 의무복무기간을 사병과 동일한 수준으로 단축하는 내용의 「병역법」 개정안이 제출되었다. 다음은 이를 둘러싼 갑과 을의 논쟁이다.

갑: 나는 개정안에 반대해. 장교나 부사관의 의무복무기간이 사병보다 긴 이유는 이들이 그 계급에 맞는 직무역량을 갖추기 위해 국가의 비용으로 장기간 훈련을 거쳐서 임용되기 때문이야. 예컨대 공군 조종사나 기술적 전문성을 요하는 부사관은 고가의 전문장비에 대한 장기간 교육을 받아야 해. 지금의 의무복무기간은 국가가 장교와 부사관의 직무역량을 충분히 활용하기 위한 최소한의 기간이야.

을: 나는 생각이 달라. 장교와 부사관의 의무복무에는 헌법상 국방의 의무를 수행하는 성격과 헌법상 직업의 자유를 실현하는 성격이 모두 있어. 사병과 같은 3년의 기간은 국방의 의무를 수행한다는 성격이 더 강하지만, 그 기간을 초과하는 복무기간은 직업활동으로서의 성격이 더 강하다고 생각해. 3년을 넘어 복무하게 하는 것은 장교와 부사관의 직업의 자유와 행복추구권을 과도하게 침해하는 것 같아.

〈보기〉

ㄱ. 정보기술의 발달로 군의 자동화 및 첨단화가 빠르게 진행되어 직무역량 강화를 위한 시간과 비용이 예전보다 대폭 절감되었다면, 갑의 견해는 약화된다.

ㄴ. X국의 「병역법」에 따르면 의무복무의 이행방식은 본인의 의사에 따라 사병, 부사관, 장교 중에서 선택할 수 있고 장교와 부사관은 지원자 중 적격자만 선발된다는 사실은 을의 견해를 강화한다.

ㄷ. 사병의 의무복무기간을 3년으로 정한 「병역법」 규정이 헌법에 반하지 않는다고 X국의 헌법재판소가 판단하였다면, 갑의 견해는 강화되고 을의 견해는 약화된다.

① ㄱ ② ㄴ ③ ㄱ, ㄷ
④ ㄴ, ㄷ ⑤ ㄱ, ㄴ, ㄷ

정답 및 해설 p.31

3 오류론

오류론은 크게 비형식적 오류와 형식적 오류로 구분된다. 이 중 형식적 오류는 연역 논증에서부터 나타나는 오류를 의미하며, 비형식적 오류는 내용상의 오류를 의미한다. 여기서는 비형식적 오류에 대해 다룰 것이다.

1. 무지로부터의 논증

어떤 명제가 참 혹은 거짓으로 증명되지 않는다는 사실은 우리가 그 명제를 증명하거나 반박할 능력이 없다는 것을 의미할 뿐이다. 따라서 이를 확정적으로 주장하는 것은 오류가 된다. 다음의 사례를 보자.

> 대부분의 과학자들은 정신에 의하여 물체를 움직이는 능력이 과학적으로 증명될 수 없기 때문에 그러한 능력은 분명히 존재하지 않는다고 믿었다.

위 예에서 정신에 의하여 물체를 움직이는 능력을 검증하기 위한 방법은 계속 연구 중에 있으며, 앞으로 언젠가는 그러한 능력의 존재를 긍정하거나 부정하는 논증을 구성하기 위한 충분한 자료가 주어질 것이다. 그때까지 현재의 증거로는 그러한 능력의 존재를 적극적으로 주장할 수 없다. 이러한 논증의 오류를 '무지로부터의 논증(augumentum ad ignorantiam)'이라고 부른다. 이러한 오류의 기본 형식은 다음과 같다.

> X가 사실이라는 증거가 없다.
> 그러므로 X는 사실이 아니다.

다음의 논증을 보자.

> [전제] 흡연이 암을 유발한다는 확실한 증거는 없다.
> [결론] 그러므로 흡연은 암을 유발시키지 않는다.

이 논증은 타당하지 않다. 왜냐하면 전제는 참이지만 결론이 거짓일 수 있기 때문이다. 따라서 생략된 전제를 포함시켜 타당한 논증으로 만들면 다음과 같다.

> [생략된 전제] 만약 어떤 것이 사실이라는 증거가 없다면, 그것은 사실이 아니다.
> [전제] 흡연이 암을 유발한다는 확실한 증거는 없다.
> [결론] 그러므로 흡연은 암을 유발시키지 않는다.

그런데 위 논증은 전제 자체의 참 여부가 논란이 된다. 왜냐하면 어떤 사람들은 흡연이 암을 유발시킨다는 사실이 증명되었다고도 주장하기 때문이다. 따라서 이는 무지로부터의 오류를 범하고 있기에 좋은 논증이 되지 못한다. 다음의 또 다른 논증을 보자.

> [전제] 어떠한 사실을 증명하기 위한 모든 시도가 행해졌다.
> [전제] 어떠한 사실을 증명하기 위한 어떠한 시도도 성공하지 못했다.
> [결론] 그러므로 어떠한 사실은 주장될 수 없을 것이다.

위 논증은 무지로부터의 오류를 범하고 있지 않다. 전제에서 모든 시도가 이루어졌고 성공되지 못했음을 보여주기 때문이다. 사실 이러한 논증 방식은 19세기 말에 일부 물리학자들이 중력 매체는 존재하지 않는다는 결론을 이끌어 내면서 사용하였으며, 17세기나 18세기에 납과 같은 금속이 금으로 바뀌는 것이 불가능하다는 결론을 도출하기 위해 사용하기도 한 것으로 그 당시의 지식으로는 합리적인 것이었다.

2. 거짓 딜레마

거짓 딜레마는 실제로 그 논증에서 제시되는 것 이외에는 당면한 문제를 해결하는 방법이 아무것도 없는 것처럼 보이게 하는 논증적 오류를 말한다. 다음의 논증을 보자.

> [전제] 만약 새로 생기게 될 고속도로가 본래 설계된 대로 착공된다면, 그 공원은 사라질 것이다.
> [전제] 만약 새로 생기게 될 고속도로가 수정되어 착공된다면, 그 공원 주변의 주택들은 사라질 것이다.
> [전제] 새로 생기게 될 고속도로는 본래 설계된 대로 착공되거나 수정되어 착공될 것이다.
> [결론] 그 공원이 사라지거나 공원 주변의 주택들이 사라질 것이다.

이 논증은 형식적으로 타당하다. 그러나 세 번째 전제는 참이 아닐 수도 있다. 새로 생기게 될 고속도로를 아예 착공하지 않을 수도 있기 때문이다. 이 경우 제시된 논증은 거짓 딜레마의 오류를 범하게 된다.

> [전제] 만약 광부들이 광산에서 일한다면, 그들은 석탄가루를 마셔서 폐병에 걸릴 것이다.
> [전제] 만약 광부들이 광산에서 일하지 않는다면, 그들은 돈을 벌 수 없을 것이다.
> [전제] 광부들은 광산에서 일하거나 일하지 않는다.
> [결론] 그들은 폐병에 걸리거나 돈을 벌 수가 없다.

위 논증 역시 형식적으로 타당하다. 그러나 첫 전제의 실제 참 여부가 의심스럽다. 왜냐하면 광부들이 석탄가루를 많이 마셔서 폐병에 걸리는 경우도 있지만, 석탄가루를 마시지 않기 위한 장비를 사용할 수도 있기 때문에 반드시 그런 것은 아니기 때문이다. 그러므로 위 논증도 거짓 딜레마의 오류를 범하고 있다. 그래서 위 논증에 대한 반론을 구성할 수 있는데, 이때 사용되는 방식은 동일한 딜레마 논증을 사용하여 반대 논증을 구성하는 것이다. 반대 논증을 구성하면 다음과 같다.

> [전제] 만약 광부들이 광산에서 일하지 않는다면, 그들은 석탄가루를 마시지 않아서 폐병에 걸리지 않는다.
> [전제] 만약 광부들이 광산에서 일한다면, 그들은 돈을 벌 수 있다.
> [전제] 광부들은 광산에서 일하거나 일하지 않는다.
> [결론] 그들은 폐병에 걸리지 않거나 돈을 벌 수가 있다.

결국 거짓 딜레마는 연역 논증의 딜레마 형식이 타당하더라도, 전제가 참이 될 수 없을 때에 나타나는 오류이다. 오류는 두 가지 형식으로 나타나는데, 첫 번째 경우처럼 선언문에서 각각의 선언지가 모순관계가 아니라 제3의 가능성도 내포할 경우 오류이며, 두 번째 경우처럼 조건문이 실제 참이 아닐 경우 역시 오류가 된다.

3. 거짓 원인의 오류

버스가 정차하기 10초 전에 버스정류소에 도착한 사람이 곧이어 버스가 정차하자 자기가 버스를 타기 위하여 거기에 서 있었기 때문에 버스가 정차한 것이라고 믿는다면, 그는 시간적인 선후 관계를 인과 관계로 잘못 생각하고 있는 것이다. 이 경우 거짓 원인의 오류가 된다. 물론 인과성은 시간적으로 선후 관계가 있어야 한다. 그러나 단순히 시간의 선후 관계 확인이 인과 관계가 되기 위한 충분한 조건이 되는 것은 아니다. 사건들이 우연히 일어났을 수도 있기 때문이다.

> [전제] 다른 어떤 사건에 직접적으로 선행해서 일어나는 사건은 다른 어떤 사건의 원인이다.
> [전제] 사건 X는 사건 Y에 직접적으로 선행해서 일어났다.
> [결론] 그러므로 사건 X는 사건 Y의 원인이다.

위 논증은 타당한 연역 논증이나 첫 번째 전제의 실제 참 여부가 문제 되는 논증으로, 이는 거짓 원인의 위험성이 있기 때문에 좋은 논증이 아니다.

4. 성급한 일반화의 오류

성급한 일반화의 오류는 표본의 수가 충분하지 못한 귀납 논증을 말한다. 이는 많은 사례들이 그 결론에 대하여 예외가 될 가능성이 항상 남아 있기 때문이다. 따라서 귀납적 일반화에서는 표본으로 선택된 것들이 어떤 결론에 도달하는 데 있어서 우연적인 것이 아니라 본질적인 것임을 근거지을 수 있는 충분한 자료가 있어야 한다. 그렇지 못할 경우 결론에서 논리적인 비약이 나타날 것이며 이는 편견을 낳게 하는 원인이 될 수 있다. 다음의 논증은 성급한 일반화의 오류를 지닌 논증이다.

> [전제] 어떤 할머니는 푸에르토리코인에게 목조르기 강도를 당한 적이 있다.
> [결론] 그 할머니는 모든 푸에르토리코인들은 위험한 존재라고 확신한다.

5. 결합의 오류

결합의 오류는 어떤 집단에 속하는 소수의 구성원들로부터 그 집단의 구성원 전체를 특징짓는 일반화가 아니라, 어떤 집단의 구성원 모두에 대하여 이미 참인 것으로 알려져 있는 바의 것으로부터 그 집단 자체에 관한 결론으로 나아가는 오류적 추리를 말한다. 오류의 형식은 다음과 같다.

> [전제] X집단에 속하는 구성원들은 모두 A라는 속성을 가지고 있다.
> [전제] 어떤 집단에 속하는 구성원들이 어떤 속성을 가진다면, 그 집단도 그러한 속성을 가진다.
> [결론] 그러므로 X집단은 A라는 속성을 가진다.

위 논증에서 두 번째 전제가 결합의 오류를 범하고 있기에 잘못된 결론이 도출되고 있다.

결합의 오류는, 어떤 집단이 어떤 특성을 가지게 되는 것은 그 집단에 속하는 각각의 구성원들이 그러한 특성을 가지고 있기 때문이라고 잘못 논증할 때에 일어난다. 다음은 그 사례들이다.

> · 둥근 천장에 붙어있는 각각의 유리가 삼각형이므로 천장 전체가 삼각형임에 틀림없다.
> · 관현악단에 속해있는 각각의 연주자가 모두 훌륭한 음악가라면, 그 관현악단도 훌륭하게 연주할 것이다.

또한 결합의 오류는 각각의 사물이 어떤 특성을 가진다는 사실로부터 그 사물을 여러 개 모아 놓은 것에 그러한 특성을 부여할 때에도 나타난다.

> 모든 깃털은 가볍기에 수백 톤의 깃털도 가벼울 것이다.

이러한 오류는 보통명사의 분배적 용법과 집합적 용법을 혼동하는 데서 발생한다. 어떤 단어가 어떤 집합의 개별적 구성원이 지니는 속성을 지시할 때 그 단어는 분배적 의미로 사용되고 있는 것이며, 그 집합의 구성원 전체가 지니는 속성을 지시할 때는 집합적 의미로 사용되기에 이를 구별해야 한다.

6. 분해의 오류

분해의 오류는 어떤 집단에 대하여 참인 바의 것으로부터 그 집단의 구성원 혹은 구성요소에 대한 속성을 추리한다는 점에서 결합의 오류와 정반대이다. 그 형식은 다음과 같다.

> [전제] X라는 집단은 A라는 속성을 가지고 있다.
> [전제] 어떤 집단이 속성을 가진다면, 그 집단의 모든 구성원들도 그러한 속성을 가진다.
> [결론] X라는 집단의 모든 구성원들 역시 A라는 속성을 가진다.

여기에도 두 번째 전제의 실제 참 여부가 의심된다. 분해의 오류도 결합의 오류와 마찬가지로 두 가지 형식으로 나타난다. 먼저 전체가 어떤 속성을 가지기 때문에 부분도 그러한 속성을 가진다고 잘못 논증할 경우이다.

- 농담은 우스운 것이기 때문에 그가 사용한 낱말은 모두 우스운 것이다.
- 국회에서 민생 안건이 부결되었기에 모든 국회의원들은 자신의 본분을 망각한 것임에 틀림없다.
- 영희가 하버드 대학에 입학하였기에 그녀는 훌륭한 학생일 것이다.

또 다른 형식의 오류는 항목들의 집합에 대해서 참인 것을 항목들 그 자체에 대해서도 참이어야 한다고 논증할 때 일어난다. 고려되고 있는 속성이 분배적 속성일 경우에는 타당하지만, 집합적 속성일 경우에는 타당하지 않기 때문이다. 다음의 논증을 보자.

H대학의 1995년도 신입생들의 출신지역은 7개도 32개 시·군에 걸쳐 있다. 그들의 취미는 고고학, 중국어 회화, 우표 수집, 사진 촬영, 물리학 등을 비롯하여 매우 다양했다. 그들은 모두 미혼이었으며 60%가 여학생이었고, 연령분포는 17세에서 24세까지로 밝혀졌다. 따라서 그 대학의 신입생 A도 다양한 취미를 가지고 있을 것이다.

예제

각 논증의 비형식적 오류를 확인하시오.

1. 낙태가 합법화되어 있는 주(州)들의 낙태 통계자료를 보면 많은 미혼 여성들이 포함되어 있다. 우리는 이 사실로부터 낙태의 합법화가 혼전임신을 증가시켰다는 사실을 알 수 있다.
2. 오늘날 미국에 살고 있는 우리는 우리의 선조들보다 훨씬 운이 좋다. 현재는 유아 사망률이 1%도 안 되지만, 선조들 중 1/3은 유아기에 죽었다. 왜냐하면 그들은 1910년까지 유아 사망률이 39%였던 지역에 살고 있었기 때문이다.
3. 지난 10년에 걸쳐 텔레비전 시청률이 계속 증가하면서 범죄 발생률도 증가해왔다. 사람들이 텔레비전을 많이 보면 볼수록, 그들은 그만큼 더 많은 범죄를 저지른다. 이처럼 범죄를 야기시키는 원인은 바로 텔레비전 시청이다.
4. 회계감사실로부터 입수한 최근 자료에 의하면, 그 도시의 세입은 상당히 감소되었다. 이에 따라 그 도시의 시청이 시청 내의 모든 행정부처에 대하여 전면적으로 예산을 25% 삭감하였을 것이다. 그러므로 지금까지 도시 시민들이 누려왔던 행정서비스를 앞으로는 3/4밖에 누릴 수 없을 것이다.

[정답]

1. 분해의 오류
2. 분해의 오류
3. 거짓 원인의 오류
4. 분해의 오류

7. 힘으로의 논증

이 오류는 상대방으로 하여금 공포를 불러일으키는 데 있다. 힘으로의 논증은 합당한 추리나 증거를 제시해 상대방에게 동의를 얻는 대신에 상대방을 위협하여 그 논증을 받아들일 것을 요구한다. 그 형식은 다음과 같다.

> [전제] 다른 사람의 건강이나 복지를 좌우할 수 있는 힘을 가지고 있는 사람은 자기의 신념이나 의견에 있어서 항상 옳다.
> [전제] X는 다른 사람의 건강이나 복지를 좌우할 수 있는 사람이며, X는 A가 참이라고 믿고 있다.
> [결론] A는 참이다.

이 논증은 첫 번째 전제가 거짓이기에 오류가 된다. 그러나 이 논증이 역사적으로나 현실적으로 매우 높은 설득력을 지니고 있는 것은 사실이다. 다음의 논증도 힘으로의 논증의 예다.

> [전제] 검사가 배심원들에게 '만약 이 사람이 유죄판결을 받지 않고 교도소로 가지 않는다면, 여러분들은 오늘 저녁에 무사히 귀가할 수 있을까요?'라고 말하였다.
> [결론] 배심원들은 유죄판결을 내렸다.

8. 권위에의 논증

권위에의 논증은 자신의 견해를 강화하기 위하여 전문가의 견해를 인용함으로써 구성된다. 물론 권위에 의존한다고 해서 모두 오류가 되는 것은 아니다. 그러나 권위로서 인용되고 있는 사람이 진정한 권위를 지니지 않을 때에 오류가 된다. 결국 여기에서 말하는 권위는 유사 권위(pseudo-authority)이다. 다음의 논증은 부당한 권위에 호소하는 오류의 예다.

> [전제] 법정에서 유명한 변호사의 반대심문은 권위를 가지며 옳다고 믿을 수 있다.
> [결론] 그 변호사의 정치적 신념은 권위를 가지며 그 신념은 옳다.

결론에서 변호사의 정치적 신념에 대한 인용은 법정에서의 능력에 대한 청중들의 존경심을 정치적 신념에 대해서도 그러할 것이라고 여기는 착각일 뿐이다. 그러나 그 변호사의 정치적 신념이 다른 사람의 정치적 신념보다 더 권위적이라는 증거는 없다. 이 논증의 형식은 다음과 같다.

> [전제] A라는 사람은 X라는 문제에 대한 전문가이다.
> [전제] A는 Z라는 문제에 대하여 어떤 견해를 가지고 있다.
> [결론] Z라는 A의 견해는 믿을만하다.

그러나 현대사회에서는 여러 형태로 이러한 오류가 실질적인 설득력을 지니고 있다. 예를 들어 맥주 선전에서 유명한 스포츠 스타가 광고에 모델로 등장하는 것은 그 스포츠 스타가 자신의 종목에서뿐 아니라 그가 가진 인기가 자신이 광고하는 맥주의 품질을 보증한다고 믿게 하는 설득력을 지니게 되며, 이는 엄밀한 의미에서 오류이지만, 현실적인 설득력은 매우 높다고 할 수 있다.

9. 군중 심리

군중 심리를 이용하는 논증은 사실상 추리적인 오류라 할 수 없고, 심리적인 오류라 할 수 있다. 왜냐하면 이 논증의 설득력은 청중의 감정이나 선입견 및 자존심 등을 교묘하게 조작하기 때문이다. 이 논증의 형식은 다음과 같다.

> [전제] 대부분의 사람들이 무엇을 믿는다면 그것은 참이다.
> [전제] 대부분의 사람들은 X를 믿는다.
> [결론] X는 참이다.

이 논증은 대부분 '편승 효과'의 방식을 이용한다. 그러나 군중들에게 적절한 증거와 논증이 알려지게 되면 이 논증의 설득력이 감소된다.

10. 선결문제 요구의 오류(순환논증의 오류)

이 논증의 오류는 논증의 결론이 전제들 속에서 이미 진술되어 있는 바의 것을 단순히 다시 진술한 것에 불과할 때에 나타나는 오류이다. 다음의 대화를 보자.

> · 갑: 어떻게 하면 저의 결점을 교정할 수 있습니까?
> · 을: 당신이 결점을 갖고 있는 이유는 당신의 약점 때문입니다. 당신이 갖고 있는 약점이 당신의 결점을 야기시키는 것입니다.
> · 갑: 알겠습니다. 그렇다면 어떻게 하면 저의 약점을 치료할 수 있습니까?
> · 을: 그러한 단점들을 제거하도록 노력하세요. 당신을 주저하게 하는 것은 바로 그러한 단점들입니다.

위 대화에서 을의 대답은 선결문제 요구의 오류에 해당한다. 왜냐하면 맨 처음에 제시한 말의 동의어들을 제공하고 있을 뿐이기 때문이다. 다음의 논증을 보자.

> 지도자는 국민의 의지를 반영하고 있는 사람입니다. 그는 어떠한 집단의 이익에도 무관하지만 자기 국민의 본성에 의해서 유산으로 전승되어진 법률에 결속되어 있습니다. 지도자는 특수집단의 대표자가 아닙니다. 그는 스스로 국민의 집합적 의지를 담지하고 있습니다. 그는 국민의 단순한 감정을 의식적인 의지로 변형시킵니다. 그러므로 국민들 사이에 내재해 있는 주관적인 의견이나 개인의 신념이 국민의 객관적 운명에 배치되는 것이라면, 지도자는 자기 국민의 참된 의지의 이름으로 그런 것들에 대항하는 것이 가능하게 됩니다. 지도자는 자기 자신 안에서 국민의 집합적 의지를 구현시킵니다.

위 논증에서는 논점에 대한 반복만 있을 뿐 핵심 요소가 증명되지 못하고 있다.

11. 애매어의 오류

이 오류는 애매한 개념을 포함하고 있는 논증에서 범해지는 오류이다. 즉 한 논증 안에 애매한 개념이 적어도 두 가지의 상이한 의미를 가지고 있음에도 불구하고 그 논증 전체에서 동일한 의미로 사용되고 있는 오류를 말한다. 다음의 논증을 보자.

> [전제] 모든 살인자는 마땅히 처벌받아야 한다.
> [전제] 모든 사형집행관은 살인자들이다.
> [결론] 모든 사형집행관은 마땅히 처벌받아야 한다.

이 논증은 타당해 보인다. 그러나 '살인자'라는 개념의 단어가 두 전제에서 서로 다르게 사용되었다. 첫 전제에서는 불법적인 살인자를 의미하고, 두 번째 전제에서는 합법적인 살인자를 의미한다. 두 의미는 모두 사용할 수 있지만, 상호교환될 수는 없다. 또 다른 논증도 살펴보자.

> [전제] 어떤 사람이 6시에 파티장에 도착하였다.
> [전제] 어떤 사람이 9시에 파티장을 떠났다.
> [결론] 어떤 사람은 3시간 동안 파티장에 머물러 있었다.

위 논증에서는 '어떤 사람'이라는 애매한 표현이 사용되었다. 만약 이 논증이 타당하다면, '어떤 사람'은 위 논증에서 동일한 사람을 지시하고 있어야 한다. 그러나 이를 이 논증만으로 확인할 수 없다. 또한 애매어의 오류는 '상대어(relative terms)'를 사용하고 있는 논증에서 자주 발견된다. 예를 들어 미국의 남부에 있는 어느 도시에 폭설이 내렸다는 뉴스가 미국의 북동부에 사는 사람들로 하여금 그 도시에서는 차가 다닐 수 없을지도 모른다고 생각하게 할 수 있다. 그러나 그 도시에서는 5센티미터의 눈만 내려도 폭설이라고 말하기 때문에 이때의 '폭설'은 애매어의 오류를 불러일으킬 수도 있다.

12. 애매한 문장의 오류

이 오류는 애매한 진술을 잘못 해석하여 결론을 이끌어 낼 때 범하는 오류이다. 10명의 의사 중에서 9명이 우리 회사의 약품을 추천했다고 할 때에 소비자들은 의사는 모두 합하여 10명인데, 그중에서 9명이 약품을 추천했다고 생각할 수 있다. 그러나 실제로는 그 10명의 의사가 수많은 의사 중에서 약품을 선전하기에 유리하게끔 선택된 의사일 수도 있는 것이다.

13. 사람에의 논증

다른 사람의 논증 혹은 타인의 입장에 찬성하거나 반대하는 맥락에서 오류가 발생하는 경우가 있다. 다른 사람의 논증이나 결론에서 그 논증력의 약함을 발견하지 못할 때 흔히 범하게 되는 오류를 사람에의 논증(argumentum ad hominem)이라고 한다. 이 논증은 인신공격, 정황적, 피장파장식 오류의 형태로 나타난다.

(1) 인신공격의 오류

상대방의 감정을 자극함으로써 다른 사람들로 하여금 상대방의 진술을 불신하게 하는 효과를 거둘 수 있다. 이는 다음의 형식을 지니고 있다.

> [전제] A라는 특성을 지니고 있는 사람이 말하는 것은 거짓이다.
> [전제] X라는 사람은 A라는 특성을 지니고 있으며 P를 주장한다.
> [결론] P는 거짓이다.

예를 들어 상대방이 2차 대전 중에 일본군을 도와주었다든가, 현재 재혼하여 살고 있다든가 하는 사실은 논쟁과는 전혀 무관한 것이다. 그러나 이와 같은 사실들이 논쟁의 청중들로 하여금 그러한 경력을 가진 사람을 몹시 싫어하게 해서 그러한 사람의 의견에 동의하지 않게 하는 효과를 거둘 수 있다.

(2) 정황적 논증

상대방의 진술을 불신하게 하는 충분한 근거로서 상대방의 인격적 환경을 인용하는 논증을 말한다. 다음의 진술을 보자.

> 물론 우리는 신을 믿지 않는다. 우리는 모든 성직자, 지주, 부르주아가 착취자로서의 기득권을 보호하기 위하여 신의 이름으로 말한다는 사실을 잘 알고 있기 때문이다.

위 진술의 결론인 신을 믿지 않는 이유가 대상이 되는 이들의 상황이 기득권의 보호를 지향하고 있다는 것에 있다. 이는 결론의 신 존재에 대한 직접적인 근거가 아니라 그러한 사실을 말하는 이들의 정황을 진술의 진위 판단 근거로 삼는 정황적 논증의 오류에 해당한다.

> 어떠한 유형의 육체적인 형벌도 있어서는 안 된다고 주장하는 사람이 매주 주말이면 사냥을 가서 죄 없는 동물들을 죽이고 있다. 따라서 그 사람의 주장은 잘못된 것이다.

이 논증도 역시 그 사람이 육체적인 형벌의 실제적인 장점을 주장하는 것과는 관련성이 매우 낮은 사냥을 하는 행위를 근거로 그 사람의 주장을 판단하는 오류를 범하고 있다.

(3) 피장파장의 오류

이는 자기에게 제기된 문제에 관하여 직접 대답하는 대신에 상대방이 잘못을 저지르고 있음을 입증함으로써 자기에게 제기된 문제를 해소시켜 버리고자 하는 방식의 오류이다. 이러한 피장파장식 논증은 비난의 실질적인 내용에 대해서 대답하는 것을 회피할 수 있으며, 상대방의 경계로부터 벗어날 수도 있다. 그리고 상대방의 약점에 주의를 집중시킴으로써 자신의 약점이 부각되지 않도록 할 수도 있다.

피장파장의 오류 논증을 타당하게 하기 위해서 부가되는 전제는 '만약 다른 누군가가 X를 하였다면, 내가 X를 하는 것은 옳은 일이다.'라는 것이다. 또 다른 전제는 '유사한 경우들은 유사하게 다루어져야 한다.'는 것이다. 이러한 전제로부터 '다른 사람이 행한 X가 잘못된 것으로 생각되지 않았다면, 내가 행한 X도 잘못된 것으로 생각되어서는 안 된다.'는 것을 형식적으로는 타당하게 도출할 수 있다. 그러나 이것으로부터 내가 행한 X가 옳은 것으로 생각되어야 한다는 결론을 타당하게 이끌기에는 충분하지 못하다.

14. 허수아비 논증의 오류

상대방의 논증을 공격하기 위하여 가장 일반적으로 사용하는 방법 중 하나는 그 사람의 진술을 가장 비판하기 쉬운 방식으로 해석하는 것이다. 이 방식은 정치적 발언이나 논쟁에서 매우 널리 이용되고 있다.

허수아비 논증의 오류를 범하는 방식 중 하나는 비교적 복잡한 논증을 다루는 과정에서 그 논증에 포함되어 있는 핵심요소들 중 일부를 제외시킴으로써 그 논증을 단순한 형식으로 환원시키는 것이다. 다음의 상황을 보자.

> 사회질서와 공공의 안전에 대한 요구와 범죄자의 인권을 놓고 자유당은 보수당이 억압정책을 편다고 비난하며, 보수당은 자유당이 위험한 범죄자들에게 온건정책을 편다며 비난하고 있다.

두 정당은 모두 상대 정당의 실제적 논증을 왜곡하고 있다. 두 정당은 모두 대립하고 있는 쟁점이 지니고 있는 복합성과 직접 마주하기를 피하고 있으며, 상대 정당 입장에서 합리적으로 제공할 수 있는 논증과 대결하기를 피하고 있다.

15. 논점 일탈의 오류

이 오류는 결론이 전적으로 논증의 논점을 간과하고 있기 때문에 반박하는 바는 무관할 뿐이다. 다음의 사례를 보자.

> 서로 불화가 심한 두 가정이 있었는데, 그중 한 가정의 처녀가 상대방 가정의 청년과 사랑에 빠지게 되었다. 처녀의 아버지가 청년을 만나지 못하게 했을 때 처녀는 열정적으로 자신의 사랑을 변호했다. 처녀는 두 가정이 오랫동안 적이었지만 그녀와 그녀의 애인은 적이 아니라고 말했다. 처녀와 청년은 그들이 결혼을 해서 두 가정 간의 불화가 종식될 수 있다고 믿었다. 그러자 그녀의 아버지가 그녀를 보면서 '그 청년의 할아버지가 너의 할아버지를 죽였어.'라고 말했다.

위 사례에서 처녀는 불화가 나쁘다는 것과 그녀와 청년 사이에는 불화가 없으며 결혼이 허용되어야 한다고 논증했다. 그러나 그녀의 아버지는 단순히 할아버지의 죽음을 언급하여 두 가정 간의 불화가 다음 세대에도 계속되어야 한다는 결론을 도출하고 있다. 그러나 이러한 결론은 딸의 논증과는 무관하고 결혼이 안 되는 이유에 대해서 실질적으로 설명한 것은 아무것도 없다는 데 오류가 있다.

실전 연습문제

01

2017학년도 LEET 문15

다음 글에 대한 분석으로 옳은 것만을 <보기>에서 있는 대로 고른 것은?

㉠ 내가 이전에 먹었던 빵은 나에게 영양분을 제공하였다. 과거에 경험한 이런 한결같은 사실을 근거로, ㉡ 미래에 먹을 빵도 반드시 나에게 영양분을 제공할 것이라고 결론 내릴 수 있을까?

어떤 사람들은 미래에 관한 이런 명제가 과거에 관한 명제로부터 올바르게 추리된다고 주장한다. 즉 전제가 참이면 결론도 반드시 참이라는 의미에서, 미래에 관한 명제가 과거에 관한 명제로부터 추리된다고 말한다. 하지만 그들이 말하는 그 추리가 연역적으로 타당하게 이끌어진 추리가 아니라는 점은 명백하다. 왜냐하면 그 경우 전제가 참이더라도 결론이 거짓일 수 있기 때문이다. 그렇다면 그 추리는 어떤 성질을 지닌 추리인가?

만약 어떤 사람이 그 추리가 경험에 근거해서 결론이 필연적으로 따라나오는 추리라고 주장한다면, 그 사람은 논점 선취의 오류를 범하는 것이다. 왜냐하면 경험에 근거해서 결론이 필연적으로 따라나오는 추리가 되려면, ㉢ 미래가 과거와 똑같다는 것을 기본 전제로 가정해야 하기 때문이다. 만일 자연의 진행 과정이 변할 수도 있다고 생각할 수 있다면, 모든 경험은 소용이 없게 될 것이며 아무런 추리도 할 수 없게 되거나 아무런 결론도 내릴 수 없게 될 것이다. 따라서 경험을 근거로 하는 어떠한 논증도 미래가 과거와 똑같을 것이라는 점을 증명할 수는 없다. 왜냐하면 그런 논증은 모두 미래가 과거와 똑같을 것이라는 그 가정에 근거해 있기 때문이다.

〈보기〉

ㄱ. ㉢을 참이라고 가정하면 ㉠으로부터 ㉡을 추리할 수 있다.
ㄴ. ㉢이 거짓이라면 ㉡의 참을 확신할 수 없다.
ㄷ. ㉢을 정당화할 수 있는, 경험에 근거한 추리란 없다.

① ㄱ　② ㄷ　③ ㄱ, ㄴ
④ ㄴ, ㄷ　⑤ ㄱ, ㄴ, ㄷ

02

2017학년도 LEET 문24

다음 글에 대한 분석으로 옳은 것만을 <보기>에서 있는 대로 고른 것은?

일반적으로 과학적 탐구는 관찰과 관찰한 것(자료)의 해석으로 압축된다. 특히 자료의 해석은 객관적이고 올바르며 엄밀해야 한다. 그런데 간혹 훈련받은 연구자들조차 사회 현상을 해석할 때 분석 단위를 혼동하거나 고정관념, 속단 등으로 인해 오류를 범하기도 한다. 예를 들어 집단, 무리, 체제 등 개인보다 큰 생태학적 단위의 속성에 대한 판단으로부터 그 단위를 구성하는 개인들의 속성에 대한 판단을 도출하는 경우(A 오류), 편견이나 선입견에 사로잡혀 특정 집단에 특정 성향을 섣불리 연결하는 경우(B 오류), 집단의 규모를 고려하지 않고, 어떤 집단이 다른 집단보다 특정 행위의 발생 건수가 많다는 점으로부터 그 집단은 다른 집단보다 그 행위 성향이 강할 것이라고 속단하는 경우(C 오류) 등이 이에 해당한다. 이와 같은 오류들로 인해 과학적 탐구 결과가 왜곡될 수 있으므로 주의가 필요하다.

〈보기〉

ㄱ. 상대적으로 젊은 유권자가 많은 선거구가 나이 든 유권자가 많은 선거구보다 여성 후보에게 더 많은 비율로 투표했다는 사실로부터 젊은 사람이 나이 든 사람보다 여성 후보를 더 지지한다고 결론을 내린다면, A 오류를 범하게 된다.
ㄴ. 외국인과 내국인 사이에 발생한 범죄가 증가하고 있다는 자료로부터 가해자가 외국인이고 피해자가 내국인인 범죄가 증가한다고 결론을 내린다면, B 오류를 범하게 된다.
ㄷ. 자살자 수가 가장 많은 연령대는 1,490명을 기록한 50~54세라는 통계로부터 50~54세의 중년층은 다른 연령대보다 자살 위험성이 가장 크다고 결론을 내린다면, C 오류를 범하게 된다.

① ㄴ　② ㄷ　③ ㄱ, ㄴ
④ ㄱ, ㄷ　⑤ ㄱ, ㄴ, ㄷ

정답 및 해설 p.35

III. 평가 및 문제 해결

1 귀납 논증의 평가 기준

귀납 논증은 전제가 결론을 절대적으로 보증하지 못하며, 단지 개연적으로 결론을 뒷받침하기에 전제가 결론을 옹호하는 정도에 따라 강한(strong) 논증과 약한(weak) 논증으로 구분된다. 그래서 귀납 논증에서는 결론이 참이 되지 않을 가능성이 존재하며, 새로운 정보나 전제가 추가될 경우 그 결론이 바뀔 수 있다는 의미에서 불안정하다. 이는 전제의 참이 경험적으로 확립되기 때문이다.

1. 귀납적 일반화(Inductive generalization)와 평가

귀납적 일반화는 개별적인 것들에 관한 관찰을 토대로 일반적인 결론을 이끌어내는 귀납 추론이다. 귀납적 일반화에는 단순일반화와 통계적 일반화가 있다.

귀납적 일반화에 있어서 평가 기준은 표본의 크기, 표본의 다양성 등이 고려된다. 전자를 충족시키지 못할 경우 성급한 일반화의 오류, 후자의 경우 편향된 자료의 오류에 빠지게 된다. 또한 결론이 무엇을 주장하고 있는가도 중요하다. 왜냐하면 결론이 구체적이지 못하고 보편적일 때에 구체적일 때보다 개연성이 떨어지기 때문이다.

2. 통계적 삼단논법과 평가

통계적 개연성을 정리할 때에도 연역논증과 마찬가지로 삼단논법을 이용할 수 있다.

A의 x%가 B이다. c는 A이다. 그러므로 c는 B일 것이다.

여기서 주의할 점은 외적인 형식은 연역논증의 삼단논법을 따르고 있지만, 전제가 결론을 개연적으로만 뒷받침하는 귀납 논증이라는 사실이다. 따라서 통계적 삼단논법은 비록 외적 형식은 연역을 취하고 있으나 귀납의 원칙을 그대로 따른다. 즉, 결론의 개연성에 의한 평가가 이루어진다. 통계적 삼단논법의 평가는 두 가지이다. 하나는 기준이 되는 준거집합의 대상의 합치율이 100%에 가까워지는가에 대한 평가이다. 또 하나는 준거집합의 구체성에 있다.

3. 유비 논증과 평가

유비 논증은 유사성에 근거한 추론으로 귀납 논증의 전형적 유형이다. 즉 두 대상의 유사성에 기초하여 다른 속성을 동일한 관계성으로 추론하는 것이다. 유비 논증을 평가하는 데에는 여러 가지 요소가 고려되어야 한다. 특히 유사함의 정도와 결론과의 관련성이 중요하다. 유사점보다 차이점이 많을 경우 이는 잘못된 유비가 된다. 또한 유사성이 다양한 관점에서 논의될수록 강한 논증이 된다. 다음의 예문을 보자.

> 별을 자세히 관찰해 보면 색깔이 서로 다름을 알 수 있다. 오리온자리의 리켈, 처녀자리의 스피카 등은 푸른색이고, 태양과 마차부자리의 카펠라는 노란색, 오리온자리의 베텔게우스와 전갈자리의 안타레스 등은 붉은색이다. 이것은 마치 전열선에 전기를 통하면 처음에는 붉은색을 내다가 온도가 높아짐에 따라 노란색이 되고, 마지막에는 청백색으로 변하는 것과 같은 현상이다. 같은 원리로 별의 색깔도 별의 표면 온도가 다르기 때문에 다르게 나타나게 된다.

위 논증을 일반적 형식으로 구성하면 다음과 같다.

> [전제 1] 별은 푸른색, 노란색, 붉은색 등 서로 다른 색깔을 갖는다.
> [전제 2] 전열선에 전기를 통하게 하면 붉은색, 노란색, 푸른색을 띠는데, 그것은 전열선 표면 온도의 차이 때문이다.
> [결론] 별의 색깔이 다른 것은 별의 표면 온도의 차이 때문이다.

위 논증은 유비 논증으로 개체의 수나 다양성이 크기에 설득력이 매우 높은 강한 귀납 논증이다.

4. 가설 추론과 평가

가설이란 발생한 현상에 대해 그러한 현상이 발생하게 되는 원인을 찾아서 일반화하는 것을 의미하며, 결국 현상에 대한 예측을 말한다. 그리고 이러한 가설을 확증하는 근거를 관찰 및 실험 등의 경험적 자료로 제시할 때에 이러한 근거로부터 가설이 참이라는 추론이 형성된다. 이를 가설 추론이라고 한다.

가설 추론을 평가할 때에는 그 가설이 다른 가설들과 정합성을 갖는지, 또는 일반적 상식에 부합하는지를 고려해야 한다. 즉 설명하고자 하는 현상을 잘 설명할 수 있는 다른 경쟁 가설의 존재 여부와 강도 등을 생각해야 한다는 것이다.

예제

다음 중 주장과 이를 강화하는 사실을 바르게 연결한 쌍만으로 모은 것은?

가. 주장: 생물체에 따라 최대 수명이 미리 결정되어 있다.
　사실: 꿀벌의 경우 여왕벌이나 일벌이 모두 같은 애벌레로 출발하지만, 먹이에 따라 그 운명이 달라진다. 그 결과 여왕벌은 수명이 6년이 되지만 일벌들은 수명이 3~6개월밖에 되지 않는다.

나. 주장: 유전자에 노화 과정이 수록되어 있어서, 평생을 두고 이 유전자들이 연속적으로 발현됨으로써 노화가 일어난다.
　사실: 선사 시대에 살던 인류의 수명은 18세 정도로 추정되고 있다. 선사 시대는 역사 시대보다 훨씬 길다. 따라서 인류는 현재 평균 수명 75세의 시대보다 18세의 시대를 훨씬 더 길게 살아 왔다고 볼 수 있다. 그러므로 유전적으로 프로그램이 되어 있는 노화 과정이 자연 도태에 의해 변천되어 왔다고 설명하기에는 18세의 수명에서 75세로의 변화가 너무나 급작스러운 것이다.

다. 주장: 수명에 영향을 미치는 유전자가 존재한다.
　사실: 슈퍼옥사이드(superoxide)라는 독성이 강한 자유 라디칼이 산소 호흡 과정에서 생성되고, 이를 제거하는 효소인 슈퍼옥사이드 디스뮤타제(superoxide dismutase)가 생물체에 존재하고 있어 이 독성이 강한 자유 라디칼을 제거하는데, 사람은 비교적 수명이 짧은 원숭이 무리에 비해 유전적으로 간장에서 이 효소의 활성이 더 큰 것으로 보고되고 있다. 이 효소는 모든 동물에서 발견될 뿐만 아니라 구조나 기능이 거의 유사한 것으로 드러났다.

라. 주장: 환경으로부터 받은 피해가 체내에 축적됨으로써 RNA 전사 과정과 번역 과정의 오류에 의해 기능이 없는 단백질들이 만들어져서 노화가 일어난다.
　사실: 노화된 적혈구에서 비정상적인 단백질이 발견되지만 성숙한 적혈구는 단백질 합성을 하지 않는다. 또한 노화 과정에서 변형된 단백질들이 대부분의 조직에 다량으로 축적된다는 증거도 거의 없다.

마. 주장: 생물체의 산소 소모가 빨라질수록, 생물체의 수명이 감소한다.
　사실: 산소 대사 과정에서 생성되는 자유 라디칼에 의해 조직이 심각한 피해를 받음으로써, 노화 과정이 일어난다는 사실이 밝혀졌다.

① 가, 다　　② 나, 라　　③ 다, 마
④ 나, 다, 라　　⑤ 다, 라, 마

[정답] ③

제시된 논증들은 모두 귀납 논증으로, 관찰의 유사점과 차이점, 결론의 성격과 개체 수, 관련성 여부 등으로 논증의 강화와 약화가 결정된다.

가. (X) 생물 수명 결정론에 대한 논의이다. 사실 부분에서 꿀벌의 수명은 먹이에 따라 결정된다고 말한다. 이는 어떠한 경우에도 수명이 결정적이어야 한다는 주장을 약화시키는 것이다.
나. (X) 유전자에 노화 과정이 포함되어 있고, 이 유전자의 발현으로 노화가 일어난다고 주장한다. 하지만 사실에서는 시대에 따라 인간의 평균 수명의 차이가 심하다고 말한다. 이는 진화론의 자연 도태에 따른 설명이 어렵다는 의미이다. 그런데 주장에서는 유전자의 기억에 대해 논의하므로 진화론의 문제점을 지적하는 사실 부분과 다른 논의이다. 따라서 논증의 강화 여부를 판단할 수 없다.
다. (O) 수명에 어떤 유전자가 영향을 미친다는 주장이다. 사실 부분에서는 동물과 인간 내부에서 일어나는 유전자의 차이에 대해서 말한다. 이는 동물과 인간의 수명 차이의 원인이 될 수 있는 유전자가 존재하는 것을 설명할 수 있으므로 주장을 강화시킨다.
라. (X) 환경의 영향으로 노화가 일어난다는 주장이다. 그런데 사실에서는 성숙한 단백질은 합성을 하지 않으며, 노화에 따른 단백질의 축적도 증거가 없다고 일축한다. 이는 환경과 노화의 관계가 아니라 신체 내부의 단백질 변화와 노화의 관계가 논점이 된다. 다른 논의이다.
마. (O) 생물체의 수명은 산소 소모와 반비례 관계에 있다고 주장한다. 그리고 사실에서는 이러한 주장을 보충 설명하여 논증을 강화시킨다.

01

LEET 1차 예시 문10

다음 글에서 제시된 주장의 설득력을 가장 효과적으로 약화시키는 것은?

> 이종 이식(xenotransplantation)은 일반적으로 사람이 아닌 동물로부터 얻어진 세포, 조직, 장기 등을 사람에게 이식하는 것을 의미한다. 1997년의 실험 결과에 따르면 유망한 이종 장기 공급원으로 기대되고 있는 돼지의 내인성 레트로 바이러스가 실험실 상황(in vitro)에서 인간의 세포를 감염시킬 수 있다. 이종 이식 상황에서 장기 수여자는 다량의 면역 억제제를 투여 받게 되므로 이런 상황에서는 돼지의 레트로 바이러스가 인체를 감염시킬 수 있는 가능성이 더 높을 것이다. 게다가 돼지의 내인성 레트로 바이러스는 인간의 내인성 레트로 바이러스와 결합하거나 다른 방식으로 변형되어 더 큰 감염력을 가지게 될 수도 있다. 이런 가능성은 이종 이식 과정에서 흔히 발생하는 초급성 면역 반응을 없애기 위해 돼지의 유전자에서 특정 유전자를 제거하는 과정에서 증폭될 수도 있다는 연구 결과도 있다. 만약 돼지의 레트로 바이러스나 기타 감염력을 가진 변형 레트로 바이러스가 인간의 유전체에 포함될 수 있다면 이는 단순히 장기 수여자뿐 아니라 그와 접촉하는 모든 사람들(병원 근무자 및 환자 가족 등)에게로 병원체가 확산될 수 있는 가능성이 생기게 된다.
>
> 이종 이식에는 이처럼 우리가 알지 못하는 요인이 너무 많기 때문에 이종 이식 임상 시험은 매우 엄격한 안전 조건을 통과한 후에만 실시되어야 하고 임상 시험 후에도 피험자들을 매우 장기간(어떤 경우에는 사후까지) 정기적 검진과 감독이 필요하다. 이런 조치는 이종 이식의 안전성을 확보하기 위해서는 필수적이지만 임상 시험에서 피험자가 언제든지 빠져 나올 권리를 보장한 헬싱키 선언에 위배될 가능성이 높고 그밖에 피험자가 치명적인 감염 가능성이 있다는 사실을 피험자와 접촉하는 사람들에게 알려 주어야 할 필요성과 피험자의 건강에 대한 비밀 보장의 원칙이 충돌할 가능성 등이 생겨나서 복잡한 윤리적 고려가 요구된다. 이런 점을 고려할 때 이종 이식의 임상 시험과 치료의 과정을 실제로 수행할 수 있을 가능성이 희박하므로 이종 이식 연구에 소요되는 자원을 장기 부족 해소를 위한 다른 연구로 돌려야 마땅하다.

① 헬싱키 선언은 과학 연구 과정에서 무엇보다 우선적으로 지켜야 할 윤리 원칙이다.

② 이종 장기 수여자에 대한 사회적 관리에 소요되는 비용이 그로부터 얻을 수 있는 이익에 비해 크다.

③ 돼지의 내인성 레트로 바이러스에 감염된 환자라도 적절한 조치를 취하면 다른 사람에게 그 병을 옮기지 않는다.

④ 돼지 유전자 재조합 기술을 사용하면 이종 이식 과정에서 발생하는 초급성 면역 거부 반응을 완전히 억제할 수 있다.

⑤ 이종 장기 수여자에게 면역 억제제를 투여하지 않을 수 있는 수술 방법이 개발되더라도 여전히 돼지의 내인성 레트로 바이러스에 감염될 수 있다.

02

2009학년도 LEET 예비 문12

글쓴이의 견해를 지지하는 것을 <보기>에서 모두 고른 것은?

한 시대 갈등의 성격은 표면적 사건들이 아닌 근본적 원인에 의해 규정되어야 한다. 일제강점기 한국 사회 문제의 핵심이 한민족 내부의 계층적, 계급적 또는 이념적 갈등이었다는 시각이 있다. 그러한 시각에 따른 연구들은 한국이 전근대 체제로부터 근대화되면서, 도시에서는 공업이 발전하여 노사 분규가 빈번해졌으며, 농촌에서도 농업 생산성 향상에 힘입어 생겨난 기업농들에게 저항한 농민 항쟁이 꾸준히 일어났다는 등의 자료에 의존한다. 그러나 이것은 피상적인 현상 분석에 불과하다. 그러한 현상의 이면에는 더 근본적인 원인이 있다. 당시 노동자와 농민의 절대다수를 차지했던 한국인들은 조선총독부와 일본계 부르주아지에 의해 극심한 착취를 당하였고, 민중의 삶은 개선되지 않았다. 이념에 따라 분열되었던 사회 운동 단체들도 독립이라는 궁극적 목표를 위해 다양한 전술을 택하였다는 증거가 많다.

〈보기〉

ㄱ. 사회 운동 진영이 좌우로 분열될 때에는 단체의 지도자들이 만나 타협하여 독립 운동이 지속되었다.
ㄴ. 극렬한 농민 항쟁의 대부분은 대농지를 소유한 한국인 기업농에게 한국인 소작농이 저항하는 내용이었다.
ㄷ. 산업, 농업과 같은 경제 영역뿐 아니라 교육, 일상생활, 대중문화 등의 여러 영역에서 근대화가 진행되었다.

① ㄱ ② ㄴ ③ ㄷ
④ ㄱ, ㄴ ⑤ ㄱ, ㄴ, ㄷ

03

2009학년도 LEET 예비 문15

갑, 을, 병, 정의 견해에 대한 진술로서 가장 적절한 것은?

어느 회사의 임직원을 대상으로 조사한 결과에 대해 상이한 견해가 있다. 갑은 직무 몰입도가 높으면 직장 만족도가 높고 직무 몰입도가 낮으면 직장 만족도도 낮다고 해석하여, 직무 몰입도가 직장 만족도를 결정한다고 결론지었다. 을은 일찍 출근하는 사람의 직무 몰입도와 직장 만족도가 높고, 그렇지 않은 경우 직무 몰입도와 직장 만족도가 낮다고 결론지었다. 병은 을의 견해에 동의하면서, 근속 기간이 길수록 빨리 출근한다고 보고, 전자가 후자에 영향을 준다고 해석하였다. 정은 직장 만족도가 높으면 직무 몰입도가 높고 직장 만족도가 낮으면 직무 몰입도도 낮다고 해석하여, 직장 만족도가 직무 몰입도를 결정한다고 결론지었다.

① 일찍 출근하며 직무 몰입도가 높고 직장에도 만족하는 임직원이 많을수록 갑의 결론이 을의 결론보다 강화된다.
② 직장에는 만족하지만 직무에 몰입하지 않는 임직원이 많을수록 갑의 결론은 강화되고 정의 결론은 약화된다.
③ 직무에 몰입하지만 직장에는 만족하지 않는 임직원이 많을수록 갑의 결론은 약화되고 정의 결론은 강화된다.
④ 일찍 출근하지만 직무에 몰입하지 않는 임직원이 많을수록 을과 병의 결론이 약화된다.
⑤ 근속 기간이 길지만 직장 만족도가 낮은 임직원이 많을수록 을과 병의 결론이 약화된다.

04

2009학년도 LEET 예비 문18

다음 글의 ⓐ에 대해 불리한 사례, 중립 사례, 유리한 사례를 <보기>에서 골라 바르게 나열한 것은?

> 1970년대 말에 제안되었던 암의 발생 메커니즘에 대한 가설은 돌연변이를 일으키는 물질이 세포로 침입한 뒤 원형-암유전자(proto-oncogene)를 공격하여 이를 암유전자로 탈바꿈시킨다는 것이다. 세포는 암유전자의 명령에 반응하여 그칠 줄 모르는 증식을 시작하며 암유전자의 복제품은 처음 돌연변이가 일어난 세포로부터 분열된 세포로 계속 전해진다. 복잡한 과정을 단순한 설명으로 압축하기를 좋아했던 사람들은 ⓐ 한 번의 공격으로 정상 세포가 암세포로 단순하게 전환되어 증식한다는 이 가설에 매료되었다. 하지만 어떤 이들은 이 개념이 지나치게 단순화되었으며, 암은 여러 사건이 축적된 복잡한 다단계 과정을 통해 오랜 시간에 걸쳐 형성된다고 설명했다.

〈보기〉

ㄱ. 사람으로부터 분리한 백혈구에 자외선을 쪼이면 24시간 후 백혈구가 죽는다.
ㄴ. 닭의 악성 종양 바이러스 유전자를 정상 닭에게 주입시키면 악성 종양이 생긴다.
ㄷ. 쥐의 배아에서 추출한 세포는 몇 년 동안 죽지 않고 배양접시에서 계속 증식한다.
ㄹ. 빨간 눈 초파리에게 엑스선을 쪼이면 눈 색이 하얗게 변하고 그로부터 계속 흰 눈 초파리 자손이 태어난다.
ㅁ. 다양한 연령의 다양한 군집을 대상으로 한 역학 조사에 의하면 암의 발생은 나이에 따라 더욱 가파르게 상승하는 곡선을 그린다.

	불리한 사례	중립 사례	유리한 사례
①	ㄱ, ㄴ	ㄷ	ㄹ, ㅁ
②	ㄴ	ㄹ, ㅁ	ㄱ, ㄷ
③	ㄷ, ㅁ	ㄱ	ㄴ, ㄹ
④	ㅁ	ㄷ	ㄱ, ㄴ, ㄹ
⑤	ㅁ	ㄱ, ㄷ, ㄹ	ㄴ

05

2009학년도 LEET 예비 문20

갑과 을의 논쟁에 관한 설명으로 옳지 않은 것은?

> 안마사 자격을 시각장애인에 한정하고 있는 의료 관련법이 과연 옳은지에 대하여 갑과 을이 이야기하고 있다.
>
> 갑: 이미 헌법이 장애인에 대한 국가의 보호 의무를 규정하고 있고, 안마사 자격 제한은 그에 따른 것이니까 그 목적이 정당해.
>
> 을: 나도 시각장애인을 보호하고 이들의 생계를 보장하려는 법의 목적은 옳다고 생각해. 그래도 다른 사람들이 안마사를 직업으로 선택할 기회 자체를 원천적으로 막는 것은 너무하다고 생각하지 않니?
>
> 갑: 일반인은 다른 직업으로 생계를 유지할 수 있을 뿐 아니라 만약 안마 관련 직업을 원한다면 일정한 수련 과정과 시험을 거친 다음 물리치료사로 일할 수도 있잖아? 그리고 시각장애인의 신체적 조건 등을 생각해 보면 이들에게만 안마사 자격을 허용하는 것이 얼마나 적합한지 알 수 있지.
>
> 을: 하지만, 실제 안마사로 일하는 사람은 시각장애인의 4%도 안 된다며? 또한, 그렇게 해서 얻게 되는 시각장애인의 이익에 비해서 비(非)시각장애인들이 받게 되는 불이익의 정도가 지나치게 커서 균형도 잃고 말이야.
>
> 갑: 시각장애인의 생계를 보장하는 일은 일반인의 직업 선택의 자유를 보호하는 것과는 비교할 수 없을 만큼 중요하기 때문에, 시각장애인의 생계 보장을 위하여 비(非)시각장애인의 직업 선택의 자유를 제한하는 것에 불균형의 문제는 없다고 생각해.

① 갑과 을 모두 법이 정당하기 위해서는 그 목적이 정당할 뿐 아니라, 그를 위한 수단이 적합하며, 추구하는 이익과 침해되는 이익 사이의 균형이 맞아야 한다고 생각한다.
② 안마사 자격 제한이 시각장애인이 아닌 장애인의 직업 선택의 자유까지 침해할 수 있다는 점은 법의 목적이 정당하다는 갑의 주장을 약화할 수 있다.
③ 다른 일에 비해 공간 이동이나 기동성이 많이 요구되지 않고, 시각을 통해 외부 정보를 분석하는 과정이 거의 필요하지 않다는 안마 행위의 특성은 안마사 자격 제한의 적합성에 대한 갑의 주장을 강화한다.
④ 을이 이야기한 시각장애인의 일부만이 안마사로 일한다는 사실은 안마사 자격 제한이 시각장애인 일반의 생계 보장을 위한 적합한 수단이라는 갑의 주장을 약화할 수 있다.
⑤ 시각장애인 안마사의 일자리 보장, 안마사 자격 시험에서의 시각장애인 우대 등 자격 제한이 아닌 다른 수단의 가능성은 을의 반론을 약화하는 요소이다.

정답 및 해설 p.36

2 강화와 약화

귀납 논증은 전제(근거)가 참일 때에 결론(주장)이 참일 개연성이 있다고 주장하는 논증 형식이다. 이때 개연성이란 확률적 가능성이 높다는 것을 의미한다. 이는 근거가 주장을 연역 논증과 같이 전적으로 뒷받침하지 못하며 단지 그러할 가능성이 높다는 것을 주장하는 상황이다. 그래서 추가적인 정보에 의해서 기존 주장의 설득력은 높아질 수도, 낮아질 수도 있다. 이때 기존 논증의 개연성을 높이는 것을 '강화(strong)'라고 하며 낮추는 것을 '약화(weak)'라 한다.

논증의 평가에서 다루는 주된 사항은 주어진 논증을 분석하고 추가적인 정보를 통해 기존 논증에서 주장하는 바가 더 설득력을 얻을 수 있는 '강화' 정보인지 아니면 설득력 즉 개연성을 낮추는 '약화' 정보인지를 평가하는 것이다. 이때 논증에서 주장하는 바의 범위에 따라 추가로 주어진 정보를 판단해야 한다. 따라서 강화 및 약화가 주된 평가 영역인 논증의 평가 및 문제해결에서는 주어진 논증에 대한 정확한 분석이 요구되며 이를 확대할 경우 논리적 비약이 될 수 있으며 반대로 논리적 축소가 되거나 논의 영역을 잘못 판단할 수 있으므로 주의해야 한다. 또한 주어진 지문에서 필자가 주장하고자 하는 영역, 개념, 배경, 범위 등에 따라 정확한 논증의 평가를 하기 위해서는 독서를 통해 개념적 지식의 틀을 갖는 훈련도 필요하다.

1. 강화

제시된 지문으로부터 나타나는 필자의 논지에 따른 주장을 뒷받침할 수 있는, 부합되는 사례는 우선적으로 강화에 해당한다. 그런데 명시적으로 보이지는 않지만 지문에서 궁극적으로 말하고자 하는 필자의 생각이나 의도에 합치되는 내용도 강화로 평가될 수 있다. 특히 사회과학이나 과학기술에서는 강화되는 바를 '입증(confirm)'이라고도 부른다. 실증과학적 사고가 나타날 때는 실제로 증명한다는 의미가 포함되기 때문이다.

내용학에 따라 강조되는 바가 조금씩 달라질 수 있다. 법·규범학에서는 법규 절차 및 내용에 대한 견해들이 제시되며 이에 대한 부합 사례 및 유리한 사례가 강화 요소가 된다. 인문 및 사회 분야에서는 주장하려는 바에 따라 상대적 우위가 되는 것이 강화가 되기도 하며 반론 제기 유형의 논증에서는 대립된 견해를 지지하는 사례가 강화가 되기도 한다. 한편 과학기술 분야에서는 주로 가설에 부합되는 결과나 귀결되는 바가 강화가 된다.

강화

- 귀납 논증의 개연성 및 설득력을 높임
- 입증하는 사례로 주장과 부합하거나 합치되는 정보 제시
- 필자가 주장하려는 명시적 내용과 일치하는 정보
- 논지에 맞는 귀결되는 사례

2. 약화

필자가 주장하려는 바가 개연성이 낮다는 것을 증명하는 것으로, 반입증이라고 부른다. 이는 반박 및 반론 모두 해당하기에 전제(근거)를 공략하거나 반례를 제시하는 것은 모두 약화가 된다. 또한 주장하는 바가 증명되지 않음을 보여서 그러한 주장을 설득력을 낮추는 것 역시 약화 요소에 해당한다.

주장하는 바를 명확히 설정하지 않을 경우, 소재가 동일하여 혼동을 줄 수 있으므로 주장하는 정보의 범위 및 논의 영역을 파악하는 것이 중요하다.

약화

· 귀납 논증의 개연성 및 설득력을 낮춤
· 전제(근거)가 참이 아님을 공략하는 정보 제시
· 반증 또는 반박 사례를 제시하는 정보
· 주장하는 바를 입증하지 못하는 반입증 정보

실전 연습문제

법·규범학

01

2013학년도 LEET 문30

(가), (나)에 대한 평가로 적절하지 <u>않은</u> 것은?

(가) 법원이 허용할 수 있는 과학적 증거는 관련 과학자 집단 내에서 일반적으로 승인된 것이어야 한다. 특정 과학적 주장이 승인될 만한 것인지의 여부는 관련 과학자 집단의 논의를 거쳐서만 올바르게 평가될 수 있다. 과학자들은 특정 주장을 사실로 인정할 것인지 여부를 오랜 시간 비판적으로 검토하면서 자연스럽게 가능한 모든 반론을 따져 보게 된다. 이 과정에서 나중에 법정에서 원고와 피고 양측이 제기할 수 있는 쟁점이 효과적으로 미리 검토될 수 있다. 그러므로 법원은 과학적 증거의 채택 기준에 있어 관련 과학자 집단의 판단을 따름으로써 기준의 일관성과 증거의 신뢰성을 확보할 수 있다.

(나) 특정 사실 주장이 과학적 타당성을 갖는지 여부는 그것이 관련 과학자 집단에서 합의된 과학적 방법을 올바르게 적용하여 얻어졌는지에 의해 결정된다. 그러므로 법관은 법정에 제출된 사실 주장의 과학적 타당성을 과학적 방법의 기준을 적용하여 스스로 결정할 수 있다. 그런 다음 법원은 과학적 타당성을 갖는 것으로 판단한 사실 중에서 당해 사건의 실체적 진실 규명과 법적 판단에 도움을 줄 수 있는 것만을 과학적 증거로 채택하면 된다. 이는 과학적 증거의 승인 여부에 대한 법원의 판단이 관련 과학자 집단의 의견에 의해 좌우되지 않도록 보장함으로써 법적 판단의 독립성을 확보하는 데 도움을 준다.

① 법원이 관련 과학자 집단과 독립적으로 사실 주장의 과학적 타당성을 평가하여 확정하는 일은 법관에게 과중한 책임을 부과한다고 보는 견해는 (가)에 유리하다.

② 특정 약물이 기형아 출산을 일으킬 수 있는지 여부에 대한 관련 과학자 집단의 의견이 어떤 과학자 집단을 기준으로 판단하는지에 따라 달라질 수 있다는 견해는 (가)에 불리하다.

③ 특정 사실 주장이 법정에서 증거로 수용될지 여부에 대한 판단에서 제출된 사실의 과학적 타당성에 대한 판단과 그것의 사건 관련성에 대한 판단 모두 법원이 수행하는 것이 효율적이라는 견해는 (나)에 유리하다.

④ STR(Short-Tandem Repeats)을 활용한 유전자 감식 기법의 과학적 타당성이 관련 과학자 집단에서 수용되고 있더라도 법원은 기법이 올바로 적용되었는지 여부와 미숙련자에 의해 분석이 수행되었는지 여부도 판단해야 한다는 견해는 (나)에 불리하다.

⑤ 연탄 공장 인근에 사는 주민이 공장에서 날아온 분진 때문에 진폐증에 걸렸다는 점을 관련 과학자 집단이 모두 만족스럽게 여길 정도로 입증할 수 없더라도 제출된 과학적 증거가 주민의 진폐증을 다른 대안에 비해 더 잘 설명한다고 법원이 판단하면 연탄 공장의 손해배상책임을 인정할 수 있다는 견해는 (나)에 유리하다.

02

2013학년도 LEET 문2

다음 글에 비추어 바르게 판단한 것만을 <보기>에서 있는 대로 고른 것은?

P국에서는 권력형 비리에 대한 검찰수사의 정치적 중립성에 관한 국민들의 불신이 팽배해짐에 따라, 검찰과는 별도로 정치적으로 민감한 사건, 권력형 범죄·비리사건에 대해 위법 혐의가 드러났을 때, 기소하기까지 독자적인 수사를 할 수 있는 독립 수사기구를 두는 제도로서 특별검사제도(특검)를 도입하여 대처하기 위한 논의가 진행되고 있다. P국에서 고려되고 있는 특검에는 특별검사의 임명방식과 특검의 대상 등을 미리 법정해 놓고 이에 해당하면 자동적으로 특검이 작동하는 상설특검과 사안별로 법률을 제정해야 하는 사안별 개별특검이 있다.

A: 특검을 도입해야 한다. 상설특검을 도입하면 정치적 의혹이 있는 사건이 있을 때 사안별로 특검법을 제정하지 않고 간편한 절차에 의해 신속하게 특검이 작동될 수 있다. 이에 반해 개별특검은 매번 특별한 법안을 만들어 실시해야 하므로 더 많은 비용과 시간이 소요된다. 상설특검이 도입되면 사안의 규모가 작아도 특검이 작동될 수 있다.

B: 특검의 필요성은 인정하지만, 특검은 검찰에 대해 정치적 중립성을 기대하기 어려운 경우에 한정하여 사안별로 실시하여야 한다. 따라서 특검의 본질상 이를 상설화하는 것은 제도의 취지에 어긋난다. 구성절차나 운영에서 상설특검이 개별특검에 비해 상대적으로 비용이 적게 들고 신속하게 이루어질 수 있음은 인정한다. 하지만 정치인이 연루된 작은 사건에 대하여 검찰이 수사를 개시하는 경우 특정 정파가 수사의 불공정성을 주장하며 검찰을 압박하기 위하여 수시로 상설특검을 사용하게 되면 중립적이어야 할 특검이 정치적으로 변질될 우려가 있다.

〈보기〉

ㄱ. 특별검사의 권한남용에 대한 적절한 통제수단이 없다면 A와 B는 모두 약화된다.

ㄴ. 특검이 쉽게 작동되는 경우 오히려 정치적 투쟁의 도구로 남용될 가능성이 있다면 A는 강화되고 B는 약화된다.

ㄷ. 기존의 검찰이 권력형 범죄·비리를 제대로 수사하지 못하여 발생하는 사회적 비용이 개별특검에 소요되는 비용보다 크다면 A는 약화되고 B는 강화된다.

① ㄱ ② ㄴ ③ ㄱ, ㄷ
④ ㄴ, ㄷ ⑤ ㄱ, ㄴ, ㄷ

03

2014학년도 LEET 문8

갑과 을의 논쟁에 대한 평가로 옳지 않은 것은?

〈법안〉

만 16세 미만인 사람에게 성폭력 범죄를 저지른 소아 성기호증 환자로 재범의 위험성이 있다고 인정되는 19세 이상의 사람에게 성충동 억제 약물요법을 시행한다. 약물 투여 명령을 받은 자는 출소 후 3개월에 1회씩 최장 15년 동안 약물 투여를 받도록 한다.

갑과 을은 〈법안〉을 도입할지를 두고 논쟁을 벌였다.

$갑_1$: 이미 처벌을 받은 자에게 신체 훼손을 가져오는 약물 투여를 최장 15년 동안 강제하는 것은 이중 처벌로서 위헌적이다.

$을_1$: 약물요법은 일종의 치료이다. 약물요법을 중지하면 신체 기능이 정상 상태로 복귀하므로 신체 기능의 훼손은 없다. 약물요법은 재범의 위험성이 높은 자의 재범률을 낮추므로 오히려 당사자의 이익을 위한 것이고, 따라서 처벌이 아니다.

$갑_2$: '재범의 위험성'에 대한 판단은 인간의 미래 행위에 대한 판단이다. 인간의 미래 행위가 위험성이 높다고 예측된다고 해서 화학적 거세를 실시하는 것은 부당한 일이다.

$을_2$: 당신은 우리 사회가 얼마나 많은 위험성 예측을 근거로 작동하고 있는지 모르는가? 우리는 기상 예보에 근거하여 하루 일과를 결정하고 한 해의 농사 계획을 짠다.

$갑_3$: 약물요법의 시행은 비용 대비 효율성의 관점에서도 온당치 않다. 약물요법을 포함한 각종 성폭력 방지책에 투입할 수 있는 예산은 한정되어 있다. 성충동 억제 약물은 현재 매우 고가이고, 약물요법 시행에는 막대한 예산 투입이 요구된다.

$을_3$: 약물요법은 재범률 감소에 효과적이다. 성폭력범을 대상으로 한 실험 통계 A에 따르면, 약물투여자의 재범률은 5%로 비투여자의 재범률 20~40%보다 낮다. 성폭력은 피해자에게 장기적으로 심각한 트라우마를 남기며 미성년자인 경우에는 더욱 그렇다. 약물요법이 비록 고비용이라고 해도 실효성 있는 방지책이라면, 이를 시행하는 것이 국가의 책무이다.

① 신체 기능을 잠정적으로 제한하는 것도 '신체 기능의 훼손'에 해당된다면, $을_1$은 약화된다.

② 갑은 $을_1$에 대해 '약물요법이 당사자의 이익을 위한 것이므로 처벌이 아니라고 한다면 징역형도 당사자의 교화를 돕는다는 점에서 처벌이 아니게 된다'고 반박할 수 있다.

③ 인간의 미래 행위에 대한 예측이 더욱 정확해진다면, $을_2$는 강화된다.

④ 갑은 $을_3$의 실험 통계 A를 받아들여 약물요법의 효과를 인정하면서도 여전히 $갑_3$을 고수할 수 있다.

⑤ 실험 통계 A에서 약물 투여자는 대부분 초범이었고 비투여자는 대부분 재범이었다면, $을_3$은 강화된다.

04

2014학년도 LEET 문27

<이론>에 대한 평가로 옳지 않은 것은?

〈이론〉

모든 사람은 행위로부터 얻어지는 잠재적 쾌락과 고통을 합리적으로 계산하여 법을 준수하거나 위반한다. 만일 그들이 범죄로부터 얻는 이득보다 처벌로부터 받는 고통이 더 크다고 생각한다면 범죄를 저지르지 않을 것이다. 다음에 설명하는 형벌의 확실성, 엄격성, 신속성이 범죄를 억제하는 세 가지 요소로 알려져 있다.

'확실성'은 범죄자가 체포되거나 처벌 받을 가능성을 말한다. 검거될 확률이 매우 낮을 때는 억제 효과가 발생하지 않는다. 처벌의 확실성은 엄격성과 신속성보다 범죄를 억제하는 데 더 효과적이다.

'엄격성'은 강력하게 처벌함으로써 범죄를 억제하려는 것이다. 엄격성은 범죄의 성격상 합리적인 판단이 많이 개입하는 유형에 더 효과적이다.

'신속성'은 범행 후에 얼마나 빨리 처벌되는가를 의미한다. 범행과 처벌 사이의 시간적 간격이 짧을수록 범죄 억제에 효과적이다. 신속성은 재산 범죄로 재물을 취득한 범죄자가 그것으로부터 이득을 취할 기회를 감소시킴으로써 범죄를 억제하는 효과가 있다.

① 사람들이 공식적인 제재를 알지 못하거나 범죄를 저지르더라도 처벌의 가능성이 희박하다고 믿을 경우 처벌의 억제 효과가 거의 없다고 한다면, 〈이론〉은 약화된다.
② 집중적인 수사와 형사절차의 간소화를 통해 형사 제재까지 소요되는 시간을 단축하는 것이 사기 범죄의 발생률을 낮춘다면, 〈이론〉은 강화된다.
③ 형량이 높아질수록 은행 강도 발생률은 크게 낮아지나 우발적인 살인 사건 발생률은 미세한 감소만을 보인다면, 〈이론〉은 강화된다.
④ 폭력 범죄를 방지하는 데 공소 제기 기간을 단축하는 것이 검거율을 높이는 것보다 더 효과적이라면, 〈이론〉은 약화된다.
⑤ 음주 단속을 강화하는 것이 형량을 높이는 것보다 음주 운전의 예방에 더 효과적이라면, 〈이론〉은 강화된다.

05

2015학년도 LEET 문9

갑~병의 견해에 대한 판단으로 옳은 것만을 <보기>에서 있는 대로 고른 것은?

갑: 오늘 흥미로운 사건의 재판이 있었어. 피고인은 피해자를 칼로 찔렀다는 점을 인정했지만 자신이 피해자를 살해하지는 않았다고 주장했지. 이 사건이 흥미로운 점은 피해자가 나타나지 않는다는 거야. 사건 발생 이후로 피해자를 목격했다는 사람도 없고 피해자의 시체도 발견되지 않았어. 하지만 피고인이 인정했듯이 피해자는 많은 피를 흘렸어. 일반적으로 사람은 혈액량의 30%를 잃으면 사망할 확률이 높은데, 경찰 수사에 따르면 피해자는 혈액량의 40%에 해당하는 피를 현장에서 쏟은 것으로 추정된다고 해. 피고인의 진술과 주변 사람들의 증언을 고려할 때, 피해자가 사망했을 것은 확실해. 나는 피고인이 피해자를 살해한 범인이라고 판결을 내리는 것이 옳다고 생각해.

을: 여러 증거를 종합할 때, 누군가 피해자를 살해했다면, 피고인이 그런 일을 저질렀다는 점은 분명하지. 하지만 시체의 발견 여부는 다른 증거와는 차원이 다른 중대한 문제라는 걸 염두에 두어야 해. 피해자의 혈흔을 지우기 위해서 근처 해안가에서 바닷물을 떠다가 자동차 좌석을 씻었다는 피고인의 주장이 참일 수 있지 않을까? 만약 그렇다면 피고인이 주장하고 있듯이 피해자가 혈액량의 40%를 잃었다는 추정은 잘못일 가능성이 있어. 피고인이 피해자를 살해했을 가능성을 부정하지는 않지만, 피고인이 피해자를 살해하지 않았다고 합리적으로 의심할 여지는 여전히 있다고 보여.

병: 물론 여러 가지를 의심해 볼 수 있지. 심지어 피해자가 자신의 혈액을 평소 조금씩 모으고 있었고 이를 자동차 좌석에 부어서 자신이 죽은 것처럼 위장한 후 잠적했을 가능성도 있지. 하지만 여러 정황을 고려할 때, 그런 의심을 '합리적'이라고 여길 수는 없어. 모든 증거는 피고인이 살인을 저지른 자가 분명함을 말하고 있어. 하지만 문제는 살인 사건이 성립하기 위한 조건이야. 이 사건은 시체를 발견하지 못한 사건이야. 시체를 발견하지 못했다면, 살인 사건은 성립할 수 없어.

〈보기〉

ㄱ. '피해자가 사망했다는 것은 확실하다'는 견해에 갑과 병은 동의할 것이다.
ㄴ. '피고인이 살인 사건의 범인이라고 판결을 내리는 것이 옳다'는 견해에 을은 동의하지 않지만 병은 동의할 것이다.
ㄷ. '피해자가 살해된 시체로 발견된다면 피고인이 살인범이라는 점은 확실하다'는 견해에 갑, 을, 병 모두 동의할 것이다.

① ㄱ　② ㄴ　③ ㄱ, ㄷ
④ ㄴ, ㄷ　⑤ ㄱ, ㄴ, ㄷ

06

2016학년도 LEET 문5

다음에 대한 평가로 옳은 것만을 <보기>에서 있는 대로 고른 것은?

P국 근로기준법은 "추가근로수당은 통상임금의 150% 이상으로 한다."라고 정하고 있지만, 통상임금이 무엇인지는 따로 정하고 있지 않다. 정기상여금이 통상임금에 해당하는지에 대하여 명확한 판결도 없었다.

X회사 노사는 정기상여금을 통상임금에서 제외하기로 단체협약을 체결하였다. 이후 X회사의 노동자가 그것도 통상임금에 포함되는 것으로 보아야 한다고 주장하면서, 그에 따른 추가근로수당 미지급분을 달라고 하는 소를 제기하였다.

이 재판에서 법관들은 정기상여금이 통상임금에 포함된다고 근로기준법을 해석해야 하며, 이와 어긋난 기존의 노사협약이 있는 경우에는 추가근로수당 미지급분을 청구할 수 있다고 판단하였다. 그런데 추가근로수당 미지급분 청구를 허용할 수 없는 예외를 인정할지에 대하여 다음과 같이 상반된 견해가 제시되었다.

A: 근로기준법의 효력은 당사자의 의사에 좌우될 수 없는 것이 원칙이다. 하지만 이 재판의 결과를 계기로 추가근로수당 미지급분을 청구하는 것이 임금협상 당시 서로가 전혀 생각하지 못한 사유를 들어서 노동자 측이 그때 합의한 임금수준을 훨씬 초과하는 예상 외의 이익을 추구하는 것이고, 그 결과 사용자에게 예측하지 못한 큰 재무부담을 지워서 중대한 경영상의 어려움이 발생하거나 기업의 존립이 위태로워진다면 이는 노사관계의 기반을 무너뜨릴 정도로 서로의 신의를 심각하게 저버리는 처사가 된다. 따라서 그런 특별한 사정이 있는 경우 추가근로수당 미지급분 청구는 신의에 반하는 것으로서 허용될 수 없다.

B: 근로기준법에서 정하고 있는 근로조건은 당사자의 합의로도 바꿀 수 없다. 그런 법의 내용을 오해한 데서 비롯한 신뢰보다는, 법에 따른 정당한 권리행사를 보호할 필요가 훨씬 크다. 또, 기업 경영의 중대한 어려움이나 기업 존립의 위태로움은 그 내용이 막연하고 불확정적이어서, 개별 사안에서 그 판단이 어렵다. 따라서 그런 예외를 인정할 수 없다.

〈보기〉

ㄱ. 임금협상을 할 때 법원이 정기상여금을 통상임금으로 인정하는 판결을 곧 할 것이라는 사실을 X회사의 노사가 알았다면 A가 인정하는 예외적인 경우에 해당하지 않는다.

ㄴ. 노사관계는 자율적으로 형성되고 발전하는 것이 바람직하다는 요청을 A는 B보다 더 중요하게 생각한다.

ㄷ. 다른 기업들이 추가근로수당 미지급분 지급 여부를 이 판결에 따라 결정한다면, 법적 분쟁이 생길 가능성은 A를 따를 때가 B를 따를 때보다 더 높다.

① ㄱ ② ㄷ ③ ㄱ, ㄴ
④ ㄴ, ㄷ ⑤ ㄱ, ㄴ, ㄷ

07

2016학년도 LEET 문1

다음 견해들에 대한 평가로 옳은 것만을 <보기>에서 있는 대로 고른 것은?

A: 보편적 도덕으로서의 인권이념은 강대국이 약소국을 침략하기 위한 이데올로기였다. 16세기 스페인의 아메리카 대륙 침략은 비도덕적인 관습으로 핍박받는 원주민 보호 등, 보편적 도덕 가치의 전파라는 명분으로 이루어졌다. 그러나 스페인의 인도적 개입은 자국의 이익을 도모하였던 것에 불과하였다. 인도적 군사개입은 주권국가의 자율성을 짓밟는 것으로서 정당화될 수 없다.

B: 인권은 개별국가 각각의 정치적 맥락 속에서 이룩한 구체적인 산물이다. 주권국가는 고유의 문화적·도덕적 가치에 따라 인권의 구체적 모습을 발전시킬 권한을 갖는다. 그러나 이를 인정하더라도 모든 주권국가들이 보호해야 하는 최소한의 도덕적 인권조차 부정한다면 인종청소와 대량학살과 같은 사태를 막을 수 없을 것이다. 국제사회는 개별국가의 고유한 인권을 존중해야 할 의무가 있지만, 최소한의 도덕적 인권을 지키기 위해 인도적 군사개입을 할 권한을 갖는다.

C: 특정 가치가 특정 국가의 자의에 따라 보편적 권리로 간주되었던 역사를 부정할 수는 없다. 그러나 역사적으로 보편적 인권이 확장되어 왔으며 법을 통해 규범성을 갖게 되었음도 인정해야 한다. 오늘날 대부분의 나라들은 '세계인권선언'에 동참하고 인권 규약을 비준하는 등 인권 이념을 국제법적으로 승인하고 있다. 인권은 보편적인 법적 권리인 것이다. 따라서 인도적 군사개입은 국제법으로 정한 요건과 한계를 준수하였을 때에만 인정될 수 있다.

〈보기〉

ㄱ. A와 B는 보편적 인권을 부정하지만 C는 인정한다.

ㄴ. 만약 "어떠한 국가도 다른 규정에 정한 바가 없을 경우 무력을 사용하여 다른 주권국가를 침략할 수 없다."라는 국제법 규정이 있다면, 이러한 규정은 C를 약화한다.

ㄷ. B와 C는 어떤 국가가 종교적 가치에 따라 사상·표현의 자유를 억압하고 있다는 근거만으로는 인도적 군사개입을 인정할 수 없다고 본다.

① ㄱ ② ㄷ ③ ㄱ, ㄴ
④ ㄱ, ㄷ ⑤ ㄴ, ㄷ

08

2016학년도 LEET 문11

다음 논쟁에 대한 평가로 옳지 <u>않은</u> 것은?

갑: 법적으로 장기는 판매 대상이 되지 못합니다. 장기는 인신의 일부이고, 인신은 인간 존엄성의 기반이기 때문입니다. 성매매는 비록 단기간이라고 해도 성판매자의 인신에 대한 사용권한을 매수자에게 준다는 점에서 인간 존엄성 원칙에 위배됩니다.

을: 성적 서비스 제공 역시 노동의 일종이지 않을까요. 노동을 제공하고 그 대가로 금전적 보상을 받는다는 점에서는 다른 직업과 다를 바 없다고 봅니다. 직업선택의 자유를 보장하는 것은 인간 존엄성의 중요한 내용을 이룹니다.

갑: 모든 선택의 자유가 인정되어야 하는 것은 아닙니다. 마약복용은 그것이 자율적 선택에 기인하는 것이라고 해도 국가의 개입이 가능합니다. 어떻게 사는 것이 인간의 존엄성을 지키는 것인지를 전적으로 국민 개인의 판단에 맡길 수는 없습니다.

을: 마약복용을 성매매와 같은 것으로 볼 수 없습니다. 성매매가 당사자들에게 어떤 해악을 끼치는지 의심스러우며, 설령 해악을 끼친다고 해도 그것이 정상적인 인지능력을 가진 성인들 간에 이뤄지는 것이라면 당사자들 스스로 위험을 감수한 해악입니다.

갑: 성매매가 상호 선택에 의한 것이라 할지라도 성매매를 통해 팔리는 것은 남성이 마음대로 권력을 행사할 수 있는 여성상, 즉 종속적 여성상입니다. 성매매는 여성의 종속성을 재생산함으로써 여성 억압의 전형을 보여줍니다.

을: 우리 사회의 다양한 제도와 관행을 살펴볼 때 결혼, 외모성형 등도 성매매 못지않게 여성의 고정된 성정체성을 재생산하는데, 유독 성매매만 법적으로 금지하는 것은 설득력이 없습니다.

① 유모(乳母)가 자신의 인신에 대한 사용권한을 매수자에게 준다고 해서 비난 받지 않는다는 사실은 을의 입장을 강화한다.
② 성매매의 불법화로 인해 성판매자가 범죄자로 취급받는 적대적 환경 때문에 자신의 권리조차 행사할 수 없게 된다는 주장은 을의 입장을 지지한다.
③ 자발적 선택으로 노예가 되기로 계약했다고 하더라도 노예노동이 금지되고 있다는 사실은 갑의 입장을 강화한다.
④ 마약복용은 행위자가 인지능력을 제대로 발휘하지 못하는 상태에서 행해진다는 주장은 갑의 입장을 지지한다.
⑤ 미스 코리아 대회가 여성의 고정된 성정체성을 확대 재생산함에도 불구하고 시행되고 있다는 사실은 을의 입장을 강화한다.

09

2017학년도 LEET 문1

다음 글에 대한 평가로 옳지 않은 것은?

X국 헌법에 따르면 정당의 목적이나 활동이 민주적 기본질서에 위배될 때, 정부는 헌법재판소에 그 해산을 제소할 수 있고, 정당은 헌법재판소의 심판에 의하여 해산된다. 이는 정당 존립의 특권을 보장하기 위해, 법령으로 해산되는 일반 결사와는 달리 헌법재판소의 판단으로 해산 여부가 결정되도록 한 것이다. 강제 해산의 대상이 되는 정당은 정당으로서의 등록을 완료한 기성(旣成) 정당에 한한다. 정당이 설립한 연구소와 같은 방계조직 등은 일반 결사에 속할 뿐이다. 그런데 중앙선거관리위원회에 창당신고를 하였으나 아직 정당으로서 등록을 완료하지 않은 창당준비위원회를 기성 정당과 동일하게 볼 수 있는지에 대하여 견해가 대립한다.

A: 창당준비위원회는 정치적 목적을 가진 일반 결사일 뿐이다. 그 해산 여부는 정당 해산의 헌법상 사유와 절차가 요구되지 않고 일반 결사의 해산 방식으로 결정해야 한다.

B: 창당준비위원회는 정당에 준하는 것이다. 그 해산 여부는 기성 정당과 같이 헌법상의 사유와 절차가 요구된다.

C: 정당설립의 실질적 요건을 기준으로, 아직 이를 갖추지 못한 창당준비위원회는 일반 결사와 동일하게 보고, 이미 이를 완비하였지만 현재 등록절차를 진행하고 있는 창당준비위원회는 정당에 준하는 것으로 보아야 한다.

① 창당준비위원회는 등록기간 안에 등록신청을 하지 아니하면 X국 '정당법'에 따라 특별한 절차 없이 자동 소멸된다는 주장이 옳다면, 이는 A의 설득력을 높인다.

② 집권 여당과 정부가 그 목적이나 활동이 민주적 기본질서에 반하지 않는 반대당의 성립을 등록 이전에 손쉽게 봉쇄할 수 있다는 주장이 옳다면, 이는 A의 설득력을 낮춘다.

③ 창당준비위원회는 앞으로 설립될 정당의 주요 당헌과 당규를 실질적으로 입안한다는 주장이 옳다면, 이는 B의 설득력을 높인다.

④ 정당설립의 실질적 요건을 갖춘 창당준비위원회에게 정당등록은 지극히 통과의례의 과정이라는 주장이 옳다면, 이는 C의 설득력을 낮춘다.

⑤ 정당설립의 실질적 요건을 강화할수록 C는 A와 비슷한 결론을 내릴 것이다.

10

2017학년도 LEET 문4

갑과 을의 주장에 대한 판단으로 옳은 것만을 <보기>에서 있는 대로 고른 것은?

갑: 범죄의 불법성을 판단하는 척도가 범죄를 행하는 자의 의사에 있다고 믿는 것은 잘못이다. 범죄의 의사는 사람마다 다르고 심지어 한 사람에 있어서도 그 사상, 감정, 상황의 변화에 따라 시시각각 달라질 수 있기 때문이다. 범죄의 척도를 의사에서 찾는다면 개인 의사의 경중에 따른 별도의 법을 만들어야 할 것이다. 따라서 처벌은 의사가 아닌 손해의 경중을 기준으로 차등을 두어야 한다.

을: 갑은 범죄자의 '의사'를 객관화할 수 없다고 전제하고 있다. 그러나 범죄자의 '의사'를 몇 가지 기준에 의해서 유형화한다면 의사 자체의 경중도 판단할 수 있다. 우선, 의도한 범죄의 경중을 기준으로 삼는 경우, 더 중한 결과를 발생시키는 범죄를 행하려는 의사가 더 경한 결과를 발생시키는 범죄를 행하려는 의사보다 중하다. 다음으로 의욕의 정도를 기준으로 삼는 경우, 결과 발생을 의도한 범죄자의 의사가 결과 발생을 의도하지 않고 단지 부주의로 손해를 발생시킨 범죄자의 의사보다 중하다. 따라서 처벌은 손해뿐만 아니라 범죄자의 의사의 경중 또한 고려하여 차등을 두어야 한다.

〈보기〉

ㄱ. 살인의 의사를 가지고 가격하였으나 상해의 결과가 발생한 경우와 폭행의 의사를 가지고 가격하였으나 사망의 결과가 발생한 경우를 동일하게 처벌한 법원의 태도는 갑의 주장에 부합한다.

ㄴ. 강도의 의사로 행위를 하였으나 강도는 실패하고 중(重)상해의 결과를 발생시킨 경우와 살인의 의사로 행위를 하였으나 역시 중상해의 결과를 초래한 경우에 있어서 전자를 중하게 처벌한 법원의 태도는 갑과 을의 주장 모두에 부합하지 않는다.

ㄷ. 살인의 의사가 있었으나 그 행위에 나아가지 않은 경우와 부주의로 사람을 다치게 한 경우에 있어서 전자를 처벌하지 않고 후자만 처벌한 법원의 태도는 갑과 을의 주장 모두에 부합한다.

① ㄱ　② ㄷ　③ ㄱ, ㄴ
④ ㄴ, ㄷ　⑤ ㄱ, ㄴ, ㄷ

11

2017학년도 LEET 문7

19세기 X국의 저작권법 개정 논쟁에 대한 평가로 옳은 것만을 <보기>에서 있는 대로 고른 것은?

A: 지금까지 작가와 출판가는 작품을 적은 부수만 출간하여 일반 대중의 1개월분 급여 정도의 높은 가격으로 판매해 왔다. 이 때문에 일반 대중은 뛰어난 작품들을 접하기 어려웠다. 이러한 문제는 작가에게 수십 년 동안 독점적 출판권을 부여하는 현행 저작권법에 의해 비롯되었다. 국가는 새로운 작품의 공급이 감소되지 않도록 작가에게 창작의 유인책을 줄 필요가 있지만, 그것은 창작 비용을 회수할 수 있을 정도에 그쳐야 한다. 현재 작가는 최초 출판 후 1년 내에 창작 비용을 충분히 회수할 수 있다. 저작권법은 독점적 출판권을 1년으로 제한하고, 그 이후에는 모든 출판가들이 소매가의 5%를 로열티로 작가에게 지불하고 자유롭게 출판할 수 있도록 개정되어야 한다. 대중도 저렴한 가격으로 뛰어난 작품을 접할 수 있을 것이다. 사실 독점적 권리는 희소한 재화에 대해서만 인정되는 권리다. 일단 출간된 작품은 인쇄비용 문제를 제외하면 무한정 출판될 수 있다. 아무리 소비해도 줄지 않는 재화는 모든 사람이 자유롭게 향유해야 한다.

B: 고급작품은 고상한 학문과 예술을 다루지만, 저급작품은 선정적 내용만 다룬다. 책 가격이 떨어져도 대중이 고급작품을 구매하려 할 것인가? 그들은 교육을 받지 않았기에 선정적 작품만을 읽으려 한다. 반면 고급작품을 높게 평가하는 교양인은 아무리 책 가격이 높더라도 구매하려 한다. 작가는 자신의 책을 높은 가격에 판매함으로써 합당한 대우를 받을 자격이 있다. 즉, 그는 자신이 원하는 방식과 기간으로 출판 조건을 결정하고, 이 조건에 부합하는 출판사와 자유롭게 계약을 체결할 자연적 권리를 가진다. 국가는 작가의 이러한 자연적 권리를 보호해야 할 의무가 있다.

〈보기〉

ㄱ. 작가마다 작품을 창작하는 데 들인 비용은 천차만별이어서 국가가 작가의 창작 비용 회수기간을 일률적으로 정할 수 없다는 주장이 옳다면, 이는 A의 설득력을 낮춘다.

ㄴ. 특정한 원인에 의해 재화의 공급이 제한될 경우, 그 재화에 대한 독점적 권리를 인정할 수 있다는 주장이 옳다면, 이는 A의 설득력을 낮춘다.

ㄷ. 계약을 누구와 어떻게 체결할 것인지는 당사자가 결정해야 한다는 주장이 옳다면, 이는 B의 설득력을 낮춘다.

① ㄱ ② ㄷ ③ ㄱ, ㄴ
④ ㄴ, ㄷ ⑤ ㄱ, ㄴ, ㄷ

12

2018학년도 LEET 문1

A~C에 대한 평가로 옳은 것만을 <보기>에서 있는 대로 고른 것은?

X국은 "국가의 행정은 법적 근거를 갖고서 이루어져야 한다."라는 원칙을 세우고, 헌법에 "국민의 모든 자유와 권리는 필요한 경우에 한하여 법으로써 제한할 수 있다."라고 규정하였다. 그런데 모든 행정 영역에서 행정의 내용을 법에 미리 정하기는 쉽지 않다. 그렇다면 법으로 그 내용을 정하지 않은 행정 영역에 대하여도 이 원칙이 적용되는가? 이에 관해 견해의 다툼이 있다.

A: 자유권, 재산권 등 국민의 기본적인 권리를 제한하고 침해하는 행정에 대해서만큼은 행정의 자율에 맡겨둘 수 없고 법에 근거를 두어야 하지만, 기본적 권리를 제한하지 않고 국민에게 이익이 되는 행정은 법적 근거가 없어도 행정부에서 자유롭게 시행할 수 있다.

B: 법적 근거 없이 이뤄질 수 있는 행정의 자유영역은 존재하지 않는다. 행정이 법에 근거할 때 행정기관의 자의가 방지되고 행정작용의 적법성이 확보되므로 국가의 모든 행정작용은 법에 근거해야 한다.

C: 이 원칙을 모든 행정 영역에 무조건 적용하기보다 개인과 공공에게 영향을 미치는 중요한 행정의 영역에서만 적용하는 것이 타당하다. 개인과 공공에게 영향을 미치는 중요한 사항에 대해서는 입법자가 사전에 그 근거를 법으로 정해야 한다.

〈보기〉

ㄱ. A에 따르면, 법에 시위 진압에 관한 근거가 없는 경우, 교통 편의를 위해 시위를 진압할 필요가 있더라도 행정부는 집회의 자유권을 제한하는 시위진압행위를 해서는 안 된다.

ㄴ. B에 따르면, 구호품 지급에 관한 사항이 국민에게 이익이 되더라도 법에 그 내용이 규정되어 있지 않으면 행정부는 재난 시 이재민에게 구호품을 지급할 수 없다.

ㄷ. C에 따르면, 초등학교 무상급식 정책이 개인과 공공에 영향을 미치는 중요한 사항일 경우, 이 정책은 권리를 제한하지 않는 행정이어도 그 시행에 있어 사전에 법적 근거가 필요하다.

① ㄱ ② ㄴ ③ ㄱ, ㄷ
④ ㄴ, ㄷ ⑤ ㄱ, ㄴ, ㄷ

13

2020학년도 LEET 문3

다음 논쟁에 대한 평가로 옳은 것만을 <보기>에서 있는 대로 고른 것은?

> X국에서 甲은 불법 도박장을 운영하면서 乙, 丙, 丁을 종업원으로 고용하였다. 甲은 乙이 열심히 일하자 乙을 지배인으로 승진시켜 丙, 丁을 관리하게 하였다. 그러던 중 甲은 경찰의 단속을 피해 해외로 도주하였고 乙, 丙, 丁은 체포되었다. 검사는 乙, 丙, 丁 중 乙만 기소하고 丙, 丁은 기소하지 않았다. 검사의 기소와 관련하여 다음과 같은 논쟁이 전개되었다.
>
> A: 乙만 기소하고 丙과 丁을 기소하지 않았다면, 이것은 차별적 기소로 검사가 권한을 남용한 것이야.
>
> B: 범죄의 혐의가 있더라도 검사는 재량으로 기소하지 않을 수 있어. 경미한 범죄를 저지른 사람은 기소하지 않을 수 있게 해 주면, 법관이 중요한 사건의 재판에 전념할 수 있게 되어 사회 전체적으로 더 이득이 될 수 있어.
>
> C: 기소에 있어서 검사의 재량을 인정하면, 검사는 권한을 독선적으로 사용하게 되고, 누군가가 검사에 대해서 압력을 행사하는 것을 배제할 수 없어.
>
> D: 인권을 생각해 봐. 기소의 필요성이 적은 사람이 기소되지 않으면, 재판 절차를 거치지 않고서 빨리 자유롭게 생활할 수 있어. 그런 점에서 검사의 기소에 대한 재량을 인정하는 것이 인권 보호에 유리해.
>
> E: 지금 인권이 보호된다고 말하는데, 내가 말하고 싶은 것은 기소된 乙의 입장이야. 乙도 인권이 있는데, 검사의 권한 남용으로 乙만 혼자 기소되면 乙의 인권은 충분히 보호받지 못하잖아.
>
> F: 검사가 범죄 혐의자들을 차별적으로 기소했다고 바로 권한 남용이라고 볼 수는 없지. 검사가 최소한 어떤 부당한 의도를 가지고 차별적으로 기소한 경우에만 권한 남용이라고 해야 하는데 이 사안에서는 그런 의도를 찾을 수가 없어.

〈보기〉

ㄱ. 乙은 범행에 가담한 정도가 크지만 丙과 丁은 그렇지 않다는 사실을 검사가 기소 여부의 근거로 삼았다면, A를 강화하고 F를 약화한다.

ㄴ. 외부 압력에 의해 중한 범죄 혐의자도 기소하지 않은 경우가 많았고 그로 인해 검찰에 대한 국민들의 신뢰도가 낮아졌다는 조사 결과는 B를 약화하고 C를 강화한다.

ㄷ. D와 E는 모두 범죄 혐의자의 인권 보호에 대해 언급하고 있지만, 각 주장이 보호하고자 하는 구체적 대상이 다르다.

① ㄱ ② ㄴ ③ ㄱ, ㄷ
④ ㄴ, ㄷ ⑤ ㄱ, ㄴ, ㄷ

14

2021학년도 LEET 문1

<견해>에 대한 평가로 적절하지 <u>않은</u> 것은?

> X국은 대법관에 대한 국민심사제를 운영하고 있다. X국 헌법에 따르면 대법관은 내각에서 임명하되, 임명 후 최초의 국회의원 총선거 때 함께 투표를 실시하여 투표자 과반수가 대법관의 파면을 원하면 그 대법관은 파면된다. 투표자가 대법관의 성명 아래 '×'를 표시하면 파면에 찬성한 것으로 집계되고 나머지 투표자는 신임한 것으로 간주한다. 이후에도 대법관은 정년까지 10년마다 동일한 방식으로 국민심사를 받는다. Y국에서 이 제도의 도입을 둘러싸고 다음과 같은 견해가 있다.
>
> 〈견해〉
>
> 갑: 대법관의 인선이 대통령에게만 맡겨져 있고 주권자인 국민의 통제가 전혀 미치지 못한다면 대법관의 사고방식이 아무리 편향적이라도 억제할 방법이 없어. 이 제도를 도입해서 국민에 의한 사법 통제 장치를 마련할 필요가 있어.
>
> 을: 일리 있는 말이야. 그런데 X국에서 시행하는 방식은 파면의 의사표시를 적극적으로 하지 않는 이상 파면 반대로 취급된다는 점에서 투표자의 의사를 제대로 반영하지 못하는 문제가 있어. 이 제도가 그대로 도입된다면 곧 유명무실해질 수 있어.
>
> 병: 개선책을 마련하면 그런 우려는 불식시킬 수 있겠지. 하지만 궁극적으로는 이 제도가 도입되면 대법관이 법과 소신에 따라 재판하지 않고 대중적 인기에 연연하게 되어 법관의 독립이 저해될 거야.

① Y국 헌법에서 대통령이 임명한 대법관에 대하여 회복 불가능한 신체장애를 제외하고는 종신직으로 그 신분을 보장하고 있다면 갑의 견해는 강화된다.

② Y국에서 여론 조사 결과 법원의 판결에 대해 유전무죄 등의 비판이 난무하고 사법부에 대한 국민의 신뢰도가 매년 낮아졌다면 갑의 견해는 강화된다.

③ X국에서 지난 70년간 국민심사로 파면된 대법관이 없었고 매번 총 투표수의 10% 내외만 파면을 원하였다면 을의 견해는 약화된다.

④ Y국에서 일부 대법관이 대중적 인기만을 추구해 종전 대법원 판결들을 뒤집는 판결을 내려 여러 차례 사회적 혼란을 일으켰다는 사실은 병의 견해를 강화한다.

⑤ Y국에서 대법관별로 판결에 관련된 정보가 제대로 제공되지 않고 주로 사적 활동을 중심으로 흥미 위주의 보도가 이루어지고 있어 대법관 신임 여부에 관한 올바른 여론이 형성되기 어렵다면 병의 견해는 강화된다.

15

2021학년도 LEET 문15

다음 논쟁에 대한 평가로 적절한 것만을 <보기>에서 있는 대로 고른 것은?

갑: 단순히 참인 믿음은 지식이 아니다. 참인 믿음이 지식이 되려면 정당화되어야 한다. 그런데 ㉠ 예술작품에서 얻게 되는 믿음은 그것이 설령 참일 수 있다고 해도, 결코 정당화되지 못한다. 가령 디킨스의 사실주의 소설『황량한 집』은 19세기 영국의 유산 소송과정을 정확하게 묘사한다. 그러나 우리가『황량한 집』을 읽는 것만으로는 그러한 묘사의 정확성에 대한 증거를 얻을 수 없다.

을: 갑의 말대로라면 백과사전도『황량한 집』과 다를 바 없다. 백과사전을 읽는 것만으로는 거기서 얻은 정보가 정확하다고 믿어야 할 이유가 없기 때문이다.

갑: 그렇지 않다. 백과사전의 경우에는 관련 분야의 전문가들에게 그 정확성을 확인받는 절차, 이른바 '제도적 보증'이라는 것이 있다. 그러나『황량한 집』의 경우에는 그 누구도 작품에서 드러날 수 있는 작가의 주장을 확인할 필요가 없다.

을: ㉡ 출판 관행으로서 제도적 보증은 저자 또는 내용 확인 절차가 이루어졌다는 것만을 보여줄 뿐 그 확인이 성공적임을 보여주는 것은 아니다. 단순히 백과사전을 읽어보기만 해서는 그런 확인 절차가 성공적으로 이루어졌는지 알 수 없다.

〈보기〉

ㄱ. 사실주의 소설은 어떤 사건이 실제로 일어난 것인지에 대해 증거적 효력이 있는 확인을 거쳐 작성된다는 점은 ㉠을 약화한다.

ㄴ.『히틀러 일기』가 히틀러가 쓴 자서전이 아니라 다른 사람이 날조한 것으로 밝혀졌다는 사실은 ㉡을 약화한다.

ㄷ. 백과사전에서 정보를 찾는 독자와 달리,『황량한 집』의 독자는 작품에서 드러난 내용을 믿어야 할 이유를 주로 개인적 경험에서 찾는다는 점은 갑의 견해를 강화한다.

① ㄴ　② ㄷ　③ ㄱ, ㄴ　④ ㄱ, ㄷ　⑤ ㄱ, ㄴ, ㄷ

16

2022학년도 LEET 문8

[규정]의 <검토의견>에 대한 평가로 옳은 것만을 <보기>에서 있는 대로 고른 것은?

[규정]

제1조(정의) '아동'은 미성년자를 말한다.

제2조(신체적 아동학대) 누구든지 아동을 폭행하거나 신체건강 및 발달에 해를 끼치는 신체적 학대행위를 한 때에는 5년 이하의 징역에 처한다.

제3조(성적 아동학대) 누구든지 아동을 대상으로 성적 수치심을 야기하는 성적 학대행위를 한 때에는 6년 이하의 징역에 처한다.

〈검토의견〉

A: 아동학대범죄는 일반폭력범죄와 달리 보호의무자가 보호대상자에게 해를 끼치는 데 특징이 있다. 따라서 보호대상자인 아동은 제2조, 제3조의 행위주체에서 제외하고 행위주체를 보호의무자인 '성인'으로 한정하여야 한다.

B: [규정]은 학대가해자를 철저히 처벌하여 학대피해자인 아동을 각종 학대행위로부터 두텁게 보호하고자 하는 데에 목적이 있다. 따라서 제2조, 제3조의 행위주체는 현행과 같이 '누구든지'로 유지되어야 한다.

C: 성적 행위와 관련하여 아동피해자를 성적 자기결정능력이 있는 성인피해자와 동일하게 취급할 수 없다. 따라서 제3조에서 '성적 수치심을 야기하는'이라는 표현은 삭제하는 것이 타당하다.

〈보기〉

ㄱ. "최근 미성년자가 다른 미성년자의 보호·감독자가 되는 사회적 관계 유형이 증가하고 있다."는 연구 결과는 A를 뒷받침한다.

ㄴ. "아동학대의 가해자 상당수가 어린 시절 아동학대를 경험한 피해자이므로 아동학대에서 피해자와 가해자를 이분법적으로 나눌 수 없다."는 연구 결과는 B를 뒷받침한다.

ㄷ. "최근 미성년자 간에 성적 요구를 하여 영상 등을 촬영하는 사례가 늘고 있으며 이러한 요구에 대하여 아무 부끄러움이나 불쾌감 없이 응한 경험이 이후 부정적 자기정체성이나 왜곡된 성 인식을 형성하는 데에 결정적 영향을 미치므로, 미성년자 간의 성적 요구행위 역시 학대로 보아 처벌할 필요성이 크다."는 연구 결과는 B, C 모두를 뒷받침한다.

① ㄱ　② ㄷ　③ ㄱ, ㄴ　④ ㄴ, ㄷ　⑤ ㄱ, ㄴ, ㄷ

17

2022학년도 LEET 문3

다음으로부터 <상황>을 판단한 것으로 옳은 것만을 <보기>에서 있는 대로 고른 것은?

헌법은 국가의 기본적 가치를 규정한 최상위법으로 법률이 헌법을 위반하면 그 법률은 무효이다. 여기서 법률의 어떤 측면이 위헌판단의 근거를 제공하는지가 문제된다. 단순히 법률문장의 문자적 의미가 바로 위헌판단의 근거가 되는 법률의 핵심 측면이라고 할 수도 있겠으나, 헌법이 차별을 금지하는데 법률이 '차별하라'는 의미를 노골적으로 담고 있는 단어나 문장을 사용하는 경우는 거의 없을 것이다.

기본적으로 위헌판단이 되는 법률의 측면은 ㉠ 해당 법률을 표상하는 법률문장을 구체적 사안에 적용할 때 예상되는 직접적인 결과이다. 간통한 사람을 처벌하는 내용을 담고 있는 법률문장 A가 표상하는 법률의 위헌 여부를 결정짓는 측면은 간통한 사람에게 A의 적용에 따라 가해지는 처벌이라는 결과이다. 어떤 이들은 ㉡ 해당 법률이 시행됨으로써 사회 전체 구성원에게 미치는 영향을 살펴야 한다고 생각한다. 특정 집단에 대해 채용시 가산점을 부여하도록 하는 법률이 차별적이어서 위헌인지 여부는 가산점 부여행위가 그 사회의 다른 이들에게 미치는 영향까지 관찰해야만 알 수 있다고 한다. 다른 한편에서는 위헌판단의 결정적인 측면을 여전히 법률문장의 의미에서 찾으면서도 그 법률문장의 의미는 ㉢ 해당 사회의 역사와의 관련 속에서 그 법률문장이 전달하는 맥락적 의미라고 주장한다. 여성 전용 교육기관을 설립한다는 내용의 법률문장으로 표상되는 법률이 차별을 금지하는 헌법에 위반되는지 여부는, 여성 전용 교육기관을 설립하는 것이 그 국가에서 여성의 낮은 권익을 향상하기 위한 맥락을 가지는가, 아니면 여성을 분리·차별하기 위한 역사적 맥락을 가지는가에 따라 다르게 평가된다는 것이다.

〈상황〉

X국에서는 수차례 전쟁을 거치면서 국기가 국가 존립의 상징이 되어 국기 소각이 국가의 권위를 해하는 행위로서 헌법질서에 반하는 범죄행위로 평가받기에 충분하다. 그런데 X국 국회가 국기의 권위와 존엄을 보호하기 위해서 국기를 소각한 자를 처벌한다는 내용을 담고 있는 법률문장 R로 표상되는 법률 L을 입법하자, 이에 반대하는 사람들이 시위를 하면서 그간 거의 존재하지 않았던 국기 소각 행위가 빈번하게 일어났고 소각행위에 동조하는 사람들도 많아졌다.

〈보기〉

ㄱ. ㉠을 위헌판단의 근거를 제공하는 핵심 측면으로 판단하면, X국에서 L은 위헌이다.
ㄴ. L이 가진 ㉡의 측면은 R로 표상되는 L의 입법 목적과 합치하지 않는다.
ㄷ. ㉢을 위헌판단의 근거를 제공하는 핵심 측면으로 판단하면, X국에서 L은 위헌이다.

① ㄱ ② ㄴ ③ ㄱ, ㄷ
④ ㄴ, ㄷ ⑤ ㄱ, ㄴ, ㄷ

18

2023학년도 LEET 문9

<견해>에 대한 평가로 옳은 것만을 <보기>에서 있는 대로 고른 것은?

[규정]

제1조(정의) '약사(藥事)'란 의약품·의약외품의 제조·조제·보관·수입·판매[수여(授與)를 포함]와 그 밖의 약학 기술에 관련된 사항을 말한다.

제2조(의약품 판매) 약국 개설자가 아니면 의약품을 판매하거나 판매할 목적으로 취득할 수 없다. 다만, 의약품의 제조업 허가를 받은 자가 제조한 의약품을, 의약품 제조업 또는 판매업의 허가를 받은 자에게 판매하는 경우에는 그러하지 아니하다.

〈사례〉

P회사는 의약품 제조업의 허가와 의약품 판매업의 허가를 각각 받아 의약품 제조업자와 의약품 도매상의 지위를 동시에 가지고 있다. P회사는 의약품취급방법 위반으로 제조업자의 지위에서 의약품 판매 정지 처분을 받았다. 이와 관련하여 P회사가 의약품 제조업자의 지위에서는 의약품을 출고하고, 의약품 도매상의 지위에서는 그 의약품을 입고한 경우가 이 규정에 따른 '판매'에 해당하는지에 대해 다음과 같이 견해가 대립한다.

〈견해〉

견해1: 제2조는 엄격한 관리를 통하여 의약품이 비정상적으로 거래되는 것을 막으려는 취지이다. 의약품 회사가 제조업과 도매상 허가를 모두 취득하였더라도 의약품이 제조업자로부터 도매상으로 이동한 경우는 그 지위가 구분되는 상대방과의 거래로 볼 수 있으므로, '판매'에 해당한다.

견해2: 일반적으로 판매란 값을 받고 물건 등을 남에게 넘기는 것을 의미하는 것으로 물건 등을 넘기는 자와 받는 자를 전제하는 개념이다. 의약품 회사가 제조업의 허가와 도매상의 허가를 모두 취득하였더라도 제조업자로서 제조한 의약품을 도매상의 지위에서 입고하여 관리하는 것은 동일한 회사 내에서의 이동일 뿐이고, 독립한 거래 상대방이 존재하는 것이 아니므로 '판매'에 해당하지 않는다.

〈보기〉

ㄱ. [규정]에서 의약품 도매상이 되려는 자는 시장·군수·구청장의 허가를 받아야 하고, 제조업자가 되려는 자는 식품의약청장의 허가를 받아야 한다는 별도의 규정이 있다면 견해1은 약화된다.

ㄴ. 제1조의 판매에 포함되는 '수여(授與)'의 개념에 거래 상대방과 관계없이 물건 자체의 이전(移轉)도 포함된다면 견해2는 강화된다.

ㄷ. 제2조의 입법취지에 따른 판매 개념이 일반 대중에게 의약품이 유통되는 것을 의미하는 것이라면 견해2는 강화된다.

① ㄴ　② ㄷ　③ ㄱ, ㄴ
④ ㄱ, ㄷ　⑤ ㄱ, ㄴ, ㄷ

19

2013학년도 LEET 문31

다음 논증의 설득력을 약화하는 논거로 가장 효과적인 것은?

인간 복제 연구는 적극적으로 장려되어야 할 과제다. 그런데도 이 과제를 통해 인류에게 큰 혜택을 제공하게 될 이들이 자신들의 목적은 단지 연구용 줄기세포를 생산하는 것일 뿐 인간 복제의 의도가 없다고 둘러대고 있어 아쉽다. 그러다 보면 연구의 방향성과 추동력을 상실하고 고귀한 성취의 희망을 스스로 무산시키게 될 가능성이 있기 때문이다. 복제 연구를 훼방하는 최대 요소는 복제에 대한 그릇된 혐오와 그 효용에 대한 인식의 부족이다. 따지고 보면 인간 복제는 누군가의 쌍둥이 형제나 자매를 낳는 것과 다를 바 없는 일이다. 형제나 자매가 태어나도록 하는 일을 부자연스럽다거나 악하다고 할 이유가 없다. 다음 경우를 보면 판단은 분명해진다. 남편의 불임증 때문에 아이를 가질 수 없는 부부의 경우, 모르는 남성의 정자를 아내에게 인공수정하여 아이를 가지는 것과 부부 스스로의 힘으로, 즉 아내나 남편을 복제하여 아이를 가지는 것, 둘 중 어느 편이 나은가? 전자의 방식으로 태어난 아이는 훗날 자신의 '생물학적 부친'이 누군지 궁금해 할 것이고, 이 방식의 해결이 함축하는 가족 내부의 유전적 이질성은 결국 가정의 내적 결속을 와해할 가능성이 크다. 그러나 복제를 통해 태어난 아이는 모든 유전적 특성을 아내 혹은 남편으로부터 고스란히 물려받았기 때문에 이런 위험이 존재하지 않는다. 자녀 갖기를 포기하거나 다른 부모가 낳은 아이를 입양할 수도 있지만, 부부 스스로의 힘으로 자녀를 낳은 경우와 견줄 수는 없을 것이다. 불임 가정의 고통을 해소할 최선의 길을 열어준다는 점에서 인간 복제 연구는 우리 사회의 미래를 밝히는 중요한 희망이다.

① 가정의 결속을 위협할 것은 유전적 이질성이 아니라 복제로 태어난 아이가 부부 중 한 사람의 쌍둥이 형제이기도 한 까닭에 겪게 될 정체성 갈등이다.
② 연구개발 과정에서 희생되는 숱한 실험동물의 생명을 고려할 때 복제 연구를 비롯한 모든 의학 연구는 인간만을 위한 종(種) 이기주의적 행위에 불과하다.
③ 고유하고 독립적인 인격을 지닌 개체라는 점을 고려하면 복제 인간도 사회적, 법적 차원에서 보통 인간과 동등하게 존엄성을 지닌 존재로 취급되어야 할 것이다.
④ 사회 전체의 이익이라는 관점에서는 가정을 이룬 부부가 자녀 갖기를 거부하거나 포기하는 편보다 어떤 방식으로든 자녀를 갖는 편을 선택하도록 유도하는 것이 옳다.
⑤ 연구 과정에서 최초에 의도하지 않았던 과학적 업적이 이루어지는 일이 다반사라고 해도 연구목적을 명료하게 설정하는 것이 연구 효율성의 전제조건이라는 사실은 부정되지 않는다.

20

2016학년도 LEET 문10

다음 주장들에 대한 평가로 옳은 것만을 <보기>에서 있는 대로 고른 것은?

A: 인간은 일해야만 하는 유일한 동물이다. 일에 몰두하는 것은 그 자체로는 즐겁지 않고 사람들은 일을 다른 목적 때문에 떠맡는다. 반대로 놀이에 몰두하는 것은 그 자체로 즐거우며 놀이 이상의 목적을 의도하지 않는다. 인간은 무위도식하려는 강력한 경향성을 가지고 있어 일 안하고 놀수록 일하려고 결심하는 것은 힘들다. 그러므로 어린 시절부터 일을 위한 숙련성이 양성되어야 한다. 교과를 배우는 것도 목적의 도달에 숙련되기 위해서이다. 숙련성의 양성을 위해서는 강제가 동원되어야 하는데 학교 밖에서 이것이 가능하겠는가? 학교에서 놀이를 통해 교과를 배우도록 하는 것은 일종의 공상이다.

B: 인간은 일을 통해 자신을 창조한다. 성인은 외적으로 요구되는 것에 대해 자신의 노력을 기울임으로써 일하지만, 어린이가 일하는 과정은 내적 자아를 구성하는 과정이다. 그래서 성인은 일을 위해 최소한의 노력으로 최대한의 효과를 얻으려는 법칙을 사용하지만, 어린이는 일하면서 최대한의 에너지를 소비하며 사소한 일을 행하는 데에도 모든 잠재력을 사용한다. 어린이는 일을 하면서 놀이를 하는 것이다. 그러므로 교육기관은 어린이가 일을 통해 자신을 창조할 수 있는 환경 및 교구를 제공해야 한다.

C: 인간은 놀이할 때 비로소 완전한 인간이 된다. 일은 세계를 이용해야 할 대상으로 보는 활동인 반면, 놀이는 세계를 설명하고 이해하고자 하는 마음이 담긴 활동이다. 놀이는 그 어떤 것의 수단이 아니며 그 자체로 의미와 가치를 지닌다. 철학, 과학, 역사는 세계에 대한 이해와 설명으로 들어가는 각기 다른 모험들이다. 이런 교과를 배워서 철학자, 역사가, 과학자의 사유 방식을 탐구하는 동안 우리는 일하는 것이 아니라 이들과 대화를 통해 놀이하는 것이다. 학교는 직업적 숙련성을 양성하는 장소가 아니다.

<보기>

ㄱ. '수학 교과를 놀이하면서 배우는 것은 불가능하다'라는 주장에 A는 동의하고 B와 C는 동의하지 않는다.
ㄴ. '학교는 일을 위한 공간이다'라는 주장에 A는 동의하고 B와 C는 동의하지 않는다.
ㄷ. '과학을 배우는 이유는 일을 위한 쓸모 때문이다'라는 주장에 A는 동의하고 C는 동의하지 않는다.

① ㄱ ② ㄴ ③ ㄱ, ㄷ
④ ㄴ, ㄷ ⑤ ㄱ, ㄴ, ㄷ

21

2016학년도 LEET 문16

[A]에 들어갈 진술 중 을의 반박을 약화할 수 있는 갑의 주장으로 가장 적절한 것은?

> 등산을 좋아하는 X는 가을에 에베레스트 등반을 계획하고 있었다. 그런데 그 해 봄에 임신 2개월째라는 것을 알게 되었다. X는 분명히 그 해에 아이를 가질 예정이었다. 그러나 그 시기는 등반을 마친 이후였는데 실수로 먼저 임신을 하게 되었다. 그는 등반 이후에 다시 아이를 갖기로 하고 낙태 수술을 받았다.
>
> Y도 임신을 계획하고 있었다. 다만 치료차 복용 중이던 약 때문에 바로 아이를 가지면 아이에게 장애가 생기게 되지만, 3개월 후 완치된 다음에 임신하면 건강한 아이를 갖게 된다는 것을 알았다. 그러나 Y는 기다리지 않고 곧 아이를 가졌다.
>
> Y에게서 장애가 있는 아이가 태어났다. 아이가 자라서 "엄마는 왜 그때 나를 낳았어요? 3개월 후에 임신했다면 나는 장애를 안 가지고 태어났을 텐데요."라고 말한다. 이에 Y는 "그 때 3개월을 기다려 임신했다면 너는 안 태어났을 거야. 다른 아이가 태어났겠지. 장애가 있긴 해도 너는 그렇게라도 태어났기에 이런 말도 할 수 있는 거야. 나는 네게 잘못한 것이 없어."라고 말한다.
>
> 갑: X의 행동은 옳지 못하다. 인간의 생명은 마음에 들지 않는다고 대체할 수 있는 성격의 것이 아니다.
> 을: 그럼 Y의 사례는 어떻게 생각하는가?
> 갑: Y가 뭔가 잘못하지 않았나? Y는 장애가 없는 아이를 가질 수도 있었는데 장애가 있는 아이를 가졌으니까.
> 을: 당신의 입장은 일관되지 않다. 당신의 말대로 아이가 대체 가능하지 않다면 아이의 항의보다 Y의 대답이 더 정당해야 한다. Y는 아이가 대체 가능하지 않다고 생각하고 있으니까.
> 갑: 내가 X에 적용한 기준은 Y에 적용할 수 없다.
>
> [A]

① X는 산모의 생명이나 건강 이외의 다른 이유로 낙태를 할 수 있다고 생각했고, Y는 어떤 것도 낙태의 이유가 될 수 없다고 생각했기 때문이다.

② X는 만족스러운 삶의 질을 가질 아이를 낳지 않은 것에 잘못이 있고, Y는 덜 만족스러운 삶의 질을 가진 아이를 낳은 것에 잘못이 있기 때문이다.

③ X는 7개월을 기다렸다면 태어났을 아이를 존재하지 않게 하였고, Y는 3개월을 기다렸다면 가졌을 아이를 존재하지 않게 했기 때문이다.

④ X는 이미 존재한 생명에 대해 결정을 했고, Y는 아직 생명이 존재하기 전에 결정을 내렸기 때문이다.

⑤ X는 누구인지 모르는 아이에게 해를 끼쳤고, Y는 누구인지 아는 아이에게 해를 끼쳤기 때문이다.

22

2016학년도 LEET 문25

다음 주장에 대한 평가로 옳은 것만을 <보기>에서 있는 대로 고른 것은?

> 인간의 심리는 자연선택에 의한 진화의 산물이다. 즉, 우리의 마음이나 감정은 번식 가능성의 증대라는 기준으로 진행되는 자연선택의 산물이라는 것이다. 예를 들어 토사물, 배설물, 상한 음식, 시체 등의 자극이 일으키는 혐오감은 강한 불쾌감과 함께 때로는 구역질까지 동반하는 정서로 인간이 지니는 보편적인 감정 중의 하나이다. 번식이나 생존과 같은 고도의 생물학적 충동에서는 혐오 체계가 억제되기도 하지만, 대체로 혐오를 느낀 사람들은 혐오를 유발한 자극을 회피하는 행동을 한다. 왜 우리는 이처럼 역겨워하는 정서를 경험할까?
>
> 구체적인 대상들에 대한 혐오감은 전염성 병원체를 옮길 수 있는 매개체를 회피하게끔 자연선택에 의해 설계된 적응이다. 혐오를 주로 일으키는 자극은 유해한 미생물의 온상이므로 몸속에 들여서는 안 되는 것들이다. 혐오를 유발하는 토사물, 배설물, 상한 음식 등은 상당수의 전염성 세균이나 바이러스를 포함한다. 기침할 때 나오는 침이나 콧물은 체내에 들어오면 폐결핵이나 인플루엔자 등을 옮길 수 있다. 특히 낯선 사람의 분비물은 우리 면역 체계가 방어하기 어려운 낯선 병원체를 전파하기 쉽기 때문에 혐오 정도가 더 심하다.

〈보기〉

ㄱ. 건강한 사람이 병에 걸리고 난 후, 같은 자극에 대해서 혐오감을 더 강하게 느낀다면, 위 주장은 약화된다.

ㄴ. 대변에서 풍기는 냄새에 혐오감을 느끼는 정도는 그 냄새가 자신의 것에서 나든지 다른 사람의 것에서 나든지 차이가 없다면, 위 주장은 약화된다.

ㄷ. 목이 말라 곧 죽을 것 같은 상황에서는 깨끗해 보이지 않는 물에 혐오감을 덜 느끼면서 마신다면, 위 주장은 약화된다.

① ㄱ ② ㄴ ③ ㄷ
④ ㄱ, ㄷ ⑤ ㄴ, ㄷ

23

2017학년도 LEET 문17

다음 논쟁에 대한 평가로 적절한 것만을 <보기>에서 있는 대로 고른 것은?

> 갑: 당신 진열장이 마음에 들어 내가 어제 당신이 요구한 대로 100만원을 주고 구입했는데, 왜 물품을 인도하지 않습니까?
>
> 을: 그 100만원 외에 그 진열장을 이루고 있는 부품 가격으로 100만원을 더 지불해야합니다. 진열장을 사려면 부품들도 함께 구입해야 하는데, 그 금액을 아직 받지 못했습니다.
>
> 갑: 진열장과 그 부품들이 따로따로라고요? 도대체 무슨 근거로 그 둘이 다르다는 겁니까?
>
> 을: 진열장과 그 부품들은 성질이 다릅니다. 진열장은 세련된 조형미를 갖추고 있지만 그 부품들엔 그런 것이 없습니다. 또 진열장을 분해하면 진열장은 더 이상 존재하지 않지만 그 부품들은 여전히 존재합니다. 따라서 둘은 별개의 사물입니다.
>
> 갑: 당신은 마치 가구 판매자로서의 당신과 가구 제작자로서의 당신이 별개의 사람인 듯이 이야기하는군요. 그건 관념적인 구별이고 실제 당신은 하나가 아닙니까? 진열장은 특정한 형태로 조합된 부품들일 뿐입니다. 둘은 다르지 않습니다. 나는 특정한 형태로 조합되어 진열장을 만드는 부품들을 구매했고, 따라서 그 부품들은 자동으로 따라오는 것입니다. 당신은 분해된 부품들이 아니라 특정한 형태로 조합된 부품들을 저에게 건네주기만 하면 됩니다.

〈보기〉

ㄱ. 을은 '서로 다른 성질을 지녔다면 서로 다른 사물'이라고 가정하고 있다.

ㄴ. 부품이 진열장으로 조립·가공되면서 창출되는 가치의 대가가 처음 지불한 100만원에 이미 포함되어 있다면 을의 주장은 강화된다.

ㄷ. 을의 논리에 따르면 부품 역시 부분들로, 또 그것들을 더 작은 부분들로 나눌 수 있으므로, 부분들에도 값이 있다면 진열장을 받기 위해 거의 무한대의 비용을 지불해야 할 수도 있다.

① ㄴ ② ㄷ ③ ㄱ, ㄴ
④ ㄱ, ㄷ ⑤ ㄱ, ㄴ, ㄷ

24

2018학년도 LEET 문11

㉠과 ㉡에 대한 평가로 옳은 것만을 <보기>에서 있는 대로 고른 것은?

> 많은 사람들은 ㉠ 동물에게도 도덕적 지위를 인정해야 한다고 주장한다. 어떤 대상에게 도덕적 지위를 부여하려면 적어도 그것이 쾌락과 고통의 감각 능력뿐만 아니라 주체적으로 지각하고 판단할 수 있는 능력까지 갖고 있어야 할 것이다. 사람들은 많은 고등 동물들이 이 두 가지 능력을 갖추었다고 판단한다. 물론 개나 고양이의 지각·판단 능력은 인간에 비해 열등하지만, 그렇다고 동물들이 주체적이지 않다고 하기는 어렵다. 단지 인간 수준에 못 미치는 것이 이유라면, 혹시라도 인간보다 훨씬 우월한 외계 종족 앞에서 우리가 주체적이지 않은 존재로 무시될 가능성이 있다. 그런 가능성이 우려된다면, 우리도 개나 고양이의 주체적 지각·판단 능력을 인정하는 편이 낫다.
>
> 로봇의 경우는 어떤가? 일반적으로 로봇의 핵심 특성으로 간주되는 지각, 정보처리, 행동출력의 세 요소는 동물의 주요 특징이기도 하다. 게다가 외부 자극을 수용하고 그 정보를 처리하여 적절한 반응을 출력하는 능력을 인정한다면, 쾌락과 고통의 감각 능력도 함께 인정하는 것이 자연스럽다. 이를테면, 로봇의 팔을 송곳으로 찔렀을 때 팔을 움츠리며 "아야!" 한다면 지금 고통을 느끼고 있다고 판단할 수 있다는 것이다. 또한 로봇을 금속이나 플라스틱이 아니라 동물의 신체와 동질적인 유기물 재료로 구성하는 일도 얼마든지 가능하다. 그렇게 보면 아마도 로봇과 동물의 차이가 분명해지는 측면은 양자의 발생적 맥락뿐일 것이다. 이렇듯 동물과 로봇의 유사성이 충분히 인정되는 상황에서, 적어도 동물에게 도덕적 지위를 부여할 수 있다고 생각하는 사람이라면, 심지어 지각 및 정보처리 능력에서 인간 수준에 필적해 있는 ㉡ 로봇에게 도덕적 지위를 부여하지 못할 이유는 없을 것 같다.

〈보기〉

ㄱ. 동물과 로봇의 발생적 이력 차이가 쾌락 및 고통의 감각 능력을 평가하는 데 매우 중요한 요소로 밝혀진다면, ㉠에는 영향이 없고 ㉡은 약화된다.

ㄴ. 동물과 로봇의 구성 소재 차이가 극복할 수 없는 것으로 밝혀진다면, ㉠은 강화되지만 ㉡은 약화된다.

ㄷ. 인간보다 우월한 지각 및 판단 능력을 가진 대상이 존재하지 않는다면, ㉠은 약화되지만 ㉡은 강화된다.

① ㄱ ② ㄴ ③ ㄱ, ㄷ
④ ㄴ, ㄷ ⑤ ㄱ, ㄴ, ㄷ

25

2018학년도 LEET 문18

A~C에 대한 평가로 옳은 것만을 <보기>에서 있는 대로 고른 것은?

우리는 나무나 별과 같은 물리적 대상이 존재한다는 점은 모두 인정한다. 수나 집합과 같은 수학적 대상도 마찬가지로 존재한다고 할 수 있을까? 물리적 대상은 특정 시점과 특정 장소에 존재한다고 말할 수 있지만, 수학적 대상은 그렇지 않다는 점에서 비시간적이고 비공간적인 대상으로 생각된다. 또한 나무나 별은 우리의 감각에 직간접으로 어떤 영향을 미친다는 점에서 인과적 대상인 반면, 수나 집합과 같은 수학적 대상은 인과적 영향을 전혀 미치지 않는다는 점에서 비인과적 대상으로 생각된다. 이처럼 비시간적이고 비공간적이고 비인과적인 대상을 '추상적' 대상이라 부르기도 한다.

A: "2는 소수이다."를 참으로 받아들이면서 2의 존재를 부정할 수는 없다. 이는 우리가 "저 나무는 파랗다."를 참으로 받아들이면서 저 나무의 존재를 부정할 수는 없는 이치와 같다. 따라서 수학적 대상은 추상적 대상일 뿐 존재한다는 점에서는 물리적 대상과 다르지 않다.

B: 수학적 대상은 추상적 대상이므로 그것은 비인과적 대상이다. 그러므로 그러한 대상이 있건 없건 우리의 구체적이고 물리적인 세계는 아무런 차이 없이 그대로 유지될 것이다. 따라서 수학적 대상이 존재한다고 볼 이유는 전혀 없는 것이고, 수학적 대상은 존재하지 않는다고 결론 내려야 한다.

C: 추상적 대상이 우리와 어떤 인과적 관계도 맺을 수 없다면, 우리는 그 대상이 어떤 성질을 가졌는지도 알 수 없다. 우리가 나무나 별에 대한 지식을 가질 수 있는 이유는 감각을 통해 그러한 대상과 인과적 관련을 맺을 수 있다는 사실에 근거하고 있기 때문이다. 그런데 우리가 많은 수학적 지식을 가지고 있다는 것은 틀림없는 사실이다. 그렇다면 도리어 수학적 대상은 추상적 대상이 아니라고 결론 내려야 한다.

〈보기〉

ㄱ. A는 물리적 대상만 존재한다는 것을 부정하지만 B는 그것을 받아들인다.
ㄴ. B는 수학적 대상이 추상적 대상이라고 보는 반면 C는 이를 부정한다.
ㄷ. C는 우리가 인과적 대상에 대해서만 지식을 가질 수 있다고 전제하고 있다.

① ㄴ ② ㄷ ③ ㄱ, ㄴ
④ ㄱ, ㄷ ⑤ ㄱ, ㄴ, ㄷ

26

2019학년도 LEET 문17

다음 가설과 실험에 대한 평가로 옳은 것만을 <보기>에서 있는 대로 고른 것은?

우리는 어떤 도덕적 판단이 다른 도덕적 판단보다 더 객관적이라고 생각한다. 예를 들어 '살인은 나쁘다'는 판단은 '노약자에게 자리를 양보하는 것은 옳다'는 판단보다 더 객관적인 것으로 보인다. 그렇다면 왜 이런 차이가 생기는 것일까? 이를 알아보기 위해 다음 가설과 실험이 제시되었다.

가설 1: 사람들은 다른 사람의 신체에 직접 물리적인 해를 끼치는 행위에 대한 도덕적 판단이 그렇지 않은 행위에 대한 도덕적 판단보다 더 객관적이라고 생각한다.

가설 2: 사람들은 어떤 행위가 나쁘다는 도덕적 판단이 어떤 행위가 옳다는 도덕적 판단보다 더 객관적이라고 생각한다.

〈실험〉

실험 참가자들에게 갑, 을, 병의 다음 행위에 대한 이야기를 들려주었다.

갑의 행위: 술집에서 자신에게 모욕을 준 사람에게 직접 물리적 폭력을 가함.

을의 행위: 친구들에게 과시하고자 무명용사의 추모비를 발로 차서 깨뜨림.

병의 행위: 자신의 월급의 10%를 매달 복지 단체에 익명으로 기부함.

그리고 참가자들에게 '갑의 행위가 나쁘다는 판단이 전혀 객관적이지 않다면 0, 매우 객관적이라면 5를 부여하고, 그 정도를 0과 5 사이의 점수로 표현하라'고 요청하였다. 을의 행위가 나쁘다는 판단과 병의 행위가 옳다는 판단의 객관성에 대해서도 동일한 요청을 하였다.

〈보기〉

ㄱ. 참가자들 모두가 갑의 행위와 을의 행위에 비슷하게 높은 점수를 부여하였다면, 이 사실은 가설 1을 약화한다.
ㄴ. 참가자들 모두가 병의 행위보다 갑의 행위에 더 높은 점수를 부여하였다면, 이 사실은 가설 2를 약화한다.
ㄷ. 참가자들 모두가 을의 행위보다 병의 행위에 더 높은 점수를 부여하였다면, 이 사실은 가설 1을 강화하고 가설 2를 약화한다.

① ㄱ ② ㄴ ③ ㄱ, ㄷ
④ ㄴ, ㄷ ⑤ ㄱ, ㄴ, ㄷ

27

2019학년도 LEET 문18

가설 A, B에 대한 평가로 옳은 것만을 <보기>에서 있는 대로 고른 것은?

사람들은 고난에 빠진 사람을 볼 때 종종 그 사람을 돕는 행동을 한다. 왜 사람들은 그런 행동을 하게 되는가?

가설 A에 따르면, 사람들은 불쌍한 사람을 보면 공감하게 되고, 공감을 느끼는 것이 이타적인 욕구를 일으켜 돕는 행동을 하게 된다. 이 가설에 따르면 불쌍한 사람에게 더 많이 공감할수록 이타적인 욕구가 강해지고, 따라서 그 사람을 돕는 행동을 할 가능성이 높아진다.

한편 이 가설과 달리, 불쌍한 사람을 보고도 돕지 않는다는 것이 알려진다면 나쁜 사람으로 평가되어 사회적 제재나 벌을 받을 것이라고 두려워하기 때문에 돕는다는 견해가 있다. 그러나 이 견해는 가설 A와 달리 공감의 역할을 적절히 반영하지 못한다. 이를 보완하기 위해 제시된 가설 B에 따르면, 불쌍한 사람에게 더 많이 공감할수록, 그를 돕지 않는 것이 알려질 경우 사회적 비난이 더 커질 것이라고 두려워하고, 따라서 사회적 비난을 피하기 위해 돕는 행동을 할 가능성이 더 높아진다.

〈보기〉

ㄱ. 불쌍한 X를 돕지 않는 것이 알려지지 않을 것이라고 믿더라도 X에 대해 공감하는 정도가 높아질수록 X를 도울 가능성이 높아지는 것으로 밝혀지면, 가설 A는 약화되지 않는다.

ㄴ. 불쌍한 X를 돕지 않는 것이 알려진다고 믿는지 여부와 상관없이 X를 돕는 행동을 할 가능성에 큰 차이가 없는 것으로 밝혀지면, 가설 B는 강화된다.

ㄷ. 불쌍한 X를 돕지 않는 것이 알려지지 않을 것이라고 믿을 때 X에 대해 공감하는 정도가 높아짐에도 불구하고 X를 도울 가능성이 높아지지 않는 것으로 밝혀지면, 가설 B는 약화된다.

① ㄱ ② ㄴ ③ ㄱ, ㄷ
④ ㄴ, ㄷ ⑤ ㄱ, ㄴ, ㄷ

28

2020학년도 LEET 문19

다음 논쟁에 대한 평가로 옳은 것만을 <보기>에서 있는 대로 고른 것은?

공포 영화의 중요한 특징은 영화 속의 공포의 존재가 우리에게 두려움과 역겨움의 반응을 유발하고 그로 인해 우리가 고통이나 불쾌감을 느끼게 된다는 것이다. 쾌락의 추구와 고통의 회피가 인간의 보편적인 성향임을 고려할 때, 어떻게 많은 사람들이 그런 공포 영화를 즐길 수 있는 것인지 의아해진다. 이를 설명하기 위해 다음과 같은 두 개의 주장이 제시되었다.

A: 우리가 공포 영화를 즐길 수 있는 이유는 결국은 고통이나 불쾌감을 상쇄하고도 남을 충분한 보상을 얻을 수 있기 때문이다. 그런 영화에 전형적으로 등장하는 미지의 대상은 두려움과 역겨움을 유발하기도 하지만 그만큼 그 대상의 정체를 알아내고 싶은 우리의 호기심을 자극하기도 한다. 우리는 영화를 보면서 그 대상의 정체를 파악하기 위해 가설을 세우고, 증거를 찾고, 추리를 하고, 검증을 하려 애쓴다. 그러다가 영화가 끝날 때쯤 그 대상의 정체가 밝혀지고 얽히고설킨 모든 문제가 해소되는 순간 우리는 ㉠ 엄청난 쾌감을 느끼게 되는 것이다.

B: 영화는 영화일 뿐이다. 정말로 눈앞에 괴물이 나타난다면 누구나 허겁지겁 도망치겠지만, 영화 속 괴물을 보고 그렇게 반응하는 사람은 거의 없다. 공포 영화에 아무리 두렵고 역겨운 대상이 등장하더라도 그로 인해 발생하는 고통이나 불쾌감은 충분히 통제할 만한 것이다. 그 정도의 고통이나 불쾌감을 상쇄하기 위해 ㉠까지 필요치는 않으며, 대부분 판에 박힌 플롯의 공포 영화가 그런 쾌감을 제공할 수도 없다. 우리가 공포 영화를 즐기는 이유는 통제 가능한 수준의 고통이나 불쾌감은 오히려 적절한 자극제가 되어 정신 건강에 유익하기 때문일 뿐이다.

〈보기〉

ㄱ. 소설을 원작으로 한 공포 영화 관객 대부분이 소설을 먼저 읽어 본 사람들이었던 것으로 밝혀진다면 A는 약화된다.

ㄴ. 고통이나 불쾌감의 강도는 사람마다 다른 것이라면 A는 약화되고 B는 강화된다.

ㄷ. 호기심을 일으킬 만한 미지의 대상이 전혀 등장하지 않으면서 ㉠과 같은 수준의 엄청난 쾌감을 보상하는 공포 영화가 다수 존재한다면, A는 약화되고 B는 강화된다.

① ㄱ ② ㄴ ③ ㄱ, ㄷ
④ ㄴ, ㄷ ⑤ ㄱ, ㄴ, ㄷ

29

2020학년도 LEET 문17

다음으로부터 평가한 것으로 옳은 것만을 <보기>에서 있는 대로 고른 것은?

사람들의 행위 동기를 연구하기 위해 다음 실험이 수행되었다.

〈실험〉

보상이 기대되는 긍정적인 업무와 아무런 보상도 기대할 수 없는 중립적 업무가 참가자에게 각각 하나씩 제시된다. 참가자에게 참가자가 아닌 익명의 타인이 한 명씩 배정되고, 참가자는 두 개의 업무를 그 타인과 본인에게 하나씩 할당해야 한다. 할당 방식에는 두 가지가 있다. A방식은 참가자 본인의 임의적 결정으로 업무를 할당하는 것이며, B방식은 참가자가 동전 던지기를 통해 업무를 할당하는 것이다. 참가자는 둘 중 하나의 방식을 공개적으로 선택하지만, 선택이 끝난 후 업무를 할당하기까지의 전 과정은 공개되지 않는다.

〈결과〉

40명의 참가자를 대상으로 실험한 결과, 20명의 참가자가 A방식을 선택하였고 이들 중 17명이 긍정적 업무를 자신에게 할당하였다. 긍정적 업무를 타인에게 할당한 참가자는 3명이었다. 한편 나머지 20명의 참가자는 B방식을 선택했는데, 이들 중 18명이 자신에게 긍정적 업무를 할당하였고 타인에게 긍정적 업무를 할당한 참가자는 2명이었다.

동전 던지기에서 통상적으로 기대되는 결과와 비교할 때 B방식에 따른 이런 할당 결과는 매우 이례적인 것이어서 이를 설명하기 위해 다음 가설들이 제시되었다.

가설 1: B방식을 택한 대부분의 사람들은 원래는 공정하게 업무를 할당할 의도가 있었지만, 실제로 동전을 던져서 자신에게 불리한 결과가 나왔을 때 이기적인 동기가 원래의 공정한 의도를 압도하면서 결과를 조작한 것이다.

가설 2: B방식을 택한 대부분의 사람들은 원래부터 공정하게 업무를 할당할 의도가 없었으며, 단지 결과 조작을 통해 업무 할당의 이득을 안전하게 확보할 수 있고 사람들에게 공정한 사람처럼 보일 수 있는 추가 이득까지 얻을 수 있기 때문에 이 방식을 택한 것뿐이다.

〈보기〉

ㄱ. B방식을 택한 참가자들 대부분이 A방식도 B방식만큼 공정하다고 사람들이 생각하리라 믿었다면, 가설 2는 약화된다.

ㄴ. B방식을 택한 참가자들 중 결과를 조작한 사람들 대부분이 자신의 업무 할당이 공정하지 않았음을 인정한다면, 가설 1은 약화되고 가설 2는 강화된다.

ㄷ. B방식에서 동전 던지기를 통한 업무 할당 과정이 공개되도록 실험 내용을 수정하여 동일한 수의 새로운 참가자들을 대상으로 실험한 후에도 B방식을 선택하는 참가자의 수에 큰 변화가 없다면, 가설 1은 강화되고 가설 2는 약화된다.

① ㄱ ② ㄴ ③ ㄱ, ㄷ
④ ㄴ, ㄷ ⑤ ㄱ, ㄴ, ㄷ

30

2021학년도 LEET 문24

<견해>에 대한 평가로 적절한 것만을 <보기>에서 있는 대로 고른 것은?

인간의 형성에 있어 본성과 문화의 역할은 논쟁의 대상이며 다음과 같이 견해가 나뉘고 있다.

〈견해〉

A: 인간의 형성을 이해하려면 인간 본성으로부터 출발해야 한다고 생각해. 집단 간 차이는 엄연히 존재하고 특히 생물학적 특성은 집단 간 차이를 설명하는 데 결정적 역할을 하기 때문이야. 또한 많은 연구자들은 개인 간 지능지수 차이가 유전적 요인에 기인한다는 사실을 입증하고 있어.

B: 인종이나 성별 등을 기준으로 나눈 집단들의 지능지수가 거의 차이를 보이지 않는다는 점은 과학계에서 받아들여지는 엄연한 사실이야. 이처럼 인간이라는 종은 매우 동질적이기 때문에 생물학적 기준에 따른 집단 간 차이를 주장하는 것은 불평등한 사회적 위계를 옹호하려는 잘못된 동기에서 비롯된 것이라 생각해. 사회적 위계가 인간의 가변성을 제한하는 것일 뿐, 인간은 문화나 사회 환경에 따라 다르게 형성될 수 있는 존재야.

〈보기〉

ㄱ. 역사상 모든 사회에서 범죄율이 15세에서 25세 사이의 남자라는 특정 집단에서 압도적으로 높다는 조사 결과는 A를 약화한다.

ㄴ. 모든 사회 구성원의 능력을 공평하게 발전시키려는 다양한 사회 개혁이 실패했다는 조사 결과는 B를 강화하지 않는다.

ㄷ. 영어교육프로그램을 개선한 결과 대다수 초등학생의 영어 시험 점수가 개선 이전보다 크게 향상되었다는 연구 결과는 A를 강화하고 B를 약화한다.

① ㄱ ② ㄴ ③ ㄱ, ㄷ
④ ㄴ, ㄷ ⑤ ㄱ, ㄴ, ㄷ

31

2022학년도 LEET 문17

A, B에 대한 평가로 옳은 것만을 <보기>에서 있는 대로 고른 것은?

A: 악(惡)이 존재가 아니라 결여에 불과하다고 주장하는 사람들이 있다. 그런데 결여에 대해서는 더함과 덜함을 말할 수 없다. '이것이 빠져 있다'라는 진술과 '이것이 빠져 있지 않다'라는 진술은 모순 관계에 있기 때문이다. 모순 관계에서는 중간의 어떤 것이 허용되지 않는다. 반면, 존재에 대해서는 더함과 덜함을 말할 수 있다. 존재에는 완전함의 정도 차이가 있을 수 있기 때문이다. 그렇다면 악은 어떤가? 악한 것들 중에서 어떤 것은 다른 것보다 더 악하다.

B: 우리가 어떤 것이 다른 것보다 더 악하거나 덜 악하다고 말할 때, 우리는 그것들이 선(善)으로부터 얼마나 떨어져 있는가를 말하는 것이다. 이런 의미에서, 예컨대 '비동등성'과 '비유사성'처럼 결여를 내포하는 개념에 대해서도 더함과 덜함을 말할 수 있다. 즉, 동등성에서 더 멀리 떨어져 있는 것에 대해서 우리는 '더 비동등하다'라고 말하고, 유사성에서 더 떨어져 나온 것은 '더 비유사하다'라고 말한다. 따라서 선을 더 많이 결여한 것은, 마치 선에서 더 멀리 떨어져 있는 것처럼 '더 악하다'라고 말할 수 있다. 결여는 결여를 일으키는 원인의 증가 또는 감소에 의해서 더해지거나 덜해질 뿐 그 자체로 존재하는 어떤 성질이 아니다. 어둠은 그 자체로 존재하거나 그 자체로 강화되는 것이 아니다. 다만, 빛이 더 많이 차단될수록 더 어두워지고 밝음에서 더 멀어지게 되는 것이다.

〈보기〉

ㄱ. B는 A와 달리 악이 결여라고 주장한다.

ㄴ. A는 악에 정도의 차이가 있다는 것을 인정하고 B도 그것에 동의한다.

ㄷ. 악 없이 존재하는 선은 가능해도 선 없이 존재하는 악은 불가능하다는 관점은 A보다 B에 의해 더 잘 지지된다.

① ㄱ ② ㄷ ③ ㄱ, ㄴ
④ ㄴ, ㄷ ⑤ ㄱ, ㄴ, ㄷ

32

2024학년도 LEET 문24

다음 글에 대한 평가로 옳은 것만을 <보기>에서 있는 대로 고른 것은?

〈가설〉

상황의 압박을 받아 행해진 행동 X와 그 행위자의 도덕성에 대해 사람들은 다음과 같이 판단한다.

○ X가 나쁘면 자발적이라고 판단하고, X가 좋으면 강제되었다고 판단한다.

○ X가 자발적이라고 판단하면 X를 근거로 행위자의 도덕성을 판단하지만, X가 강제되었다고 판단하면 X로부터 도덕성을 판단하지 않는다.

〈실험〉

100명의 참여자를 집단 1과 집단 2로 나누고, 집단 1은 글 1을, 집단 2는 글 2를 각각 읽도록 한다.

글 1: 갑과 을이 노숙자와 마주친다. 갑이 을에게 가진 돈을 모두 노숙자에게 주라고 시킨다. 을은 가지고 있던 모든 돈을 노숙자에게 준다.

글 2: 갑과 을이 노숙자와 마주친다. 갑이 을에게 노숙자의 돈을 빼앗으라고 시킨다. 을은 노숙자의 돈을 빼앗는다.

글을 읽은 각 집단에게 을의 행동이 자발적인지 강제되었는지, 그리고 을이 도덕적인지 아닌지 묻는다.

〈보기〉

ㄱ. 집단 1에서 을의 행동이 강제되었다고 답한 사람의 대부분이 을이 도덕적이라고 답하였다면, 〈가설〉은 약화된다.

ㄴ. 집단 1의 대부분이 을의 행동이 강제되었다고 답하였지만 집단 2의 대부분은 을의 행동이 자발적이라고 답하였다면, 〈가설〉은 약화된다.

ㄷ. 집단 1의 대부분이 을이 도덕적인지 아닌지 모르겠다고 답하였지만 집단 2의 대부분은 을이 부도덕하다고 답하였다면, 〈가설〉은 약화된다.

① ㄱ ② ㄷ ③ ㄱ, ㄴ
④ ㄴ, ㄷ ⑤ ㄱ, ㄴ, ㄷ

33

2025학년도 LEET 문16

다음 글의 ㉠과 ㉡에 대한 평가로 옳은 것만을 <보기>에서 있는 대로 고른 것은?

누군가가 길거리에서 어려움에 빠져 도움이 필요한 상황에서 어떤 행인은 그 사람을 돕는 친사회적인 행동을 하고 어떤 행인은 그냥 지나친다. 도움에 관한 행인의 행동을 예측하려면 무엇을 파악해야 할까? 그 행인의 성격이 너그러운지 아니면 쌀쌀맞은지를 알아야 할까? 아니면 성격 이외의 외부적인 다른 요소를 파악해야 할까?

심리학자 갑이 이를 알아보기 위해 다음과 같은 실험을 수행하였다. 갑은 피실험자 중 50%의 사람들이 길을 걸어가는 중 빵 냄새를 맡아 기분이 좋아지게 했고, 나머지 50%의 사람들에게는 빵 냄새를 맡게 하지 않았다. 그런 직후 행인 역할을 맡은 조수에게 피실험자 앞에서 서류철을 떨어뜨리게 하였다. 그 결과 빵 냄새를 맡은 사람들의 87.5%가 그 행인을 도와주었고, 그렇지 않은 사람들의 4%가 그 행인을 도와주었다. 이로써 갑은 다음과 같이 결론짓게 되었다. 사람의 성격과 상관없이, 빵 냄새를 맡았는지 여부가 그 사람의 행동을 결정하게 된다. 즉, 사람들의 행동을 예측하는 근거는 성격이 아닌 상황적 요소에 있다. 갑은 이 메커니즘을 설명하기 위해서 ㉠사람의 행동을 좌우하는 결정적 요인은 성격보다는 상황적 요소라는 가설을 세웠다. 이 가설에 따르면, 빵 냄새를 맡았다는 상황적 요소가 피실험자의 기분을 좋게 만들었고 이에 따라 피실험자는 타인을 돕고자 하는 동기를 가지게 되었다. 예기치 않은 작은 행운이 그 사람을 너그럽게 만들었다는 것이다. 갑은 위 실험을 근거로 '친사회적 행동'과 '상황적 요소' 사이에 상관성이 있다고 주장하였다. 성격이 아닌 상황적 요소가 행동을 결정하는 요인이라는 것도 놀랍지만 더 놀라운 것은 ㉡친사회적 행동을 유발한 요인이 아주 사소하거나 하찮은 것일 수도 있다는 것이다.

〈보기〉

ㄱ. 갑의 실험에서 행인을 도와주지 않은 사람 중 대부분이 평소에도 이기적으로 행동한다고 알려진 사람들이었다는 것이 밝혀지면, ㉠은 강화된다.

ㄴ. 갑의 실험에 참여한 사람 가운데 평소 이타적인 성격을 지녔다고 알려진 사람이 그렇지 않은 사람보다 압도적으로 많은 것으로 밝혀지면, ㉠은 약화된다.

ㄷ. 빵 냄새를 맡게 하는 대신에 피실험자 중 50%는 고가의 경품에 당첨되도록 하고 나머지 50%는 아무것도 당첨되지 않도록 실험의 설정을 변경하였음에도 도움을 주는 사람들의 비율이 갑의 빵 냄새 실험에서 나타난 비율과 유사하다면, ㉠은 강화되나 ㉡은 약화되지 않는다.

① ㄱ ② ㄷ ③ ㄱ, ㄴ
④ ㄴ, ㄷ ⑤ ㄱ, ㄴ, ㄷ

34

2025학년도 LEET 문24

다음 논쟁에 대한 분석으로 옳은 것만을 <보기>에서 있는 대로 고른 것은?

> 갑: 예술에 있어서 허구와 비허구는 그 내용이 꾸며낸 것인지, 아니면 사실인지를 통해 구분될 수 있다. 가령 『홍길동전』이 허구인 이유는 그 내용이 실제 일어났던 일이 아닌 저자에 의해 꾸며낸 것이기 때문이다. 반면 『조선왕조실록』의 내용은 실제 일어났던 일이며, 따라서 『조선왕조실록』은 비허구이다.
>
> 을: 허구라는 용어가 일반적으로 '꾸며낸 것'을 가리킨다는 것은 옳다. 그러나 이것은 적어도 예술적 허구에 대한 만족스러운 정의는 아니다. 왜냐하면 허구적 예술작품은 일반적으로 꾸며낸 것과 사실인 것의 혼합체이기 때문이다. 예술작품을 감상하는 우리의 관행을 고려할 때, 예술에서의 허구와 비허구는 그 내용이 얼마나 사실과 같거나 다른지가 아니라 그 내용에 대해 어떠한 심적 태도를 갖는 것이 그것에 대한 적절한 감상인지를 고려함으로써 구분될 수 있다. 허구를 적절하게 감상하기 위해서는 그것이 제시하는 내용에 대한 상상에 참여해야만 하고, 비허구를 적절하게 감상하기 위해서는 그것이 제시하는 내용에 대한 믿음을 가져야만 한다. 『홍길동전』을 적절하게 감상하기 위해서는 가령, "홍길동은 율도국을 건설했다"라는 내용의 상상에 참여해야만 한다. 만일 『홍길동전』이 비허구작품이었다면, 우리는 그러한 내용을 상상하는 대신, 그에 상응하는 내용의 믿음을 가지는 것이 그것에 대한 적절한 감상이라고 여겼을 것이다.
>
> 병: 비허구작품을 감상하면서 그 작품의 내용에 대한 믿음을 가지는 것은 물론 적절하다. 그렇다고 해서 비허구작품을 감상하면서 그 내용에 대한 상상에 참여하는 것이 부적절하다는 결론이 따라나오는 것은 아니다. 우리는 전쟁의 실상을 다룬 다큐멘터리와 같은 비허구작품을 감상하면서도 그 안에서 일어난 참혹한 일들을 머릿속에서 생생하게 상상할 수 있으며, 그렇게 하는 것이 그 작품을 적절하게 감상하는 것이다.

〈보기〉

ㄱ. 『조선왕조실록』을 읽으면서 우리가 상상에 참여하는 것이 적절하다면 갑의 주장은 강화되는 반면 을의 주장은 약화된다.

ㄴ. 비허구작품의 내용에 대한 믿음을 갖는 것이 그 작품을 적절하게 감상하는 것이라는 주장에 대하여 을과 병 모두 동의한다.

ㄷ. 병에 따르면, 허구작품 중 상상에 참여하는 것이 부적절한 감상인 작품이 있다.

① ㄱ　② ㄴ　③ ㄱ, ㄷ
④ ㄴ, ㄷ　⑤ ㄱ, ㄴ, ㄷ

사회과학

35

2012학년도 LEET 문15

<관찰>을 토대로 <이론>을 평가한 것으로 옳은 것은?

〈이론〉

미국의 '경찰 하위문화(subculture)'는 '업무 수행 및 구성원들과의 인간관계와 관련하여 경찰관 사이에 공유되는 비공식적 규범'으로, 경찰관들의 고립적이고 위험한 생활방식에 대한 반응으로서 발전한 것이다. 남성중심주의와 남자다움의 숭배, 범죄에 대한 강경 대응을 강조하는 통제 지향적 태도, '우리'와 '그들'을 구분하는 배타주의, 변화에 대한 저항 등이 경찰 하위문화의 대표적 속성들이다. 경찰 하위문화의 속성들은 서로 밀접한 관련이 있어, 한 속성을 받아들이면 나머지 속성들도 모두 받아들이는 특징이 있다. 경찰 하위문화를 많이 받아들일수록 업무로부터 야기되는 직무 스트레스나 심리적 소진(과업 수행과 관련된 동기와 헌신의 상실)은 더 많이 감소한다.

〈관찰〉

- 경찰 하위문화의 수용 정도는 남자는 중간계급이 가장 높고, 여자는 계급이 높을수록 높다.
- 경찰 하위문화 수용 정도가 상위계급에서는 여자가 남자보다 높지만, 하위계급에서는 성별에 따른 차이가 없다.
- 성별과 계급이 동일할 경우, 수사부서 경찰관이 대민부서 경찰관보다 범죄에 대한 통제 지향적인 태도를 더 많이 보인다.

※ 경찰 하위문화를 고려하지 않을 때의 직무 스트레스나 심리적 소진의 정도는 모든 경찰관이 동일하다고 가정한다.

① 대민부서에 근무하는 상위계급 여자 경찰관이 수사부서에 근무하는 중간계급 남자 경찰관보다 심리적 소진의 정도가 높다면 〈이론〉은 약화될 것이다.
② 수사부서에 근무하는 중간계급 여자 경찰관이 대민부서에 근무하는 하위계급 남자 경찰관보다 직무 스트레스가 낮다면 〈이론〉은 약화될 것이다.
③ 수사부서에 근무하는 중간계급 남자 경찰관이 대민부서에 근무하는 상위계급 남자 경찰관보다 직무 스트레스가 낮다면 〈이론〉은 약화될 것이다.
④ 중간계급 남자 경찰관이 같은 부서의 하위계급 여자 경찰관보다 심리적 소진의 정도가 높다면 〈이론〉은 약화될 것이다.
⑤ 하위계급 남자 경찰관이 같은 부서의 상위계급 여자 경찰관보다 직무 스트레스가 높다면 〈이론〉은 약화될 것이다.

36
2014학년도 LEET 문25

(가)와 (나)에 대한 평가로 옳지 않은 것은?

(가) 저출산은 장기적으로 경제 활동 인구를 감소시켜 국가의 경제력을 낮추고 국민 전체의 삶의 질을 떨어뜨리게 된다. 또한 고령화와 함께 발생하면 젊은 세대의 부양 부담이 지나치게 커져서 세대 간 갈등도 증가할 수 있다. 그러므로 국가 경제력의 유지를 위해 출산율을 높이는 것이 급선무이다. 출산율이 낮아진 데에는 무엇보다 사회적 환경이 가장 큰 요인으로 작용한다. 젊은 세대는 결혼을 하더라도 아이를 낳아 기르는 데 경제적 부담을 느끼는 경우가 많다. 설사 아이를 낳더라도 직업 활동과 육아를 함께 할 수 있는 적당한 사회적 환경이 마련되어 있지도 않다. 이러한 문제들이 개선되어야 출산율이 높아질 수 있다. 출산율이 높아져야 장기적으로 경제 활동 인구가 늘어나고 고령화 문제와 삶의 질의 문제 해결도 쉬워진다. 장기적으로 경제 활동 인구를 늘려야 노인을 포함한 전체 인구에 대한 사회적 부양 비용을 충당할 수 있기 때문이다.

(나) 현대는 더 이상 인간의 육체 노동이 경제 활동을 주도하는 시대가 아니다. 기술적 진보에 기반을 둔 높은 제조업 생산력, 그리고 서비스 노동과 정신 노동이 중요해진 지식 정보 사회가 도래했다. 그래서 더 이상 인구수가 국가 경제력을 결정하지 않기에, 저출산을 국가 경제력을 위협하는 가장 큰 문제로 생각하는 주장은 근거가 약하다. 저출산이 고령화와 함께 발생하면서 젊은 세대의 경제적 부양 부담이 커져 세대 간 갈등을 낳을 수는 있다. 기술 발전과 기계·사무 자동화로 인해 직업이 줄어들고 청년 실업이 늘어날 여지도 없지 않다. 하지만 이런 문제들은 과학 기술에 의해 얼마든지 극복 가능하다. 정보 혁명과 기술적 진보는 사회적 생산력의 증대를 낳아 일자리로부터 배제된 잉여 인구를 충분히 먹여 살릴 수 있게 될 것이다.

① 양육 수당과 무상 교육의 확대로 국가 경제력이 높아진다는 사실이 밝혀진다면, (가)의 설득력은 높아진다.
② 저출산이 장기화되더라도 사회적 생산력은 감소되지 않는다는 사실이 밝혀진다면, (나)의 설득력은 높아진다.
③ 고령화 문제의 효과적인 해결책이 노인에게 적합한 일자리를 많이 만드는 것이라고 밝혀진다면, (가)의 설득력은 낮아진다.
④ 인구가 감소해도 과학 기술 혁신을 통해 인구 전체의 삶의 질이 향상된다는 사실이 밝혀진다면, (나)의 설득력은 낮아진다.
⑤ 국가 경제력 향상이 부양 부담에 따른 세대 간 갈등을 완화한다는 사실이 밝혀지더라도, (가)와 (나)의 설득력은 낮아지지 않는다.

37
2016학년도 LEET 문18

<자료>를 토대로 다음 주장들을 옳게 평가한 것은?

갑: 자살의 원인은 존재의 어려움으로 인한 절망이다. 삶의 짐이 버거울 때 사람들은 자살을 생각하게 되는 것이다. 통계에 따르면 1873~1878년 동안 16,264명의 기혼자들이 자살한 데 비해, 미혼자의 자살자 수는 11,709명에 불과하다. 따라서 결혼과 가족은 자살의 가능성을 높인다. 미혼자는 기혼자보다 쉬운 삶을 산다고 할 수 있다. 결혼은 여러 종류의 부담과 책임을 부과하기 때문이다.

을: 그 통계 자료를 자세히 보면 미혼자의 상당수는 16세 미만이고, 기혼자는 모두 16세 이상이다. 그리고 16세까지는 자살 경향이 매우 낮다. 미혼자들이 낮은 자살 경향을 보이는 것은 미혼이기 때문이 아니라 대다수가 미성년자이기 때문이다. 결혼이 자살에 미치는 영향을 알기 위해서는 기혼자와 16세 이상 미혼자만 비교해야 한다. 16세 이상인 기혼자와 미혼자의 인구 백만 명당 자살 건수를 비교하면, 미혼자는 173이나 기혼자는 154.5이다. 따라서 결혼은 자살을 막는 효과가 있다.

병: 결혼이 최소한 자살 가능성을 높이지 않는다는 점에 동의한다. 하지만 미혼자의 자살률은 기혼자의 자살률의 고작 1.12배로, 둘 사이의 차이는 미미하다. 결혼의 자살 예방 효과를 확신하기 어렵다.

〈자료〉

ㄱ. 1848~1857년의 통계를 보면, 미혼자의 평균 연령은 27~28세, 기혼자의 평균 연령은 40~45세이다. 이 기간의 연령별 자살률은 연령대가 높아질수록 증가한다. 만약 연령이 자살에 영향을 미치는 유일한 요소라면, 기혼자의 인구 백만 명당 자살률은 140 이상이고 미혼자의 인구 백만 명당 자살률은 97.9 이하여야 한다. 하지만 실제 자살률은 기혼자보다 미혼자가 더 높다.
ㄴ. 1889~1891년 통계에 의하면, 미혼 여성의 자살률은 기혼 여성 자살률의 1.56배이고 미혼 남성의 자살률은 기혼 남성 자살률의 2.73배이다.
ㄷ. 1889~1891년 통계는 미혼 여성의 자살률이 배우자와 사별한 여성의 자살률의 0.84배이고 미혼 남성의 자살률은 배우자와 사별한 남성의 자살률의 1.32배임을 보여 준다.
ㄹ. 인구 대비 혼인 건수는 수십 년 동안 큰 변화가 없었으나, 자살률은 3배로 증가하였다.

① ㄱ은 을이 병의 주장을 반박하는 근거가 된다.
② ㄴ은 병이 을의 주장을 반박하는 근거가 된다.
③ ㄷ은 갑을 강화한다.
④ ㄹ은 을을 강화한다.
⑤ ㄹ은 병을 약화한다.

38

2017학년도 LEET 문23

가설 A~C에 대한 평가로 옳은 것만을 <보기>에서 있는 대로 고른 것은?

A: 기온과 공격성 사이에는 정(+)의 상관관계가 있다. 기온이 높아지면 공격적인 행동이 증가한다.

B: 기온과 공격성의 관계는 역 U자 형태를 나타낸다. 집단과 개인의 공격성은 매우 덥거나 매우 추울 때보다도 중간 정도의 기온에서 두드러진다.

C: 기온과 공격 행동 간에 유의미한 관계가 나타난다고 하더라도 기온이 공격 행동을 유발한다고 볼 수는 없다. 기온과 공격성 간의 관계는 단지 공격 행동의 기회가 기온에 따라 달라지기 때문에 나타나는 효과일 뿐이다.

〈보기〉

ㄱ. 섭씨 30도가 넘는 무더운 여름 날 신호등이 주행 신호로 바뀌어도 계속 정지해 있는 차량이 있을 때, 운전자들이 신경질적으로 경적을 누르는 횟수와 경적을 계속 누르고 있는 시간이 증가했고 이런 행동은 에어컨이 없는 차량의 운전자들에게서 특히 강하게 나타났다는 실험 연구 결과는 A를 강화한다.

ㄴ. 한여름 낮 시간에 실내 온도가 섭씨 30도 이상으로 올라갈 때 냉방 장치가 없는 장소보다 냉방 장치가 가동되는 장소에서 폭력 범죄가 더 많이 발생한다는 연구 결과는 B를 약화한다.

ㄷ. 한여름에 같은 심야 시간대일지라도 유흥가가 한적해지는 주중보다 유흥가가 북적거리는 주말에 폭력 범죄가 훨씬 더 많이 발생한다는 사실은 C를 약화한다.

① ㄱ ② ㄴ ③ ㄱ, ㄷ
④ ㄴ, ㄷ ⑤ ㄱ, ㄴ, ㄷ

39

2017학년도 LEET 문25

다음 글에 대한 평가로 옳은 것만을 <보기>에서 있는 대로 고른 것은?

특정 학생이 공부를 잘할 것이라거나 못할 것이라는 교사의 기대와 그 학생의 실제 성적 간에는 유의미한 관계가 나타난다. A와 B는 그 관계를 설명하는 견해이다.

A: 교사가 공부를 잘할 것이라 믿는 학생의 성적은 향상되지만 공부를 못할 것이라 믿는 학생의 성적은 떨어진다. 교사의 기대 효과는 교사와 학생 간 상호작용을 통해 실현된다. 예를 들어 성적이 좋아질 것이라고 생각되는 학생에게 질문 기회를 더 많이 주고 칭찬과 격려를 아끼지 않는 등 긍정적으로 반응하는 것은 그 기대에 부응하고자 하는 학생의 노력을 유도함으로써 성적 향상으로 이어진다. 반대로 성적이 좋지 않을 것이라고 생각되는 학생에게는 긍정적인 반응을 적게 하고 부정적인 반응을 많이 함으로써 해당 학생의 학업에 대한 관심은 낮아지고 이는 성적 하락으로 귀결된다.

B: 교사의 기대가 높은 학생의 성적이 높게 나타나는 것은 교사의 예측 능력이 뛰어나기 때문이다. 교사는 특정 학생에 대한 정보나 상징적 상호작용을 통해 학업에 대한 기대를 형성하는데, 과거의 교육 경험에 기반을 둔 이러한 기대는 매우 예측력이 높다. 따라서 교사의 기대 효과는 존재하지 않으며, 교사의 기대가 높은 학생의 성적이 높고 기대가 낮은 학생의 성적이 낮은 것은 학생의 지적 능력에 대한 교사의 정확한 예측을 반영하는 것일 뿐이다.

〈보기〉

ㄱ. 질병으로 휴직한 담임교사 후임으로 새로운 교사가 부임해옴에 따라 이전만큼 담임교사로부터 높은 기대와 관심을 받지 못하게 된 학생들의 성적이 크게 하락했다면, A는 강화된다.

ㄴ. 학생에 대한 교사의 기대 수준과 학생의 실제 성적을 비교하였을 때 그 값의 편차가 교육 경험이 없는 새내기 교사보다 경험이 매우 많은 교사에게서 더 크게 나타났다면, B는 강화된다.

ㄷ. 교사가 학생들에 대해 가지고 있는 기대치와 학생들의 실제 성적을 동일 시점에서 측정하여 비교하였을 때 기대치가 높은 학생들의 성적은 높았고 기대치가 낮은 학생들의 성적은 낮았다면, A는 강화되고 B는 약화된다.

① ㄱ ② ㄴ ③ ㄱ, ㄷ
④ ㄴ, ㄷ ⑤ ㄱ, ㄴ, ㄷ

40

2019학년도 LEET 문23

㉠에 대한 평가로 옳은 것만을 <보기>에서 있는 대로 고른 것은?

의회 의원 선거제도는 선거구 크기와 당선 결정 방식이라는 두 가지 요소에 의해 A제도와 B제도로 구분된다. 선거구 크기(M)는 한 선거구에서 선출하는 대표의 수를 의미하며, 한 선거구에서 1명의 의원을 선출하면 M=1로 표시한다. 당선 결정 방식은 다른 후보보다 한 표라도 더 얻은 후보가 당선되는 방식과 정당 득표율에 비례해서 정당별로 의석을 배분하는 방식, 이렇게 두 가지가 있다. A제도는 한 선거구에서 1명의 대표를 선출하되, 다른 후보보다 한 표라도 더 얻은 후보를 당선자로 결정하는 방식이다. B제도는 한 선거구에서 2명 이상의 대표를 선출하되, 정당 득표율에 따라 정당별로 의석을 배분하는 방식이다.

A제도에서는 선거구 크기와 당선 결정 방식의 특징상 군소 정당이 의석을 획득하는 것이 어렵다. 이 제도에서 유권자는 군소 정당에 투표하면 자신의 표가 사표가 될 가능성이 크다는 것을 잘 알고 있으며, 따라서 당선 가능성이 높은 차선호 후보에게 전략적으로 투표한다. 그 결과 군소 정당 후보는 더 불리해진다. 반면 B제도에서 유권자는 자신의 표가 사표가 될 가능성이 낮기 때문에 전략적 투표를 할 필요가 없으며, 자신의 선호에 따라 투표한다. 이러한 이유로 특정 국가에서 의회 의석을 점유한 정당의 수를 의미하는 ㉠ <u>정당 체제는 그 국가의 선거제도에 의해 결정된다. 즉 A제도는 양당 체제를, B제도는 다당 체제를 형성할 것이다.</u>

〈사례〉

X국과 Y국은 A, B제도 중 하나를 택하고 있다. X국의 경우 10개의 정당이 선거에서 경쟁하나 의회 의석은 2개 정당이 점유하고 있다. 반면 Y국의 경우 10개의 정당이 선거에서 경쟁하며, 의회 의석은 8개의 정당이 비슷한 비율로 점유하고 있다.

〈보기〉

ㄱ. X국 선거제도에서 M=1이라면, X국 사례는 ㉠을 강화한다.

ㄴ. Y국 선거제도에서 M>1이라면, Y국 사례는 ㉠을 약화한다.

ㄷ. Y국 선거제도가 다른 후보보다 많은 표를 얻은 후보를 당선자로 결정하는 방식이라면, Y국 사례는 ㉠을 약화한다.

ㄹ. 전략적 투표 현상이 Y국보다 X국에서 많이 일어난다면, 이 현상은 ㉠을 강화한다.

① ㄱ, ㄴ ② ㄱ, ㄹ ③ ㄴ, ㄷ
④ ㄱ, ㄷ, ㄹ ⑤ ㄴ, ㄷ, ㄹ

41

2019학년도 LEET 문27

<논쟁>에 대한 평가로 옳은 것만을 <보기>에서 있는 대로 고른 것은?

정부는 대부업자 및 여신금융회사의 법정 최고 금리를 35%에서 28%로 인하하기로 발표하였다. 이 정책에 대해 A와 B가 다음과 같은 논쟁을 벌였다.

〈논쟁〉

A1: 이번 조치의 결과 최대 3백만 명에게 7천억 원 규모의 이자 부담이 경감될 것으로 예상된다. 이는 신용도가 높지 않은 서민의 부담을 덜어 주는 효과가 있을 것이다.

B1: 지나치게 낙관적인 예상이다. 이는 현재 28%를 초과하는 금리를 적용받는 모든 사람들이 28% 이하의 금리로 대출을 받을 수 있다는 가정에 기반하고 있다. 하지만 금리는 대출받는 사람의 상환 불이행 위험을 반영하기 때문에, 금리가 강제로 인하되면 기존에는 대부업자나 여신금융회사에서 대출을 받았지만 이후에는 받을 수 없게 되는 사람이 늘어날 것이다.

A2: 그렇지 않을 수 있다. 금리가 인하되면 이전에 비해 대부업자 등이 거두는 이자 수입이 감소할 것이고 이를 보전하기 위해 대출 규모를 확대하려 할 것이기 때문이다.

B2: 대출 규모가 확대되더라도 법정 최고 금리가 35%일 때 대출을 받을 수 없던 사람들까지 대출을 받게 되지는 않을 것이다. 그들은 이번 조치에 전혀 혜택을 받지 못하고 있다.

A3: 그렇다 하더라도 많은 사람들이 이자 부담을 덜게 되는 것은 사실이다. 계산해 보면 최대 3백만 명이 1년에 1인당 21만 원 정도 이자를 덜 내도 된다.

B3: 대출을 받을 수 있는 사람들이 이자 부담을 덜게 되는 장점이 신용도가 낮은 사람들이 대출을 받을 수 없게 되는 단점보다 클지 불분명하다.

〈보기〉

ㄱ. 정책 시행 후, 대출 규모가 증가함과 동시에 기존에는 대출을 받았는데 대출을 받을 수 없게 된 사람 수가 증가한 데이터는 A2를 약화한다.

ㄴ. 법정 최고 금리가 35%를 초과하던 시기에 35% 초과 금리가 적용되는 대상자가 거의 없었다는 데이터는 B2를 강화한다.

ㄷ. 정책에 대해 A3이 주장한 장점을 B3은 인정하지 않고 있다.

① ㄱ ② ㄴ ③ ㄱ, ㄷ
④ ㄴ, ㄷ ⑤ ㄱ, ㄴ, ㄷ

42

2020학년도 LEET 문27

<주장>에 대한 평가로 옳은 것은?

〈주장〉

A: 지역 간 경제적 격차는 시장 논리에 따라 자연히 완화될 수 있다. 노동이나 자본은 수익률이 높은 곳으로 움직이는데 그 결과 노동이나 자본의 경쟁이 심화되어 수익률이 하락하게 된다. 이러한 경쟁을 방해하는 국가의 개입은 오히려 지역 간 균등화를 방해한다.

B: 지역 간 경제적 격차는 심화되는 경향이 있다. 경제 발전의 핵심은 혁신이다. 혁신은 다양한 인재가 모여 일어난다. 인재는 물리적, 문화적 인프라가 있는 곳에 몰린다. 따라서 자본과 노동은 발전된 곳을 쉽게 떠나려고 하지 않는다. 지역의 인프라를 무시하고 자본과 노동을 이동시키려는 국가 정책은 대부분 실패한다.

C: 지역 간 경제적 격차는 국가의 경제 발전 전략으로 생겨난다. 국가가 정치적 이해관계, 산업 정책 등을 이유로 특정한 발전 전략을 수행하면, 어떤 지역은 특권화되어 발전하나 다른 지역은 소외될 수 있다. 이렇게 해서 생긴 지역 간 격차는 국가가 개입함으로써 해소된다.

〈자료〉

ㄱ. 세계적으로 자본과 노동은 주로 북미, 서유럽, 동북아시아에서 움직인다. 남미와 아프리카는 배제되어 있다. 국내적으로도 자본과 노동은 산업화된 지역에 집중된다. 개별 국가나 지방자치단체의 노력으로 이러한 불균등이 시정된 경우는 거의 없다.

ㄴ. 예술 대학이 근처에 있고 임대료가 저렴하여 창의적인 인재와 산업이 모인 결과 X지역은 소비문화가 번성하고 사람과 돈이 몰려들었다. 그러나 X지역의 성장을 이끌었던 인재와 산업은 높아진 부동산 가격을 견디지 못하고 다른 곳으로 밀려났다. 국가는 그 지역의 쇠퇴를 지연할 수 있었지만 막을 수는 없었다.

ㄷ. 1980년대 Y국 정부는 금융과 서비스 산업 성장을 추진하는 동시에 노동조합의 약화를 꾀했다. 그 결과로 노동조합 근거지의 경제는 상대적으로 침체되고 실업이 크게 증가하였다. 1990년대 후반부터 Y국 정부는 지역 정책을 통해 외국 자본을 유치하여 쇠퇴된 지역의 경제를 회복하려 노력했지만 성공하지 못했다.

① ㄱ은 A를 강화한다.
② ㄱ은 B를 약화하고 C를 강화한다.
③ ㄴ은 B를 강화한다.
④ ㄴ은 A와 C를 강화한다.
⑤ ㄷ은 C를 약화한다.

43

2020학년도 LEET 문30

다음 글에 대한 분석으로 옳은 것만을 <보기>에서 있는 대로 고른 것은?

이동통신 사업자들이 서로 경쟁하는 수단에는 단말기 보조금(이하 보조금이라 한다)과 통신 서비스 요금(이하 요금이라 한다)이 있다. 현재 정부는 이동통신 사업자들이 설정된 상한을 넘겨 보조금을 지급하지 못하도록 보조금상한제를 실시하고 있다. 보조금상한제가 요금 인하에 미치는 영향에 대해 다음과 같은 논쟁이 있다.

甲: 사업자들은 통신 서비스 가입자를 유치하는 경쟁에서 높은 보조금을 이용한다. 보조금이 높으면 소비자가 더 쉽게 사업자를 전환할 수 있기 때문이다. 그런데 높은 보조금에 끌려 소비자가 통신 사업자를 전환할지 고려하다 보면 요금에 대한 소비자의 반응도 더 민감해질 수 있다. 그 결과 사업자 간 요금 경쟁이 더욱 활발해질 것이다.

乙: 경쟁이 보조금과 요금 중 어느 하나에 집중되면 다른 하나의 경쟁은 약화된다. 또한 한 영역의 경쟁을 제한하면 경쟁은 다른 쪽으로 옮겨 간다. 보조금 경쟁이 과열될수록 요금 경쟁이 약화될 것이므로, 정부가 법으로써 보조금 수준을 제한하면 요금 경쟁이 활성화되어 요금이 낮아질 것이다.

丙: 더 많은 가입자를 유치하기 위해 높은 보조금을 지급하는 것이 사업자에게는 전반적인 비용 상승 요인이 된다. 이를 보전하기 위해 요금은 높아질 것이다.

〈보기〉

ㄱ. 보조금상한제 시행 후 소비자가 통신 사업자를 전환하는 비율이 증가했다는 사실은 甲의 주장을 강화한다.
ㄴ. 乙의 주장은 정부가 요금 인하를 위해 보조금상한을 낮추는 정책의 근거가 될 수 있다.
ㄷ. 요금 인하 효과의 측면에서 甲은 보조금상한제를 반대하고 丙은 찬성할 것이다.

① ㄱ　② ㄴ　③ ㄱ, ㄷ
④ ㄴ, ㄷ　⑤ ㄱ, ㄴ, ㄷ

44

2021학년도 LEET 문25

㉠을 입증하는 실험결과에 포함될 수 <u>없는</u> 것은?

> 사회과학에서 고전적 실험연구는 실험결과를 현실 세계로 일반화시킬 수 없을 가능성이 있다. 예를 들어 '흑인이 영웅으로 등장하는 영화 관람'(실험자극)이 '흑인에 대한 부정적 편견 정도'를 줄이는지를 알아보고자 실험연구를 수행한 결과 다음과 같은 사실이 관찰되었다고 하자. 첫째, 실험자극을 준 실험집단의 경우 사전조사보다 사후조사에서 편견 정도가 낮았다. 둘째, 실험자극을 주지 않은 통제집단에서는 사전과 사후조사에서 편견 정도의 변화가 없었다. 이 경우 영화 관람이 실험집단 피험자들의 편견 정도를 줄였다고 볼 수 있다. 그러나 그 영화를 일상생활 중 관람했다면 동일한 효과가 나타날 것이라고 확신할 수는 없다. 실험에서는 사전조사를 통해 피험자들이 이미 흑인 편견에 대한 쟁점에 민감해져 있을 수 있기 때문이다. 이 문제를 해결하기 위해서는 사전조사를 하지 않는 실험을 추가한 〈실험설계〉를 해야 한다. 이를 통해 ㉠ <u>영화 관람이 편견 정도를 줄였다는 것</u>을 입증하는 실험결과를 발견한다면 일반화 가능성을 높일 수 있다.
>
> 〈실험설계〉
>
> ○ 집단 1: 사전조사 ———→ 실험자극 ———→ 사후조사
> ○ 집단 2: 사전조사 ————————————→ 사후조사
> ○ 집단 3: 사전조사 없음 ——→ 실험자극 ———→ 사후조사
> ○ 집단 4: 사전조사 없음 ———————————→ 사후조사
>
> 단, 집단 1~4의 모든 피험자는 모집단에서 무작위로 선정되었다.

① 집단 1에서 사후조사 편견 정도가 사전조사 편견 정도보다 낮게 나타났다.
② 집단 1의 사후조사 편견 정도가 집단 2의 사후조사 편견 정도보다 낮게 나타났다.
③ 집단 3의 사후조사 편견 정도가 집단 2의 사전조사 편견 정도보다 낮게 나타났다.
④ 집단 3의 사후조사 편견 정도가 집단 4의 사후조사 편견 정도보다 낮게 나타났다.
⑤ 집단 4의 사후조사 편견 정도가 집단 1의 사후조사 편견 정도보다 낮게 나타났다.

45

2022학년도 LEET 문30

다음 논쟁에 대한 평가로 옳은 것만을 <보기>에서 있는 대로 고른 것은?

> A: 디지털 전환 등 미래 기술 변화로 인해 일자리를 통한 소득 기회가 감소할 수 있으므로 이에 대비하기 위해서는 국민 누구에게나 개별적으로 조건 없이 동일한 금액을 지급하는 기본소득제도의 도입이 필요하다. 사회적 위험에 빠진 사람을 선별해 복지 혜택을 집중하더라도 사각지대가 남을 수 있고 또한 선별에 따른 마찰도 적지 않다. 보편 지급은 이러한 문제점들을 완화하여 사각지대 없이 모든 사람들에게 실질적 도움이 될 수 있다.
>
> B: 기본소득은 모든 사람에게 일정 금액을 제공하기 때문에 빈곤층을 해소하는 것처럼 보이지만, 재정 여건이 허락하는 범위에서 지급하는 기본소득은 그 급여 수준이 너무 낮아 사각지대 해소에 실효성이 없다.
>
> C: 기존의 복지제도를 정리하고 공공 부문을 개혁하면 기본소득의 재원 확보가 가능하다. 모든 사람이 일정 급여를 받게 되면 양극화가 완화될 것이다. 이에 따라 조세 저항은 낮아지고 재분배 정책의 지지도가 상승함으로써 복지 재원의 총량도 늘리는 선순환이 기대된다.
>
> D: 빈곤층의 생계를 지원하는 기초생활보장제도나 실직에 따른 소득 상실을 보전하는 고용보험 등 기존의 사회안전망을 더 강화하는 것이 기본소득보다 양극화 문제에 더 효과적인 대안이다.

〈보기〉

ㄱ. 4차 산업 발달에 따른 인공지능의 보급으로 신규로 창출될 일자리보다 사라질 일자리가 많다는 연구 결과는 A를 약화한다.
ㄴ. 국가적 재난으로 인해 고통을 겪은 국민을 지원하기 위해 일시적으로 지급된 전국민재난지원금이 자영업자 폐업률에 영향을 미치지 않았다는 조사 결과가 나온다면, B는 약화된다.
ㄷ. 기존 복지제도를 통합하여 확보한 재원으로 기본소득을 지급할 때 소득 최하위 분위의 소득 점유율 대비 소득 최상위 분위의 소득 점유율이 유의미하게 감소한다면, C는 강화되고 D는 약화된다.

① ㄱ ② ㄷ ③ ㄱ, ㄴ
④ ㄴ, ㄷ ⑤ ㄱ, ㄴ, ㄷ

46

2023학년도 LEET 문28

다음 글에 대한 평가로 옳은 것만을 <보기>에서 있는 대로 고른 것은?

노동조합이 없는 회사보다 있는 회사에 다니는 노동자들의 임금이 더 높은 것으로 알려져 있다. 이를 노동조합의 임금 프리미엄이라고 한다. 이 현상을 설명하기 위해 노동조합이 없는 직장에서 일하는 노동자(무조합원), 노동조합이 있으나 가입하지 않은 노동자(비조합원), 노동조합에 가입한 노동자(조합원) 사이의 임금 격차에 관해 주장 A와 B가 있다.

A: 노동조합은 독점적 노동 공급원이다. 노동조합은 조합원의 수 이내에서 기업에 노동 공급의 독점력을 행사할 수 있기 때문에 비조합원이나 무조합원의 노동력이 거래되는 경쟁 시장보다 높은 임금을 이끌어낼 수 있다. 이때 형성된 높은 임금으로 인해, 노동조합의 독점력이 없었다면 고용될 수 있었던 노동력이 경쟁 시장으로 몰리고 이는 다시 경쟁 시장의 임금을 낮춰 임금 프리미엄을 키우는 파급 효과를 가져온다.

B: 노동조합은 노동자들의 집합적 목소리를 대표하는 의사 대표 제도이다. 노동조합은 사측에 동일노동-동일임금 원칙, 작업장의 안전성 제고 등을 요구함으로써 직장 내 모든 노동자의 만족도를 높이고 이직률을 낮춘다. 나아가 노동조건의 임의적 변경을 막고 협의를 통한 작업 재배치와 자본 투자 제고를 촉진한다. 또한 노동조합은 소수자의 이해를 대변함으로써 이들을 지지하고 배려한다. 노동조합의 이런 활동들이 노동자의 생산성을 높이고 이는 자연스럽게 기업 전반의 임금 수준을 높일 것이다.

〈보기〉

ㄱ. 직종과 숙련도에서 유사한 노동자들을 비교한 조사에서, 조합원의 임금이 비조합원의 임금보다 높고 비조합원과 무조합원 사이에는 임금 차이가 없다는 결과는 A를 강화하고 B를 약화한다.

ㄴ. 직종과 숙련도에서 유사한 남녀 사이의 임금 격차에 관한 조사에서, 조합원들의 남녀 임금 격차가 비조합원들의 남녀 임금 격차보다 적다는 결과는 A를 약화한다.

ㄷ. 노동조합이 있는 회사의 노동자들을 대상으로 진행한 조사에서, 조합원들의 임금이 직종과 숙련도에서 유사한 비조합원들의 임금과 유사하다는 결과는 B를 약화한다.

① ㄱ ② ㄷ ③ ㄱ, ㄴ
④ ㄴ, ㄷ ⑤ ㄱ, ㄴ, ㄷ

47

2023학년도 LEET 문29

다음 글에 대한 평가로 옳은 것만을 <보기>에서 있는 대로 고른 것은?

주인이 대리인을 통해 일을 처리할 때, 주인이 대리인의 행동을 완벽하게 관찰하지 못하는 경우 대리인은 자신의 이익을 극대화하기 위해 주인의 이익과 상충하는 행동을 취할 수 있다. 이를 주인-대리인 문제라 한다. ㉠ 부동산 중개인을 통해 집을 파는 집주인에게도 주인-대리인 문제가 발생한다는 주장이 있다.

미국에서 중개인은 보통 집값의 6%를 수수료로 받지만, 다른 거래 참가자들의 몫을 제하면 실질적으론 집값의 1.5%만 남는다. 수수료가 집값에 연동되어 있으므로 중개인이 최대한 높은 가격에 집을 팔 유인이 제공되는 것처럼 보인다. 하지만 이는 제한된 범위에서만 타당하다. 예를 들어 집값을 10,000달러 높이면 중개인은 150달러를 더 받는 데 그친다. 그런데 집값을 높여 받기 위해서는 매물을 시장에 오래 내놓아야 하며 그 기간에 광고를 하고 잠재적 구매자에게 집을 보여 주는 등의 비용이 발생한다. 따라서 중개인은 150달러를 더 받기 위해 많은 비용을 지불하기보다는 적당한 가격에 집을 팔려고 하는 유인이 있다. 집주인은 자신의 집 시세나 판매 가능성에 대한 정보가 중개인보다 훨씬 적기 때문에 낮은 가격을 받아들이라는 중개인의 제안에 넘어가기 쉽다.

〈보기〉

ㄱ. 중개인이 타인 소유의 집보다 자신 소유의 집을 팔 때 매물이 더 오래 시장에 머물렀다는 조사 결과는 ㉠을 강화한다.

ㄴ. 집값에 연동된 실질적인 수수료율을 1.5%에서 3.5%로 높이자 매물이 시장에 머무는 기간이 짧아졌다는 조사 결과는 ㉠을 강화한다.

ㄷ. 정보통신기술 발달로 주택 시세 정보를 과거보다 쉽고 정확하게 얻게 됨에 따라 매물이 시장에 머무는 기간이 짧아졌다는 조사 결과는 ㉠을 강화한다.

① ㄱ ② ㄴ ③ ㄱ, ㄷ
④ ㄴ, ㄷ ⑤ ㄱ, ㄴ, ㄷ

48

2025학년도 LEET 문30

다음으로부터 추론한 것으로 옳은 것만을 <보기>에서 있는 대로 고른 것은?

선거에서 투표자의 선택에 영향을 미치는 여러 요인을 크게 '정책 요인'과 '후보 특성 요인'으로 나눌 수 있다. 정책 요인은 투표자의 정책 선호도 또는 이념 성향과 관련된 요인이다. 진보적 투표자는 진보 정당에, 보수적 투표자는 보수 정당에 투표하는 경향이 있는데 이는 정책 요인에 따른 것이다. 후보 특성 요인은 정책 요인과 무관한 학력, 경력, 외모 등의 개인적 특성과 관련된다. 자신이 선호하는 정당의 후보가 후보 특성 요인에서도 우월하다면 투표자의 선택은 자명하다. 하지만 두 요인이 상반되게 작용할 경우, 진보적 투표자가 보수 정당 후보에 표를 던지거나 반대로 보수적 투표자가 진보 정당 후보에 표를 던지는 일이 발생할 수도 있다. 정책 요인과 후보 특성 요인의 상대적 영향력과 관련해 다음과 같은 가설이 있다.

〈가설〉

정책에 미치는 영향이 더 큰 선거일수록 후보 특성 요인보다 정책 요인의 상대적 영향력이 더 크다.

이 가설을 검증하기 위해, 개별 정당 지지자들을 대상으로 ㉠자신이 지지하지 않는 당의 후보가 지지하는 당의 후보보다 개인적 특성이 우월하다고 답한 사람 중 실제로 그 우월한 후보에게 투표한 사람의 비율을 조사했다. 일반적으로 대통령의 정책 영향력이 개별 국회의원보다 크다.

〈보기〉

ㄱ. 대통령 선거와 국회의원 선거가 동시에 실시되었을 때, 대통령 선거보다 국회의원 선거에서 ㉠이 더 높았다면 〈가설〉은 강화된다.

ㄴ. 국회의원 선거에서 대통령이 진보 정당 소속일 때보다 보수 정당 소속일 때 진보 정당 지지자의 ㉠이 더 낮았다면 〈가설〉은 약화된다.

ㄷ. 국회의원 선거에서 국회 다수당이 달라지는 경우보다 그렇지 않은 경우에 ㉠이 더 낮았다면 〈가설〉은 강화된다.

① ㄱ　② ㄴ　③ ㄱ, ㄷ　④ ㄴ, ㄷ　⑤ ㄱ, ㄴ, ㄷ

과학기술

49

2014학년도 LEET 문29

<가설>을 강화하는 것은?

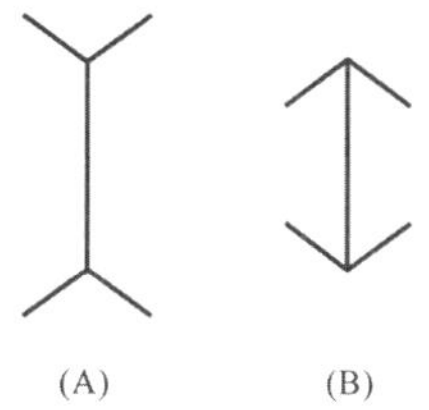

〈그림 1〉

〈그림 2〉

〈그림 1〉에서 수직으로 그어진 두 선분의 길이는 서로 같다. 그러나 (A)의 선분이 (B)의 선분보다 길어 보이는데, 이러한 현상을 '뮐러-라이어(Müller-Lyer) 착시'라고 부른다.

〈가설〉

뮐러-라이어 착시는 입체적 시각 경험이 배경 지식으로 작용하여 평면적 형태의 지각에 영향을 끼치기 때문에 발생한다. 〈그림 1〉의 (A)는 〈그림 2〉의 벽면에서 안으로 오목하게 들어간 모서리에 해당하고, (B)는 벽면에서 앞으로 볼록하게 나온 모서리에 해당한다. 우리는 일상에서 입체적 모서리를 자주 경험하게 되고 이러한 경험이 누적되면, 우리의 인지체계는 〈그림 1〉의 두 선분을 볼 때에 볼록한 모서리를 닮은 (B)가 오목한 모서리를 닮은 (A)보다 우리에게 더 가까이 있다고 가정하게 된다. 그런데 우리의 망막에 맺힌 두 선분의 상의 길이는 같다. 그래서 우리의 인지체계는 더 멀리 있는 (A)의 선분 길이가 실제로는 더 길다고 판단하게 되며, 그 영향 때문에 우리는 같은 길이의 두 선분을 다른 길이의 선분으로 경험한다.

① 3차원 형태를 지각하는 방식이 우리와 다른 꿀벌에게도 뮐러-라이어 착시가 발생한다는 것이 알려졌다.
② 선분의 양 끝에 있는 화살표 모양을 둥근 곡선 모양으로 대체하여도 뮐러-라이어 착시는 똑같이 나타난다.
③ 자로 두 선분의 길이를 재서 서로 같음을 확인하고 난 뒤에도 뮐러-라이어 착시는 여전히 사라지지 않는다.
④ 모서리를 가진 직선형 건물이나 사물에 대한 경험이 없는 원주민 부족은 뮐러-라이어 착시를 거의 경험하지 않는다.
⑤ 비슷한 크기의 두 정육면체가 서로 다른 거리에 놓여 있는 경우 우리는 두 입체의 실제 크기를 쉽게 판단하지 못한다.

50

2015학년도 LEET 문22

가설 A, B를 평가한 것으로 옳은 것은?

조류가 군집을 이루어 생활하는 경우가 많다는 사실은 큰 집단을 이루어 살기 위해 치러야 하는 비용이 많다는 점을 고려할 때 설명하기 쉽지 않다. 집단 내의 개체수가 많을수록 둥지를 마련하고 짝을 쟁취하기 위한 경쟁이 치열해진다. 게다가 모여 사는 새떼에는 전염성 질병과 기생충이 퍼질 가능성도 높다. 이러한 잠재적 비용에도 불구하고 새들이 군집 생활을 하는 현상을 설명하기 위해 다음 두 가설이 제안되었다.

A: 새들이 군집을 형성하는 이유는 집단에 합류함으로써 개체가 얻는 이익이 홀로 생활할 때에 비해 크기 때문이다. 예를 들어, 포식자에 공동으로 대응해서 잡아먹힐 위험을 줄일 수 있고, 먹이를 찾거나 환경에 효율적으로 대응하기 위한 정보를 보다 쉽게 얻을 수 있다.

B: 새들의 군집 생활은 단지 모든 개체가 서식지와 배우자를 선택할 때 본능적으로 동일한 '규칙'을 적용하기 때문에 나타나는 부산물에 불과하다. 예를 들어, 각 개체는 먹이가 풍부하고 포식자가 적은 서식지를 선호하며, 일반적으로 암컷은 강하거나 새끼에게 헌신적인 수컷을 선호한다.

① 네브래스카의 벼랑제비 둥지에서 제비벌레 등을 제거하기 위해 순한 살충제로 훈증하면 그러지 않았을 경우에 비해 새끼들의 생존율이 증가한다는 사실은 A의 설득력을 높인다.

② 아이오와의 둑방제비는 먹이를 얻기 위해 군집을 떠날 때 많은 먹이를 물고 온 다른 제비를 따라가지 않고 사방으로 흩어져 날아간다는 사실은 A의 설득력을 높인다.

③ 뉴질랜드의 동박새 수컷들은 새벽에 경쟁적으로 노래를 부르는데, 영양 상태가 좋을수록 더 오랫동안 복잡한 노래를 부르고 대다수의 암컷들이 복잡한 노래를 길게 부른 수컷을 선호한다는 사실은 B의 설득력을 높인다.

④ 혹독한 추위를 견뎌야 하는 남극의 수컷 펭귄은 암컷이 먹이를 구하러 간 사이에 서로 몸을 붙여 체온을 유지하며 바깥쪽과 안쪽 자리를 서로 번갈아 바꾼다는 사실은 B의 설득력을 높인다.

⑤ 1950년대 영국의 군집 생활을 하는 푸른박새들 사이에서 문간에 놓아둔 우유병 뚜껑에 구멍을 내고 크림을 마시는 새로운 행동이 순식간에 퍼졌다는 사실은 B의 설득력을 높인다.

51

2015학년도 LEET 문23

㉠에 대한 분석으로 옳은 것은?

고생대 오르도비스기가 시작될 때 지구는 해수 온도가 45℃에 이를 정도로 뜨거웠을 것으로 추정된다. 하지만 오르도비스기 후반기로 갈수록 지구는 차츰 냉각되어 실루리아기로 넘어설 즈음에는 빙하기가 시작되었다. 과학자들은 오르도비스기 초기의 지구 대기에 현재 수준의 14~22배에 이를 것으로 추정되는 풍부한 양의 이산화탄소가 있었음에도 불구하고 빙하기가 시작되었다는 사실을 설명하는 데 어려움을 겪어 왔다. 오르도비스기의 기후 조건에서는 이산화탄소 농도가 최소한 현재 수준의 8배 이하로 떨어져야만 빙하기가 시작될 수 있다고 여겨지는데, 이런 극적인 이산화탄소 감소를 설명해 줄 수 있는 인과 작용을 찾기 어려웠던 것이다.

이산화탄소 감소의 원인에 대한 가장 유력한 이론은 당시 활발해진 화산 활동을 통해 만들어진 많은 양의 광물이 풍화 과정에서 대기 중의 이산화탄소를 흡수했다는 것이다. 하지만 최근의 추산에 따르면 이 지구화학적 과정만으로는 오르도비스기 말기에 빙하기가 시작되기 위해 필요한 이산화탄소 농도 감소를 완전히 설명하기 어렵다. 그래서 일부 과학자들이 추가적으로 고려하는 원인이 최초의 육상 식물인 이끼다. 오르도비스기 중반에 등장한 이끼는 유기산을 분비하여 암석으로부터 막대한 양의 칼슘과 마그네슘을 분리했다. 이것들이 대기 중의 이산화탄소와 결합하여 엄청난 양의 석회암이 만들어졌다. 또한 이끼에 의한 풍화로 바다에 유입된 무기물 중에는 인과 철도 있었는데, 이것들은 바다에서 해조류가 번성하는 데 필수적인 요소였다. 덕분에 급속하게 늘어난 해조류는 많은 양의 이산화탄소를 대기로부터 흡수했다. ㉠ 지구 최초의 육상 식물은 지구를 차츰 냉각시켜 결국 빙하기가 시작되는 데 중요한 역할을 담당했던 것이다.

① 오르도비스기에는 이산화탄소가 온실 기체로 기능하지 않았다고 ㉠은 전제하고 있다.

② 오르도비스기에 대기 중 이산화탄소 양이 급격히 감소한 것은 지구가 급격히 냉각되었기 때문이라고 ㉠은 전제하고 있다.

③ 오르도비스기 해조류의 생장 과정에서 방출되는 물질에 이끼의 번성을 억제하는 성분이 포함되어 있었다면 ㉠의 설득력은 강화된다.

④ 오르도비스기의 이끼가 호흡과 대사 과정에서 방출하는 이산화탄소의 양이 석회암의 형성 과정에서 흡수되는 이산화탄소의 양보다 많다면 ㉠의 설득력은 약화된다.

⑤ ㉠에 대해 이 글에서 제시된 논거를 활용하면, 오늘날 대기 중 이산화탄소의 양이 오르도비스기 말 빙하기가 시작되기 직전보다 훨씬 적은데도 현재가 빙하기가 아닌 이유를 설명할 수 있다.

52

2019학년도 LEET 문33

A, B에 대한 평가로 옳은 것만을 <보기>에서 있는 대로 고른 것은?

로버트 밀리컨은 전하의 기본단위를 측정한 업적으로 노벨상을 받은 미국 물리학자이다. 그는 원통형 실린더 내부에 작은 기름방울들을 분사하고, 여기에 전기장을 걸어 주어 기름방울이 전하를 띠게 한 후 중력과 전기력의 영향으로 나타나는 기름방울의 운동을 관찰함으로써 전하의 값을 알아냈다. 노벨상을 받는 데 결정적인 역할을 한 1913년 논문에서 밀리컨은 58개의 기름방울에 대한 자료를 제시했다. 하지만 이후 밀리컨의 실험 노트를 분석한 결과에 따르면, 그는 1911년 10월부터 1912년 4월까지 100개 이상의 기름방울에 대한 실험을 수행하였고, 기름방울 실험에 대해 '아름다움', '뭔가 잘못됨', '최고의 결과' 등의 논평을 달아 놓은 것으로 밝혀졌다.

A: 밀리컨은 자신의 이론에 맞는 좋은 데이터만 남기고 이론에 잘 들어맞지 않는 나머지는 버리는 방식으로 '데이터 요리'를 저질렀기 때문에, 이는 명백히 의도적인 연구 부정 행위에 해당한다.

B: 밀리컨이 일부 데이터를 버린 것은 사실이지만, 자신의 이론에 불리해서가 아니라 실험의 여러 가지 조건들이 최적으로 맞춰지지 않은 상태에서 얻은 데이터여서 버린 것이기 때문에, 이는 통상적인 과학 활동의 일부이다.

〈보기〉

ㄱ. 논문에 포함되지 않은 대부분의 기름방울에 대해서는 단순히 관찰만 이루어졌고 전하량의 계산과 같은 추가적인 분석이 이루어지지 않았을 경우, A는 강화된다.

ㄴ. 논문에 포함된 58개 기름방울의 데이터를 이용했을 때와 실험 노트에 기록된 모든 기름방울의 데이터를 이용했을 때 단위 전하량의 계산 결과가 서로 많이 달랐다면, A는 약화된다.

ㄷ. 논문에 포함되지 않은 데이터 대부분이 기름방울의 크기가 크거나 측정 오차가 큰 경우 등 실험 조건이 완벽하지 못한 것들이었다면, B는 강화된다.

① ㄱ ② ㄷ ③ ㄱ, ㄴ
④ ㄴ, ㄷ ⑤ ㄱ, ㄴ, ㄷ

53

2020학년도 LEET 문34

다음으로부터 평가한 것으로 옳은 것만을 <보기>에서 있는 대로 고른 것은?

A이론은 과학적 연구가 가능하기 위해서는 '중력'과 같은 과학 용어의 정확한 의미, 즉 개념이 먼저 정의되어야 한다고 주장한다. "개념부터 정의해야 한다"가 이들의 핵심 구호이다. 그러나 甲은 다음 두 가지 이유에서 A이론은 과학의 실제 모습과 충돌한다고 비판한다.

첫째, A이론이 참이라면 과학자들은 과학 연구에 앞서 과학 용어의 완벽한 정의를 먼저 추구할 것이다. 하지만 실제 과학자들은 세계를 연구하기 전에 어떤 용어를 어떻게 정의할 것인지 거의 논쟁하지 않는다. 예를 들어 대학의 생물학과나 생물학 연구소에서는 '생명'의 정의를 논의하지 않으며, 생물학자들은 자신들의 연구가 정확한 정의의 부재 때문에 방해받는다고 생각하지 않는다. 과학 용어의 의미는 용어의 정의에 의해 주어지는 것이 아니라 자료와 이론의 상호 작용에 의해 주어지기 때문이다.

둘째, 실제 과학에서 용어의 정의는 연구가 진행됨에 따라 끊임없이 변화한다. 뉴턴 역학에서 중력은 질량을 가진 두 물체 사이의 잡아당기는 힘으로 정의되었으나, 아인슈타인의 일반상대성 이론에서 중력 개념은 뒤틀려 있는 시공간의 기하학적 구조의 발현으로 사용된다. A이론은 과학의 발전에 따른 이러한 변화를 제대로 해명하지 못한다.

〈보기〉

ㄱ. 과학의 역사에서 결정적인 실험은 그 실험의 배경 이론에 포함된 용어의 정의보다 앞서 실행된 경우가 많다는 사실은 A이론을 약화한다.

ㄴ. 개념에 대한 정의를 내리는 활동과 그 개념에 관련된 과학 연구 활동은 원칙적으로 구별될 수 없다는 사실은 A이론을 강화한다.

ㄷ. 과학자들이 '중력'의 개념을 뉴턴 역학뿐만 아니라 일반상대성 이론에서의 개념과도 다르게 사용한다면 甲의 주장은 약화된다.

① ㄱ ② ㄴ ③ ㄱ, ㄷ
④ ㄴ, ㄷ ⑤ ㄱ, ㄴ, ㄷ

54

2020학년도 LEET 문36

다음으로부터 평가한 것으로 옳은 것만을 <보기>에서 있는 대로 고른 것은?

특정 병인에 의하여 발생하고 원인과 결과가 명확히 대응하는 '특이성 질환'과 달리, '비특이성 질환'은 그 질환의 발생 원인과 기전이 복잡하고 다양하며, 유전·체질 등 선천적 요인 및 개인의 생활 습관, 직업적·환경적 요인 등 후천적 요인이 복합적으로 작용하여 발생하는 질환이다.

역학조사를 통해 어떤 사람에게서 특정 위험인자와 비특이성 질환 사이에 역학적 상관관계가 인정된다고 하자. 이러한 경우 비특이성 질환의 원인을 밝히기 위해서는 추가적으로 그 위험인자에 노출된 집단과 노출되지 않은 다른 일반 집단을 대조하여 역학조사를 해야 한다. 그뿐만 아니라, 그 집단에 속한 개인이 위험인자에 노출된 시기와 정도, 발병 시기, 그 위험인자에 노출되기 전의 건강 상태, 생활 습관 등을 면밀히 살펴 특정 위험인자에 의하여 그 비특이성 질환이 유발되었을 개연성을 확실히 증명하여야 한다.

폐암은 비특이성 질환이다. 폐암은 조직형에 따라 크게 소세포암과 비소세포암으로 나뉜다. 비소세포암은 특정한 유형의 암을 지칭하는 것이 아니라 소세포암이 아닌 모든 유형의 암을 통틀어 지칭하는 것이다. 여기에는 흡연과 관련성이 전혀 없거나 현저하게 낮은 유형의 폐암도 포함되어 있다. 의학계에서는 일반적으로 흡연과 관련성이 높은 폐암은 소세포암이고, 비소세포암 중에서는 편평세포암과 선암이 흡연과 관련성이 높다고 보고하고 있다. 세기관지 폐포세포암은 선암의 일종이지만 결핵, 폐렴, 바이러스, 대기 오염 물질 등에 의해 발생한다는 보고가 있으며 흡연과의 관련성이 현저히 낮다고 알려져 있다.

〈사례〉

甲은 30년의 흡연력을 가지고 있으며 최근 폐암 진단을 받았다. 甲은 하루에 한 갑씩 담배를 피웠고, 이 때문에 폐암이 발생하였다고 주장하며 자신이 피우던 담배의 제조사 P를 상대로 소송을 제기하였다. 하지만 P는 甲의 폐암은 흡연에 의해 유발되었을 개연성이 낮다고 주장하였다.

〈보기〉

ㄱ. 흡연에 노출되지 않은 집단에서 폐암이 발병할 확률이 甲이 포함된 흡연자 집단에서 폐암이 발병할 확률보다 낮은 것으로 확인되었다면 P의 주장이 강화된다.

ㄴ. 甲의 부친은 만성 폐렴으로 오랫동안 고생한 후 폐암으로 사망하였으며 甲 또한 청년기부터 폐렴을 앓아 왔고 조직검사 결과 甲의 폐암은 비소세포암으로 판명되었다면 P의 주장이 약화된다.

ㄷ. 조직검사 결과 甲의 폐암이 소세포암으로 판명되었다면 甲의 주장이 강화된다.

① ㄱ　② ㄷ　③ ㄱ, ㄴ
④ ㄴ, ㄷ　⑤ ㄱ, ㄴ, ㄷ

정답 및 해설 p.37

해커스 LEET
김우진
추리논증

기초

개정 3판 2쇄 발행 2026년 1월 5일
개정 3판 1쇄 발행 2024년 10월 31일

지은이	김우진
펴낸곳	해커스패스
펴낸이	해커스로스쿨 출판팀
주소	서울특별시 강남구 강남대로 428 해커스로스쿨
고객센터	1588-4055
교재 관련 문의	publishing@hackers.com
학원 강의 및 동영상강의	lawschool.Hackers.com
ISBN	979-11-7244-369-6 (13360)
Serial Number	03-02-01

로스쿨로 향하는 **첫 시작,**

해커스로스쿨과 함께하면
입학이 빨라집니다.

법학적성시험 대비 최신개정판 제3판

해커스 LEET

김우진 추리논증

기초

정답 및 해설

해커스로스쿨

해커스 LEET

김우진 추리논증

기초

정답 및 해설

해커스로스쿨

PART 01 추리 영역

I. 연역과 귀납

1-3 문장 논리 p.30

01	02	03	04	05
④	②	③	①	②
06	07	08	09	10
④	③	③	⑤	④
11	12			
②	③			

01 정답 ④

· 영희: 부정논법으로 타당하다.
1. A → B
2. ~B
∴~A

· 철수: 후건긍정의 오류이므로 타당하지 않다.
1. 갑 → 을
2. 을
∴ 갑

· 현주: 선언논법으로 타당하다.
1. ~갑∨(을&병)
2. 갑
∴ (을&병)

02 정답 ②

제시된 지문을 기호화하면 다음과 같다.
1. A → B
2. C → D
3. A∨C

① (O) 3에서 A나 C 어떤 것이 되든 1과 2에 의해 B나 D도 추진하므로 적어도 두 사업은 추진한다.
② (X) ~A → 두 개 추진: A가 아니면 3에서 C가 도출되며, C가 되면 2에 의해 D도 추진한다. 그런데 1에서 A가 부정되어도 B는 추진할 수 있으므로 정확히 두 개가 되는 것이 반드시 참이 되는 것은 아니다.
③ (O) ~B → C: 3의 단순함언은 ~A → C이며, 1의 대우는 ~B → ~A이다. 이들의 삼단논법으로 도출된다.
④ (O) ~C → B: ③의 대우로 반드시 참이다.
⑤ (O) ~D → 세 사업 추진 여부 결정됨: 2에서 ~C, 3에서 선언삼단논법으로 A, 1에서 긍정논법으로 B가 도출되어 세 사업 모두가 결정된다.

03 정답 ③

제시된 지문을 기호화하면 다음과 같다.
A: 개별자들에 대한 앎을 가지고 있다.
B: 보편자에 대한 앎을 가지고 있다.
C: 감각 지각을 통한다.
D: 후천적인 방식이다.
E: 선천적인 방식이다.
F: 증명을 통해 정확히 파악할 수 있다.
G: 상위 지식을 통한다.
1. A&B
2. A → C
3. C → D
4. B → (E∨D)
5. E → F
6. B → ~F
7. G∨C
8. B → ~G

ㄱ. (X) A → G: 7에서 모든 지식은 G이거나 C이다. 그런데 2에서 'A는 C이다.'가 도출될 뿐이다. 따라서 반드시 참이 아니다.
ㄴ. (X) A → F: 알 수 없는 내용으로 반드시 참이 아니다.
ㄷ. (O) B → D: 반드시 참이다.

9. B → ~E	5. 6. 조건삼단논법
10. B	1. 분리논법
11. ~E	9. 10. 긍정논법
12. B → D	11. 4. 선언논법

ㄹ. (O) B → C: 반드시 참이다.

13. ~G → C	7. 단순함언
14. B → C	8. 13. 조건삼단논법

04 정답 ①

제시된 지문을 기호화하면 다음과 같다.
T: 국제적으로 테러가 증가한다.
M: A국의 국방비 지출은 늘어난다.
X: 증세 정책을 실행한다.
W: 세계 경제는 침체한다.
1. T → M
2. ~M∨X
3. X → W
∴ W

4. M → X	2. 단순함언
5. M → W	3. 4. 조건삼단논법
6. T → W	1. 5. 조건삼단논법

[생략된 전제] T
∴ W

따라서 생략된 전제는 'T: 국제적으로 테러가 증가한다.'이고, T에 의해 'W: 세계 경제는 침체한다.'가 결론으로 도출된다.

05 정답 ②

제시된 지문을 기호화하면 다음과 같다.

1. A → B
2. A → E
3. C → E
4. D → B
5. ~C → ~B

① (O) A → C	1. 5대우. 조건삼단논법
② (X) A → D	반드시 도출되지 않는다.
③ (O) ~C → ~D	5. 4대우. 조건삼단논법
④ (O) D → C	4. 5대우. 조건삼단논법
⑤ (O) ~E → ~B	3대우. 5. 조건삼단논법

06 정답 ④

'석이가 영이를 사랑한다.'는 p, '철이가 영이를 사랑한다.'는 q, '돌이가 영이를 사랑한다.'는 r로 가정하면, 〈보기〉의 '석이가 영이를 사랑하지 않는다면, 철이가 영이를 사랑한다.'는 ~p → q로, '철이와 돌이가 동시에 영이를 사랑하는 일은 있을 수 없다.'는 ~(q&r)로 기호화할 수 있으며, 마지막에 '석이가 영이를 사랑한다.'는 p이므로, 다음과 같은 논리식이 가능하다.

1. ~p → q
2. ~(q&r) = ~q∨~r

∴ p(≡p∨p)

이는 양도논법과 후건부정식이 사용된 것이다. 따라서 전제 1에서 ~p → r이 있어야 한다. 이것의 단순함언은 p∨r이므로 정답은 ④가 된다.

07 정답 ③

가. (X) 동일론을 받아들이는 이들이 인공지능에 대한 낙관적인 기대를 한다는 사실을 알 수 있을 뿐, 이 명제 즉, 역명제가 반드시 참이 되지는 않는다.

나. (X) 환원주의를 받아들이는 사람들은 정신 현상을 기계론적으로 설명할 수 있다고 주장하며 동시에 정신의 자율성을 부인한다. 따라서 반드시 참이 아니다. 그렇기에 정신 현상을 기계론적으로 설명할 수 있다는 주장과 정신의 자율성 부인 입장은 연결할 수 없다. 조건문의 후건끼리의 논리적 연관성은 알 수 없기 때문이다.

다. (O) 동일론을 받아들이는 철학자는 비판을 받는다는 진술로부터 대우명제로 반드시 참임을 알 수 있다.

라. (O) 심신 이원론을 거부하는 것은 상식적 직관을 거부하는 것으로 받아들였기에 반드시 참이다.

08 정답

세 가지 견해를 정리하면 다음과 같다.

· A: not 타인 손해 → not 국가간섭 정당화, 타인 손해 → 국가간섭 정당화
  - 타인 침해 행위는 국가간섭 정당화를 위한 필요충분조건

· B: 타인 손해일 때만 국가간섭 정당화
  - 타인 침해 행위는 국가간섭 정당화를 위한 필요조건

· C: 타인 손해 or 타인 손해 가능성 → 국가간섭 정당화
  - 타인 침해 행위는 국가간섭 정당화를 위한 충분조건

① (O) A와 B 모두 타인에 손해를 입힐 경우에 국가의 간섭이 가능하다. 그런데 B는 그러한 경우에도 국가의 간섭이 정당화되지 않을 수 있다는 견해이다. 따라서 A가 B보다 국가의 간섭 정당화 범위를 넓게 잡고 있다.

② (O) A는 타인에 침해를 입히는 행동에 대한 국가의 간섭에 대해서만 인정하고 있다. 그러나 C는 그뿐만 아니라, 침해할 가능성까지도 국가의 간섭 정당화 범위로 삼아 A보다 더 넓게 잡고 있다.

③ (X) A는 타인에게 손해를 입히는 행동 모두 국가의 간섭이 정당화된다고 주장한다. 그러나 B는 타인에게 손해를 입히는 행동에 대한 국가의 간섭이 언제나 정당화되지는 않는다고 주장한다. 그런데 오직 자신에게만 영향을 주는 행동이 있을 수 없다고 해도 타인에게 손해를 입히는 행동이나 국가간섭이 정당화되지 않는 행위가 있을 수 있기 때문에 A와 B가 같은 견해가 될 수는 없다.

④ (O) A와 B 모두 타인에게 손해를 입히지 않은 행위는 국가의 간섭이 정당화되지 않는다는 입장이므로 국가가 간섭하는 행위는 다른 사람에게 손해를 입히는 행위가 된다.

⑤ (O) A와 C 모두 타인에게 손해를 입힌 행동에 대한 국가의 간섭이 정당하다는 입장이므로 옳은 진술이다.

09 정답 ⑤

1. 1번 도로 → (A ∨ B)	
2. A → (흙탕물 & 카메라)	
3. B → (정체 & 검문소)	
4. 정체 → 카메라	
5. 검문소 → 흙탕물	
6. ∴ ~1번 도로	
7. (B → 정체) & (B → 검문소)	3. 번역
8. (B → 카메라) & (B → 흙탕물)	7. 4. 5. 삼단논법
9. B → (카메라 & 흙탕물)	8. 동치
10. B → (흙탕물 & 카메라)	9. 교환법칙

결국 A마을에서 온 경우나 B마을에서 온 경우 모두 자동차 밑바닥에 흙탕물이 튀었을 것이고 자동차 모습을 담은 폐쇄회로 카메라가 적어도 하나 있을 것이다. 주어진 결론이 성립되기 위해서는 1에서 후건인 (A ∨ B)가 부정되어야 한다. 따라서 드 모르간 법칙에 따라 (~A & ~B)가 된다. A와 B가 모두 부정되기 위해서는 2와 9에서 ~(카메라 & 흙탕물)이 되어야 성립된다. 결국 드 모르간 법칙에 의해서 (~카메라 ∨ ~흙탕물)이 필요하다. 이는 폐쇄회로 카메라가 없어야 하며 자동차 밑바닥에 흙탕물이 튀지 않았다는 것이다.

10

정답 ④

1. A ∨ B ∨ C
2. D ∨ E
3. A → (C & D)
4. B → ~E

① (X) A 증언이 참일 경우, 3에 의해 C와 D는 참이다. 하지만 나머지 B와 E에 대한 참 거짓 여부를 결정할 수 없다.
② (X) B 증언이 참일 경우, 4에 의해 E는 거짓이며, E가 거짓이기에 2에서 선언논법에 의해 D가 참이다. 하지만 나머지 A와 C에 대한 진위는 알 수 없다.
③ (X) C가 참이라는 사실만으로 그 이외의 진위에 대해서 알 수 없다.
④ (O) D의 증언이 참이 아닐 경우, 2에서 선언논법에 의해 E는 참이다. E가 참이므로 4에서 후건이 부정되어 B도 거짓이다. 그리고 3에서 D가 참이 아니므로 후건이 거짓되어 전건인 A도 거짓이 된다. 결국 A와 B가 거짓이므로 1의 선언문이 성립되기 위해서는 C가 참임을 알 수 있다. 결국 모든 진위를 알 수 있으므로 D의 증언이 참이 아니라는 사실은 결정적 정보가 된다.
⑤ (X) E가 참이 아닐 경우, 2의 선언논법에 의해 D가 참이다. 하지만 그 이외의 진위에 대해서는 알 수 없다.

11

정답 ②

1. (A → B) & (A → D) & (A → E)
2. ~(C & D)
3. ~E → ~(B ∨ D)

이로부터 연역적으로 추리할 수 있는 정보를 자연 연역적 증명으로 정리하면 다음과 같다.

4. ~C ∨ ~D	2. 드 모르간 법칙
5. C → ~D	4. 단순함언
6. D → ~C	5. 대우
7. (A → D)	1. 분리법칙
8. A → ~C	6. 7. 조건삼단논법

ㄱ. (X) E → C: 알 수 없다.
ㄴ. (O) ~(C & A): 타당하게 추론된다.

9. ~C ∨ ~A	ㄴ. 드 모르간 법칙
10. C → ~A	9. 단순함언
11. A → ~C	10. 대우

ㄷ. (X) (~D & B) → C ≡ (~D → C) ∨ (B → C)
앞의 선언지는 5의 역명제이기에 참 거짓 여부를 확인할 수 없으며, 뒤의 선언지는 알 수 없는 내용이다.

12

정답 ③

ㄱ. (O) 영우의 진술 ㉠과 경수의 진술 ㉡이 모두 참일 때에는 전건이 거짓이 되므로 옳은 진술이다.
ㄴ. (O) (가) 방식은 전건을 참이라 가정한 것이므로 영우가 참일 경우 경수의 진술 ㉡은 거짓이 된다.
ㄷ. (X) (가) 방식은 전건을 참이라 가정한 것이므로 ㉠과 ㉡ 중 최소한 하나는 참이 아니라고 판단할 것이다.

1-4 술어 논리

p.47

01	02	03	04	05
⑤	③	⑤	②	④
06	07	08	09	
③	③	③	④	

01

정답 ⑤

제시된 논증을 기호화하면 다음과 같다.
A: 실천적 지혜가 있는 사람
B: 덕이 있는 성품을 가진 사람
C: 덕을 아는 것
D: 덕을 실행에 옮기는 사람
E: 자제력이 있음

1. A → B
2. C&~A
3. A → (C&D)
4. (C&D) → A

∴ A → E

① (X) ~E → F(F: 나약한 사람): 무관한 진술로 생략된 전제가 아니다.
② (X) B&~E: 논증의 결론을 도출할 수 없다.
③ (X) B → A: 결론 도출이 안 된다.
④ (X) ~E → G(G: 올바른 선택을 하는 사람): 무관한 진술로 생략된 전제가 아니다.
⑤ (O) ~E → ~D: 결론이 타당하게 도출되도록 하는 생략된 전제이다.

5. (A → C)&(A → D)	3. 동치
6. A → D	4. 분리논법
7. D → E	⑤ 대우
8. A → E	5. 6. 조건삼단논법

02

정답 ③

(가)~(마) 각각의 논증의 특징을 정리하면 다음과 같다.
(가) 후건긍정의 오류
(나) 타당한 양도논법
(다) 타당한 선언삼단논법
(라) 전건부정의 오류
(마) 타당하지 않은 연쇄삼단논법
따라서 결론이 반드시 참인 것은 (나), (다)이다.

03

정답 ⑤

① (O) (군인: Mx, 철수: c, 행군: Wx, 물집: Sx)
[전제] Mc&Wc
[숨은 전제] (∀x)((Wx&Mx) → Sx)
[결론] Sc

② (O)
[전제] 나의 조부는 대머리셨다.
[숨은 전제] 조부가 대머리인 사람은 모두 대머리가 된다.
[결론] 나는 대머리가 된다.

③ (O) (Ax: 상어, Bx: 포유류, Cx: 배꼽)
[전제] (∀x)(Ax → ~Bx)
[숨은 전제] (∀x)(~Bx → ~Cx)
[결론] (∀x)(Ax → ~Cx)

④ (O)
[전제] 이웃의 집에 불이 켜졌다.
[숨은 전제] 불이 켜진 집에는 언제나 누군가 있기 마련이다.
[결론] 이웃의 집에 누군가 있음에 틀림없다.

⑤ (X) (Ax: 독사, Bx: 위험동물, Cx: 어리석음)
[전제] (∀x)(Ax → Bx)
[숨은 전제] (∀x)(Cx → Bx)
[결론] (∀x)(Ax → Cx)
타당하게 도출될 수 없다.

04

정답 ②

먼저 논증을 구성하고 있는 명제들을 기호로 정리하면 다음과 같다.
Ax: x는 참을 깨달은 자이다.
Bx: x는 배움이 있는 자이다.
Cx: x는 책임의 소중함을 느끼는 자이다.
Dx: x는 겨레를 위해 희생을 각오한 자이다.
Ex: x는 진정한 지도자이다.
1. (∀x)(Ax → Bx)
2. ~(∀x)Cx → ~(∀x)Dx
3. (∀x)(Ex → Dx)
∴ (∀x)(Ex → Bx)

4. (∀x)Dx → (∀x)Cx	2. 대우
5. (∀x)(Ex → Cx)	3. 4. 조건삼단논법

따라서 논증이 타당하기 위해서 보충되어야 할 전제는 (∀x)(Cx → Bx)이다.

05

정답 ④

이 문제는 연역적으로 타당한 추리를 도출하는 능력을 측정하는 문제로, 우선 제시된 조건들을 기호화하고, 이들이 모두 거짓이므로 모순되는 정보를 추리해야 한다. 제시된 조건을 기호화하면 다음과 같다.
1. ~(A&B)∨(~A&~B)
2. (B∨C) → D
3. ~C&~D
위 진술들이 모두 거짓이므로 모순되는 정보를 파악한다.

4.~(~(A&B)∨(~A&~B))	1. 모순
5. (A&B)&(A∨B)	4. 드 모르간 법칙
6. A&B	5. 분리논법
7. A	6. 분리논법
8. B	6. 분리논법
9. (B∨C)&~D	2. 모순
10. ~D	9. 분리논법
11. ~(~C&~D) = (C∨D)	3. 모순, 드 모르간 법칙
12. C	10. 11. 선언논법

따라서 유물 A~D 중에서 전시되는 유물의 총 개수는 A, B, C 3개이다.

06

정답 ③

제시된 지문을 기호화하면 다음과 같다.
1. 지원을 받는 단체 → ~최종 후보
2. 올림픽 관련 단체를 엔터테인먼트 사업보다 우선
3. A: 자유무역협정 체결한 갑국에 드라마 컨텐츠 수출
4. B: 올림픽 개막식 행사
5. C: 폐막식 행사, E: 한국 음식문화 보급
6. (~A∨~C) → (B∨E)
7. D → (~자유무역협정&~교역)
8. 가장 작은 부가가치 단체 → ~최종 후보
9. 올림픽 개막식 → 지원받음
10. 한국 음식문화 보급 → 부가가치 가장 작음

11. ~B	1. 4. 9. 삼단논법
12. ~D	5. 8. 10. 긍정논법
13. ~B&~D	11. 12. 연언결합
14. ~(B∨E)	13. 드 모르간 법칙
15. A∨C(최종 후보)	6. 14. 부정논법

최종 후보 중에 한 단체만 선정되어야 하는데, 조건 2에 의해 올림픽 관련 C가 선정된다.

07

정답 ③

① (O) ㉠처럼 느낌에 대해서는 다르지만, ㉡처럼 행동 성향에 대해서는 동일할 수 있으므로 동시에 참일 수 있다.

② (O) 타당한 논증이다.

A: 인간은 고통을 느낀다.
B: 철학적 좀비는 고통을 느끼지 못한다.
C: 인간은 철학적 좀비와 동일한 존재이다.
㉠ A&B
㉣ C → ~A
㉢ ~C

1. A	㉠ 분리논법
2. ~C	㉣ 1. 부정논법

③ (X) ㉡에서 행동 성향이 동일할 수 있는데, ㉥에서 행동주의가 옳다면, 인간은 철학적 좀비와 동일한 존재이다. 따라서 인간은 철학적 좀비와 동일한 존재임이 도출된다. 하지만 ㉢은 동일하지 않다는 진술이므로 참이 될 수 없다.

④ (O) 부정논법으로 타당한 논증이다.

D: 행동주의가 옳다.
㉢ ~C
㉥ D → C
㉦ ~D

⑤ (O) ㉤은 행동주의를 의미하며, ㉥은 이를 부정하므로 동시에 거짓일 수 없다.

08

정답 ③

Ax: x는 샤펠식 과정에 해당한다.
Bx: x는 의사결정트리 방식을 따른다.
Cx: x는 지도학습 유형에 속한다.
Dx: x는 비지도학습 유형에 속한다.
Ex: x는 강화학습을 활용한다.

1. (∀x)(Ax → Bx)
2. (∀x)[(Cx∨Dx)&~(Cx&Dx)]
3. (∀x)(Ax → Cx)
4. (∀x)(Ex → Dx)
5. (∃x)(Bx&Ex)

ㄱ. (O) (∀x)(Bx → Cx): 거짓

6. ~(Cx&Dx)	2. 분리논법
7. Cx → ~Dx	6. 동치
8. Dx	3. 5. 긍정논법
9. Bx	5. 분리논법
10. Bx&Dx	8. 9. 연언결합
11. Dx → ~Cx	7. 대우
12. ~Cx	8. 11. 긍정논법
13. Bx&~Cx	12. 9. 연언결합

ㄴ. (O) (∃x)(~Ax&Bx): 참

14. ~Ax	3. 12. 부정논법
15. ~Ax&Bx	14. 9. 연언결합

ㄷ. (X) (∀x)(Ex → Bx)

5에서 특칭명제가 성립하는 것은 알 수 있으나, 이로부터 전칭명제를 도출할 수는 없다.

09

정답 ④

1. ~(∃x)(Ax&Bx)	
2. (∀x)(Cx → (Ax∨Bx))	
3. (∃x)(~Ax&Bx)	
4. ㉠ → (∃x)(~Ax&Bx&~Cx)	
5. (∀x)(Ax → ~Bx)	1. 동치
6. Ba → ~Aa	5. 보편예화, 대우
7. ~Aa	3. 존재예화, 분리논법
8. Ba	3. 존재예화, 분리논법

① (X) (∀x)(Ax → Cx): ~Cx를 도출할 수 없다.

② (X) (∀x)(Ax → ~Cx): 전건이 7에 의해 거짓이므로 ~Cx가 타당하게 도출되지 않는다.

③ (X) (∀x)(Bx → Cx): 8에 의해 Cx가 도출되나, ~Cx는 도출되지 않는다.

④ (O) (∀x)(Bx → ~Cx)

9. Ba	8. 존재예화
10. Ba → ~Ca	④ 보편예화
11. ~Ca	9. 10. 긍정논법
12. ~Aa&Ba	3. 존재예화
13. ~Aa&Ba&~Ca	11. 12. 연언논법
14. (∃x)(~Ax&Bx&~Cx)	13. 존재일반화

⑤ (X) (∀x)(Cx → Bx): 후건만 참이기에 전건이 거짓인지는 알 수 없다.

2 귀납 추론 p.61

01	02	03	04	05
⑤	⑤	④	①	③

01 정답 ⑤

공통적으로 적용 가능한 가설에 대해 파악하는 문제이다. (가)와 (나)의 사례를 설명할 수 있는 최선의 가설을 선택지에서 찾아야 한다. (가)와 (나)의 사례를 정리하면 다음과 같다.

(가) [사례 1] 물량이 부족하여 1,900만 원에서 2,000만 원으로 인상: 소비자 29% 납득, 71% 불공정하다고 대답
[사례 2] 인기가 높아져 1,900만 원(2,000만 원에서 100만 원 할인)에서 2,000만 원으로 환원: 소비자 58% 납득, 42% 불공정하다고 대답
두 사례에서는 물건을 동일하게 1,900만 원으로 팔다가 2,000만 원으로 인상하였다. 그러나 [사례 2]는 [사례 1]의 경우와 동일한 결과임에도 불구하고 이를 납득한 소비자가 29% 많았으며 불공정 판단도 29% 감소하였다. 이는 애초에 주어진 가격에 대한 이해에 따라 달리 판단하는 소비자의 태도를 보여주고 있다.

(나) 머그잔을 가진 학생이 받아야겠다고 생각하는 금액이 사려 하는 학생이 제시하는 금액보다 훨씬 높았다. 동일한 머그잔임에도 머그잔 소유자가 생각하는 금액과 구매하려는 사람의 금액의 차이가 많이 나타나고 있다.

① (X) (가)와 (나) 모두와 무관하다. (가)에서는 손실의 크기가 동일하기에 적용할 수 없고, (나)에서는 이득이나 손실의 차이에 대한 차이를 발견할 수 없다.

② (X) (나)의 경우는 설명할 수 있지만, (가)의 경우는 단순히 물건 가격 인상과 할인을 환원한 경우의 불공정성에 대한 비교이기에 이를 설명할 수 없다.

③ (X) (가)와 (나) 모두와 무관한 진술이다. (가)는 이득이나 손실의 상황을 비교할 수 없으며, (나) 역시 소유 여부에 따른 차이이기에 무관하다.

④ (X) (가)에서 인상된 가격에 있어서 사람들은 이를 명시적 비용으로 인식하지만 원래의 가격으로 복귀하는 경우에는 암묵적 비용으로 받아들여 거부감이 적은 것으로 설명할 수 있다. 그러나 (나)에서는 암묵적 비용에 대해서 알 수 없다.

⑤ (O) (가)의 대립 상황은, 초기 상황이 1,900만 원인 상황과 2,000만 원인 상황의 차이에 따라 이후 동일 가격에 대한 평가가 달라지고 있다. (나) 또한 초기 상황에서 머그잔을 소유하고 있는 학생과 사려고 하는 학생의 소망 거래 가격 차이로 인해 금액 차이가 발생하고 있다.

02 정답 ⑤

가~라의 귀납 추론 형식을 정리하면 다음과 같다.
가. 가설 추론
나. 귀납적 일반화
다. 가설 추론
라. 가설 추론
따라서 과학 지식의 형성 과정이 유사한 것끼리 적절하게 묶은 것은 가, 다, 라이다.

03 정답 ④

① 귀납적 일반화
② 귀납적 일반화
③ 귀납적 일반화
④ 가설 추론
⑤ 귀납적 일반화
따라서 논리적 추리의 방법이 다른 하나는 ④이다.

04 정답 ①

ㄱ. [근거 1] 문명화된 모든 사회에서는 규칙이 있다.
[근거 2] 만약 규칙이 없다면 현재도 미래도 없다.
[근거 3] 규칙은 정부가 만든다.
[주장] 안정된 정부가 없다면 문명화가 될 수 없다.
(대우: 문명화된 사회에는 안정된 정부가 있다.)
근거 1과 3에 의해 도출되는 삼단논법이다.

ㄴ. [근거] 정원사는 지주와 농부와 노동자의 성격을 지니고 있다.
[주장] 정원사의 생산물은 지주와 농부와 노동자의 대가이어야 한다.
세 개의 성격이므로 그 대가도 세 개의 성격이어야 한다는 연역논증이다.

ㄷ. [근거] 지금까지 세법의 확대는 부정적인 결과를 가지고 왔다.
[주장] 세금을 올리는 것은 실현불가능하다.
지금까지의 경험적 사례에서 주장이 도출되므로 귀납적 일반화이다.

ㄹ. [근거 1] 원숭이와 인간은 유사하다.
[근거 2] 인간의 외부기관과 가장 유사한 외부기관을 지니고 있는 것은 원숭이이다.
[주장] 원숭이가 말하는 것이 불가능하다면 놀랄 것이다.
인간과 원숭이의 유사점을 토대로 추론하는 유비 추론이다.

따라서 ㄱ과 ㄴ은 연역논증, ㄷ과 ㄹ은 귀납논증이다.

05 정답 ③

가, 다, 마는 유비 추론이며, 나, 라는 가설 추론이다.

Ⅱ. 언어 추리

2-1 법·규범학 p.67

01	02	03	04	05
③	⑤	④	⑤	⑤
06	07	08	09	10
②	④	③	①	②
11	12	13	14	15
②	②	③	④	③
16	17	18	19	20
⑤	⑤	③	③	⑤
21	22	23	24	25
⑤	①	③	④	④
26	27	28	29	30
⑤	①	①	④	④
31	32	33	34	35
②	②	③	③	①
36	37	38	39	40
②	②	④	③	⑤
41	42	43	44	45
④	②	①	④	①
46	47	48	49	50
①	⑤	③	①	⑤
51	52	53	54	55
①	⑤	②	②	①
56	57	58	59	60
④	③	⑤	③	⑤
61	62			
④	②			

01 정답 ③

① (O) ㉠에서 김 소사가 백 소사가 꾸어 준 돈을 본전만 갚고 이자는 아직 갚지 않은 사실이 나타나 있다. 그런데 (A)는 백 소사가 이에 분함을 가질 수도 있지만 그런 정도의 분함은 ㉡에 의해 해소되었다는 진술이다. 따라서 평소의 김 소사와 백 소사의 인간관계나 금전 관계에 따라 타당성이 결정될 수 있다. 만약 이들 간의 인간관계나 금전 관계에 문제가 없고 좋았다면 (A)의 추리에서 백 소사가 분함을 갖지 않을 수도 있지만, 반대로 그들의 인간관계나 금전 관계에 문제가 있었다면 ㉡에 의해 분함이 해소되지 않을 수도 있기 때문이다.

② (O) (B)의 추리를 형식적으로 구성하면 다음과 같다.
[암묵적 전제] 누구든 가져갈 것이 없음을 알고 있는 집에 도둑질하러 들어가지는 않을 것이다.
[결론] 백 소사가 ㉡과 같은 행동을 한 일이 있으므로 백 소사가 김 소사 집에 재차 침입하여 호미 등을 가져가지는 않았을 것이다. ㉡은 백 소사가 김 소사의 집을 뒤져 쌀을 가져간 일을 말한다. 이미 백 소사가 뒤져서 쌀을 가져간 사실이 있기에 굳이 호미 등 물건을 가져갈 이유는 없다는 것으로 옳은 진술이다.

③ (X) (C)의 추리를 형식적으로 구성하면 다음과 같다.
[숨은 전제] 비웃음을 당하였다고 살인까지 하지는 않을 것이다.
[제3의 사실] 백 소사가 관대한 사람이었다는 평판이 있다.
[결론] 백 소사 딸의 병을 보고 아이가 비웃은 일이 있다 해도 아이를 죽일 원인은 되지 못할 것이다.
㉢은 김 소사의 아들이 백 소사의 딸을 비웃은 일을 백 소사가 살인을 저질렀던 원인으로 생각한다. 그런데 비웃음을 당한다고 해서 살인까지 하지는 않는다는 전제가 있을 경우, 이를 반박하기 위해서 비웃음을 당하면 살인을 할 수 있다고 말해야 할 것이다. 그런데 백 소사가 관대한 사람이라고 말하면 오히려 반박이 아니라 숨은 전제를 지지하는 근거가 된다. 따라서 틀린 진술이다.

④ (O) (D)의 내용은 범인이 처음부터 죽일 의도가 없었다는 내용이므로 범인이 김 소사가 몰래 숨겨둔 귀중품을 감추어 놓은 사실을 몰랐다는 것과 무관한 진술이다. 따라서 (D)가 약화되지는 않는다.

⑤ (O) (E)에서 범인이 아이가 살아날 경우 자신을 지목하지 않게 할 대응책도 가진 자라고 말하고 있다. 이는 죽은 아이가 모르는 사람일 가능성을 내포하고 있다. 따라서 옳은 진술이다.

02 정답 ⑤

이 문제의 독특한 점은 질문에서 검사나 피고인 측 주장에 유리한 사실이 무엇인가를 묻는 동시에 검사와 피고인 주장 자체에 대한 명제적 판단을 요구한다는 것이다. 따라서 연역추리의 양립 가능성 및 모순 관계에 대한 진술에 대한 판단이 필요하다.
이 사건에서 검사의 주장과 피고인의 주장을 정리하면 다음과 같다.

- A: "피고인은 이 사건 당시에 가해 트럭을 운전하였다."
- B: "나(= 피고인)는 2010년 9월경 사고차량인 트럭을 도난당하였고, 사고 당시에 가해 트럭을 운전한 사실이 없다."

각자 자신의 명제가 각각 명제의 내용과 일치하는 사실관계가 존재한다는 의미에서 참이라 주장하고 있다. 따라서 이 명제들은 제시된 사실관계와의 대조를 통해 참, 거짓의 진릿값을 확인해 볼 수 있다.
그런데 여기서 주목할 것은, 피고인의 주장 B는 연언문이라는 점이다.

- B1: "피고인은 2010년 9월경 사고차량인 트럭을 도난당하였다."
- B2: "피고인은 사고 당시 가해 트럭을 운전한 사실이 없다."

따라서 B는 B1과 B2가 모두 참인 경우에 참이며, 둘 중 하나라도 거짓이면 거짓이 된다.

① (O) 신원불명의 트럭 운전자가 도주하였기에 피고인인지 아닌지 확인할 수 없으므로 피고인 주장을 판단할 수 없다.

② (O) (다)에서 피고인은 다른 범죄혐의로 경찰의 추적을 받고 있으므로 (가)에서 도주하였다는 인과적 관계를 찾을 수 있기에 옳은 진술이다.

③ (O) (라)의 범칙금납부고지서가 2010년 8월 10일에 발급된 것이면, 피고인이 9월경 사고차량을 도난당했음에 대해 아무런 사실도 확인할 수 없으므로 옳은 진술이다.

④ (O) (마)에서 K의 휴대전화로 발신이 되었는데, 이는 사건 경위 약 4시간 30분 전이다. 따라서 (바)에서 K의 진술이 맞다면 L의 주장과 함께 피고인의 진술이 거짓일 개연성을 높여주므로 검사의 주장을 강화하는 데에 사용할 수 있다.

⑤ (X) A와 B2는 서로 모순되기 때문에 A와 B가 동시에 참일 수는 없으므로, 검사와 피고인의 주장이 동시에 참인 경우는 있을 수 없다. 따라서 선택지 ⑤번의 전반부 문장은 옳은 문장이다. 후반부 문장은 (가)~(마)

가 모두 사실인 것을 전제로 검사와 피고인의 주장이 동시에 거짓일 수 없다는 것인데, (가)~(마)가 모두 사실이라 해도 '피고인 아닌 다른 사람이 운전하고 피고인은 동승하였을 가능성' 등을 배제할 수 없고, 이런 경우에 검사의 주장 A는 거짓이며, 또 B1은 거짓이지만 B2는 참일 수 있으므로 B는 거짓이다. 따라서 검사와 피고인의 주장은 동시에 거짓일 수 있다.

03

정답 ④

지문으로부터 연결되는 것을 찾아 표로 정리하면 다음과 같다.

사용 목적	A	B	C
동물 치료 목적 동물 혈액 사용	O	O	X
인간 치료, 예방 목적 유전자 치료 방법	O	X	X

우선 (가)국은 모든 대상에 있어 의료행위에 특허 부여가 안 되므로 바로 C임을 알 수 있다. (나)국은 모든 의료행위에 특허가 부여되므로 A이며, (다)국은 의료행위에 대한 사항이 인간은 안 되며 동물은 되기에 B이다.

04

정답 ⑤

지문에 나타난 법 해석 방법을 정리하면 다음과 같다.

(가) A법률: 미성년자의 혼인은 부모의 동의를 필요로 한다. 따라서 성년자의 혼인에는 부모의 동의를 요하지 않는다.
→ 반대해석의 사례

(나) B법률: 개발제한구역에는 '경찰기동대'와 '전투경찰대'의 훈련 시설만 규정하므로 '경찰기마대'의 훈련 시설을 포함하지 않는다.
→ 유추해석의 반대 또는 확대해석의 반대 사례

(다) C법률: '경품제공행위'에는 경품을 실제 교부·지급하는 경우 이외에도, 그러한 의사를 표시한 후 '진열·전시'하는 경우도 포함된다.
→ 확대해석의 사례

(라) D법률: 현행 조문의 '제5항'을 '제6항'으로 바로 잡아 적용해야 한다.
→ 변경해석의 사례

(마) E법률: 노래연습장업자가 '접대부'를 고용·알선하는 행위를 금지하는 규정에 있어서 '접대부'는 당시 입법자의 의도에 의하면 여성을 의미하는 것이었으나 시대 상황에 맞게 여성과 남성 모두 포함하는 것으로 적용할 수 있다.
→ 확대해석 또는 물론(勿論)해석의 사례

① (X) (가)는 반대의 효과가 생기는 취지의 규정을 포함하는 것이며, (라)는 법령의 문구 본래의 의미로 변경해석 해야 한다는 것으로 두 사례 모두 좁게 해석하는 것과는 무관하다.

② (X) (가)는 반대해석의 취지로 이에 해당되지만, (마)는 확대해석의 사례로 반대의 효과를 포함하는 것은 아니다.

③ (X) (나)는 유추해석 또는 확대해석 금지 사례에 해당한다. 따라서 변경해석의 방법과는 다르다.

④ (X) (다)는 유추해석에 해당하므로 본래 의미를 대체하여 해석한다는 확대해석에 해당될 수 있지만, (라)는 비슷한 사안이 아닌 항목의 법규정 서술의 변경해석 사례이기에 관련이 없다.

⑤ (O) 제정 당시에는 여성을 의미하는 것이었지만, 시대 상황에 맞게 다르게 해석되는 확대해석 또는 물론해석의 경우로 옳은 진술이다.

05

정답 ⑤

① (O) 갑은 일조권이 침해당하게 되어 법적으로 권리 행사가 가능한 상황인데도 불구하고 아무런 권리 주장을 하지 않는 사람이라면 오랜 시간이 흐른 후에는 권리 행사를 허용하지 않을 것이다.

② (O) 을은 어쩔 수 없이 권리를 행사하지 못한 경우라면 오랜 시간이 흐른 뒤에도 권리 행사가 가능하다는 견해이므로 인정할 수 있을 것이다.

③ (O) 사실상의 권리 행사가 불가능한 경우이므로 을에 의하면 권리 행사를 할 수 있도록 해야 할 것이다.

④ (O) 갑에 의하면, 법률상 권리 주장이 불가능한 경우는 권리 행사의 제한에 해당하지 않으므로 옳은 진술이다.

⑤ (X) 을에 의하면, 주어진 상황은 권리가 존재한다는 것을 알았더라도 그것을 행사하는 것이 사실상 불가능한 상태에 놓여 있던 사람에 해당하므로 손해배상청구권을 행사할 수 있을 것이다.

06

정답 ②

제시된 <사실관계>를 정리하면 다음과 같다.

- A국과 B국 지역안보조약 체결
- a조항: C국이 요청하는 경우 무상 지원
- b조항: D국이 C국 비용의 일부 부담
- C국: 명시적 동의하지 않았으나 해당 조약 내용 인지
- D국: b조항에 서면 동의함

제35조는 의무 및 권리 발생 규정으로, 2항에 의해 D국에 의무가 발생하고, 3항에 의해 C국에 권리가 발생한다.

제37조 1항에 의해 D국은 조약 당사국 A, B국과 동의를 얻는 경우에만 의무의 취소 또는 변경이 되나, 2항에 의해 C국의 동의 없이도 조약 당사국 A와 B국에 의하여 권리가 취소 또는 변경될 수 있다.

ㄱ. (O) <사실관계>에서 D국은 서면으로 동의를 하였으므로 제35조 2항에 의해 의무를 창설한다.

ㄴ. (X) C국이 반대의 의사표시를 하는 경우 제35조 3항에 의해 a조항은 유효하지 않다.

ㄷ. (O) 제37조 2항에 의해 변경될 수 있다.

ㄹ. (X) 제37조 1항에 의해 조약 당사국과 함께 제3국의 동의를 얻는 경우에만 의무는 취소될 수 있기에 바르게 추론한 것이 아니다.

07

정답 ④

문제는 형사소송절차에서 검사가 의도한 피고인, 공소장 기재자, 소송상 행위자가 달라지는 경우의 법률관계를 파악하는 것이다. 주어진 조건에서는 우선순위가 가장 높은 경우와 차순위의 경우를 설정하고 있으며, 각국이 고려하지 않는 조건은 모두 다르다. A, B, C국을 대상으로 피고인 인정 절차 원칙을 정리하면 다음과 같다.

(가) 세 가지 요소(검사의 의사, 공소장의 기록, 실제 출석한 자) 중 두 가지 요소만 고려, 우선순위가 높은 한 가지만 사용

(나) 우선순위 높은 요소 해당자가 복수이거나 없을 경우, 차순위 요소 해당자 인정

(다) 고려하지 않는 요소 세 나라 다름

처리 결과를 정리하면 다음과 같다.

(1)

인정 요소	검사의 의사	공소장 기재자	실제 출석한 자
사람	갑	을	병

→ A국: 병을 피고인으로 인정

(2)

인정 요소	검사의 의사	공소장 기재자	실제 출석한 자
사람	갑	을	출석 안 함

→ A국과 B국: 을을 피고인으로 인정

(3)

인정 요소	검사의 의사	공소장 기재자	실제 출석한 자
사람	갑	갑	을

→ C국: 갑을 피고인으로 인정

1) (1)과 (2)에서 A국에서 고려하지 않는 요소는 검사의 의사임을 알 수 있다. 그러므로 B국은 (2)에서 실제 출석한 자를 고려하지 않으며, 결국 C국은 공소장에 기재된 자를 인정하지 않는다.

2) 또한 A국은 (1)과 (2)에서 우선순위가 실제 출석한 사람이며, 차순위는 (2)에서 실제 출석한 사람이 없어서 공소장에 기재된 자를 인정하였다는 사실도 알 수 있게 된다.

3) C국은 1)에 의해 공소장에 기재된 자를 인정하지 않는다. 그런데 (3)에서 검사의 의사인 갑을 피고인으로 인정하기에 우선순위는 검사의 의사임을 알 수 있다.

4) B국은 1)에서 실제 출석한 자를 고려하지 않는다. 그런데 (2)에서 우선순위가 공소장에 기록된 자임을 알 수 있다.

이를 정리하면 다음과 같다.

국가	검사의 의사	공소장 기재자	실제 출석한 자
A	X	차순위	우선순위
B	차순위	우선순위	X
C	우선순위	X	차순위

① (O) 1)에 의해 참이다.
② (O) 1)에 의해 참이다.
③ (O) 3)에 의해 참이다.
④ (X) 1)에 의해 참이 아니다.
⑤ (O) 2)에 의해 A국의 우선순위가 실제 출석한 사람이므로 을을 인정한다.

08

정답 ③

① (O) 부부가 같은 주소지이므로 <규정> 1에 의해 옳다.
② (O) A와 B 부부가 서로 다른 주소지이므로 <규정> 1이 적용될 수 없다. 그런데 최후의 공통의 주소지가 서울이며 B가 아직 서울에 거주하고 있다. 결국 부부 중 일방의 주소지가 서울에 있기에 <규정> 2에 의해 옳다.
③ (X) 부부의 주소지가 다르므로 <규정> 1이 적용될 수 없다. 그런데 부부의 최후의 공통의 주소지가 서울이었고, B는 여전히 주소지가 서울이므로 <규정> 2에 의해 서울가정법원에 제기해야 한다.
④ (O) 부부의 최후의 공통의 주소지에서 둘 모두 다른 곳으로 옮겼으므로 <규정> 1과 2 모두 적용될 수 없다. 이때 제3자인 A의 모가 부부 쌍방을 상대로 소를 제기하고 있으므로 <규정> 3에 의해 옳다.
⑤ (O) 부부 일방이 사망한 경우이므로 생존한 타방 B의 주소지인 서울가정법원에 소를 제기해야 한다. <규정> 4에 의해 옳다.

09

정답 ①

ㄱ. (O) 을이 돈을 빌린 사실에 대해 인정하므로 다툼이 없기에 증명할 책임이 없다.
ㄴ. (O) 갑과 을은 다툼이 있는 상태이고 을은 권리 발생 사후 소멸을 주장하므로 을에게는 이를 증명할 책임이 있다.
ㄷ. (X) 을이 돈을 빌리지 않았다고 주장하기에 갑은 을이 돈을 빌린 사실에 대한 증명을 해야 한다. 따라서 이를 주장하는 갑에게 100만 원을 빌려준 사실에 대한 입증 책임이 있다.
ㄹ. (X) 권리가 있다고 주장하는 사람은 갑이므로 갑에게 증명할 책임이 있다.

10

정답 ②

ㄱ. (O) D의 직무상 불법행위가 인정될 경우 A는 규정에 의거하여 손해배상을 청구할 수 있다.
ㄴ. (X) D의 불법행위가 인정될 경우 B는 국가에 손해배상을 청구할 수 있다. 전투·훈련과 관련된 손해 규정은 군인인 D가 받은 손해에 대한 것으로 B의 손해배상 청구와는 관련이 없다.
ㄷ. (X) D의 직무상 불법행위로 인한 손해가 C의 자동차 파손이므로 손해배상을 청구할 수 있다.
ㄹ. (O) D의 직무상 불법행위가 인정된 것이며, E의 직무행위가 전투·훈련과 무관한 것이라면 규정의 예외적 사항에 해당하지 않는다. 따라서 E는 손해배상을 청구할 수 있다.

11

정답 ②

지문에서는 법·규정의 적용에 있어서 일반적 개념과 특별 개념에 대한 비교를 설명하고 있다. B조는 A조의 모든 요소를 포함하고 그 이외의 다른 요소도 구비한다. 규정의 적용은, A조의 요소만 나타날 경우 A조를, B조의 요소가 모두 드러날 경우 B조를 적용한다. A조와 B조의 차이를 논리적 형식으로 나타내면 다음과 같다.

- A조: P
- B조: Q & P

결국 A조의 사항에 B조는 더 첨가된 조건을 지니고 있으므로 이러한 논리적 관계를 파악해야 한다.

ㄱ. (O) 첫 항의 규정에 둘째 항에서 야간 침입이라는 점이 첨가된 특수한 경우이므로 지문의 특별관계가 성립한다.
ㄴ. (X) 두 규정은 서로 다른 대상을 지니고 있다. 하나는 '미성년자'에 대한 약취 또는 유인에 대한 규정인데, 다른 하나는 미성년자가 아닌 사람도 포함되기에 설명을 적용할 사례가 아니다.
ㄷ. (O) 첫 규정이 A조에, 둘째 규정이 B조의 형식에 해당한다. '의사, 한의사, 약제사, 약종상 부녀'와 같이 특수한 경우이기 때문이다.
ㄹ. (X) 두 규정은 서로 다른 대상을 취지로 한다. 하나는 궁박한 상태 이용하여 부당한 이익을 취하는 자를, 다른 하나는 사람을 공갈하여 이익을 취하는 자를 대상으로 하기에 지문의 논리적 관계에 해당하지 않는다.

12

정답 ②

ㄱ. (X) 갑의 행위가 없었더라면 결과가 나타나지 않는 과정이 연쇄적으로

있다면 책임이 있다고 볼 수 있다. 하지만 직접적인 원인이 갑의 행위는 아니다. 만약 의사 갑이 독약 관리를 제대로 했다면 간호사 을의 행위가 나타나지 않았을 것이기 때문이다. 따라서 B는 책임이 없다고 할 것이지만, A는 책임이 있다고 할 것이다.

ㄴ. (O) B는 직접적 원인이 구급차의 교통사고에 있기에 책임이 없다고 볼 것이며, C도 일반 사람들이 평가할 때에 결과를 일으키는 전형적인 원인으로서 교통사고가 원인이라고 할 것이므로 책임이 없다고 할 것이다.

ㄷ. (X) C는 결과를 일으키는 전형적인 원인으로 일반 사람들은 을의 죽음 원인을 번개를 맞았기 때문이라고 볼 것이므로 갑에게 책임은 없다고 할 것이다. 한편 D의 경우 번개를 맞은 것이 피해자가 스스로 회피할 수 있었던 경우는 아니므로 책임을 물을 수 있다.

ㄹ. (X) A는 연쇄적인 과정에 의해 발생하는 결과라 해도 그 처음 원인을 제공한 이가 책임이 있다고 볼 것이므로 갑에게 책임이 있다고 할 것이다. 그러나 D는 피해자 스스로 회피할 수 있는 경우에는 가해자에게 책임이 없다고 주장하므로, 술을 많이 마신 을에게 책임이 있고 갑에게 책임이 없다고 할 것이다.

13

정답 ③

ㄱ. (O) 주거권이라는 기본권의 침해가 인정된 상태이기에 헌법재판소에서 제시한 과소보호금지원칙에 기반한 최소한의 보호조치를 취해야 한다. 따라서 아무 규제 조치도 취하지 않는다면 주거권 보호의무 위반에 해당된다.

ㄴ. (O) 건강권 보호를 위한 최소한의 조치보다 10배 이상 넓은 면적 단위마다 약국을 설치하도록 했다. 따라서 건강권 보호의무 위반에 해당된다.

ㄷ. (X) 환경권이라는 기본권이 침해된다고 인정된 상황에서, 효율적인 조치라 평가받는 '사용 대수 제한' 조치를 국가가 취하고 있다. 따라서 환경권 보호의무 위반이라 볼 수 없다.

14

정답 ④

ㄱ. (O) 제시문에서 소급효금지원칙은 행위자에게 불리한 경우에 한하여 허용된다. 그런데 헌법재판소의 위헌결정으로 인하여 소급하여 효력을 상실하였으므로 국민에게 불이익을 주는 경우가 아니며, 국가 형벌권이 남용되었다는 반성에 근거하여 면제되는 경우에 해당된다. 따라서 무죄판결이 선고되어야 한다.

ㄴ. (O) A견해는 형사소송법의 경우 형법상 원칙이 적용될 필요는 없다는 입장이므로 개정된 법률이라도 당해 행위자에게 적용될 수 있다. 형벌의 원칙은 '범죄와 형벌은 행위자가 행위할 당시의 법규정에 의해서만 결정되어야 한다.'는 것이다. 그런데 A견해는 이러한 원칙이 적용될 필요가 없다는 것이다. 따라서 범죄와 형벌이 행위자가 행위할 당시의 법규정이 아니더라도, 즉 새로 개정된 법규정이라도 적용될 수 있다.

ㄷ. (X) B견해는 형사소송법의 경우 국민에게 불이익을 주는 경우를 제외하고는 형법의 경우와 마찬가지로 당시의 규정이 적용되어야 한다는 입장이다. 즉, 규범이 제정되거나 개정되더라도 소급효금지원칙이 적용되어야 한다. 그런데 주어진 사례는 개정된 형사소송법이 당해 행위자에게 적용되어 처벌되고 있기에 국민에게 불이익을 주는 사례로서 옳지 않다. B에 의하면, 공소시효 기간을 계산함에 있어 행위자가 외국에 있었던 기간을 제외하면 국민에게 불이익을 주는 경우에 해당하기에 소급효금지원칙에 어긋나기 때문이다.

15

정답 ③

ㄱ. (X) A는 특허법이 발명을 장려하여 기술 발전을 촉진한다는 견해이다. B 역시 특허법이 기술 발전을 촉진하여 사회적 이익을 증대하기에 반드시 요구된다고 주장한다. 그러므로 둘 모두 특허법의 목적을 기술 발전을 통한 사회적 효율성의 증대라고 보고 있다.

ㄴ. (O) B는 발명에 대한 독점적 특허권의 권한을 더 부여하고 보호 기간도 연장하자는 주장을 하고 있다. 그래야 중복 투자와 같은 사회적 손실을 막을 수 있기 때문이라는 근거를 든다. 그런데 이로 인해 경쟁이 더 치열해져 사회적 비용이 줄지 않는다면 사회적 손실을 막고자 하는 B의 목적에 반하게 된다.

ㄷ. (O) 발명을 위한 최초의 아이디어가 상업화 단계까지 이르는 데 오랜 시간과 비용이 든다면 중복 투자로 인한 사회적 손실이 나타날 수 있다. 따라서 이를 막기 위한 목적으로 발명의 독점적 특허권을 주장한다면 B의 설득력은 더 높아질 수 있다.

ㄹ. (X) 발명가의 조정 권한을 광범위하게 인정하여 혁신적 신제품이 시장에 등장하는 속도가 늦어질 경우, 그만큼의 사회적 손실이 발생할 수 있다. 따라서 B의 설득력이 높아지지는 않는다.

16

정답 ⑤

지문의 견해를 정리하면 다음과 같다.

- 갑: 대립하는 정적 포용하는 대승적 차원에서만 정당화됨
- 을: 정적이나 측근 특별 사면은 정당화 안 됨
- 병: 헌정 질서 파괴 및 교란한 자, 뇌물 수수한 범죄자는 특별 사면을 허용해서는 안 됨
- 정: 절차적 견제 장치가 필요하기에 관련 심의 기관의 심의 과정과 국회의 동의를 받아야 정당화됨

각 사례의 정당성을 확인하면 다음과 같다.

구분	갑	을	병	정
(가)	O	X	X	O
(나)	X	X	O	X
(다)	X	O	O	O

17

정답 ⑤

① (O) 법원의 판단인 500만 원은 갑의 청구 금액 1,000만 원 내에서 판단한 결과이며, 주어진 원칙에 의해 민사소송에서는 당사자가 신청한 것보다 적게 판결하는 것이 허용되므로 ①처럼 판결할 수 있다.

② (O) 갑의 청구 범위 내에서만 법원은 판결을 해야 하며, 신청의 범위를 넘어서 판결하여서는 안 된다. 갑이 500만 원을 지급하라고 청구할 경우 법원은 비록 을의 빚이 1,000만 원이라고 판단되더라도 500만 원을 한도로 하여 판결해야 한다.

③ (O) 병의 청구 치료비는 2,000만 원이므로 그 한도 내에서 판결해야 한다. 따라서 법원이 비록 치료비를 3,000만 원으로 평가했더라도 그 범위 내에서 판결해야 한다.

④ (O) B견해는 전체를 하나의 심판대상이라고 보기에 총금액 1억 원 한도 내에서 판결할 수 있다.

⑤ (X) 원고가 신청한 금액의 범위 내에서 판결해야 하므로 신청의 한도를 넘어서 판결해서는 안 될 뿐이다. 한편 그 액수보다 적은 금액으로 판결할 수는 있다.

18

정답 ③

① (O) A는 Y는 X의 일부이므로 2년이 지나기 전인 경우 을의 소유라고 볼 것이다. B도 X 매수 전에 Y가 수태된 것이므로 을의 소유라 할 것이다.
② (O) X가 Y를 수태한 것이 도난되기 전이었고, 매수 2년이 지나고 나서 도품임을 병이 알게 된 것이므로 A와 B 모두 Y를 병의 소유로 볼 것이다.
③ (X) A는 아직 일정한 기간이 지나지 않았기에 Y를 X의 일부라 보고 둘 모두 반환해야 한다고 주장할 것이다. 따라서 A는 Y가 을의 소유라고 판단할 것이다. 그러나 B는 X를 매수한 후 Y를 수태하였고 Y 출산까지 도품 사실을 몰랐으므로 2년이 지나지 않았을 경우, Y는 X의 일부가 아니라고 볼 것이다. 따라서 B는 병이 X만 반환하고 Y는 반환할 필요가 없다고 판단할 것이다. 따라서 A와 B의 판단이 일치하지 않는다.
④ (O) 일정 기간이 지난 경우이므로 모두 병의 소유가 된다고 판단할 것이다.
⑤ (O) A는 2년이 지나기 전이므로 Y도 을의 소유라고 볼 것이다. B는 2년이 지나기 전이기에 Y가 태어날 때까지 X가 도품인 줄 몰랐을 경우 Y는 병의 소유가 되지만, Y 출산 이전에 X가 도품임을 알았기 때문에 해당되지 않는다. 따라서 B도 Y를 을의 소유로 볼 것이다.

19

정답 ③

구분	분할 대상	지급 시기
A	이혼 전 퇴직하여 이미 받은 연금	이혼일
B	이혼일에 퇴직 후 받게 될 연금총액의 현재가치	이혼일
C	실제 퇴직하였을 때 받게 될 연금총액	퇴직일
D	이혼일에 사퇴한다면 받게 될 연금액	퇴직일

ㄱ. (O) A에 의하면 이혼 상대방이 연금형성에 기여했더라도 퇴직 후에 이혼할 경우 연금분할을 받을 수 없다. 이 결정이 불합리하다면, A는 약화된다.
ㄴ. (O) B는 이혼일에 퇴직 후 받게 될 연금총액을 기준으로 하여 이혼 상대방에게 재산을 기여율만큼 미리 지급한다. 그렇기 때문에 연금 전액을 수령하지 못하는 경우가 되면 연금 수령자는 불리하게 된다. 한편 D는 이혼일에 그날 사퇴한다면 받게 될 연금 금액을 설정하는데, 이는 이혼일에 퇴직할 경우 받는 금액이 그 대상이 되므로 퇴직할 때에 받게 되는 금액에 비해 적을 수밖에 없다. 그런데 예상 퇴직 금액보다 적은 금액을 실제 퇴직할 때에 받게 된다면, 이혼일을 기준으로 설정한 금액을 주었기 때문에 B와 같거나 B보다 적은 금액이 될 수밖에 없다. 따라서 이 경우 B보다 D가 더 유리하다.
ㄷ. (X) B에 의하면 이혼일에 이미 연금총액을 기준으로 연금형성 기여율만큼 지급한 상태이다. 한편 C는 이혼일에 기여율만을 정하고 퇴직일에 그 기여율만큼 이혼 상대방이 받을 수 있기에 이혼 후 연금 증가분도 기여율만큼 더 받을 수 있게 된다. 실제 연금총액을 대상으로 하기 때문이다. 따라서 이혼 상대방에게는 B보다 C가 더 유리하다.

20

정답 ⑤

동산의 선의취득에 대한 유효한 거래 성립에 대한 규정은 다음과 같다.
[규정 1] 물건의 일종인 동산: 물건이 매도인의 것이라고 믿은 매수인이 물건을 유효한 거래에 의해 넘겨 받은 경우, 무권리자로부터 물건의 권리를 취득할 수 있다.
[규정 2] 동산이 도품인 경우: 매수인의 권리가 인정되지 않는다.
[규정 3] 돈을 물건으로 보면 동산과 동일하게 취급되지만 가치로 보면 그 돈의 물건적 성질이 부정되어 돈을 가지고 있는 사람에게 속한다.

ㄱ. (O) 을이 도품이 아닌 시계를 갑으로부터 취득했으나 을은 시계가 갑의 것이 아님을 알고 있었기 때문에 소유권을 취득할 수 없다. 갑이 무권리자이기 때문이다. 그런데 정은 을이 시계의 소유자라고 믿었기 때문에 [규정 1]에 의거하여 유효하게 권리를 취득할 수 있다.
ㄴ. (O) 돈을 물건으로 볼 경우, 그 돈은 동산과 동일하게 취급하므로 도품은 [규정 2]에 의해 을의 것이 되지 못한다.
ㄷ. (O) 돈을 가치로 볼 때에는 그 돈을 가지고 있는 사람에게 속하는 것으로 보아야 한다는 [규정 3]에 의해 그 돈은 을의 소유가 된다.

21

정답 ⑤

ㄱ. (O) 지문에서 철거명령과 대집행 절차는 서로 별개의 법적 효과를 발생시키는 독립적 행위로 인정하고 있다. 그러므로 철거명령에 하자가 있었고 이에 대한 제소기간이 지났다 하더라도 철거명령의 하자를 대집행 계고 처분의 위법사유로 주장할 수 없다.
ㄴ. (O) 지문에서 앞선 행위의 하자가 제소기간의 적용을 받지 않는 무효에 해당한다면, 앞선 행위와 후속 행위의 결합을 묻지 않고 앞선 행위의 하자를 후속 행위의 위법사유로 주장할 수 있다고 한다. ㄴ은 이에 해당하는 사례로서 철거명령의 하자를 대집행 계고 행위의 위법사유로 주장할 수 있다.
ㄷ. (O) 지문에서 대집행 절차를 구성하는 일련의 단계적 행위들 즉, 대집행의 계고, 실행의 통지, 실행, 비용징수들은 서로 결합하여 하나의 법적 효과를 발생시키는 행위로 인정하고 있다. 따라서 철거명령과 대집행 절차상의 행위가 결합하여 하나의 법적 효과를 발생시키는지 여부와 관계없이, 비용징수 처분 취소소송에서 대집행 계고 행위의 하자를 비용징수 행위의 위법사유로 주장할 수 있다.

22

정답 ①

지문의 논증을 정리하면 다음과 같다.
[문제 제기] 국가에서 사형은 유용하고 정당한가?
[전제] 법은 각자의 개인적 자유 중 최소한의 몫을 모은 것이다.
[전제] 사형은 모든 가치 중 최대한의 것인 생명 자체를 포함하는 것이다.
[전제] 사형은 권리의 문제가 아니라 사회가 자신의 존재를 파괴당하지 않기 위해서 시민에 대하여 벌이는 전쟁행위이다.
[소결론] 국가가 자유를 상실할 기로에 서거나, 무질서가 법을 대체할 때가 아니라면 시민의 죽음은 불필요하며, 한 사람의 죽음이 타인들의 범죄를 억제하는 유일한 방법이어서 사형이 필요하고 정당한 것인지만이 문제가 된다.
[전제] 인간의 정신에 가장 큰 효과를 미치는 것은 형벌의 강도가 아니라 지속성이다.
[결론] 범죄자가 짐승처럼 자유를 박탈당한 채 노동해서 사회에 끼친 피해를 갚아나가는 인간의 모습을 오래도록 보는 것이 범죄를 가장 강력하게 억제한다.

ㄱ. (O) [소결론]에서 국가가 자유를 상실할 기로에 서거나, 무정부상태가 도래하여 무질서가 법을 대체할 때가 아니라면 시민의 죽음은 불필요하다는 입장이므로, 법에 따른 지배가 구현되고 있는 평화로운 나라에서 사형은 허용되지 않는다.
ㄴ. (X) 형벌의 주된 목적은 [소결론]과 [결론]에서 밝히듯 범죄 억제에 있으므로 옳지 않다.

ㄷ. (X) [결론]에서 강조한 것은 일시적 장면을 보여주는 사형보다 자유를 박탈당한 채 지속적으로 고통을 당하는 장면을 보여주는 것이 범죄 억제 효과가 더 뛰어나다는 것이다. 하지만 이 견해로 필자가 형벌의 공개집행을 반대하고 있는지에 대해서는 추론할 수 없다.

23

정답 ③

ㄱ. (O) 폭행 및 협박을 행사하여 평온한 보호·양육을 깨뜨린 경우이므로, 두 견해 모두 이러한 행위는 미성년자약취죄에 해당한다고 판단할 것이다.

ㄴ. (O) 자녀의 평온이 유지되면서 거소만 옮기는 행위이므로, <견해 1>에 의하면 약취죄에 해당하지 않는다.

ㄷ. (X) 정신적·심리적 충격은 평온을 깨뜨리는 행위이므로, <견해 1>에 의하면 약취죄에 해당한다. 또한 다른 일방의 동의 없이 이루어진 행위이기에 <견해 2>에 의할 경우에도 약취죄에 해당한다.

24

정답 ④

B방법은 금전이나 물건 등을 주어야 하는 채무에 해당하는데, 지문에서는 그러한 상황이 아니므로 A 또는 C방법 위주로 풀이한다.

(가) 사실 관계에서는 두 가지의 시점이 나타난다. 우선 시장 개방 전에는 통신회사가 X회사 하나밖에 없으므로 A방법으로는 문제 해결이 어렵다. A방법은 채무자의 비용으로 채권자 또는 제3자에게 행위를 하도록 하는 것(대체 강제)이다. 그런데 통신서비스는 채권자 스스로 할 수 없는 일이며, 이를 행할 수 있는 제3자도 없기 때문에 A방법은 아니다. 따라서 C방법으로만 강제 이행으로 실행시킬 수 있다.

(나) 시장 개방 후에는 다수의 다른 통신회사가 설립되었으므로 Y에게 X회사의 비용으로 통신서비스를 할 수 있다. 따라서 시장 개방 후에는 A방법으로 문제 해결을 할 수 있다. 물론 시장 개방 후에도 C방법을 사용할 수 있지만, 이는 최후의 수단이므로 A방법을 사용해야 한다.

25

정답 ④

ㄱ. (X) 보통교부금은 재정부족분만큼 지급하는 것이다. 그렇기에 불교부단체를 제외한 지방자치단체는 자체수입금이 부족하더라도 총지출규모만큼 보충해주기 때문에 최대의 재정적 노력을 기울일 필요를 느끼지 않을 것이다.

ㄴ. (O) 보통교부금은 부족한 재정을 지급해 주는 것으로 재정부족분이 많이 발생하는 갑이 을에 비해 더 많이 받는다. 이때 총지출규모가 동일하기에 을이 갑보다 자체수입금이 높다. 그런데 동률교부금은 자체수입금에 비례하여 지급받기에 을이 갑에 비해 언제나 더 많이 받는다.

ㄷ. (O) 총지출규모와 자체수입금액이 같을 경우, 동액교부금은 획일적으로 동일한 금액이 지급되며 동률교부금은 자체수입금에 비례하는데 이 금액도 같기 때문에 동일 금액이 지급된다. 또한 보통교부금도 총지출규모에서 자체수입금액을 뺀 금액이 지급되는 것이기에 역시 동일한 금액을 지급받을 것이다.

26

정답 ⑤

구분	물건 효용 해함 의미	B 규정 적용 대상
갑	파손+은닉	문서 숨기는 행위
을	파손+은닉	문서 효용 행하는 행위
병	파손	문서 숨기는 행위

ㄱ. (O) 갑에 의하면, A 규정의 효용을 해하는 것은 물건의 파손, 숨김 모두 해당한다. B는 이를 가볍게 벌하는 규정으로 타인의 문서를 숨긴 경우 B가 적용된다. 따라서 타인의 문서를 파손하는 경우는 A가 적용된다.

ㄴ. (O) 을에 의하면, B는 물건 중에서 문서의 효용을 해하는 행위를 가볍게 처벌하는 것이며, 이때 효용을 해하는 행위에는 파손과 숨김 모두 해당된다. 따라서 문서를 파손한 경우에도 B가 적용된다.

ㄷ. (O) 병은 효용을 해하는 것에 파손만을 포함한다고 말하고 있다. 따라서 병에 따르면 문서를 파손한 경우 A가 적용된다.

27

정답 ①

ㄱ. (O) 병이 본인의 해임 안건에 특별한 이해관계가 있다면, (1)에 의해 병은 의결권을 행사할 수 없다. 한편 갑, 을, 병 모두 출석하였으므로 1/3 출석 요건은 갖추었다. 그리고 (3)에 의해 병의 해임 안건이 의결되기 위해서는 의결권을 행사할 수 있는 갑과 을의 주식 중 2/3 이상 찬성이 되어야 한다. 갑과 을의 주식의 합은 60%이며, 이 중 2/3 이상은 40%이다. 그런데 갑은 34%, 을은 26%이므로 어느 한 명만 찬성해서는 의결될 수 없기에 둘 모두 찬성해야만 병의 해임 안건이 가결된다.

ㄴ. (X) 병이 해임 안건에 특별한 이해관계가 없다면, 병도 의결권을 행사할 수 있다. 이때 (3)에 의해 출석 주주의 소유 주식 수가 1/3 이상이어야 하는데, 병만 출석한 경우 소유 주식이 40%이므로 이 조건을 충족한다. 그리고 이 중 2/3 이상의 찬성이 의결 기준이므로 병의 찬반에 따라 가부 결의를 할 수 있다.

ㄷ. (X) 갑과 병이 참석하였으므로 1/3 이상 참석 조건은 갖추었다. 병이 해임 안건에 특별한 이해관계가 있다면, 병은 의결권이 없다. 갑과 병만 참석한 경우 의결권을 갖는 주주는 갑만 해당하는데, 갑은 34%를 가지고 있다. 참석자 중 의결권이 있는 주주의 2/3 이상이면 결의를 할 수 있으므로 갑이 찬성할 경우 병의 해임을 가결할 수 있다.

28

정답 ①

ㄱ. (O) 사례는 행위 당시 행위자가 인식한 사실에 기초한 것이므로 갑은 인과관계를 인정한다. 을 또한 객관적 사실 모두에 기초하여 특이체질이 반응한 것이므로 이례적이지 않은 사건이기에 인과관계를 인정한다.

ㄴ. (X) 갑에 의하면, 행위 당시 행위자 이외의 일반인이 인식한 사실에 기초할 경우 인과관계를 인정할 수 있다. 또한 을도 객관적으로 존재한 사건은 트럭에 치인 사망이기에 인과관계를 인정할 것이다.

ㄷ. (X) 갑에 의하면, 행위 당시에는 행위자 및 일반인 모두 인식하거나 예견할 수 있는 사건이 아니다. 따라서 갑은 인과를 인정하지 않을 것이다.

29

정답 ④

ㄱ. (X) 계약 당사자이므로 A를 충족하지 못하기에 옳지 않은 진술이다. 한편 갑을 특정하여 반환을 요구하는 것으로 B를 갖추었고, 행정청의 반환청구로 인하여 갑에게 반환 의무가 발생하였기에 C를 갖추었다고 할 수 있다.

ㄴ. (O) 상황은 기존의 규정위반에 대해 의무 이행을 독촉하는 행위이므로 직접적인 영향을 미친 행위가 아니다. 따라서 C에 해당되지 않는다.

ㄷ. (O) 임대차계약은 계약 당사자로서 대등한 관계에서 행한 행위이므로 A를 갖추지 못하였다. 또한 토지 사용료 납부는 기존의 관계에 의해 이미 발생한 의무이며 새로운 권리·의무의 변동을 일으킨 행위가 아니기 때문에 C도 갖추지 못하였다.

30

정답 ④

① (O) 허가를 받은 자에게 의무 위반에 의한 책임이 있는 경우로 A에 해당한다.

② (O) 허위에 해당하므로 B 유형이다.

③ (O) 공익을 위한 새로운 사정이 발생한 것이므로 A 유형이며, 이때에는 신뢰 보호를 주장할 수 있다.

④ (X) 허가 요건이 구비되지 않았음에도 부당하게 허가가 된 B 유형으로, 법에 규정되어 있지 않아도 허가 취소가 가능하다.

⑤ (O) 의무 위반에 따른 책임 문제의 A 유형이며, 법에 규정되어 있어야 허가 취소가 가능하다.

31

정답 ②

ㄱ. (X) 을은 첫 단락에서 계약을 위반하지 않았다고 주장한다. 그런데 그렇게 주장하는 이유가 두 가지 계약 조건에서 어떤 것이 문제인지는 알 수 없다. 을은 본인의 행위가 금지된 행위가 아니라고 주장할 수도 있기 때문이다.

ㄴ. (O) 판사3이 행위 X에 대해서 부정적일 경우, 다수결에 의해 을은 행위를 하지 않은 것이 되므로 계약 위반이 아니라고 판단할 것이며, 이 경우 ㉠의 상황이 발생하지 않는다. 이를 정리하면 다음과 같다.

구분	금지 여부	행위 여부	위반 여부
판사1	O	O	O
판사2	O	X	X
판사3	X	X	X

ㄷ. (X) 네 명의 판사가 있더라도 동일 수의 쟁점 여부가 발생할 수 있다. 이때에는 판사1의 결정을 따라야 하므로 여전히 ㉠ 상황이 발생할 수 있다. 예를 들어 판사4가 금지된 행위가 맞지만 을이 행위를 하지 않았다고 주장할 경우, 여전히 곤란한 상황이 발생할 수 있다.

구분	금지 여부	행위 여부	위반 여부
판사1	O	O	O
판사2	O	X	X
판사3	X	O	X
판사4	O	X	X

세 명이 금지했다고 하였으므로 을의 행위는 금지된 행위였고, 을이 행위를 했다는 판단은 2:2이지만, 이런 경우 가장 경력이 오래된 판사1의 견해를 따라야 하므로 역시 금지된 행위를 한 것이다. 따라서 각각의 쟁점을 합하면 을은 계약 위반을 한 것이다. 하지만 판사 각각의 판단은 세 명이 위반하지 않았다고 할 것이므로 곤란한 상황이 여전히 발생한다.

32

정답 ②

ㄱ. (X) 점용료 납부 명령에 대해서는 기본권(재산권) 제한 부분에 해당되어 사전에 알려야 한다. 그러나 도로 점용 허가 처분은 기본권 제한이 아닌 기본권을 갖게 하는 것이기 때문에 이에 대해서는 사전에 알릴 필요가 없다.

ㄴ. (O) 병의 경우 기본권 침해가 예상되므로 알려야 하지만, 을 법인은 권리가 실현되는 경우로 사전승인을 알릴 필요가 없다.

ㄷ. (X) 정 본인에게는 권리 제한에 해당하기에 알려야 하지만, 그 가족은 직접 제한받지 않으므로 사전에 알릴 필요가 없다.

33

정답 ③

㉠ (X) 갑돌이의 평소 행실에 관한 진술이므로 채택하지 않는다.

㉡ (X) 과거에 특정한 행위를 한 적이 있다는 진술(첫째)로 채택하지 않는다.

㉢ (O) 과거 증인이 재판에서 허위 진술로 처벌받은 사실로 둘째 요건에 해당한다.

㉣ (O) 셋째 조건에 의해, '증인 을돌이가 예전에 재판에서 허위 진술을 하여 처벌을 받은 적이 있다.'고 진술한 때에 '증인 을돌이가 진실하다.'고 진술하였으므로 채택된다.

34

정답 ③

ㄱ. (O) 갑에 의하면 택시 안은 공개된 장소가 아니기 때문에 규정 (2)가 적용되지 않는다. 따라서 (3)을 지키면 되기에 옳은 진술이다.

ㄴ. (O) 을은 휴대전화 카메라는 CCTV라는 견해이다. 따라서 비공개된 장소이므로 (2)가 적용되지 않고 (3)만 준수하면 가능하다.

ㄷ. (X) 병은 블랙박스도 CCTV라는 견해이다. 하지만 비공개된 자동차 내부에 설치되었기에 (2)가 적용되지 않는다.

35

정답 ①

ㄱ. (O) 무인비행장치에 해당하나 군사목적이기 때문에 2와 4의 신고와 승인은 없어도 된다. 비행시간도 3을 위배하지 않는다.

ㄴ. (X) 무인비행장치를 소유하였기에 2에 의해 신고해야 한다.

ㄷ. (O) 육군 항공대가 빌려서 사용하는 것으로 군사목적이기에 신고와 승인이 없어도 가능하다. 비행시간도 3을 위배하지 않는다.

ㄹ. (X) 3에 의해 야간에 비행하기 때문에 비행승인을 받아야 한다.

36

정답 ②

ㄱ. (X) 甲은 공교육이 실시되기 전에 측정한 잠재능력에 비례하여 공교육이 제공되어야 하기에, 청각장애 이전 상황을 기준으로 하여 판단해야 한다. 따라서 甲은 무상으로 수화 통역사를 제공해야 함에 찬성할 것이다. 하지만 乙은 상급 학년으로 진급하는 학업 성취 결과가 나오면 평등한 교육이 실현된 것으로 보기에 수화 통역사의 무상 제공에 반대할 것이다.

ㄴ. (O) 乙은 상급 학년으로 진급하는 학업 성취 결과가 나왔다면 평등이 실현된 것으로 본다. 따라서 요구를 받아들이지 않을 것이다.

ㄷ. (X) 甲은 자신의 잠재능력에 비례하는 성과를 내는 데 차이가 나지 않도록 해야 한다는 견해이므로 받아들이지 않을 것이다. 또한 乙도 학업 성취 결과로 평등 실현을 평가하기에 받아들이지 않을 것이다.

37

정답 ②

ㄱ. (X) 규정에서는 제3조 및 제4조에서 성년에 이른 자녀에 대해서만 언급하고 있다. 따라서 을의 해당 여부는 판단할 수 없다.

ㄴ. (X) 제4조에서 신청자가 사망한 경우 성년이 된 자녀는 청구에 따라 제1조 ②의 신상정보서의 사항을 언제든지 열람할 수 있다. 그러나 ㄴ의 정보는 제4조에서 예외로 두고 있는 사항이기에 국가심의회에서 허용하는 대상이 아니다.

ㄷ. (O) 출생 일시, 출생 장소에 관한 정보는 제1조 ② (1)에 해당하는 것으로서 제4조가 적용되지 않고, 제3조에 의해 직계 후손의 청구이므로 열람하게 된다.

38

정답 ④

① (O) 상속인으로 지정되지 않는 직계비속인 자녀는 유언의 반윤리성이 인정되어 유언이 효력을 잃으면 상속 대상이 되지만, 승소하지 못하여 반윤리성이 인정되지 않으면 상속에서 배제된다.

② (O) 갑은 유언을 통하여 상속인과 상속분도 지정할 수 있다.

③ (O) 반윤리성 여부를 심사할 때에는 상속 순위에 있는 친족들에게 존재하는 사정만을 판단의 근거로 삼을 수 있기에, 정이 부양한 사실은 근거로 삼을 수 없다.

④ (X) 반윤리의 소를 제기할 수 있는 사람은 상속인으로 지정되지 않은 자이다. 그런데 을은 상속인으로 지정되었으므로 자격이 없다.

⑤ (O) 반윤리의 소에 대해 승소 판결이 내려지면 유언은 없는 것과 같은 상태가 된다. 따라서 직계비속인 을이 법에 의해 1순위 상속인이 되어 단독으로 상속재산을 취득한다.

39

정답 ③

ㄱ. (O) 방식 2에서는 A와 B 모두 개별적으로 구매할 수 있으나, 방식 3은 B만 개별적으로 구매할 수 있고 A는 개별적으로 구매할 수 없다. 따라서 A, B를 개별적으로 모두 구매하려는 소비자는 방식 3보다 방식 2를 선호한다.

ㄴ. (X) 방식 1은 1가지(A+B)의 선택지밖에 없으며, 방식 2는 (A, B, (A+B)) 3가지, 방식 3은 ((A+B), B) 2가지이다. 따라서 소비자의 선택권을 가장 크게 제한하는 것은 방식 1이다.

ㄷ. (O) 개별 상품 가격의 총합이 묶음상품의 가격에 비해 현저히 높아서 소비자들의 개별 구매가능성이 낮을 수 있으므로, 규제 대상이 될 수 있다.

40

정답 ⑤

ㄱ. (O) 과다포함은 목적의 관점에서 어떤 사례를 포함하지 않아도 되는데도 포함하는 경우를 말한다. ㉠의 목적을 위한 규칙 1의 경우, 경찰차가 사전 허가 없이 진입하는 경우를 과다포함한 것이다.

ㄴ. (O) 과소포함은 어떤 사례를 포함해야 하는데도 포함하지 않는 경우에 해당한다. ㉡의 목적을 위한 규칙 2는 핫도그 판매 차량의 소음 발생의 경우 과소포함에 해당한다.

ㄷ. (O) 규칙 3의 경우 긴급사태로 인한 소방차, 구급차 진입을 허용하고 있다. 이때 규칙 3은 불필요한 소음을 발생시키지 않는 구급차의 경우 ㉡의 목적을 고려할 때 과소포함에 해당되지 않으며, 이용자를 구조하기 위해 진입하는 경우이기에 ㉠의 목적을 고려할 때 과다포함에도 해당되지 않는다.

41

정답 ④

① (O) 제1조. 유실물의 습득자는 경찰서에 신고하고 경찰서장이 보관해야 한다.

② (O) 제1조. 경찰서에 제출된 날짜가 1. 23.이므로 이로부터 3개월이 경과하기 전인 4. 14.에 반환 청구가 가능하다.

③ (O) 제2조 제2항. 갑이 소유권을 포기하면 습득자는 유실물을 습득한 때에 그 소유권을 취득하므로 1. 14.에 을이 소유권을 취득한다.

④ (X) 제2조. 경찰서장에 제출된 날은 1. 23.이며, 3개월 이내라 함은 4. 23.까지이다. 따라서 4. 30.에 반환을 청구해도 소용이 없고 습득자가 염소 A에 대한 소유권을 취득한다. 이때 제3조에 의하면, 제2조가 적용되는 경우 습득자는 상처 치료 비용을 청구할 수 없다. 따라서 을은 갑에게 비용을 청구할 수 없다.

⑤ (O) 제2조에 의한 기간이 지나지 않았으므로 제3조에 의해 청구할 수 있다.

42

정답 ②

ㄱ. (X) 제2조에 의해 외국에서 증권을 발행하는 외국회사 Y국 회사가 X국 주식시장에 상장된 경우이므로 제1조를 준용한다. 그런데 X국 거주자가 2년 이내에 증권을 취득할 수 없다는 조건이 있으므로 제1조에 의해 신고의무가 없다.

ㄴ. (X) Y국(외국) 주식시장에 상장되어 있고 X국 거주자의 주식보유비율도 20% 미만이기에 제2조에 해당되지 않는다. 따라서 제1조가 준용되지 않기에 신고의무가 없다.

ㄷ. (O) 제2조의 X국 거주자의 주식보유비율이 20% 이상인 경우이므로 제1조가 준용된다. 또한 1년 이내에 증권 취득을 허용하기에 제3조에 따라 신고의무가 면제되지 않는다. 따라서 신고의무가 있다.

43

정답 ①

ㄱ. (O) 제1조 ①항에 의해 X국 내 등록이용자 수가 120만 명이므로 100만 명을 넘는 국외 사업자이기에 적용 대상이 된다. 또한 제1조 ③항에 의해 200만 명 이하이므로 제2조 ③항 의무는 면한다. 따라서 제3조 위반에만 해당하므로 제4조에 의해 5억 원 이하로 과태료가 부과된다.

ㄴ. (X) 제1조 ③항에 의해 200만 명 이하이므로 제2조 ③항 의무를 면한다.

ㄷ. (X) 제1조 ③항에 의해 200만 명 이하인 플랫폼을 운영하는 국외 사업자는 제2조 ③항의 의무를 면하므로 신고 의무가 없다.

44

정답 ④

ㄱ. (X) 제3조 제1항. 우선권 있는 채권자인 병에게 7천만 원을 갚고, 제2항에 의해 나머지는 자신의 의사에 따라 자유롭게 갚을 수 있다.

ㄴ. (O) 집에 대해 우선권이 있는 병에게 관련 채권 5천만 원을 갚을 경우, 제3조 제3항에 의해 나머지 2천만 원은 우선권 없는 채권이 된다. 이는 제2항에 의해 자신의 의사에 따라 자유롭게 갚을 수 있는 채권이기에 을은 나머지 2천만 원을 병에게 갚아도 된다.

ㄷ. (O) 병에게 우선권 있는 채권을 갚고, 나머지는 자유롭게 갚을 수 있다.

45

정답 ①

ㄱ. (O) 제2조 제2항. 숙박예약 및 이벤트 행사를 위한 목적에 해당되며, 1주일 이내에 정보주체에게 알려주었으므로 [규정]을 준수하였다.

ㄴ. (X) 제2조 제3항. 수집 목적 이외의 용도로 사용할 경우 별도의 동의를 받아야 한다.

ㄷ. (O) 제2조 제4항. 위탁의 경우 위탁 후 정보주체에게 알리고 공개하였으므로 [규정]을 준수하였다.

ㄹ. (X) 제2조 제3항. 수집 목적 이외의 용도로 별도의 동의를 받아 제3자에게 제공할 수 있는 것은 정보주체의 이익을 부당하게 침해할 우려가 없는 경우이다. 그러나 불법도박사이트 운영업체는 이에 해당되지 않기에 옳지 않은 판단이다.

46

정답 ①

ㄱ. (O) 제3조. 타인의 동의 없이 그의 물건을 원재료로 사용하여 새로운 물건을 제작하였고 손쉽게 원재료로 환원할 수 있는 경우 원상대로 반환해야 한다. 따라서 제작자 을은 ㉠을 원상대로 반환해야 한다.

ㄴ. (X) 제2조 제2호. 새로운 물건 가격이 원재료 가액에 미달하는 경우 새로운 물건을 제작한 을에게 원재료 가액의 지급을 청구해야 하며, 제작자 을이 이를 지급하지 않는 경우에 한하여 새로운 물건 ㉡을 소유한다. 따라서 ㉡이 바로 갑의 소유가 되지는 않는다.

ㄷ. (X) 제1조 제2항. 갑의 동의를 얻어 새로운 물건을 제작한 경우에도 가격이 원재료 가액을 초과한 경우이므로 ㉢은 이를 제작한 병의 소유가 된다. 한편 갑의 동의 없이 제작한 경우 제2조 제1호에 의해 새로운 물건이 원재료 가액을 초과하므로 원재료 소유자인 갑의 소유가 된다.

47

정답 ⑤

① (O) 1안은 촬영한 자 4년 이하 징역, 유포한 자 6년 이하 징역으로 유포한 행위가 더 중한 범죄가 되며, 3안도 촬영한 자 5년 이하 징역, 유포한 자 7년 이하 징역으로 후자가 더 중한 범죄가 된다.

② (O) 3안에만 소지·구입·저장 또는 시청한 자에 대한 처벌을 명시하고 있으므로 옳은 진술이다.

③ (O) 1, 2, 3안 모두 촬영대상자의 의사에 반하여 유포한 자를 처벌해야 한다고 주장하고 있다.

④ (O) 3안 제2항. 제1항의 촬영 당시에는 대상자의 의사에 반하지 아니한 경우에도 그 촬영물을 대상자의 의사에 반하여 유포한 자는 처벌받는다.

⑤ (X) 1안 제3항. 영리를 목적으로 촬영물 또는 복제물을 정보통신망을 이용하여 유포하지는 않았다. 따라서 1안 제2항에 의하면 징역 6년형이다. 한편 3안은 제2항에 의해 최대 7년까지 처할 수 있다.

48

정답 ③

ㄱ. (O) 갑(X국)과 을(Y국)의 국적국에서 중혼을 허용하기에 가능하다. 또한 갑과 을은 동성이 아니기에 가능하다.

ㄴ. (O) 갑(X국)과 병(Z국)의 국적국에서 동성혼을 허용하며 둘은 중혼이 아니기에 가능하다.

ㄷ. (X) 을과 병의 혼인에 있어서 병의 국적국인 Z국에서 중혼을 허용하지 않는다. 따라서 혼인할 수 없다.

49

정답 ①

ㄱ. (X) A법 제2조 제4항은 근로자일 경우에만 노동조합에 가입할 수 있다. 그런데 갑은 사용자로부터 근로의 대가로 계속적·정기적인 금품을 받는 자를 근로자로 보고 있다. 따라서 갑에 의하면 요청이 있을 때에만 수수료를 받는 자는 근로자로 볼 수 없다. 한편 병에 의하면 일시적으로 실업이나 구직 중인 자도 노동3권을 보장할 필요성이 있는 한 근로자로 인정하기 때문에 노동자가 될 수 있으므로 노동조합에 가입할 수 없다고 단정할 수 없다.

ㄴ. (O) 계속적·정기적인 금품을 받지 않기 때문에 갑에 의하면 노동조합에 가입할 수 있는 근로자가 아니다. 그러나 을에 의하면 근로의 대가로 계속적·정기적인 금품을 받지 않더라도 성과에 따른 수수료를 받는 자는 근로자에 해당하므로 노동조합에 가입할 수 있다.

ㄷ. (X) 병에 의하면 일시적으로 실업 상태에 있는 자라도 노동3권을 보장할 필요성이 있는 경우 근로자가 되어 노동조합에 가입할 수 있다.

50

정답 ⑤

ㄱ. (O) 서비스의 질적 저하를 막기 위해 가격을 담합하는 경우에 ㉠이 해당되어 위법성의 정도가 낮다고 평가할 것이다.

ㄴ. (O) 담합을 규제한 결과로 이용자가 부담하는 가격이 상승하여 이용자에게 더 불리하게 작용하는 경우 위법성의 정도가 낮은 것으로 평가하므로 ㉡은 이에 해당한다.

ㄷ. (O) 변리사도 관련 업무에 대한 국내 소송사건을 수임할 수 있게 한 것은 시장 환경의 변화에 따라 서비스업에서 종전에 비하여 경쟁이 심해진 경우에 해당하므로 위법성의 정도가 낮다고 볼 것이다.

51

정답 ①

ㄱ. (O) A는 정보비대칭이 아닌 경우 통제는 정당하지 않다고 판단할 것이고 B는 미성년자의 경우 역학적 불균형에 해당되어 이에 대한 통제는 정당하다고 주장할 것이다.

ㄴ. (X) 병이 소유한 자전거에 대한 정보를 정이 알고 있는지에 따라 A는 정보비대칭 여부를 판단할 것이므로 주어진 상황만으로 A가 통제를 정당화하는지는 알 수 없다.

ㄷ. (X) B는 국가가 일방인 계약은 역학적 불균형이므로 통제가 정당화된다고 주장할 것이다.

52

정답 ⑤

ㄱ. (O) 의료인이 주의의무를 다한 경우이므로 <1안>에 의하면 국가가 보상하며, <2안>은 주의의무 여부를 묻지 않고 국가가 보상한다.

ㄴ. (O) <2안>은 주의의무 여부를 묻지 않고 국가가 보상하며, <3안>은 주의를 다하지 못하면 보상한다.

ㄷ. (O) 주의의무를 다한 경우이므로 어떤 안에 따르더라도 의료인에게 국가가 보상액을 청구할 수 없다.

53

정답 ②

① (O) 제1조 제2항. 부(夫)인 갑의 귀책사유로 이혼하는 경우이므로 을에게 소의 소유권이 회복된다.

② (X) 제1조 제2항. 을의 귀책사유가 아니라 갑의 귀책사유일 경우에 해당한다.

③ (O) 재산에 대한 유언은 없으므로 제2조 제2항 제2호에 의해 집을 상속받는다.

④ (O) 제2조 제1항. 유언이 있으므로 유언을 따라 정은 말을 상속받는다.

⑤ (O) 제2조 제2항 제2호에 의해 자녀 정은 갑으로부터만 재산을 상속받을 수 있는데, 제3항에서 상속인이 상속을 포기하면 상속받을 수 없다. 따라서 제1조 제3항에 의해 소의 소유권은 을에게 회복된다.

54

정답 ②

ㄱ. (X) 제1조 제3항에서 정당의 합당이 성립한 경우 소속 시·도당도 합당한 것으로 보고 있다. 따라서 합당이 성립하기 위해서 합당등록신청 이외의 소속 시·도 합당이 전제되어야 하는 것은 아니다.

ㄴ. (X) 제2조 제1항에 의해 합동회의의 결의가 있은 날로부터 14일 이내에 합당등록신청을 해야 하며, 제1조 제3항에 의해 합당등록신청일로부터 3개월 이내에 변경등록신청을 해야 한다. 그런데 〈사례〉에서는 합당등록신청일이 확정되지 않아서 정확한 기간만료일을 알 수 없다.

ㄷ. (O) 제2조 제2항에 의해, 합당등록신청일로부터 120일 이내에 보완해야 한다. 그런데 합당등록신청일이 5월 10일인데, 9월 7일은 이날 이후 120일이 되는 날이므로 이때까지 보완하지 않으면 등록이 취소될 수 있다.

55

정답 ①

1) 재해 보상금

- 사망 보상금: 고용노동부 공표 월평균임금총액 240만 원의 36배 = 8,640만 원
- 장애등급 6급: 사망 보상금의 1/2 = 4,320만 원

2) 휴업 보상금

- 통계청 공표 도시 및 농가가계비 평균: 월 100만 원의 60/100 = 60만 원
- 1일 단위: 60만 원/30 = 2만 원
- 60일: 120만 원

1) + 2) = 4,440만 원

3) 이미 받은 400만 원 제외: 4,440 − 400 = 4,040만 원

56

정답 ④

① (X) 셋째 규정에 의해 합병한 단체의 재직하고 있는 의원수가 의원정수이기에 A 10명, B 8명으로 총 18명이다.

② (X) 첫째 규정에 의해 새로운 지방의회의원의 자격을 취득하기에 B구 의회 소속이 된다.

③ (X) 둘째 규정에 의해 기존 의원은 자신이 속할 지방의회를 선택할 수 있다.

④ (O) 넷째 규정에 의해 b1구 2명과 선택 가능한 비례대표 2명 포함 최대 4명이 된다.

⑤ (X) 구역변경의 경우, 편입된 선거구 선출 의원의 해당 의회의 의원정수는 재직하고 있는 의원수로 한다. 그런데 합병과 분할에서 지방의회의원의 경우 그 잔임기간의 합병 또는 분할된 의회의 의원정수는 재직하고 있는 의원수로 한다. 따라서 합병과 분할의 경우 의원정수는 잔임기간 동안에만 적용되며, 잔임기간이 경과된 후 해당 지방의회 의원정수가 조정될 가능성이 있다.

57

정답 ③

ㄱ. (O) (3)에 의해 주식 발행 금액이 10억 원 미만인 경우 신고서의 제출 의무가 면제된다.

ㄴ. (X) (2)에 의해 6개월 이후이기에 인원을 합산하지 않는다. 따라서 40인이므로 50인 이상이 아니기에 제출 의무가 발생하지 않는다.

ㄷ. (O) (2)에 의해 6개월 이내이기에 합산하여 50인 이상이 성립되며, 금액도 (4)에 의해 1년 이내 신고서를 제출하지 않은 금액을 합산하기 때문에 17억 원이 되어 제출 의무가 발생한다.

58

정답 ⑤

ㄱ. (X) 회비 책정과 같은 주요 사항은 전문위원회의 심사를 거친 후 전원위원회로 상정되게 된다. 그러나 소관 전문위원회의 심사를 거친 때에 대한 경우는 본문에 소개된 바가 없기에 대의원회의 의장이 필요하다고 인정하는지 여부와 무관하게 전원위원회가 개최되는지에 대해서는 추론할 수 없다.

ㄴ. (X) 대의원회의 의장이 필요하다고 인정할 경우 전문위원회는 개최될 수 있다.

ㄷ. (O) 전문위원회 비중도 동일하므로 A와 B의 비율의 합은 75%이다. 전문위원회는 재적위원 과반수 출석에 출석위원 과반수 찬성으로 의결한다. 따라서 A만 찬성해도 재적위원의 40%의 비율이기에 출석위원(A와 B)의 과반(37.5%)을 넘기 때문에 가결된다. 동일한 방식으로 대의원회, 회원총회에서도 가결된다.

ㄹ. (O) 회원총회에서는 재적회원 과반수의 출석에 출석회원 과반수의 찬성이 있어야 한다. 그런데 A와 D의 합은 50%이므로 과반이 되지 않아 부결된다.

59

정답 ③

ㄱ. (O) 제1조, 제3조 제1항. 양육휴직 기간은 자녀 1명당 1년이며, 나누어 사용할 수 있다. 딸의 경우 4개월이 남아 있으며, 아들은 12개월을 사용할 수 있으므로 최대 16개월간 양육휴직을 할 수 있다.

ㄴ. (X) 제2조 제3항. 근로시간 단축은 자녀 1명당 1년이므로 2년 가능하며, 휴직 기간 중 사용하지 않은 기간을 가산할 수 있다. 휴직 기간은 자녀 1명당 1년이므로 추가로 2년이 가능하다. 따라서 총 4년이 된다.
ㄷ. (O) 제2조 제3항에 의하여 근로시간 단축 1년에, 양육휴직 남은 기간 6개월을 더하면 총 18개월이 가능하다. 제3조 제2항에 의해 1회의 단축 기간은 3개월로 나눌 수 있으므로 총 6개 기간으로 나누어 사용할 수 있다.

60

정답 ⑤

ㄱ. (O) 행동지는 W국이며, 재산이라는 법률상 이익이 피해자가 거주하고 있는 곳에서 직접 침해된다고 본다면 결과발생지는 X국이 된다. ㉠에 따르면 결과발생지인 X국 법이 적용되어 11억 원이 인정된다. 한편 ㉡에 의하면 원칙적으로 결과발생지 X국 법이 적용되거나 가해자가 결과발생지를 예견할 수 없었던 경우 행동지인 W국 법이 적용된다. 따라서 ㉡에 따르면 X국 법이 적용되어 11억 원이 인정되거나 W국 법이 적용되어 12억 원이 된다. 따라서 옳은 진술이다.
ㄴ. (O) 갑이 주된 경제활동을 영위하고 있는 곳은 Y국이므로 결과발생지는 Y국이 된다. 따라서 ㉠에 의할 때에 Y국 법이 적용된다. 그리고 가해자인 을이 결과발생지를 예견하고 있었으므로 ㉡에 의해서도 Y국이 된다. 또한 ㉢에 의할 때에 행동지 W국(12억 원)보다 결과발생지 Y국이 13억 원의 손해배상액을 인정하기에 피해자에게 Y국이 유리하다. 따라서 세 견해 모두 손해배상액은 Y국 법에 의한 13억 원으로 같다.
ㄷ. (O) 갑의 모든 소득은 Z국 은행에 예치되어 있기에 결과발생지는 Z국이 된다. 따라서 손해배상액은 ㉠에 따르면 Z국 14억 원이 되며 ㉡에 따르면 을이 예견할 수 없었던 경우이므로 행동지인 W국 12억 원이 된다.

61

정답 ④

1) 2017. 5. 1. 신호위반(15점) 벌점: [제2조 3항]에 의해 2020. 5. 1.에 소멸된다.
2) 2020. 7. 1. 정지선위반(18점) + 2021. 3. 1. 갓길통행(25점) = 43점으로 배점된다.
→ [제3조]에 따라 2021. 3. 2.부터 집행
3) 2021. 4. 1. 규정속도 초과(40점): [제3조 2항]에 의해 2배인 80점으로 배점된다.
4) 2021. 3. 2.부터 123일간 운전면허가 정지되므로 2021. 7. 2.까지 정지된다.

62

정답 ②

ㄱ. (X) 우연히 정보를 취득한 경우로 거래 상대방이 거래 가격을 상승시킬 유인이 될 수 있다. 그러므로 그 정보를 고지할 필요가 없다.
ㄴ. (X) 시장 가격보다 낮은 금액으로 거래한 경우로 고지할 필요는 없다.
ㄷ. (O) 비용을 들여 조사한 결과로 시장 가격 하락 요인을 확인하였기에 이미 비용 지출 목적을 달성한 상황이다. 그러므로 그 정보를 고지해야 하는데 그러지 않았으므로 고지의무를 위반한 것이다.

2-2 인문학

p.103

01	02	03	04	05
⑤	②	③	③	④
06	**07**	**08**	**09**	**10**
②	④	②	④	①
11	**12**	**13**	**14**	**15**
④	①	②	④	②
16				
④				

01

정답 ⑤

말하는 문장의 기능을 의미적으로 구분할 때에 사실 자체만을 표현하는 것은 문장 의미만을 지니지만, 정보 전달이나 행위 유발 기능은 화자 의미도 포함된다. 이를 정리하면 다음과 같다.

구분	사실 기술	정보 전달	행위 유발	의미
(1)	O	X	X	문장 의미
(2)	O	O	X	문장·화자 의미
(3)	O	O	O	문장·화자 의미

화자 의미는 직접적인 표현과 간접적인 표현으로 인해 문장 의미와 거리 차이가 발생하기도 한다.
① (O) (2)는 사실의 기술을 넘어 정보 전달의 기능까지도 하고 있다. 따라서 음악의 작곡자와 제목을 대화 상황에서 말했다면, 지식 정보의 전달에 해당된다. 즉, 옳은 진술이다.
② (O) (3)은 어떤 행위를 하도록 유발하는 기능을 말한다. ㉡에서 신랑 신부에게 인사를 하라는 것은 행위를 유발하는 것으로 옳은 진술이다.
③ (O) 다른 하객들도 모여 있다는 정보를 전달하는 기능이므로 옳은 진술이다.
④ (O) 문장 의미는 문자 그대로의 의미이며, 화자 의미는 화자의 의도를 의미한다. 답지에서 두 가지의 의미의 거리가 가깝다는 것은 하나의 진술이 각각의 의미를 모두 함축하고 있다는 것을 의미한다. 따라서 거리가 멀다는 것은 어느 하나의 의미가 더 강하다는 뜻이기도 하다. ㉡의 문자 의미로 정보 전달 및 사실 기술의 의미와 동시에 답지 ②에서도 파악한 바와 같이 화자의 의도도 숨어 있다. 한편 ㉢은 답지 ③에서 살펴보았듯 (2)의 의도적 측면이 강하다. 따라서 옳은 진술이다.
⑤ (X) ㉣을 말한 예나의 의도는 그 자리를 떠나고 싶지 않았던 것이고, 석하가 이해한 화자 의미는 더 이상 귀찮게 하지 말라는 것이다. 따라서 석하는 화자 의미와 문장 의미와의 거리가 예나보다 멀다.

02

정답 ②

주어진 A, B, C의 견해를 쟁점별로 정리하면 다음과 같다.

구분	양심의 형성	잘못된 양심의 존재
A	취득적	O
B	선천적	X
C	취득적	?

ㄱ. (X) A는 양심을 사회적 감정으로 인류가 공유하는 습관화된 동정심으로 파악하며 양심의 잘못된 경우를 제시하고 있다. 그러나 B는 양심은 선천적으로 보편타당한 도덕 판단을 하는 실천이성이므로 양심 없는 인간은 있을 수 없다고 본다. 한편 C는 양심인 초자아가 지나치게 강한 결과 신경증적 증후들이 나타날 수 있다는 것만 밝힐 뿐 이것이 잘못된 것인지 여부에 대해서는 언급하지 않았다.
ㄴ. (X) A는 양심을 취득된 것으로 보며 잘못된 양심의 존재를 인정한다. 그러나 B는 양심에 따를 경우 모두 보편타당한 도덕적 행위에 해당되므로 양심의 명령에 따르는 것이 비도덕적일 수 없다. 한편 C는 양심의 비도덕적 여부에 대해서 언급하지 않았다.
ㄷ. (O) A는 양심이 사회적 감정이므로 그와 다른 행위를 할 수 있다고 본다. B도 양심은 개인적 욕구와 독립된 내면적인 보편적 도덕이므로 이와 다르게 개인의 욕구를 통해 행위를 할 수 있다고 본다. C도 양심은 부모의 권위가 내면화된 것으로 이에 반하는 행위를 할 수 있다고 본다. 따라서 이 진술은 A, B, C 모두와 양립할 수 있다.

03

정답 ③

① (O) 질병은 좋은 것도 나쁜 것도 아닌 것으로 분류하고 있기에 옳은 추론이다.
② (O) 좋은 것도 나쁜 것도 아닌 부류인 재물은 그것을 얻는 과정에서 행복하거나 불행할 수 있다고 진술되어 있기에 옳은 추론이다.
③ (X) 나쁜 것도 좋은 것도 아닌 것이 있기에 나쁜 것이 아니라고 해서 반드시 좋은 것이라고 할 수 없다.
④ (O) 건강과 재물은 좋게 사용될 수도 또한 나쁘게 사용될 수도 있는 것으로 좋은 것이 아니라고 서술되어 있다.
⑤ (O) 분별력은 좋은 것으로 나쁘게 사용될 수 없는 부류이다.

04

정답 ③

ㄱ. (O) 본질적 속성은 그 대상이 대상이게끔 하는 성질을 의미한다. 그렇다면 초롱이는 젖을 짜낼 수 있는 속성을 갖지 않기 때문에 얼룩이는 초롱이를 암소로 여기지 않을 것이다.
ㄴ. (O) 대화에서 머리에 뿔이 있는 것은 사슴이 되기 위한 세 가지 본질적 속성 중 하나이다. 이를 토대로 초롱이는 깡총이를 사슴이라고 말하고 있다. 따라서 뿔이 없다면 사슴으로 여기지 않을 것이다.
ㄷ. (X) 초롱이에 의하면, 소의 울음소리는 우연적 속성에 해당한다. 따라서 초롱이가 날쌘이를 사슴으로 여긴다고 해도 날쌘이가 '음매'하고 울 수 있는 것은 아니다.

05

정답 ④

'죽이는 것'과 '죽게 내버려 두는 것'에 대한 견해를 정리하면 다음과 같다.

구분	죽이는 것	죽게 내버려 두는 것
갑	사건 연쇄 시작	진행 막지 않음/장애물 제거
을	연쇄 시작/장애물 제거	진행 막지 않음
병	사건 연쇄 시작/ 장애물(타인) 제거	진행 막지 않음/ 장애물(자신) 제거

ㄱ. (X) 갑, 을, 병 모두 사건 연쇄의 진행을 막지 않은 것이므로 '죽게 내버려 두는 것'에 해당한다.
ㄴ. (O) 장애물 제거에 해당되므로 갑은 '죽게 내버려 두는 것'이며 을은 '죽이는 것'에 해당한다. 병은 다른 사람이 제공한 장애물을 제거하는 것으로 '죽이는 것'에 해당한다.
ㄷ. (O) 자신이 제공한 장애물을 제거하는 것이므로 갑과 병은 '죽게 내버려 두는 것'이며 을은 '죽이는 것'에 해당한다.

06

정답 ②

ㄱ. (X) 연민은 이성에 앞서는 자연적 충동으로 이성적 반성 없이도 작동할 수 있다.
ㄴ. (X) 혐오감은 연민의 감정 속에서 근원을 찾을 수 있으나, 자기애는 연민의 감정과 또 다른 감정에 해당한다.
ㄷ. (O) 연민과 다른 감정인 자기애가 작동하는 것으로부터 두 감정은 양립 가능하다는 것을 추론할 수 있다.

07

정답 ④

ㄱ. (X) A는 무지가 도덕적 비난가능성을 줄일 수 있다는 견해일 뿐, 도덕적 믿음에 근거하지 않는 행위가 도덕적인 결과를 가져오는 행위라도 비난해야 한다는 것은 아니다. 한편 B도 잘못된 도덕적 믿음에 의한 비도덕적 행위는 비난받아야 한다는 견해이므로 갑의 행위를 비난하지 않을 것이다.
ㄴ. (O) 을은 도덕적으로 잘못된 믿음을 따르는 도덕적 무지에 해당되므로 A는 비난가능성이 낮다고 볼 것이다. B는 그렇다 해도 비난받아야 한다고 주장할 것이다.
ㄷ. (O) A는 사실에 대한 무지도 도덕적 비난가능성을 줄일 수 있다고 주장하므로 옳은 진술이다.

08

정답 ②

① (X) 수요일에 '오늘'이라는 표현과 목요일에 수요일을 가리켜 '어제'라는 말은 다른 말이지만 두 문장에서 사용된 표현은 같은 대상을 가리킬 수 있다.
② (O) 날짜와 관련한 지표사의 경우, '오늘'과 언어적 의미가 다른 '어제'를 사용하여 같은 말을 할 수 있다.
③ (X) 수요일을 가리켜 '어제'라고 할 경우와 수요일에 '오늘'이라고 한 문장은 발화자의 맥락에 따라 다른 단어로 바꿔 써가며 같은 말을 한 경우이다. 그런데 '오늘'과 '어제'는 언어적 의미가 다른 단어이다.
④ (X) '오늘 비가 온다.'와 '어제 비가 왔다.'라는 두 문장이 있을 때에 뒷문장을 '오늘 비가 왔다.'로 바꾸었을 때에, 대상은 다르지만 언어적으로 의미가 같은 다른 단어로 바꿔 쓴 경우이다. 그런데 이 경우 두 문장은 다른 말이다.
⑤ (X) 한 문장에 사용하고 있는 어떤 단어를, 대상도 같고 언어적 의미도 같은 단어로 바꿔 쓸 경우 같은 말을 하는 것이다.

09

정답 ④

ㄱ. (O) 올바른 번역은 인용 부호 안의 표현 자체를 그대로 남겨 두는 것이 되어야 하기에 올바른 번역이 아니다.

ㄴ. (X) 인용 부호 안의 표현 자체를 그대로 남겨 두었기에 올바른 번역이다.

ㄷ. (O) (2)는 참인 문장이지만 (5)는 거짓인 문장이므로 올바른 번역에서 제외된다. 따라서 서로 다른 언어에 속한 두 문장의 진리값이 다르다면 올바른 번역이 아니다. 또한 (2)와 (4)는 모두 참으로 진리값이 다르지 않지만 (4)가 (2)의 올바른 번역이 되는 것은 아니다. 따라서 '서로 다른 언어에 속한 두 문장의 진리값이 다름'은 '올바른 번역이 아님'을 위한 충분조건이지만 필요조건은 아니다.

10

정답 ①

ㄱ. (O) A가 B에 한 약속은 도덕적으로 옳지 않은 행위에 대한 것이므로 갑은 그 약속이 도덕적으로 옳지 않다고 볼 것이다. 그러나 을은 선한 결과를 가져오는 것이므로 도덕적으로 옳다고 판단할 것이다.

ㄴ. (X) 갑은 살인 자체가 나쁘기 때문에 의무가 없다고 볼 것이며 을도 도덕적으로 옳지 않은 사항에 대해서는 하지 않을 의무가 더 강하기에 의무가 사라진다고 볼 것이다. 결국 갑과 을 모두 A가 B에 한 약속에 대해 의무가 생겨나지 않는다고 의견을 함께할 것이다.

ㄷ. (X) 갑은 도덕적으로 옳지 않은 약속일 경우에 그리고 그런 경우에만 그 약속을 지킬 의무가 생겨나지 않는다고 주장한다. 따라서 갑에 의하면 도덕적으로 옳지 않은 약속이 아닌 경우 그 약속은 지킬 의무가 있다. 을도 약속한 행위가 도덕적으로 옳지 않고 그 행위를 하지 않을 의무가 약속을 지키는 의무보다 더 강할 때 그 약속을 지켜야 할 의무는 사라진다고 주장한다. 따라서 을도 그렇지 않은 경우 그 약속을 지킬 의무가 있다고 주장할 것이다.

11

정답 ④

① (X) 브레이크의 작동 원리는 페달을 밟으면 차가 멈춰야 한다. 그렇지 못하기에 C는 이를 지식에 근거한 것이 아니므로 행위가 아니라고 판단할 것이다.

② (X) B에 의하면 믿음이 있는지 여부에 따라 행위 여부가 결정되며, C는 지식에 근거한 것인지에 따라 행위 여부가 결정된다. 따라서 을이 브레이크 페달을 밟은 것이 행위인지에 관해서 B와 C가 같은 견해인지는 알 수 없다.

③ (X) A는 참인 믿음으로부터 차를 세운 것만이 행위이므로 병의 행동은 행위라 볼 수 없다. 그런데 B는 믿음이 있는지에 따라 결정되므로 행위 여부를 알 수 없다.

④ (O) C는 지식에 근거하여 차를 세운 것만이 행위이다. 그런데 A는 참인 믿음으로부터 차를 세운 것만이 행위라는 견해이다. 둘 모두 지식이 참이어야 하며 행동의 결과가 나타날 때에 행위가 된다. 그러므로 C가 행위라고 여기는 것은 A도 참이라고 여길 것이다.

⑤ (X) B는 행동의 결과는 기준이 아니며 믿음 여부만 기준이 된다. 그러나 C는 지식에 근거하여 그에 따른 결과가 발생해야 행위가 된다. 그래서 C는 지식에 근거하지 않거나 결과가 발생하지 않으면 행위라 볼 수 없다. 이 경우 B는 믿음만 있다면 지식에 근거하지 않거나 결과가 발생하지 않았더라도 행위라 볼 것이다.

12

정답 ①

ㄱ. (X) 인종차별이 X에서는 도덕적 금기가 아닐 수 있으며, 이는 배심원에 의해 결정될 수도 있으므로 옳지 않은 추론이다.

ㄴ. (O) 도덕적 금기에 대한 판단을 하는 배심원들은 사회적 역겨움을 느끼는 사람들로 선정되므로 옳은 추론이다.

ㄷ. (X) 사회 구성원 사이의 도덕적 판단이 일치하지 않아도 사회의 도덕적 판단은 결정될 수 있으므로 옳지 않은 진술이다.

13

정답 ②

ㄱ. (X) A에 따르면, 갑이 거짓말을 했고 거짓말을 한 을을 비난하였으므로 위선자에 해당된다. 따라서 갑은 을을 비난할 자격이 없다. 또한 C에 따르면, 갑은 거짓말을 했지만 자신과 을 모두를 비난하는 성향에 따라 비난하고 있으므로 위선자는 아니다. 따라서 갑은 을을 비난할 자격이 있다.

ㄴ. (X) B에 따르면, 병은 부정행위를 했고 자신과 정을 비난하기에 위선자가 아니다. 따라서 병은 정을 비난할 자격이 있다. 또한 C에 따르면, 자신과 다른 사람 모두를 비난하여 위선자가 아니기에 병은 정을 비난할 자격이 있다.

ㄷ. (O) 정은 자신을 비난하지 않으면서 병을 비난하므로 A와 B에 따르면 위선자에 해당하기에 병을 비난할 자격이 없다.

14

정답 ④

ㄱ. (O), ㄷ (O). 정상적인 사리판단 상태가 아님을 이유로 판단한 것으로 용서가 아니라 면책에 해당된다.

ㄴ. (X) 가해자의 행위가 나쁘다는 판단을 수정하지 않았고, 가해자가 자신의 행위에 대해 합리적 판단을 내릴 수 있는 행위자임도 부정하지 않았으며 피해자의 자기 존중이 훼손되지 않은 상황이다. 따라서 이는 용서가 될 수 있다.

15

정답 ②

ㄱ. (X) A는 동의하지만 B는 그룹을 인정하므로 동의하지 않는다.

ㄴ. (O) B는 그룹의 존재는 갑, 을, 병의 모음이라는 주장이므로 동의하지만, C는 '삼신기'와는 다른 추상적 존재자가 되므로 동의하지 않는다.

ㄷ. (X) A는 그룹 존재를 부정하므로 동의하지 않는다.

16

정답 ④

ㄱ. (X) 조교 일을 하는 대학원생과 교수의 관계이므로 대인관계의 원만한 지속에 가치를 부여하는 상호의존적 문화 성향을 가진 교수보다 개인 내적 기준에 따라 판단하는 독립적 문화 성향을 가진 교수가 거절할 가능성이 더 크다.

ㄴ. (O) 상호의존적 문화 성향을 가진 사람은 상대방에게 끼칠 부정적인 영향을 실제보다 과대 추정할 가능성이 있으므로 옳은 진술이다.

ㄷ. (O) 조망 수용은 다른 사람의 관점에 서서 이해하고 친사회적 도덕 추론과 동정심을 촉진하기 때문에 조망 수용을 하면 상대방에 대한 미안한 마음이 그렇지 않을 때보다 더 클 것이다.

2-3 사회과학 p.113

01	02	03	04	05
③	②	④	⑤	④
06	**07**	**08**		
③	④	①		

01 정답 ③

우선 (가), (나), (다)에서는 알코올과 공격 행동의 관계를 서로 다른 요인으로 분석하고 있다. 공격 행동이 나타나기 위해 필요한 요인을 비교 정리하면 다음과 같다.

구분	알코올	공격적 성향	자극적 상황
(가)	O	-	-
(나)	O	O	-
(다)	O	O	O

한편 (라)는 알코올 자체의 영향보다는 사회 문화적인 영향이 공격 행동에 영향을 미친다고 보고 있다.

ㄱ. (O) (가)에서는 알코올이 체내에 들어가면 뇌에 생리적 영향을 미치기에 누구나 행동 제어를 할 수 없다는 입장이다. 그러나 (다)는 여기에 공격적인 평소 성향과 추가적으로 자극적 상황이 있어야 취중 공격 행동이 나타날 것이라는 가설이다.

ㄴ. (X) (나)는 알코올과 함께 평소의 공격적 성향이 있어야 공격 행동이 나타난다는 가설이므로, 공격 성향을 가진 사람이 술에 취하면 공격 행동을 예측할 수 있다. 또한 (다)에서는 알코올과 공격 성향 이외에도 취중 모욕이라는 상황적 요인이 추가되었기에 공격 행동을 예측할 수 있다.

ㄷ. (O) (가)는 알코올의 힘에 의해 자신의 의지와 상관없이 발생하는 생리적 요인을 공격 행동의 원인이라 주장한다. 따라서 (가)는 '취하면 행동을 제어할 수 없다.'는 사실에 대한 설명이 가능하다. 또한 (라)는 사회적 음주 문화라는 근거로 설명할 수 있다. 취중의 공격 행동에 대해서 사회적으로 용인되거나 비난의 정도가 줄어든다는 사회적 통념이 학습되어 '취하면 그렇게 된다.'는 점이 설명될 수 있기 때문이다.

02 정답 ②

우선 A와 B의 기준이 될 요소는 분석 가능성과 다양성이다. 이를 매칭하기 위해서 주어진 도표를 활용하여 P1~P3의 특성을 적으면 다음과 같다.

<table>
<tr><th colspan="2" rowspan="2">구분</th><th colspan="2">B</th></tr>
<tr><th>(다)</th><th>(라)</th></tr>
<tr><td rowspan="2">A</td><td>(가)</td><td>P1: 많은 분석 기술, 일정 절차와 기법에 따른 예외 상황 해결 가능 직업군(회계사, 토목기사)</td><td>P2: 예외 상황 발생 가능성이 낮음, 단순 정보 분석 기술로 업무 처리(은행 창구 직원, 생산직 근로자)</td></tr>
<tr><td>(나)</td><td>P3: 새로운 상황 발생하며 업무 복잡, 경험과 넓은 시각 및 통찰력과 직관력 필요한 직업군</td><td>P4</td></tr>
</table>

1) 우선 A의 기준으로 나뉘는 (가)에 속하는 P1과 P2, 그리고 (나)에 속하는 P3을 비교할 때에 (가)는 분석 기술이 사용된다는 점이 (나) P3의 경험과 넓은 시각 및 통찰력에 의존한다는 점과 차이가 나타난다. 따라서 A의 기준은 분석 가능성으로 (가)는 높고 (나)는 낮다.

2) B 기준으로 (다)에 속하는 P1과 P3의 공통된 요소는 예외적 상황이 발생해도 해결 가능하다는 점이다. 반면 (라)에 속하는 P2는 예외 상황 발생 가능성이 낮다는 점에서 상반된다. 따라서 B 기준은 다양성으로 (다)가 높고 (라)가 낮다.

ㄱ. (X) 1)의 추리에 의해 옳지 않다. (가)는 분석 가능성이 높은 유형이다.

ㄴ. (X) 2)의 추리에 의해 옳지 않다. (다)는 다양성이 높은 유형이다.

ㄷ. (O) P4는 분석 가능성과 다양성이 모두 낮아야 한다. 따라서 표준화된 절차에 의한 것이 아니며, P3처럼 경험과 직관력을 필요로 한다. 그리고 P2처럼 예외 상황 발생 가능성이 낮은 직업군이다. 따라서 작곡가나 피아니스트는 분석력이 낮으며 다양성이 낮은 P4에 속할 것이다.

03 정답 ④

1) 제도적 거부권 행사자의 수
- 대통령중심제(1) + 양원제(2) = 3
- 의원내각제(행정부 = 입법부): 입법부만 해당

2) 당파적 거부권 행사자의 수(의원내각제만 해당)
- 정부를 구성하는 각각의 정당들
- 연립정부는 단일정당정부에 비해 더 많음

주어진 정보를 토대로 A~D의 거부권 행사자의 수를 파악할 수 있다.

구분	제도적 거부권	당파적 거부권	총합
A	대통령(1) + 단원제(1) = 2	0	2
B	대통령(1) + 양원제(2) = 3	0	3
C	의원내각제: 단원제(1) = 1	양당제: 1	2
D	의원내각제: 양원제(2) = 2	다당제: 2 이상	(연립정부) 4 이상

ㄱ. (X) 거부권 행사자의 수가 많을수록 정책안정성은 높아진다. 따라서 거부권 행사자가 A국은 2이고 B국은 3이므로 B국이 정책안정성이 더 높다.

ㄴ. (O) A국은 거부권 행사자가 2이다. 반면 D국은 의원내각제이며 비례대표제이므로 〈가정〉에 의해 다당제이다. 다당제는 연립정부가 출범하며 연립정부는 단일정당정부에 비해 더 많은 수의 당파적 거부권 행사자를 갖기에 D국은 4 이상이다. 따라서 D국은 A국보다 거부권 행사자가 더 많고 〈가정〉에 의해 정책안정성은 더 높게 된다.

ㄷ. (O) D국은 다당제인데, C국은 소선거구제이므로 〈가정〉에 의해 양당제가 출범한다. 따라서 거부권 행사자는 D국이 4 이상으로 2인 C국보다 많으므로 〈가정〉에 의해 정책안정성은 D가 더 높다.

04 정답 ⑤

ㄱ. (O) 부동산 거품이 꺼지게 되자 실업률이 치솟는 등 경제가 침체하여 정부 재정은 큰 적자를 기록하게 되었으므로, 재정적자는 경제 침체의 결과이다.

ㄴ. (O) 지문에 의하면, 유로화를 사용하지 않고 구화폐를 사용했더라면 정부는 위기 상황에서 팽창적인 통화정책을 통해 문제 해결을 신속하게 할 수 있었을 것이다. 그렇지 않았기에 느리고도 고통스러운 디플레이션 과정을 통해서만 경쟁력을 다시 회복할 수 있을 것이라고 전망하고 있으므로 옳은 추론이다.

ㄷ. (O) 지문에서 필자는 만약 스페인이 미국의 한 주(州)였더라면 상황이 악화되지 않았을 것이라고 지적한다. 따라서 미국과 이러한 정치통합 없이 달러화로 화폐통합을 했더라도 비슷한 어려움에 처했을 것이라고 추론할 수 있다.

05 정답 ④

ㄱ. (X) M의 덫은 생존선과 소득곡선의 교차 지점을 중심으로 인구가 주기적으로 늘거나 주는 움직임을 의미한다. 그런데 소득을 인구로 나눈 1인당 소득은 인구가 증가할수록 감소하고 인구가 감소할수록 증가하는 음(-)의 상관관계가 나타날 것이므로 옳지 않다.

ㄴ. (O) 한계소득체감 법칙에 의하면, 다른 요소가 일정할 때 해당 요소가 증가할수록 소득이 증가하지만 소득의 증가 정도는 점점 줄어든다. 이는 자본 1단위가 추가될수록 나타나는 소득 증가분이 점점 줄어든다는 것을 의미한다. 따라서 다른 요소가 일정할 때 자본이 축적될수록 추가되는 자본 단위당 소득곡선은 위로 이동하는 정도가 점점 줄어들 것이다.

ㄷ. (O) 근대적 경제성장은 인구와 소득이 함께 늘어날 수 있는 것인데, 자본이 축적되면 소득곡선이 위로 이동하는 것으로 설명할 수 있다. 따라서 인구의 증가만으로는 근대적 경제성장을 이룰 수 없을 것이다.

06 정답 ③

① (O) 3문단에 따르면 방해 자극의 선명도가 높을 경우 방해 자극에 주의가 가게 되어 방해 자극의 정보 처리가 효과적으로 억제됨으로써 과제 수행이 저하되지 않는다. 결국 방해 자극의 지각 정도와 방해 자극이 과제 수행을 방해하는 정도는 역의 상관관계를 보인다.

② (O) 3문단 마지막 문장에서 과제의 난이도를 높일수록 선명한 방해 자극의 정보가 처리될 가능성이 높다고 말하고 있다. 방해 자극의 정보가 처리될 가능성이 높을 때에는 과제 수행에 방해가 되기에 옳은 진술이다.

③ (X) 3문단에 따르면 방해 자극의 선명도가 매우 높아 쉽게 지각될 경우, 주의가 가게 되어 방해 자극의 정보 처리가 효과적으로 억제될 것이다.

④ (O) 방해 자극으로 보이지 않을 경우 그 방해 자극은 방해 자극 정보가 과제와 관련된 정보가 되어 처리된다는 것을 의미한다. 따라서 그 방해 자극의 정보는 처리될 것이다.

⑤ (O) 3문단에 방해 자극의 선명도가 높을 경우 방해 자극에 주의가 가게 되어 방해 자극의 정보 처리가 억제된다고 진술되어 있다. 따라서 역치 하 수준으로 선명도를 낮게 해도 방해 자극에 주의가 갈 경우 억제될 것이다.

07 정답 ④

ㄱ. (O)

1) 갑이 가장 선호하는 것은 C이다. 우선 갑은 을이 A를 가장 선호하기에 을과 A를 매개로 B와 교환한다. 그리고 병이 소유한 C를 B와 교환할 것이다. 이때 B는 화폐에 해당한다.

2) 을은 A를 가장 선호하기에 병과 B를 매개로 C와 교환한다. 그리고 C를 갑과 교환하여 A를 얻을 수 있다. 이때 C는 화폐에 해당한다.

3) 병은 갑과 C를 매개로 A와 교환하고, 다시 병은 을과 A를 매개로 B와 교환한다. 이때 A는 화폐에 해당한다.

따라서 모든 상품이 화폐가 될 수 있다.

ㄴ. (O) 1)에 의해 옳다.

ㄷ. (O) 각각의 경우 두 번의 교환으로 갑, 을, 병 모두는 가장 선호하는 상품을 얻을 수 있기에 세 번의 교환이 발생할 수 없다.

ㄹ. (X) 3)의 경우로, 갑과 병이 가장 먼저 교환해야 한다.

08 정답 ①

ㄱ. (X) 연도 말일에 합산하여 일괄 발행·교부할 수 있는 후원금은 1회 1만 원 이하의 후원금이다. 따라서 1회 1만 원 3회의 후원금만 가능하므로 3만 원을 연도 말일에 일괄 발행하여 교부할 수 있다.

ㄴ. (O) 정액영수증 50만 원 1장, 10만 원 2장과 무정액영수증 2만 원 1장 총 4장이 된다.

ㄷ. (X) 2문단에 따르면 교부하지 않을 수 있지만, 정치자금영수증을 발행하여 원부와 함께 보관해야 한다.

2-4 과학기술 p.118

01	02	03	04	05
①	④	⑤	⑤	②

01 정답 ①

주어진 실험 결과 중 날개무늬와 소리의 존재 여부에 따른 결과는 다음과 같다.

구분	날개	소리	결과(생존율)
1)	O	O	100%
2)	O	X	
3)	X	O	50%
4)	X	X	20%

그리고 날개를 접고 펴는 빈도는 날개무늬가 없는 공작나비가 날개무늬가 있는 공작나비보다 높았다.

ㄱ. (O) 먼저 소리를 변화 요인으로 가정할 경우 첫 번째와 두 번째 실험 결과가 변화하지 않았다는 것을 통해 변화 요인이 아님을 알 수 있다. 그런데 날개무늬가 변화 요인일 경우, 첫 번째와 세 번째 실험 결과로부터 생존율 차이가 100%:50%로 달라진다. 따라서 옳은 진술이다.

ㄴ. (X) 지문에서는 단순히 날개무늬가 있는 공작나비보다 날개무늬가 없는 공작나비가 날개를 접고 펴는 빈도가 증가했다는 사실만 전해준다. 날개를 접고 펴는 빈도가 증가할 때 소리가 커지거나 작아지는 데 대한 정보가 주어져 있지 않기 때문에 이 진술의 진위에 대해서는 알 수 없다.

ㄷ. (X) 날개무늬가 있고 소리를 내는 공작나비의 실험 결과 1)과 날개무늬가 있고 소리를 내지 않는 공작나비의 실험 결과 2)를 볼 때, 날개무늬가 있을 때 소리가 변인이 되지 않는다는 것을 알 수 있다.

02 정답 ④

지문의 내용을 유비적으로 정리하면 다음과 같다.

수면	물속
아폴로 우주선	소유즈 우주선
낮은 기압	높은 기압
물속에서 수면으로 급속 이동 시 위험	

① (X) 압력 조절실을 통과하면서 우주인 혈액 내의 기체 용해도는 천천히 변화할 것이다.

② (X) 압력 조절실이 필요한 이유는 두 우주선의 기압 차이 때문이었다. 따라서 대기압이 동일하다면 압력 조절실은 더 이상 필요 없게 된다.

③ (X) 아폴로에서 소유즈로의 이동은 기압이 낮은 곳에서 높은 곳으로 이동하는 것으로 수면에서 물속으로 이동하는 것과 같다.

④ (O) 소유즈에서 아폴로로 이동하는 것은 물속에서 수면으로 이동하는 것과 같기 때문에 혈액 속의 질소가 기체 상태로 바뀌게 될 것이다.

⑤ (X) 압력 조절실을 이용할 경우 어느 쪽으로 가든 위험성은 줄어들기에 옳지 않은 진술이다. 또한 위험이 있다 하더라도 아폴로 우주선에서 소유즈 우주선으로 이동할 때보다 소유즈 우주선에서 아폴로 우주선으로 이동할 때가 더 위험한 상황일 것이다.

03 정답 ⑤

ㄱ. (O) 갑, 을, 병 세 사람 중 한 사람만 범인이므로 '갑이 범인이다'라는 증거는 '을이 범인이 아니다'라는 가설을 논리적으로 함축하기 때문에 최대로 강화한다. 하지만 '갑이 범인이 아니다'라는 증거는 '을이 범인이 아니다'라는 가설을 최대로 강화하지 않는다. '갑이 범인이 아니다'라는 증거는 '을이 범인이 아니다'라는 진술을 논리적으로 함축하지 않기 때문이다.

ㄴ. (O) 병이 범인이 아닐 때, '갑이 범인이다'라는 증거는 '을이 범인이다'라는 진술을 최대로 약화한다. 왜냐하면 '갑이 범인이다'라는 증거는 '을이 범인이다'라는 진술의 부정을 논리적으로 함축하기 때문이다. 그리고 '갑이 범인이 아니다'라는 증거는 '을이 범인이다'라는 진술을 논리적으로 함축하기 때문에 즉, '을이 범인이 아니다'라는 진술의 부정을 논리적으로 함축하기 때문에 최대로 약화한다.

ㄷ. (O) 병이 범인이 아니라는 진술이 추가될 경우, 범인은 갑과 을 둘 중 한 명이다. 이때 '갑이 범인이다'라는 증거는 '을이 범인이 아니다'라는 것을 최대로 강화하고, '갑이 범인이다'를 부정하는 진술 즉, '갑이 범인이 아니다'라는 진술은 '을이 범인이 아니다'라는 진술을 최대로 약화한다. 따라서 이들 간에는 증거-대칭성이 성립한다.

04 정답 ⑤

① (X) 동일한 C증거를 가지고도 갑과 을이 서로 다른 가설로 예측하고 있다.

② (X) 예측이 성공하면 시험을 통과할 것이며 입증 정도도 높아질 것이기에 영향을 줄 것이다.

③ (X) B가설의 예측이 성공한 것으로 입증 정도는 올라갈 것이다.

④ (X) B가설은 100일째 일어날 일에 대한 예측이기에 99일째 시점에서 입증된 것은 아니다.

⑤ (O) A가설은 99일간 예측에 성공하였기에 옳은 진술이다.

05 정답 ②

ㄱ. (X) 지문에 의하면 세포 1이 파란색으로 변하지 않은 이유는 R의 합성이 활성화되지 않았기 때문일 뿐, 다른 것을 알 수 없다.

ㄴ. (O) 다른 단백질 간의 연결(X와 Z)을 통해 R의 합성이 활성화된 것이므로 옳은 추론이다.

ㄷ. (X) X와 Y의 연결이 될 경우 세포 1이 파란색으로 변해야 하는데 그렇지 않았으므로 옳지 않은 추론이다.

PART 02 논증 영역

Ⅰ. 논증 분석

p.182

01	02	03	04	05
⑤	⑤	⑤	②	④
06	07	08	09	10
④	⑤	③	⑤	③
11	12	13	14	15
③	③	②	③	①
16	17	18	19	20
②	④	④	④	④
21	22	23	24	25
①	⑤	⑤	⑤	④
26	27			
⑤	④			

01

정답 ⑤

① (O) (가)에서 우리 눈이 보기 위해, 다리가 직립보행을 하기 위해 창조된 것이라고 생각하면 안 된다고 하며 비판하고자 하는 견해를 설정하고 있다.

② (O) (나)는 목적과 수단이 뒤집힌 추론으로 인과 관계를 잘못 파악하고 있음을 지적하며 생겨난 그것이 용도를 창출한다는 견해를 제시하고 있다. 이러한 지적은 비판하고자 하는 견해가 본말전도의 오류임을 보이고자 한 것이다.

③ (O) 발생하기 전에는 용도가 없었다는 것을 사례를 통해 증명한다. 이는 시간적 선후 관계를 이용한 논증이다.

④ (O) 사용을 위한 목적으로 생겨난 사물들을 사례로 들어 본 논증에서 비판하고자 하는 견해가 가능할 수도 있다고 보는 예상 반론을 제시했다.

⑤ (X) (다)는 필자가 주장하는 바이며, 이에 대한 예상 반론으로 (라)가 제시된다. 그리고 재반론으로 (마)를 제시하여 (바)를 궁극적인 결론으로 이끌어내고 있다. 그리고 (마)는 (라)의 사례를 (다)의 사례와 완전히 다른 부류의 것으로 보고 있기에 (다)와 (라)는 무관하여 양립할 수 있다. 필자가 대상으로 삼는 것은 신체적 지체인데, 예상되는 반론의 대상은 인간이 사용하는 사물이다. 이들은 완전히 다른 부류이기에 공통적으로 논의할 대상이 아니라는 주장이다. 즉 사물에 대한 논의는 자신의 논의와 무관하다는 의미이다. 따라서 (다)와 (라)는 양립할 수 있다.

02

정답 ⑤

지문의 내용을 정리하면 다음과 같다.

구분	강한 네트워크(A, B)	약한 네트워크(C, D)
특징	친밀성, 신뢰관계, 의존적	접촉빈도 낮음, 느슨한 관계
취업동아리	실질적 도움	실질적 도움 안 됨
취득정보	취업 관련 정보 공유, 효율적	일반에게 공개된 자료에 불과

① (O) A는 강한 네트워크가 삶에 영향을 미치며 취업 등과 같은 경우에도 실질적인 도움을 준다고 말한다. 반면 C는 취업동아리가 실질적으로 도움이 될 수 없다는 입장이므로 옳은 진술이다.

② (O) 이 속담은 자신이 가진 병을 다른 사람들에게 알림으로써 치료할 수 있는 다른 방법을 찾을 수 있다는 의미이다. D는 A와 다르게 약한 네트워크가 도움이 된다는 입장이다. 이는 느슨한 관계가 여러 집단을 연결하거나 확산시키는 위치에 있어 정보 취득이 쉽기 때문이다. 따라서 '병자랑'을 하라는 속담의 의미는 A보다 D에 더 적합하다.

③ (O) B는 취업동아리에서 얻은 취업 정보의 내용과 질을 확신하지만, C는 그렇지 않으므로 옳은 진술이다.

④ (O) B는 취업동아리에서 관련 정보를 공유함으로써 취업 준비의 효율성을 높여 취업 가능성을 높일 수 있다는 입장이다. 만약 객관적이고 투명한 공채 시험만으로 취업할 수 있는 분야라면 일반적으로 얻을 수 있는 정보는 취업에 큰 의미를 가지는 정보라 할 수 없다. 따라서 관련 정보를 공유하면 더 효율적으로 준비를 할 수 있다는 B의 견해는 이러한 상황에서 취업에 실질적 도움이 된다는 점을 부각할 수 있다. 그러나 C는 취업동아리의 정보는 일반에게 공개된 정보의 재정리에 불과하기에 실질적 도움이 되지 못한다는 입장이다. 따라서 객관적이고 투명한 공채 시험만으로 취업할 수 있는 분야라면 C의 비판 대상이 된다. 그러므로 C보다 B에 더 적합한 사례가 된다.

⑤ (X) 가끔 만나는 먼 지인은 약한 네트워크 관계이기에 D를 강화한다. C도 친밀한 관계가 형성되는 취업동아리보다 느슨한 관계로 연결된 취업지원센터가 더 도움이 된다는 입장이므로 이 사례로 C가 약화되지는 않는다.

03

정답 ⑤

1) 갑: 도덕적으로 훌륭할 경우 미적으로도 뛰어나야 하므로 '주장'에 동의하지 않을 것이다.

2) 을: 도덕적 평가와 미적 성질은 내적 관계를 갖지 않는 무관한 것이므로 '주장'에 동의할 것이다.

3) 병: 도덕적으로 나쁜 작품은 미적으로도 열등하지만, 긍정적 사례 즉, 도덕적으로 훌륭한 작품이 미적으로 뛰어나다는 관계는 형성되지 않으므로 '주장'에 동의할 것이다.

4) 정: 도덕적으로 나쁜 작품이지만 이것이 미적 장점이 되는 예술 작품이 있을 수 있으므로 '주장'에 동의할 것이다.

04

정답 ②

지문의 견해를 정리하면 다음과 같다.

구분	삶의 목표	쾌락	금욕
갑	자족성(자유)	삼가야 할 대상	긍정
을	쾌락	추구의 대상	부정
병	의무 수행	간접 의무	의무에 대한 은밀한 혐오

갑은 금욕주의, 을은 쾌락주의, 병은 의무론의 입장을 취하고 있다.

① (O) 갑은 쾌락의 추구를 삼가도록 습관화하라고 주장하는 반면, 을은 금욕을 부정하며 금욕도 근본적으로 고도의 정신적 기쁨을 지향한다는 의미에서 소극적 쾌락주의임을 말한다. 따라서 갑은 쾌락이 추구할 만하다는 사실에 동의하지 않지만, 을은 동의할 것이다.

② (X) 갑은 욕망을 절제하는 금욕의 훈련을 통해 슬픔이나 기쁨에도 무관심한 부동심의 경지를 주장하므로 욕망을 절제하여 도달한 상태가 쾌락의 상태라는 것에 동의하지 않을 것이다. 반면 을은 욕망을 절제하여 도달하는 것도 결국은 쾌락이라는 견해이므로 동의할 것이다.

③ (O) 갑은 금욕에 의한 쾌락 추구의 삼가를 주장하기에 일체의 욕망 추구를 금지하는 것에 동의하지만, 을은 쾌락을 유일무이한 본래적 가치로 보기에 동의하지 않을 것이다. 병은 쾌락의 추구를 간접의무로 보기 때문에 욕망 추구 금지에 반대할 것이다.

④ (O) 갑은 쾌락보다 상위의 가치를 자족성으로 보고 있고 병도 의무 수행을 쾌락보다 우선적인 가치로 보고 있다. 그러나 을은 쾌락을 유일무이의 본래적 가치로 보기에 쾌락보다 상위의 가치가 있다는 것에 동의하지 않을 것이다.

⑤ (O) 을은 본래적 가치로서 쾌락을 보고 있으나, 병은 의무를 우선적으로 고려하여 이에 장애가 되지 않는 범위라면 쾌락을 추구할 수 있다는 시각이다. 따라서 쾌락 추구의 허용 근거가 쾌락 자체에 있다는 것에 을은 동의하지만, 병은 동의하지 않을 것이다.

05

정답 ④

ㄱ. (X) 당사자능력을 인정받기 위해 침해되는 이익이 있어야 한다는 것은 B만의 주장이기에 옳지 않다. A는 단지 당사자능력만을 형식적으로 적용해야 한다고 주장할 뿐이다.

ㄴ. (O) A는 법에서 명시적으로 인정하는 자만이 당사자능력을 추가로 인정받을 수 있다는 견해이므로 명문의 규정에 대한 개정 없이는 올빼미가 소송을 수행할 수 없다.

ㄷ. (O) B는 비록 명문의 규정에서 당사자자격이 인정되지 않더라도 보호할 이익에 따라 올빼미가 소송 당사자자격이 있다고 주장한다. 따라서 법규정의 명문에 반하는 해석이 허용될 경우 B의 견해는 강화된다.

06

정답 ④

A를 상해죄로 처벌할 수 있는지에 대해 갑, 을, 병의 견해를 표로 분석 및 정리하면 다음과 같다.

구분	의도	인식	처벌 여부
갑	X	/	X
을	X	O	O
병	O	X	O

ㄱ. (O) 갑은 A를 처벌할 수 없다는 주장이지만, 을은 A가 처벌받아야 한다는 주장이다. 하지만 A의 의도가 없었다는 것은 둘 모두 동의한다.

ㄴ. (O) 을과 병 모두 A가 처벌받아야 한다는 견해이다. 하지만 을은 인식했다고 보고 병은 인식했다고 보지 않는다.

ㄷ. (O) 갑에 의하면, 의도가 있는 행위만 처벌 대상이다. 즉 처벌 대상이 된다면 그것은 모두 의도가 있는 행위이다. 병은 의도가 있다면 처벌 대상이기 때문에 옳은 진술이다.

ㄹ. (X) 을의 처벌 대상 중에는 행위에 의도가 없지만 이를 인식한 경우가 포함되어 있다. 이때 병은 의도가 있어야만 처벌 대상으로 여기기 때문에 의도가 없는 행위는 처벌 대상이라 할 수 없다.

07

정답 ⑤

ㄱ. (O) 갑은 F국이 여신상을 약탈하였을 가능성이 매우 높기 때문에 G국의 불법 반입이 있다 해도 F국에 다시 돌려주는 것에 반대할 것이다. 그러나 을은 약탈 가능성이 매우 높다 해도 그 불법성이 증명되지 않았기 때문에 F국에 돌려주어야 한다고 주장할 것이다.

ㄴ. (O) 불법적 반출 여부에 대해 문제를 제기한 것은 을이기에 을은 동의할 것이나, 갑은 적법한 반출 경위를 확인할 수 없다면 약탈당한 것으로 보기에 동의하지 않을 것이다.

ㄷ. (O) 기록에 의해 여신상이 A시 신전 소유라는 사실이 인정되어야 한다는 것은 갑과 을 모두 동의하는 바이다.

08

정답 ③

ㄱ. (O) 증거나 알리바이 등 범죄 성립 여부와 관련된 사항에만 ㉠을 적용할 경우, 형법에는 ㉠이 적용되지 않기 때문에 검사의 견해는 강화된다.

ㄴ. (O) 범죄자에게 가장 유리한 것을 부과하기 때문에 범죄행위시점이 적용되어도 판사의 결론은 같을 것이다.

ㄷ. (X) 친족 간의 범죄라는 이유로 형벌을 1등급 높여도 훔친 행위는 국적박탈형이 되기에 ㉠의 대상이 된다. 따라서 검사와 판사의 결론은 모두 동일하게 유지될 것이다.

09

정답 ⑤

① (X) A에서 인간 본성에 대한 가정은 나타나지 않으며, C에서는 인간이 사회의 공통 규범을 따르며 사회가 규정하는 가치를 추구하려는 본성을 지닌다고 가정한다.

② (X) B뿐 아니라, C도 공통 규범의 내면화를 가정한다.

③ (X) B는 규범의 내면화를 통해 사회화를 하는데, 개인의 정도 차이가 발생한다. 즉 개인이 갖는 내적 사회화 정도가 약할 경우 범죄가 나타날 수 있다는 입장이다. 따라서 외부적 동기나 압력을 중시한다고 보기 어렵다. 한편 A는 범죄와 관련된 것을 학습하면서 범죄가 나타나기 때문에 외부적 동기나 압력이 관여하게 된다는 입장이다. 또한 C도 사회 불평등 구조라는 외부적 동기나 압력에 의해 범죄를 저지르게 된다고 지적한다.

④ (X) B뿐 아니라, A도 개인에 따라 학습된 정도에 의해 규범의 내면화에 차이가 나타난다고 볼 수 있다.

⑤ (O) A는 주류 사회가 받아들이는 것과 받아들이지 않는 문화의 갈등을 가정하지만, B는 사회의 공통 규범을 공유한다고 주장하기에 그러한 갈등을 가정하지 않는다.

10

정답 ③

ㄱ. (O) C는 직접 상해 행위를 하는 경우뿐 아니라 사례에서 甲의 경우처럼 간접적인 경우에도 상해죄로 처벌해야 한다고 주장한다. 한편 A는 제3자가 부탁을 거부할 수 없는 상황일 때에만 상해죄로 처벌할 수 있다고 주장한다. 따라서 두 견해에 의하면 타인을 이용하여 상해를 유발한 자를 직접 폭력 행위를 한 자와 같은 죄목의 범죄로 처벌할 수 있다고 본다.

ㄴ. (O) A는 거절할 수 없는 상황이어야만 처벌할 수 있기 때문에 처벌할 수 없다고 할 것이나, C는 가능하다고 볼 것이다.

ㄷ. (X) B와 C는 甲을 처벌해야 한다는 입장이다.

11

정답 ③

ㄱ. (O) C는 모순된 믿음이 있을 수 없다고 주장한다. 그러나 A는 자신을 속이는 것이 가능하기에 모순된 믿음을 인정하고 있다. 따라서 C와 A는 양립할 수 없다. 하지만 B는 편향된 믿음이 자기기만이라고 정의하므로 모순된 믿음이 아닐 수 있다. 따라서 B는 C와 양립할 수 있다.

ㄴ. (X) B는 자기 자신의 지적 능력이 남들보다 뛰어난 정보를 선택적으로 수집하여 믿음으로 설명할 수 있고, A도 자기 자신을 속이는 행위로 인해 형성된 것으로 설명할 수 있다.

ㄷ. (O) 자기 의도를 자신이 알 수 있다면 속지 않을 것이기 때문에 자신을 속일 수 있다고 주장하는 A는 약화된다.

12

정답 ③

① (O) 빚을 탕감하지 않는 한, 빚 독촉과 소송이 이어질 것이므로 X국 제도를 지지할 것이다.

② (O) X국 제도는 국가 차원에서 빚을 탕감해주는 것이므로 스스로 책임을 져야 한다는 입장에서는 이러한 제도에 반대할 것이다.

③ (X) Y국 제도를 사용한다고 해도 채권자가 자기 채권을 우선적으로 회수하기 위한 수단으로 파산 신청을 사용할 수 있다. 따라서 이를 우려하는 사람이 Y국 제도를 지지한다는 진술은 옳지 않다.

④ (O) 채무가 탕감되지 않아 계속되는 악순환을 걱정하는 사람이라면 Y국 제도에 반대할 것이다.

⑤ (O) 빚을 갚을 때까지 채권자의 의사에 의해 관계가 진행되도록 하는 것이 Y국 제도이므로 채권자에 의한 혼란을 걱정하는 사람이라면 Y국 제도를 반대할 것이다.

13

정답 ②

ㄱ. (X) 이론은 모순이 없는 진술이 왜 난센스로 들리는지를 설명해주고 있다. 난센스로 들리는 경우 대화 상대방을 고려한 완곡한 주장이기 때문이다. 그런데 이론이 옳다고 해서 모순 없는 진술이 모두 난센스로 들려야 하는 것은 아니다.

ㄴ. (O) 이론에 의하면, 믿는다는 표현은 완곡하게 주장하는 것이다. 따라서 여름인 동시에 여름이 아니라는 모순을 내포하기에 난센스로 들려야 한다.

ㄷ. (X) 모순된 내용을 상대방을 고려하여 표현하고 말할 때에 난센스로 들리게 되는 것이므로, 마음속으로 말없이 판단하는 것이 난센스로 여겨지는 것은 아니다.

14

정답 ③

ㄱ. (O) ㉡은 환경적 합리성으로 상이한 여건에 따라 상대적으로 고려한다. 따라서 z를 선택하는 행위도 합리적일 수 있다.

ㄴ. (O) ㉠의 합리성 기준은 최선의 이익에 가까운 순서에 따라 결정해야 한다는 입장이다. 따라서 최선의 이익인 x가 아니라 y를 선택한 행위는 비합리적 성향에 따른 결정으로 본다.

ㄷ. (X) ㉠은 부드러운 간섭이 비합리적 성향을 이용하는 것이기에 비합리적이라는 비판을 하고 있다. 따라서 부드러운 간섭 자체가 그 사람의 합리성을 존중한다고 판단하지 않을 것이다.

15

정답 ①

ㄱ. (O) 심적 상태의 존재에 대해서 기능주의자는 긍정적이지만 도구주의자는 존재하지 않는다고 주장한다. 그러나 도구주의자도 심적 용어의 가정을 통해 인간의 행동 예측에 도움이 된다는 입장이므로 그 유용성에 관해서는 기능주의자와 동일하게 인정하고 있다.

ㄴ. (X) 제거주의자는 심적 용어의 제거를 주장하므로 옳지 않다.

ㄷ. (X) 제거주의자는 상식 심리학의 성공적인 예측 실패로 심적 상태가 존재하지 않는다고 주장하나, 도구주의자는 도구로 가정하는 심적 상태에 대응하는 마음속 대상이 존재하지 않음을 주장하고 있을 뿐이다.

16

정답 ②

ㄱ. (X) ㉠은 적극적 의미에서 결여의 부정을 뜻한다. 결여하면 더 이상 그 존재가 아니기 때문에 '악이 선의 결여'라는 진술은 받아들이지 않을 것이다. 그러므로 악이 ㉠이 될 수 없다.

ㄴ. (O) ㉢의 선은 좋음 전체의 성질들을 의미하기에 옳은 판단이다.

ㄷ. (X) ㉠은 일차적 선으로 본질적 완전성을 의미하며 이는 모든 존재자에게 해당되는 것이기에 누구에게 언제나 좋은 귀결이 된다. 그런데 ㉡은 어떤 성질이 그 자체로 그것이 속하는 존재의 완전성에 기여하는 적합성으로 '건강'이 이에 해당된다. 이는 누구에게 언제나 좋은 것에 해당되기에 옳지 않은 분석이다.

17

정답 ④

ㄱ. (X) A는 살해 의도를 모두 가지고 있었다면 결과에 무관하게 동일하게 처벌되어야 한다고 주장한다. 그런데 의도와 관계없이 동일한 처벌을 주장하는 것은 아니기에 옳지 않은 분석이다.

ㄴ. (O) B에 의하면 악랄할수록 더 용의주도하게 살인을 계획하고 성공 확률도 높을 것이다. 이에 반하는 사실이므로 B는 약화된다.

ㄷ. (O) 동등하게 대우하여 처벌해야 한다는 것은 A와 C의 공통점이다. 하지만 A는 그렇기 때문에 처벌의 경중도 동일해야 한다는 입장인 반면, C는 처벌의 경중은 제비뽑기에 따라 다를 수 있다는 입장이므로 이에 차이점이 있다.

18

정답 ④

ㄱ. (X) 갑의 행동에 대해서 P3은 도덕적 권리를 인정하지 않을 것이다.

ㄴ. (O) 갑의 행동은 P1에 의존해야 한다.

ㄷ. (O) 을의 행동은 P1과 P2에 의해서도 정당화될 수 있다.

19

정답 ④

① (O) (가)에서는 포털이 원문을 그대로 전재하는 경우도 전파 내지 재공표에 해당한다고 주장한다. 따라서 쟁점(1)에서 편집권의 행사와 (가)의 조건의 연결이 전제되어야 원고 측의 옹호 논거로 사용할 수 있다.

[전제] (가) 포털이 자신의 제공 서비스 화면에 원문을 그대로 올린 것은 실제적 의미에서 지적 전파 내지 재공표를 행한 것이다.

[생략된 전제] 원문을 그대로 전재하는 경우도 편집권의 행사에 해당한다.

[주장] 포털이 사이트에 올린 기사에 편집권을 행사한 것이다.

② (O) 피고 측이 (나)를 쟁점(1)과 연결하려면 (나)에서 말하는 기사의 배치나 요약은 편집권의 행사가 아니라는 점을 주장해야 한다.

[전제] (나) 포털이 기사를 배치하거나 제목을 요약하는 것은 원문의 수정이 아니다.

[생략된 전제] 포털이 행한 기사의 배치나 제목의 요약은 편집권의 행사가 아니다.

[주장] 포털이 사이트에 올린 기사에 편집권을 행사한 것이 아니다.

③ (O) 피고가 (다)의 포털이 게시물 내용을 다 인식하고 통제할 수 있는 지위에 있는 것은 아니라는 내용을 이용하기 위해서는, 쟁점(2)에서 피해자의 명시적 삭제 요구가 있어야 피고에게 그 의무가 발생하기에, 피고는 그러한 요구가 있어야 게시물의 내용을 인식할 수 있고 그에 따라 책임이 부과된다는 전제가 있어야 한다.

[전제] (다) 게시물의 내용을 포털이 다 알고 통제할 수 있는 지위에 있다고 보기 어렵다.

[생략된 전제] 게시물의 존재와 내용에 대한 인식이 피고의 책임을 구성하는 요건이다. (내용에 대한 인식이 있다면 책임이 있으며, 인식이 없다면 책임도 없다.)

[결론] 게시물에 대한 피해자의 명시적 삭제 요구가 없다면 포털의 삭제 의무가 발생하지 않는다.

④ (X) 쟁점(2)에 대해서 피고 측은 게시물의 삭제 의무가 없다고 주장할 것이다. 그리고 (라)는 그에 대한 논거가 된다. 그런데 여기에는 개인의 이익보다 공익이 더 우선한다는 전제가 있다. 따라서 그 반대로 개인의 이익이 공익보다 더 우선된다는 진술은 옳지 않다.

[전제] (라) 포털에 게시물 감시 및 삭제 의무를 부과한다면 개인의 이익보다 더 큰 공익이 침해될 것이다.

[생략된 전제] 개인의 이익보다 공익이 우선되어야 한다.

[주장] 게시물에 대한 피해자의 명시적 삭제 요구가 없다면 포털의 삭제 의무가 발생하지 않는다.

⑤ (O) (마)에서 명시적 요구 없이 게시물을 삭제할 의무를 포털에게 묻는 법률 조항은 없기에 원고가 자신의 주장을 유지하기 위해서는 법률규정에 없는 의무도 있을 수 있다는 것이 전제되어야 한다.

[사실] 피해자의 명시적 요구 없이도 삭제할 의무를 지우는 법률 조항은 없다.

[생략된 전제] 명문의 법률규정이 없는 의무가 있을 수 있다.

[주장] 게시물에 대해 피해자의 명시적 삭제 요구가 없더라도 포털의 삭제 의무가 발생한다.

20

정답 ④

ㄱ. (O) 강렬한 뜨거움이나 차가움은 사물에 있는 것이 아니기 때문에 필로누스의 처음 질문에 대한 하일라스의 대답에 의해 통증은 우리의 마음에 의해 지각된 것이므로 지각하는 주체에만 존재한다는 것을 의미함을 알 수 있다. 이를 논증의 형식으로 나타내면 다음과 같다.

[전제] 강렬한 뜨거움이나 차가움은 통증으로 지각된다.

[전제] 통증이란 지독한 불쾌감의 일종이므로, 강렬한 뜨거움과 강렬한 차가움은 지독한 불쾌감에 불과하다.

[생략된 전제] 쾌감이나 불쾌감은 그것들을 지각하는 주체에만 존재하는 것이다.

[결론] ⓐ 그러므로 강렬한 뜨거움과 강렬한 차가움은 사물에 있는 것이 아니다.

ㄴ. (X) 뜨거움이 사물에 있다고 해도 인간이 그것을 지각하지 못하는 것은 아니다. 이는 지각된 일부 성질이 사물에 존재한다는 내용이므로 지문과 무관한 진술이다.

ㄷ. (O) 필로누스는 하일라스의 ⓑ 주장에 반박하기 위해서 ⓒ를 말하고 있다. ⓒ는 하일라스의 주장이 불합리한 귀결을 갖기에 참일 수 없음을 논박하는 귀류법의 논증을 취하고 있으므로 옳은 진술이다. 논증은 다음과 같다.

[전제] 어떤 것이 동시에 차기도 하고 뜨겁기도 할 수는 없다.

[가정] 동일한 물에 손을 담갔는데, 한 손은 뜨겁고 다른 한 손은 차다고 느낀다.

[가정한 결과] 그 물에서 자네의 한 손은 뜨거움을 느끼고 다른 한 손은 차가움을 느끼게 되므로 전제에 모순된다.

[결론] ⓒ 그러므로 자네의 손이 느끼는 뜨거움과 차가움이 그 물에 있다고 말할 수는 없다.

21

정답 ①

지문에서 괄호 안에 포함될 논증의 근거는 둘째 단락에서 말하는 두 번째 경우에 해당하는 논증에 대한 것이다. 이 논증의 형식적 구성은 다음과 같다.

[주장] 동물은 대개의 인간과 달리 자신의 먼 미래를 계획할 수 없다는 이유에서 인간의 이익이 동물의 이익보다 더 크다. 하지만 동물 실험을 통해 동물에게 고통을 줌으로써 그 이익을 박탈할 수는 없다.

[생략된 전제] A

(가) (O) 동물과 마찬가지로 갓난아기는 자신의 먼 미래를 계획할 수 없지만, 그렇다고 해서 갓난아기의 이익을 박탈할 수는 없다. 이는 동물의 경우와의 유비적 사례가 되어 주장을 뒷받침하는 생략된 전제로 적절하다.

(나) (X) 갓난아기에게 박탈될 이익이 없듯, 동물에게도 이익이 없다고 할 경우 동물의 이익을 박탈할 수 없다는 논리이다. 그런데 위 논증에서는 인간보다는 적지만 동물의 이익이 전제되고 있기 때문에 생략된 전제로 적절하지 않다.

(다) (O) 다른 인간의 이익을 위해서 갓난아기의 이익을 박탈할 수 없듯이, 인간의 이익을 위해서 동물의 이익도 박탈할 수 없다면 필자의 주장을 뒷받침할 수 있다. 따라서 생략된 전제로 적절하다.

(라) (X) 인간이 얻게 될 상당한 이익과 이를 위한 동물 실험에서 박탈될 동물의 이익이 상쇄될 경우 필자의 주장처럼 동물의 이익이 박탈될 수 없다는 논지는 설득력을 잃게 된다. 오히려 이익 형량 시 동등한 결과를 가져오기에 동물의 이익이 박탈될 수 있다는 주장이 가능해져 필자의 주장의 근거가 아닌, 반박의 근거가 될 수 있다. 따라서 생략된 전제로 적절하지 않다.

(마) (X) 이익을 포기하는 행위에 대한 명령 여부는 논지와 무관한 진술이다.

22

정답 ⑤

· 논증 1

[논의대상] 육식을 정당화하는 사람들은 동물들이 서로 잡아먹는 것을 근거로 한다.

[전제] 동물들은 다른 동물을 죽여 먹지 않으면 살아남을 수 없지만, 사람은 생존을 위해 반드시 고기를 먹어야 하는 것은 아니다.

② (O) [생략된 전제] 자신의 생존에 위협이 되는 행위는 의무로 부과할 수 없다.

[전제] 동물은 여러 대안을 고려할 능력이나 식사의 윤리성을 반성할 능력이 없다.

① (O) [생략된 전제] 반성 능력이 없는 존재에게는 책임을 물을 수 없다.

③ (O) [생략된 전제] 어떤 행위의 대안을 고려할 수 있는 존재는 윤리적 대안이 있는데도 그 행위를 하는 경우라면 그것을 정당화해야 한다.

[결론] 동물에게 책임을 지우거나 그들이 다른 동물을 죽인다고 해서 죽임을 당해도 괜찮다고 판정하는 것은 타당하지 않은 반면, 인간은 자신들의 식사습관을 정당화하는 일이 가능한지 고려해야 한다.

· 논증 2

[문제제기] 적자생존의 자연법칙을 따르면 우리가 육식을 하는 것은 당연하다고 말할 수 있는가?

[결론] 그렇지 않다.

[전제] 인간이 동물을 먹는 것은 자연적인 진화 과정의 한 부분이 아니다. 왜냐하면 이는 사냥으로 음식을 구하던 원시문화에서는 참일 수 있지만, 오늘날 공장식 농장에서 가축을 대규모로 길러내는 것에 대해서는 참일 수 없다.

④ (O) [생략된 전제] 공장식 농장의 대규모 사육은 자연스러운 진화의 과정이 아니다.

[전제] 가임 여성들이 매년 혹은 2년마다 아기를 낳는 것은 자연스러운 것이지만, 그 과정에 간섭한다고 해서 그릇된 것은 아니다. 자연법칙을 알 필요를 부정할 필요는 없으나 이로부터 자연적인 방식이 개선될 수 없는 것은 아니다.

⑤ (X) 마지막 부분에서 자연적인 방식이 개선될 수 있을 가능성을 진술할 뿐, 그렇게 개선될 경우 기존 자연법칙이 더 이상 유효하지 않다는 내용이 암묵적 전제가 되는 것은 아니다.

23

정답 ⑤

ㄱ. (O) 거짓말은 책임을 져야 하지만, 그렇지 않을 경우 결과가 나쁘더라도 의무를 다했으며 잘못으로 여기지 않을 것이라는 진술로부터 확인할 수 있다.

ㄴ. (O) 선의의 거짓말이 어떤 결과를 낳을지 확신할 수 없지만 최선의 결과를 낳을 것으로 생각되는 행위를 해야 한다는 것이 B의 견해이므로 옳은 분석이다.

ㄷ. (O) 둘 모두 결과가 좋지 않더라도 A는 사실을 말할 경우, B는 선의의 거짓말을 할 경우에 대해 정당하다는 입장이므로 옳은 진술이다.

24

정답 ⑤

ㄱ. (O) 인간 멸종에 대한 내용을 그런 일이 실제 일어날 수 있는 가능성과 연관하여 ㉡을 추론하고 있으므로 옳은 분석이다.

ㄴ. (O) 가정에 대한 논의로 전제 상황이 실제 일어날 가능성이 없다고 해도 논증에는 전혀 문제되지 않는다.

ㄷ. (O) ㉠은 지구에 행성이 충돌할 가능성이 있더라도, 인간 멸종의 가능성을 필연적으로 함축하는 것은 아니라는 가정이다. 그러나 지문에서는 지구에 행성이 충돌할 가능성이 있다면 인간 멸종의 가능성이 있기에 ㉠의 가정으로부터 모순이 도출된다면서 ㉠의 가정의 부정인 ㉡을 참이라고 보았다. 따라서 ㉠으로부터 ㉡으로의 추론은, 어떤 가정으로부터 모순이 도출된다면 그 가정의 부정은 참이라는 원리를 이용한다고 볼 수 있다.

25

정답 ④

지문은 귀류법적 논법을 활용하여 자신의 주장을 도출하고 있다. 귀류법은 전제가 참일 때 결론을 거짓이라고 가정하여, 그 가정된 진술이 전제와 충돌하므로 모순이 발생하여 불합리한 귀결을 맺는다는 것을 이용하여 결국 그 논증은 타당하다고 파악하는 방식이다. 문제에서는 ⓒ의 진술이 귀류법적 가정에 해당하며, 이로 인해 불합리한 진술인 ⓖ가 발생하므로 그 가정이 거짓임을 증명하고 있다.

① (O) 두 전제로부터 결론이 도출되는 구조를 지니고 있다.

ⓒ 모든 지식이 추론적 지식이라고 가정해 보자.

ⓓ 어떤 추론적 지식을 G_1이라고 하면, G_1을 추론적으로 정당화하는 다른 지식이 있다.

ⓔ 그중 어떤 것을 G_2라고 하면, G_2는 추론적 지식이다.

② (O) ⓖ의 진술에서 앞의 ⓒ로부터 진행되는 과정의 반복을 말해주므로 옳은 진술이다.

③ (O) 만약 G_1을 추론적으로 정당화하는 G_2가 있고 이를 다시 정당화하는 G_3가 있는데, G_3를 정당화하는 것이 G_1일 경우 이는 순환적이 된다. 이는 순환논증의 오류 가능성을 보이는 것으로 옳은 진술이다.

④ (X) ⓖ와 ⓗ의 충돌로 인해 이러한 과정의 전제인 ⓒ가 참이 아님을 알 수 있다. 하지만 그렇다고 해서 ⓐ가 부정되는 것은 아니다. ⓐ는 추론적 지식에 대한 정의에 해당될 뿐이다.

⑤ (O) '비추론적 지식이 없으면 추론적 지식도 있을 수 없다'는 진술의 대우는 '추론적 지식이 있으면 비추론적 지식도 존재한다'가 된다. 이는 ⓐ와 ⓑ에서 추론적 지식이 존재한다는 대전제 아래 ⓙ에서 비추론적 지식이 존재한다는 것을 도출하고 있으므로 옳은 진술이다.

26

정답 ⑤

① (O) 글쓴이는 ⓐ와 같은 현상에는 동의하고 있다. 다만 ⓑ가 그러한 현상의 원인이 될 수 없다는 입장이다. 따라서 옳은 진술이다.

② (O) ⓓ는 ⓐ 현상에 대한 원인으로 지적된 ⓑ가 맞지 않다는 근거에 해당하므로 비판이 된다. 따라서 옳은 진술이다.

③ (O) ⓔ이기 때문에 ⓓ라는 논증으로 옳은 진술이다.

④ (O) ⓒ에서 가격을 낮추기 때문에 자본 경쟁이 이윤을 낮추게 된다고 주장한다. 그런데 ⓕ에서 가격 때문이 아니라 임금 상승으로 인해 그러한 결과가 나타났다면 이는 이윤이 낮아지는 원인이 가격의 하락 때문이라는 ⓒ에 대한 비판이 된다. 따라서 옳은 진술이다.

⑤ (X) ⓕ는 ⓔ가 뒷받침하는 ⓓ와 함께 아담 스미스의 주장을 비판하기에 옳지 않은 진술이다.

27

정답 ④

논증의 전체적 틀에서 필자의 궁극적인 주장은 ⓐ이다. 필자의 논지는 행복을 추구하는 인간 성향이나 도덕적 감정 모두 보편적 윤리의 토대가 될 수 없다는 것이기 때문이다. 그리고 이러한 내용의 두 가지 요소를 바탕으로 논의가 이루어지고 있다.

1) [주장] 행복을 추구하는 인간 성향은 보편적 윤리의 토대가 될 수 없다.
   위 주장을 뒷받침하는 내용은 ⓑ부터 ⓖ이다. ⓑ는 행복 추구의 동기가 윤리적 당위의 근거가 될 수 없다는 내용이다. 이에 대한 근거로 세 가지 논의가 이루어지며, 이러한 논의의 근거도 나타난다. 이를 정리하면 다음과 같다.
   [소결론] ⓑ 행복 추구의 동기가 윤리적 당위의 근거가 될 수 없다.
   [전제] ⓒ 윤리적으로 살면 언제나 행복해진다는 것은 참이 아니다.
   [전제] ⓔ 옳고 그름의 근거에 자기 행복의 원칙이 기여할 부분은 없다.
   [전제] ⓕ 행복 추구의 동기가 도덕성과 윤리의 숭고함을 파괴한다.
   그리고 ⓔ를 ⓓ가 뒷받침하며(전제 지시어 사용), ⓖ가 구체적인 내용으로 ⓕ를 뒷받침한다.
2) [소결론] ⓗ 도덕적 감정은 도덕의 기초로 미흡하다.
   [전제] ⓘ 개인적 차이가 있는 감정은 보편적 잣대가 될 수 없다.

따라서 가장 적절한 논증의 구조는 ④이다.

Ⅱ. 논쟁 및 반론

1 반론 및 반박

p.199

01	02	03	04	05
⑤	③	③	③	⑤
06	07	08	09	10
④	①	④	③	③
11				
⑤				

01

정답 ⑤

주의할 점은 동일한 소재를 사용한 진술이라 해도 논지를 찬성하는 논거로 쓰일 수도, 반대하는 논거로 쓰일 수도 있다는 것이다. 따라서 단순히 내용적 일치를 파악하기보다 주장과 근거라는 논증의 분석적 차원으로 접근해야 할 것이다.

① (O) (가)는 오락 프로그램의 증대에 의한 방송의 오락화·상업화를 방지하기 위해 규제가 필요하다는 입장이며, (라)는 방송 프로그램 장르 간 균형성과 다양성 확보를 위해 비율 규제가 필요하다는 입장으로 규제 정책에 찬성하는 논거이다.
② (O) (나)는 오락의 개념이 모호해져서 현실적으로 오락 프로그램 비율 규제 자체가 어렵다는 진술이므로 반대 논거로 사용될 수 있다.
③ (O) (나)는 교양과 오락 프로그램의 경계 설정이 어렵기에 비교적 장르 구분이 명확한 보도 부문에 대한 하한 규정을 하자는 것이다. 이는 오락 프로그램의 상한 규정에 대한 반대 논거에 해당한다.
④ (O) 교양과 오락이 결합된 프로그램이 증가하고 있다는 사실은 오락 프로그램에도 교양의 기능이 포함될 수 있다는 의미이다. 이러한 사실은 (다)에서와 같이 오락 프로그램의 긍정적 측면을 강조할 수 있기에 규제 정책의 반대 논거를 강화할 수 있다.
⑤ (X) 청소년 보호 문제를 프로그램의 내용에 대한 질적 규제로 해결할 수 있다는 주장으로 양적 규제에 대한 반대 입장이다. 그런데 (마)는 규제에 대한 찬성 논거이므로 이와 결합하여 반대 논거를 강화할 수 없다.

02

정답 ③

① (O) 예측의 성공이 지니는 심리적 효과는 가설이 좋은 증거임을 판단하는 기준이 되지 않는다는 비판이 성립한다.
② (O) 우연적 성공일 뿐이기에 예측의 가치가 높은 것은 아니라는 비판을 하고 있다.
③ (X) 이는 비판이 아니라 오히려 예측이 신뢰할 만한 근거가 된다는 결론에 동의하는 것이 될 수 있으므로 비판이 될 수 없다.
④ (O) 논리적 관계의 중요성을 들어 예측과 같이 증거를 알게 된 시점은 증거의 힘에 대한 평가와 무관하다며 비판하고 있다.
⑤ (O) 과학의 실제 현장에서는 방대하고 다양한 증거들을 설명하는 적절한 가설을 찾는 일이 어렵다면, 예측은 이러한 과학의 실제 현실을 반영하지 못한다는 비판이 가능하다. 또한 예측의 성공 사실이 결정적 증거가 되지 못하는 반례도 존재하기에 주어진 견해는 비판될 수 있다.

03 정답 ③

① (X) 외부자적 관점에서의 비판에 해당되는 것으로 글쓴이의 내부자적 관점에서의 비판이 아니다.
② (X) 논점을 벗어난 비판이다.
③ (O) 여성을 단순한 희생자가 아닌 적극적 행위자로 여기는 것으로 보아 내부자적 관점에서 비판하고 있음을 알 수 있다.
④ (X) 남성의 시선이 왜곡된 것은 글쓴이의 내부자적 시각과 무관한 진술이다.
⑤ (X) 글쓴이는 젠더로서의 여성에 대한 내부자적 시각도 필요하다는 것이지 외부자적 시각을 부정하는 것은 아니다.

04 정답 ③

ㄱ. (X) 을은 행정소송에서의 확인소송은 보충성의 원칙이 요구되지 않는다고 전제하고 있을 뿐, 민사소송에서의 확인소송이 보충성의 원칙이 요구되지 않음을 전제하고 있지는 않다.
ㄴ. (X) 을은 행정소송에서의 무효확인소송이 보충성의 원칙이 적용되지 않는다고 주장할 뿐이다.
ㄷ. (O) 을은 행정소송은 민사소송과 목적, 취지 및 기능 등이 다르므로 보충성의 원칙이 민사소송처럼 적용될 수 없다는 입장이다. 따라서 을은 확인소송의 보충성의 원칙을 민사소송에만 한정한다.

05 정답 ⑤

표의 표면적 결과는 사형 반대론자들의 근거로 사용될 수 있다. 표의 결과에서는 사형 제도가 없는 주가 사형 제도가 있는 주에 비해 1급 살인 및 2급 살인의 범죄율이 더 낮게 나타난다. 따라서 이에 대한 사형 찬성론자들의 입장을 옹호하기 위한 해석이 필요하다. 표의 결과는 귀납적 통계에 의해 이루어졌기에 상황이나 맥락이 이러한 결과에 영향을 미치는 것이 가능하다.

ㄱ. (O) 실제로 사형을 집행하지 않았기에 사형 집행의 위협이 나타나지 않았을 것이다. 그렇기에 표와 같은 결과가 나타날 수 있다고 주장할 수 있다.
ㄴ. (O) 살인 범죄율은 사형 제도뿐 아니라 다양한 사회적 요인에 의해 영향을 받을 수 있다. 또한 그러한 사회적 요인이 사형 제도보다 더 큰 영향을 줄 수 있기에 표의 결과가 나타날 수 있다.
ㄷ. (O) 1967년 이전의 효과가 있을 수 있다면 그 결과는 다르게 나타날 수 있다. 사람들이 제도의 폐지를 인식하지 못할 수도 있으며, 인지한다 해도 이전의 제도가 있었을 때의 행동 패턴이 나타날 수도 있기 때문이다.

06 정답 ④

ㄱ. (X) 뇌의 작용을 거시적 차원과 구별하여 미시적 차원으로 취급하고 뇌의 작용으로부터 거시적 차원의 행동을 예상하는 것은 원리적으로 불가능하다는 시각이다. 이는 뇌와 행동의 책임을 구별하는 필자의 논증과 양립할 수 있으며 이를 강화시킬 수도 있기에 반론으로 적절하지 않다.
ㄴ. (O) 뇌와 행동의 결정론적 방식의 일치를 주장하는 것은 이를 부정하는 필자의 논증의 반론이 된다.
ㄷ. (O) 필자는 책임이 사회적 차원에서 존재하기에 사람들 간의 상호작용으로부터 행동의 자유 개념이 발생한다고 주장한다. 그런데 이것이 관행일 뿐이고 인간이 실제 자유롭게 행동하는 것을 보여주지 않는다면 책임과 자유를 연결하고 있는 필자의 주장에 반론이 된다.

07 정답 ①

ㄱ. (O) <이론>에서 증후군 A는 태아 유래 세포를 면역 체계가 외부 침입자로 인식하여 공격하게 되어 발병하는 경로 이외로는 발병할 수 없다고 말하고 있다. 따라서 증후군 A가 나타나는 데에도 불구하고 임신 경험이 있는 환자의 혈액에서 태아 유래 세포가 발견되지 않은 사례는 이에 대한 반박 사례가 된다.
ㄴ. (X) 태아 유래 세포가 있는 사람이라고 해서 모두 증후군 A가 나타나는 것은 아니기에 반박 사례라 볼 수 없다. 면역 체계에 특정한 변화가 생기는 경우에 증후군 A가 나타난다고 주장하기 때문이다.
ㄷ. (X) 면역 체계에 문제가 있다고 해서 모두 증후군 A 증상이 나타나는 것은 아니므로 반박 사례라 볼 수 없다. 면역 체계가 태아 유래 세포들을 외부 침입자로 인식하여 공격하는 특정한 변화가 있는 경우에만 증상이 발생하기 때문이다.

08 정답 ④

ㄱ. (X) 비판이 되기 위해서는 자료에 나타난 상황으로부터 한국의 현실을 긍정적으로 볼 수 없다는 내용이 있어야 한다. 그런데 시장소득 즉, 애초에 정부 개입 없이 시장에서 획득한 소득이 가장 높은 아일랜드가 처분가능소득 즉, 정부에 세금을 납부하거나 보조금을 받은 이후의 재분배에 대한 지니계수 차이가 가장 크다는 사실만으로는 비판이 되기 어렵다. 그렇게 큰 차이가 나는 나라에서 소득불평등이 개선되었다는 결과와 함께 시장소득과 처분가능소득 지니계수 차이가 적은 나라에서 소득불평등이 일반적으로 심하게 나타난다는 추가 자료가 필요하기 때문이다.
ㄴ. (O) 한국의 소득분포통계 조사 방법의 특징 때문에 지니계수가 제시된 자료보다 높을 가능성이 있다면, 주장의 신뢰성은 떨어지게 된다. 따라서 비판 근거로 적절하다.
ㄷ. (O) 소득분포통계 조사 방법이 나라마다 다르다면, 주장에서 다른 나라와 비교한 상위권 및 중위권에 대한 근거는 의미가 없게 된다. 또한 시장소득과 처분가능소득의 지니계수 차이가 중요할 경우, 그 차이가 매우 적은 한국은 소득재분배에 있어 문제가 있을 수 있다.

09 정답 ③

ㄱ. (O) ㉠에 의하면, 철수는 2시부터 잠을 자다가 죽음에 이른 것으로 이는 인지 기능의 영구한 정지에 해당할 수 있다. 그러나 이러한 지속적인 인지 기능 정지 상태에서도 2시부터 3시 사이에 일어났을 수 있기 때문에 이 시기의 인지 기능 정지를 죽음으로 볼 수 없다. 따라서 ㉠에 대한 반론으로 적절하다.
ㄴ. (O) 부활이 모순 개념이 아니라는 전제가 있을 경우, 부활 사건은 인지 기능의 정지가 기준이 될 수 없다는 것을 보여주는 반례가 된다.
ㄷ. (X) ㉠에 의하면, 주문에 걸려서 인지 기능이 정지된 상태는 영희의 입맞춤이 있다면 다시 인지 기능이 돌아올 수 있기 때문에 영구적인 정지로 보기 어렵다. 이러한 내용은 수정되기 이전의 이론에 대한 반론은 될 수 있지만, ㉠에 대한 반론은 될 수 없다.

10

정답 ③

ㄱ. (O) 비판의 논증을 재구성하면 다음과 같다.

[근거] 실험 결과는 덕 윤리학이 주장하는 성격 특성이란 존재하지 않음을 보여준다.

[암묵적 가정] 어떤 이론이 가정하고 있는 중심 요소가 실제로 존재하지 않는다면 그 이론에는 심각한 문제가 있다.

[주장] 덕 윤리학은 올바른 윤리 이론일 수 없다.

위 논증을 기호화하면 다음과 같다.

P: 덕 윤리학이 주장하는 성격 특성이 실제로 존재한다.

Q: 덕 윤리학은 올바른 윤리 이론이다.

1. [전제] ¬P
2. [암묵적 전제] ¬P → ¬Q
3. [결론] ¬Q

따라서 옳은 분석이다.

ㄴ. (X) 필자는 덕 윤리학에서 말하는 복합적 경향성이라는 심적 특성을 지녔다고 해서 올바른 행동을 하는 것이 아니라 상황에 따라 올바른 행동이 나타날 수 있다는 점을 지적하고 있다. 그러나 선지의 진술처럼 우리의 행동이 상황에 크게 좌우된다면 좋은 삶을 영위할 수 없다고 가정한 것은 아니다.

ㄷ. (O) 필자는 비판에서 실험 결과를 통해 일관되지 못한 행동임을 보여주며 자신의 견해를 밝히고 있다. 이를 정리하면 다음과 같다.

[가정] 덕 윤리학이 주장하는 친절함의 덕을 지닌 사람이라면 여러 상황 하에서 일관되게 친절한 행동을 하는 성향을 가질 것이다.

[실험 해석] 윤리행위가 일관적으로 발휘되지 않는다.

[결론] 덕 윤리학은 올바른 윤리 이론일 수 없다.

위 논증을 기호화하여 정리하면 다음과 같이 타당한 논증이 되기에 옳은 분석이다.

A: 덕 윤리학은 올바른 이론이다.

B: 여러 상황 하에서 일관되게 친절한 행동을 하는 성향을 갖는다.

1. [가정] A → B
2. [해석] ¬B
3. [결론] ¬A

11

정답 ⑤

ㄱ. (O) 제1조에서 '학내'가 학교의 물리적 공간에서 일어난 행위를 대상으로 하게 될 경우, SNS에 게시한 것은 '학내'가 아니므로 징계할 수 없다. 따라서 징계를 반대하는 논거가 된다.

ㄴ. (O) 체벌 사건의 내용을 시민의 알권리를 위해 게시한 것이므로 공익을 위한 표현으로 볼 수 있고 그러한 표현의 자유는 제한 없이 보장되어야 한다면, 징계를 반대하는 논거가 된다.

ㄷ. (O) 수업시간 동안의 학생의 모든 활동을 학내 활동으로 간주해야 할 경우, 실시간 원격수업 중의 활동도 학내 활동이 된다. 따라서 제1조 제1항의 대상이 될 수 있으므로 징계를 찬성하는 논거가 된다.

2 논쟁 분석

p.207

01	02	03	04	05
②	②	④	④	①
06	07	08	09	10
③	③	④	②	①
11	12	13	14	15
①	④	②	①	③
16	17	18	19	20
④	②	④	③	①
21	22	23		
⑤	①	①		

01

정답 ②

① (O) A_2는 현 세대의 위험편익분석 시 핵폐기물의 위험을 현 세대뿐 아니라 미래 세대까지 떠안게 되기에 발생하는 정의(正義) 문제로 쟁점을 전환한다.

② (X) B_2는 A_2가 지적하는 미래 세대의 위험에 대한 문제에 대해, 진술처럼 핵폐기물 처리 기술의 발전으로 미래의 위험 부담을 줄일 수 있다고 반박할 수 있다. 이는 A의 주장을 반박하여 B의 주장을 강화시킬 수 있다. 따라서 틀린 진술이다.

③ (O) 미래 세대의 핵폐기물 관리 비용까지 포함하면 경제성이 떨어진다는 것이 A_3의 견해이다. 이에 대해 미래에는 경제 성장으로 인해 비용 부담이 줄어들 것이라는 진술은 이에 대한 반론으로 B는 강화된다.

④ (O) 바이오에탄올의 대안적 사례가 성립되기 위한 전제인 세금 부담이라는 현실적인 문제를 들어 비판하고 있다.

⑤ (O) B_4가 지적한 세금 문제가 해결 가능하다는 통계 자료의 제시는 A의 논지를 강화하며 B_4의 견해에 대한 반론이 될 수 있다.

02

정답 ②

① (O) B_1은 민주주의가 실현된 결과인 지방자치의 발전이 오히려 생태문제를 악화시키는 골프장의 사례를 통해 반론을 펴고 있으며, A_2는 지방자치가 소수에 의해 좌우된다는 것에서 민주주의 이념이 제대로 실현되지 않았기 때문이라고 반박하고 있다.

② (X) 그린벨트 지역의 서민 아파트라는 반례 설정은 맞다. 그러나 인간을 넘어서는 주체의 범위 확장은 잘못된 진술이다. 단지 현 세대뿐 아니라 미래 세대의 이익까지도 해당된다고 말하고 있다.

③ (O) B_3은 미래 세대가 지금보다 더 인공적인 것을 좋아할 것이라는 진술로 미래를 비관적으로 전망하며 A의 예측을 비판한다.

④ (O) A_4는 바람직한 삶과 성찰을 통한 깨달음이 민주주의라는 새로운 방향을 제시함으로써, B_3의 의문을 피해 간다.

⑤ (O) 서로가 원하는 이상이 다를 수 있다는 논리로 유사한 형태의 사례에 해당한다.

03

정답 ④

① (O) 갑은 법관이 모든 법을 근거로 고려하여 추론해야 한다고 주장한다. 그렇게 한다면 갑의 세 번째 진술과 같이 법률가들은 같은 사안에 있어서 대부분 동일한 결론을 예측할 수 있다는 점을 알 수 있다.

② (O) 을의 두 번째 진술에서 판결과 다양한 사회적·심리적 배경 사이의 인과 관계도 법적 추론의 대상으로 받아들여야 한다고 주장하기에 옳은 진술이다.

③ (O) 갑은 정당화가 어려울 경우 법적 추론의 목적이 달성될 수 없지만, 을은 결론 예측이 법적 추론의 더 중요한 목적이라고 주장하기에 옳은 진술이다.

④ (X) 을은 결론 예측에 목적이 있기에 인과적 관계도 고려해야 한다고 주장하지만 그렇다고 해서 정당화 관계를 부정하지는 않는다. 갑의 관점에 동의하지 않더라도 법과 판결 사이의 인과적 관계가 성립된다면 예측할 수 있다는 것이 을의 입장이기 때문이다.

⑤ (O) 갑에 의하면, 법률가는 가장 잘 정당화된 것을 근거로 제시해야 한다. 이는 최선의 답을 찾으려는 판사에 가깝다. 한편 을은 판결에 대한 예측 가능성을 목적으로 하기에 의뢰인의 이익을 예상할 수 있어야 하는 변호사의 입장이라 추론할 수 있다.

04

정답 ④

① (O) ㉠에서 용기는 영혼의 끈기라고 정의하나, ㉡에서 용기는 똑똑한 끈기라고 하여 '끈기' 개념의 외연이 축소되고 있다. 왜냐하면 ㉡에서 용기는 아름다운 것인데 어리석은 끈기는 아름답지 않기에 용기에 포함되지 않기 때문이다.

② (O) 소크라테스는 똑똑한 방식으로 나타나는 끈기도 용기가 되지 못한다는 점을 보여주고 있다. 투자자의 똑똑한 끈기나 의사의 똑똑한 끈기의 사례가 그것이다. 따라서 이는 ㉡에 대한 반례가 된다.

③ (O) (나)에서 라케스가 소크라테스에 동의한 바에 의하면 용기는 똑똑한 끈기인데, (나)의 사례에서 나타난 투자자나 의사의 똑똑한 끈기는 용기에서 배제되므로 용기의 외연은 ㉡보다 더 줄어들 수밖에 없다.

④ (X) (다)에서 라케스가 대답한 내용은 어리석은 끈기도 용기가 된다는 것이다. 따라서 ㉠의 영혼의 끈기가 용기라는 정의에는 똑똑한 끈기와 어리석은 끈기가 모두 포함되기에 양립할 수 있다.

⑤ (O) (다)에서 라케스는 똑똑한 끈기보다 어리석은 끈기 또는 덜 똑똑한 끈기를 인정하므로 ㉡에서 동의한 똑똑한 끈기가 용기라는 진술과 충돌하게 된다.

05

정답 ①

ㄱ. (O) A는 입법자의 의도가 법문 의미 해석의 최우선 기준이기에 입법 기초자의 표상을 기준으로 삼아야 한다고 주장한다. 그러므로 A에게 있어서 국회 속기록과 입법 이유서를 검토하는 것은 중요하다.

ㄴ. (O) B는 입법 당시 입법자의 의도보다 법문의 해석이 문제시되는 상황과 시점에서 법 공동체 구성원들의 다수의 견해를 따르자는 것이므로, A는 이에 대해 법의 불확실성 초래로 인한 문제점을 근거로 반박할 것이다.

ㄷ. (X) B는 다수의 표상을 주장하나 C는 당대의 시대정신을 구현하는 것이 기준이라고 주장한다. 그런데 시대정신이 이성에 의해 파악된 것이라고 해서 B와 C의 차별성이 분명해지는 것은 아니다. 다수의 표상도 이성에 의거한 결정일 수 있기 때문이다.

ㄹ. (X) B와 C는 시대적 상황에 따라 법문의 의미를 판단하므로, 내재적으로 고정되어 있다고 볼 수 없다. 따라서 이들에게 있어서 이를 발견하는 것은 불가능한 것이다.

06

정답 ③

① (X) 대중 교육을 확대해도 대중 교육 수준이 높아지지 않음을 전제하는 것이 아니라, 필리핀의 반례를 통해 대중의 교육 수준이 높았음에도 국민소득이 대만보다 적었음을 보여 주고 있다.

② (X) A_2는 문맹률보다 고등학교 진학률이 대중 교육의 수준을 대표하는 지표라고 파악하고 있다. 따라서 B가 문맹률이 감소해도 경제성장은 미미했다는 근거를 든다고 해도 A_2는 여전히 고등학교 진학률을 대중의 지식수준을 판단하는 기준으로 주장할 수 있다.

③ (O) B_2는 대중 교육이 경제 성장에 직접적인 도움이 되지 못하며 엘리트 교육이 도움이 될 수 있다고 주장한다. B_2를 논증의 형식으로 구성하면 다음과 같다.

[전제] 경제 성장에 직접적인 도움을 주는 교육은 대중 교육이 아니다.
[전제] 경제 발전을 위해서는 전문적 지식이 필요하다.
[생략된 전제] 경제 발전을 위한 전문적 지식이 보편적인 대중 교육의 확대를 통해서 얻어지기 어렵다.
[결론] 전문 지식인을 육성하기 위해 엘리트 교육에 관심을 가져야 한다.

따라서 경제 발전을 위한 전문적 지식이 대중 교육의 확대를 통해서 얻어지기 어렵다고 전제하고 있다.

④ (X) A_3는 전문 지식인의 공급은 대중 교육을 통한 전반적 지식 향상이 선행되어야 가능하다고 주장하는 것이지 전문 지식을 갖추기 위해서 대중 교육만으로 충분하다고 주장하는 것은 아니다.

⑤ (X) 전문 지식인이 필요하다는 사실은 A와 B 모두 인정하는 바이다. 다만 전문 지식인을 육성하기 위해 A는 엘리트 교육보다 대중 교육이 중요하다는 견해이고, B는 엘리트 교육이 대중 교육보다 중요하다는 견해이다.

07

정답 ③

① (O) 갑은 자발적 결사체가 민주주의를 향상시킨다고 주장하기에 동의하는 반면, 을은 자발적 결사체가 활발했던 곳에서 비민주적 정치체제가 발흥했던 경우들이 있다는 견해이므로 동의하지 않을 것이다.

② (O) 갑은 서로 다른 입장과 목적을 지닌 것이 자발적 결사체이기에 다양한 목소리들이 정부의 정책 결정 과정에 반영된다는 의견에 동의할 것이다. 또한 병도 목적과 무관하게 다양한 자발적 결사체가 생겨나야 한다는 주장이므로 동의할 것이다.

③ (X) 병은 자발적 결사체에서 활동하면서 정치에 참여할 수 있는 통로가 확보된다는 견해이기에 동의한다. 한편 을의 경우, 자발적 결사체는 같은 입장과 목적을 가진 사람들이 활동하기에 시민적 덕목이 길러지지 않는다는 주장이다. 그런데 자발적 결사체를 통해 정치 참여의 기회를 얻는다는 점에 대해 부정하지는 않는다. 다만 자발적 결사체 활동이 배타적이기에 오히려 비민주적 정치체제의 위험성이 있다는 점만 지적할 뿐이다.

④ (O) 갑은 자발적 결사체 활동을 통해 정부가 어느 한 쪽만을 옹호하거나 불투명하게 정책 결정을 하는 일이 줄어든다고 주장한다. 그러므로 정부의 정책 결정 과정에서 투명성이 높아진다는 것에 동의할 것이다. 또한 병도 자발적 결사체는 다양한 집단이 공적 결정에 참여하여 정부로 하여금 보다 공명정대하게 결정하도록 강제한다고 주장하기에 동의할 것이다.

⑤ (O) 을은 자발적 결사체가 같은 입장과 목적을 가진 사람들이 모인 집단이기에 비민주적인 성향이 있다고 보는 반면, 병은 목적이 동질적이든 이질적이든 다양한 결사체들이 많이 생겨나면 민주주의에 긍정적 영향을 준다는 견해이다.

08

정답 ④

① (O) Ⓐ는 어떤 이는 나쁜 것을 원한다는 진술이다. 그런데 소크라테스의 마지막 대화에서 아무도 나쁜 것을 원하지 않는다는 Ⓑ의 진술에 대해 메논은 동의하고 있다. 따라서 메논은 Ⓐ의 견해를 바꾸었다는 것을 알 수 있다.

② (O) 대화 중간에 소크라테스가 나쁜 것이 나쁜 줄 아는 자인지를 묻자 메논은 전혀 아니라고 대답한다. 여기에서 ㉠처럼 나쁜 것을 좋은 것인 줄로 여기고서 원하는 자는 포함되지 않는다는 것을 인정하고 있다.

③ (O) ㉠에서 나쁜 것을 좋은 것인 줄로 여기고서 원하는 자나 ㉡처럼 나쁜 것이 자신에게 이로울 줄로 여기고서 원하는 자나 모두 ㉢에서 좋은 것을 원하는 자이므로 옳은 분석이다.

④ (X) ㉣의 내용은 나쁜 것이 해로울 줄로 여기면서도 그 나쁜 것을 원하는 자인데, 이후 대화에서 해로움을 당하는 자를 비참한 자로 간주하고 비참하기를 원하는 자는 없으므로 해로움을 당하기를 원하는 자는 없다는 것을 알 수 있다. 따라서 ㉣의 내용처럼 나쁜 것이 해로울 줄로 여기면서도 그것을 원하는 자는 있을 수 없다. 결국 메논은 ㉣의 견해를 유지하지 않는다.

⑤ (O) ㉤처럼 비참하기를 원하는 자가 있다면 Ⓑ에 동의할 필요가 없다. 왜냐하면 ㉤처럼 비참하기를 원하는 자가 없다는 동의가 있어야 Ⓑ가 성립될 수 있기 때문이다.

09

정답 ②

① (O) 을은 자유주의 사회의 시민 대다수가 믿고 있는 의무만이 구속력을 갖는다는 갑의 견해를 정당한 근거 없이 유지되어 온 윤리적 통념이라고 비판하고 있다. 따라서 어떤 윤리적 기준에 많은 사람이 찬성한다는 것과 그것이 옳다는 논리는 서로 무관한 문제라 볼 것이다.

② (X) 을이 가난한 나라를 도와주자고 할 경우, 그 근거는 확장된 인간 존엄을 바로세우기 위한 의무론에 있다. 따라서 상호호혜적 이익이 예상되기에 도울 의무가 있다고 주장하지는 않는다.

③ (O) 갑은 가해를 행했을 경우에만 도울 의무가 있다는 소극적 도덕을 주장한다. 따라서 행위주체가 도와줄 수 있는 힘이 있느냐가 원조의 의무에 있어서 핵심이라는 견해에는 반대할 것이다.

④ (O) 을은 무력하여 돕지 않으면 죽게 되는 사람들에 대하여 인간 존중에 기반한 의무론을 주장한다. 따라서 부자 나라는 과거 행위와 상관없이 가난한 나라를 도울 의무가 있다고 볼 것이다.

⑤ (O) 갑은 '가해금지의 원칙'에서 의무가 있을 경우에만 책임이 있다고 주장한다. 따라서 가난한 나라가 부자 나라로부터 도움 받기를 원하는지 아닌지와 상관없이 부자 나라는 가난한 나라를 도울 의무가 있다는 것에 반대할 것이다. 이러한 견해는 오히려 을의 견해에 해당한다.

10

정답 ①

ㄱ. (O) 규정에 없기에 처벌할 수 없다는 주장의 근거이므로 ㉠은 약화된다.

ㄴ. (X) ㉡은 유사 사례를 다룬 판결을 따르자는 견해인데, 모반을 도운 자는 모반을 행한 자와 같다는 판결은 위 사례와 관련이 없다.

ㄷ. (X) 밀매죄 규정에서 금지 물품이 은에 해당하는 경우 교형이다. 교형보다 1단계 감형하면 유배형이다. 그런데 장사신은 71세이므로 제2조에 의해 속죄금만을 징수하게 된다.

11

정답 ①

ㄱ. (X) 갑은 출생만으로 인간 여부를 결정할 수 없다는 견해이다. 갑은 오히려 태아 발달 정도가 인간으로서의 지위와 관련이 있다고 전제하고 있다.

ㄴ. (O) 을은 의식과 감각 능력을 가진다면 인간이라는 입장이다. 따라서 의식이나 감각을 갖지 않는다면 인간으로서의 지위를 갖지 않는다고 판단할 것이다.

ㄷ. (X) 병은 의식과 감각을 어느 시점에 갖는지를 알 수 없다는 입장이다. 하지만 의식과 감각의 존재 여부가 인간인지의 여부와 무관하다고 주장하는 것은 아니다.

12

정답 ④

ㄱ. (X) A2는 한 가설이 어떤 사실을 잘 설명한다고 해서 그 가설이 참은 아니라는 견해이다. 따라서 마음과 뇌가 동일하다는 가설이 마음과 뇌 작용 사이의 상관관계를 설명한다는 것을 부정하는 것은 아니다.

ㄴ. (O) B2는 설명하지 못하는 현상이 있기에 천동설은 받아들이기 어렵다는 것을 주장한다. 따라서 설명하지 못하는 중요한 현상이 많은 가설을 거부한다는 것에 동의할 것이다.

ㄷ. (O) B3은 A3이 통증을 느낀다는 것은 알지만 뇌의 신경상태에 대해서는 모르기 때문에 가설이 옳지 않다는 주장을 반박하고 있다. 따라서 X에 대해 잘 알면서 Y에 대해 모른다면, X와 Y는 동일한 것일 수 없다는 가정을 반박하고 있다.

13

정답 ②

ㄱ. (X) 을의 첫 진술로부터 우아함은 지각하는 사람에 따라 다를 수 있다는 것을 추론할 수 있다.

ㄴ. (X) 병의 두 번째 진술에서 음악적 감수성은 각자가 속한 집단에 따라 달라진다고 주장하기에 옳지 않은 진술이다.

ㄷ. (O) 을은 음색, 멜로디 전개 표현 등을 통해서 진짜 성질로서 우아함을 파악할 것이며, 병은 각자가 속한 집단에서 공유하는 음악적 감수성에 의해 우아하다고 받아들일 수 있다.

14

정답 ①

ㄱ. (O) B의 입장에서는 오히려 무단 점유가 일어나지 않았더라면 더 낮은 수준의 삶을 누렸을 것이므로 ㉠의 원리에 의할 때 배상이 제공될 이유가 없다. 따라서 갑은 동의하지 않을 것이다.

ㄴ. (X) ㉠의 원리를 을이 받아들이더라도 무단 점유가 없었을 경우 B는 존재하지 않았기에 누릴 만한 삶 자체에 대한 진술은 옳지 않게 된다. 따라서 배상에 동의하지 않을 것이다.

ㄷ. (X) 병 역시 A에게 배상이 이루어졌더라면 A는 B에게 더 나은 교육 기회와 자원을 제공하였을 것이고 B는 더 나은 삶을 살았을 것이라고 주장한다. 따라서 병은 ㉠의 원리에 동의할 것이기에 옳지 않은 분석이다.

15

정답 ③

ㄱ. (O) 갑은 재물을 재산적 가치가 있는 물건으로 보기 때문에 형법상 재물에 마약이 해당된다고 볼 것이다.

ㄴ. (O) 을은 소유 의사가 표출되어 있는 이상 형법상 재물로 보기 때문에 을이 가지고 있는 마약과 연예인이 보관하고 있는 팬레터 모두 형법상 재물로 볼 것이다.

ㄷ. (X) 병은 형법상 재물이 되기 위해서는 금전적 교환가치와 소유 및 거래 적법성이 인정되어야 한다. 따라서 연예인이 보관하고 있지만 거래는 되지 않는 팬레터는 금전적 교환가치가 없기 때문에 형법상 재물로 보지 않으며 마약밀매상이 가지고 있는 법적으로 소유가 금지된 마약도 적법성이 인정되는 것이 아니기 때문에 형법상 재물로 보지 않을 것이다.

16

정답 ④

ㄱ. (X) 소크라테스는 알지 못하는 것에 대해서 거짓된 판단을 할 수 없다는 견해이다. 이 의미는 판단 자체가 될 수 없다는 의미로 참된 판단을 내릴 수 있다는 것은 옳지 않은 분석이다.

ㄴ. (O) 알지 못하는 것에 대해서 판단이 될 수 없다는 것이므로 옳은 분석이다.

ㄷ. (O) 대상에 대해 알고 있다면 참된 판단을 해야 하므로 알고 있으면서도 거짓된 판단이 가능하다면 이는 소크라테스의 견해에 반하게 된다.

17

정답 ②

구분	A	B	점수
(1)	O	O	+20
(2)	O	X	-80
(3)	X	O	+100
(4)	X	X	0

ㄱ. (X) 갑의 경우 결과값이 최대인 조합인 (3)만 용인한다. 그런데 을의 경우 (3)은 현실에서 선택하려고 할 조합은 아니라고 보기에 (1)을 선택할 것이다. 이 경우 A는 용인될 수 있다.

ㄴ. (O) 병은 결과값이 0이거나 양의 값을 용인하므로 (1), (3), (4)를 용인한다. 따라서 A가 (1)의 경우 용인될 수 있다.

ㄷ. (X) 병의 경우 (1), (3), (4)로 용인될 수 있는 조합은 3개이다.

18

정답 ④

ㄱ. (X) 갑은 인공지능 로봇이 인간의 내면적 상태를 이해하지 못한다 해도 빅데이터를 활용하여 인간의 행동 패턴을 스스로 찾아낼 수 있다고 주장한다. 그러므로 갑은 이에 동의하지 않을 것이다. 한편 병은 인간의 행동은 내면적 상태가 원인이 되어 나타나기에 견해에 동의할 것이다.

ㄴ. (O) 갑은 행동 패턴이 있다고 전제하고 있으며 을도 주어진 상황에 따라 정해진 규범에 따른 행동을 하는 경향을 인정하기에 패턴이 존재한다는 사실에 동의할 것이다.

ㄷ. (O) 을은 인간의 가능한 행동을 제한하는 규범에 대한 정보를 입력하면 인간의 행동에 대한 예측의 성공률을 높일 수 있다고 주장하며, 병도 규범에 대한 정보가 인간 행동 예측에 필요하다고 주장한다.

19

정답 ③

ㄱ. (O) 갑은 거짓말에는 상대방이 거짓을 참이라고 믿게 하려는 의도 즉, 속이려는 의도가 있어야 한다고 주장한다. 한편 을은 거짓말은 그런 의도가 없는 경우도 있다고 반박하고 있다.

ㄴ. (O) 갑은 참이지만 듣는 사람이 오해하기 쉬워 도덕적으로 비난할 수 있는 오도적인 말을 인정하며 을도 오도적인 말은 항상 나쁘다고 판단하고 있다.

ㄷ. (X) 갑은 오도적인 말과 거짓말이 동일한 정도로 나쁘다고 진술한다. 그러나 을은 오도적인 말은 항상 나쁘지만 거짓말은 그렇지 않을 수 있다고 하여 나쁜 정도가 다르다고 주장하고 있다.

20

정답 ①

ㄱ. (O) 갑은 정확한 표상과 오표상을 구분하는 것이 중요하다는 주장을 하고 있기에 이들을 정확하게 구분할 확률이 높다는 것이 갑의 견해를 약화하는 것은 아니다.

ㄴ. (X) 을은 지각만으로 정확한 표상과 오표상을 구분할 수 없다는 견해이므로 사례는 을의 견해를 약화하지 않는다.

ㄷ. (X) 갑과 을에 따르면, 둘 모두 대상에 대한 정확한 지각은 가능하다.

21

정답 ⑤

ㄱ. (O) 갑은 경제 행동은 개인이 자기이익을 추구하는 행동이라고 진술하고 있으며 을도 시장에서의 강압과 기만은 자기이익을 추구하는 과정에서 생겨난다고 주장하고 있다.

ㄴ. (O) 갑은 사회 관계는 경쟁 시장에 방해가 된다고 주장하나 을은 시장의 질서 있는 거래는 사회 관계에 기반하고 있으며 이로부터 시장에서의 신뢰가 형성되고 부정행위를 억제한다고 보고 있다.

ㄷ. (O) 병은 신뢰의 원천은 일반화된 도덕이며 그에 복종해야 한다는 주장이나 을은 행위자의 구체적 사적 관계와 연결망 속에서 시장의 신뢰가 이루어진다고 보고 있으므로 옳은 분석이다.

22

정답 ①

ㄱ. (O) 갑은 형광등의 교체로 인해 피상적인 의미가 추가된 것으로 판단하므로 옳은 분석이다.

ㄴ. (X) 병은 작품이 공적으로 발표되는 순간 완성되므로 이후 승인 행위도 작품의 정체성을 바꾸지 못한다고 주장한다. 따라서 창작자의 사후 승인 행위는 창작 당시 작가의 제작 행위와 동등한 효력을 지니지 않는다.

ㄷ. (X) 을은 작품의 물리적 속성이 변하더라도 의미는 변하지 않는다는 주장이므로 동의하지 않을 것이다.

23

정답 ①

ㄱ. (O) 갑은 직무역량을 갖추기 위한 장기간 훈련 비용을 근거로 개정안에 반대하는 입장이다. 그런데 그러한 시간과 비용 절감이 되는 상황은 이러한 근거가 옳지 않음을 알 수 있으므로 갑의 견해는 약화된다.

ㄴ. (X) 사병, 부사관, 장교 중 선택할 수 있는 직업의 자유가 보장되므로 이를 침해한다는 을의 견해를 약화한다.

ㄷ. (X) 논의의 쟁점은 부사관 및 장교의 복무 기간이 사병과 달리 길다는 데에 있으므로, 사병의 의무복무기간 3년이 정당하다는 내용은 갑과 을의 견해에 영향을 미치지 않는다.

3 오류론

p.228

01	02			
⑤	⑤			

01

정답 ⑤

ㄱ. (O) 다음의 논증 구조를 통해 옳은 진술임을 알 수 있다.

[가정] ㉢ 미래가 과거와 똑같다.

[전제] ㉠ 내가 이전에 먹었던 빵은 나에게 영양분을 제공하였다.

[결론] ㉡ 미래에 먹을 빵도 반드시 나에게 영양분을 제공할 것이다.

ㄴ. (O) ㉢이 거짓일 경우 이후 진행되는 논의에서 필자는 모든 경험은 소용없으며 아무런 추리도 할 수 없다고 말하고 있기에 옳은 진술이다.

ㄷ. (O) 지문에서는 경험을 근거로 하는 어떠한 논증도 미래가 과거와 똑같을 것이라는 점을 증명할 수 없다고 주장하기에 옳은 진술이다.

02

정답 ⑤

ㄱ. (O) 나이 및 여성이라는 생태학적 단위 속성의 판단으로부터 젊은 사람이라는 개인들의 속성에 대한 판단을 도출하는 A 오류에 해당한다.

ㄴ. (O) 외국인과 내국인 사이의 범죄 증가만으로 피해자와 가해자에 대해서 알 수 없다. 이는 편견 및 선입견에 의한 B 오류에 해당한다.

ㄷ. (O) 집단의 크기가 다를 수 있다는 것을 고려하지 않고 단순히 행위 발생 건수로부터 속단하는 C 오류에 해당한다.

Ⅲ. 평가 및 문제 해결

1 귀납 논증의 평가 기준 p.234

01	02	03	04	05
③	①	④	⑤	⑤

01 정답 ③

지문의 논증을 형식적으로 구성하면 다음과 같다.
[전제 1] 이종 이식 과정에서 돼지의 내인성 레트로 바이러스는 인간 신체를 감염시킬 수 있다.
[전제 2] 인간에게 돼지의 레트로 바이러스가 감염될 경우 다른 사람에게도 전염될 위험이 있다.
[전제 3] 이종 이식자에 대한 관리는 윤리적인 문제를 야기한다.
[결론] 이종 이식 연구를 중단해야 한다.
선택지에서 이러한 내용에 대한 반론이 효과적으로 이루어지기 위해서는 제시된 각 전제들의 진정성을 떨어뜨리는 반례를 제시하는 내용이 포함되어야 한다.
① (X) 필자의 [전제 3]에 부합하는 내용이다.
② (X) 비용이 수익보다 큰 경우 이종 이식 연구를 중단해야 하므로 이는 제시된 논증의 강화 요소에 해당한다.
③ (O) [전제 2]를 공략하여 반론을 형성한다.
④ (X) [전제 1]의 가능적인 상황에 대한 반증으로 전체적인 논증의 결론을 약화시키지는 못한다.
⑤ (X) [전제 1]을 강화시키는 진술이다.

02 정답 ①

글쓴이는 일제강점기의 한국 사회의 문제의 핵심이 한민족 내부의 계층적·계급적·이념적 갈등이 아니라, 일본계 부르주아지와 조선총독부에 의한 착취에 있었다고 보고 있다. 그리고 독립이라는 궁극적 목표를 위해 다양한 이념의 단체들이 서로 협력했었다고 말하고 있다.
ㄱ. (O) 서로 다른 이념을 가진 단체의 지도자들이 독립 운동을 위해 서로 만나 타협을 이루기도 하였음을 보여주므로 글쓴이의 견해를 지지한다.
ㄴ. (X) 농민 항쟁의 대부분이 일본이 아닌 한국인 기업농을 향한 것이었다고 말하고 있으므로 글쓴이의 견해와 배치된다.
ㄷ. (X) 글쓴이가 일제강점기 한국 사회의 근본적인 문제를 일본인에 의한 경제적 착취로 보고 있는 데 반해, 보기는 경제 영역뿐 아니라 다른 여러 영역으로 시선을 돌리고 있으므로 글쓴이의 견해를 지지하고 있다고 보기 어렵다. 또한 일본 주도 근대화에 긍정적인 시각이므로 더욱 글쓴이와 반한다.

03 정답 ④

제시된 정보를 정리하면 다음과 같다.
- 갑: 직무 몰입도 높음 → 직장 만족도 높음
  직무 몰입도 낮음 → 직장 만족도 낮음
  ∴ 직무 몰입도가 직장 만족도 결정함
- 을: 일찍 출근함 → (직무 몰입도 높음&직장 만족도 높음)
  not 일찍 출근함 → (직무 몰입도 낮음&직장 만족도 낮음)
- 병: 을의 견해 동의, 근속 기간이 긺 → 빨리 출근함
- 정: 직장 만족도 높음 → 직무 몰입도 높음
  직장 만족도 낮음 → 직무 몰입도 낮음
  ∴ 직장 만족도가 직무 몰입도 결정함

① (X) 일찍 출근함&직무 몰입도 높음&직장 만족도 높음
- 갑: 갑의 경우에 부합되어 강화된다.
- 을: 강화된다.

∴ 둘 모두 강화되는 진술로 상대적인 우위를 판단할 수 없다.

② (X) 직장 만족도 높음&직무 몰입도 낮음
- 갑: 약화되지 않을 뿐 강화되는 것은 아니다.
- 정: 약화된다.

③ (X) 직무 몰입도 높음&직장 만족도 낮음
- 갑: 갑은 약화된다.
- 정: 후건이 긍정되면, 전건은 부정이 되더라도 참이다. 따라서 강화되지 않는다.

④ (O) 일찍 출근함&직무 몰입도 낮음
- 을, 병: 일찍 출근하면 직무 몰입도가 높아야 하지만 선지는 반대의 진술이므로 약화된다.

⑤ (X) 근속 기간 긺&직장 만족도 낮음
- 을: 근속 기간에 대한 논의는 병에만 해당하므로 을과 무관한 진술이다.
- 병: 근속 기간 긺 → 빨리 출근함 → 직장 만족도 높음이 되어야 하므로 약화된다.

04 정답 ⑤

강화 사례는 주어진 주장에 부합해야 하며, 약화는 주장에 대한 반박 사례를 의미한다. 한편 주장과 무관하여 강화 또는 약화가 되지 않는 사례는 중립 사례에 해당한다.
ㄱ. 그 자체만으로는 가설을 확증하지도 반증하지도 못한다. 자외선과 백혈구의 관계는 정상 세포가 암세포로 전환되는 과정을 설명하지 못한다.
ㄴ. 단순한 한 번의 공격으로 암세포의 단순 증식이 설명되므로 유리한 사례다.
ㄷ. 정상 세포와 암세포의 관계를 말하지 못하고 있으므로 중립 사례다.
ㄹ. 역시 정상 세포와 암세포의 관계를 말하고 있지는 않다. 엑스선에 의한 유전적 변이가 다음 세대로 전해지는 현상은 암세포의 증식과는 관계가 없다.
ㅁ. 암의 발생이 나이에 따라 가파르게 상승하는 곡선을 그린다면, 한 번의 공격으로 정상 세포가 암세포로 전환되어 증식하기보다, 다른 여러 요인들이 꾸준히 작용한 결과라고 보는 것이 더 적절한 해석이다. 따라서 불리한 사례라고 할 수 있다.

05

정답 ⑤

① (O) 갑과 을 모두 법의 정당성을 추구하며, 그것이 목적과 수단의 정당성, 그리고 상호 간의 이익이 균형을 이루어야 한다고 생각하고 있다. 따라서 옳은 설명이다.
② (O) 안마사 자격 제한이 시각장애인이 아닌 장애인의 직업 선택의 자유까지 침해할 수 있다면, 법이 시각장애인만을 보호하고 다른 직업을 선택하기 어려운 또 다른 유형의 장애인들의 권리를 보호하지 못하기 때문에 갑의 주장이 약화된다. 따라서 옳은 설명이다.
③ (O) 안마사가 시각장애인에게 적합한 직업이라는 사실이 지적되고 있으므로 갑의 주장을 강화한다. 따라서 옳은 설명이다.
④ (O) 안마사가 시각장애인에게 적합한 직업이라고 하더라도, 시각장애인 중 일부만이 안마사로 일한다면 시각장애인을 보호하기 위한 목적을 달성하기보다 비시각장애인에게 주는 불이익이 더 크므로 갑의 주장이 약화된다. 따라서 옳은 설명이다.
⑤ (X) 시각장애인 안마사의 일자리 보장, 안마사 자격 시험에서의 시각장애인 우대 등 자격 제한이 아닌 다른 가능한 수단이 주어진다면 을의 반론을 약화하는 것이 아니라 오히려 을의 의견을 따르고 있다고 볼 수 있다. 따라서 옳은 설명이 아니다.

2 강화와 약화

p.239

01	02	03	04	05
④	①	⑤	①	③
06	07	08	09	10
⑤	②	④	④	④
11	12	13	14	15
①	⑤	④	③	④
16	17	18	19	20
②	②	②	①	③
21	22	23	24	25
④	②	④	①	⑤
26	27	28	29	30
①	①	①	③	②
31	32	33	34	35
⑤	①	②	②	④
36	37	38	39	40
④	①	①	①	④
41	42	43	44	45
①	⑤	④	⑤	②
46	47	48	49	50
①	①	①	④	③
51	52	53	54	
④	②	①	②	

01

정답 ④

① (O) 법원의 독립된 평가는 (나)의 견해이므로 이에 대한 과중한 책임 부과로 인한 문제 제기는 현실적으로 수행되기 어렵다는 의미이다. 이는 상대적으로 (가)에 유리하다.
② (O) 과학자 집단마다 다른 평가가 나타날 수 있다면 (가)의 견해처럼 과학자 집단의 의견을 따라 나타나야 하는 일관성과 신뢰성을 기대하기 어려우므로 (가)에 불리하게 된다.
③ (O) 법원이 스스로 결정하는 것이 효율적이라면, (나) 견해가 (가)에 비해 더 유리하다.
④ (X) 과학자 집단에서 수용되더라도 법원이 판단해야 된다는 견해이므로 (가)에 불리하고 (나)에 유리하다.
⑤ (O) 과학자 집단이 판단하지 못하더라도 법원이 스스로 판단할 수 있다는 견해이므로 (나)에 유리하다.

02

정답 ①

ㄱ. (O) 특별검사의 권한남용에 대한 통제수단이 없을 경우 A와 B에서 공통적으로 전제되는 특별검사제도의 의도인 정치적 중립에 문제가 발생한다. 따라서 어느 특검이든 이는 모두 문제가 될 수 있기에 두 주장 모두 약화된다.

ㄴ. (X) 특검이 쉽게 작동되어 정치적 투쟁의 도구로 남용될 위험이 있다면 상설특검에 대한 A의 주장을 약화시키고, 이를 비판하는 B의 주장은 강화된다.

ㄷ. (X) 기존 검찰의 권력형 사건의 수사에 들어가는 사회적 비용이 개별특검의 비용보다 크다면, 개별특검을 주장하는 B는 강화된다. 그런데 개별특검보다 상설특검의 비용이 더 적기 때문에 A도 강화된다.

03

정답 ⑤

① (O) 을$_1$은 약물요법을 중지할 경우 다시 신체 기능이 정상으로 복귀하므로 신체 기능의 훼손이 아니라고 주장한다. 이는 일시적인 중지 상태에서 신체 기능 복귀가 가능하다면 훼손은 아니라는 전제가 생략되어 있는 논증이다. 그러나 이러한 잠정적인 제한도 신체 기능 훼손에 해당한다면 주장은 약화된다.

② (O) 을$_1$이 약물요법도 당사자의 이익을 위한 것이므로 처벌이 아니라고 주장한다. 이에 갑이 동일 논리로 당사자의 교화를 위한 징역형도 처벌이 아니라고 주장한다면 징역형이 형벌이 아니게 된다. 그러나 징역형은 명백한 처벌이기에 을에 대한 갑의 반론이 된다.

③ (O) 을$_2$에서 예측을 근거로 행위를 해야 한다고 주장하므로 예측의 정확성이 증가한다는 사실은 이를 강화한다.

④ (O) 을$_3$의 주장이 옳다 하더라도 예산 투입과 같이 효율성의 측면에서는 여전히 문제가 나타나고 있다는 것을 근거로, 갑$_3$은 자신의 주장을 고수할 수 있다.

⑤ (X) 을$_3$은 약물요법이 재범률 감소에 효과적이라는 주장을 하고 있다. 그런데 대부분의 약물 투여 대상이 초범이었고 재범자는 약물 비투여자라면, 실험 결과의 개연성은 떨어질 수밖에 없다. 초범인 경우 성폭력범 중 일부는 재범성향이 낮은 자일 것이므로 약물요법과 상관없이 재범인 경우에는 그들의 재범률보다 낮게 나올 것이기 때문이다.

04

정답 ①

① (X) 이론의 전제에는 행위에 따른 이득과 고통을 합리적으로 계산할 수 있다는 내용이 있다. 그러기 위해서 행위에 따른 제재의 내용과 처벌 가능성에 대한 합리적인 판단을 해야 할 것이다. 따라서 합리적 판단이 이루어질 경우 처벌 억제 효과가 있으며, 합리적인 판단이 이루어지지 않을 경우 처벌 억제 효과가 거의 없을 것이다. 그러므로 진술로 인해 이론이 약화되지 않는다.

② (O) 신속성의 기준을 충족하므로 이론은 강화된다.

③ (O) 엄격성에 의하면, 형량이 높아질수록 강도 발생률은 크게 낮아진다. 또한 합리적 판단이 많이 개입하는 유형에 더 효과적이다. 따라서 은행 강도 범죄와 같은 계획적인 범죄 발생률은 크게 감소할 것이며, 우발적인 살인 사건 발생률은 미세한 감소를 보일 것이므로 이론을 강화한다.

④ (O) 확실성은 엄격성과 신속성보다 범죄를 억제하는 데 더 효과적이라고 말하고 있다. 따라서 답지의 진술은 이론을 약화한다.

⑤ (O) 음주 단속을 강화하는 경우는 체포 가능성을 높이는 것으로 확실성의 요소를 강화하는 것이다. 한편 형량을 높이는 것은 처벌을 엄격하게 하는 엄격성을 강화하는 것이다. 확실성이 엄격성보다 더 효과적이므로 이론은 강화된다.

05

정답 ③

ㄱ. (O) 갑은 피해자가 사망했다는 것에 대해 피고인의 진술과 주변 사람들의 증언을 고려할 때 확실하다고 주장한다. 또한 병도 모든 증거는 피고인이 살인을 저지른 자가 분명하다고 주장한다. 따라서 갑과 병은 ㄱ의 견해에 동의할 것이다.

ㄴ. (X) 을은 피고인이 피해자를 살해하지 않았다고 합리적으로 의심할 여지가 있다고 주장한다. 따라서 피고인이 살인 사건의 범인이라고 판결을 내리는 것이 옳다는 것에 동의하지 않을 것이다. 또한 병도 시체를 발견하지 못했다면 살인 사건은 성립할 수 없다고 주장하므로 ㄴ의 판결을 내리는 것이 옳다는 것에 동의하지 않을 것이다.

ㄷ. (O) 갑은 피고인이 살인범이라고 확신하고 있다. 한편 을과 병은 피고인의 살해 가능성에 대해 인정하지만 피해자가 발견되지 않았다는 것을 문제 삼고 있다. 따라서 만약 피해자가 살해된 시체로 발견된다면 피고인이 살인범이라는 점에 동의할 것이다.

06

정답 ⑤

ㄱ. (O) X회사의 노사가 인정 판결에 대해 임금협상을 할 때 알았다면, A가 주장하는 노사가 전혀 생각하지 못한 상황은 아니므로 예외적인 경우에 해당하지 않는다.

ㄴ. (O) A는 노사 간의 신의에 반해서는 안 된다는 입장이며 B는 법에 따른 권리행사의 보호 필요성을 강조하고 있다. 따라서 노사관계는 자율적으로 형성되고 발전하는 것이 바람직하다는 요청을 A가 B보다 더 중요하게 생각한다.

ㄷ. (O) A의 경우 노사 서로가 협상 당시 전혀 생각하지 못한 것에 대한 판단 및 합의한 임금수준을 훨씬 초과하는 예상 외의 이익에 대한 판단, 기업 존립의 위태로움에 대한 불확정성 등에 대한 법적 분쟁의 가능성이 예상된다. 그런데 법적 분쟁 가능성은 B를 따를 경우 예외를 인정하지 않으므로 분쟁 여부가 A보다 낮게 될 것이다.

07

정답 ②

ㄱ. (X) B는 인권을 개별국가의 정치적 맥락 속에서 이룩된 구체적인 산물로 파악하고 있지만, 모든 주권국가들이 보호해야 하는 최소한의 도덕적 인권은 인정하고 있으므로, 보편적 인권을 부정하지 않는다.

ㄴ. (X) C는 인도적 군사개입이 국제법을 준수할 경우에만 인정하고 있다. 그런데 예외적으로 다른 규정에서 정한 바도 역시 국제법과 동일한 내용이다. 따라서 국제법 규정에 준수한다는 C의 견해는 약화되지 않는다.

ㄷ. (O) B는 최소한의 도덕적 인권을 지키기 위해 인도적 군사개입을 할 권한이 있다는 주장이기에 국가의 종교적 가치에 따라 자유를 억압하고 있다는 근거만으로는 인도적 군사개입을 인정할 수 없다고 할 것이다. C도 국제법으로 정한 요건과 한계에 따라서만 인도적 군사개입을 인정하기에 진술만으로 인도적 군사개입을 인정할 수 없다는 입장이다.

08

정답 ④

① (O) 갑의 첫 진술에서 인신에 대한 사용권한을 매수자에게 주기 때문에 인간 존엄성 문제가 발생한다고 하였다. 그러나 이는 유모의 경우에도 마찬가지고 유모에게 인신에 대한 사용권한을 주는데도 비난 받지 않는다면, 갑의 견해에 대한 반례가 되어 을의 입장을 강화하게 된다.

② (O) 을은 첫 진술에서 직업선택의 자유를 보장하는 것은 인간 존엄성의 중요한 내용이라고 언급하고 있다. 따라서 성매매의 불법화로 자신의 권리조차 행사할 수 없게 된다면 이는 을의 입장을 지지하는 것이다.
③ (O) 갑의 셋째 진술에 의하면, 성매매가 상호 선택에 의한 것이라 할지라도 문제가 있다. 따라서 노예가 되기로 자발적 선택을 하더라도 이는 억압의 문제가 여전히 나타날 수 있기에 갑의 입장을 강화한다.
④ (X) 갑의 둘째 진술에 의하면, 마약복용은 자율적 선택에 기인하는 것이라 해도 국가 개입이 가능하다. 그런데 마약복용이 행위자가 인지능력을 제대로 발휘하지 못하는 상태에서 행해진다면, 자율적 선택에 기인하는 것이라고 볼 수 없다. 이 경우 갑의 입장은 약화되게 된다. 왜냐하면 갑은 마약복용의 자율적 선택을 유비적으로 성매매에 적용하여 그 경우도 국가의 개입이 가능하다고 주장할 수 있기 때문이다.
⑤ (O) 을의 셋째 진술에 의하면, 우리 사회에서는 성매매 이외에도 여성의 고정된 성정체성을 재생산하는 제도 및 관행이 존재한다. 하지만 이 중 성매매만 법적으로 금지하는 것은 설득력이 없다는 입장이므로 미스 코리아 대회도 여성의 고정된 성정체성을 확대 재생산하는 관행임을 밝힌다면 표본의 수가 증가하여 을의 입장을 강화하게 된다.

09

정답 ④

① (O) A는 창당준비위원회는 정당이 아니라 일반 결사이므로 '정당법'이 적용되지 않는다는 입장이다. 그런데 정당등록신청을 하지 않을 경우 자동 소멸된다는 내용은 창당준비위원회가 정당에 해당하지 않는다는 것을 의미하므로 A의 설득력을 높인다.
② (O) 집권 여당이 반대당의 성립을 정당등록 이전에 봉쇄할 수 있다면 이는 지문 첫 부분에서 정당조립의 특권을 보장하기 위한 X국 헌법의 취지에 어긋나게 된다. 따라서 A의 설득력을 낮추게 된다.
③ (O) 창당준비위원회가 정당으로서의 실질적인 역할을 수행한다는 것은 B의 설득력을 높이는 진술이다.
④ (X) 실질적 요건을 갖추고 있을 경우 정당에 준하는 것으로 보는 것이 C의 견해이므로 C의 설득력을 낮추지 않는다.
⑤ (O) C는 실질적 요건을 갖추지 못하는 창당준비위원회는 일반 결사와 동일하게 보아야 한다는 견해이다. 그런데 정당설립의 실질적 요건을 강화한다면 정당설립의 어려움을 초래할 것이다. 따라서 이러한 요건을 갖추지 못한 창당준비위원회는 정당보다는 일반 결사로 보아야 한다는 A와 비슷한 결론을 내릴 것이다.

10

정답 ④

ㄱ. (X) 갑의 주장에 의하면, 손해의 경중을 기준으로 처벌에 차등을 두어야 하기에 결과가 다른 두 경우에 대해 내려진 동일한 처벌은 이에 부합하지 않는다.
ㄴ. (O) 갑의 주장에 의하면, 같은 결과라면 손해의 경중을 기준으로 하기에 동일하게 처벌해야 한다. 한편 을의 주장에 따를 경우 범죄자의 의사의 경중을 고려해야 하므로 비록 손해의 경중이 동일하더라도 후자가 살인의 의사로 행위를 하였으므로 후자를 더 중하게 처벌해야 한다. 따라서 전자를 중하게 처벌한 법원의 태도는 갑과 을 모두의 주장에 부합하지 않는다.
ㄷ. (O) 갑의 주장에 의하면, 전자에게는 손해 발생이 없고 후자에게는 있으므로 후자만 처벌하고 전자는 처벌하지 않는다. 그러므로 갑의 주장에 부합한다. 또한 손해가 발생하지 않은 전자의 경우에는 처벌하지 않는 데에는 을도 동의하는 부분이기에 후자의 경우에만 처벌한 것은 을의 주장에도 부합한다.

11

정답 ①

ㄱ. (O) A의 독점적 출판권을 1년으로 제한하자는 주장에 대한 반론에 해당한다.
ㄴ. (X) A는 창작의 유인책이 제공되지 않으면 작품의 공급이 제한될 수 있기 때문에 작가에게 독점적 권리를 인정해야 한다고 보고 있다. 다만 A는 창작 비용을 회수할 수 있는 정도에서 독점적 권리를 1년으로 제한해야 한다고 주장하고 있을 뿐이다. 만약 어떤 원인에 의해 재화의 공급이 제한될 경우 그러한 재화는 소비해도 줄지 않는 재화가 아니게 된다. A는 독점적 권리가 희소한 재화에 대해서만 인정된다는 입장이므로, 그 재화에 대한 독점적 권리를 인정할 수 있다면 이는 A의 견해와 부합되는 것으로 설득력을 낮추지 않는다.
ㄷ. (X) B는 당사자가 출판사와 자유롭게 계약을 체결하는 것을 자연적 권리로 인정하는 입장이므로, 계약 체결은 당사자가 결정해야 한다는 진술은 B의 설득력을 높이게 된다.

12

정답 ⑤

ㄱ. (O) A는 국가가 국민의 기본적 권리를 제한하고 침해할 때에는 법적 근거가 있어야 하지만 국민에게 이익이 되는 행정은 근거 없이 시행할 수 있다는 견해이다. 집회의 자유권은 국민의 기본적 권리에 해당하므로 국가의 시위진압행위는 사전에 법적 근거가 필요하다.
ㄴ. (O) B에 의하면, 모든 행정 영역에 있어서 행정작용이 법적 근거가 있어야 이루어질 수 있기에, 법에 규정되지 않은 구호품 지급은 할 수 없다.
ㄷ. (O) C에 의하면, 개인과 공공에 영향을 미치는 중요한 행정의 영역은 사전에 법으로 정해져 있어야 한다. 따라서 무상급식이 공공에 영향을 미치는 중요한 사항일 경우 사전에 법적 근거가 있어야 한다.

13

정답 ④

ㄱ. (X) A는 사례를 근거가 없는 차별적 기소라고 판단하고 있으므로, 근거가 있을 경우 A는 강화되지는 않는다. 그리고 F는 부당한 의도가 아니면 기소를 인정하기에 오히려 강화된다.
ㄴ. (O) B는 검사의 재량에 따른 기소 여부를 인정하기에 그로 인해 발생하는 문제점은 B의 견해를 약화한다. 한편 C는 검사의 기소권에 대한 독선적 사용과 외부 압력의 문제점을 지적하기에 조사 결과가 강화하는 사례가 된다.
ㄷ. (O) D는 기소의 필요성이 적은 사람의 인권에 대해서 다루며, E는 개인의 인권에 대해서 다루고 있다. 따라서 모두 인권 보호에 대한 사항이지만 보호하고자 하는 대상이 다르다.

14

정답 ③

① (O) 대법관의 편향적 사고방식이 있더라도 이를 억제할 수 없는 근거 중 하나가 되어 갑의 견해를 강화한다.
② (O) 유전무죄 비판과 더불어 법원의 판결과 사법부에 대한 신뢰도가 낮아졌다면 제도를 도입하여 사법 통제 장치를 마련할 필요가 있으므로 갑의 견해를 강화한다.
③ (X) 투표 방식이 투표자의 의사를 제대로 반영하지 못하여 유명무실해질 수 있다는 을의 견해를 강화하는 진술이다.
④ (O) 실제 대법관이 대중적 인기만을 추구하여 사회적 혼란이 일어난다면 병의 견해를 강화하게 된다.
⑤ (O) 올바른 여론 형성이 어려워 제도의 본래 목적을 달성하기 어렵다는 병의 견해를 강화한다.

15

정답 ④

ㄱ. (O) ㉠은 예술작품에서 얻게 되는 믿음은 정당화되지 못한다는 주장이다. 그런데 사실주의 소설의 경우에 실제 사건에 대한 증거적 효력이 있는 확인을 기반으로 작성된다면, 이는 정당화될 수 있기에 ㉠을 약화하게 된다.
ㄴ. (X) ㉡은 제도적 보증은 단순히 절차상의 확인만을 보여줄 뿐, 실제 확인이 성공적인 것은 아니라는 견해이다. 따라서 출판 작품이 날조된 것이라고 해도 ㉡이 약화되지는 않는다.
ㄷ. (O) 백과사전은 제도적 보증으로 인해 정당화된 믿음을 가질 수 있으나, 소설은 그렇지 않다는 갑의 견해를 강화한다.

16

정답 ②

ㄱ. (X) A는 보호의무자를 '성인'으로 한정해야 한다는 주장이다. 그러나 보호·감독자가 미성년자가 되는 결과는 이에 상반되는 것이므로 A를 뒷받침하지 못한다.
ㄴ. (X) B는 학대가해자를 철저히 처벌하자는 주장으로 피해자와 가해자를 이분법적으로 나눌 수 있다는 견해이다. 그런데 학대가해자가 아동학대를 경험한 피해자이므로 이분법적으로 나눌 수 없다는 결과는 B를 뒷받침하지 않는다.
ㄷ. (O) B는 학대가해자를 '누구든지'로 유지하기에 미성년자 간의 성적 요구행위 역시 학대로 보아 처벌할 필요성은 이를 뒷받침한다. 그리고 C 역시 '성적 수치심을 야기하는' 표현은 삭제하자는 주장이므로 아무 부끄러움이나 불쾌감 없이 응한 경우에도 규정이 해당될 수 있으므로 C를 뒷받침한다.

17

정답 ②

ㄱ. (X) R은 해당 법률을 직접적으로 표상하는 법률문장이기에 L이 위헌은 아니다.
ㄴ. (O) 상황에서 국기 소각 행위와 같이 입법 목적과 반대되는 영향이 나타나므로 옳은 판단이다.
ㄷ. (X) X국에서 역사적으로 수차례 전쟁을 거치면서 국기 소각이 국가의 권위를 해하는 행위로서 헌법질서에 반하는 범죄행위로 평가받기에 충분한 것으로 그 맥락적 의미를 지니고 있다. 따라서 L은 위헌이 아니다.

18

정답 ②

ㄱ. (X) 의약품 도매상이 되려는 조건과 제조업자가 되는 조건 및 규정이 다르다고 해서 견해1이 약화되는 것은 아니다. 서로 다른 기준으로 허가된 경우에도 지위가 구분될 수 있기에 '판매'에 해당할 수 있기 때문이다.
ㄴ. (X) 제1조의 판매에 포함되는 수여 개념에 물건 자체의 이전도 포함될 경우, 동일한 회사라 하더라도 '판매'가 성립될 수 있으므로 견해2가 약화된다.
ㄷ. (O) 제2조의 판매 개념이 입법취지에 따를 때에 일반 대중에게 의약품이 유통되는 것을 의미할 경우, 내부적인 거래가 되는 P회사의 사례는 '판매'에 해당되지 않기에 견해2를 강화한다.

19

정답 ①

① (O) 지문에서는 인공수정할 경우에 나타날 유전적 이질성의 문제를 근거로 복제의 상대적인 우위성을 보여준다. 그런데 복제로 인한 쌍둥이 형제나 자매 간 정체성 갈등 문제가 유전적 이질성 문제보다 더 크다면 필자의 논증은 약화될 것이다.
② (X) 인간 복제를 말하고 있기에 동물 실험에 대한 문제는 무관한 진술이다. 또한 인간 복제뿐 아니라 인공수정도 비판의 대상이 될 수 있기에 적절하지 못하다.
③ (X) 복제 인간의 존엄성 문제는 위 논의와 무관하다.
④ (X) 자녀를 거부하거나 포기하기보다 자녀를 갖는 편이 좋다는 견해는 위 논의와 무관하다. 또한 어떤 방식으로든 자녀를 갖는 것에는 필자가 주장하는 복제 방식도 포함되기에 반박이 될 수 없다.
⑤ (X) 연구목적을 명료하게 해야 된다는 의견은 필자가 서두에 지적한 바와 일치하는 진술이다.

20

정답 ③

ㄱ. (O) A는 놀이하면서 교과를 배우는 것은 일종의 공상이라는 견해이므로 '수학 교과를 놀이하면서 배우는 것은 불가능하다'고 볼 것이다. 하지만 B는 어린이는 일을 하면서 놀이를 하는 것이며, C도 교과를 배우는 동안 놀이를 하는 것이라는 견해이므로 '수학 교과를 놀이하면서 배우는 것은 불가능하다'는 주장에 동의하지 않는다.
ㄴ. (X) A는 학교에서 놀이를 통해 교과를 배우는 것이 아니라, 교과를 배우는 것도 목적의 도달에 숙련되기 위한 일이기에 '학교는 일의 공간'이라는 주장에 동의할 것이다. 한편 B는 어린이는 일을 하면서 놀이를 하기에 '학교는 일의 공간'이라는 주장에 동의할 것이다. 그러나 C는 교과를 배우는 것이 일하는 것이 아니라 놀이하는 것이라는 견해이므로 '학교는 일의 공간'이라는 주장에 동의하지 않는다.
ㄷ. (O) A는 교과를 배우는 것이 목적의 도달에 숙련되기 위해서이기에 '과학을 배우는 이유는 일을 위한 쓸모 때문'이라는 주장에 동의한다. 그러나 C는 교과를 배우는 것은 일이 아니라 놀이라는 견해이므로 이러한 주장에 동의하지 않는다.

21

정답 ④

① (X) 을은 대체 불가능성을 근거로 갑을 공략하고 있다. 그런데 산모의 생명이나 건강 이외의 다른 이유로 낙태를 할 수 있는가 여부는 이러한 을의 주장에 반론이 될 수 없다. 또한 X에 '산모의 생명이나 건강 이외의 다른 이유로 낙태를 할 수 있다'는 기준을 적용할 경우, X의 낙태 행위는 정당화될 수 있으므로 갑이 비판하는 X의 낙태 행위에 대한 평가와 상반되기에 적절하지 않다.

② (X) 쟁점을 벗어났기에 을의 반박을 약화할 수 없다. 을이 논박하는 쟁점은, X의 행동이 옳지 못한 갑의 근거가 생명은 대체할 수 없는 것에 있기 때문이다. 결국 갑이 그러한 진술을 해도 을이 약화되지 않는다.

③ (X) 태어날 아이를 존재하지 않게 하는 것이나 가졌을 아이를 존재하지 않게 하는가는 대체 가능성과 관련이 없는 내용으로 을에 대한 반론이 되지 못한다.

④ (O) 이미 존재하고 있는 생명이 있는가 여부가 기준이 될 경우 대체 가능성의 대상 범위를 한정하게 된다. 즉 이미 존재하고 있는 존재의 생명은 대체할 수 없다는 기준이 설정된다. 이 경우 Y는 아이가 대체 가능하지 않다고 생각하기에 Y의 대답이 더 정당하다는 을의 반박을 약화할 수 있다. Y의 경우 이미 존재하고 있는 생명이 아니기 때문에 이를 적용할 수 없기 때문이다.

⑤ (X) 누구인지 알고 모르는 관계에 따른 기준의 차이가 있다 해도 을을 약화하지 못한다. 을은 여전히 대체 가능성의 기준으로 반박할 수 있기 때문이다.

22

정답 ②

ㄱ. (X) 필자의 주장에 의하면, 혐오를 주는 자극 경험은 병원체를 옮길 수 있다는 것을 각인시키므로 혐오가 더 강하게 나타날 수 있다. 따라서 이 진술은 주장을 약화하지 않는다.

ㄴ. (O) 지문에서 낯선 사람의 분비물은 우리 면역 체계가 방어하기 어려운 낯선 병원체를 전파하기 쉽기 때문에 혐오 정도가 더 심하다고 서술하고 있다. 그런데 이러한 전제의 사례가 옳지 않음이 밝혀질 경우 주장을 약화시킨다.

ㄷ. (X) 첫 단락에서 생존과 같은 고도의 생물학적 충동에서는 혐오 체계가 억제되기도 한다는 진술에 대한 사례가 될 수 있기에, 주장을 약화하지 않는다.

23

정답 ④

ㄱ. (O) 을의 두 번째 진술을 논증으로 구성하면 다음과 같다.
[근거] 진열장과 그 부품들은 성질이 다르다.
[가정] 서로 다른 성질을 지녔다면 서로 다른 사물이다.
[주장] 둘은 별개의 사물이다.

ㄴ. (X) 부품이 진열장 가치의 대가에 포함되어 있다면 을의 논증은 약화된다.

ㄷ. (O) 부품들의 부품까지에도 가격을 설정할 경우, 구성 요소를 무한히 소급하여 적용할 수 있는 소급 오류가 발생할 수 있으므로 옳은 평가이다.

24

정답 ①

ㄱ. (O) ㉠은 동물에 대한 논증이므로 진술의 내용과 관계가 없다. 그리고 ㉡에서는 발생적 맥락의 차이가 있으나 이를 크게 문제가 되지 않는 요소로 평가하고 있다. 그런데 이것이 매우 중요한 평가 요소가 된다면 논증은 약화된다.

ㄴ. (X) 동물과 로봇의 소재 차이가 크다면 유비논증은 약화되기에 ㉡은 약화된다. 그러나 ㉠은 영향을 받지 않는다.

ㄷ. (X) 인간보다 우월한 존재에 대한 논의는 ㉠에 해당하므로 이를 부정할 경우 ㉠은 약화된다. 그러나 ㉡은 영향을 받지 않는다.

25

정답 ⑤

ㄱ. (O) A는 수학적 대상 즉, 추상적 대상도 존재한다고 주장하지만, B는 구체적인 물리적 대상만 존재한다는 견해이다. B의 논증은 다음과 같다.
[전제] 수학적 대상은 추상적 대상이다.
[생략된 전제 1] 추상적 대상은 비인과적 대상이다.
[결론 1/전제] 수학적 대상은 비인과적 대상이다.
[전제] 수학적 대상의 존재 여부와 상관없이 구체적인 물리적 대상은 그대로 유지된다.
[생략된 전제 2] 비인과적 대상은 구체적인 물리적 대상이 아니다.
(대우 = 물리적 대상은 인과적 대상이다.)
[생략된 전제 3] 구체적인 대상이 아닌 비인과적 대상은 존재할 이유가 없다.
[결론 2] 수학적 대상은 존재할 이유가 없고, 수학적 대상은 존재하지 않는다.

ㄴ. (O) B는 수학적 대상이 추상적 존재라고 인정하지만, C는 그렇지 않다.

ㄷ. (O) C에 의하면 인과적 관계를 맺을 수 없다면 대상에 대한 성질을 알 수 없으며, 지식을 가질 수 있는 이유는 인과적 관련을 맺을 수 있기 때문이라는 주장이다. 결국 C는 인과적 대상에 대해서만 지식을 가질 수 있다는 입장이다. 이를 논증으로 정리하면 다음과 같다.
[전제] 추상적 대상이 우리와 어떤 인과적 관계도 맺을 수 없다면, 우리는 그 대상이 어떤 성질을 가졌는지도 알 수 없다.
[전제] 우리가 많은 수학적 지식을 가지고 있다는 것은 틀림없는 사실이다.
[생략된 전제] 우리는 인과적 대상에 대해서만 지식을 가질 수 있다.
[결론] 수학적 대상은 추상적 대상이 아니다.

26

정답 ①

ㄱ. (O) 가설 1은 다른 사람의 신체에 대한 물리적 해에 따라 객관적임을 판단한다는 주장이다. 그런데 갑은 신체에 대한 물리적 해인 반면, 을은 사물에 대한 물리적 해이다. 이때 비슷한 결과가 발생한다면 가설 1은 약화한다.

ㄴ. (X) 가설 2는 나쁘다는 도덕적 판단이 더 객관적이라는 주장이다. 갑은 나쁜 행위이며 병은 옳은 행위이다. 따라서 가설 2에 의하면 갑에 더 높은 점수를 부여할 것이다.

ㄷ. (X) 을과 병 모두 사람에 대한 물리적 해가 아니기 때문에 가설 1에 의하면 동일 점수가 부여되어야 한다. 그렇지 않기에 가설 1이 강화되지는 않는다. 한편 가설 2는 약화된다. 나쁜 행위보다 옳은 행위에 더 높은 점수가 부여되었기 때문이다.

27

정답 ①

ㄱ. (O) 공감하는 정도가 높아질수록 도울 가능성이 높아지는 것은 이타적 욕구가 강해지기 때문이라 볼 수 있다. 따라서 가설 A는 강화된다.
ㄴ. (X) 돕지 않는 것이 알려질 경우 사회적 비난이 있기에 행동을 한다는 가설 B는 약화된다. 그렇다는 것에 상관없이 행동 가능성에 차이가 없기 때문이다.
ㄷ. (X) 돕지 않는 것이 알려지지 않는다면 도울 가능성도 높아지지 않기에 가설 B는 강화된다.

28

정답 ①

ㄱ. (O) A는 공포 영화를 즐길 수 있는 이유는 결국은 고통이나 불쾌감을 상쇄하고도 남을 충분한 보상인 문제 해소로 인한 엄청난 쾌감에 있다고 주장한다. 그런데 소설 원작의 공포 영화를 관람하는 관객들 대부분이 소설을 먼저 읽어 본 사람들이라면 이미 문제 해소 내용을 알고 있기에 그러한 보상으로 영화를 즐긴다고 볼 수 없게 된다. 따라서 A는 약화된다.
ㄴ. (X) B는 공포 영화는 통제 가능한 수준의 고통이나 불쾌감이 적절한 자극제가 되어 정신 건강에 유익하다고 주장한다. 따라서 고통이나 불쾌감이 사람마다 다르다면, 통제 가능하다는 B의 주장은 강화되지 않는다. 또한 A를 약화하지도 않는다.
ㄷ. (X) 호기심을 느낄 만한 대상이 없다면 A는 약화된다. 그러한 대상에 대한 호기심으로 인해 엄청난 쾌감이 있다고 주장하기 때문이다. 하지만 B는 ㉠에 대해 부정하기에 ㉠과 같은 수준의 엄청난 쾌감을 보상하는 영화의 사례는 B의 견해를 약화한다.

29

정답 ③

ㄱ. (O) A방식도 B방식만큼 공정하다고 사람들이 생각하리라 믿었다면, 가설 2에서 주장하는 추가 이득에 대한 설득력이 약화된다.
ㄴ. (X) 조작한 사람들이 자신의 업무 할당이 공정하지 않다는 것을 인정한다면, 이기적인 동기로 조작을 가했다는 가설 1의 주장이 적어도 약화되지는 않는다.
ㄷ. (O) 업무 할당 과정이 공개될 경우 조작의 가능성은 떨어지게 된다. 따라서 원래는 공정하게 업무를 할당할 의도가 있었다는 가설 1은 강화되고, 원래부터 공정하게 할 의도가 없었다는 가설 2는 약화된다.

30

정답 ②

ㄱ. (X) A도 집단 간 차이가 존재한다는 것을 인정하고 있기에 약화하지 않는다.
ㄴ. (O) B는 인간은 문화나 사회 환경에 따라 다르게 형성될 수 있다는 주장이므로 진술은 이러한 주장을 강화하지 않는다.
ㄷ. (X) 영어교육프로그램의 개선은 환경의 변화에 따른 결과 변화에 해당되므로 A를 약화하고 B를 강화한다.

31

정답 ⑤

ㄱ. (O) A는 악은 결여가 아니라 존재라는 견해이나, B는 악은 결여라고 판단하고 있다.
ㄴ. (O) A는 악한 것들 중에서 어떤 것은 다른 것보다 더 악하기에 정도의 차이가 있다고 인정한다. 또한 B도 더 비동등성과 비유사성과 같이 더함과 덜함의 정도 차이를 인정한다.
ㄷ. (O) A는 악의 존재 자체를 주장하나, B는 선의 결여 개념으로 악을 정의하기에 선 없이 존재하는 악은 불가능하다는 관점은 B에 의해 더 잘 지지된다.

32

정답 ①

ㄱ. (O) <가설>에 의하면, 강제되었다고 판단하면 도덕성을 판단하지 않아야 한다. 그러나 집단 1에서 을의 행동이 강제되었다고 답한 사람인데도 도덕적이라고 답하였으므로 이에 대한 반례가 되어 약화된다.
ㄴ. (X) 자발적 또는 강제적 판단만으로 <가설>을 평가할 수 없다. <가설>을 평가하려면, 자발적인 경우 도덕성을 판단하지만 강제적인 경우 판단하지 않는지 확인해야 하기 때문이다.
ㄷ. (X) 주어진 정보만으로 <가설>을 평가할 수 없다. 만약 집단 1에서 을이 강제적이었고 집단 2에서는 자발적이라고 판단한다면 <가설>은 약화되지 않기 때문이다.

33

정답 ②

ㄱ. (X) 평소에도 이기적인 행동을 하는 사람들이기에 그러한 결과가 나타난 것으로 볼 수 있으므로 행동을 좌우하는 결정적 요인이 성격이라는 것을 뒷받침할 수 있는 사례이다. 따라서 ㉠을 강화하지 않는다.
ㄴ. (X) 갑의 실험에 참여한 사람 중 이타적 성격을 지녔다고 알려진 사람이 압도적으로 많았음에도 실험 결과는 빵 냄새를 맡았는지 여부에 따라 매우 달랐다. 그러므로 성격보다 상황적 요소가 행동을 좌우한다는 ㉠을 약화하지 않는다.
ㄷ. (O) 고가의 경품이 당첨되는 여부에 따라 결과가 다르게 나타났다는 것은 상황적 요소가 행동을 좌우한다는 ㉠에 부합하는 사례가 되어 강화한다. 한편 친사회적 행동을 유발한 요인이 아주 사소하거나 하찮은 것일 수도 있다는 ㉡을 약화하는 것은 아니다. 사례는 그러한 사례가 아닌 경우에 행동이 나타난 사례일 뿐이다.

34

정답 ②

ㄱ. (X) 갑은 『조선왕조실록』이 비허구로 실제 일어났던 일임을 주장할 뿐, 그것을 읽으면서 상상에 참여하는 것이 적절한지는 알 수 없다.
ㄴ. (O) 을은 비허구작품의 내용에 대한 믿음을 가지는 것이 적절한 감상이라고 주장하며 병도 그것이 적절하다는 견해이다.
ㄷ. (X) 병은 비허구작품을 감상하면서 상상에 참여하는 것이 부적절하다는 것에 반대할 뿐, 허구작품 중 상상에 참여하는 것이 부적절하다는 것에 대해서는 논의하지 않는다.

35

정답 ④

남녀 간 하위문화 수용 정도의 차이를 정리하면 다음과 같다.

<table>
<tr><th>구분</th><th>하위</th><th>중간</th><th>상위</th></tr>
<tr><td>남자</td><td rowspan="2">수용 정도 동일
(여자: 가장 낮음)</td><td>가장 높음</td><td></td></tr>
<tr><td>여자</td><td>중간 높음</td><td>가장 높음</td></tr>
</table>

선지 판단에서 주의할 점은 심리적 소진이나 직무 스트레스가 높다면 하위문화의 수용이 적다는 것을 의미하며, 심리적 소진이나 직무 스트레스가 낮다면 하위문화 수용이 많다는 것을 의미한다는 것이다.

① (X) 하위문화의 수용성은 상위계급 여자 경찰관과 중간계급 남자 경찰관이 가장 높다고 지문에서 밝히고 있을 뿐, 이들 간의 상대적인 문화 수용 정도에 대해서는 알 수 없다. 따라서 이들 간의 비교에 의해 상대적 우위가 나타난다고 해서 이론이 약화된다고 볼 수 없다.

② (X) 직무 스트레스가 낮다는 것은 하위문화 수용이 높다는 것이다. 지문에서 성별과 계급이 같을 경우 수사부서가 대민부서보다 문화수용성이 높다고 밝히고 있다. 이는 동일한 조건에서는 수사부서의 문화수용성이 대민부서보다 높다는 것이다. 또한 하위계급에서는 성별 차이가 없다고 했으므로, 중간계급 여성이 하위계급 남성보다 문화 수용 정도가 높다. 따라서 중간계급 여자 경찰관의 직무 스트레스가 하위계급 남성보다 낮다면 이론을 강화한다.

③ (X) 남자는 하위문화 수용 정도가 중간계급이 가장 높기에 상위계급 남성보다 직무 스트레스가 낮다. 따라서 이론을 강화한다.

④ (O) 같은 부서인데 남자가 중간계급이라 문화 수용 정도가 가장 높은 반면, 여자는 하위계급이기에 그렇지 않다. 따라서 남자가 심리적 소진이 더 많이 감소해야 한다. 그런데 그렇지 않다면 이론을 따르지 않는 것이므로 약화된다.

⑤ (X) 여자는 상위계급이라 문화 수용 정도가 높은 반면, 남자는 하위이며 성별 차이가 없기에 낮다. 따라서 남성은 여성에 비해 직무 스트레스가 높으므로 이론을 강화한다.

36

정답 ④

① (O) 양육 수당과 무상 교육의 확대는 젊은 세대들의 출산에 따른 경제적 부담이 높은 사회적 환경을 바꾸는 것을 의미하며, 그 결과로 국가 경제력이 높아졌으므로 (가)의 설득력을 높인다.

② (O) (나)에서 현대는 더 이상 인구수가 국가 경제력을 결정하지 않는다고 주장하므로 옳은 진술이다.

③ (O) (가)에서는 고령화에 따른 문제 해결을 위해 출산율을 높여 경제 활동 인구를 증가시켜 사회적 부양 비용을 충당하자고 주장한다. 그러나 노인에게 직접적으로 일자리를 많이 만드는 것이 고령화 문제 해결 방안이라고 한다면 이러한 주장은 설득력이 낮아지게 될 것이다.

④ (X) 인구 감소에도 과학 기술의 발전으로 삶의 질이 향상된다는 진술은 (나)의 설득력을 높인다.

⑤ (O) 경제적 부양 부담에 의한 문제는 (가)와 (나) 모두가 지적하는 바이며, 이것이 국가 경제력 향상을 통해 완화될 수 있다는 점도 모두 인정하는 바이다. 다만 저출산을 바라보는 시각과 문제 해결 방식이 서로 다를 뿐이다.

37

정답 ①

① (O) ㄱ은 연령대가 높을수록 자살률이 증가한다는 자료를 근거로 하여, 기혼자의 평균 연령이 미혼자보다 높으므로 당연히 기혼자가 미혼자의 자살률보다 140 이상과 97.9 이하로 더 높아야 한다고 예상한다. 즉 최소 43%가 높아야 한다(140/97.9). 그런데 실제 자살률은 미혼자가 기혼자보다 더 높다고 밝히고 있다. 이는 결혼이 자살을 예방하는 데 큰 영향을 미쳤다는 것을 의미한다. 따라서 병의 미혼자와 기혼자의 자살률의 차이가 12%에 불과하기에 결혼이 자살을 억제하는 효과를 인정할 수 없다는 견해에 대한 반박 자료로 을이 사용할 수 있다.

② (X) ㄴ은 미혼자의 자살률이 기혼자보다 높다는 자료이므로, 병이 을의 주장을 반박하는 근거가 아니라, 오히려 을의 주장을 뒷받침하고 병의 주장을 반박하게 되므로 옳지 않다.

③ (X) ㄷ은 사별한 사람의 자살률이 미혼자보다 높다는 통계이다. 이는 갑이 주장하는 결혼이 자살에 영향을 준다는 직접적인 자료는 아니다. 결혼 후 사별한 사람의 통계를 결혼한 사람 전체에 적용할 수는 없기 때문이다. 만약 결혼한 후 사별한 사람을 결혼한 사람 집단으로 본다면, 여성의 경우 미혼자의 자살률이 결혼한 사람에 비해 84%에 불과하기에 결혼이 자살에 영향을 미친다고 추리할 수 있다. 하지만 남성의 경우 미혼자의 자살률이 결혼한 사람에 비해 32% 더 크기에 결혼이 자살을 막는다는 주장도 있을 수 있다. 결국 결혼 후 배우자와의 사별이 자살에 미치는 효과가 성별로 다르게 나타난다는 사실만 추론할 수 있을 뿐이다.

④ (X) ㄹ은 혼인 건수는 큰 변화가 없었지만 자살률이 3배 증가했다는 진술이다. 이는 결혼은 자살을 막는 효과가 있다는 을의 견해를 강화하지 못한다. 혼인 건수에 큰 변화가 없다면 자살률도 일정하게 유지되어야 하기 때문이다. 이러한 사실은 결혼 이외의 다른 변인이 자살에 영향을 미쳤다는 것을 보여줄 뿐이다.

⑤ (X) 병은 결혼의 자살 예방 효과를 확신하기 어렵다는 견해이다. ㄹ은 결혼 이외에 다른 변인이 자살에 영향을 미쳤다는 사실을 보여줄 뿐, 결혼의 자살 예방 효과에 대해서는 말해주는 바가 없다. 따라서 ㄹ은 병을 약화하지 않는다.

38

정답 ①

ㄱ. (O) 기온이 높을수록 공격 행동이 나타나는 것이므로 A를 강화한다.

ㄴ. (X) B는 중간 정도의 기온에서 공격성이 많이 나타난다는 견해이다. 그런데 한여름 낮 기온이 30도가 넘는 상황에서 냉방 장치가 가동되는 곳이 냉방 장치가 가동되지 않은 곳보다 폭력 범죄가 더 많이 발생한다는 연구 결과는 B의 주장에 부합한다. 따라서 B가 약화되지 않는다.

ㄷ. (X) 주어진 사례는 기온의 차이에 의해 폭력 범죄의 양상이 달라지는 것이 아니라, 사람들의 다수에 따라 달라짐을 보여 주고 있다. 따라서 C를 약화하지 않는다.

39

정답 ①

ㄱ. (O) A는 교사의 높은 기대와 관심의 긍정적 효과인 학습 성적 향상이 나타나며, 그렇지 못할 경우 부정적 효과가 나타난다는 견해이므로 이를 강화한다.

ㄴ. (X) B의 견해는 교사의 과거 경험에 의한 정확한 예측에 의한 산물이라는 주장이다. 그런데 경험이 많은 교사 사이에서의 기대 수준과 성적의 편차가 경험이 적은 교사들 사이에서보다 더 클 경우, B는 강화될 수 없다. B에 의하면, 교육 경험이 많을수록 교사의 예측 정확성이 높기 때문에 그들 간의 편차가 작을 것이기 때문이다.

ㄷ. (X) 주어진 결과는 교사의 기대와 학생들의 성적 간에 유의미한 관계가 있다는 것을 말해준다. 그런데 이러한 관계는 A와 B 모두에서 전제되는 사실이다. A와 B는 그러한 결과가 나타나는 이유에 대해 서로 다른 견해를 지니고 있을 뿐이다.

40

정답 ④

ㄱ. (O) 한 선거구에서 1명의 당선자를 선출하므로 이는 양당제의 A제도에 해당한다.

ㄴ. (X) Y국 선거제도가 한 선거구에서 1명을 초과하는 당선자를 선출할 경우 다당제의 B제도를 강화한다.

ㄷ. (O) 단순다수제인 A제도에 해당하므로 약화한다. ㉠에 의하면, Y국의 선거제도가 단순다수제라면 지문에 의해 전략적 투표를 할 것이기에 결과적으로 8개의 정당이 의석을 점유할 수 없기 때문이다.

ㄹ. (O) X국이 양당 체제, Y국이 다당 체제임을 알 수 있다. 전략적 투표는 양당 체제에서 나타나기 때문에 Y국보다 X국에서 많이 일어난다면, ㉠의 주장을 강화한다.

41

정답 ①

ㄱ. (O) B1은 인하할 경우 기존에는 대출을 받았지만 이후 받을 수 없는 사람이 늘어날 것이라고 주장한다. 그러나 A2는 대출 규모가 커지기 때문에 더 많은 사람들이 대출 혜택을 받을 수 있다고 반박한다. 그런데 대출 규모가 커졌지만 이후 받을 수 없는 사람의 수가 증가하였다는 데이터는 이러한 A2의 견해를 약화하게 된다.

ㄴ. (X) B2는 대출 규모가 확대되더라도 35%일 때 대출을 받을 수 없던 사람들이 대출을 받게 되지는 않을 것이라 예측한다. 이는 정책 시행 전부터 35% 초과 금리에서 대출을 받을 수 없는 사람들은 정책이 시행되더라도 여전히 대출을 받지 못한다는 것을 의미한다. 그런데 그 시기에도 35% 초과 대상자가 거의 없었다는 데이터는 B2의 주장을 강화하지 않는다.

ㄷ. (X) B3은 A3의 주장처럼 장점이 나타난다고 해도 그로 인해 발생하는 단점도 있다는 것을 지적하고 있다. 따라서 A3이 주장한 장점을 B3도 일부 인정하고 있다.

42

정답 ⑤

① (X) A는 지역 간 경제 격차는 시장 논리에 따라 자연히 완화될 수 있기에 국가의 개입은 오히려 이러한 자연스러운 지역 간 균등화를 방해한다고 주장한다. ㄱ에서는 세계적으로 지역 간 자본과 노동의 집중화가 나타나며 이는 국가의 노력으로도 시정되지 않는다는 사례가 제시된다. 이는 A가 주장하는 시장 논리에 따라 자연히 완화될 수 있다는 견해를 강화하지 않는다.

② (X) B는 지역 간 경제적 격차는 심화되는 경향이 있다고 주장한다. 따라서 ㄱ에서 나타난 지역 간 격차가 존재한다는 것이 B를 약화하지는 않는다. C는 지역 간 경제 격차는 국가의 경제 발전 전략으로 생겨난 것이기에 국가의 개입으로 해소된다는 견해이다. 하지만 ㄱ의 사례는 이에 대한 반례가 될 수 있다. 그렇게 해소된 경우가 없기 때문이다.

③ (X) ㄴ에서는 젠트리피케이션(gentrification)에 대해 제시한다. B는 자본과 노동은 발전된 곳을 쉽게 떠나려고 하지 않는다고 주장하나 이 사례는 이에 대한 반례가 되기에 강화하지 않고 약화하게 된다.

④ (X) ㄴ의 사례는 부동산 가격이 오름에 따라 나타나는 지역의 쇠퇴 현상을 지적하고 있다. 따라서 지역 간 경제적 격차는 시장 논리에 따라 자연히 완화된다는 A의 견해를 강화하지는 못한다. 또한 C는 국가가 지역 간 격차를 해소할 수 있다는 견해이지만, ㄴ은 국가가 지역의 쇠퇴를 막을 수 없다는 사례이므로 C를 강화하지 못한다.

⑤ (O) C는 국가의 경제 발전 전략으로 생겨난 지역 간 경제적 격차는 국가의 개입으로 해소될 수 있다고 주장한다. 그러나 ㄷ의 사례는 국가의 노력에도 해소될 수 없던 사례로 C를 약화한다.

43

정답 ④

ㄱ. (X) 갑은 보조금이 높으면 소비자가 더 쉽게 사업자를 전환할 수 있다고 주장한다. 그런데 보조금상한제를 실시할 경우 보조금을 높게 설정할 수 없기 때문에 사업자 전환이 쉽게 이루어지지 않을 것이다. 따라서 보조금상한제 이후에도 소비자가 사업자를 전환하는 비율이 증가했다는 사실은 갑의 주장을 강화하지는 못한다.

ㄴ. (O) 을은 보조금 제한으로 인한 요금 경쟁 때문에 요금이 낮아질 것이라고 주장한다. 따라서 이러한 견해는 정부가 요금 인하를 위해 보조금상한을 낮추는 정책의 근거가 될 수 있다.

ㄷ. (O) 갑은 보조금이 높으면 요금 인하가 될 것이라고 주장하기에 보조금상한제는 요금 인하 효과의 측면에서 반대할 것이다. 그러나 병은 보조금을 높이면 요금도 상승될 것이라고 주장하기에 보조금상한제가 요금 인하를 위해 필요하다고 판단할 것이다.

44

정답 ⑤

① (O) 실험자극이 있었으므로 사후조사가 사전조사보다 더 낮게 나타나야 한다.

② (O) 실험자극이 있던 경우가 없던 경우보다 더 낮아야 한다.

③ (O) 실험자극이 있던 경우가 없던 경우보다 더 낮아야 한다.

④ (O) 실험자극이 있던 경우가 없던 경우보다 더 낮아야 한다.

⑤ (X) 집단 1처럼 사전조사가 있는 경우 이에 대해 민감해지고 실험자극도 있었으므로 집단 4보다 더 낮게 나타나야 한다. 하지만 집단 4가 더 낮게 나타난다면 ㉠에 대한 입증이 될 수 없다.

45

정답 ②

ㄱ. (X) A는 기술 변화로 인해 일자리를 통한 소득 기회가 감소할 수 있다고 주장한다. 따라서 신규로 창출될 일자리보다 사라질 일자리가 많다는 연구 결과는 A를 약화하지 않는다.

ㄴ. (X) 재정 여건이 허락하는 범위에서 지급되는 기본소득의 수준이 너무 낮아 실효성이 없다는 것이 B의 주장이다. 그런데 전국민재난지원금 역시 일시적으로 지급되며 그 수준도 낮게 되어 자영업자들에게 실질적 도움이 되지 못한다는 내용은 B를 약화하지 않는다.

ㄷ. (O) 기본소득을 지급할 때 소득 최하위 분위의 소득 점유율 대비 소득 최상위 분위의 소득 점유율이 감소한 것은 양극화 완화에 도움이 된 것이므로 C는 강화되고 기본소득이 상대적으로 효과적이지 못하다는 D를 약화한다.

46

정답 ①

ㄱ. (O) A는 노동조합으로 인한 조합원과 비조합원이나 무조합원과의 임금 격차를 인정하므로 A를 강화한다. 하지만 B는 노동조합이 있는 회사의 조합원과 비조합원의 임금 수준이 전반적으로 높아질 것이라는 주장이므로, 조합원과 비조합원의 임금 차이가 있다는 것은 B를 약화한다.

ㄴ. (X) A는 노동조합이 독점적 노동 공급원이기에 조합원과 비조합원이나 무조합원과의 임금 차이가 일어난다는 견해이다. 그런데 남녀 사이의 임금 격차에 대해서는 알 수 없다. A의 견해에서는 전체 노동자를 대상으로 하기 때문이다. 따라서 A가 약화되지 않는다.

ㄷ. (X) B는 노동조합의 활동으로 인해 기업 전반의 임금 수준이 높아질 것이라고 주장한다. 따라서 노동조합이 있는 회사의 전반적인 임금 수준이 높아질 것이기에 조합원들과 비조합원들의 임금이 유사하다고 해서 B가 약화되지는 않는다.

47

정답 ①

ㄱ. (O) ㉠에 의하면 대리인은 비용 대비 자신의 이익을 위해 집을 빨리 매매하려고 한다. 그런데 자신 소유의 집을 팔 때에는 ㉠이 나타나지 않기에 더 큰 이익을 위해 높은 가격에 집을 내놓게 되어 오랫동안 시장에 머무르게 될 것이다.

ㄴ. (X) ㉠에 의하면, 중개인은 수수료가 높아질 경우 더 높은 수수료를 받기 위해 시장에 머무는 기간이 높아질 가능성이 높다. 따라서 보기의 사례는 강화 사례가 아니다.

ㄷ. (X) 마지막 문장에서 필자는 ㉠에 따르면, 중개인이 가진 정보가 집주인보다 상대적으로 많기에 중개인의 제안에 집주인이 넘어가기 쉽다고 주장한다. 그런데 중개인이 집값을 낮게 제안하더라도 이미 시세를 잘 알고 있는 집주인이 그러한 제안을 받아들이지 않을 수 있다. 그러므로 ㉠에서 말하는 비대칭성에 의한 문제가 발생하지 않을 수 있으므로, 강화되는 것은 아니다.

48

정답 ①

ㄱ. (O) 정책이 미치는 영향이 더 작은 국회의원 선거에서 대통령 선거보다 ㉠이 더 높았기에 가설을 강화한다. 정책에 미치는 영향이 더 큰 선거일수록 후보 특성 요인보다 정책 요인이 상대적 영향력이 더 크기에, 반대인 경우 그렇지 않게 나타날 수 있기 때문이다.

ㄴ. (X) 대통령이 보수 정당 소속일 때에 진보 정당 지지자의 국회의원 개인적 특성에 따른 선거율이 반대의 경우에 비해 낮다는 정보만으로 가설이 약화되는지 판단할 수 없다. 가설은 정책에 미치는 영향이 더 큰 선거일수록 정책 요인이 후보 특성 요인보다 상대적 영향력이 크다는 내용이므로 선거 간의 비교가 대상이기 때문이다.

ㄷ. (X) 이 정보만으로는 가설을 강화하지 않는다. 가설을 입증하는 사례가 아니기 때문이다.

49

정답 ④

① (X) 우리와 다른 지각 방식으로 착시가 나타나는 경우로 가설을 강화하는 사례가 아니다.

② (X) '뮐러-라이어' 착시는 <그림 2>와 같이 오목하고 볼록한 모서리에 대한 경험에 의해 형성된 배경 지식 때문에 발생한다. 그런데 둥근 곡선 모양으로 대체하여도 동일한 착시가 나타난다면, 모서리와 관련된 배경 지식의 영향을 받지 않아도 착시가 나타난 것이다. 이 경우 가설을 약화하게 된다.

③ (X) 가설은 시각 경험이 배경 지식으로 작용하여 평면적 형태의 지각에 영향을 끼쳐 착시가 나타난다는 것이다. 그런데 두 선분의 길이가 서로 같음을 확인하여도 뮐러-라이어 착시가 나타난다는 것은 착시가 견고한 현상이라는 것뿐, 경험 지식에 의한 착시에 대한 가설과는 무관하다.

④ (O) 모서리에 대한 경험이 없는 경우 뮐러-라이어 착시를 일으키는 배경 지식이 없으므로 착시는 발생하지 않을 것이다. 그러므로 이는 가설을 강화하는 사례이다.

⑤ (X) 거리의 차이에 의한 지각의 문제로 가설과 무관한 진술이다.

50

정답 ③

① (X) A는 군집을 이루는 이유가 집단에 합류함으로써 개체가 얻는 이익이 홀로 생활할 때에 비해 크기 때문이라는 가설이다. 그런데 선지의 살충제의 훈증 여부에 따른 생존율의 변화는 이와 무관하다.

② (X) 먹이를 얻기 위해 군집을 떠나는 방식은 먹이 찾기에 효율적인 정보를 얻기 위해 군집 생활을 한다는 A의 설득력을 낮추는 사례이다.

③ (O) 동박새 수컷들의 노래를 부르는 방식과 이에 따른 암컷의 선호는 배우자를 선택할 때에 나타나는 수컷들의 '복잡한 노래'라는 동일한 규칙이 적용된 행위의 사례가 된다. 또한 일반적으로 암컷이 강한 수컷을 선호한다는 사례에도 부합하는 것이다. 따라서 B의 설득력을 높이는 사례이다.

④ (X) 체온을 유지하는 수컷들의 추위를 견디는 방식을 보여주는 사례이다. 이는 A가 말하는 집단에 합류함으로써 개체가 얻는 이익이 홀로 생활할 때에 비해 큰 경우의 사례가 될 수 있기에 A의 설득력을 높일 수 있다. 하지만 B의 견해처럼 동일한 규칙 적용에 의한 부산물로서 군집 생활을 보는 것과는 무관하기에 B의 설득력을 높이지는 않는다.

⑤ (X) B는 새들의 군집 생활이 본능적으로 동일한 규칙을 적용한 부산물에 불과하다는 가설인데, 푸른박새들의 새로운 행동 전파는 이에 해당하는 사례로 보기 어렵다.

51

정답 ④

① (X) ㉠은 이끼가 대기 중의 이산화탄소를 흡수하여 그 양을 줄임으로써 빙하기가 시작되는 데 중요한 역할을 하였다는 가설이다. 따라서 오르도비스기에도 이산화탄소가 온실 기체로 기능하였다는 사실이 전제되어 있다.
② (X) ㉠은 이산화탄소 양이 급격히 감소하여 지구가 급격히 냉각되었다는 것을 전제로 하기에 선지의 진술은 원인과 결과가 바뀐 본말전도의 오류에 해당한다.
③ (X) 해조류의 생장 과정에 이끼의 번성을 억제하는 성분이 포함되어 있었다면 이끼의 빙하기에 대한 역할이 축소될 수 있기에 ㉠은 약화될 것이다.
④ (O) 이끼의 번성이 빙하기의 원인이라는 가설 ㉠은 두 가지의 이산화탄소 흡수 과정을 설명하고 있다. 우선 석회암이 만들어지는 과정에 필요한 것은 이산화탄소와 칼슘과 마그네슘인데, 이끼는 칼슘과 마그네슘을 암석으로부터 분리하여 이산화탄소의 흡수를 촉진한다. 또 다른 방식은 이끼로 인한 풍화로 인과 철 등 유기물을 바다로 유입하는데 이것들이 해조류를 번성하게 하고 이들에 의해 이산화탄소를 흡수한다는 것이다. 그런데 이 중 석회암의 형성 과정에서 흡수되는 이산화탄소 양보다 이끼가 방출하는 이산화탄소 양이 더 많다면 결과적으로 대기 중의 이산화탄소 양을 더 늘리게 된다. 그럴 경우 ㉠은 약화된다.
⑤ (X) 오르도비스기 초기에는 지구 대기에 현재 수준의 14~22배에 이를 것으로 추정되는 이산화탄소가 있었다. 빙하기는 현재 수준의 8배 이하의 이산화탄소 농도가 되어야 시작될 수 있다. ㉠에서는 빙하기 시작의 원인을 이끼의 작용으로 설명하고 있다. 이끼로 인해 이산화탄소의 감소가 급격하게 되었다는 것이다. 그런데 이 논거를 그대로 오늘날의 상황에 적용할 수는 없다. 동일한 상황임을 증명하는 정보가 없기 때문이다.

52

정답 ②

ㄱ. (X) 전하량 계산 등의 추가적인 분석이 이루어지지 않았기에 A와 같이 부정행위라 판단할 수 없다.
ㄴ. (X) 모든 데이터와 논문에 사용된 데이터에 계산 차이가 많이 있었다면 A의 견해처럼 선별적인 데이터 요리가 있었을 가능성이 있다. 따라서 A는 강화된다.
ㄷ. (O) 실험 조건에 충족되지 못한 즉, 최적으로 맞춰지지 않은 상태에서의 데이터라는 사실은 B의 견해를 강화한다.

53

정답 ①

ㄱ. (O) 과학 연구가 가능하기 위해서는 개념이 먼저 정의되어야 한다는 것이 A이론이다. 그런데 과학의 역사에서 실험은 용어의 정의보다 앞선 경우가 많다는 사실은 이러한 견해를 약화한다.
ㄴ. (X) A이론은 개념 정의가 과학적 연구에 앞선다고 주장한다. 이는 과학적 연구와 개념의 정의를 구별하고 있다는 의미이다. 따라서 개념의 정의와 과학 활동이 구별될 수 없는 동일한 것이라는 사실은 A이론을 약화한다.
ㄷ. (X) 甲은 둘째 근거에서 과학에서 용어의 정의는 끊임없이 변화한다고 주장하기에, 진술은 甲의 주장을 지지하는 사례이므로 甲의 주장을 약화하지 않는다.

54

정답 ②

ㄱ. (X) P는 폐암과 흡연과의 관련성이 낮다고 주장하고 있다. 그런데 비흡연 집단이 흡연 집단에 비해 폐암 발병률이 낮다면 P의 주장은 약화될 수 있다.
ㄴ. (X) 갑이 유전적인 영향력 및 흡연과 관련성이 높은 소세포암이 아닌 비소세포암이라면 P의 주장은 약화되지 않는다.
ㄷ. (O) 소세포암은 흡연과 관련성이 높기에 갑의 주장을 강화한다.

해커스로스쿨

해커스로스쿨

lawschool.Hackers.com